Johann Christoph Bürgel

Allmacht und Mächtigkeit

Johann Christoph Bürgel

Allmacht und Mächtigkeit

Religion und Welt im Islam

Verlag C.H. Beck München

Die Deutsche Bibliothek – CIP-Einheitsaufnahme

Bürgel, Johann Christoph:
Allmacht und Mächtigkeit : Religion und Welt im Islam /
Johann Christoph Bürgel. – München : Beck, 1991
ISBN 3-406-35374-6

ISBN 3 406 35374 6

Gesamtherstellung: Kösel, Kempten
Gedruckt auf alterungsbeständigem (säurefreiem) Papier,
gemäß der ANSI-Norm für Bibliotheken
Printed in Germany

Vorwort

Das vorliegende Buch ist das Ergebnis einer mehr als 30jährigen Beschäftigung mit der Welt des Islam, seiner Religion, seiner Kultur. Das Verhältnis des Autors zu seinem Gegenstand setzt sich zusammen aus Sympathie, ja Begeisterung, aber auch kritischer Distanz, – eine Gespaltenheit, wie sie im übrigen wohl jeder gebildete Europäer längst auch angesichts seiner eigenen Religion und Kultur empfindet. Der Raster, von dem hier ausgegangen wird, die Spannung zwischen der göttlichen Allmacht samt denen, die sie vertreten, sich ihrer bedienen, einerseits, und den kulturellen und sozialen Mächtigkeiten andererseits, ist neu. Er läßt sich nicht nur auf die islamische Welt anwenden, würde vielmehr auch für eine großlinige Betrachtung der christlichen Geschichte ergiebig sein. Allerdings ist die Betonung der göttlichen Macht im Islam sehr viel stärker und ihre Etablierung mit religiös legitimierten, »sakralen« Mitteln sehr viel ausgeprägter als im von Haus aus gewaltlosen Christentum, so daß das Paradigma «Allmacht und Mächtigkeit» tatsächlich in der Geschichte der islamischen Welt sehr viel deutlicher als in jener der christlichen Staaten ablesbar ist.

In diesem Buch geht es aber vor allem um die kulturellen Mächtigkeiten und ihre Entwicklung im Heiligen Haus des Islam, d. h. im Rahmen der durch Muhammad und den Koran begründeten universalen Ordnung. Beschrieben wird also zunächst die Errichtung des sakralen Kontrollsystems sowie sein Funktionieren im Bereich des religiösen und sozialen Lebens, danach seine Auswirkungen auf Wissenschaften und Künste. Ein Grundgesetz, das immer wieder in Erscheinung tritt, ist die Teilhabe an der Allmacht durch Unterwerfung, was im übrigen nichts anderes ist als eine knappe Auslegung des Wortes Islam, das ja Unterwerfung, aber auch Heilserlangung bedeutet. Und Heil heißt im Islam immer Teilhabe an der von Gottes Gemeinde *(umma)* verwalteten Macht. Hier liegt der Schlüssel für eine Reihe von Phänomenen, die sich leitmotivisch durch die islamische Geschichte ziehen: Der immer neu aufflammende Konflikt zwischen Orthodoxie und Mystik, das Mißtrauen der Legalisten gegen die schönen Künste (Bilderverbot, Vorbehalte gegen Musik und Dichtung), die wachsenden Schwierigkeiten einzelner Wissenschaften wie Philosophie, Medizin, Kosmographie, deren Entfaltung auf autonomer Vernunft beruhen, die strenge Reglementierung der Frau, aber auch die Islamisierung der Künste, die im Bereich von Architektur, Kalligraphie und Ornament zu schönsten Blüten geführt hat. Vielleicht keine andere Kunst der Welt drückt die Unterwerfung unter das göttliche Gesetz des Kosmos und gleichzeitig

Teilhabe an der göttlichen Allmacht konsequenter und überzeugender aus als die islamische.

Das Buch versucht also, die Gewichte gerecht zu verteilen. Es wendet sich an Muslime und Nichtmuslime, soweit sie zu vorurteilsfreier Lektüre bereit sind. Es will anregen zu kritischer Auseinandersetzung nicht nur mit der islamischen, sondern auch der christlich-abendländischen Tradition mit dem Ziel des besseren Verständnisses, der Klärung der in einer religiös bestimmten wie auch in einer entsakralisierten Kultur wirksamen Grundkräfte. Der richtige oder falsche Umgang mit den Mächtigkeiten – das ist ja das große Menschheitsthema und der Kern der meisten Probleme auch in der Gegenwart.

Die Niederschrift dieses Buches erfolgte im wesentlichen vom Frühjahr bis zum Herbst 1989 während eines turnusmäßigen Urlaubssemesters. Das Konzept war in den vorausgehenden Jahren herangereift, namentlich bei der Ausarbeitung der im März 1985 am Kevorkian Institute for Near Eastern Studies der New York University gehaltenen Vorträge über «die erlaubte Magie» der Schönen Künste im Islam, die 1988 unter dem Titel *The Feather of Simurgh* in Buchform erschienen. Da also die kunsthistorische Seite des Themas dort gründlich behandelt ist, habe ich die Kapitel über die Schönen Künste hier knapper formuliert. Neu sind dagegen die Kapitel über Philosophie und Medizin, sowie die Geheimwissenschaften, aber auch über die Frau und über die Mystik. Die für vertiefte Studien dringend benötigte längere Freizeit wurde mir leider nicht zuteil. Manches an diesem Buch mußte daher Entwurf bleiben. Manches wird der Modifizierung bedürfen. Von der Richtigkeit der großen Perspektiven bin ich jedoch überzeugt. Aber auch abgesehen von der Stichhaltigkeit der Thesen: Das hier vorgelegte Material stammt aus den Quellen; es repräsentiert also auf jeden Fall, was einzelne einflußreiche Muslime in ihrer Epoche gedacht, getan, beabsichtigt haben.

Ich danke einigen Kollegen für ihr Interesse an meinem Buch: Arnold Esch las einen frühen Entwurf, Peter Blickle und Michael Glünz das fertige Manuskript. Ich danke meinen Studenten dieser Jahre, mit denen ich einige der Themen des Buches im Hauptseminar behandeln konnte. Ich danke den Herren Dr. M. Politycki und Dr. H.-P. Wieckenberg für ihr Interesse an und ihre Mühen um das Manuskript, Herrn U. Schmidt für die sorgfältige Herstellung des Buches. Ich danke meinem Sohn Friedemann, ohne dessen ständige Computer-Beratung und Hilfe bei allen Pannen ich an den Tücken des nützlichen, aber diffizilen Instruments gescheitert wäre. Und ich danke last but not least meiner Frau für ihre Anteilnahme und ihre Gefährtenschaft nicht nur während der schwierigen Phase der Produktion von *Allmacht und Mächtigkeit*, sondern auch in den vergangenen drei Jahrzehnten.

J. C. Bürgel

Inhalt

Zweiter Teil
Die Wissenschaften und ihre religiöse Legitimierung

Dritter Teil
Ekstase und Ordnung – die Schönen Künste und ihre «erlaubte Magie»

[Frauen im Islam

Vierter Teil
Mächtigkeit im Bereich von Erotik und mystischer Minne

Fünfter Teil
Allmacht und Mächtigkeit in der Gegenwart

Anhang

Hinweise: Die wissenschaftliche Umschrift ist nicht streng durchgeführt: diakritische Zeichen sind in der Regel nur bei Termini und Zitaten verwendet, bei Eigennamen dagegen nur im Index.

Die Koranstellen beziehen sich auf die sog. «Kairoer» Verszählung, die von früheren Verszählungen in europäischen Übersetzungen z. T. abweicht.

Alle Koranzitate sind, wo nicht anders angegeben, vom Verfasser für dieses Buch neu übertragen. Das gleiche gilt auch für alle übrigen Zitate aus dem Arabischen, Persischen, Türkischen, Urdu und europäischen Sprachen.

Einleitung

Der Islam ist seit vierzehn Jahrhunderten eine der weltbewegenden Kräfte der Menschheitsgeschichte. Seit 621 der mekkanische Prediger Muhammad aus dem Hause Haschim und dem Stamme Quraisch im Dunkel der Nacht seine Vaterstadt verließ und die Emigration *(Hidschra)* nach dem nördlich gelegenen Yathrib, dem späteren Medina(t an-Nabi), der «Stadt (des Propheten)», antrat, begann der beispiellose Siegeszug einer neuen Religion, der ungeachtet mancher auch schwerwiegender Rückschläge bis in die Gegenwart nie unterbrochen wurde, vielmehr noch immer anhält und durch keinerlei Widersprüche und Mißerfolge ins Stocken gerät. Schon beginnen manche Europäer und namentlich solche, die noch im Christentum verwurzelt sind, mit Sorge auf diese Entwicklung zu blicken und sich zu fragen, ob die jahrhundertelange Bedrohung Europas durch den islamischen Vormarsch, die seit der dramatischen Rettung der von osmanischen Heeren belagerten Kaiserstadt Wien durch den polnischen König Johann Sobieski (Sieg am Kahlenberg, 12. 9. 1683) und die anschließenden Siege des Türkenlouis (1689 und 1691) gebannt schien, erneut Gestalt gewinnt.[1] Freilich, der Jahrestag dieser Befreiung wurde kürzlich unter türkischer Beteiligung als großes gemeinsames Fest begangen – Christen und Muslime sind offiziell ausgesöhnt. Aber auch wer keine Reconquista, keine Islamisierung Europas oder Amerikas befürchtet, blickt irritiert auf die islamische Welt mit ihren Widersprüchen. Wohl kein für Schönheit sensibler Mensch kann sich dem Zauber islamischer Kunst entziehen, und auf ähnliche Weise erliegen wir dem Zauber der Märchen aus Tausendundeiner Nacht, der Romantik mittelalterlicher persischer Epen oder der Anmut und Eleganz persischer Ghaselen von Hafis und andern Dichtern, ohne uns durch den damaligen politischen Hintergrund – die orientalische Despotie! – den Spaß verderben zu lassen. Auch ist wohl jeder, der sie einmal erfahren hat, beeindruckt von der orientalischen, d. h. in unserm Falle: der islamisch-orientalischen Gastlichkeit, der menschlichen Wärme, mit der insbesondere schlichte Muslime den Fremden empfangen. Auf der anderen Seite aber wird es wenige Europäer geben, die nicht Anstoß nehmen an der Härte und Willkür des islamischen Gesetzes, das zwar nur wenige Vergehen bestraft, darunter das als «große Sünde» bewertete Weintrinken, diese dafür aber um so brutaler: Gegen die Charta der Menschenrechte verstößt es, daß auf Abfall vom Islam die Todesstrafe steht, so noch in einem von der Azhar in Kairo ausgearbeiteten Entwurf für die Verfassung islamischer Staaten.

Wie sind diese Widersprüche vereinbar? Despotie und liberaler Geist in der klassischen Epoche, Toleranz und Fanatismus, Bevormundung der

Frau im Gesetz und ihre Verherrlichung in der Dichtung, Wissenschaftsblüte dank Förderung durch Kalifen und Stagnation aus orthodoxer Enge, strenger Monotheismus und Heiligenwesen etc. – wie geht das zusammen?

Man könnte sich mit der Antwort begnügen, daß dies eben die typischen Widersprüche jedes religiös-kulturellen Systems seien. Man könnte auf jede einzelne Frage eine Reihe separater Antworten geben, soziale, wirtschaftliche, machtpolitische und religionshistorische Faktoren anführen. In der Tat finden sich bereits die verschiedensten und widersprüchlichsten Antworten, wobei der Standpunkt und die Sachkenntnis dessen, der sie liefert, natürlich eine wichtige Rolle spielen. Die moderne muslimische Selbstdarstellung ist, abgesehen von einzelnen kritischen Stimmen, in der Regel apologetisch bis selbstverklärend. Doch die Tatsache, daß es auf solche Fragen zweifellos mehr als eine Antwort gibt, sollte uns nicht davon abhalten, nach Zusammenhängen, nach einer allem zugrundeliegenden Struktur zu suchen. Solches Fragen ist heute bei manchen Forschern verpönt. Sie halten den Islam für viel zu komplex, um ein einheitliches Gesicht zu haben, die Suche danach mithin für müßig und verfehlt. Edward Said ging in einem viel diskutierten Buch soweit, zu behaupten, es gäbe überhaupt keine historische Entsprechung zu dem, was die Orientalisten «den» Islam nennten; dieser entspringe vielmehr ihrer eigenen Phantasie, sei eine Projektion, hinter der sich kolonialistische, missionarische oder andere Absichten verbärgen. Was historisch in Erscheinung trete, seien einzelne Phänomene, die wenig Gemeinsames hätten, kaum mehr als den Namen «islamisch»[2].

Ich teile jene Auffassung nicht. Eine mehr als 30jährige Beschäftigung mit dem Islam hat mich davon überzeugt, daß diese Religion, von Muslimen noch heute gern als «Ordnung» oder «System» *(niẓām)* bezeichnet, alles Denken und Handeln und damit auch alle geistigen und kulturellen Hervorbringungen ihrer Anhänger vor dem Anbruch der Neuzeit in starkem Maße strukturiert hat, wobei dieser Zustand natürlich nicht von Anfang an vorhanden war, sondern in z. T. über Jahrhunderte sich hinziehenden Prozessen erst erreicht werden mußte. Die Geschichte der islamischen Kultur präsentiert sich daher als eine Entwicklung ständig fortschreitender Islamisierung, im Widerspiel mit paganen Mächten und Tendenzen. Der angestrebte Endzustand wurd jedoch früher oder später in der Regel erreicht, ein Vorgang, den man als «die islamische Osmose» apostrophieren könnte.

Im folgenden lege ich teils eigene Forschungsergebnisse, teils aus der Forschung anderer Übernommenes vor, Material, das die Herausbildung und das Funktionieren der spezifisch islamischen Struktur in der Gesellschaft, im menschlichen Miteinander und im Bereich der Wissenschaften und Künste illustriert. Es geht vor allem um das Mittelalter, ein Ausblick auf die jüngste Vergangenheit wird aber zeigen, wie stark auch heute noch die alten Mechanismen zum Tragen kommen bzw. bewußt wieder reaktiviert werden. Zuvor jedoch geben wir einen kursorischen Überblick über frühere Deutungsversuche, Konzepte, Theorien, Modelle, die von Historikern, namentlich europäischen, entwickelt wurden zum Verständnis islamischer Geschichte, islamischer Kultur, islamischen Wesens. Die Übersicht ist selektiv, auf Vollständigkeit mußte schon um der Einhaltung eines überschaubaren Rahmens willen verzichtet werden.

Frühere Deutungen islamischer Kultur

Versuche, die islamische Kultur mit einer Theorie zu erklären oder mindestens ihre Eigenart zu bestimmen, sei es aus ihr selber, sei es durch Einordnung in eine umfassendere Kulturtheorie, sind schon verschiedentlich unternommen worden. Je nach Standort des Betrachters und natürlich auch je nach dessen Kenntnissen kam es dabei zu sehr verschiedenen Urteilen, wobei, ganz allgemein gesagt, die einen mehr die Unterschiede zum Abendland und zur christlich-abendländischen Kultur, die andern eher die Gemeinsamkeiten betonten. Man mag sich dabei an Goethes von gebildeten Muslimen gern zitierten Spruch im *Westöstlichen Divan* erinnern:

> Närrisch, daß jeder in seinem Falle
> Seine besondere Meinung preist!
> Wenn Islam Gott ergeben heißt,
> In Islam leben und sterben wir alle.
> (Buch der Sprüche)

Natürlich gibt es große Gemeinsamkeiten zwischen den drei monotheistischen Offenbarungsreligionen Judentum, Christentum und Islam, vor allem ja eben ihr Glaube an einen einzigen Schöpfergott, den Herrn der Himmel und der Erde, und, daraus resultierend, gemeinsame oder doch einander sehr ähnliche Erscheinungsformen des religiösen Lebens. Bis zu einem gewissen Grade gilt diese Gemeinsamkeit für das hier vorzutragende Konzept; es läßt sich als Erklärungsmodell auch auf die Geschichte der christlichen Kultur anwenden, doch vermag unser Raster gleichfalls gewichtige Unterschiede zwischen den beiden Kulturen in ihrer religiösen Bedingtheit deutlich zu machen. Darauf werden wir am Ende des Buches zurückkommen. Zunächst nun aber ein Blick auf weitere Erklärungsmodelle bzw. Definitionen, Einordnungen des Islam in größere Systeme.

Beginnen wir mit einer Bemerkung Hegels, die für ihn bezeichnend ist: Er erblickte im Islam «im eigentlichsten Sinne des Wortes die Religion der Erhabenheit» und stellte der «Zufälligkeit, Verwicklung und Partikularität des Abendlands (...) die einfache sich selbst gleiche Klarheit des Mohammedanismus» gegenüber.[3]

Hegels mit historischen Argumenten leicht anfechtbare Einschätzung erwächst aus jener romantischen Verklärung, die sich u. a. auch in Goethes

Gedicht *Hegire* findet, das den *Westöstlichen Divan* eröffnet, dieses noch immer weithin gültige Dokument einer genial-intuitiven Auseinandersetzung mit der Geistigkeit des Hafis, der persischen Dichtung, und darüber hinaus der islamischen Welt überhaupt. Hier spricht Goethe vom «reinen Osten», in den er angesichts der politischen Wirren um ihn herum flüchten wolle, um «Patriarchenluft zu kosten», um sich von «Chisers Quell verjüngen» zu lassen. Ein Blick in die *Noten und Abhandlungen* zeigt dann aber, daß der verklärenden Sicht des Dichters im *Divan* die weit nüchternere Betrachtungsweise des Historikers Goethe gegenübersteht. Der «reine Osten» ist, das wird klar, sobald man den *Divan* und die *Noten* zusammennimmt, nicht der reale historisch-geographische Raum der islamischen Welt, sondern eben ein *reiner* Osten, d. h. die von historischen Fragwürdigkeiten (etwa der Despotie, deren Vor- und Nachteile in den Noten erörtert werden) ungetrübte Idee einer östlich-lichthaften Ursprungswelt als Heimat der Seele und Land des Dichters – mit dem Adjektiv «rein» verbindet sich im *Divan* ja eine ganze goethesche Weltsicht.[4] Goethe scheute sich im übrigen nicht, die Möglichkeit einer kulturfreudigen, kosmopolitischen Atmosphäre am Hofe eines aufgeklärten Despoten einzuräumen.[5]

Sehr negativ hat dagegen Jacob Burckhardt die Auswirkungen des Despotismus auf die Entfaltung der islamischen Kultur gesehen und in unmittelbaren Zusammenhang mit der Religion gebracht. In seinen *Weltgeschichtlichen Betrachtungen* faßt der große Historiker drei «Potenzen» ins Auge – Staat, Kultur und Religion – und erörtert ihr gegenseitiges Verhältnis, die Bedingtheit jeder von ihnen durch die beiden übrigen. Kultur entfaltet sich nach seiner Lehre mithin in einer bestimmten Abhängigkeit von Staat und Religion: Während aber Religion und Staat dazu neigen, «universale Geltung» zu beanspruchen, starre Systeme zu entwickeln, und damit den Menschen samt seiner geistig-seelischen Welt, kurz allem, was der Begriff Kultur umfaßt, zu beherrschen und zu gängeln, ist Kultur laut Burckhardt «die Welt des Beweglichen, Freien, nicht notwendig Universalen, desjenigen, was keine Zwangsgeltung in Anspruch nimmt». Die somit von Staat und Religion potentiell ausgehende Bedrohung der Kultur wird leicht zur bleiernen Fessel, wenn beide in «ein erdrückendes Eins zusammenrinnen». Ein krasses Beispiel für die verderblichen Folgen einer solchen Verkrustung erblickt Burckhardt im Islam, welcher, so sagt er, «seine ganze Kultur wesentlich beherrscht, bedingt und färbt». Die große Kulturblüte des Islam läßt sich mit dieser Theorie nun aber nicht erklären, es sei denn, man betrachte sie mit Burckhardt als bloße Illusion, als «das täuschende Bild von blühenden, volkreichen, gewerblichen, islamistischen Städten und Ländern mit Dichterfürsten, edelgesinnten Großen (...)».[6]

Burckhardts *Betrachtungen* sehen etwas Richtiges, sind aber, ungeachtet ihrer grundsätzlich dynamischen Orientierung, im Hinblick auf die islamische Kultur zu einseitig auf den Endzustand gerichtet, das Resultat eines sich über Jahrhunderte erstreckenden Prozesses. Sein abfälliges Urteil über die islamische Kultur mochte allerdings durch den Zustand jenes Orients, dessen Zeitgenosse er war, eine scheinbare Bestätigung finden.

Beachtung verdient, was Oswald Spengler in seinem berühmt-berüchtigten Werk *Der Untergang des Abendlandes* über den Islam geäußert hat. Dieser stellte in seinen Augen die letzte und reinste Ausprägung einer im Orient seit langem beheimateten «magischen» Kultur dar. Er formulierte u. a.: «Die Seele der magischen Kultur fand endlich im Islam ihren wahren Ausdruck.»[7] Dieser von ihm auch «arabisch» genannten magischen Kultur ordnete er bestimmte Kunst- und Stilformen zu und erblickte aufgrund einer kühnen analogistischen Betrachtungsweise im römischen Kaiser Diokletian einen frühen Kalifen und im Parthenon die erste Moschee.[8] Abgesehen von solch aperçuhaften, ahistorischen Feststellungen geht er aber im genannten Werk kaum näher auf die islamische Kultur ein. Die magische Kultur war für ihn ja nur eine von acht unabhängigen, in ihrem Entwicklungsgang lebensgesetzlich bestimmten und «seelisch» verschieden gearteten Kulturen – darunter die des Abendlands, die er als «faustisch» bezeichnete und deren nahen Untergang er prophezeite. Auf das Verhältnis «magisch» – «faustisch» werden wir am Ende dieses Buches zurückkommen.

Was Spengler über die «Seele» der magischen Kultur zu sagen hat, ist allerdings wiederum einseitig: «Begeisterung eines nüchternen Geistes, kalte Glut, trockne Mystik, pedantische Ekstase»[9] – so kann man nur urteilen, wenn man die islamische Mentalität lediglich von außen, nur aus Schriften (Spengler bezieht sich hier auf den Koran) kennt. Nicht einmal der Satz «freudlos und gallig ist die Pflichtenlehre des Islam»,[10] so zutreffend er zunächst klingen mag, ist wirklich stichhaltig, d. h. er stimmt nur, solange man diese Pflichtenlehre als Unbeteiligter betrachtet, nicht aber, wenn man weiß, wie Muslime diese Pflichten erleben können, welche Fröhlichkeit, ja Ausgelassenheit – selbst während der Fastentage – sie beseelen kann. Vor allem aber ist es falsch, den Islam auf seine Pflichtenlehre zu reduzieren.

Kulturmorphologische Einordnungsversuche sind auch von anderen Historikern unternommen worden. Direkt im Anschluß an Spengler ist Arnold Toynbee zu nennen, der von Spengler bekanntlich stark beeinflußt war. In Abweichung von jenem unterscheidet er allerdings nicht weniger als 26 Kulturen *(civilizations),* von denen aber nur noch fünf lebendig seien, nämlich die westliche, die christlich-orthodoxe, die islamische, die hinduistische und die ostasiatische. Den Religionen schrieb Toynbee eine wesentliche Rolle bei der Regeneration von Kulturen zu und sagte daher dem Islam eine Renaissance voraus.[11] Sollte er Recht behalten, so wären die gegenwärtigen Unruhen in der islamischen Welt also so etwas wie die Geburtswehen ihrer Erneuerung. Doch erst die Zukunft wird lehren, was da geboren wird.

Mehrere Historiker stellten die Frage nach der Eigenständigkeit der islamischen Kultur. Hatte Spengler in ihr die vollendete Ausprägung einer schon lange vorher im Orient angelegten magischen Kultur erblickt, so betonten andere Forscher statt dessen das Abgeleitete, Sekundäre. Alfred Weber stufte in seiner *Kulturgeschichte als Kultursoziologie* den Islam als «Sekundärkultur zweiter Stufe» ein und stempelte damit seine Kultur, ähnlich wie Burckhardt, als zweitrangig und epigonal ab.[12]

Auf der gleichen Linie bewegt sich C. H. Becker, der vom Islamwissenschaftler zum preußischen Kultusminister aufstieg und als solcher in den Jahren 1925–30 viel für die deutsche Universität getan hat. Für Becker war der Islam im Grunde «nichts anderes als weiterlebender, auf Dauer sich aber immer mehr asiatisierender Hellenismus»,[13] eine Auffassung, die sich grosso modo auch Gustav von Grunebaum zueigen gemacht hat, wenn er die Entwicklung der islamischen Kultur nach 1100 als «a process of more or less conscious elimination of Hellenism» bezeichnete.[14]

Sah Becker in der islamischen Kultur eine Art Bastard der hellenistischen, so stellte der jung verstorbene Islamwissenschaftler Jörg Kraemer in seiner gedrängten, äußerst stoffreichen Studie *Das Problem der islamischen Kulturgeschichte* dieser «kulturunitarischen» Theorie eine «kulturpluralistische» Sicht gegenüber und nannte als deren wichtigsten Repräsentanten den Historiker Heinrich Troeltsch, für den «menschliche Kultur nur in streng abgegrenzten Kultur-Individualitäten zu finden» war; eine solche stellte für ihn, Kraemer, der «schließlich in der islamischen Kultur sich einigende» vorderasiatische Raum dar.[15]

Kraemer selber neigte Troeltsch zu, suchte aber das Wesen der islamischen Kultur neu zu bestimmen als das einer «Kultur des Herzens». Er berief sich dabei hauptsächlich auf al-Ghazali, hätte freilich ebensogut einen der andern großen islamischen Mystiker anführen können.[16] Im übrigen entsprach er mit dieser Sicht dem Denken des indo-islamischen Dichters und Denkers Muhammad Iqbal (1877–1938), der in vielen einprägsamen Versen eine Polarität zwischen dem – islamischen – Orient als Reich des Herzens und der Liebe und dem Okzident als Reich der Ratio behauptete. Diese Iqbalsche Idee, das sei hier am Rande vermerkt, ist zwar nicht völlig aus der Luft gegriffen, in ihrer undifferenzierten Pauschalisierung aber doch nicht stimmig. Im Orient wird sie freilich seither gern gehört und mit Eifer verbreitet.– Welche kulturellen Auswirkungen diese Dichotomie im einzelnen haben soll, bleibt bei Iqbal so vage wie bei Kraemer. Und wenn Iqbal etwa die islamischen Eroberungen auf das Konto der von ihm besungenen kosmischen Liebe des Orients setzt, so wird deutlich, welche Dimensionen er seinem Liebesverständnis einverleibt. (zu Iqbal vgl. Kap. XIV.1)

Neben den Welthistorikern und Islamwissenschaftlern des Westens, von denen bisher (mit Ausnahme Iqbals) die Rede war, haben auch Religionshistoriker versucht, den Islam in größere Systeme einzuordnen. So bezeichnet G. van der Leeuw in seiner imponierenden Religionsphänomenologie, die vom Erlebnis der unerklärlichen Macht des Übersinnlichen als Ursprung aller Religiosität ausgeht, den Islam als Religion der Majestät und der Demut.[17] Ein anderer international bekannter Religionswissenschaftler, Mircea Eliade, hat mit seinen Kategorien des Heiligen und Profanen, namentlich aber der des «heiligen Raums», einen wichtigen Ansatz für ein adäquates Verständnis der islamischen Religion gegeben, bezieht allerdings seine Beispiele in der Regel nicht aus dem Islam, sondern aus sogenannten primitiven Religionen, sowie aus Judentum und Christentum.[18]

Was die moderne Selbstdarstellung des Islam betrifft, so würde es zu weit führen, hier auf einzelne Werke einzugehen. Im Lauf unserer Darstellungen wird Gelegenheit sein, das eine oder andere nachzutragen. Erwähnung verdienen jedoch schon hier einige in den vergangenen Jahren erschienene Werke, besonders aus dem Kreis der modernen Ibn ʿArabi-Schule, in denen sachkundig die Bedeutung der Mystik für die Entfaltung islamischer Kultur erörtert wird: Gelehrte wie Titus Burckhardt, Hossein Nasr, Nader Ardalan und Laleh Bakhtiar haben vorzügliche Studien vorgelegt, neigen allerdings zu einer verklärenden Darstellung und begehen den Fehler, den mystischen Islam mit dem Islam schlechthin in eines zu setzen.

Erwähnt sei schließlich ein wichtiges Buch des an der Sorbonne lehrenden Algeriers M. Arkoun mit dem Titel *Critique de la raison islamique,* das z. T. ähnliche Wege beschreitet wie unsere Studie. Der Grundansatz ist jedoch ein anderer, denn Arkoun geht es nicht um das Verhältnis von Allmacht und Mächten bzw. Mächtigkeit, sondern von Vernunft und dem, was er *l'imaginaire* nennt. Auch folgt für ihn die spätere Entwicklung nicht aus den Grundlagen, vielmehr – und darin deckt sich seine Auffassung mit der aller modernen muslimischen Denker – betrachtet er sie als eine Verirrung und plädiert dafür, die ursprüngliche Botschaft des Korans durch ein Studium mit den Mitteln moderner Philologie, Linguistik, Strukturalismus etc. zu erschließen. Die damit verknüpften Erwartungen dürften jedoch kaum erfüllt werden.[19]

Mein eigenes Konzept beruht weniger auf einer Synthese all dieser Theorien als auf dem Studium der Quellen, wenn auch natürlich erst die intensive Auseinandersetzung mit vorhandenen Theorien die Herausbildung einer eigenen Sicht rechtfertigt und ermöglicht. Das Besondere meines Ansatzes besteht darin, daß ich zunächst gewisse innerislamische Wirkkräfte in ihrer Dynamik und Dialektik aufzeige, alsdann die Auswirkungen dieser Kräfte auf die Entwicklung in einzelnen repräsentativen Segmenten der islamischen Kultur darlege und so schließlich zu einer Abgrenzung der östlich-islamischen von der westlich-christlichen Kultur gelange.

Erster Teil

Allmacht und Mächtigkeit und ihre gesellschaftlichen Aspekte

I. Die Grundlagen

1. Heiliges Haus – Heiliger Raum

Es ist seit langem bekannt, daß sich das Anliegen der Religionen als Heiligung beschreiben läßt, d. h. Unter- und Zuordnung der Dinge der Welt in bezug auf ein Heiliges. Mircea Eliade, der bedeutende Religionshistoriker und Romancier, hat in seinem bereits genannten Buch *Das Heilige und das Profane* die Metapher des Heiligen Raumes/Heiligen Hauses entwikkelt. Sie ist besonders geeignet, die Vorgänge im Islam, um die es im folgenden geht, zu verdeutlichen. Im Zentrum des Islam steht der Kaaba-Kult, die Wallfahrt nach Mekka, die jeder Muslim mindestens einmal in seinem Leben antreten sollte. Die Kaaba ist das Heilige Haus des Islam par excellence, ihre Heiligkeit ist so mächtig, daß sie auf die Umgebung ausstrahlt. Wie der griechische Tempel seinen *Temenos* hatte, die jüdische Synagoge ihren heiligen Vorhof, so die Kaaba ihren *ḥimā* oder heiligen Bezirk. Der Kult trägt dem Rechnung, indem er den Pilgern vorschreibt, bei Betreten des Heiligen Bezirkes eine besondere, geweihte Kleidung anzulegen und sich alsdann während der Dauer der Zeremonien des Geschlechtsverkehrs und anderer Verunreinigungen zu enthalten. Die Sprache drückt diesen Zusammenmhang deutlich aus: Das Heiligtum der Kaaba heißt *ḥaram* – das gleiche Wort, das auch Frauenhaus, Harem, bedeutet –, das Eintreten in den Heiligen Bezirk heißt *iḥrām,* und von derselben Wurzel ist auch das Wort für «verboten»: *ḥarām,* also eigentlich «tabu», abgeleitet. Beide Bedeutungen fließen zusammen in der im Koran mehrfach gebrauchten Bezeichnung der Kaaba als *al-masǧid al-ḥarām* (2,144) und des Ramadan als *aš-šahr al-ḥarām* (2,194), also eigentlich «die verbotene Moschee» und der «verbotene Monat». Heiligkeit ist mit der Vorstellung von Verboten unmittelbar verknüpft, sie ist machthaltig, «mächtig».

Die Kaaba war seit unbekannter Zeit ein heidnischer Kultort gewesen, zu dem die Bewohner Arabiens pilgerten. Der Widerstand der Mekkaner gegen Muhammad beruhte wesentlich auf der Befürchtung, der unbequeme Verkünder eines strengen Eingottglaubens werde mit der Vielgötterei auch den Kaabakult bekämpfen und damit den stattlichen Einnahmen, die vor allem den Kaufleuten daraus erwuchsen, den Boden entziehen. Sobald Muhammad sich entschlossen hatte, diesen paganen Kult in einen islamischen zu verwandeln, schmolz der mekkanische Widerstand dahin. Muhammad hatte damit einen wichtigen Schritt zur Einrichtung des von ihm gestifteten Heiligen Hauses des Islam getan: Er hatte eine pagane Tradition sakralisiert. Gewiß, ihm stellte es sich so dar, daß dieser Kult eigentlich monotheistischen Ursprungs war, die Kaaba von Adam erbaut, von Abraham und Ismael restauriert worden, der Kult im Laufe der Zeit aber zum Gegenstand bloßen Götzendienstes verkommen sei, mithin nur wieder gereinigt und geheiligt werden mußte...

Die Kaaba (und der damit verknüpfte Kult) war aber nur einer von vielen Gegenständen, mit denen Muhammad das Innere seines Heiligen Hauses bestückte. Es ging ihm um eine Religion mit Riten, die den Ablauf des Tages, des Jahres und des Lebens strukturieren. Das war nur möglich durch Übernahme von bereits Bestehendem, Erprobtem, wobei aber eine gewisse Modifizierung in der Regel vorgenommen wurde, um die Distanz zu wahren, das Übernommene als Eigenes auszuweisen. So geschah es etwa beim Fasten, das von den Juden angeregt, dann aber in ein einmonatiges abgewandelt wurde, oder bei der Kibla, der Richtung, in die der Betende zu blicken hat: Jerusalem wurde später durch Mekka ersetzt.

Zur Abgrenzung gehörte auch der gegenüber Juden und Christen erhobene Vorwurf, sie hätten ihre heiligen Schriften verfälscht (2,59; 4,46; 5,13; 5,41; 7,162). Muhammad blieb freilich kaum eine andere Wahl, nachdem ihm die Juden ihrerseits die koranischen Abweichungen vom Alten Testament als Irrtümer vorwarfen und die Christen seine Leugnung der Trinität und der Gottessohnschaft Jesu nicht akzeptieren konnten. Anderseits aber hielt Muhammad an seiner Vision einer mit Adam beginnenden monotheistischen Religion fest, und der Koran verankert Muhammads Sendung in dieser Heilsgeschichte, indem er ihn als in Thora und Evangelium angekündigt darstellt (61,6; 7,157). Muhammad steht aber nicht bloß in der Reihe der monotheistischen Religionsverkünder, er schließt sie ab als «Siegel der Propheten» (33,40).

Doch nicht nur um die dogmatische und rituelle Seite seiner Religion kümmerte sich Muhammad; es lag ihm auch das praktische Leben am Herzen. Alles sollte nach göttlichem Willen geregelt, sollte geheiligt sein, der Kultus ebenso wie der Alltag. Gewiß, auch darin bewegte sich der Prophet des Islam weithin in den Spuren des Volkes Israel, wie man denn die Stiftung des Islam mit seiner Betonung des Gesetzes als einen Rückfall in jene vorchristliche Entwicklungsstufe des Monotheismus bezeichnet hat.[1] Muhammad wollte ein religiös fundiertes gesellschaftliches Gefüge, eine Ordnung stiften. Doch wie er darauf verzichtete, den Kaabakult abzuschaffen, so vermied er es auch sonst, seine Zeitgenossen mit revolutionären Neuerungen vor den Kopf zu stoßen. Vielmehr übernahm er grosso modo die rechtlichen und gesellschaftlichen Institutionen seiner Zeit und Umgebung wie Mehrehe (4,3), Blutrache (2,178f.), Sklaverei (16,71; 30,28), indem er jeweils nur Anregungen für eine höhere moralische Stufe vermittelte, die Einehe jenen nahelegend, die nicht fähig wären, zwei, drei oder vier Frauen «gerecht» zu behandeln, die friedliche Einigung und Abfindung mit Geld im Blutfehdefall empfehlend, und die Freilassung von Sklaven als ein gutes Werk, auch als Ersatzleistung für versäumte rituelle Pflichten, anratend.

Indem diese Institutionen mit den genannten Empfehlungen im Koran erwähnt werden, sind sie in das Heilige Haus der neuen Religion eingesetzt, sind nicht mehr heidnisch, sondern sakral, d. h. von grundlegend anderer Qualität. Besonders wichtig ist das hinsichtlich der Ausübung von Gewalt. Rein weltlich betrachtet, betrieb Muhammad nach seiner Niederlassung in Medina und mit der Übernahme der Führerrolle dort eine rüde Machtpolitik und setzte die herkömmlichen Mittel einer solchen Politik einschließlich Raubzug, Krieg und Mord ein. Die Überfälle auf Karawanen, die Muhammad unternahm, um Mekka in die Knie zu zwingen, hießen genauso wie die früheren Überfälle auf feindliche beduinische Stämme, nämlich *ghazw,* und dieses Wort blieb üblich als Synonym für *ǧihād,* den Heiligen Krieg; große Helden des Heiligen Krieges wurden *Ghāzī* genannt. Noch Atatürk trägt, in einem säkularisierten Kontext, diesen alten islamischen Heldentitel. Entscheidend aber war, daß nun Raubzüge und Kriege nur noch «auf dem Wege Gottes» unternommen werden durften; und Entsprechendes gilt theoretisch für alle Gewaltausübung im Islam: Gewalt war nur noch statthaft zur Verteidigung und Verbreitung des Heiligen. Das islamische Gesetz teilte die Welt ein in das «Haus des Islam» und das «Haus des Krieges».

Der Heiligung aber dienen auch die übrigen rituellen Pflichten des Islam: Die aus dem Judentum übernommene Beschneidung (im Koran nicht erwähnt), die Reinigung, die vor dem Gebet und sonstigen kultischen Handlungen zu erfolgen hat, wobei große Verunreinigungen (wie Samenerguß und Monatsblutung) eine große Reinigung, d. h. Waschung des ganzen Körpers erforderlich machen, und das Fasten im Monat Ramadan. Ja selbst die Armensteuer kann unter diesem Aspekt gesehen werden als ein Ansatz zur Heiligung des Wirtschaftslebens, desgleichen das Wucher- und Zinsverbot, das in jüngster Zeit zum Konzept eines islamischen Bankwesens geführt hat.[2] Die Heiligung des einzelnen wie der Gesamtheit dient der Unterwerfung unter das Heilige, ist deren wichtigster Ausdruck.

Das Heilige ist Gott, die göttliche Allmacht. Islam bedeutet ja sowohl «Unterwerfung» wie, wenn man es von *salām* (Heil) ableitet, «Eintritt in den Stand des Heils», das dazugehörige Partizip *muslim* bedeutet also «sich unterwerfend» bzw. «eintretend/eingetreten in den Stand des Heils».[3] Tatsächlich bedingen beide Bedeutungen einander, und wir erhalten den eigentlichen Gehalt des Wortes Islam, wenn wir übersetzen: «Heilserlangung durch Unterwerfung»; Heil aber heißt hier nun nicht die Erlösung von Sünden durch das Selbstopfer des Gottessohnes, sondern Einordnung in das von Gott geordnete, von seiner Allmacht durchwaltete All, ja es heißt letztlich Teilhabe an der Allmacht Gottes.

2. Die Heiligung der Vergangenheit

Die Dimensionen der Heiligung erstrecken sich nicht nur auf den Raum, sondern auch auf die Zeit. Das Leben des einzelnen ist eingerahmt in Riten und Zeremonien, die seiner Heiligung dienen. Das Leben der Völker und schließlich das der ganzen Menschheit erhält durch die Heilsgeschichte einen heiligen Rahmen.

Wie bereits erwähnt, betrachtet sich der Islam als die vom Anfang der Menschheitsgeschichte an verkündete Religion: Adam war nicht nur der erste Prophet, er gilt auch als der Erbauer der Kaaba, war mithin der erste Muslim.[4] Die weitere koranische Prophetenreihe umfaßt alttestamentliche Gestalten ebenso wie einige nicht näher identifizierbare Namen, offenbar aus der altarabischen Überlieferung. Muhammads Annahme, der Monotheismus sei die ursprüngliche Religion der Menschen gewesen, deckt sich mit jener des Alten Testaments, die Einengung beginnt erst mit der Rückprojektion des Islam als einziger wahrer Form des Monotheismus, doch entspringt diese Sicht der Dinge wiederum dem jeder Religion eigenen Alleinanspruch auf Wahrheit. Nach islamischer Auffassung wird jeder Mensch «in der Naturverfassung» *(ʿala l-fiṭra)*, d. h. als Muslim geboren, und erst die Eltern machen ihn zum Magier (Anhänger Zarathustras), Juden, Christen etc., wenn er nicht das Glück hat, in einer muslimischen Familie das Licht der Welt zu erblicken.[5]

So ist es nur natürlich, daß auch einige Gräber vorislamischer Propheten muslimischerseits verehrt werden.[6] Es gehört in diesen Kontext, daß ausgegrabene Statuen aus vorislamischer Zeit als Muhammadbilder und ihre – nicht mehr lesbaren – Inschriften als Ankündigungen des Kommens des arabischen Propheten gedeutet wurden. Ein arabischer Geograph des neunten Jahrhunderts, Ibn Churdadhbih, berichtet von der Auffindung dreier Statuetten in einer der Mastabas von Gizeh: Eine hält eine Schlange, die zweite, auf einem Esel sitzend, einen Stab, die dritte reitet auf einer Kamelstute und hält ein kurzes Szepter *(qaḍīb)*. Die Figuren wurden vor Ibn Tulun gebracht und als Abbilder der drei großen Propheten Mose, Jesus und Muhammad gedeutet.[7]

Reizvoll und bezeichnend sind ferner Versuche, auch Gestalten außerhalb der monotheistischen Traditionen in die vorislamische Heilsgeschichte einzubeziehen. Der Prototyp einer solchen eigentlich aus paganer Überlieferung stammenden, der Aufnahme in das Heilige Haus für würdig befundenen Figur ist der im Koran genannte «Zwiegehörnte», ein unklares Epitheton, das die islamische Exegese in der Regel auf Alexander den Großen bezieht. Der griechische Eroberer Persiens und weiter Teile Asiens gelangte damit zu der wahrlich ungewöhnlichen Ehre, in die Reihe der monotheistischen Propheten aufgenommen zu werden. Grund für diese Einreihung ist, daß der Zwiegehörnte laut Koran von Gott Macht *(sulṭān)* auf der Erde und den typisch prophetischen Auftrag, zu strafen und das Gute walten zu lassen, erhalten hat. Weiter ist von seinen Zügen zu den Orten des Sonnenuntergangs und des Sonnenaufgangs die Rede und schließlich noch von seiner Reise zu einem von Yadschudsch und Madschudsch (Gog und Magog) bedrohten Volk, dem er hilft, indem er zwischen zwei Bergen einen die Eindringlinge aussperrenden Damm aus flüssigem Metall errichtet.[8]

Neben Alexander verdient hier noch eine weitere koranische Gestalt Erwähnung. In der nach ihm benannten Sure 31 wird ein gewisser Luqman vorgestellt als einer, dem Gott Weisheit verliehen hat, ein Verfasser von Weisheitssprüchen, die diese Sure in Form eines Testaments mit der mehrfach den Text gliedernden Anrede «mein Sohn!» wiedergibt. Luqman war zweifellos eine altarabische Gestalt; doch die ihm im Koran zugeschriebenen Sprüche «gehören zum Gemeingut der Spruchdichtung».[9] Die Sure wurde damit nicht nur zum Vorbild für ähnliche Vermächtnisse berühmter Muslime an ihre Söhne, sie bot auch einen koranischen Anhaltspunkt für die Übernahme von Weisheitssprüchen aus anderen Kulturen, namentlich der griechischen. Luqman aber wurde später von der islamischen Gelehrsamkeit einerseits zum Wesir Davids gemacht, also ziemlich präzise in der Heilsgeschichte eingeordnet, andererseits mit Äsop, Alkmaion, ja Prometheus gleichgesetzt.[10] Empedokles soll seine Weisheit von ihm bezogen haben;[11] ja Ibn Chaldun bezeichnet ihn, allerdings mit dem Zusatz, «wie sie behaupten», als eine Art Begründer der griechischen Philosophie, namentlich der peripatetischen und der stoischen Schule.[12] Der koranische Name Luqman und die gänzlich vage, sich dahinter verbergende Gestalt diente also späteren Zeiten als Gallionsfigur für die Islamisierung verschiedener Autoritäten aus der paganen Überlieferung, an deren Legitimierung bestimmten Kreisen gelegen war.

Ähnliche Gleichsetzungen zum Zweck der nachträglichen Aneignung bzw. Legitimierung wurden auch noch in andern Fällen vorgenommen. Ein berühmtes Beispiel ist die Identifizierung von Hermes Trismegistos, dem mythischen Urheber des nach ihm benannten hermetischen Schrifttums, mit dem im Koran genannten Propheten Idris.[13] Auch in diesem Fall handelt es sich um eine im Koran nur flüchtig erwähnte Gestalt (19,56; 21,85), deren Unbestimmtheit Gleichsetzungen mit andern Gestalten zuließ. Idris wurde denn auch nicht nur mit Hermes Trismegistos, sondern mit dem biblischen Elias sowie mit dem geheimnisvollen Chadir gleichgesetzt, einer im Koran nicht namentlich genannten Gestalt, die vor allem in der islamischen Mystik zu großem Ansehen gelangte. Chadir, der als Chiser (so nennt ihn Goethe im *West-östlichen Divan*) oder Chidher (so die von Rückert verwandte Form seines Namens) seit langem in die deutsche Literatur Einzug gehalten hat, gilt als unsterblich und als Hüter des Lebenswassers. Religionsgeschichtlich ist er von allen islamischen Heiligen der reizvollste. Die auf ihn bezogene Theodizee-Legende im Koran (18,65–82) vereint in sich bereits Elemente aus dem Gilgamesch-Epos, dem Alexanderroman und der jüdischen Überlieferung von Elias und dem Rabbi Josua ben Levi. Doch in der späteren Ausgestaltung werden noch weitere Eigenschaften auf Chiser übertragen, so daß er schließlich Züge aufweist, die neben Utnapischtim, Alexander dem Großen und Elias an den ewigen Juden Ahasver und an den heiligen Georg erinnern.[14] – Chadir führt uns mit seiner Unsterblichkeit aus der Vergangenheit nun aber in die Zukunft, und wir wenden uns kurz der islamischen Eschatologie zu.

3. Die Heiligung der Zukunft

Wie der islamische Glaube sich der Vergangenheit bemächtigte, so auch der Zukunft. Es ist bekannt, daß der Ausgangspunkt die Erwartung eines weltweiten Sieges des Islams war und ist. Das Heilige Haus, von den Muslimen selber «Haus des Islams» genannt, sieht sich dem unislamischen Teil der Welt konfrontiert, «Haus des Krieges» genannt, das es zu unterwerfen, notfalls, wie der Name dartut, durch Krieg zu erobern gilt. Eine Selbstrelativierung, gar der Gedanke einer möglichen Verdrängung durch eine spätere, bessere Offenbarung ist ausgeschlossen, zumal sich Muhammad als abschließender Prophet in der Kette der monotheistischen Boten verstand, als «Siegel der Propheten». Die Anerkennung eines nach ihm auftretenden Verkünders als Prophet ist damit eo ipso Ketzerei, sie gilt als Apostasie. Auf Abfall vom Islam aber steht die Todesstrafe, daher die blutige Verfolgung der Baha'is seit ihrer Entstehung im 19. Jahrhundert. Ungeachtet dieser prinzipiellen Gewißheit bezüglich der Zukunft herrscht freilich kein ungetrübter Optimismus, was die Entwicklung im einzelnen betrifft. Eher das Gegenteil ist der Fall. Nicht nur wird es dem Islam nicht so leicht gelingen, alle Reiche der Welt dem Halbmond zu unterwerfen, es wird auch Abfall und Zerrüttung in den eigenen Reihen geben. Aber Gott wird jeweils rechtzeitig eingreifen, in jedem Jahrhundert einen «Erneuerer» *(muǧaddid)* und schließlich am Ende der Zeiten einen «Rechtgeleiteten» *(mahdī)* senden, der dem Islam zum endgültigen Sieg verhelfen wird.

Ein berühmter «Erneuerer» früherer Jahrhunderte war z. B. der große Theologe Muhammad al-Ghazali (gest. 1111), dessen Hauptwerk denn auch den programmatischen Titel *Die Wiederbelebung der Wissenschaften von der (islamischen) Religion* trägt. Wichtiger aber als die Gestalt des «Erneuerers» ist die des Mahdi. Obwohl weder im Koran noch im Hadith verankert, wird sie früh zum festen Bestandteil der Volksfrömmigkeit. Ein Passus in den berühmten *Prolegomena,* der Geschichtstheorie des Ibn Chaldun, beschreibt den Sachverhalt in knappen, klaren Worten:

«Es ist eine seit Jahrhunderten bei den Anhängern des Islam verbreitete Annahme, daß am Ende der Zeiten unbedingt ein Mann aus dem Haus des Propheten auftreten wird, der die Religion stärken und der Gerechtigkeit zum Sieg verhelfen wird. Die Muslime werden ihm folgen und er wird die islamischen Reiche sich unterwerfen und wird der Rechtgeleitete *(al-Mahdī)* genannt werden. Und das Auftreten des Großen Betrügers *(ad-daǧǧāl)* und die weiteren Zeichen der (letzten) Stunde, wie sie in zuverlässiger Tradition feststehen, werden sich anschließen. Jesus wird entweder nach ihm herabsteigen und den Betrüger töten, oder mit ihm zugleich, und er wird ihm helfen, jenen zu töten, und seine Gebete wird er (Jesus) mit ihm (dem Mahdi) als seinem Imam vollziehen.»[15]

Der Passus ist auch insofern interessant, als er die Rolle Christi im Rahmen der islamischen Eschatologie andeutet. Sie wäre noch dahingehend zu ergänzen, daß Jesus nach seiner Wiederkunft in Jerusalem, nach der Tötung des Daddschal und der Verrichtung des islamischen Morgengebets das Kreuz zerbrechen und die Schweine töten, die Synagogen und die Kirchen zerstören und alle Christen, die nicht an ihn (als islamischen Jesus) glauben, töten wird.[16] Während diese seltsamen, die Islamisierung des Erlösers und seiner eschatologischen Rolle anschaulich illustrierenden Vorstellungen bisher kaum praktische Folgen gehabt haben dürften, hat der chiliastische Glaube an den Mahdi bereits mehrfach virulente Wirkungen gezeitigt. Die Geschichte der Mahdi-Bewegungen im Islam ist eine lange und blutige. Man denke nur an das Auftreten des letzten Mahdi im Sudan und seinen zunächst erfolgreichen Kampf gegen die Engländer, dem Gordon Pascha mit seiner Truppe Anfang 1885 zum Opfer fiel, ehe Lord Kitchener seinerseits den Mahdi besiegte. – Das schiitische Gegenstück zum Mahdi ist die erwartete Wiederkunft des in der Entrückung lebenden – je nach Schulrichtung siebenten oder zwölften – Imams. Er befindet sich, wie der alte Barbarossa in seinem Berg, in der Verborgenheit *(ghaiba)* und wird erst am Ende der Zeit wiederkehren und dem Islam in seiner schiitischen Ausprägung zum Sieg verhelfen. Wie die sunnitische Mahdi-Hoffnung, so hat die schiitische Imamserwartung immer wieder politische Bewegungen ausgelöst und neuen Machthabern in den Sattel verholfen. (Näheres siehe Kap. III.6.)

4. Die legitime Sendung

Hier geht es uns nicht um die Frage, ob die Sendung Muhammads «objektiv» betrachtet oder aus christlicher Sicht legitim war. Objektive Maßstäbe ließen sich schwer finden, und die christliche Antwort steht ohnehin fest. Es geht uns hingegen darum, das Bemühen um Legitimierung in den frühesten Quellen, Koran und Sira, zu beleuchten, was freilich in diesem Rahmen nur kurz und keineswegs vollständig geschehen kann.

Muhammads Prophetentum ist legitim, weil es heilig, und heilig, weil es legitim ist. Das ist die Grundlage seiner Macht oder, wie wir später auch sagen werden, «Mächtigkeit». Koran und Hadith offenbaren die Wichtigkeit dieses Aspekts allein schon durch den Umfang der ihm gewidmeten Aussagen. Dabei ist die Verankerung in der Heilsgeschichte, Muhammads Funktion als vollendete und abschließende Verkörperung des prophetischen Archetyps, von großer Bedeutung. Die spätere immer stärker hagiographisch ausgestaltete Prophetenbiographie erweitert die thaumaturgische Dimension auf eine Weise, die vermutlich Muhammad selber nicht zu ahnen gewagt hätte.

Doch bleiben wir bei den frühesten Quellen.

Das Kommen Muhammads ist, wie bereits gesagt, laut Koran im Alten und Neuen Testament angekündigt. Sure 93 erwähnt die Erwählung des Waisenkinds Muhammad. Die *Sira,* früheste erhaltene Biographie des Propheten, berichtet zudem, daß der Vater Muhammads kurz vor der Zeugung ein überirdisches Licht ausstrahlte[17] und daß auf einer Karawanenreise in den Norden ein syrisch-christlicher Mönch «das Siegel des Propheten» als ein Mal auf der Schulter des jungen Muhammad entdeckt habe.[18] Dessen Berufung, eine erste beklemmende Begegnung mit dem Engel Gabriel, der ihn von nun an mit Offenbarungen versorgen wird, zeigt den Propheten noch in Zweifel und Widerstand. Dieser Bericht ist im übrigen typologisch der Berufung eines jüdischen Propheten im Alten Testament (Jesaja 40,6) zuzuordnen. Die Zweifel zerstreut ein christlicher Verwandter, Waraqa ibn Naufal, der Muhammad versichert, er sei zum Propheten erwählt.[19]

Die anfängliche Unsicherheit aber tritt bald in den Hintergrund. Muhammad wird in den Offenbarungen als «Prophet» angeredet, als «Verkünder froher Botschaft und Warner», als «Gesandter Gottes» und «Siegel des Propheten» vorgestellt, auch als «Licht», als «helle Lampe», gesandt aus göttlichem Erbarmen (33,40,45 f.). Seine Sendung richtet er anfangs nur an «die Mutter der Städte (Mekka) und ihre Umwohner» (6,92), bald aber fühlt er sich als Warner «aller Welt», als Gesandter «an die Menschheit insgesamt» (7,157). Immer häufiger tritt er in Offenbarungen Gott zur Seite: «Gehorchet Gott und seinem Gesandten!» (vgl. unten) Gleichzeitig zieht er zu seiner Legitimation immer wieder die Heilsgeschichte heran, sich angesichts des Widerstands der Mekkaner damit tröstend, daß auch die früheren Propheten auf solchen Widerstand gestoßen, die uneinsichtigen Völker aber früher oder später ihre Strafe ereilt habe. In dieser Perspektive erscheint es ihm bald auch gerechtfertigt, selber Gewalt anzuwenden: «Es steht/stand keinem Propheten zu, (Kriegs)gefangene zu haben (und sie gegen Lösegeld freizugeben), solange er nicht (die Ungläubigen) im Land niedergemacht hat.» (8,67)

Ein ähnlicher Rückverweis findet sich auch im Zusammenhang mit jenen «satanischen Versen», die seit Salman Rushdies Roman weltweit zu Ruhm gelangt sind. Nach einer frühen muslimischen Überlieferung soll Muhammad in einem Augenblick der Bedrängnis dem mekkanischen Polytheismus ein Stück weit entgegengekommen sein, indem er die drei bekanntesten, von manchen Arabern damals als Töchter Allahs verehrten Göttinnen als Fürsprecherinnen in der folgenden vermeintlichen Offenbarung akzeptierte: «Und was haltet ihr denn von al-Lat und al-ʿUzza und al-Manat, der weiteren dritten? Das sind die erhabenen Kraniche, auf ihre Fürsprache darf man hoffen!»[20] Von diesem Vers blieb im endgültigen Korantext aber nur die Frage stehen, gefolgt von der – übrigens witzig-ironischen – Antwort: «Wollt ihr die Söhne haben, und er (Gott) soll die Töchter haben? Das wäre fürwahr eine ungerechte Verteilung!» (8,19–22) Der frühere Schluß galt nun als eine Einflüsterung des Satans. Und das, so läßt sich einem andern Koranvers entnehmen, ist durchaus auch Teil der prophetischen Tradition: «Wir haben keinen Gesandten und keinen Propheten vor dir gesandt, dem nicht, wenn er (etwas) wünschte, der Satan (etwas) in seinen Wunsch hineinwarf. Dann aber tilgt Gott aus, was der Satan hineinwirft und macht den Vers fest. Wahrlich, Gott ist wissend, weise!» (22,52)

Bemerkenswert ist, daß Muhammad für sich nicht die Fähigkeit in Anspruch nahm, Wunder im üblichen Sinn zu wirken. Seine Wunder waren die Offenbarungen, die denn auch im Koran *āyāt,* d. h. «Wunderzeichen» genannt werden. Auf dieser Basis entwickelte später die islamische Theologie die Lehre von der «Unnachahmlichkeit» *(iʿǧāz)* des Korans. Der Terminus rührt von der gleichen Wurzel her wie das Wort *muʿǧiza,* das «Prophetenwunder» bedeutet, und ließe sich also auch wiedergeben als «die mirakulöse Natur», «das Mirakulum» des Koran. Es verband sich damit die von den Aschʿariten postulierte Lehre von der Unerschaffenheit des Korans sowie die Auffassung, daß jeder Prophet seine Wunder auf jenem Gebiet wirke, das in seiner Zeit und bei dem Volk, zu dem er gesandt ist, am meisten in Blüte stehe: Mose im Bereich der Zauberei, Jesus in dem der Medizin, Muhammad auf dem Gebiet der Rhetorik.[21]

Gott läßt Muhammad im Koran sagen: «Ich bin ein Mensch wie ihr» (18,110). Gleichzeitig jedoch wird den Menschen versichert, daß sie in Muhammad «ein schönes Vorbild» haben (*uswatun ḥasana,* 33,21), worin er sich im übrigen wieder in der Nachfolge früherer Propheten sieht (60,4,6). An überirdischen Beglaubigungen fehlt es aber schon im Koran nicht: So bestätigt ein Vers, daß ihn und die Seinen während der Schlacht von Badr tausend Engel unterstützten (8,9). Ein anderer berichtet von Muhammads Entrückung von Mekka nach Jerusalem, der «Nächtlichen

Reise» *(isrā')*, die in der späteren Legende den Auftakt zu seiner Himmelfahrt *(miʿrāǧ)* bildet.

Zahlreiche weitere «Beweise der Prophetenschaft» entwickelte die Frömmigkeit der kommenden Geschlechter in einem eigens dieser Frage gewidmeten Literaturzweig *(dalā'il an-nubūwa)*. Doch ist es nicht nötig, hier weiter darauf einzugehen. Keinem Zweifel unterliegt es jedenfalls, daß die wichtigste Legitimation Muhammads für den Muslim darin beruht, daß Gott ihm Macht *(sulṭān)* verliehen und zum Sieg verholfen hat, ein Gedanke, der sich wie ein roter Faden durch den Koran zieht und seine reale Entsprechung im Wirken Muhammads fand. Koranische Prototypen dieser Machtausübung «auf dem Wege Gottes» sind u. a., wie wir sahen bzw. sehen werden, Mose, Salomo und «der Zwiegehörnte». Auch und gerade in dieser Hinsicht sah sich also Muhammad in einer stattlichen Phalanx von Vorgängern. Und so wie er sich in den früheren Propheten wiedererkannte und bestätigt fand, so spiegelten sich später die Muslime in ihm, schöpften sie Macht aus seiner Mächtigkeit.

5. Allmacht und Mächtigkeit

Herr des Heiligen Hauses, «Herr der Kaaba», wie die Muslime selber gerne sagen, ist Gott. Seine Hüter sind die im Koran genannten *ūlū l-amr*, die «Sachwalter» oder »Befehlsträger», denen der Muslim Gehorsam schuldet, im weiteren Sinn aber jeder Muslim. Die schlimmste Verfehlung besteht nun darin, Gott etwas an die Seite zu stellen; «Beigesellung» *(širk)* ist das koranische Wort für Polytheismus. Die mekkanischen Heiden sind «Beigeseller» *(mušrik*, pl. *mušrikūn)*. Aber auch die christliche Trinität ist für Muhammad, der sie als Glaube an drei Personen, nämlich Gott, Maria und Christus auffaßte, nichts anderes als Vielgötterei. Die Christen oder «Nazaräer» *(naṣārā)*, wie der Koran sie auch nennt, sind «Verdreifacher» *(muṯalliṯ*, pl. *muṯalliṯūn)*. Die Manichäer, später im Islam blutig verfolgt, machen sich der «Zwieung» *(taṯniya)* schuldig, sind Dualisten *(muṯannī)* mit ihrem Glauben an einen guten und einen bösen Demiurgen. Und nur die Muslime sind die wahren Unitarier *(muwaḥḥid)*.

Gottes Einzigkeit ist nun für Muhammad je länger je mehr auch eine Machtfrage. Er formuliert sie in dem Satz «Keine Macht und keine Gewalt außer bei/durch Gott!» *(lā ḥaula wa-lā quwwata illā billāh)*, einem der Leit- und Kernsätze muslimischen Denkens bis auf den heutigen Tag. In zahlreichen Erzählungen und Aussagen des Korans wird die göttliche Allmacht und die Machtlosigkeit der vermeintlichen Götter, Götzen und götzenverehrenden Menschen dargetan; manches davon findet sich so oder ähnlich schon im Alten Testament. Ein häufig wiederkehrendes Motiv ist das von der Rache Gottes an einem Volk, das den zu ihm gesandten Propheten abgewiesen, verspottet oder gar mißhandelt hat. (Die Tötung von Propheten kommt im Koran nicht vor, wohl weil sich das mit der Auffassung Muhammads von der Allmacht Gottes nicht vertragen hätte. Auch die Kreuzigung Christi stellt der Koran bezeichnenderweise in Abrede; vielmehr sei ein Jesus ähnlicher Körper an seiner Stelle gekreuzigt worden.)

Nehmen wir z. B. Mose. Mehrfach betont der Koran den Machtaspekt seiner Sendung: «Wir sandten Mose mit unsern Zeichen und offenkundiger Macht *(sulṭān mubīn).*» (11,96 u. a.). Eine wichtige Szene in Mosis dramatischem Kampf für die Durchsetzung der göttlichen Allmacht ist sein auch im Alten Testament berichtetes Duell mit den Zauberern des Pharao. An zwei Stellen des Koran wird diese Machtdemonstration berichtet, an drei weiteren darauf angespielt. Mosis Stab verwandelt sich in eine Schlange und verschlingt die von den Zauberern vorgegaukelten Schlangen, seine Hand kommt weiß zum Vorschein, nachdem er sie in die Öffnung seines Rocks geschoben hat (87,108; 26,33; 20,22; 27,12; 28,32). Moses Stab schließlich ist das wichtigste Instrument seiner Machtausübung. Mit ihm schlägt er auf Gottes Befehl in der trockenen Wüste auf einen Felsen, worauf zwölf Quellen hervorsprudeln (2,60), und mit ihm läßt Gott ihn das Rote Meer spalten, um das Volk Israel zu retten und an den Ägyptern die Strafe zu vollziehen: «Wir offenbarten Mose: Schlage das Meer mit deinem Stab. Da tat es sich auf und jede Seite war wie ein gewaltiger Berg. Und wir ließen die andern heranrücken. Und wir retteten Mose und alle, die mit ihm waren, und wir ließen die andern ertrinken. Darin liegt wahrlich ein Zeichen. Dabei waren die meisten nicht gläubig. Doch dein Herr ist der Mächtige, der Verzeihende» (26,63–7).

Kein Wunder, daß der «Stab Mosis» und seine «Weiße Hand» später zu Symbolen für den Islam schlechthin geworden sind. – Allgemein stellt der Koran fest: «Gott gibt seinen Gesandten Macht *(yusalliṭ)* über wen Er will» (59,6) und faßt die Strafandrohung für Ungläubige in die folgenden Worte: «Die Strafe derer, die Gott und seinen Gesandten bekämpfen und Unheil auf der Erde betreiben, besteht darin, daß sie massakriert oder gekreuzigt oder ihnen nacheinander die Hände und Füße abgehauen oder sie von der Erde verbannt werden. Das ist eine Schande für sie im Diesseits, und im Jenseits erwartet sie eine gewaltige Strafe, außer denen, die Buße tun, bevor ihr Gewalt über sie habt. Wisset, Gott ist verzeihend, barmherzig!» (5,33–4)

Die Anhänger Muhammads werden denn auch aufgefordert: «Wenn sie sich abkehren, so packt sie und tötet sie, wo ihr sie findet!» (4,89, vgl. auch 2,191) «Wenn ihr die Ungläubigen trefft, schlagt ihnen die Hälse ab, bis ihr sie niedergemacht habt, und (sonst) legt sie in Fesseln, um sie später entweder zu begnadigen oder loskaufen zu lassen!» (47,4)

Gottes Macht erweist sich nun aber nicht nur im Niederwerfen seiner Feinde, der Rache an denen, die ihn bekämpften. Auch muß betont werden, daß jeder Gewaltanwendung die Warnung an die Betroffenen vorausgeht und daß der Kampf zunächst mit dem Wort geführt werden soll: «Disputiere mit ihnen kraft dessen, was besser ist» (16,125), d. h. wohl, indem du die besseren Argumente bringst (über die du als Muslim ja ohnehin verfügst). Der Koran ist reich auch an Exempeln solch friedlichen oder jedenfalls nicht blutigen Wettstreits und Machtkampfs. Das Beispiel von Mosis Machtkampf mit den Magiern des Pharao wurde schon erwähnt; es führt uns auf eindrückliche Weise die Möglichkeit menschlicher Teilhabe an der göttlichen Allmacht vor Augen, ein Aspekt, der uns in diesem Buch immer erneut beschäftigen wird.

Gottes Allmacht zeigt sich auch darin, daß er in die Irre führt, wen er will, straft oder verzeiht, wann und wie er will, und daß er Propheten sendet und Engel ihm dienen. Vor allem aber erweist sie sich in seinem Schöpfungswerk. Der Koran wird nicht müde, die Zeichen göttlicher Allmacht in den Wundern der Schöpfung zu rühmen, namentlich die alljährliche Wiederbelebung der erstorbenen Vegetation. Gottes Allmacht wird im übrigen im Koran nicht nur durch Erzählungen, Strafandrohungen, Hymnen und Gebete zum Ausdruck gebracht, sondern häufig auch durch knappe Feststellungen, in denen Gott Eigenschaften in Form von Adjektiven beigelegt werden. Diese göttlichen Attribute wurden später als die 99 «Schönen Namen Gottes» (7,180) Gegenstand frommer Versenkung und Leitfaden für Gebete, besonders, wenn der Betende einen Rosenkranz mit 99 Perlen benutzt; sie erlangten aber natürlich auch zentrale Bedeutung für die Entwicklung der islamischen Theologie. Ein Teil der göttlichen Attribute betonen den Machtaspekt, wie die folgende Auflistung (geordnet nach dem arabischen Alphabet) illustrieren mag:

der Zwingende (59,23; *al-ǧabbār*),
der Herr der Vollmacht (55,27; *ḏū l-ǧalāl*),
der Schiedsrichter *(al-ḥakam)*,
der Schädigende *(aḍ-ḍārr)*,
der Erhabene *(al-ʿazīz)*,
der Gewaltige *(al-ʿaẓīm)*,
der Eroberer *(al-fattāḥ)*,
der Packende *(al-qābiḍ)*,
der Mächtige *(al-qādir)*,
der Bezwinger *(al-qahhār)*,
der Starke *(al-qawī)*,
der Herr des Reiches *(malik al-mulk)*,
der Verhindernde *(al-māniʿ)*,
der Erniedrigende *(al-muḏill)*,
der Macht Ausübende *(al-muqtadir)*,
der König *(al-malik)*,
der Rächende *(al-muntaqim)*.

Diesen Attributen stehen andere zur Seite wie:

der Heilige *(al-quddūs),*
der Wissende *(al-ʿālim),*
der Verzeihende *(al-ġafūr, al-ġaffār),*
der Geduldige *(aṣ-ṣabūr)*
der Barmherzige *(ar-ra'ūf, ar-raḥmān, ar-raḥīm),*
der Gerechte *(al-ʿadl),*
der Gütige *(al-laṭīf)* etc.

Schon hier sei darauf hingewiesen, daß die islamischen Männernamen später weithin theophore Namen sein werden, d. h. der Name bezeichnet seinen Träger als «Knecht/Diener Gottes» (ʿAbdallah), «Knecht des Barmherzigen» (ʿAbd ar-Rahman, ʿAbd ar-Rahim, ʿAbd ar-Ra'uf), «Knecht des Mächtigen» (ʿAbd al-Qadir) etc.[22] Solche Namen drücken Unterwerfung aus, gleichzeitig aber auch die dadurch erlangte oder zumindest erhoffte Teilhabe an der göttlichen Allmacht. Deutlicher noch ist das bei den Namen einiger Kalifen, die Gottesnamen sind, denen aber jeweils ein «durch Gott» hinzugefügt ist, so bei dem ʿAbbasiden al-Muqtadir billah («der durch Gott Gewalt Ausübende») und bei dem Fatimiden al-ʿAziz billah («der durch Gott Mächtige»). (Näheres zur Mächtigkeit der Namen vgl. Kap. II.4.)

Damit sind wir bei einem Gedanken, der für den Blickwinkel dieses Buches von grundlegender Bedeutung ist: Alle menschliche Macht, soweit sie religiös legitim ist, stammt aus der göttlichen Allmacht, ist abgeleitete Macht, wir könnten auch sagen: ist aus dem Born der Allmacht geschöpft, ja sie ist Teilhabe an der göttlichen Allmacht. Die zuletzt gebrauchte Formulierung scheint dem Prinzip des strengen Monotheismus zu widersprechen, der in ihr ausgedrückte Aspekt liegt daher nicht auf der Hand und ist in den bisherigen Darstellungen des Islam kaum betont worden. Dennoch bildet diese Einsicht einen wichtigen Schlüssel für das Verständnis islamischer Vorgänge in Religion, Kultur und Gesellschaft bis auf den heutigen Tag. Näheres über die Teilhabe des islamischen Menschen an der göttlichen Allmacht wird in Kap. I.6.a gesagt werden.

Hier ist es jetzt an der Zeit, den Begriff der Mächtigkeit zu entwickeln. Unter «Mächtigkeit» verstehen wir Formen der Macht, wie sie z. B. Wissenschaften und Künsten, aber auch etwa der Liebe eignen. Daß diese Mächte oder Mächtigkeiten real sind, bedarf kaum eines Beweises. Man spricht ja vom «Zauber» eines Bildes oder davon, daß einer in den «Bann» einer Wissenschaft gerät. Die Macht der modernen Naturwissenschaften hat bedrohliche Dimensionen angenommen; aber auch die Macht gewisser philosophischer Lehren ist gerade in unserem Jahrhundert beklemmend deutlich geworden. Daß diese Mächte heilig oder unheilig sein können, ist heute wohl weithin aus dem Bewußtsein geschwunden, dem Kunsthistoriker aber z. B. noch geläufig – kann doch die Geschichte der abendländischen Musik und Malerei auch als ein gewaltiger Säkularisationsprozeß verdeutlicht werden. Wenn wir anstelle von «Macht» in diesem Buch lieber von

«Mächtigkeit» reden, so einerseits, um diese Gewalten klar von politischer «Macht» abzuheben, andererseits, um mit der abgeleiteten Wortbildung das nach islamischem Verständnis unentrinnbare Verhältnis aller irdischen Mächte zur göttlichen Allmacht – sei es als Gegensatz oder als Anteil – terminologisch zum Ausdruck zu bringen.

Gewiß kennt der Koran auch eine ungöttliche Macht. Sie stammt vom Teufel und, wie bei Luther, so verfügt auch im Islam der Teufel «über groß Macht und viel List». Letztlich aber ist diese Macht zum Scheitern verurteilt, auch wenn sie sich eine Zeitlang behauptet. «Sie üben List und Gott übt List, und Gott ist der listenreichste.» (8,30) So und ähnlich wird es im Heiligen Buch des Islam immer wieder betont. List ist Anwendung von Verstandeskräften, im Falle der Ungläubigen ist diese Ausübung nicht geheiligt, daher frevelhaft, während bei Gott natürlich auch die List heilig und rechtens ist. Jedes Wissen stammt ja von Gott, d. h. das wahre Wissen ist heiliges Wissen, «sacred knowledge».[23] Daher nennt der Koran das Heidentum vor dem Islam die Zeit der Unwissenheit *(ǧāhilīya)*. Der Koran dagegen bringt «Wissen» und lädt zu diesem Wissen ein. Wer den rechten Glauben hat, der weiß auch, was es zu wissen gilt. Später verwandte man diese Vorstellung vom heiligen Wissen im islamischen Kulturkampf. Mit andern Worten, man wurde sehr bald dessen gewahr, daß Wissen Macht ist, daß es eine Mächtigkeit darstellte, die sich, wollte sie im Islam Daseinsrecht haben, der Allmacht, dem Heiligen, unterwerfen mußte wie alles übrige.

Wissenschaften und Künste, die mächtigen Bausteine islamischer Kultur, waren nun aber im Augenblick, da sie in das Heilige Haus hineingetragen wurden, nicht islamisch und mithin nicht geheiligt, stammten vielmehr in der Regel aus mehr oder weniger paganen Kulturen, die Wissenschaften vor allem von den alten Griechen, die Künste aus Byzanz, Mesopotamien, Iran, Zentralasien, China. Diese «Mächtigkeiten» stellten mithin beim Eintritt in das Heilige Haus eine Herausforderung dar, und von wachsamen frommen Kreisen wurde das auch sehr bald so empfunden. Das Bewußtsein dafür setzte sich aber erst nach und nach durch. Und auf der anderen Seite wirkten die an der Ausübung dieser Wissenschaften, dieser Künste Interessierten nach Kräften darauf hin, ihrer Ware wenigstens ein islamisches Markenzeichen aufzuprägen, sie oberflächlich zu legitimieren mit einem Koranwort oder überlieferten Ausspruch Muhammads. Gleichzeitig aber bauten sie ihre eigene Mächtigkeit auf, wie wir das später u. a. am Beruf des Arztes näher in Augenschein nehmen werden. Dennoch, allmählich wirkte sich das islamische Klima aus. Es kam langsam, aber unaufhaltsam, zu einer Durchdringung aller Tätigkeiten, Künste und Wissenschaften mit islamischem Geist oder aber zu religiösen Konkurrenzunternehmen, wie z. B. der aus einem Kern überlieferter medizinischer Ratschläge Muhammads entwickelten «Prophetenmedizin», die lange neben der hippokratisch-galenischen herlief, bis sich schließlich beide gegenseitig durchdrangen, wenn nicht gar – es gibt Texte, die das bezeugen – die griechische von der «prophetischen» aufgesaugt und integriert wurde.

Die islamische Kultur- und Geistesgeschichte spielt sich also im Spannungsfeld von Allmacht und Mächtigkeit ab. Wie für den einzelnen «Heiden», der sich mit der Allmacht Allahs und seiner Hüter konfrontiert sah und zum Übertritt entschloß, der Weg von der Herausforderung über die Unterwerfung zur muslimischen Teilhabe an der Allmacht Gottes führte, so auch für die einzelnen «Mächtigkeiten» kultureller Phänomene. Der Islam seinerseits schuf Mächtigkeit durch seine Riten, zumal die Gemeinschaftsriten, er schuf Mächtigkeit mit seinen Künsten, und er bot Mächtigkeit an mit seinem Heiligen Wort, das, gesprochen und geschrieben, in Litaneien, Gebeten, an Moscheewänden wie in Talismanen zu wirken versprach. Das werden die Untersuchungen später im einzelnen zeigen.

6. Das koranische Welt- und Menschenbild

Das islamische Welt- und Menschenbild erwächst ganz wesentlich aus dem Koran sowie dem sogenannten *Hadith,* d. h. dem Korpus meist kurzer Berichte – sie zählen nach Tausenden – über Aussprüche, Antworten, Reaktionen, Handlungen und Verhaltensweisen Muhammads. Da diese Quellen in ihrem echten Kern die Kultur und das Weltbild der Araber des siebten Jahrhunderts, einer noch halb nomadischen Gesellschaft spiegeln, mußten sich notwendig Probleme für die späteren Epochen ergeben, die man, wie im Falle heiliger Schriften üblich, mit Exegese und Allegorese zu lösen suchte, was freilich die Sakralisierung und damit Festschreibung des koranischen Weltbildes nicht aufhob, sondern nur partielle Lösungen – und oft nur für bestimmte Personenkreise – anbot.

a) Die koranische Anthropologie

Das koranische Menschenbild bewegt sich zwischen zwei Polen; denn einerseits befindet sich der Mensch in einer Sklavenstellung gegenüber Gott als dem Herrn der Schöpfung; zum andern ist er aber auch Stellvertreter Gottes auf Erden. Beide Pole, auf die wir gleich noch näher eingehen werden, gelten freilich nur für den Gläubigen. Die Ungläubigen dagegen, die Polytheisten, stehen außerhalb dieser Beziehung zu Gott, sie werden eigentlich gar nicht als Menschen oder jedenfalls nur als geistig-seelische Krüppel gewertet: «In ihren Herzen ist eine Krankheit» und sie sind «taub, stumm und blind». Auf diese Gebrechen weist der Koran mehrfach hin und betont zudem auch ihre Unheilbarkeit:

«Unter den Menschen gibt es solche, die sagen: ‹Wir glauben an Gott und an den Jüngsten Tag!› Doch sind sie nicht Gläubige. Sie suchen Gott und diejenigen, die glauben, zu betrügen, betrügen aber nur sich selber, ohne es zu merken. In ihrem Herzen ist eine Krankheit und Gott vermehrt ihre Krankheit. Ihrer wartet peinvolle Strafe für das, was sie erlogen haben. Wenn man zu ihnen sagt: ‹Stiftet nicht Unheil auf der Erde!› sagen sie: ‹Wir stiften doch nur Heil!› Ach, wahrlich, sie sind es, die Unheil stiften! Aber sie merken es nicht. Und wenn man zu ihnen sagt: ‹Glaubt wie die Menschen glauben!› sagen sie: ‹Sollen wir glauben wie die Toren?› Ach, wahrlich, sie sind die Toren! Aber sie wissen es nicht. Und wenn sie die Gläubigen treffen, sagen sie: ‹Wir glauben.› Wenn sie aber mit ihren Teufeln allein sind, sagen sie: ‹Wir sind mit euch. Wir treiben nur unsern Spott!› Gott aber spottet ihrer und bestärkt sie darin, in ihrer Auflehnung blind zu verharren. Das sind die, die sich den Irrtum erkauft haben um die Rechtleitung. Doch ihr Handel hat keinen Gewinn eingebracht, und sie sind nicht rechtgeleitet. Sie gleichen einem, der ein Feuer entfacht hat, doch nachdem es seine Umgebung erleuchtet hatte, nahm Gott ihr Licht weg und ließ sie in Finsternis, so daß sie nichts mehr sahen – Taube, Stumme und Blinde! Und sie kehren nicht um.» (2,8–18)

Für diese Ungläubigen ist also wenig oder nichts zu hoffen; an ihnen sind «Hopfen und Malz verloren». Da Gott selber sie in die Irre führt und die Krankheit ihrer Herzen vermehrt, vermag auch die Offenbarung an ihnen nichts auszurichten, hat vielmehr nur die gegenteilige Wirkung: «Wenn eine Sure herabgesandt worden ist, sagen einige von ihnen: ‹Wem unter euch hat sie den Glauben vermehrt?› Was nun diejenigen angeht, die gläubig sind, so vermehrt sie ihren Glauben, und sie frohlocken. Diejenigen aber, in deren Herzen Krankheit ist, deren Schmutz vermehrt sie um Schmutz, und sie sterben als Ungläubige» (9,124–25).

Läßt schon die Aufforderung «Glaubt wie die Menschen!» eine Scheidung zwischen Mensch und Nicht-Mensch ahnen, so wird der Koran an anderer Stelle eindeutig, wo er von den Ungläubigen aussagt: «Die schlimmsten der Tiere *(šarru d-dawābb)* vor Gott sind jene Tauben und Stummen, die nicht begreifen.» (8,22) Eine Bedrohung freilich stellen sie letztlich nicht dar, denn «Gott hat die Ungläubigen (allesamt) in seiner Gewalt» (2,19). Aus dieser Einschätzung der Ungläubigen wird nun auch verständlich, daß der Gläubige sie bekämpfen muß, und vollends ist klar, daß, wer in ihre Reihen abirrt oder zurückfällt, nichts anderes als den Tod verdient hat. Gott hat den Muslimen zu ihrer Bekämpfung «offenkundige Macht» *(sulṭānan mubīnan)* erteilt (4,91). Im übrigen wird gerade in der koranischen Auffassung vom Kampf gegen die Ungläubigen das Moment der «Teilhabe» besonders deutlich. Versichert doch Gott den Gläubigen im Hinblick auf die Schlacht von Badr, die erste größere kriegerische Auseinandersetzung mit den heidnischen Mekkanern, und die dort getöteten Gegner: «Nicht ihr habt sie getötet, sondern Gott. Und nicht du hast, als du schossest, geschossen, sondern Gott» (8,17). Soviel also zu den Heiden. Kommen wir nun aber zu den Gläubigen.

Es war bereits davon die Rede, daß Islam Unterwerfung, absoluten Gehorsam bedeutet. «Gehorcht Gott!» (5,92) «Gehorcht Gott und dem Gesandten!» 2,32 u. a. «Gehorcht dem Gesandten und den Befehlsträgern unter euch!» (4,59) «Ich bin euch ein verläßlicher Gesandter; darum fürchtet Gott und gehorcht mir!» (achtmal als Refrain in Sure 26,107ff.) So ziehen sich diese Aufforderungen durch den Koran. Auflehnung, Ungehorsam ist die Sünde des Teufels. Fünfmal wird im Koran der Mythus erzählt über den Abfall des Iblis: Gott fordert die Engel auf, vor Adam niederzufallen. Alle gehorchten außer dem Teufel, der sich weigerte mit dem Argument, Adam sei aus Ton, er selber dagegen aus Feuer erschaffen. Woraufhin er von Gott verstoßen wurde.

Gerade dieser Mythus zeigt aber auch die hohe Stellung, die der Mensch im koranischen Kosmos einnimmt. Zwar schuldet er Gott absoluten Gehorsam und kann sich dem göttlichen Willen nicht entziehen, andererseits aber steht er in gewisser Weise über den Engeln. Nun ist es zweifellos so, daß zwar jeder Mensch Knecht oder Sklave Gottes, nicht aber jeder auch Stellvertreter Gottes auf Erden sein soll. Im Koran kommt diese Bezeichnung vielmehr nur zweimal vor. Einmal im Rahmen der Schöpfungsgeschichte. Hier teilt Gott den Engeln mit, daß er plane, einen Stellvertreter auf Erden einzusetzen, worauf er Adam erschafft (2,30). Von den vorislamischen Propheten, die der Koran erwähnt, wird nur einer noch ausdrücklich als «Stellvertreter auf Erden» bezeichnet, nämlich David (38,26). Mehrmals findet sich die Aussage im Plural: «Wir haben euch zu Stellvertretern auf Erden gemacht» (10,14 u. a.), doch neigt hier die Exegese zur Ausdeutung, es sei einfach gemeint: «zu Nachfolgern früherer Generationen». Richtig ist, daß in keinem Fall ausdrücklich von «Stellvertreter(n) Gottes» die Rede ist.

Das koranische Menschenbild hängt aber auch nicht an diesem Ausdruck. Es wird uns deutlicher, indem wir noch einmal auf unsern Begriff der «Teilhabe» zurückkommen und prüfen, was der Koran zu diesem Thema zu sagen hat. Zunächst sei darauf hingewiesen, daß das biblische «Macht euch die Erde untertan!» ein unverkennbares, aber doch deutlich anders geartetes Pendant im heiligen Buch des Islam hat. Im Koran nämlich ist das «Untertan-machen» nicht dem Menschen aufgetragen, sondern von Gott bereits für ihn besorgt. Er verwendet dafür ein Verbum, das «unterwerfen», «dienstbar machen» bedeutet. «Hast du nicht gesehen, daß Gott euch unterworfen hat, was auf Erden ist?» (22,65) Das gleiche Verbum kehrt mehrfach in Sure 14 wieder. Und hier ist es nicht nur die Erde, die Gott den Menschen unterworfen hat, sondern auch der Kosmos:

«Er hat euch dienstbar gemacht das Schiff, das auf seinen Befehl im Meer fährt. Er hat euch dienstbar gemacht die Flüsse. Er hat euch dienstbar gemacht die Sonne und den Mond in ihrem Umgang.

Er hat euch dienstbar gemacht die Nacht und den Tag und euch alles gegeben, worum ihr gebeten habt.» (14,32–4)

Es dürfte den uneingeweihten Leser absurd anmuten, auch in diesem zweiten Fall *saḫḫara lakum* zu übersetzen mit «Gott hat für euch unterworfen». Und doch ist gerade dieser Gedanke, daß der Mensch mit seinem Geist die Gestirne lenken, den Kosmos beherrschen und bewegen könne, den islamischen Mystikern durchaus vertraut, wie wir noch sehen werden. Teilhabe also in einem ungeheuer hohen, abendländischer Ratio unvorstellbaren Ausmaß.

Was uns in diesen Versen allgemein entgegentritt, das finden wir in einzelnen koranischen Gestalten wieder, denn im koranischen Propheten ist das Moment des Übernatürlichen, Wunderbaren deutlich stärker ausgeprägt als im Prophetentyp der Bibel. Namentlich Salomo erscheint geradezu als frommer Magier und gilt später in der islamischen Tradition auch als der Begründer der «erlaubten Magie» (Näheres Kap. VII.3.c).

b) Das koranische Weltbild

Wir sind soeben auf magische Elemente gestoßen. Salomo, wie er uns im Koran vor Augen steht, scheint aus *Tausendundeiner Nacht* zu stammen, wo er ja auch wiederholt als Herr der Geister und Dämonen auftritt.[24] Niemand würde zögern, das Weltbild dieser Erzählsammlung als magisch zu bezeichnen. Beim Koran dagegen zögern wir. Und dennoch ist das ihm zugrundeliegende Weltbild von unserer Warte aus als wenigstens teilweise magisch oder als magisch-mythisch zu bezeichnen, wobei wir als «mythisch» Berichte wie die vom Sturz des Diabolos sowie die Deutung bestimmter Naturerscheinungen ansehen, als «magisch» den Glauben an Geister und Zauberei.

So ist es in unseren Augen ein mythischer Zug, wenn der Koran Sternschnuppen erklärt als aus dem Himmel geschleuderte Feuerbrände, mit denen Dämonen bei ihrem Versuch, an den Pforten des Himmels zu lauschen, verscheucht werden (37,7–10 u. ö.).[25] Dieser Mythus – wir könnten auch von einer mythologischen Ätiologie sprechen und hierin den koranischen Kern der später in der islamischen Dichtung so beliebten «phantastischen Ätiologie» erblicken (vgl. dazu Kap. IX.3.) – veranschaulicht auf überraschende Weise den negativen Aspekt des Teilhabens an der Allmacht: Wer nicht gläubig ist, ist ausgeschlossen vom himmlischen Wissen. Andererseits ist nun aber für das koranische Weltbild bezeichnend, daß es nicht nur böse, sondern auch gute Dämonen gibt. Ein Teil der *Dschinnen* nämlich – so der koranische Name dieser aus Feuer erschaffenen Wesen – lauschte der Predigt Muhammads und bekehrte sich zum Islam (46,28).

Der Dämonenglaube des Korans bildet den religiösen Rahmen der Geistererzählungen in *Tausendundeiner Nacht* sowie der Behandlung des Verhältnisses zwischen Menschen und Geistern im Recht (z. B. einer Mischehe, des Eigentums) oder der zahlreichen Erzählungen über Begegnungen zwischen Mystikern und Geistern.[26] Wie die Welt der Menschen, so ist auch die Welt der Geister geschieden in Gläubige und Ungläubige. Der Mensch aber ist, wo er geht und steht, von unsichtbaren Geistern umgeben. Hieraus erhellt, wieso die Abwehr der Geister durch Amulette zum muslimischen Alltag gehörte und auf dem Land noch heute weithin gehört. – Was die Zauberei betrifft, so sind wir ihren Spuren im Koran bereits in der Mose-Erzählung begegnet. Das Wort «Zauberei» *(siḥr)* und davon abgeleitete Wörter – «zaubern», «verzaubert» etc. – sind überhaupt auffällig häufig im Koran. Muhammad selber mußte sich gegen den Vorwurf wehren, ein Zauberer zu sein. Seine eigene Furcht vor Zauberinnen kommt in der vorletzten Sure zum Ausdruck, einem Gebet, in dem der Prophet, zu Beginn der Sure mit dem göttlichen «Sprich!» dazu aufgefordert, bei Gott Zuflucht sucht vor allem Bösen in der Schöpfung: vor hereinbrechender Finsternis, vor den «Spuckerinnen in die Knoten», d. h. Hexenweibern, und vor dem Neider. Das magische Weltbild des Koran erfährt weitere Ergänzungen im Hadith, wo u. a. berichtet wird, daß einmal Muhammads Potenz durch einen Talisman für mehrere Tage gebannt blieb (vgl. S. 200). Aus all dem folgt, daß das koranische Weltbild in der Tat als magisch-mythisch bezeichnet werden darf, was als grundlegend für die islamische Frömmigkeit und Geistigkeit, ja Kultur überhaupt zu betrachten ist. Wir werden auf diesen Aspekt noch mehrfach, vor allem in den Kapiteln über Geheimwissenschaften bzw. die Künste, zurückkommen.

7. Gesetz als Ordnung und Form

Der Islam ist – wie das Judentum – eine Gesetzesreligion im Unterschied zum Christentum, das im Kern, vor seiner Umgestaltung durch die katholische Kirche (die ein kanonisches Recht etablierte), eine Gewissensreligion war und es auch im Protestantismus sowie in allen übrigen Reformansätzen der katholischen Kirche, etwa den Orden, geblieben und seinem inneren Wesen nach immer erneut zu werden bestimmt ist.

Das Gesetz ist gleichsam die Hausordnung des Heiligen Hauses jeder Gesetzesreligion. Diese Kontrollfunktion kommt in der koranischen Bezeichnung der Strafen deutlich zum Ausdruck. Die koranischen Gebote und insbesondere auch die Strafen wie Abhacken der rechten Hand für Diebstahl (bei Rückfall: der linken Hand und dann der Füße; 5,38), hundert Peitschenhiebe für Unzucht (24,2), Kreuzigung für Räuberei (5,33) etc. heißen im Koran selber «Grenzen» (*ḥudūd*, z. B. 2,187). – Der arabische Ausdruck *Scharia* – so wird das religiöse Gesetz genannt – bedeutet eigentlich «Weg», ursprünglich sogar «Weg zur Tränke», ein Bild, das die durch Befolgung des Gesetzes zu erzielende Teilhabe, das «Anzapfen» göttlicher Allmacht, plastisch zum Ausdruck bringt. Im Koran angelegt, wurde das islamische Gesetz später durch Rechtsgelehrte zu einem umfassenden System entwickelt, wobei neben dem Koran als zweite inhaltliche Quelle das

Korpus der Überlieferungen von Muhammads Worten und Taten, das sogenannte *Hadith,* herangezogen und ausgeschöpft wurde. Joseph Schacht, einer der besten Kenner des islamischen Gesetzes, nannte die Scharia «die entscheidendste Ausprägung islamischen Denkens, den Wesenskern des Islams überhaupt».[27]

Die rhythmisch wiederkehrenden Riten wie namentlich die Reinigung, das Gebet, das Fasten, aber auch selten oder nur einmal vollzogene Riten wie die Pilgerfahrt sowie die im Koran nicht genannte, aber für jeden männlichen Muslim unerläßliche Beschneidung und viele fast rituell befolgte Sitten wie die Verschleierung der Frau – alles das trägt in starkem Maße Öffentlichkeitscharakter. Wer sich ausschließt, ist sofort als Abweichler erkannt und gebrandmarkt.

Die Macht der Gesetzesgelehrten *(faqīh,* pl. *fuqahā')* ist daher gewaltig. Und zum Gesetzeskenner, der die vorhandenen Codices auslegte, trat bald der für ungeklärte Fälle herangezogene Spezialist, der ein *Fetwa/Fatwa* («Gutachten») abgibt und daher *Mufti* («Gutachter») genannt wird. Das Amt kam unter dem osmanischen Sultanat zu höchsten Ehren (vgl. Kapitel IV.3.d), und im Zuge der fundamentalistischen Bewegungen gewann es neuerdings wieder an Einfluß und Ehren. Der Mufti wird z. B. befragt, ob Mädchen Hosen tragen, ob Frauen diese oder jene Tätigkeit ausüben dürfen – ist der Fundamentalismus doch vor allem eine Anstrengung, das entgleitende alltägliche Leben wieder unter die Kontrolle der Allmacht, die Hausordnung des Heiligen Hauses wieder zur Geltung zu bringen.

So unangenehm uns als moderne Europäer manches an der Scharia berührt und so unvereinbar manche ihrer Gesetze mit der Charta der Menschenrechte erscheinen, so kann doch eines nicht geleugnet werden: ihre enorm uniformierende Kraft, die in Verbindung mit der sogenannten *Sunna* («Herkommen» – vgl. Kap. II.2 und II.6) das Leben der Muslime einheitlich prägte, und zwar nicht nur ihre Sitten und Bräuche, Gesten und Formeln, sondern eben je länger je mehr auch ihr Denken und Fühlen.

8. Die Mächtigkeit der Form

Einer der Beinamen Gottes ist der «Formende» oder «Formgeber» (59,24), enthalten auch in der Aussage: «Er hat euch geformt und hat euch schöne Formen gegeben» (40,64). Im übrigen könnte man in diesem Kontext auch eine philosophische Komponente geltend machen: Die Form ist ja in der aristotelischen Philosophie das, was die Seele dem Körper, der Geist dem Stoff vermittelt.[28] Bei arabischen Aristotelikern findet man die Gleichsetzung von Seele und Form. Doch die islamische Mächtigkeit der Form kommt nicht aus aristotelischen Wurzeln. Sie manifestiert sich im Kult und in der starken Betonung der formalen Aspekte hinsichtlich der korrekten Ausübung kultischer Handlungen. Noch heute sind Muslime strenger

Observanz z. B. ängstlich darauf bedacht, während der Ramadan-Tage keinen Speichel zu verschlucken, weil das das ganze Bemühen zunichte, das Fasten ungültig machen würde. Ebenso ist natürlich das Ritualgebet nicht gültig, wenn der vorgeschriebene Ablauf der Bewegungen nicht in allen Details befolgt wird. Und im übrigen ist ohnehin jede kultische Handlung ungültig, wenn sie nicht mit der Erklärung der sogenannten *nīya,* d. h. Absicht oder Intention, beginnt. Alles das kommt daher, daß hier nicht nur einfach heilige Handlungen vorliegen, sondern gleichzeitig Gemeinschaftsriten, bei denen jede Abweichung von der Norm die Harmonie und die daraus erwachsende Mächtigkeit beeinträchtigen würde.

a) Der Formalismus in Jurisprudenz und Exegese

So ist denn begreiflich, daß das Denken des traditionell erzogenen Muslims ein stark formales ist. Gewiß, die Mystik war immer wieder und mit beträchtlichem Erfolg bemüht, über den ethischen Formalismus der Scharia hinauszugelangen. Und wenn sie die Fuqahaʾ als Vertreter kalter Vernunft attackiert, so geht es eben um diese Haltung, der die Erfüllung der Form wichtiger ist als menschliche Wärme, Verantwortung, ethische Prinzipien. Doch die allgemeine Strukturierung des Denkens wurde dadurch kaum aufgehalten.

Die formalen Vorschriften der Juristen sind wie ein ungeheures Schnörkelwerk in den geistigen Dimensionen des Heiligen Hauses. Die formale Legalisierung jeder Neuerung hat hier ihre Wurzeln, also etwa die in späteren Kapiteln zu beleuchtenden Bemühungen, die von den Griechen übernommenen säkularen Wissenschaften mittels Schriftbeweisen zu legitimieren.

Enorme Denkanstrengungen wurden und werden erbracht, um gewisse, im Zuge sozialen und technischen Wandels notwendige oder wünschenswerte Veränderungen als mit der Offenbarung vereinbar zu erweisen. Das wiederum führte zu einer Interpretationskunst, wie sie in allen Gesetzesreligionen an der Tagesordnung ist. Was haben sich nicht fromme Juden alles einfallen lassen, um das Sabbatharbeitsverbot zu erfüllen und doch zu umgehen! Im mittelalterlichen Islam wurden ganze Bücher über gesetzliche «Schliche» *(ḥiyal)* und «Hintertürchen» *(maḫāriǧ)* geschrieben.[29] Andere Autoren versuchten, die zahllosen Widersprüche im Hadith durch sophistische Exegese miteinander in Einklang zu bringen (vgl. Kap. IV.3.b). Und auf der gleichen formalen Ebene bewegen sich all jene Versuche der verschiedensten Gruppen, seien es nun die Muʿtaziliten, die Batiniten und Schiiten oder die Aristoteliker und die Naturwissenschaftler, ihr Weltbild mit den koranischen Aussagen in Einklang zu bringen. Dieses Bemühen geht bis in die Gegenwart weiter, wenn etwa versucht wird, das moderne physikalische Weltbild, die neuesten technischen Erfindungen im Koran vorausgesagt zu finden.

b) Form als beherrschendes Element der islamischen Künste

Der deutlichste Beweis für die Aszendenz der Form zur dominanten Komponente islamischen Denkens und die damit verbundene Vereinheitlichung des Denkens und Empfindens ist das Phänomen der islamischen Kunst, deren Äußerungen von Indien bis Marokko und Andalusien so einheitlich und so fulminant von formalen Impulsen geprägt sind, daß sie dem mit Kunst nicht ganz unvertrauten Betrachter meist auf Anhieb als «islamisch» erscheinen. Alles Nähere zu diesem Gegenstand wird unten in den entsprechenden Kapiteln ausgeführt.

II. Das große Kraftnetz

Die Teilhabe an der Allmacht, die wir als den eigentlichen Wesenskern, die Grunderfahrung muslimischen Daseinsgefühls erkannt haben, erhält ihre volle Bedeutung und Realität erst in der Gruppe. Die islamische Gemeinde ist verbunden durch ihre «Nähe» zu Gott und die daraus resultierende Nähe zueinander. Das ist überall greifbar, läßt sich aber vielleicht am besten anhand einer Reihe von «Nähe» ausdrückenden Begriffen des Korans verdeutlichen. Da ist zunächst auf die Wurzel *wly* zu verweisen, die eigentlich «nahesein» bedeutet. Das von ihr abgeleitete Wort *walīy,* pl. *auliyā',* wird in der Regel mit «Freund», «Anwalt», «Helfer» und dergleichen übersetzt, heißt aber eben eigentlich der «Nahe» oder «Nächste». So wird im Koran den Gläubigen immer wieder verkündet, daß sie keinen *walīy* haben außer Gott, oft in der Verbindung «keinen Helfer und keinen Siegverleiher» (*nāṣir* – z. B. 2,107; 2,120; 9,74). Wichtig und tröstlich ist für die Gläubigen auch die folgende Zusage: «Wahrlich, die Freunde Gottes befällt keine Furcht noch sind sie traurig.» (10,62) Solcher Zuspruch bestätigt ihnen, daß aus der Nähe zu Gott «Mächtigkeit» erwächst. Ebenso aber stiftet sie Verbindung unter denen, die Gott nahe sind: «Die gläubigen Männer und Frauen sind einander freund» (9,71). Bezeichnend ist, daß das Wort *walīy* in mystischen Kreisen sehr bald die Bedeutung annahm, die unserm Wort «Heiliger» entspricht; eine der umfangreichsten Hagiographien der islamischen Welt, ein arabisches Werk aus dem 10. Jh., trägt den Titel *Ḥilyat al-auliyā',* d. h. «Schmuck der Gottesfreunde».[1]

Gleichzeitig aber schafft diese Nähe auch Distanz zu denen, die nicht zu den legitimen Bewohnern des Heiligen Hauses gehören, verpflichtet zur Abgrenzung gegenüber den Draußengebliebenen: «Die Gläubigen sollen sich nicht Ungläubige statt der Gläubigen zu Freunden nehmen!» (3,28; 4,89) «Nehmt euch eure Väter und eure Brüder nicht zu Freunden, wenn sie den Unglauben mehr lieben als den Glauben!» (9,23) «Nehmt euch keine Freunde unter den Christen und Juden!» (5,51)

Neben Ableitungen der Wurzel *wly* verwendet der Koran in einigen wichtigen Versen solche der Wurzel *qrb,* die ebenfalls «nahesein» bedeutet. Hier ist zunächst eine Reihe von Versen zu nennen, in denen Gott seine Nähe versichert: «Wenn dich meine Geschöpfe (wörtlich: «Sklaven») nach mir fragen – siehe ich bin nahe!» (2,186) «Wahrlich, die (Sieg verleihende) Hilfe *(naṣr)* Gottes ist nahe» (2,214). Den Komparativ verwendet die eindrückliche, für Gottes durchdringende Omnipräsenz wichtigste Aussage: «Wir (Gott) sind ihm (dem Menschen) näher als seine Halsschlagader!» (50,16)

Zu denen, die Gott bereits «nahegebracht» *(muqarrab)* sind, gehören eine Klasse hochrangiger Engel (4,172), Jesus (3,45) und alle, denen das Paradies winkt (56,11; 56,88). Ein Mittel der Nahebringung ist seiner Wortbedeutung nach das – vor allem während der Wallfahrt dargebrachte – Opfer, das im Koran ja *qurbān* heißt (5,27), also «(Mittel der) Annäherung». Erwähnt sei schließlich die Aufforderung «Fall nieder und nähere dich *(iqtarib)!*» (96,19), die den Zusammenhang von Unterwerfung und Teilhabe auf eine knappe sinnfällige Formel bringt. – Es braucht kaum betont zu werden, daß hier, in diesem Drang nach Nähe zwischen Gott und seinen Dienern, auch eine der Quellen der islamischen Mystik liegt, der liebende Nähe und daraus keimende Mächtigkeit zum innersten Anliegen wird.

1. Der Koran als alles durchdringende Mächtigkeit

Das geoffenbarte Wort des Korans ist wie die heiligen Texte anderer noch lebendiger Weltreligionen im Alltag der Gläubigen stets gegenwärtig. Neben einer Reihe kurzer ständig gebrauchter Formeln wie «Was Gott will!» (Ausruf des Erstaunens, der Bewunderung), «Wenn Gott will!» (bei Aussagen, die die Zukunft betreffen), «keine Macht und keine Gewalt außer bei Gott!» (Ausruf in Gefahr) und einigen Aussprüchen Muhammads sind es vor allem koranische Verse, die der Gläubige auf Schritt und Tritt im Munde führt, die er zitiert und mit denen er die Wände der Moscheen und Paläste ebenso wie die seines Hauses und seines Ladens im Basar, ja sogar die Gegenstände seines täglichen Lebens schmückt. In Amuletten, wie man sie Kindern und Frauen, Schwangeren und Reisenden gegen den Bösen Blick umhängt, befinden sich koranische Verse und selbst in Zaubertexten – von der «erlaubten Magie» wird später ausführlich die Rede sein (Kap. VII.3.c; IX.3.) – dürfen sie nicht fehlen. Besonders deutlich ist die Präsenz des heiligen Wortes in der mystischen Dichtung. Die persischen Texte eines ʿAttar, Rumi etc. sind durchsetzt von arabischen Koran-Zitaten, daneben aber auch von auf persisch paraphrasierten koranischen Gedanken. Das gleiche gilt noch für manchen islamischen Dichter unsers Jahrhunderts wie etwa Muhammad Iqbal, dessen auf Persisch und Urdu geschriebene Gedichte von Koranzitaten durchrankt sind. Das ganze Denken des frommen Muslims ist durchtränkt und geprägt von koranischem Geist, man erwartet vom Koran daher auch die Antwort auf alle Fragen des Lebens und eine Legitimationsbasis für alle Wissenschaften und Künste. Der Koran selber scheint diesen Anspruch zu erheben mit dem Vers: «Nichts haben wir in der Schrift übergangen» (6,38).

2. Der Ritus der Gruppe als kumulierte Mächtigkeit

Wir haben oben von der Kontrollfunktion der Gruppenriten gesprochen; ebenso wichtig ist aber ihre Funktion, das Gefühl der Zusammengehörigkeit zu erzeugen und damit das Bewußtsein der vervielfachten, akkumulierten Mächtigkeit. Der Außenstehende empfindet es, wenn er eine riesige Menge Betender, sei es in einer Moschee oder im Freien, die gleichen Bewegungen ausführen sieht. Gesteigert ist dieses durch gemeinsame Ausführung eines Ritus erzeugte Gefühl der Macht während der Wallfahrtszeremonien in Mekka. Am stärksten aber dürfte es im Kampf, also im Heiligen Krieg empfunden werden, der ja nach islamischem Gesetz eine Gemeinschaftspflicht und mithin eine religiöse Obliegenheit, im Grunde also einen Ritus darstellt (vgl. Kap. III.5.).

3. Formen der Verfügbarkeit heiliger Mächtigkeit

Heilige Mächtigkeit ist dem Gläubigen ständig auf mancherlei Weise verfügbar, sie ist wie ein gewaltiges Reservoir, dessen Zapfstellen überall vorhanden sind, sofern man sich ihrer zu bedienen weiß. Die wichtigsten Mittel, die Allmacht anzuzapfen, sind fromme Formeln und Riten, das Gebet, Amulette, Talismane sowie «erlaubte Magie», schließlich in besonderem Maße der Heiligenkult.

a) Das Gebet

Das Gebet ist zweifellos in allen Religionen ein sinnfälliger Ausdruck für das Bemühen, Teilhabe – und damit Mächtigkeit – zu erlangen durch Unterwerfung. Man denke nur an die zahlreichen Psalmen, in denen David um den Sieg über seine Feinde bittet. Das islamische Ritualgebet, das fünfmal täglich vollzogen werden muß, dient dem gleichen Zweck. Dank seiner fixierten Struktur als Gruppenritus geeignet, kann es doch sehr wohl auch im Alleingang verrichtet werden. Der es beherrschende Text ist die *Fatiha,* also die erste Sure des Korans, jenes Kurze Gebet, das man in Anbetracht seiner Funktion mit dem Vaterunser verglichen hat. Werden alle fünf vorgeschriebenen Gebete verrichtet, so wird dabei die Fatiha insgesamt 17mal pro Tag wiederholt.[2] Daneben gibt es andere Formen des Gebets, sowohl liturgisch geformte wie auch freie, in denen der Betende seine persönlichen Anliegen vorbringen kann. Liturgische Gebete sind namentlich jene, die sich mit den 99 Schönen Namen Gottes verbinden.[3] Texte wurden, auch in Gedichtform, von verschiedenen Autoren geschrieben, so gibt es etwa ein in Ägypten beliebtes Gebet aus der Feder des ägyptischen Mystikers ad-Dardir (1715–86). Darin sind pro Vers ein bis zwei Schöne Namen verwendet und mit einer Bitte verknüpft. Hier einige Zeilen:

O Herr, Barmherziger, schenk uns Erkenntnisse
Und Huld und Wohltaten und Licht, das uns umfängt!
Erbarmer du der Welt, laß alle hingelangen
Zum Hof der Heiligkeit, führ uns in Deine Nähe!
O Herrscher, untertan mach meine Welten meinem Geist
Und läutre den Verstand von allem außer Dir!
Heiliger, heil'ge von Begierden mir die Seele
Und heile, o mein Heil, mich ganz von aller Pein!
Gib, o Versicherer, mir Sicherheit und Jubel
Und schmück, o Wächter, meinen Hof mir mit Erwünschtem!
Vergönne, Mächtiger, mir Macht und Kraft!
Streck hin mit Zwang, Bezwinger, unsre Feinde! etc.

Verbreitet ist auch das Rosenkranzbeten. Der (wohl aus Indien stammende) Rosenkranz fand ja auch im Islam frühzeitig allgemeine Verbreitung. Er hat dort meist 99 Perlen, kann sich also sehr wohl mit der Aufzählung der Schönen Namen und den daran anknüpfenden Gebeten verbinden. Üblicherweise aber spricht, murmelt oder denkt man, während man die Kugeln durch die Finger gleiten läßt, je 33mal die Formeln *subḥānallāh, al-ḥamdu lillāh* und *Allāhu akbar* («Gott sei gepriesen», «Lob sei Gott» und «Gott ist groß»). Schließlich benutzt man den Rosenkranz auch für das *istiḫāra* genannte Augurium. Neben den Rosenkränzen mit 99 Perlen gibt es auch solche mit 33 und mit 1000 Perlen, in diesem Fall ist der erste Teil des Glaubensbekenntnisses *lā ilāha illā llāh* d. h. «Keine Gottheit außer Gott!» tausendmal zu wiederholen.[4] Das Wiederholen von Formeln und Texten ist überhaupt, ähnlich wie im Katholizismus, ein wichtiger Bestandteil jeden Gebets. Das litaneiartige Gebet heißt *wird.* Die Mystiker allerdings bevorzugen den koranischen Terminus *dhikr,* «Gedenken», d. h. Gottesgedenken. In ihren Versammlungen werden meist kurze Texte, z. B. das eben erwähnte *lā ilāha illā llāh*, in einer späteren Phase nur noch das Wort Allah, mit verschiedener Betonung und Atemtechnik für die Dauer einer Viertel- oder halben Stunde in einem gemeinsamen, vom *Schaich* dirigierten Rhythmus und Tempo wiederholt. Dabei steigert sich die Erregung im Maße der empfundenen Gottesnähe, bis das Erlebnis in der Ekstase gipfelt. In diesem Zustand sind manche Mystiker zu übernatürlichen Handlungen fähig wie etwa den bekannten blut- und schmerzlosen Durchbohrungen mit Säbeln u. ä. (vgl. Kap. II.3.b). Der Zusammenhang von Repetition und Mächtigkeit, auf den in diesem Buch immer wieder Anlaß ist hinzuweisen, kommt hier besonders deutlich zum Ausdruck.

Theoretische Äußerungen über das Gebet betonen auf mancherlei Weise den Aspekt der Teilhabe. Nach Ibn Sina setzt sich der Betende durch seine rituellen Bewegungen in Parallele mit kosmischen Bewegungen und beeinflußt im Bittgebet die in den Sphären angesiedelten Ideen der Dinge, so daß sie sich, wenn seine Vorstellungskraft stark genug ist, auf der Erde realisieren. Das Gebet ist also bei Ibn Sina eine Art religiöser Magie (vgl. Kap. VI.2.c).

Noch kühner klingen Gedanken des großen Mystikers In ˋArabi über das Beten. Gewiß haben Mystiker lange vor ihm begonnen, es als Zwiesprache zwischen Liebenden zu begreifen, und schon der Herater Mystiker ˋAbdullah Ansari, auch Pir-i Ansar genannt (1006–1088), hat einer Sammlung von teils in Versform, teils in Reimprosa abgefaßten Gedichten den Titel «Zwiesprache» *(Munāǧāt)* gegeben. Ibn ˋArabi aber denkt das schier Undenkbare: Für ihn ist das Gebet eine Art gemeinsamer Schöpfungsakt. Das Gebet ist freilich dabei nur ein besonderer Augenblick dessen, was sich eigentlich ständig vollzieht, nämlich die Manifestation Gottes in der Schöpfung. Ibn ˋArabi betont, daß diese Manifestation nur sinnvoll ist, weil einer da ist, dem sie gilt und der sie würdigt: der Mensch, der den Schöpfer erkennt, ihn preist etc. und damit in seiner «schöpferischen Phantasie» Gott gleichsam erschafft, ihn aus seiner Unbekanntheit und Verborgenheit, ja seiner Einsamkeit erlöst. «Solitude divine et solitude humaine: chacune délivrant l'autre, en se conjoignant l'une à l'autre.»[5] Schöpfer und Geschöpf bedingen sich gegenseitig, auch im Gebet. Ibn ˋArabi beruft sich für diese alle Schranken überschreitende Gegenseitigkeit auf das Koranwort: «Gedenket meiner, damit ich eurer gedenke!» (2,152) Daß die so im Gebet erlangte Mächtigkeit sich auch in Wundern entladen kann, braucht kaum noch eigens betont zu werden. Entsprechende Spuren finden sich auch in Ibn ˋArabis Biographie.[6]

Eine besondere Gebetsbeziehung besteht schließlich noch zwischen Muhammad und den Gläubigen. Einerseits spricht und schreibt ja der Gläubige nach jeder Erwähnung des Propheten die Formel «Gott spende ihm Frieden und Heil», betet also für seinen Propheten und empfindet dadurch seine Nähe zu und Verbundenheit mit ihm. Zum andern ist Muhammad der Fürsprecher am Jüngsten Tag, überhaupt der Inhaber höchster Mächtigkeit nächst Gott, an den man sich also auch mit persönlichen Anliegen wendet.

b) Heiligengräber als Kraftzentren

Die Erfahrung der Wallfahrt und der dort zu erlangenden Mächtigkeit war der muslimischen Gemeinschaft so wichtig, daß neben Mekka bald weitere Kraftquellen entstanden. Man könnte sogar sagen, daß sie die Rolle von geistlichen Heilbädern spielten, denn solche profaner Prägung waren in der islamischen Welt unbekannt. Statt dessen nahm sich der Pilger Wasser vom Zamzam-Brunnen in Mekka mit als Wundertropfen und Heiltrank. Gelegentlich wurden allerdings auch Heilquellen oder einfache Quellen zu heiligen Orten. In ihnen zu baden, war dann gewissermaßen Teil der Zeremonie. Überhaupt ist zu sagen, daß sowohl zahlreiche vorislamische Heiligtümer und Wallfahrtsorte verschiedenster Herkunft als auch vorislamische Kulte, Bräuche und Feste im Heiligenkult des Islam, mehr oder weniger islamisiert, fortleben, wie dies ja auch für die Pilgerfahrt nach Mekka und die dortigen Zeremonien gilt.[7] Die am Grabe eines Heiligen versammelte heilige Macht, arabisch *baraka,* läßt sich anzapfen, indem man Votivgaben für den oder die Hüter des Grabes mitbringt, Tuchfetzen an den Heiligen Baum oder das Gitter bindet, wo man die heilige Macht versammelt glaubt, oder auch, wie dies am Heiligengrab des Pir-i Ansar in Herat zu beobachten ist, einen riesigen Nagel in die schon über und über mit Nägeln bedeckte Rinde eines uralten heiligen Baumes einschlägt.

Die Verehrung von Heiligengräbern ist über die ganze islamische Welt verbreitet, auch wenn puristische Bewegungen wie die Wahhabiten dagegen ankämpfen. In Persien sind es vor allem die Gräber der schiitischen Imame und ihrer Frauen, die Verehrung genießen, so jene des Imam Musa und der Heiligen Ma´suma in Qum, das des Imam Reza in Maschhad u. a. m. Ein bekannter persischer Dichter des 20. Jahrhunderts faßt seine Empfindungen über diesen zuletzt genannten Heiligenschrein in die folgenden Worte:

> Gebenedeit sei der Schöpfer an diesem Gnadenschrein,
> über dessen Kuppeln der Himmel ewige Wacht hält!
> Hier ruht der heilige Musa! Jesu Atem gleich,
> Spendet der Staub Seiner Tür Leben erstorbnem Gebein.
> Dem Auge des Besuchers dieser Schwelle enthüllen sich Dinge,
> Die einst am Sinai noch verborgen blieben dem Auge Mosis.
> Heil jedem, der zu diesem Gnadenschreine hinstrebt
> mit reinem Herzen, rechtem Glauben und lauterem Geist![8]

In der übrigen islamischen Welt sind es vor allem große Mystiker, deren Gräber verehrt werden, so das Mausoleum Dschalaluddin Rumis in Konya, das, offiziell Museum, doch fromme Verehrung genießt und eines der stimmungsvollsten Heiligtümer der islamischem Mystik sein dürfte. Verehrt werden aber auch die Gräber islamischer Glaubenskämpfer, wie etwa jenes des Ayyub Ansari in dem nach ihm benannten Stadtviertel Eyup am Goldenen Horn in Istanbul, der ein Freund des Propheten Muhammad und Bannerträger der frühesten Eroberungszüge war und bei der ersten, erfolglosen Belagerung Konstantinopels (674–78) hier gefallen sein soll.[9] Ferner genießen Verehrung auch die Gräber mancher Dichter und Herrscher, was nach unseren Ausführungen über die Einordnung von Dichtern und Herrschern in den Rang von Vollkommenen Menschen (S. 238f. u. S. 66f) nicht verwundern darf. Hinzu kommen zahllose lokale Heilige mit oft sehr schlichten Grabmälern, die aber für die nähere Umgebung nicht weniger wichtig sind als die großen und berühmten. Zu den wichtigsten Funktionen dieser Heiligen gehört der Bereich der Familie. Kinderlose Frauen suchen hier Rat; auch als Schiedsrichter kann der Heilige fungieren und das Heiligtum als Asyl. Es ist aber auch Zentrum von Festen, Prozessionen, jahreszeitlichen Zeremonien, zu denen u. a. ekstatische Tänze gehören.[10] Geister werden beschworen, und die Mächtigkeit des Heiligen kommt auf mancherlei Weise zum Ausdruck, z. B. in Schwerttänzen, bei denen die Körper der Beteiligten sich als unverwundbar erweisen.[11] Ein typischer Einzelfall ist ein Löwe im Dienst eines Heiligen, Sidi Mhamed ben `Aouda, bei Relizane in Algerien, der denn auch den Beinamen «Herr der Löwen» hatte, eine Konkretisierung der alten Metapher «Löwe Gottes», die seit `Alis Zeiten ein beliebter muslimischer Name ist – bis in die Gegenwart. Um schöne Kinder zu bekommen, sprangen Frauen siebenmal auf den Rücken des ruhenden, von Wächtern bewachten Löwen.[12]

Allein in Kairo gibt es über dreißig Heiligtümer oder Wallfahrtsstätten, in denen z. T. Mitglieder der Prophetenfamilie *(ahl al-bait),* z. T. Sufimeister, in geringerer Zahl aber auch islamische Rechtsgelehrte, darunter asch-Schafi`i, verehrt werden.[13] Unter der ersten Gruppe ist am berühmtesten die Moschee Sayyidna Husain, in der das Haupt des Enkels des Propheten verehrt wird. Laut dem Historiker al-Maqrizi (1364–1442) wurde der Kopf im Jahre 1156, also gegen Ende der Herrschaft der schiitischen Fatimiden, von Damaskus nach Kairo gebracht. Schon der berühmte Reisende Ibn Dschubair, der 1183, von Andalusien kommend, Kairo besuchte, bemerkte die prachtvolle Ausstattung des Heiligtums und zeigte sich – wiewohl eigentlich gegen Heiligenkult eingestellt – beeindruckt von der hier zum Ausdruck kommenden tiefen Frömmigkeit der Kairener. Obzwar in Ägypten keineswegs völlig unbekannt, tut die Tatsache, daß das Haupt Husains außer in Kairo auch noch an fünf andern Orten verehrt wird – in Nadjaf bei Kufa, in Karbala´, in Medina, in Damaskus und in Raqqa –, der Beliebtheit dieser Wallfahrtsmoschee keinen Abbruch. Und während die um die Moschee verkauften Broschüren die Erwartung wunderbarer Gebetserhörung wecken, betonen Autoren, die sich an die Gebildeten wenden, den ideellen Aspekt am Opfertod Husains.[14]

Nicht weniger wundermächtig ist die Moschee der Sitta (= Sayyida) Zainab, Umm Haschim, «der Edlen der beiden Welten», die einer Inschrift am Grab zufolge im Jahre 240 h. = 854/55 verstarb, seit langem aber mit Zainab, der Tochter `Alis, identifiziert worden ist. Von einem typischen Vorfall berichtete am 23. Oktober 1970 die seriöse ägyptische Zeitung al-Ahram. Der Mutter eines zwölfjährigen blinden und stummen Mädchens, die in London lange Zeit vergeblich behandelt worden war, erschien plötzlich Zainab im Traum, um ihr mitzuteilen, ihre Tochter sei geheilt, was sich nach dem Erwachen als Wahrheit herausstellte. Als sie daraufhin eine grünseidene Umhüllung für die *Maqsura* der Moschee stiftete, wurde dies zum Anlaß eines offiziellen Festakts, an dem höchste Beamte aus Ministerien teilnahmen.[15]

Das Öl in der Ampel über der Maqsura dieser Moschee, dem eine heilkräftige Wirkung für Augenkrankheiten zugeschrieben wird, steht im

Zentrum der sympathischen Erzählung *Die Öllampe der Umm Haschim* von Yahya Haqqi (geb. 1905). Hier wird dieses Öl geradezu zum Symbol der Tradition in ihrer durch den Rationalismus der Neuzeit angeprangerten Fragwürdigkeit, aber auch in ihrer in den Herzen der Frommen noch immer gewaltigen Mächtigkeit.[16]

c) Talisman und Amulett

Touristen, die islamische Länder besuchen, bringen als Souvenir gern ein Amulett mit, wobei mancher im Stillen vielleicht ein wenig Schutz und Hilfe davon erwartet – z. B. aus Ägypten eine kleine goldene oder silberne «Hand der Fatima» als Anstecknadel, aus Persien eine gefaßte Gemme mit den Namen der zwölf Imame oder einen Siegelring, in dessen Stein der Name Allahs graviert ist, aus der Türkei ein sogenanntes *nazarlik* oder *gözlük,* ein Halsgehänge mit blauen Perlen, aus Afghanistan oder Pakistan einen Amulettbehälter aus tauschiertem Metall. Es sind nur wenige Beispiele für die vielen verschiedenen Formen von Amuletten und Talismanen, die die islamische Welt kennt. Und daß man sie heute an Touristen verkauft, zeigt, daß (mindestens in den Städten) der Einbruch der rationalen Technik die irrationale Furcht vor den Geistern reduziert hat. Vorher jedoch war sie groß, und die Mächtigkeit der Geister war omnipräsent. Ständig mußte man auf der Hut sein, sie nicht zu reizen. Typisch dafür ist, daß, wie T. Canaan aus Palästina berichtet, man keine glühenden Kohlen mit Wasser löschte, ohne vorher die Geister um Erlaubnis zu bitten: «Mit eurer Erlaubnis, gebt acht, o Bewohner des Feuers!».[17] Ein Hadith ermahnt, Gefäße über Nacht zu bedecken, da sonst Geister in sie hineinfahren könnten.[18]

Nur wer ein Derivat der Allmacht besaß, konnte hoffen, die überall lauernden Geister in Schach zu halten. Amulett und Talisman sind solche Derivate, Batterien des himmlischen Kraftstroms, dazu bestimmt, den von bösen Geistern drohenden Schaden abzuwenden, sei es, daß man sich vor dem Bösen Blick zu schützen sucht, den vor allem Kinder, junge Mädchen und Frauen, überhaupt schöne Menschen anziehen, sei es, daß man sich als Schwangere oder junge Mutter von der Qarina, auch «Mutter der Knaben» *(Umm aṣ-ṣibyān)* genannt, einer in der arabisch sprechenden Welt und weit darüber hinaus (z. B. im Iran) verbreiteten Kindbett-Dämonin, bedroht fühlt.[19]

Natürlich liegen auch hier vorislamische Relikte vor. Amulette haben oft altägyptische Beschwörungstexte, magische Quadrate und verwandte Zaubertexte haben babylonische und assyrische Ahnen. Beide aber wurden früh zu einem Bestandteil islamischer Volksfrömmigkeit aufgrund jener Aszendenz «erlaubter Magie», von der an anderer Stelle die Rede sein wird (vgl. Kap. VII.3.c). In den Texten der Amulette erscheinen, nicht selten neben den Namen obskurer Geister und Engel, die Schönen Namen Gottes, die Namen Muhammads und seiner Nächsten bzw. in schiitischen Amuletten jene der «Fünf von der Mantelsippe» – Muhammad, Fatima, ʿAli, Hasan und Husain – oder der zwölf Imame, Koranverse und die geheimnisvollen Eröffnungsbuchstaben von Sure 19 *(kāf-hā'-yā'-ʿain-ṣād)* und 42 *(ḥā'-mīm-ʿain-sīn-qāf)*, sowie Loblitaneien und ganz konkrete Bitten.[20] Natürlich spielt die Wiederholung auch hier häufig eine Rolle, so wurde in einer Zürcher Kalligraphie-Ausstellung kürzlich ein 3,38 Meter langes prachtvolles Amulettband aus dem 19. Jahrhundert gezeigt[21] – Sultan Mahmud II. (1808–39) soll es einem Sohn Fath ʿAli-Schahs als Gastgeschenk überreicht haben –, das u. a. tausendmal mit der *Basmala* sowie viele Male mit Sure 112 beschriftet ist: eines der zahlreichen Beispiele für Repetition als Mächtigkeit.[22]

Talisman und Amulett decken oder ergänzen also den Bedarf nach sakraler Mächtigkeit im ständigen Kampf gegen bedrohliche Mächte, gegen die in den Lüften waltenden, in allen Winkeln lauernden Dämonen. Daß mit dem Angebot dieser Mächtigkeit auch Mißbrauch getrieben wurde, versteht sich von selber. In den *Maqamen* des Hariri (1054–1122) nimmt der die sakrale Sprache ständig zur Vermehrung der eigenen Mächtigkeit mißbrauchende Held einmal auch die Maske eines Amuletthherstellers an. Gegen den aufziehenden Sturm bleibt sein Segen machtlos – das Schiff kentert und der Held rettet sich auf eine Insel. Hier aber hilft nun sein Amulett der in den Wehen liegenden Frau des Königs, die nicht gebären kann (vgl. Kap. IX.4.). Die überall ans Magische streifende, oft massiv damit verbundene sakrale Mächtigkeit, die am Gnadenort des Heiligen ebenso wie in Amulett und Talisman verfügbar ist, manifestiert sich schließlich in elementarster Form in den islamischen Namen.

4. Sakrale Macht in Namen und Titeln

Schon bei oberflächlicher Begegnung mit der islamischen Welt fällt einem die Häufigkeit der Namen Muhammad (Mohamed, in türkisierter Form Mehmet bzw. Memet), Ahmad (Ahmet) und Mustafa auf, drei Namen des Propheten. Eltern, die diesen Namen geben, suchen also ihr Kind damit in die engste Verbindung mit dem geliebten «Herrn der Menschheit» zu bringen, es an seiner kosmischen Macht Anteil gewinnen zu lassen. Von ähnlich sakraler Kraft sind der Name ʿAli, wie der bekannte Schwiegersohn Muhammads hieß, sowie diejenigen von dessen Söhnen (Muhammads Enkeln) Hasan und Husain, die vor allem bei den Schiiten in Gebrauch sind. Entsprechendes gilt für Mädchennamen wie Fatima (Fateme u. a.), Name der Tochter Muhammads und Gattin ʿAlis, oder Chadidscha, Zainab, Umm Kulthum etc., die Namen von Muhammads Frauen.[23] Die Machthaltigkeit dieser Namen rührt vornehmlich von ihren ersten islamischen Trägern her; die Bedeutung ist demgegenüber zweitrangig, wenn auch nicht ohne Gewicht: Muhammad und Ahmad bedeuten «Hochgepriesen», al-Hasan «der Schöne», al-Husain ist die Diminutivform dieses Adjektivs, also «Schönchen», `Ali bedeutet «Erhaben» etc. Die Wirksamkeit solcher Namen ist durch Hadithe beglaubigt. Muhammad soll gesagt haben: «Es gibt keine Beratung von Leuten, von denen einer Muhammad oder Ahmad heißt, ohne daß Gott die ganze Versammlung segnet.» Und: «Wer immer sein Kind mit meinem Namen nennt oder einem meiner Kinder oder Gefährten, aus Liebe zu mir oder zu ihnen, dem wird Gott im Paradies geben, was kein Auge gesehen und kein Ohr gehört hat.»[24]

Die von der Wortbedeutung her machthaltigen Namen gelangten erst später zu voller Entfaltung. Zweifellos wirkten einige Kalifennamen tonangebend in dieser Richtung, wie etwa al-Muqtadir billah, «der durch Gott Gewalt Ausübende», al-`Aziz billah, «der durch Gott Mächtige» etc. Eine wichtige Entwicklungsphase dürfte die Herausbildung von zusammengesetzten Namen darstellen. Im 10. Jahrhundert gewann eine persische Dynastie an Boden, die Buyiden, die sich mit *Daula* (= «Macht», «Dynastie») zusammengesetzte Ehrennamen gaben, also Rukn ad-Daula (= «Säule der Dynastie»), `Adud ad-Daula (= «Arm der Dynastie»), Samsam ad-Daula (= «Löwe der Dynastie»). Diese Namen wurden aber in frommen Kreisen offensichtlich eher als Affront empfunden, wie ja auch diese Dynastie wegen ihrer Wiederbelebung altpersischer Königstradition ohnehin bei manchen Frommen ins Zwielicht geriet, und ähnliches gilt für kleinere Dynastien der gleichen Zeit, wie die Kakuyiden und die frühen Saffariden. Nun aber ließ man sich dadurch anregen und setzte entsprechende Namen mit *Din* (= «Religion», d. h. Islam) zusammen. Begonnen wurde damit zwar ebenfalls schon bei den Buyiden; aber nur einer unter den rund zwanzig Herrschern dieser Dynastie, `Imad ud-Din Marzuban (1024–48) trug ein mit *Din* zusammengesetztes Epithet; die meisten übrigen Mitglieder bevorzugten noch mit *Daula* gebildete Namen.

Bei der auf die Buyiden folgenden Dynastie der Seldschuken wird dagegen der am Anfang noch gebräuchliche, mit *Daula* gebildete Name bald völlig durch *Din*-Namen verdrängt, und ähnlich sieht es bei den Saffariden und anderen Dynastien jener Jahrhunderte aus. Der erste Seldschuke, Toghril I (1038–63) heißt zwar bereits Rukn ad-Dunya wa'd-Din (= «Säule der Welt und der Religion»); dann aber folgen `Adud ad-Daula Alp-Arslan (1063–72) und Dschalal ad-Daula Malik Schah (1072–92); erst danach tragen alle restlichen Mitglieder des Fürstenhauses mit *Din* zusammengesetzte Namen.

Bei den Ayyubiden, die um einiges später, in der zweiten Hälfte des zwölften Jahrhunderts, zu regieren beginnen, setzt dagegen der *Din*-Name gleich mit dem ersten Herrscher, al-Malik an-Nasir Salah ad-Din (1169–93), dem aus der Kreuzzugsgeschichte und aus Lessings *Nathan* bekannten Saladin, ein. Nach 1200 findet man nur noch ausnahmsweise mit *Daula* zusammengesetzte Herrschernamen, so in der kleinen Dynastie der

Bawandiden, die ab 1238 und bis 1349 als Vasallen der Mongolen in Mazanderan herrschten. Ausschließlich *Din*-Namen finden sich dagegen z. B. bei den von 1102–1408 in Diyarbakr herrschenden Artuqiden oder den Zangiden, die von 1127–1222 in Syrien und Mesopotamien an der Macht waren.

Wörter die häufig mit *Din* kombiniert werden, sind «Säule» (ʿImad, Rukn), «Hilfe» bzw. «Helfer» (Ghiyath, Mughith, Muʿin), «Stärke» bzw. «Stärker» (ʿIzz, Muʿizz), «Pol» (Qutb), «Schwert» (Saif, Husam) u. a. Waren es anfangs Fürstennamen, so sanken die *Din*-Namen später zu jedermanns Namen herab und drückten damit, genau wie die beliebten theophoren Namen, ein gemeinislamisches Empfinden aus.[25] Landläufige Eigennamen von besonderer Machthaltigkeit sind etwa Asad Allah (= «Löwe Gottes»), Saif al-Islam (= «Schwert des Islam») etc. Mag es sich also um die theophoren Namen, um mit *Din* oder *Islam* zusammengesetzte Namen, um Namen des Propheten und seiner Nächsten, wozu noch einige Ehrennamen wie Haidar («Löwe», Beiname ʿAlis) und Schibbir («Recke», Beiname Husains) gehören, handeln, immer ist in solchen Namen der religiöse Rang ausgedrückt, der Unterwerfung und Teilhabe an der Allmacht impliziert.

Ein besonderer Ehrentitel verdient hier übrigens noch eigens Erwähnung. Es tragen ihn die (teils wirklichen, teils wohl auch nur vermeintlichen) Nachfahren Muhammads. Nur sie dürfen ihn tragen, aber es gibt heute vermutlich deren Zehntausende. Der Ehrenname lautet Sayyid (= «Herr»). – Es leuchtet ein, daß all diese islamischen Namen in den Rahmen des großen Kraftnetzes gehören, von dem hier die Rede ist. So ist es denn auch nur konsequent, daß jeder, der als Erwachsener den Islam annimmt, ob Frau oder Mann, seinen «paganen» Namen ablegen und einen islamischen annehmen muß. Die Säkularisation der islamischen Welt läßt sich u. a. daran ablesen, wie weit heute Muslime Namen der eigenen nationalen Tradition tragen statt spezifisch islamischer.

5. *Die Spiegelmetapher*

Im mittelalterlichen islamischen Denken begegnet uns bei Dichtern, Mystikern, Philosophen immer wieder eine Metapher, die bereits in überlieferten Aussprüchen Muhammads auftaucht – die Metapher vom Spiegel. Kaum ein Bild ist so geeignet, die Vorstellung von der Teilhabe an der Allmacht und der kraft dieser Teilhabe alle Muslime verbindenden Gemeinsamkeit, die nicht zuletzt ja eine Gemeinsamkeit des «Mächtigseins» ist, zum Ausdruck zu bringen. Wir wollen hier die wichtigsten dieser Sentenzen und im Anschluß daran auch einige Verse sowie einen Passus aus einem philosophischen Werk vorlegen und, wo nötig, kommentieren, zunächst aber noch auf eine koranische Wurzel dieses gleichsam ontologischen Spiegel-Bewußtseins hinweisen.

Ein Wort für Spiegel kommt im Koran nicht vor. Damit erhebt sich die Frage, ob die Aussprüche Muhammads, in denen vom Spiegel die Rede ist, vielleicht späteren Ursprungs sind, also zur großen Zahl der unechten Hadithe gehören. Notwendig folgern läßt sich das aber nicht, vielmehr findet sich in der *Mu`allaqa* des berühmten vorislamischen Dichters Imra´ al Qais ein Hinweis darauf, daß der Spiegel, wenn auch als byzantinischer Importartikel, bekannt war; statt des später üblichen und auch in den Hadithen gebrauchten Wortes *mir´āt* verwendet nämlich Imra´al Qais das aus dem Griechischen abgeleitete Fremdwort *saǧanǧal*.

Dagegen findet sich im Koran bereits klar die Vorstellung von einer spiegelhaften Wiederholung typischer Vorgänge in der Geschichte und in der Natur. So fühlt sich Muhammad, wie wir weiter oben sahen, nicht nur als Vollender der monotheistischen Sendung, sondern sieht sich auch als letzte – eine spätere Zeit wird betonen: vollkommene – Verwirklichung früherer Präfigurationen seines Prophetentums. Die ihm und späteren islamischen Autoritäten beigelegten, im folgenden angeführten Sentenzen, in denen menschliche Befindlichkeit mittels der Spiegelmetapher beschrieben wird, haben also durchaus ihr koranisches Korrelat:

Die Welt ist ein Spiegel Gottes.[26] Der Prophet ist ein Spiegel, in welchem Gläubige wie Ungläubige ihre wahre Natur erkennen.[27] «Der Gläubige ist ein Spiegel des Gläubigen» (Hadith).[28] Der Schaich (Lehrer, Ordensmeister) ist ein Spiegel für den Novizen.[29] Liebender und Geliebter sind wie zwei Spiegel, in denen sie einander betrachten.[30] Das Herz ist ein Spiegel, das durch stetes Polieren fähig wird, Gottes Licht zu empfangen.[31] Erfahrung ist ein Spiegel der Wirklichkeit, den jedoch der Staub der Worte trübt[32] – wie auch der Körper Staub auf dem Spiegel des Geistes ist.[33] Handeln ist der Spiegel des Glaubens.[34] Der Tod wird wie ein Spiegel vor jedem Menschen erscheinen und ihm sein wahres Gesicht zeigen.[35]

Nicht alle diese Aussprüche deuten unmittelbar auf «Teilhabe» hin, alle aber entspringen doch wohl einem zugrundeliegenden Daseinsgefühl, für das Spiegelung eine wichtige Erfahrung darstellt. Auf die kunstgeschichtlichen Aspekte dieses strukturellen Empfindens werden wir später näher eingehen. Hier wollen wir nun jedoch einigen, das Moment der Teilhabe besonders deutlich zum Ausdruck bringenden Ausprägungen der Spiegelmetapher nachgehen. Zunächst zitieren wir einen Passus aus dem philosophischen Roman *Hayy ibn Yaqzan* oder *Lebendig, Sohn des Wachen,* verfaßt von dem andalusischen Aristoteliker Ibn Tufail (um 1110–1185), auf den wir im Philosophie-Kapitel zurückkommen werden. Der Roman handelt von der dem Menschen eingeborenen Fähigkeit, Gott zu erkennen. Hayy wächst auf einer Insel ohne menschliche Betreuung auf und gelangt mittels Vernunft und Beobachtung Stufe um Stufe zu höherer Erkenntnis, bis er schließlich in ekstatischer Schau das göttliche Wesen erfährt. Dieses vergleicht der Autor, gut koranisch, mit der Sonne. Das Licht dieses göttlichen

Wesens wird nun von Sphäre zu Sphäre weitergeleitet bis hinab in die sublunare Welt. Bei Ibn Tufail liest sich das so:

«Nachdem er völlig versunken und entworden war und die wahre Unio mystica erzielt hatte, schaute er an der obersten (umgebenden) Sphäre, jenseits deren es keinen Körper gibt, ein von Materie freies Wesen, das weder das Wesen Gottes noch die Sphäre selber, noch etwas davon Verschiedenes war; vielmehr glich es dem Bild der Sonne, wenn es in einem polierten Spiegel erscheint, denn dieses ist weder die Sonne noch der Spiegel noch etwas anderes. Und er schaute am Wesen dieser (von Gott) getrennten Sphäre ein Ausmaß an Vollkommenheit, Glanz und Schönheit, zu gewaltig, um es in einer Sprache zu beschreiben, und zu fein, um es in Buchstaben oder Laute zu kleiden; und er erblickte es mit jener äußersten Freude, Lust und Seligkeit, welche das Schauen Gottes, des Erhabenen, bereitet.

Und er schaute weiter an der Sphäre, welche auf jene folgt, d. h. der Sphäre der Fixsterne, ein von Materie freies Wesen, das weder das Wesen des Einen Wahren noch das Wesen der obersten Sphäre, noch etwas anderes war, vielmehr wie das Bild der Sonne, das in einem Spiegel erscheint, der das Bild eines anderen, der Sonne gegenüber aufgestellten Spiegels reflektiert. Und er erblickte auch an diesem Wesen ein Ausmaß an Glanz und Schönheit und Lust, wie er es an jenem der obersten Sphäre gesehen hatte.

Und er schaute an der dieser folgenden Sphäre, d. h. der Saturn-Sphäre, ein von Materie getrenntes Wesen, das weder den zuvor von ihm geschauten Wesenheiten glich, noch von ihnen verschieden war, vielmehr wie das Bild der Sonne, das in einem Spiegel erscheint, der das Bild eines andern Spiegels reflektiert, in welchen ein der Sonne gegenüber aufgestellter Spiegel ihr Bild wirft. Und auch an diesem Wesen erblickte er wie an den früheren Glanz und Lust. Und so fuhr er fort an jeder Sphäre ein von Materie freies Wesen zu schauen, das den voraufgehenden Wesenheiten weder gleich noch von ihnen verschieden war, vielmehr wie das Bild der Sonne, das von Spiegel zu Spiegel reflektiert wird in einer geordneten Reihenfolge gemäß der Ordnung der Sphären. Und er schaute an jeder dieser Wesenheiten ein Ausmaß an Schönheit, Glanz, Lust und Freude, das kein Auge gesehen, und kein Ohr gehört und das in keines Menschen Herz gedrungen ist.

So gelangte er zur Welt des Werdens und Vergehens, welche die sublunare Sphäre anfüllt. Und er erblickte auch an ihr ein Wesen frei von Materie, weder den früher geschauten Wesenheiten gleich noch von ihnen verschieden. Dieses Wesen aber hatte 70000 Gesichter, in jedem Gesicht 70000 Münder, und in jedem Mund 70000 Zungen, die lobten das Wesen des Einen Wahren und heiligten es und priesen es unermüdlich. Und er erblickte an diesem Wesen, das ihm als Vielheit erschien, während es doch keine Vielheit war, an Vollkommenheit und Lust, was er an den früheren gesehen hatte. Es war, als sei dieses Wesen das Bild der Sonne im letzten der

Spiegel, zu welchem die Reflektion in der beschriebenen Reihenfolge vom ersten, der Sonne gegenüber befindlichen Spiegel gelangt war.

Und er schaute auch an sich selber ein (von Materie) getrenntes Wesen. Wäre es möglich, daß das der 70000 Gesichter sich teilt, so würden wir sagen, daß sein Wesen ein Teil davon sei. Und falls nicht, daß es aus dem Nichtsein in die Existenz getreten sei. Und er sah auf dieser Stufe Wesen wie sein eigenes, zu Körpern gehörig, die verwelkten, und andere, die mit ihm weiter existierten, und ihrer waren unendlich viele, falls man sie ‹viele› nennen kann, oder sie waren alle eines, falls man sie ‹eines› nennen darf. Und er erblickte an seinem Wesen und an den Wesen auf seiner Stufe ein schier grenzenloses Maß an Schönheit und Glanz und Lust, was kein Auge gesehen und kein Ohr gehört hat und in keines Menschen Herz gedrungen ist, und was keiner beschreiben oder begreifen kann, er sei denn zur Unio mystica, zur Gnosis gelangt.

Und er schaute viele Wesen getrennt von Materie, die wie rostige Spiegel waren, auf denen sich der Unrat festgesetzt hat, und die den polierten Spiegeln, in denen das Bild der Sonne erschien, den Rücken zukehrten. Und er erblickte an diesen Wesen ein Ausmaß an Häßlichkeit und Mangel, das er nie für möglich gehalten hätte. Und er sah sie in unendlichen Schmerzen und unstillbarer Sehnsucht, umfangen von Kerkern der Qual und brennend im Feuer der Trennung (von Gott) (...).»[36]

Die großartige Vision macht unmittelbar auch die Metapher vom rostigen Spiegel und von der Notwendigkeit, den Spiegel des Herzens zu polieren, verständlich. Dieser Gedanke wurde in der islamischen Literatur noch mehrmals durch die reizvolle Erzählung von einem Malerwettstreit illustriert. Sie erscheint erstmals bei al-Ghazali (gest. 1111)[37], wird dann von Nizami im *Alexander*-Epos und von Rumi in seinem *Geistigen Lehrgedicht* aufgegriffen und findet sich wohl auch noch bei weiteren Autoren wieder. Kern der Geschichte ist jeweils, daß zwei Maler an zwei parallelen, durch einen Vorhang getrennten Wänden arbeiten, und daß, als man diesen hebt, hier und da das genau gleiche Bild erscheint. Des Rätsels Lösung läßt sich nun ahnen: Einer der beiden Maler hat seine Wand zu einem Spiegel poliert. Bei Ghazali und Rumi ist dies eine Allegorie für die Haltung des Gnostikers, der sein Herz poliert, so daß es zum Gefäß für das göttliche Bild werden kann. Bei Nizami, wo (wie bei Rumi) der Wettstreit zwischen einem Chinesen und einem Griechen, den damals berühmtesten Malernationen stattfindet, sind allerdings die Rollen vertauscht: Er läßt den Chinesen die Wand polieren, und bei ihm ist dies zum einen ein Bild dafür, daß sich der Kaiser von China und damit das chinesische Volk Alexander dem Großen unterwirft, die griechische Kultur übernimmt, zum andern auch ein Symbol für friedliche Einigung, für die Möglichkeit, ein Ziel durch zwei verschiedene Methoden zu erreichen.[38]

Eine andere einleuchtende Spielart der Spiegelmetapher, die wiederum bei Mystikern gebräuchlich ist, beruht auf der Gepflogenheit, Papageien vor einen Spiegel zu setzen, und dann zu sprechen, so daß sie, indem sie ihr eigenes Bild mit dem gesprochenen Wort kombinieren, die Lektion als von ihresgleichen kommend aufzunehmen vermögen. Rumi umschreibt das in seinem *Mathnawi* mit den folgenden Worten:

«Ein Sinnbild dafür, daß Jünger von einem Ordensmeister unterwiesen werden oder ein Volk von seinem Propheten, weil sie nicht fähig sind, die göttliche Unterweisung aufzunehmen und keine Vertrautheit mit Gott haben, ist der Papagei, der keine Vertrautheit mit der Gestalt des Menschen hat, so daß er dessen Unterweisung aufnehmen könnte. Gott der Erhabene stellt den Ordensmeister vor den Jünger hin wie einen Spiegel vor den Papagei und unterweist dann (den Jünger) aus dem Hintergrund des Spiegels: ‹Bewege deine Zunge nicht (voreilig damit)!› (Sure 75,16) ‹Denn dies ist eine Offenbarung, die (dir) offenbart wird.› (Sure 53,4)» Dann folgt die Parabel in Versen:

Der vor dem Spiegel steht, der Papagei,
erblickt darin sein eignes Konterfei.
Doch hinterm Spiegel, für ihn nicht zu sehn,
spricht ihm der Meister Worte fein und schön.
Der kleine Papagei vernimmt's und meint,
da sprech' der Vogel, der im Glas erscheint.
Er lernt von dem, der seinesgleichen ist,
und ahnt nichts von des alten Wolfes List (...).[39]

Bei Rumi liegt der Akzent hier auf dem Unvermögen des Menschen, Gottes Wesen unmittelbar zu erkennen. Der Gedanke der Teilhabe kommt aber trotzdem unübersehbar zum Ausdruck.

Weisen wir zum Schluß noch darauf hin, daß die Spiegelmetapher auch bei den persischen Dichtern gern gebraucht wurde, um ihr eigenes Verhältnis zum Übersinnlichen, zur unsichtbaren Welt zum Ausdruck zu bringen. Nizami rühmt sich im Proömium zum dritten seiner Epen: Im Zauber des Wortes[40] sei er so vollkommen, daß man ihn «Spiegel des Unsichtbaren» nenne.[41] Hafis bekennt in einem Ghasel, das von seiner Berufung zum Dichter handelt, von jetzt an wolle er als Spiegel der göttlichen Schönheit wirken,[42] und in einem weiteren Vers bedient er sich der Papageien-Parabel: «Man stellte mich vor den Spiegel wie einen Papagei;/Ich sage nur, was der ewige Meister mich sagen heißt.»[43]

Die Spiegelmetapher bringt also den Fluß des Kraftstromes sowohl in der Vertikalen vom Urquell herab zu den Menschen als auch in der Horizontalen, zwischen den Menschen, vom Propheten zu den Gläubigen, vom Meister zum Jünger, vom Geliebten zum Liebenden, einprägsam zum Ausdruck. Alles das hat zu tun mit dem, was wir hier als das große Kraftnetz bezeichnen, der Tradition.

6. Die Tradition als Kraftnetz

Wir haben schon davon gesprochen, daß sich der Islam als eine gesellschaftliche Ordnung *(niẓām),* und zwar die ideale und endgültige Ordnung der Menschheit versteht. Das heißt, daß das im Koran angelegte Modell, erweitert um das vom Propheten Muhammad gegebene Vorbild, maßgeblich bleiben muß für alle Zukunft. «Im Gesandten Gottes habt ihr ein schönes Vorbild *(uswa ḥasana)*» (33.21), stellt der Koran eindeutig und verbindlich fest. Darauf beruht die islamische Tradition, d. h. jenes Gefüge von Bräuchen, das das Verhalten im Alltag bestimmt oft bis in Gestik und Kleidung hinein, wenn auch in der Neuzeit diese frühere Einheitlichkeit weitgehend durch westliche Einflüsse affiziert, modifiziert oder völlig zersetzt ist. Die beiden wichtigsten islamischen Begriffe, die dieser Realität entsprechen, sind *Sunna* und *Hadith.* Sunna («Brauch», «Sitte», «Herkommen») bedeutet die Verhaltensweise des Propheten und seiner Genossen, Hadith («Bericht») zunächst den einzelnen Bericht über einen Ausspruch, eine Reaktion, eine Verhaltensweise Muhammads und später dann das ganze nach Tausenden zählende Korpus dieser Berichte. Eine weitere Legitimierung des Hadith-Materials durch den Koran fand man im übrigen in der dort mehrfach gebrauchten Wendung «das Buch (d. h. der Koran) und die Weisheit» (2.129; 151; 231 etc.).[44]

Das Hadith enthält wichtige Ergänzungen zum Koran und bildet neben diesem ja auch die zweite materielle Quelle des islamischen Rechts. Dem Hadith entstammt eine so elementare islamische Institution wie die Beschneidung – man hat sie zusammen mit der Enthaltung von Schweinefleisch «das Schibboleth des Islam» genannt;[45] es entstammt ihm das islamische Bilderverbot, worauf wir im Kunst-Kapitel näher eingehen werden. Auch zahlreiche Details aus Muhammads Leben, Charakterzüge, z. B. bei welchen Gelegenheiten er gelacht hat, erfahren wir.[46] Es findet sich da das für christliche Ohren schauerlich tönende «Ich lache, wenn ich töte», auf das Rumi dreimal in seinen *Tischgesprächen* zu reden kommt.[47] Die Heirat des 50jährigen Muhammad mit der 9jährigen A'ischa wird hier als maßgeblich für das Mindestalter der Braut präsentiert,[48] ein erst im Zuge moderner Reformbewegungen in der islamischen Welt kritisierter und gesetzlich heute in den meisten Ländern auch verbotener Usus. Es wird aber z. B. auch empfohlen, einer Sklavin, wenn sie dafür geeignet ist, eine gute Erziehung angedeihen zu lassen und sie anschließend zu heiraten, also aus dem Sklaven- in den freien Stand zu erheben.[49]

Das Hadith schreibt den Gebrauch des noch heute überall in der islamischen Welt nicht wegzudenkenden Zahnstochers (*siwāk* bzw. *miswāk* vor);[50] und auch an weiteren Hinweisen für die Hygiene bis hin zu Vorschriften für die Ausübung des Koitus fehlt es nicht.[51] Ja auch ein ganzes kleines Vademecum medizinischer Ratschläge wird vermittelt, der Grundstock für die Herausbildung der sogenannten «Prophetenmedizin», die wir später näher untersuchen werden. Alle diese Fragmente wurden im 9. Jahrhundert zu Kompilationen von kanonischer Geltung zusammengestellt und bilden mit dem Koran und den islamischen Rechtskompendien die Magna Charta rechten islamischen Verhaltens.

Wichtig ist nun die Form der Überlieferung dieser Berichte. Jeder der in der Regel kurzen Texte – es handelt sich um eine literarische Kleinstform, die zur Beliebtheit der Anekdote im islamischen Schrifttum beigetragen haben mag – beginnt nämlich mit dem sogenannten *isnad,* der «Abstützung», d. h. der Kette der Überlieferer, die von Muhammad bis zum Verfasser der Sammlung reicht: «Ich habe von A vernommen, daß B ihm berichtet habe, C habe ihm erzählt, er habe von seinem Vater gehört . . . `A'ischa (oder eine andere Person aus dem engsten Umkreis Muhammads) habe erzählt: Ich war anwesend, als (ich hörte/sah, wie) der Gesandte Gottes . . .» Ohne diesen Isnad war ein Hadith nichts wert. Doch damit nicht genug, es mußte auch jedes einzelne Glied in der Kette als zuverlässig gelten, was eine gewaltige «Wissenschaft von den Männern» ins Leben rief, die Tausende von Überlieferern biographisch erfaßte und mit einer Note in bezug auf Verläßlichkeit bewertete.

Die großen Hadith-Sammlungen – am bekanntesten sind die von al-Buchari (810–870) und Muslim (817–875) – erlangten bald eine dem Koran kaum nachstehende Autorität. Man konnte auf sie schwören, wie man auf den Koran schwor. Und – wichtiger noch – man mußte sich ständig auf sie berufen, nämlich immer dann, wenn sich eine Handlung, ein Vorhaben nicht aus dem Koran legitimieren ließ. Ohne eine solche Legitimierung, ohne belegbare islamische Präzedenz galt jede neue Handlung als Ketzerei *(bid`a)* und damit als strafbar im Sinn des islamischen Rechts, das sich neben den Schriftquellen auf den Konsens *(iǧmā`)* der Gelehrten bzw. überhaupt die communis opinio der Gläubigen, also deren geballte «Mächtigkeit» berief. Der Legitimierungszwang legte sich nach und nach wie ein Korsett über alles kulturelle Geschehen; und dies ist weithin heute noch – oder erneut – der Fall. Davon wird in den Kapiteln über Künste und Wissenschaften des Näheren die Rede sein. Hier mag es genügen, eine mittelalterliche Anekdote anzuführen, die den frommen Autoritätskult ironisiert:

«Ein Hadith-Gelehrter und ein Christ trafen auf einem Schiff zusammen. Der Christ holte einen mit Wein gefüllten Schlauch, den er bei sich hatte, hervor, und goß daraus in einen Becher und trank. Dann füllte er ihn ein zweites Mal und bot ihn dem Hadith-Gelehrten an, der ihn ohne Mißbilligung oder Skrupel ergriff. ‹Ich bitte um Vergebung›, sagte der Christ, ‹aber es ist Wein!› – ‹Woher willst du das wissen?› fragte der Gelehrte. ‹Mein Bursche hat ihn von einem Juden gekauft›, erwiderte der Christ. Da trank ihn der Hadith-Gelehrte rasch aus und sagte dann zum Christen: ‹Nie habe ich einen dümmeren Menschen als dich getroffen! Wir Hadith-Gelehrte reden von Autoritäten wie Sufyan ibn `Uyaina und Yazid ibn Harun. Und da sollten wir einem Christen glauben, der sich auf seinen Burschen, und der seinerseits auf einen Juden beruft? Bei Gott, ich habe den (angeblichen Wein) nur getrunken, weil der Isnad so schwach ist!›»[52]

Die positive Seite dieses Traditionsgefüges aber ist der in ihr vorhandene, durch die Jahrhunderte fortgehütete Kraftstrom, aus dem jeder schöpfen kann, sofern er sich kritiklos in ihn einfügt. Daß dies mit Macht, mit «Mächtigkeit» zu tun hat, liegt auf der Hand. Es gibt jedoch auch eine Theorie der Machtbildung von einem der bedeutendsten Historiker der islamischen Vormoderne, die, obwohl von einem andern Punkt ausgehend, sich letztlich mit unserm Ansatz paganer und islamischer Mächtigkeit deckt.

7. Die «Kampfgeist»-Theorie Ibn Chalduns

Im Jahre 1406 starb in Kairo Ibn Chaldun, einer der größten Historiker des islamischen Mittelalters und einer der wenigen bedeutenden Geschichtstheoretiker jener Epoche. Der berühmte amerikanische Wissenschaftshistoriker G. Sarton ging sogar soweit, ihn als «den größten Historiker des Mittelalters, (...) einen der ersten Geschichtsphilosophen» und einen Vorläufer von Machiavelli, J. Bodin, G. Vico und A. Comte zu bezeichnen.[53] Auch zum Vater der modernen Soziologie hat man ihn erkoren; und vollends mit superlativischem Überschwang urteilte Toynbee: «In the Prolegomena to his Universal History he has conceived and formulated a philosophy of history which is undoubtedly the greatest work of its kind that has ever yet been created by any mind in any time or place.»[54]

In der Tat handelt es sich bei seiner drei Quartbände umfassenden *Muqaddima* («Einleitung») zur Geschichte, seit Quatremères Edition auch als *Prolegomena* bekannt, um ein höchst erstaunliches Werk. Sie stellt nämlich den Versuch dar, historische Abläufe systematisch zu erfassen, Gesetze des menschlichen Miteinanders, der Rolle von Religion, Macht und Kultur zu bestimmen. Auf Hunderten von Seiten denkt Ibn Chaldun über alle diese Aspekte detailliert und mit vielen aus den ihm bekannten historischen Abläufen entnommenen Beispielen nach. Sein Werk verdient also in der Tat hohes Lob. Dennoch sollte nicht übersehen werden, daß Ibn Chaldun einerseits nicht so originell ist, wie es auf den ersten Blick scheinen mag, daß andererseits sein Rationalismus deutliche Grenzen hat, die sein muslimischer Glaube ihm setzt, eine Auffassung, die in jüngster Zeit auch der Ibn Chaldun-Forscher M. Pätzold vertritt.[55]

Die Relevanz der Theorien Ibn Chalduns für unsern Zusammenhang ist offensichtlich und wird gleich noch deutlicher werden, auch wenn wir zunächst etwas ausholen müssen, um sie, sei es auch nur in den Grundzügen, vorzustellen. Ibn Chaldun geht aus von einer engen Beziehung zwischen Mensch und Umwelt, wie man sie aus der griechischen Medizin und Geographie kennt; erinnert sei namentlich an Hippokrates' bekannte Schrift *Über Lüfte, Wässer, Orte,* der M. Pohlenz den heute so aktuell klingenden Titel *Von der Umwelt* gegeben hat.[56] Das Klima wirkt danach auf den Menschen ein, bestimmt weithin seinen Charakter und seine Kultur. Über dem Menschen und der Natur aber waltet das Metaphysische, das sich bei Ibn Chaldun vom höchsten sublimen Reich der islamischen Gottheit bis in die Niederungen der Magie erstreckt. Auf der Basis der muslimischen Tradition – Koran und Hadith – glaubt Ibn Chaldun fest an die Realität aller dieser Manifestationen des Übernatürlichen.

In seiner Anthropologie ist Ibn Chaldun von der oben angedeuteten, im Koran verankerten Polarität des islamischen Menschenbildes bestimmt, d. h. er sieht einerseits im Menschen den Gipfelpunkt einer hierarchisch geordneten Welt, anderseits aber findet er in ihm das Tierhafte. Sich selber überlassen, würden die Menschen sich gegenseitig auffressen. Zu diesem zwiespältigen Menschenbild gesellt sich der griechische Polis-Gedanke. Die menschlichen Bedürfnisse lassen sich nur in der Gemeinschaft befriedigen. Deren Existenz beruht also notwendig auf Arbeitsteilung. Notwendig ist aber auch der Führer oder, wie Ibn Chaldun ihn gern ebenfalls nennt, «der Zähmer» *(muqmi`);* doch muß dieser für ihn, anders als in Farabis Staatsphilosophie, nicht unbedingt ein Philosoph sein.

Kommen mehrere vernunftbegabte Menschen zusammen und bilden eine Gemeinschaft, so entsteht das, was Ibn Chaldun mit *`umrān* bezeichnet; wörtlich übersetzt bedeutet das etwa soviel wie «Gedeihen», tatsächlich aber entspricht es unsern Begriffen «Kultur» bzw. «Zivilisation». Hier sieht nun unser Autor einen wesentlichen Unterschied zwischen Stadt und Land: Die zwei grundsätzlich verschiedenen Gemeinschaftsformen, die die menschliche Geschichte kennt, sind einmal *badāwa,* «Beduinentum», worunter Ibn Chaldun alle nicht-städtischen Lebensformen versteht, also auch das Dorf, und zum andern *ḥadāra,* die städtische Zivilisation.

Die Dynamik der Geschichte erwächst für ihn ganz wesentlich aus dem Gegensatz zwischen Stadt und Land. Neben *`umrān* kommt nun der zweite zentrale Begriff seiner Geschichtstheorie ins Spiel, der Begriff *`aṣabīya,* den er selber von einem etymologisch verwandten koranischen Terminus ableitet, nämlich *`uṣba,* was «Gruppe» bedeutet.[57] *`aṣabīya,* heißt also soviel wie «Gruppengeist», «Corpsgeist», «Solidaritätsgefühl», oder aber, wenn man dem vom Ibn Chaldun betonten kämpferischen Aspekt Rechnung tragen will, «Kampfgeist» bzw. «Gruppen-Kampfgeist», eine Übersetzung, die auch insofern berechtigt erscheint, als das ebenfalls von der gleichen Wurzel gebildete Wort *ta`aṣṣub* «Fanatismus» bedeutet. Die Gruppe mit der stärksten *`aṣabīya,* erlangt die Macht; wer die meiste *`aṣabīya,* um sich versammeln kann, ist der Führer. Schwindet die *ʿaṣabīya,* so schwindet die Macht, sei es des einzelnen, sei es der Gruppe.

Vereinigt eine Gruppe oder ein einzelner genügend *ʿaṣabīya,* um sich, so gelingt ihnen bzw. ihm die Gründung einer Dynastie *(daula),* d. h. die Errichtung eines Reiches *(mulk).* Reiche entstehen und vergehen mit der Gründung solcher Dynastien, die jeweils eine begrenzte Lebensdauer haben. Das war nur in der Frühzeit des Islam anders, wegen des reinen und unirdischen Staatsbegriffs, der damals herrschte bzw. wegen des unmittelbaren Eingreifens Gottes in die Geschichte – anders gesagt: weil die Macht damals heilige Macht war.

Die Gründung von *daula* führt zur Entwicklung von Städten und in den Städten entsteht *ʿumrān.* Die Ansammlung von Menschen führt nämlich zu einem Überschuß an Arbeitskraft. Dieser ermöglicht über die Erfüllung der nötigen Bedürfnisse hinaus zunächst die sogenannten «Bequemlichkeiten», dann auch die Pflege von Künsten und jenen Wissenschaften, die zwar keinen unmittelbaren Gewinn eintragen, aber dennoch die Erfüllung der höheren und echt menschlichen Bestrebungen im Reiche des Geistes bedeuten, während die Pflege der Künste eigentlich einen reinen Luxus darstellt. Luxus aber bewirkt auch Verweichlichung, was zwangsläufig auf den Niedergang und schließlichen Sturz der Dynastie hinausläuft. Daran sind aber noch weitere Faktoren beteiligt; Ibn Chaldun beschreibt den Prozeß in groben Zügen wie folgt:

Der Wunsch der herrschenden Gruppe, alle Quellen der Macht und des Reichtums zu kontrollieren, erzeugt Spannungen und führt zu fataler Entfremdung zwischen den Machthabern der Dynastie und jenen, auf deren *ʿaṣabīya,* ihre Macht beruht. Sie müssen sich daher militärische Unterstützung von auswärts sichern, Prätorianer-Garden in Dienst nehmen (eine der Ursachen für den Ruin des ʿabbasidischen Kalifats).

Gleichzeitig kostet der wachsende Luxus immer mehr Geld, und um dieses zu beschaffen, müssen die Steuern erhöht werden, was früher oder später den Zusammenbruch des Wirtschaftssystems zur Folge hat. So verliert die Dynastie die Kontrolle, oft bleibt ein Herrscher nur dem Namen nach im Amt, während ein anderer die Macht ausübt, der sie jedoch nicht vollständig an sich reißen kann, solange er nicht über eine genügende *ʿaṣabīya,* verfügt. Die neue *ʿaṣabīya,* bildet sich in der Regel nicht in der Stadt, sondern unter den Beduinen, wo infolge der rauhen Lebensweise die rohe, unverbrauchte Kraft vorhanden ist, die den Erfolg der militärischen Aktionen garantiert.

So vollzieht sich der geschichtliche Ablauf in zyklischen Prozessen. Das Leben einer Dynastie dauert in der Regel nicht länger als drei Generationen, wobei eine Generation etwa 40 Jahre umfaßt, was Ibn Chaldun mit dem 40jährigen Zug der Kinder Israel durch die Wüste beweist.

Ihren eigentlichen Stellenwert für unsern Zusammenhang gewinnt diese

Theorie nun aber erst aus dem religiösen Kontext, in den Ibn Chaldun sie stellt. So säkular sie nämlich auch klingen mag, so ist sie doch ganz darauf zugeschnitten, eine Erklärung der Entstehung des Islam zu liefern. «Ohne *'aṣabīya,* kann sich religiöse Propaganda nicht durchsetzen» lautet eine Kapitelüberschrift seines Werkes;[58] und an anderer Stelle betont er, daß *'aṣabīya,* nützlich und wünschenswert ist «für den Heiligen Krieg und die Ausbreitung des Islam».[59] Das große Problem seiner Zeit erblickte der weit herumgekommene, durch seine Wahrnehmung hoher politischer Ämter am Hofe mehrerer arabischer Dynasten Andalusiens und Nordafrikas mit allen Wassern gewaschene Ibn Chaldun im Mangel einer gesamtislamischen *'aṣabīya,* um so mehr, als er das kulturelle Erwachen Europas wachen Sinnes und angesichts der Dekadenz in den eigenen Landen mit Sorge wahrnahm. Diesen Mangel aber führte er auf das Fehlen einer großen integrierenden Führerfigur zurück. Die Hoffnung, der Mongolenführer Timur lang (Tamerlan) könnte diese ersehnte und gesuchte Gestalt sein, scheint ihn eine Zeitlang erfüllt zu haben, bis er sich durch den Gang der Geschichte und spätestens durch seine eigene dramatische Begegnung mit dem grausam-genialen Welteroberer eines Besseren belehren ließ.

Zu einem blühenden Staatswesen gehören neben einer starken, auf die nötige *'aṣabīya* gestützten Autorität auch, «daß man der Scharia einen hohen Rang einräumt und die sie tragenden Gelehrten ehrt und sich an das hält, was sie befinden bezüglich des Tuns und Lassens, und eine gute Meinung von ihnen hat, daß man an die Vertreter der Religion glaubt und ihren Segen und ihre Fürbitte erstrebt (...)». Eine solche Haltung ist verbunden mit Gerechtigkeit und allen übrigen Tugenden. Daß sie auftritt, führt Ibn Chaldun ebenso wie ihr Gegenteil, Laster und alle Handlungen, die zum Niedergang des Staatswesens führen, letztlich auf den Willen Gottes zurück und beruft sich dabei auf den Koranvers: «Wenn wir eine Stadt verderben wollen, befehlen wir ihren Verwöhnten, in ihr zu freveln. Dann erfüllt sich an ihr das Wort, und wir zerstören sie völlig!»[60] Reformen sind denn auch eine «Sache Gottes, die nur zustande kommt mit seinem Einverständnis und seiner Hilfe».[61]

Ibn Chalduns Geschichtstheorie entspricht somit im Prinzip unserem Konzept. Wenn er den Verlust islamisch legitimierter Macht in – und schon vor – seiner Zeit beklagt, so bedeutet das, daß er die natürlich immer verbal geübte Legitimation kritisch hinterfragte. Den Schritt, diese Hinterfragung auch auf die Anfänge des Islam, die militärische Expansion und gewaltsame Unterwerfung riesiger Reiche, auszudehnen, vermochte er so wenig zu tun wie heutige muslimische Denker. Verständlicherweise, denn es hieße, den Islam selber in Frage zu stellen.

III. Die religiös-politische Macht in Staat und Gesellschaft

1. Die Etablierung islamischer Macht

Getreu dem Grundsatz «Keine Macht und keine Gewalt außer bei Gott» konnte in der islamischen Welt politische Macht nie anders denn als – zumindest dem Anspruch nach – religiös legitimierte Macht in Erscheinung treten. Und ebensowenig konnte und wollte eine islamische Regierung darauf verzichten, in ihrem Herrschaftsbereich die Scharia walten zu lassen. Sonderrechte und eigene Gerichtsbarkeit gab es – aber nur im Rahmen dessen, was die Scharia dafür vorsieht – lediglich für die monotheistischen Minderheiten. Doch traten zu den im Koran namentlich genannten Juden, Christen und Sabäern später auch die Zoroastrier und schließlich sogar die Hindus, letzteres in eklatantem Gegensatz zu den Vorschriften der Scharia, die für Polytheisten nur die Alternative Schwert oder Islam kennt. Es spricht für die muslimischen Herren Indiens, daß sie ein solches Blutbad vermeiden wollten und lieber auf die allmähliche Islamisierung Indiens hinwirkten.

Das Kalifat erreichte unter den Umaiyaden (661–750) und im ersten Jahrhundert der `Abbasiden (750–1258) seine höchste Macht. Danach verlor es rasch an Boden, behielt aber seine symbolische Bedeutung auch in den Augenblicken größter Schwäche. Ließen sich doch selbst die Buyiden, nachdem sie im 10. Jahrhundert Bagdad erobert und den Kalifen unter Vormundschaft gestellt hatten, ihre Macht durch ihn beglaubigen. Zwei Mächte, die sich stark genug fühlten, das Kalifat in Bagdad nicht anzuerkennen, die Umaiyaden in Spanien und die Fatimiden in Ägypten, beanspruchten selber die kalifale Macht: jene aufgrund ihrer Abstammung von der gestürzten Dynastie, diese aufgrund eines – tatsächlichen oder fiktiven – Stammbaums, der sie als Nachfahren Fatimas, der Tochter Muhammads, auswies. Die Mamluken, die von 1250–1517 in Ägypten regierten, hielten es für angezeigt, sich einen Kalifen als Aushängeschild zu halten; daß die moderne Geschichtsschreibung diesen als Schein- oder Schattenkalifen bezeichnet, ändert nichts an seiner für nötig erachteten Funktion als Legitimationssymbol.[1] Der letzte dieser Kalifen wurde bei der Eroberung Ägyptens durch den osmanischen Sultan Selim I. Yavuz (1512–20) nach Istanbul gebracht, wo sich, nachdem er die Würde auf seinen Entführer übertragen hatte, seine Spur verliert. Von da an blieb das Amt, das übrigens schon früher einmal ein osmanischer Herrscher, Bayezit I. (1389–1403), an sich gerissen hatte, mit dem Sultanat vereinigt, bis im Jahre 1924 das Kalifat durch einen Beschluß der jungen türkischen Republik abgeschafft wurde. Freilich, für die nicht laizistische islamische Welt war dieser Beschluß keineswegs bindend, so daß theoretisch das Kalifat weiter besteht und es nur darauf ankäme, es wieder durch ein islamisches Gremium mit einem für geeignet gehaltenen Mann besetzen zu lassen.

Doch auch wenn dieses Amt nicht fortgelebt hätte, bliebe die Tatsache bestehen, daß jeder Herrscher eines islamischen Staats sich als Verteidiger des Islam gegen die Feinde Gottes legitimierte und daß das in diesen Staaten ausgeübte Recht schariakonformes Recht war. Man denke etwa an die seit 1500 in Persien regierenden schiitischen Safawiden, die Großmoghuln in Indien und andere von der Hohen Pforte unabhängige islamische Reiche. Es ist daher ein Irrtum, anzunehmen, mit dem Ende des ʿabbasidischen Kalifats oder schon vorher, mit der Entstehung von durch Emire oder Sultane beherrschten Teilreichen habe sich eine profane Herrschaftsform im Islam etabliert. Die Selbstbezeichnungen, die Legitimation, die Insignien und Zeremonien der Herrschaft beweisen, daß alle islamischen Herrscher bis zum Ende des osmanischen Sultanats sich als Inhaber heiliger Macht verstanden.

Die Ausbreitung der Macht vollzog sich von allem Anfang an nach dem Prinzip «Teilhabe durch Unterwerfung». Dieses war mithin Angebot und Drohung zugleich; und beides zusammen, die werbende Kraft des Angebots und die jederzeit aufgrund realer Macht und religiöser Legitimation in die Tat umsetzbare Drohung, verfehlte ihre Wirkung nicht, bildete allerdings auch nicht die alleinige Ursache der ungeheuren Anfangserfolge der militärischen Expansion des Islam. Um sie zu begreifen, muß man sich vielmehr auch die weltpolitische Lage, die strategische Situation in den zu erobernden Gebieten vergegenwärtigen.

Hatten sich die Araber bisher untereinander in regelmäßigen Überfällen *(ghazw,* pl. *ghazawāt,* davon unser Wort *Razzia)* bekämpft, so traten sie nun nicht nur geeinigt auf im Zeichen einer gemeinsamen Sache, sondern obendrein mit göttlichem Auftrag. Das mußte zunächst jene arabischen Stämme im Norden der arabischen Halbinsel, also in Palästina, Syrien und dem südlichen Irak, anlocken, die in Bündnissen mit den beiden notorisch verfeindeten Großmächten Persien und Griechenland als Pufferstaaten fungiert hatten. Diese Großmächte hatten sich soeben durch einen verlustreichen Krieg gegenseitig bis an den Rand ihrer Kräfte gebracht. Hinzu kam die religiöse Situation; Die Christen in den byzantinischen Gebieten Syrien, Palästina und Ägypten gehörten überwiegend monophysitischen Richtungen an, waren daher für die byzantinische Staatskirche Ketzer und seit längerem Repressionen ausgesetzt. Ähnlich stand es mit den nestorianischen Christen Irans, die, ebenso wie andere religiöse Gemeinschaften, von der mazdaistischen (zoroastrischen) Priesterschaft bedrängt wurden.[2] Für diese Gruppen kam das Angebot einer Unterwerfung unter eine Oberhoheit, die eine in gewissen Schranken freie Religionsausübung zusicherte, offensichtlich wie gerufen. Gewiß wurden diese Unterworfenen aufgefordert, den Islam anzunehmen, doch sie hatten die Alternative, eine Steuer, die sogenannte *ǧizya,* über deren Höhe sich im übrigen verhandeln ließ, auf sich zu nehmen und Christen, Juden oder Zoroastrier zu bleiben. Das war für viele das kleinere Übel. Andere freilich folgten der Verlockung, zum Islam überzutreten und so eine noch größere Teilhabe einzuhandeln.

Das bedeutet nun freilich nicht, daß es keine Schlachten, keine militärische Eroberung gegeben hätte. Voraussetzung der eben beschriebenen Unterwerfung war ja die militärische Präsenz. Und da die Unterjochung nach verlorener Schlacht die Unterlegenen aller Rechte beraubte – Frauen und Kinder wurden versklavt, die Männer nach Gutdünken entweder getötet oder ebenfalls versklavt (vgl. Kap. III.8.) –, ist es verständlich, daß man dieser Entwicklung durch friedliche Unterwerfung zuvorzukommen suchte.

Die Eroberer ließen sich auch sonst mit der Islamisierung der eroberten Gebiete Zeit. Selbstverständlich wurden überall Moscheen errichtet bzw. Kirchen in Moscheen umgewandelt, wie etwa die berühmte Umayyadenmoschee, die frühere Johanneskirche in Damaskus. Die Verwaltung aber blieb (unter einer muslimischen Spitze) zunächst in einheimischen Händen, die Verwaltungssprachen blieben Griechisch bzw. Aramäisch oder Pahlawi. Erst allmählich wurde die Arabisierung und damit einhergehend auch die Islamisierung (z. B. des Münzwesens) durchgesetzt.

Gesellschaftlicher Aufstieg war freilich den Nichtmuslimen außer in einigen Berufen, wie dem des Arztes z. B., verwehrt und nur durch Übertritt zu erlangen, ja es war anfangs auch noch die Angliederung an einen arabischen Stamm erforderlich, was durch ein Klientelverhältnis geschah, das dem Klienten so etwas wie eine fiktive arabische Abstammung gab, Rückversicherung einer Teilhabe also, die der Übertritt zur neuen Religion trotz aller Versicherungen offenbar allein nicht immer in gewünschtem Ausmaß garantierte.

2. *Die Machtfülle des Herrschers*

Als Stellvertreter Gottes auf Erden war der Kalif, im Rahmen der Scharia, unbeschränkter Herr über Leben und Tod, sowie über das Eigentum seiner Untertanen. Ein häufig angewandtes Mittel, um die durch ungeheure Verschwendung rasch geleerten Staatskassen aufzufüllen, wurde vom 8. Jahrhundert ab die sogenannte *muṣādara,* d. h. Konfiskation eines Teils des Eigentums eines Privatmanns, wobei nicht selten auch Folter eingesetzt wurde zwecks Preisgabe verheimlichter Schätze. Auch genügte es, in Ungnade zu fallen, um hingerichtet zu werden. Berühmte Beispiele sind das

Massaker an den Umayyaden, mit welchem die ʿAbbasiden ihren Machtantritt besiegelten, oder der Sturz des Wesirgeschlechts der Barmakiden. Dieses Recht, Leben zu beseitigen, machte aber auch vor den Nächsten nicht halt. Bei den Mamluken war es fast die Regel, daß man sich durch die Ermordung des herrschenden Sultans das Recht der Nachfolge erwarb. Das als «typisch türkisch» *(asat at-turk)* formulierte Prinzip, dem Königsmörder gebühre die Herrschaft,[3] vertrug sich offensichtlich mit der strikten Observanz islamischer Regeln, die die Mamluken sich auferlegten, z. B. beim Erwerb neuer Sklaven, der «streng nach den Bestimmungen der Scharia erfolgte».[4] Und Entsprechendes gilt von der grausamen Sitte der Osmanensultane, bei einem Thronwechsel die nicht für die Nachfolge ausersehenen Prinzen zu beseitigen. Schon seit Bayezit I. (1389–1403) praktiziert, wurde sie unter Mehmet II., dem Eroberer Konstantinopels (1451–1481), «herrschaftsideologisch legitimiert». In seinem berühmten Gesetzbuch heißt es ausdrücklich: «Zur Wahrung der Weltordnung ist es zweckmäßig, wenn derjenige meiner Nachkommen, der das Sultanat erlangt, seine Brüder töten läßt.»[5] Es ist derselbe Mehmet II., der die Hagia Sophia Justinians in eine Moschee verwandeln ließ und den die islamische Welt bis auf den heutigen Tag als einen ihrer größten Eroberer feiert.

Daß die von den Kalifen und Sultanen innegehabte Macht sakral war, manifestierten ihre Symbole: die Architektur, die Throninsignien, die Waffen etc., an denen Koransprüche oder sonstige heilige Worte angebracht wurden. Das von Muhammad instituierte Muster einer islamischen Theokratie war biegsam genug, um später aus anderen Traditionen stammende Formen der Macht, namentlich aus der iranischen, zu integrieren. Die Verwendung des Titels «König» (arab. *malik,* pers. *šāh*) war, als sie im 9./10. Jahrhundert in Gebrauch kam, anfangs umstritten, bald aber nahm sich dieser Titel bescheiden aus in der pompösen Reihe hochtönender, aber selbstverständlich die sakralen Aspekte der Macht betonender Ehrennamen, die islamische Fürsten sich gaben.

Zu den Symbolen der Macht gehörte aber auch der Harem. Hier konnte und sollte das Prophetenwort «Der beste meiner Gemeinde ist der mit den meisten Frauen», das al-Ghazali im Buch über das Heiraten mitteilt, am augenfälligsten manifestiert werden (vgl. Kap. XII. 5.). Freilich zeigte sich hier auch das Hypertrophe dieser Machtentfaltung. Denn im Harem wuchsen oft die Keime des Untergangs heran. Die Osmanen griffen schon bald zu jenem eben erwähnten barbarischen Mittel der Verzweiflung, das beides, wuchernde Machtfülle und daraus resultierende Machtfäulnis, verdeutlicht. Noch heute zeugen davon die vielen kleinen Särge in den Istanbuler Sultans-Türben. Die osmanische Geschichtsschreibung spricht im übrigen von einer «Zeit der Weiberherrschaft» *(kadinlar saltanati),* und nicht erst moderne europäische Historiker bringen den Niedergang des osmanischen Reiches im 17. Jahrhundert damit in Verbindung. Andererseits kann man verstehen, daß jede Frau, die einen Sohn geboren hatte, verzweifelt darum kämpfen mußte, daß er der Kronprinz werde und nicht einer von denen, deren die Seidenschnur harrte.

Zur Ausübung der Macht gehörte von Anfang an die Verherrlichung durch die Dichter. In einem späteren Kapitel werden wir zeigen, wie das an sich altvertraute, aus mesopotamischer, iranischer, indischer, byzantinischer Tradition stammende, an Vergöttlichung grenzende Königslob, das bald auch im Islam zur Regel wurde, sich mit der spezifisch islamischen Anthropologie, die im Bild vom Vollkommenen Menschen gipfelt, legitimieren und verschmelzen ließ. Der König, der Fürst, verkörperte auf höchster Ebene die überall gegenwärtige heilige Macht; nur Derwische konnten ihn darin übertreffen.

In der Panegyrik wird er denn auch in aller Form als derjenige dargestellt, der die Ordnung in der Welt, in der Natur und im Kosmos garantiert, wozu natürlich auch die Verteidigung der wahren Religion, ohne die keine staatliche Ordnung denkbar ist, gehört. Hören wir einige Zeilen aus dem Lob, das der große persische Dichter Nizami (1141–1209) in der Einleitung seines letzten, Alexander den Großen besingenden Epos dem Fürsten Nusratuddin Abu Bakr Iskandar (1195–1219) aus dem Haus der Ildegiziden spendet, einem der türkischen Atababegs, die in der zweiten Hälfte des 12. Jahrhunderts Nordwestpersien kontrollierten:

«Er ist der Herr von Schwert und Thron und Krone, der täglich dreimal die Trommel rühren läßt und sein Vertrauen doch nur auf die Fünf Gebete setzt (...)

Die Welt fand Heil in jener Nacht, da er geboren wurde. Da, wo sein edler Schimmel ritt, begann die Welt zu grünen. Bei jedem Festungsring, welchen er angriff, sprengte er die Verteidigungslinien auf. Ein jedes Land, in das er einfiel, spie seine Krösus-Schätze für ihn aus. Auf jeder Burg, wo er sein Banner aufgepflanzt hat, ließ er den Burgherrn aufhängen. Weder Rustam noch Isfandiyar (berühmte Helden der persischen Sage) haben auf Schlachten vollbracht, was er vollbracht hat. Wenn alle andern, die von Adam abstammen, Menschen sind – er ist die Menschheit! Ich kenne keinen angesehenen Menschen, der ihm für diese Menschlichkeit nicht dankbar ist. So viele Huld und Gnaden haben sie von ihm erfahren, daß sie ihn ‹Gnadenherr der Welt› benannten. Höbe ein Toter seinen Kopf aus dem Grab, Stadt und Markt gerieten in Erregung. Daß aber die Gerechtigkeit dieses Königs tausende toter Herzen lebendig macht, das bringt den Gegner nicht in Aufruhr. Wie Jesus hat er viele Tote zum Leben erweckt, sich durch sein Wesen Menschen ergeben gemacht. Die Welt lag brach wie ein Bergwerk, durch seine Sonne gedeiht sie; die Erde war eine Höhle ohne Saat und Acker, durch seine Wolke blüht sie nun wie ein himmlischer Garten. Und immer beschenkt er die Bittenden – kann die Welt einer solchen Güte vergessen?

Wie der Tuba-Baum zu jedem Schloß des Paradieses einen moschusartigen Zweig hinstreckt, so erstreckt sich seine Güte vom Osten bis zum Westen, ist in jedem Haus der Tisch seiner Gnade gedeckt. Was für ein Hof, dessen Glanz gleich der Sonne vom Orient bis zum Okzident erstrahlt! So hat er rasch den Ruhm von Kaichosrau errungen, sich rechtens in den Stamm von Kaikobad gereiht. In jedem Tal, durch das er reitet, füllt sich der Beutel der Erde mit Schätzen, findet die Minze Münzen in ihrem Schoß, säumt Silber den Jasmin und Gold die Levkojen. Wo ist eine Truhe, mit Hellern gefüllt, die nicht von seinem Schatze zehrte? Da seine Krone selbst den Himmel erhöht, möge sein Haupt durch diese Krone siegreich sein!

Wahrlich, du bist der Chiser und der Alexander des Universums, da du sowohl die Herrschaft wie das Wasser des Lebens besitzest! Wie Alexander bist du ein welterobernder Fürst, wie Chiser ein Wegweiser der Verirrten. So hast du alles, was dir entspricht, nur eines nicht – du hast nicht deinesgleichen!»[7]

3. Allmacht und Mächtigkeit als Hintergrund der islamischen Gesellschaftsstruktur

Wie aus dem bisher Gesagten schon in Ansätzen deutlich wurde, läßt sich die soziale Struktur des Kalifenreiches sowie der daraus hervorgehenden islamischen Teilreiche auf dem Hintergrund des allgemeinen hierarchischen Gefüges, das wir mit Allmacht und Mächtigkeit und dessen wichtigstes Funktionsprinzip wir mit «Teilhabe durch Unterwerfung» bezeichnen, verstehen und darstellen. An der Spitze der Theokratie steht Gott als Inhaber der Allmacht schlechthin, der Herr über Leben und Tod, der Bezwingende und Erniedrigende, aber auch der Barmherzige, Verzeihende, Schenkende und Erhöhende. Sein Stellvertreter, der Kalif bzw. der Sultan, hat nahezu die gleichen Machtbefugnisse. Auch er straft oder verzeiht, wie es ihm beliebt, erhöht und erniedrigt, nimmt und schenkt Leben, wie es ihn gut dünkt. Es war daher eine logische Entwicklung, wenn auch eine Abkehr von frühislamischer Observanz, daß man vor dem Kalifen oder Sultan niederzuknien, den Boden zu küssen, also eine Gebärde sakraler Verehrung zu verrichten hatte. Ihm zur Seite stehen die Repräsentanten der religiösen Gelehrsamkeit als die unentbehrlichen Interpreten und Sachwalter des göttlichen Gesetzes, zusammen bilden sie die im Koran genannten «Inhaber des Befehls» oder «Sachwalter» *(ūlū l-amr),* denen der Gläubige nächst Gott und dem Gesandten Gehorsam schuldet (4,59).

Wie im Bereich des Geistigen sich die Auffassung von der Emanation des Göttlichen in Form von Licht und Energie in das All durchsetzte, so im Gesellschaftlichen die Vorstellung, daß der Souverän mit seiner Macht das Gemeinwesen durchdringt. Neben der gewissermaßen magischen Realität, um die es hier geht, und die, wie wir eben sahen, die Dichter besungen haben, hatte diese Allgegenwart aber natürlich auch sehr konkrete Aspekte. So lassen sich die anonymen Stadtwanderungen Harun al-Raschids und anderer Kalifen als Ausdruck intendierter Allgegenwart deuten. Im übrigen wurde diese Omnipräsenz politisch durch ein Spitzelsystem realisiert; die Spione der Kalifen und der Sultane hießen bezeichnenderweise «Auge» und «Ohr», Auge und Ohr des Herrschers also. Das Amt, das strengste Unterwerfung unter die Direktiven des Auftraggebers implizierte, brachte dem Ausübenden ein besonderes Maß an Teilhabe an der Macht ein.

Das Bestreben, Teilhabe zu gewähren als Lohn für Unterwerfung, ist ein signifikantes Phänomen islamischer Herrscherwürde, es läßt sich vor allen in zwei immer wiederkehrenden Gesten erkennen, der Freigebigkeit und der Ernennung oder Erhebung durch Hulderweis. Beide Gesten sind im übrigen nicht auf den Herrscher beschränkt, sondern bestimmen weithin die Dynamik zwischen den verschiedenen hierarchischen Stufen der Gesellschaft.

a) Freigebigkeit

Die Freigebigkeit ist eine altarabische Tugend und selbstverständlich schon im Beduinenmilieu auch ein Mächtigkeitserweis. In der islamischen Gesellschaft dauert sie an und bedeutet nun weithin eine Art symbolischer Inszenierung des gemeinsamen Teilhabens an der «rechten Sache». Die Freigebigkeit des Herrschers und des Höhergestellten drückt dagegen in stärkerem Maß die hierarchische Struktur aus, das Gewähren von Teilhabe als Lohn für Unterwerfung.

Mit der Freigebigkeit eng verknüpft und von analoger Funktion ist die Gastfreundschaft und die offene Tür gegenüber dem Fremden. Auch mit dieser Gepflogenheit wird, wie schon in der Beduinengesellschaft, «Teilhabe» zelebriert. Daß es hierbei um eine wesentliche Praxis, ein Symbol sozialer Identität geht, zeigt sich auch in der Bedeutung, welche den Verweigerern wie den ungebetenen Nutznießern von Freigebigkeit in der Satire, in Anekdote und Witz eingeräumt wird. Die «Geizkragen» *(buḫalāʾ)* und die «Nassauer» oder «Schmarotzer» *(ṭufailī)* sind prominente Typen. In ihrer Darstellung entwerfen scharfe Beobachter wie al-Dschahiz das Gegenbild des sich konform Verhaltenden; sie prangern denjenigen an, der, obwohl zur *Umma* gehörig, die daraus sich pflichtmäßig ergebende Solidarität der «Teilhabe» entweder verweigert oder aber schamlos ausnutzt.[8]

b) Teilhabe an gesellschaftlicher Macht durch Hulderweis

Wie über den Mitgliedern des Hofes ständig das Damokles-Schwert des Sturzes schwebte – die Zahl allein der in der islamischen Geschichte getöteten Wesire ist immens –, so kam es auf der anderen Seite immer wieder vor, daß jemand quasi aus dem Nichts in die obersten Ränge erhoben wurde, wenn es dem Sultan so gefiel. Keineswegs nur in Tausendundeiner Nacht, sondern auch in den historischen Quellen begegnen uns derlei Berichte. Namentlich die Ernennung zum Mitglied der Tafelrunde kam häufig vor. Das Amt des *Nadim,* was wörtlich «Zechgenosse», «Mitbecherer» bedeutet, hätte es streng genommen an einem islamischen Hof gar nicht geben dürfen; es mochte im Zuge der starken Iranisierung des Hofzeremoniells unter den ʿAbbasiden aufgekommen sein, wurde nichtsdestoweniger aber ein Ausdruck jener islamisch legitimierten Strukturen, von denen hier die Rede ist.

Doch der Hulderweis, der seinerseits als Analogie zu dem von Gott erhofften Hulderweis gewertet werden darf, ist nicht auf den Sultan beschränkt. Es üben ihn auch die Mächtigen und die Reichen im Lande, diejenigen die über *ǧāh,* d. h. gesellschaftliches Ansehen und Wohlstand, verfügen.[9] Auf diese Weise ist gesellschaftlicher Aufstieg möglich, eine unverhoffte Wende des Schicksals kann ständig eintreten. Das einen solchen Gnadenerweis auslösende Verdienst konnte minimal sein: ein geistreicher Vers, ein wichtiger Dienst, eine anmutige Geste...

4. Die Unterwerfung unter das Schicksal

Zur im Islam geforderten Unterwerfung gehörte, jedenfalls nach vorherrschender Lehre, auch die Unterwerfung unter das Schicksal. Die theologischen Prämissen werden an anderer Stelle dieses Buches näher erörtert. Aber welche Teilhabe war damit einzuhandeln? Zweifellos jene an einer Gemeinschaft von gegenüber Schicksalsschlägen Gewappneten, einer Gemeinschaft der Gelassenheit, jener inneren Ruhe *(sakīna),* die der Koran den Gläubigen in Aussicht stellt (48,4), auch jener Genügsamkeit, die eine entscheidende psychologische Basis der in der ganzen islamischen Welt vorhandenen krassen Gegensätze zwischen Arm und Reich ist. Rebelliert wurde nur sehr selten. Man war immer bereit, sich mit einem Minimum zufriedenzugeben. «Mächtig ist, wer sich begnügt, elend, wer giert» *(ʿazza man qaniʿa wa-ḏalla man ṭamiʿa),* lautet ein Sprichwort, das diese Haltung auf den kürzesten Nenner bringt und dabei bezeichnenderweise in den Kategorien von «Macht» und «Ohnmacht» denkt.

Freilich konnte Glaube an die Vorherbestimmung auch Passivität bedeuten, ja sogar Gleichgültigkeit, moralische Indifferenz und verantwortungsloses Handeln begünstigen. In einem wohl um die Wende zum 10. Jahrhundert entstandenen, stark von griechischem Denken beeinflußten arabischen Text mit dem Titel *Die Bildung des Arztes* attackiert der Autor jene Ärzte, die im Namen der Vorherbestimmung die Verantwortung für mißlungene Therapien und Operationen ablehnten, und bezeichnet diesen Fatalismus als Hauptursache des Niedergangs der hippokratischen Medizin.[10] Ein unbekannter arabischer Dichter aus dem 9. Jahrhundert oder früher schrieb in einer Satire auf den Scharlatan:

Welch Kranker dir mag kommen, sei bang nicht und verschreib
ihm etwas, das dir einfällt, und schicks ihm in den Leib.
Wenn er genest: mein Mittel hat das Leben ihm verlängt,
und wenn er stirbt: vom Himmel war ihm der Tod verhängt.[11]

Die Berufung auf die Vorherbestimmung begegnet uns häufig in arabischer und persischer Weindichtung. Da Weintrinken nach der Scharia eine schwere Sünde ist, bezeugen solche Äußerungen, daß die Lehre von der Prädestination in der Tat moralische Laxheit auslösen konnte, auch wenn einzelne Dichter, z. B. Hafis, mit Recht darauf hinweisen, daß es weit schlimmere Vergehen als das Weintrinken gibt (vgl. Kap. IX.6.).

Die mythische Zeit (dahr) als Prügelknabe

Die Ergebung in das Schicksal war zwar oft die einzig mögliche Reaktion auf Schicksalsschläge, für die im übrigen nicht selten die Tyrannei der Obrigkeit verantwortlich war. Das heißt aber nicht, daß diese Schläge in den Betroffenen nicht doch Zorn und ohnmächtige Wut ausgelöst hätten. Aber weder Gott, der doch nach islamischer Theologie der einzige Verursacher allen Geschehens ist, noch der Sultan durften des Unrechts geziehen werden. Das seelische Gleichgewicht verlangte aber nach Verbalisierung des Zorns und nach einer Zielscheibe für solche Ergüsse. Man fand sie im *dahr,* der mythischen Zeit, einem Begriff, der aus der vorislamischen altarabischen Dichtung stammte und dort soviel wie Schicksal bedeutete.[12] Später sind in die Schicksalsklage offenbar auch vorislamische persische Vorstellungen eingeflossen, so namentlich der altiranische Glaube an den Schicksalsgott Zurvan, das fühllos waltende allmächtige Schicksal, dem der Mensch hilflos ausgeliefert war. Hier ein Beispiel aus Nizamis um 1180 vollendetem romantischen Epos *Chosrou und Schirin:*

O Zeit, wie lang noch willst du Unrecht üben,
wie lang noch dich erfreun und mich betrüben?
Grämst mich, will ich nicht, daß du fröhlich seist,
willst mich zerstört, ich nicht, daß du gedeihst.
Du bist's, die Weizen zeigt und Gerste einfüllt,
die faule Gerste in den Weizen einhüllt.
Wie Weizenkörner bin ich krumm durch dich,
noch eh ich Weizen aß, zermalmst du mich.[13]

Statt *dahr* findet sich übrigens oft auch die Welt oder die Erde in dieser Rolle des Prügelknaben:

Was freist du um die niedrige, die Welt? Sie ist ein Unheilsnetz,
Ein Haus, das heute dich lachen macht und morgen schon dich weinen läßt.
Und dunkeln ihre Wolken auch, wird doch kein Durst von ihnen gelöscht.
Kein Ende hat ihr Überfall und wen sie fängt, den kauft keiner frei.
Wie manchen hat sie stolz gemacht, daß in Verblendung er sich verstieg,
Da kehrt den Schild sie gegen ihn und stößt ihre Messer ihm ins Herz.

So sei denn auf der Hut, damit dein Leben du nicht sinnlos verspielst!
Zerschneid' die Bande der Liebe zu ihr, entsag', so findst du den rechten Pfad!
Doch schließt sie Frieden, erwarte noch von ihrer Arglist Feindschaft und
Krieg!
Und wisse, ihr Zerstörungswerk schlägt zu, währt oft auch lange die Frist.[14]

Die Beschimpfung der Erde, deren arabischer Name *ad-dunya* im übrigen «die Niedere» im Gegensatz zur oberen Welt des Jenseits bedeutet, ist nicht unbedingt korankonform, aber doch noch eher in einem islamischen Konzept unterzubringen als das Schelten auf die Zeit. Im Koran sind es die Ungläubigen, die sagen: «Es gibt nur das Leben auf dieser Erde, da leben und sterben wir, bis uns die Zeit *(ad-dahr)* vernichtet» (45,24). Und ein Hadith mahnt ausdrücklich: «Scheltet nicht die Zeit *(ad-dahr)*, denn Gott ist die Zeit!»

Dennoch erging sich etwa der große arabische Dichter Mutanabbi (915–965) im Tadel der Zeit, und das Hadith wurde auch sonst nicht ernst genommen, denn schließlich hat, wie al-Ma`arri, ein Zeit- und Berufsgenosse Mutanabbis, feststellt, kein Prophet je behauptet, die Zeit sei der Schöpfer oder das Anzubetende.[15] Mit andern Worten, er billigt das Schelten auf die Zeit. Dieses dürfen wir also deuten als Zeichen des Bemühens, jede Kritik an Gott oder der göttlichen Vorherbestimmung zu vermeiden, mithin als Ausdruck der Unterwerfung unter die Allmacht.

5. *Gewaltanwendung «auf dem Wege Gottes»*

«Teilhabe durch Unterwerfung» – das war nicht nur ein Angebot, es war auch eine Drohung. In Mekka hatte Muhammad alle Repressalien seiner Gegner geduldig ertragen – und mit ihm seine Jünger, von denen er einige vorübergehend in die Emigration nach Abessinien schickte. In Medina jedoch wandte sich das Blatt, und von hier ab wählte der Begründer des Islam einen prinzipiell anderen Weg als den, für den Christus sich entschieden und den er bis zur äußersten Konsequenz, der scheinbar völligen Niederlage, dem ehrlosen Ende am Verbrechergalgen, auf sich genommen hatte.

Muhammad entschied sich für den Einsatz von Gewalt zur Durchsetzung seiner Sendung. Kaum war die Gemeindeordnung von Medina erlassen, begannen die Überfälle auf mekkanische Karawanen und wurden sogar während der heiligen Monate, in denen nach altarabischem Recht keine Razzien gestattet waren, durchgeführt. Das Befremden darüber in den eigenen Reihen beruhigte eine Offenbarung:

«Sie fragen dich nach dem heiligen Monat, dem Kampf in ihm. Sprich: Der Kampf in ihm ist gravierend *(kabīr)*. Doch den Weg Gottes zu verhindern, nicht an ihn und die Heilige Moschee zu glauben, die Gläubigen aus ihr zu vertreiben – das ist gravierender *(akbar)* bei Gott. Und der

Aufruhr *(al-fitna)* ist gravierender als das Töten. Sie würden aber nicht aufhören, euch zu bekämpfen, bis sie euch von eurer Religion abgebracht hätten, wenn sie es könnten. Welche aber unter euch von ihrer Religion abfallen und als Ungläubige sterben, deren Geschäfte scheitern im Diesseits wie im Jenseits, sie sind Genossen des Feuers und werden ewig darin bleiben.» (2,217)

Al-fitna kann auch mit Unruhe, Unordnung, Rebellion oder Bürgerkrieg übersetzt werden; gemeint ist auf jeden Fall die Nicht-Unterwerfung. Die hiermit eingeschlagene Linie setzte sich fort bis zum Tod des Propheten und wurde bestimmend auch für die spätere Politik islamischer Herrscher. Die wichtigsten Ereignisse seien in Kürze aufgeführt. Zunächst sind die drei großen kriegerischen Konflikte mit den Mekkanern zu nennen: Nach einer ersten, für Muhammad siegreichen Schlacht bei Badr, einem kleinen Ort südwestlich von Medina (624), erlitt er eine Niederlage beim Berge Uhud (625), konnte aber im sogenannten «Grabenkrieg» (627) die Belagerung Medinas durch die Mekkaner erfolgreich abwehren.

Der mekkanische Widerstand gegen Muhammad war anfangs sehr stark aus den Kreisen der wohlhabenden Kaufleute gekommen, die von einer monotheistischen Religion das Ende der heidnischen Pilgerfahrt und damit einen empfindlichen Verlust an Einnahmen befürchteten. Auch Muhammad selber muß früher oder später erkannt haben, daß seine Stellung zur Pilgerfahrt wesentlich für sein Verhältnis zu den Mekkanern war. Als er verkündete, die Kaaba sei von Abraham errichtet, die Wallfahrt nach Mekka mithin ein alter monotheistischer Kult, den es nur zu reformieren, seiner polytheistischen Elemente zu entkleiden gelte, hatte er im Grunde schon gewonnenes Spiel. Bereits 628, im Vertrag von Hudaibiya, einigte er sich mit den Mekkanern darauf, im nächsten Jahr die Pilgerfahrt vollziehen zu dürfen. 630 war der mekkanische Widerstand dann bereits praktisch zusammengeschmolzen, und Muhammad konnte fast kampflos und jedenfalls als Triumphator in die Stadt der Kaaba einrücken.

Schwieriger und verlustreicher für die Gegner hatte sich in den Jahren des Kampfes gegen Mekka das Verhältnis zu den Juden gestaltet. In einem späteren Abschnitt (Kap. III.7.) werden wir auf die Gründe dieser Entfremdung näher eingehen. Hier sollen nur die Maßnahmen, die «auf dem Wege Gottes» zu treffen sich Muhammad genötigt sah, aufgezählt werden. Die Juden bildeten einen wichtigen Anteil der Bevölkerung Medinas, die Muhammad durch die sogenannte «Gemeindeordnung» zu einem Stadtstaat zusammenschloß. Deren oberstes Gesetz war Unterwerfung unter den Befehl des Propheten um der gemeinsamen Sache willen. Ein Zwang, den Islam anzunehmen, war damit zwar nicht verbunden; doch die gemeinsame Sache, um die es ging, war natürlich die des Islam. Verständlich daher, daß die Juden nicht eben mit Begeisterung dabei waren, sich vielmehr als unzuverlässige Bündnispartner erwiesen.

Im Koran heißen die unzuverlässigen Elemente unter den Muslimen *munāfiqūn,* was «Heuchler» oder «Zauderer» bedeutet. Die «Zauderer» waren jedoch mit den Juden nicht identisch, vielmehr nominell Muslime; und sie hatten ihr eigenes Oberhaupt, `Abdallah ibn Ubayy, der gleichzeitig Anführer eines der beiden Stämme war, die Muhammad zwecks Schlichtung ihres Streits nach Medina gerufen und ihm damit die Grundlage für seine spätere Machtposition verschafft hatten. Wie prekär diese anfangs jedoch war, erhellt aus dem Gesagten.

Muhammad war also darauf bedacht, sich der unzuverlässigen Juden sobald wie möglich zu entledigen. Nach der Schlacht von Badr wurde daher einer der drei jüdischen Stämme Medinas, der Stamm der Banu Qainuqa`, aufgefordert, die Stadt zu verlassen. Die Männer – die Zahl ihrer ausgerüsteten Krieger schwankt in den Angaben zwischen 400 und 750, von Beruf waren sie u. a. Goldschmiede – verschanzten sich, mußten sich aber nach zwei Wochen ergeben. Es drohte ihnen die Hinrichtung. Doch der eben genannte `Abdallah ibn Ubayy warf sich ins Mittel und war damals noch mächtig genug, das Schlimmste zu verhindern. Er erwirkte ihnen freien Abzug. Nach Uhud, der verlorenen Schlacht, ereilte das gleiche Schicksal der Verbannung den Stamm der Banu Nadir, wohlhabende Juden auch sie, die von Geldverleih, Palmenzucht, Waffen- und Juwelenhandel lebten. Auch sie wurden aufgefordert, innerhalb weniger Tage die Stadt zu verlassen; auch ihr Versuch, sich dem Befehl zu widersetzen, schlug fehl und verschlechterte nur die Anfangs noch relativ günstigen Bedingungen. Blieb noch der dritte jüdische Stamm der Banu Quraiza. Sie waren Bauern und wohnten außerhalb der Stadt. Beim Grabenkrieg deckten sie jene Stelle, die nicht vom Graben geschützt war, und gerieten in den Verdacht, mit den Gegnern kollaboriert zu haben. Trotz oder auch gerade dank des für ihn erfolgreichen Ausgangs der Schlacht ließ Muhammad nach dem Abzug der Mekkaner die Quraiza in ihren Befestigungen belagern. Der Kampf dauerte 2–3 Wochen, bis sich die Juden zur Übergabe entschlossen und um die gleichen Bedingungen baten, die ihren Stammesgennossen gewährt worden waren. Dazu war der Prophet nun jedoch nicht mehr bereit. Zwar wurde der Entscheid ihrem Anführer übertragen. Doch dieser bestimmte wie unter Hypnose den Untergang seines eigenen Stammes, der offensichtlich Muhammads Absicht entsprach, denn der Prophet ließ das Urteil unverzüglich vollstrecken. Die Juden, so wird das heute in apologetischen Schriften muslimischerseits dargestellt, wurden nach ihrem eigenen Recht gerichtet. Alle erwachsenen Männer wurden zum Tode verurteilt, die Frauen und Kinder zur Sklaverei. Einen ganzen Tag lang dauerte das Morden auf dem Marktplatz von Medina, bis die 600–900 Männer getötet waren, nur vier entzogen sich durch den Übertritt zum Islam diesem Ende. Die Frauen und Kinder wurden zum größten Teil in Medina versteigert, die übrigen in Syrien und im Nadschd. Muhammad, dem von der Beute wie immer ein Fünftel zufiel, wählte sich aus den Frauen Raihana bint Zaid an-Nadariya.

Dieses Verfahren wurde jedoch, auch wenn es zu einem Modell der Behandlung besiegter Ungläubiger wurde, nicht ausnahmslos zur Richtschnur in Muhammads Beziehung zu den Juden. Denn schon ein Jahr später verhielt er sich vergleichsweise menschlicher nach der Eroberung der fruchtbaren, von Juden bewohnten Oase Chaibar, die die Muslime zu reichen Leuten machte. Die Juden wurden diesmal nicht getötet, sondern als eine Art Pächter des nun muslimischen Besitzes belassen.

Noch eine dritte Gruppe von Gegnern gab es, die Muhammad so gefährlich erschienen, daß er sich mehrfach veranlaßt sah, Gewalt «auf dem Wege Gottes» gegen sie einzusetzen. Die Rede ist von Dichtern und anderen, die mit der Mächtigkeit des Wortes seiner Sache geschadet hatten. Muhammad ließ sie töten, einen in Gefangenschaft, mehrere andere durch Sendlinge. Näheres wird darüber in Kap. IX. 1. berichtet.

Nachdem sich Muhammad mit dem Einsatz von Gewalt Respekt verschafft hatte, streckte er jedoch immer wieder die Hand der Versöhnung aus, sofern der Gegner zur Unterwerfung bereit war. Sogar der genannte ʿAbdallah ibn Ubayy, das Haupt der «Zauderer», der mehrfach gegen Muhammad intrigiert und z. T. die Juden zu dem angestiftet hatte, weswegen sie aus Medina vertrieben wurden, blieb selber verschont, und Muhammad leitete später sein Leichenbegängnis. Unterwerfung forderte der Gesandte Gottes schließlich global in einer Verlautbarung, die 631 während der Wallfahrt in Mekka verlesen wurde und in Form einer Offenbarung am Anfang von Sure 9 erhalten ist. Es ist die sogenannte «Lossagung» *(barāʾa)*, die Aufkündigung aller mit den Polytheisten aus taktischen Gründen auf Zeit geschlossenen Verträge. Den Bewohnern der arabischen Halbinsel wird eine Frist von vier Monaten eingeräumt, um das Land zu verlassen oder aber Umkehr zu tun, d. h. den Islam anzunehmen. Danach aber seien sie vogelfrei und es drohe ihnen gnadenloser Kampf. Der Text ist wichtig genug, um hier im Wortlaut zitiert zu werden:

«Lossagung von seiten Gottes und seines Gesandten gegenüber jenen unter den Polytheisten, mit denen ihr Verträge hattet: Reiset im Lande vier Monate lang und wisset, daß ihr Gott nicht entmachten könnt, und daß Gott die Ketzer in Schande versetzt. Und Verlautbarung Gottes und seines Gesandten an die Leute am Tage der Großen Wallfahrt, daß Gott und sein Gesandter sich von den Polytheisten losgesagt haben: Wenn ihr bereut, so ist es das Beste für euch, doch wenn ihr euch abkehrt, so wisset, daß ihr Gott nicht entmachten könnt. Verkündige den Ungläubigen eine schmerzhafte Strafe! Außer jenen, mit denen ihr Verträge hattet unter den Polytheisten, und die euch um nichts verkürzt noch anderen wider euch geholfen haben. Ihnen gegenüber erfüllt ihre Verträge bis zum Ablauf der Frist, wahrlich Gott liebt, die ihn fürchten! Und wenn die heiligen Monate verstrichen sind, so tötet die Polytheisten, wo ihr sie findet, packt sie, und umzingelt sie und lauert ihnen in jedem Hinterhalt auf! Doch wenn sie bereuen und das Gebet verrichten und die Armensteuer zahlen, so ist Gott verzeihend, barmherzig.» (9,1–5)

Ein Jahr nach dieser Lossagung und wenige Tage nach dem Vollzug der sogenannten «Abschiedswallfahrt», bei welcher Muhammad den Zeremonien in und um Mekka ihre islamisierte Form verlieh, verstarb er in den Armen seiner um vierzig Jahre jüngeren Lieblingsfrau `A'ischa. Die kriegerischen Expeditionen hatten ihn in den zehn Jahren seiner Wirksamkeit in Medina immer stärker in Anspruch genommen. Nach der Eroberung der arabischen Halbinsel richteten sich die Eroberungszüge bereits gegen Byzanz. Noch unmittelbar vor seiner Erkrankung, einen Monat vor seinem Tod, hatte Muhammad einen Kriegszug ins Ostjordanland geplant. Und an die Stelle des in früheren Suren mehrfach betonten arabischen Charakters seiner Offenbarung war die Idee einer weltweiten Sendung «aus Barmherzigkeit für die Weltenbewohner» (*raḥmatan lil-`ālamīn,* 21,107) getreten.

Nach Muhammads unerwartetem Tod gab es eine große Welle des Abfalls, was die Muslime einige Jahre lang in militärische Aktionen verwikkelte, denn nun kam das koranische Gebot «Aufruhr ist schlimmer als Töten!» (2,217) in Anwendung. Doch es gab auch Zwist in der Frage der – von Muhammad nicht geregelten – Nachfolge in der Leitung der Gemeinde. Zwei der vier ersten Kalifen, die die Muslime die «Rechtgeleiteten» nennen, `Uthman und `Ali, sind diesen Divergenzen zum Opfer gefallen, sie wurden von muslimischen Gegnern getötet. `Umar wurde von einem christlichen Sklaven getötet, der jedoch seinerseits – so vermutete ein Sohn `Umars – nur ein Handlanger der über `Umars diktatorisches Regiment empörten Prophetengenossen gewesen sein könnte. Das Erbe der sakralen Gewaltanwendung hatte begonnen, in die eigenen Reihen zurückzuschlagen.

Wenn man als Nichtmuslim diese ältesten erhaltenen muslimischen Darstellungen des Wirkens Muhammads liest – das hier Gebotene ist nur ein kleiner Ausschnitt des in der sogenannten Maghazi-Literatur, d. h. den Schlachtberichten, Geschilderten –, so hat man manchmal den Eindruck, es müßten Feinde des Islam gewesen sein, die dieses für modernes Rechtsempfinden so unprophetische Profil gestaltet hätten. In der Tat hört man heutzutage auch von Muslimen gelegentlich diese Vermutung; doch sie fällt bei näherem Hinblicken als haltlos in sich zusammen. Die Muslime selber hätten solche interpolierten Passagen als erste bemerkt und mit Abscheu getilgt, wenn sie ihrem Muhammad-Bild widersprochen hätten. Anderseits sind alle Versuche, diese Vorgänge mit heutigem Rechtsempfinden in Einklang zu bringen, zum Scheitern verurteilt. Die «Hinrichtungen» der Dichter sind danach Meuchelmorde, die Tötung der Juden ein Massaker, um nur diese beiden eklatantesten Fälle nochmals zu erwähnen.

Hingegen läßt sich eine andere Überlegung anstellen, die sich ergibt, wenn man nicht Muhammad mit Christus, sondern die islamische mit der christlichen Geschichte vergleicht. Dann zeigt sich nämlich, daß Jesu Pazifismus die Anwendung von Gewalt in seinem Namen nicht verhindert hat, wenn sie auch erst einsetzte mit der Erhebung des Christentums zur Staatsreligion durch Kaiser Konstantin, dessen militante Vision *in hoc signo vinces* den Auftakt unzähliger im Namen des Kreuzes unternommener Kriege und Gewaltakte bildete. So betrachtet hätte Muhammad, indem er das offenbar Unvermeidliche nicht ungeregelt seinen Nachfolgern überließ, sondern selber anpackte, in einem ganz andern, historisch bedeutsamen Sinn die «Sünde der Welt» auf sich genommen. Indem er der Gewalt einen fest umrissenen Rahmen in der Ordnung des Heiligen Hauses gab, hat er sie gleichzeitig in ihre Schranken gewiesen. Es gibt daher im Islam z. B. keine Inquisition und es gibt, trotz allem Tort, der der Frau in dieser Religion angetan wurde, keine Hexenverbrennungen. Die Massaker an den Armeniern waren eine Ausnahme relativ jungen Datums und stark mitbedingt durch die Einmischung europäischer Mächte und ihre Versuche, die Armenier für ihre eigene, gegen die Hohe Pforte gerichtete Machtpolitik zu ge- und mißbrauchen.

Eines muß jedoch klar gesehen werden: Während Gewaltanwendung im Namen Jesu im nachhinein früher oder später immer als Verstoß gegen dessen Geist und Gebot angesprangert werden konnte und die Christenheit im Maße ihrer Rückbesinnung auf die Wurzeln von der Gewaltanwendung abgerückt ist, so daß die heutige Friedensbewegung und die damit aufs engste verknüpfte Menschenrechtsbewegung ganz stark von christlichen Kreisen mitgetragen werden, bleibt Gewaltanwendung im Islam, soweit sie sich im Rahmen der Scharia bewegt, auch im nachhinein systemkonform. Der Heilige Krieg ist nicht – wie die Kreuzzüge – ein verdammenswürdiger Fehltritt, sondern die Erfüllung eines islamischen Gesetzes. Ja selbst die Morde der Assassinen (von *ḥaššāšīn,* die «Haschischesser»), die von der persischen Bergfeste Alamut und andern Bastionen aus Iran und Syrien im 11., 12. und bis ins 13. Jahrhundert durch ihre Mordanschläge in Schrecken versetzten, konnten sich auf das Vorbild der erwähnten Meuchelmorde an Dichtern berufen, mit dem gewichtigen Unterschied freilich, daß die getöteten Dichter «Heuchler» oder Polytheisten waren, die Opfer der Assassinen dagegen überwiegend muslimische Würdenträger. Es war ja der Versuch einer radikalen schiitischen Bewegung, die Macht der Sunna zu beseitigen. Das System der Assassinen funktionierte übrigens auch wieder nach dem Prinzip «Teilhabe durch Unterwerfung». Denn die Attentäter, die sogenannten Fada'is, riskierten ihr Leben, verloren es in der Regel bei ihren Anschlägen; dafür aber winkte ihnen wie den Märtyrern des Heiligen Krieges der sofortige Eintritt ins Paradies.

Ein Wort schließlich noch zur Todesstrafe. In den meisten Staaten mit christlicher Tradition heute abgeschafft, allenfalls noch für schwerste Verbrechen vorgesehen, steht Todesstrafe im Islam auf Apostasie und bildet einen Paragraphen des von der Azhar ausgearbeiteten Verfassungsentwurfs, der allen islamischen Staaten als Modell dienen soll. Das heißt: Menschen, deren einzige Schuld im Wechsel ihrer Religion – oder in unzulässigen Angriffen auf die fundamentalen Lehren des Islam – besteht, werden als Verbrecher eingestuft, des Todes für schuldig befunden. Die blutige Verfolgung der Baha'is im Iran seit ihrer Entstehung im 19. Jahrhundert – ihr Stifter Abdul Baha' wird als Prophet verehrt, die Anerkennung eines Propheten nach Muhammad aber ist Apostasie –, die Hinrichtung tausender von Angehöriger dieser Glaubensrichtung nach der Revolution basiert auf jenem Gesetz. Zwei Beispiele aus der jüngsten Vergangenheit behandeln wir im Schlußteil des Buches. Es stellt sich in diesem Kontext ganz allgemein die Frage, ob, um es mit den Worten eines europäischen Muslims zu formulieren, «die Anwendung von Gewalt möglich ist zur Bestätigung und Verbreitung einer lebendigen Wahrheit». Die Antwort, die dieser alle Probleme elegant umschiffende Denker gibt – es handelt sich um Frithjof Schuon –, vermag ich allerdings nicht nachzuvollziehen. Er antwortet affirmativ, denn die Erfahrung zeige, «daß wir manchmal gegenüber Menschen ohne Verantwortung in ihrem eigenen Interesse Gewalt anwenden müssen (...)».[16] Ganz allgemein mag dieses Prinzip zwar richtig sein; in seiner Anwendung auf den Islam aber weckt es den völlig falschen Eindruck, als habe es der Heilige Krieg jeweils mit «verantwortungslosen» Menschen zu tun gehabt, während doch die Ethik der Opfer, wenn es Monotheisten, Parsen oder Buddhisten waren, jener der Muslime nicht nachstand. Mit dem von Schuon hier eingeführten Prinzip kann im übrigen jede Gewalt gerechtfertigt werden. Schließlich haben auch die Kommunisten ihre Millionen von Opfern jeweils damit gerechtfertigt, daß dies der unvermeidliche Preis für ein besseres Morgen sei.

Doch soll dieses Kapitel nicht mit einer Anklage enden. Erstens ist festzustellen, daß heute sehr viele Muslime Gewaltanwendung im Namen ihrer Religion ebenso ablehnen wie die große Mehrheit der Christen. Zweitens hält ein Rückblick auf die blutige Geschichte des Abendlands den kritischen Christen davon ab, dem Islam gegenüber als Kläger aufzutreten. Auch sei daran erinnert, daß es im Islam jene potentiell tolerante Idee einer Urreligion gibt, die den verborgenen Wahrheitskern in allen Religionen bildet, deren Unterschiede demnach nur äußere Formen wären. In der Regel verbindet sich diese Idee freilich mit der Überzeugung, daß die einzige Religion, die die gedachte Urreligion unverfälscht repräsentiert, der Islam sei. Ernst genommen, stellt dieses Konzept jedoch eine Parallele zu Lessings Ringparabel dar, die übrigens ja einer orientalischen Quelle entstammt, nämlich dem *Ilahiname,* einem der Lehrgedichte des persischen Mystikers `Attar (gest. um 1220). Zwar sind es dort die Frauen Muhammads, die zum Propheten kommen und fragen, welche von ihnen er am meisten liebe; die daraus zu ziehende Moral ist aber die gleiche wie bei Lessing.[17] Die genannte Idee bildet also eine echte Basis religiöser Toleranz ähnlich dem christlichen Gebot «Liebet eure Feinde», sofern dieses – und das ist heute mindestens ansatzweise weithin der Fall! – auch nur in dem viel bescheideneren Sinne gelebt wird: «Laßt die neben euch gelten, die etwas anderes glauben als ihr!»

Der Heilige Krieg

Wenn der Satz Heraklits, daß der Krieg der Vater aller Dinge sei, irgendwo in besonderem Maße zutrifft, dann in bezug auf den Heiligen Krieg des Islam. Er ist in der Tat das wichtigste Movens der islamischen Geschichte: Durch den Heiligen Krieg erlangte das islamische Imperium innerhalb weniger Jahrzehnte seine riesige Ausdehnung, und im Verlauf der folgenden Jahrhunderte wurden immer neue Gebiete hinzuerobert, wenn auch die friedliche Mission durch Kaufleute, Gelehrte und Derwische daneben ihre Rolle spielte, etwa bei der Islamisierung Indonesiens und Zentralafrikas oder der Einführung des Islam in China. Durch den Heiligen Krieg wurde die islamische Welt international und ihre Kultur kosmopolitisch; denn ein Schmelztiegel der Kulturen entstand, Wissenschaftler und Künstler aus weit entfernten Gebieten begegneten sich an den Höfen kulturbeflissener Kalifen und Mäzene, im Kontakt mit Geistlichen und Rechtsgelehrten wurde das im Islam Erlaubte und Verbotene diskutiert, und eine spezifisch islamische Kunst – Architektur, Dekorkunst, Kalligraphie, Miniatur, Dichtung und, in Grenzen, auch Musik – bildete sich in z. T. Jahrhunderte währenden Prozessen heraus. Ähnliches gilt für die Wissenschaften, nur daß hier das sich verändernde islamische Klima deren Entwicklung nach und nach abträglich werden sollte. Der Heilige Krieg lieferte mit der Erbeutung ungeheurer Reichtümer auch den nötigen «Mehrwert», um Kunst und Wissenschaft in großem Stil zu betreiben, wie Ibn Chaldun in seiner Geschichtsphilosophie richtig erkannte. Der Heilige Krieg versorgte ferner die Märkte mit einem nie versiegenden Nachschub an Sklavinnen und Sklaven, die als Dienerinnen und Diener, Konkubinen und Lustknaben, Sängerinnen und Sekretäre aus dem Leben der wohlhabenden Klasse nicht wegzudenken waren. Und schließlich: Er unterwarf immer neue «Schriftbesitzer», die als Ärzte und Kaufleute, Juweliere, Goldschmiede und Geldwechsler einen wichtigen Platz in der islamischen Gesellschaft einnehmen sollten.

Man wird also den Verfassern des 1977 erschienenen, viel diskutierten Buches *Hagarism* – Hagarism ist eine in Vergessenheit geratene jüdische Sekte, aus der der Islam hervorgegangen sein soll; das Wort steht in jenem Buch häufig als Synonym für Islam! – bis zu einem gewissen Grad beipflichten können, wenn sie konstatieren: «The Power of Hagarism to reshape the world of antiquity lay in its union of Judaic values with barbarian force» und «Without the fusion of barbarian force with Judaic value there would have been no such thing as Islamic civilization».[18] Daß der Heilige Krieg daneben unendlich viel Not, unendlich viel Zerstörung bewirkte, muß kaum eigens betont werden. Aber Nichtmuslime – so die islamische Sicht der Dinge – brauchten sich ihm ja nicht auszusetzen; es lag an ihnen, durch freiwillige Unterwerfung die gewaltsame Unterjochung zu vermeiden. Dieses Angebot der Teilhabe bestand immer, und wer es unterließ, dankbar davon Gebrauch zu machen, war selber schuld.

Abschließend ist daran zu erinnern, daß der Heilige Krieg als Gemeinschaftserlebnis eine ständige Einlösung des Prinzips «Teilhabe durch Unterwerfung» bedeutete – Teilhabe am Sieg und an der Beute, deren Verteilung das im Kern von Muhammad geschaffene Beuterecht regelt, und damit Teilhabe an dem überwältigenden Gefühl religiöser Mächtigkeit, das der Koran mit den Worten ausdrückt: «Nicht ihr habt sie getötet, sondern Gott, und nicht du hast geschossen, als du schossest, sondern Gott hat geschossen» (8,17), Teilhabe schließlich am «Rausch des Todes» (50,19), an der Märtyrerehre und am direkten Eintritt ins Paradies, der einem die sonst drohenden Foltern im Grab erspart.

6. Der Kampf um die Führung: Sunna und Schia

Die Aufspaltung in die beiden großen Konfessionen des Islam geht in die früheste Zeit des Islam zurück und entspringt aus der Frage um die Leitung der Gemeinde, d. h. die Legitimation der Macht. Es blieb nicht bei theoretischen Diskussionen. Die Auseinandersetzung um die Ausübung der sakralen Macht wurde mit Machtmitteln geführt, die beide Seiten begreiflicherweise für legitim hielten. Der Ablauf dieser Kämpfe ist so aufschlußreich, so paradigmatisch und für die ganze spätere Geschichte des Islam von so nachhaltiger Bedeutung, daß er in unserem Buch wenigstens in den großen Linien nachgezeichnet werden soll.

Muhammad hatte keinen Nachfolger eingesetzt und offenbar auch keine oder nur vage Richtlinien für die Nachfolgeregelung hinterlassen. Das führte schon unter den ersten Kalifen zu Konflikten, aus denen das bis heute bestehende Schisma erwuchs. Während ein Teil der Muslime der Ansicht war, es genüge, wenn der Kalif oder Imam dem Stamm Muhammads, also den Banu Haschim angehöre, vertrat ein anderer Teil die Meinung, nur ein leiblicher Nachfahre sei für dieses Amt legitimiert. Da nun Muhammads Söhne alle in frühkindlichem Alter verstorben waren, begann diese Linie mit den beiden Enkeln des Propheten, Husain und Hasan, den Söhnen seiner Tochter Fatima und seines Vetters ʿAli. Die Vertreter dieser Ansicht scharten sich daher um ʿAli, nannten sich «Partei ʿAlis» *(šīʿat ʿAlī),* woraus ihr Name Schia entstand. Eine dritte Partei vertrat die radikale Auffassung, der

Beste der Gemeinde müsse jeweils ihr Imam sein, und wäre es ein Schwarzer Sklave. Sie nannten sich Charidschiten, die «Auszügler», und bekämpften das Kalifat während mehr als eines Jahrhunderts mit blutigen Aufständen und Überfällen, manchmal ganze Provinzen ihrer Kontrolle unterwerfend.

Während der ersten Jahre nach Muhammads Tod schwelten diese Gegensätze, in die auch persönliche Rivalitäten sich mischten, unter der Decke. Die Amtszeit des ersten Kalifen, Abu Bakr (632–34), stand im Zeichen der fast überall auf der arabischen Halbinsel aufflammenden Abfallbewegung *(ridda)*, die niederzuschlagen ihm gelang. `Umar (634–44) hielt mit eiserner Disziplin die inneren Gegensätze im Zaum und kanalisierte erfolgreich alle Energien in die Eroberungszüge. Er trug denn auch erstmals den dieser Generalstabstätigkeit entsprechenden Titel «Befehlshaber der Gläubigen», auf arabisch *amīr al-mu'minīn,* das «Miramolin» christlicher Chronisten des Mittelalters.

Doch unter seinem Nachfolger `Uthman (644–56) kamen die Rivalitäten offen zum Ausbruch. `Uthman, dem man Vetternwirtschaft vorwarf, wurde ermordet, `Ali (656–61) als Nachfolger eingesetzt. Nun aber war der innere Konflikt bereits nicht mehr mit friedlichen Mitteln zu lösen. `A'ischa setzte sich an die Spitze derer, die Rache für die Ermordung `Uthmans forderten, und `Ali, obwohl nicht unter den Attentätern, stand nolens volens an der Spitze ihrer Gegner. Im Jahre 656 kam es zu einer Schlacht, bei welcher die mittlerweile 42 Jahre alte Witwe des Propheten ihre Anhänger um ihr Kamel scharte und anfeuerte, weshalb das Treffen als «Kamelschlacht» in die Geschichte einging. `Ali siegte, verschonte aber seine Stiefschwiegermutter, die von da ab zurückgezogen in Medina lebte, sich mit `Ali aussöhnte, aber auch gegen Mu`awiya und die Umayyaden nichts unternahm, bis sie 678 verstarb.[19] Für `Ali freilich war die Sache mit diesem Sieg noch keineswegs entschieden. Denn nun nahm sich Mu`awiya, der mächtige Gouverneur Syriens und ein Vetter zweiten Grades von `Uthman, der Blutrache an und forderte die Auslieferung der Mörder unter Berufung auf Sure 17,33: «Tötet keine Seele, die Gott unantastbar gemacht hat (d. h. keinen Muslim), außer rechtens. Wer zu Unrecht getötet wird, dessen Verwandten geben wir Vollmacht, nur soll er nicht unmäßig sein im Töten.»

`Ali dagegen berief sich auf Sure 49,9: «Wenn zwei Gruppen von den Gläubigen sich bekriegen, so versöhnt sie miteinander. Wenn aber die eine sich widersetzt, so bekämpft sie, bis sie zur Sache Gottes zurückkehrt, und wenn sie zurückgekehrt ist, so versöhnt sie beide in Gerechtigkeit!» Schon ein Jahr später, 657, kam es zur Schlacht zwischen `Ali und Mu`awiya bei Siffin. Das Blatt schien sich zugunsten `Alis zu wenden, als Mu`awiya zu einer List griff. Er ließ seine Krieger Korane auf ihre Lanzen stecken, woraufhin der Kampf abgebrochen und ein Schiedsgericht eingesetzt wurde mit dem Auftrag, zu entscheiden, ob `Uthman Handlungen begangen habe, die der Scharia widersprächen, seine Ermordung mithin rechtens gewesen sei, oder aber nicht. Um dies herauszufinden, sollte es den Koran von der ersten bis zur letzten Sure und, falls nötig, auch die Sunna des Propheten zu Rate ziehen. Ein Treffen wurde vereinbart, auf dem die Entscheidung getroffen werden sollte. Doch ehe es dazu kam, rebellierten viele der Anhänger `Alis dagegen, daß er sich diesem menschlichen Entscheid unterwarf, statt weiterzukämpfen und damit die Entscheidung Gott zu überlassen, denn «es gibt keine Entscheidung außer bei Gott!» *(lā ḥukma illā billāh)*. Diese waren es, die «auszogen» und sich von nun an Charidschiten nannten. `Ali sah sich gezwungen, militärisch gegen sie vorzugehen. Es kam zu einer Schlacht, 658 bei Nahrawan, mehr ein Massaker, bei dem viele ehrenhafte Gläubige durch Anhänger `Alis ihr Leben verloren. Dieser Sieg nutzte ihm weniger, als er ihm schadete. Das Schiedsgericht in Adhruh, das anschließend, 659, stattfand, endete damit, daß Mu`awiya von seinen Anhängern als Kalif eingesetzt wurde, so daß es nun, kaum vier Dekaden nach Muhammads Tod, erstmals zwei Rivalen für dieses höchste Amt im Islam gab. `Alis Anhängerschaft schmolz zusammen; er verlor die Kontrolle über die beiden heiligen Städte, und im Jahre 661 verwundete ihn ein Charidschit namens Ibn Muldscham mit einem vergifteten Schwert vor der Moschee von Kufa, zur Rache für die Opfer von Nahrawan. Zwei Tage später starb der vierte der vier Rechtgeleiteten Kalifen an den Folgen dieser Verletzung. Der Platz seines Grabes wurde geheimgehalten, um ihn vor Leichenschändung zu bewahren. Erst Harun ar-Raschid machte den Ort bekannt, Nadschaf in der Nähe von Kufa, noch heute eines der wichtigsten Heiligtümer der Schiiten.[20] Die Partei `Alis aber, die Schia, ließ sich durch diesen Schlag nicht entmutigen. Von den beiden Söhnen `Alis mit Fatima, al-Hasan und al-Husain, war der ältere nach den Worten des Vaters «ein Verschwender» und hat, al-Ghazali zufolge, im Lauf seines nicht besonders langen Lebens – er starb mit etwa 45 Jahren – an die 200 Frauen geheiratet und verstoßen (vgl. Kap. XII. 5.). Obwohl nach der Ermordung seines Vaters im Irak zum Kalifen ausgerufen, hatte er kein Interesse an der Ausübung der Macht. Die Schia verehrt ihn freilich dessen ungeachtet als einen ihrer Imame.

Der jüngere, al-Husain, entzog sich dagegen dem Auftrag nicht, und als 680, nach dem Tod des ersten Umayyaden, dessen Sohn Yazid die Macht übernommen hatte, sah er seine Stunde gekommen und kündigte dem Kalifen den Gehorsam. Von Mekka, wohin er sich geflüchtet hatte, brach er mit einer Schar von Getreuen auf, um sich zunächst in Kufa, wo Tausende von Schiiten ihn erwarteten, zu etablieren. Doch Yazid und sein Gouverneur in Kufa, `Ubaidallah ibn Ziyad, schauten dem Unterfangen nicht untätig zu. Der Gouverneur ließ zunächst den Führer der Schiiten in Kufa hinrichten und schickte dann Truppen aus, die das schiitische Aufgebot bei

Kerbela´ stellten, umzingelten und nach mehrtägigem Widerstand niedermetzelten. Husain wurde zum großen Märtyrer der Schiiten, mehr noch verehrt als `Ali, und ist heute durch Bemühungen z. B. ägyptischer, politisch engagierter Literaten als ein Rebell wider die Tyrannei auch in sunnitischen Kreisen zu Ehren gelangt.[21]

Weitere schiitische Versuche, die Macht an sich zu reißen, ließen nicht auf sich warten. Ein dritter Sohn `Alis, der nicht von Fatima geborene Muhammad ibn al-Hanafiya, diente einem gewissen al-Muchtar als Galionsfigur. Dieser hatte erhebliche Erfolge. Er faßte in Kufa Fuß, ließ dort mehrere angeblich für den Tod Husains verantwortliche Araber hinrichten und erzielte schließlich sogar einen Sieg über den Hauptschuldigen, den Gouverneur von Kufa, `Ubaidallah ibn Ziyad, der in der Schlacht umkam. Wenig später aber erlag auch al-Muchtar der Übermacht umayyadischer Truppen.[22]

Inzwischen hatte sich eine spezifisch schiitische Ideologie herausgebildet. Der Imam ist danach Träger einer von Muhammad ererbten Lichtpartikel und kraft deren im Besitz unmittelbar inspirierten göttlichen Wissens. Selbst dem eben erwähnten Ibn al-Hanafiya, der nicht zur Reihe der schiitischen Imame gehört, schreiben seine Verehrer, die Kaisaniten, alles Wissen «der beiden Sayyids» (d. h. Hasan und Husain), «alle mystischen Kenntnisse, wie die des allegorischen und des inneren Sinnes, der Himmelssphären und der Seelen» zu.[23] Die schiitischen Imame sind also im Besitz höchster spiritueller Mächtigkeit. Gnostische Vorstellungen vom Vollkommenen Menschen übten – wie in der Anthropologie der Mystik – ihren Einfluß auch auf die Imamatslehre der Schia.

Doch die Frage der Legitimität der Imame sollte zu einer weiteren Spaltung, nun innerhalb der Schia, führen. Das Problem entstand beim Tode des sechsten Imams Dscha`far as-Sadiq (765). Dieser nämlich hatte seinen Sohn Isma`il zum Nachfolger bestimmt, der jedoch vor ihm gestorben war. Ein Teil der Schiiten übertrug daraufhin das Imamat auf den zweiten Sohn Isma`ils, Musa al-Kazim, und auf dessen Nachfahren bis zum zwölften Imam, der nach ihrer Lehre entrückt ist und am Ende der Tage wiederkehren wird. Ihre Imamatsreihe sieht also wie folgt aus:

Name	*Beiname*	*Bedeutung des Beinamens*
1. `Ali	al-Murtada	(«der Gottwohlgefällige»)
2. al-Hasan	al-Mudschtaba	(«der Auserwählte»)
3. al-Husain	asch-Schahid	(«der Märtyrer»)
4. `Ali	Zain al-`Abidin as-Saddschad)	(«die Zierde der Gottesknechte der Niederknieer»)
5. Muhammad	al-Baqir	(«der [der mit dem Schwert] Spaltende»)
6. Dscha`far	as-Sadiq	(«der Wahrhaftige»)

7.	Musa	al-Kazim	(«der seinen Zorn Bezähmende»)
8.	`Ali	ar-Rida	(«das Wohlgefallen [Gottes]»)
9.	Muhammad	at-Taqi	(«der Gottesfürchtige»)
10.	`Ali	an-Naqi	(«der Reine»)
11.	al-Hasan	al-`Askari az-Zaki	(«der Soldatische Kluge»)
12.	Muhammad	al-Mahdi al-Huddscha	(«Das Zeichen der Endzeit»)

Ein anderer Teil dagegen übertrug das Imamat auf Isma`ils Sohn Muhammad. Doch auch damit nicht genug: Beim Tode dieses Muhammad ibn Isma`il gab es ein weiteres Schisma, indem ein Teil glaubte, daß dieser siebte Imam der letzte gewesen sei und am Jüngsten Tage wiederkehren werde, während andere das Imamat auf den Sohn des genannten Muhammad und dessen Nachfahren übertrugen. Jener Zweig heißt daher die «Siebener» im Unterschied zu den «Zwölfern», und aus ihr erwuchs im 9. Jahrhundert die nach ihrem Anführer Hamdan Qarmat benannte Bewegung der Qarmaten, die sich mit ihren «Verwüstungen und Rohheiten bei allen Muslimen verhaßt machten».

Andere Isma`iliten aber ließen das Imamat über Muhammad ibn Isma`il weiter laufen, und aus ihnen entstanden, z. T. später erneut mit inneren Spaltungen einhergehend, eine Reihe bedeutender religiös-politischer, in Machtgründungen sich manifestierender Bewegungen: die Fatimiden, die Drusen, die Assassinen. Während aber die meisten dieser Erscheinungen dem Mittelalter angehören, herrscht noch heute im Iran die mit der Dynastie der Safawiden dort seit 1500 etablierte Zwölfer-Schia; doch gibt es «Zwölfer» auch in andern Ländern Asiens, so im Libanon, in Pakistan u. a. Die heutigen Isma`iliten, deren Oberhaupt der Agha Khan ist, leben namentlich in Pakistan und Nordindien, aber auch in Afrika und haben u. a. bedeutende Zentren in London und Paris.

Auf die schiitischen Lehren, namentlich die komplizierten gnostischen Systeme der verschiedenen isma`ilitischen Bewegungen oder gar der extremen Richtungen, bei denen die Verehrung `Alis bis zur Vergöttlichung getrieben wird, kann in diesem Rahmen nicht näher eingegangen werden. Betont sei nur nochmals, daß die Lehre vom Imam als einer im Besitz göttlichen Wissens befindlichen Persönlichkeit diesem enorme Macht verleiht. Wir finden denn auch diese Mächtigkeit immer wieder historisch konkretisiert, etwa in den schauerlichen Assassinen, die von ihren persischen und syrischen Bergfesten aus beinah zwei Jahrhunderte lang (1090–1273) durch ihre religiös motivierten Terrorakte Schrecken verbreiteten. Zu nennen ist namentlich der geheimnisumwitterte «Alte vom Berge», Hasan-i Sabbah, der das auf einem fast unzugänglichen Felsgrat im Elburgebirge gelegene Alamut gründete, von wo aus Aufstände und Attentate organisiert wurden mit dem Ziel, die Macht der Seldschuken als Hüter der Sunna zu stürzen. Der Name dieser Bewegung, *ḥaššāšīn,* «die Haschischesser», liegt Wörtern wie fr. assassiner, engl. assassinate, ital. assassinare etc. zugrunde. Ein moderner türkischer Dramatiker, Güngör Dilmen, hat in einem seiner Theaterstücke Hasan Sabbah als Inbegriff eines religiös motivierten Demagogen glänzend dargestellt.[24] Und noch die modernen Ayatollahs in Iran sind, obwohl selbst keine Imame sondern nur Stellvertreter des entrückten Imams, ein imposantes Beispiel der enormen Mächtigkeit, die der Glaube an die übermenschliche Autorität des Imams vermittelt. Massenpsychologisch spielt aber noch etwas anderes eine entscheidende Rolle: die durch das Beispiel Husains geweckte Leidensbereitschaft, durch die man der Seligkeit – und im Todesfall des Paradieses – teilhaftig wird. Welches politisch-militärische Potential sich damit mobilisieren läßt, zeigt die jüngste Geschichte Irans mit aller Deutlichkeit. Impulse, die Kluft zwischen Sunna und Schia zu schließen, sind in diesem Jahrhundert u. a. von dem Azhar-Professor Schaltut ausgegangen, jedoch auf heftige Kritik anderer Azharprofessoren gestoßen und durch den Umsturz im Iran ohnehin im Keim erstickt worden.[25]

Das schiitische Passionsspiel als Erlebnis kollektiver Mächtigkeit

Werfen wir nun noch einen Blick auf das schiitisch-persische Passionsspiel *(ta`ziyeh),* das dem Gedenken an das Martyrium Husains gewidmet ist. Dieses Gedenken nimmt einen zentralen Platz in der Frömmigkeit der persischen Schiiten ein, ist ein Ausdruck der Psyche jenes Volkes und kann auch, wie etwa in der jüngsten Vergangenheit, eine wichtige politische Funktion ausüben.

Das Gedenken an Husain wird in dreierlei Form begangen: durch Gesang *(rauzeh),* Prozessionszüge *(dasteh)* und Passionsspiele. Bei letzteren handelt es sich um öffentlich zelebrierte Laienspiele, gleichzeitig aber um kultische Handlungen. Die *ta`ziyeh* ist die einzige Form religiös sanktionierten Theaters in der islamischen Welt, wo zwar auch Schatten-, Puppen- und Stegreifspiel vorkamen, aber als bloße Volksbelustigung und ohne religiöse Billigung.[26] Während das Passionsgedenken in Form von Gesang sehr alt ist und vermutlich auf vorislamische Wurzeln zurückgeht – die Trauer um den jungen unschuldig getöteten Siyawusch, einen Helden der iranischen Sage, könnte zugrunde liegen[27] –, ist das Passionsspiel relativ jungen Datums, also vielleicht schon unter europäischem Einfluß entstanden. Die erste Nachricht scheint ein Bericht von 1790 über eine Aufführung in Schiras zu sein.[28]

Bei den Umzügen und den Spielen entsteht eine ungeheure Erregung. Es gibt Geißler und solche, die sich mit einem Schwert in den Schädel schlagen, bis sie blutüberströmt sind oder gar tot zusammenbrechen. Derjenige, der den Mörder Husains spielt, muß auf seiner Hut sein, daß ihn die Menge in ihrem Zorn nicht lyncht. Die Teilhabe am Leiden des geliebten Husain beseelt das Geschehen. Die Mächtigkeit, die ʿAli und Husain (mehr noch als Muhammad!) bei dieser Gelegenheit zugesprochen wird, tönt uns aus den bei *taʿziyeh*-Inszenierungen gesprochenen Texten entgegen. Dafür hier nur ein Beispiel: In einer Szene, die einen Bruder Husains namens ʿAbbas mit seinem Mörder konfrontiert, werden die Versammelten folgendermaßen angeredet:

> Hört, ihr Versammelten, ihr alle,
> Von den Eigenschaften des Sohnes des Besten der Menschen (d. h. ʿAli)!
> Hat der Herr der beiden Welten (der Prophet) nicht gesagt:
> ‹Husain ist mein und ich Husains?›
> Hat sein Großvater Mustafa nicht gesagt:
> ‹Husain ist der Schmuck des Thrones Gottes?›
> (...)
> Der Himmel des Imamats ist Husain, Husain!
> Die Blume des Gartens des Paradieses ist Husain, Husain!
> Das Lösegeld der Gemeinde ist Husain, Husain.
> (...)
> Der, dessen Pförtner Gabriel ist,
> Dessen Wiege auf den Befehl des erhabenen Gottes Gabriel schaukelte,
> Der, der Fürbitter am Tage der Auferstehung ist,
> Der, dessen Vater der Herr der Heiligen ist,
> Der, dem der Prophet gesagt hat:
> ‹Meine Seele soll dein Lösegeld sein›,
> Wenn ich ihn bis zum Tage der Auferstehung lobe,
> Komme ich damit nicht zuende.[29]

In einer anderen Szene spricht sich Husain selber über die Mächtigkeit der schiitischen Trauer aus:

> Wenn von jenen Tränenflaschen zur Zeit der Auferstehung
> Ein Tropfen auf die Hölle tröpfelt, wird wie [durch] den Stein der Weisen
> Das Kupfer des Wesens der Hölle durch und durch Gold.
> So groß ist die Achtung vor den Tränen, die aus Trauer um mich vergossen werden,
> Daß die ganze Hölle zum Entgelt für meinen Blutpreis
> Für die Schiiten ein Rosengarten wie das oberste Paradies wird.[30]

Aus dem Leiden Husains fließt den Gläubigen eine Kraft und ein Trost zu, die an die Bedeutung der Passion Jesu für den gläubigen Christen erinnert. In der Tat fehlt denn auch das Moment der Fürsprache, ja der Erlösung nicht, wie der obige Text zeigt. Die gewaltigen Opfer, die schrecklichen Leiden des Krieges mit dem Irak wurden persischerseits im Zeichen der Passion des Husain dargebracht und erduldet. Symbolische Teilhabe am Leiden Husains manifestierte sich als politisch-militärische Mächtigkeit.

7. Die Stellung der Nichtmuslime

Muhammad war überzeugt gewesen, die seit Adam den Menschen immer neu durch Propheten verkündete monotheistische Lehre in gereinigter und endgültiger Form zu offenbaren. In diesem Zeichen hatte er auf eine rasche Verständigung mit Juden und Christen, ja mit deren Unterstützung, wenn nicht gar mit bedingungsloser Gefolgschaft gerechnet. Sein Angebot lief, wenn es auch nicht wörtlich so lautete, auf den uns bekannten Kern hinaus: Teilhabe durch Unterwerfung. Daß Juden und Christen darauf nicht ohne weiteres einsteigen konnten, erscheint uns jedoch verständlich, sobald wir die näheren Umstände in Augenschein nehmen. Zunächst ist daran zu erinnern, daß der Koran wiederholt aus der Bibel bekanntes Material verwendet, gleichzeitig aber Abweichungen aufweist, die Juden und Christen nur als Irrtümer erscheinen konnten. So werden etwa eine Reihe alttestamentlicher Gestalten als Propheten eingeführt, die diese Rolle nach jüdisch-christlicher Auffassung keineswegs besaßen, nämlich Adam, Seth, Noah, Abraham, Isaak, Ismael, Jakob, Joseph, Loth, Salomo, David, Hiob, Aaron, Mose (in der Reihenfolge von Ibn `Arabis *Fusus al-hikam*); dagegen erscheint von den eigentlichen Propheten des Alten Testaments nur Jonas im Koran. Hinzu kommen weitere Abweichungen, die sich für Juden und Christen wie Irrtümer ausnehmen mußten, wenn etwa der Haman der Bibel, dort ein persischer Minister, und mit ihm der biblische Korah als Ratgeber des Pharaoh erscheinen; oder wenn Marias Vater nicht Joachim sondern `Imran heißt, was offenbar identisch mit Amram, dem Vater Moses, ist, und sie selber eine Schwester Haruns (= Aaron) genannt wird, was wie eine Verwechslung mit der in Mose 2,15,20 u. ö. genannten alttestamentlichen Prophetin Mirjam, der Schwester Aarons, aussieht u. a. m.

Juden und Christen mußten diese Diskrepanzen auffallen, und es konnte nicht ausbleiben, daß sie sie Muhammad oder seinen Jüngern gegenüber als Irrtümer bezeichneten. Damit aber stand nun seine Glaubwürdigkeit als Prophet auf dem Spiel. Er mußte handeln. Seine – nach muslimischer Auffassung: Gottes – Erwiderung ließ es an Schärfe und Schlagkraft nicht fehlen. Es erfolgten Offenbarungen, die den Juden und Christen Fälschung ihrer Heiligen Schriften vorwerfen. Alle Divergenzen zwischen Bibel und Koran gingen damit nicht mehr zu Lasten Muhammads, sondern der anderen «Schriftbesitzer». Das Konzept der von Anfang an einheitlichen Offenbarung, deren verschiedene Boten alle aus der gleichen himmlischen Urschrift, der «Mutter des Buches», geschöpft hatten, war damit zwar gerettet, aber um den Preis einer kaum mehr überbrückbaren Kluft, und sie wurde noch breiter dadurch, daß Muhammad einerseits die Gottessohnschaft Jesu ablehnte – die Trinitätslehre erscheint im Koran als Polytheismus, also als eine Verehrung der drei Gottheiten Allah, Maria und Jesus

(5,116) –, zum andern den Juden vorwarf, sie verehrten einen gewissen ʿUzair als Sohn Gottes (Sure 9,30), seien also genauso Polytheisten wie die Christen:

«Die Juden sagen: ʿUzair ist Gottes Sohn! Und die Christen sagen: Der Messias ist Gottes Sohn. Das sagen sie mit ihren Mündern und gleichen der Rede derer, die Leugner waren vor ihnen, Gott bekämpfe sie! Wie sehr befinden sie sich in der Lüge! Sie nehmen ihre Schriftgelehrten und Mönche, sowie den Messias und Maria zu Herren statt Gott. Wurde ihnen denn nicht befohlen, nichts anzubeten außer dem einen Gott? Kein Gott ist außer Ihm, der erhaben ist über das, was sie Ihm beigesellen. Sie wollen das Licht Gottes auslöschen mit ihren Mündern, aber Gott weigert sich, Sein Licht nicht zu vollenden, auch wenn es den Leugnern mißfällt» (9,30–32).

Die Verse zeigen deutlich Muhammads Enttäuschung. Sie zeigen, wie das Angebot sich in Drohung verkehrte, als anstatt der erwarteten Unterwerfung die Juden und Christen eine Haltung annahmen, die ihm nur als Herausforderung erscheinen konnte. Der Koran verbietet denn auch den Gläubigen, sich mit Juden oder Christen zu befreunden (5,51), genauso wie er ihnen andernorts verbietet, sich mit Ungläubigen zu befreunden (3,28 u. ö.). Von Muhammads Strafmaßnahmen gegen die Juden war oben die Rede. Dennoch bot er den «Schriftbesitzern», also jenen, die im Besitz einer monotheistischen Offenbarungsschrift waren, schließlich einen Modus vivendi an, einen Schutzvertrag *(dhimma)*, der sie zu Bündnispartnern und Schutzbefohlenen der islamischen Herren machte, gleichzeitig aber mit Einschränkungen belegte, die, soweit streng gehandhabt, und das geschah in sehr unterschiedlichem Maß, sie zu Menschen zweiter Klasse degradierte. Ähnlich wie das Weinverbot ist auch das Freundschaftsverbot vor allem im liberalen Zeitalter des Islam, d. h. vor den Kreuzzügen, aber auch danach noch etwa in der osmanischen Türkei, immer wieder großzügig durchbrochen worden. Dennoch haben die degradierenden Bestimmungen einerseits, die ständige Verlockung der vollständigen Teilhabe andererseits, die christlichen und jüdischen Gemeinden im Lauf der Jahrhunderte schrumpfen und in vielen Gebieten der islamischen Welt, so etwa in dem vor der islamischen Eroberung weitgehend christianisierten Maghreb, völlig aussterben lassen, ein Prozeß, der immer noch weitergeht, in unserm Jahrhundert sich in der Türkei abspielt, wo nach der fast völligen Ausrottung der Armenier und den zum weitgehenden Exodus führenden Repressalien gegen die Griechen auch von dem einst lebendigen syrischen Christentum in Ostanatolien nur noch spärliche Reste erhalten sind.

In den ersten Jahrhunderten des Islam jedoch waren die *Dhimmis* ganz wesentlich am Aufblühen der islamischen Kultur, vor allem im Bereich der Wissenschaften, beteiligt, wovon später ausführlich die Rede sein wird.

8. Sklaverei

Sklaverei war, wie wir bereits sagten, mit dem Heiligen Krieg aufs engste verknüpft; denn wo immer sich Widerstand geregt hatte, wurden nach dem Sieg die Männer getötet, als Gefangene für allfälligen Austausch bzw. Freikauf am Leben gelassen oder aber versklavt zusammen mit ihren Frauen und Kindern, die auf jeden Fall dieses Schicksal erwartete. Das Sklavenrecht ist ebenso wie jenes des Heiligen Kriegs Teil der Scharia. Der Sklavenhandel war also nichts Heimliches und Verwerfliches, sondern legitimer Bestandteil der traditionellen islamischen Gesellschaft.

Juristisch betrachtet war der Sklave halb Mensch, halb Ware. Als Mensch genoß er keine eigene oder allenfalls beschränkte Geschäftsfähigkeit; sein Besitz blieb Besitz des Herrn. Die Tötung eines Sklaven oder einer Sklavin hatte in der Regel kaum rechtliche Folgen, wenn auch dieser Punkt des Sklavenrechts – wie andere auch – in den vier islamischen Rechtsschulen nicht einheitlich geregelt ist. Auf diese Unterschiede kann hier aber nicht näher eingegangen werden. Als Ware standen Sklave und Sklavin dem Vieh gleich, konnten verschenkt, weiterverkauft, ausgeliehen werden. Mittelalterliche Handbücher über den Kauf von Sklaven und Sklavinnen offenbaren diesen Warencharakter, wenn etwa die Vor- und Nachteile der Unterschiede bezüglich der Genitalien der Mädchen aus den verschiedenen Völkern genau erörtert werden. In der Tat war das Hauptmotiv beim Kauf einer jungen Sklavin ein erotisches: Man kaufte sich eine Konkubine. Schreibt doch schon Dschahiz im 9. Jahrhundert:

«Manche, die die Ursache zu ergründen suchen, warum sich die meisten Sklavinnen bei den Männern einer größeren Beliebtheit erfreuen als die Mehrzahl der rechtmäßigen Frauen, argumentieren damit, daß der Mann, bevor er Eigentümer einer Sklavin wird, sie betrachten und außer ihrer Gunst und dem Alleinsein mit ihr alles an ihr kennenlernen kann; kommt es dann vor, daß sie ihm zusagt, so kannn er sich entschließen, sie zu kaufen, handelt es sich aber um eine Freie, so muß er andere Frauen über ihre Schönheit ausfragen.» (Weil er sie nämlich erst in der Hochzeitsnacht kennenlernen darf.)[31]

Aus Liebe geheiratet zu werden, war zweifellos das Menschlichste, was einer Sklavin widerfahren konnte. Sie hatte dann Chancen, legal geehelicht und dadurch in den Stand der Freien erhoben zu werden. Die Scharia gestattet allerdings aufgrund von Sure 4,3 den Beischlaf mit der Sklavin und setzt dem Besitz von Konkubinen zahlenmäßig keine Grenze. Damit konnte der Harem zu einem Symbol von Macht und Reichtum werden. Eigene Liebschaften waren den Konkubinen des Harems in der Regel natürlich untersagt; wurden sie dennoch angeknüpft, so drohte bei Aufdekkung die Todesstrafe, offenbar vornehmlich durch Ertränken.[32] Anderseits konnte der Besitzer von Sklavinnen auch ein offenes Haus führen in dem

Sinne, wie Dschahiz es in seinem *Traktat über die Sängersklavinnen* empfiehlt.[33] Die Institution des Bordells mit gebildeten Sklavinnen schildert einer der ersten Urdu-Romane, *Umrao Jan Ada* (erschienen 1899) von Mirza Muhammad Rusva (1858–1931).[34]

Sklaven wurden im Haushalt als Diener, in größeren Haushalten aber auch als Haremswächter, Palastwächter, Leibgarde etc. benötigt. Natürlich mußten sie für die genannten Zwecke verschnitten sein, eine Operation, die oft genug tödlich ausging. Doch auch sexuelle Begierde begann bald, sich neben der Sklavin auf den Sklaven zu richten. Homosexualität war eine der Folgen der gesellschaftlichen Absperrung von Frauen und Mädchen. Schon in der 2. Hälfte des 8. Jahrhunderts, also nur anderthalb Jahrhunderte nach der Hidschra, erscheint die den Arabern vor dem Islam offensichtlich unbekannte Knabenliebe in der Dichtung des Hofdichters Abu Nuwas als fest etablierter Bestandteil der islamischen Kultur und der erwähnte Dschahiz läßt wenig später in einem Traktat einen Besitzer von Sklavinnen und einen solchen von Sklaven über deren Vorzüge und Nachteile, auch und namentlich als sexuelle Objekte, streiten. Die Sprache dieses Textes ist stellenweise unverblümt; der französische Arabist Pellat bemerkt in seiner Dschahiz-Auswahl, der Anstand verbiete ihm, diesen Text zu übersetzen, eine für den mit moderner Belletristik vertrauten Leser kaum mehr erforderliche Rücksicht, von der Medien-Pornographie zu schweigen. Das gleiche gilt auch für Abu Nuwas' poetische Schilderungen aktiver und passiver Päderastie.

Die genannten sehr summarischen Hinweise sollten jedoch kein falsches Bild von Unmenschlichkeit aufkommen lassen. Der Besitzer hatte nämlich durchaus auch Pflichten gegenüber dem Sklaven, war etwa für seinen Unterhalt verantwortlich. Ghazali empfiehlt im Abschnitt «Rechte der Sklaven» in der *Wiederbelebung der Wissenschaften von der (islamischen) Religion,* Sklaven menschlich zu behandeln; man solle immer daran denken, daß die Rollen wechseln könnten. Er beruft sich auf folgendes Hadith, «eine der letzten Empfehlungen des Gesandten»:

«Übt Gottesfurcht in bezug auf eure Sklaven. Speist sie von dem, was ihr eßt und kleidet sie von dem, womit ihr euch bekleidet und ladet ihnen nicht Arbeiten auf, die sie nicht leisten können! Behaltet, die euch gefallen, und die euch mißfallen, verkauft! Und quält nicht Geschöpfe Gottes; denn wahrlich, Gott hat sie zu euerm Besitz gemacht, und wenn er wollte, so könnte er euch zu ihrem Besitz machen!»[35]

Im übrigen gilt die Freilassung eines Sklaven schon im Koran als gutes Werk, wird als Ersatzleistung empfohlen. Ein Hadith in Bucharis *Sahih* empfiehlt, eine Sklavin, wenn sie dafür begabt ist, auszubilden und alsdann freizulassen und zu heiraten.[36] Ein klassisches Beispiel für die Befolgung dieser Empfehlung ist die Ehe des großen persischen Dichters Nizami (1141–1209) mit der kiptschakischen Sklavin Apak, die ihm der Fürst von

Darband (heute Derbent am Kaspischen Meer) für sein erstes Epos geschenkt hatte und die ihn, wie er selber andeutet, bei der Darstellung der großartigen weiblichen Hauptgestalt Schirin in seinem zweiten Epos *Chosrou und Schirin* inspirierte.[37]

Der Übertritt zum Islam führte zwar nicht automatisch zur Freilassung, allerdings doch wohl in sehr vielen Fällen. Dagegen erwarb eine Sklavin, die einem Muslim ein Kind geboren hatte, damit nach der Scharia die Freiheit. Allgemein kann gesagt werden, daß Freilassungen sehr häufig vorkamen. Danach genoß der Freigelassene alle Rechte des Muslims; die Beziehung zum früheren Herrn blieb in der Regel erhalten, was aber den einstigen Sklaven nicht deklassierte. Es brachte ihm vielmehr einen gewichtigen Vorteil, «an inestimable advantage in the reality of a highly compact social structure»,[38] mit unserem Terminus gesagt: eine eminent erhöhte Teilhabe an der Mächtigkeit.

Europäische Reisende des 19. Jahrhunderts bestätigen die gute Behandlung der Sklaven. Um 1860 lobte der Schweizer Henry Dunant, der Begründer des Roten Kreuzes, der die tunesische Gesellschaft kannte, die milde Behandlung der Sklaven in den Städten, verglichen mit den Methoden amerikanischer Sklavenhalter. Die Abschaffung der Sklaverei erfolgte allerdings erst unter massivem europäischem Druck seit Mitte des 19. Jahrhunderts, wobei Europa selber sich erst kurz zuvor (Anfang des 19. Jahrhunderts) dazu durchgerungen hatte, dieser für die Nutznießer so bequemen Institution ein Ende zu setzen. Bald darauf beeilten sich islamische Reformer, nachzuweisen, daß der Islam Sklaverei im Grunde gar nicht gestattet habe. So betont der indische Muslim Ameer Ali in seinem 1893 erschienenen, noch immer viel gelesenen Werk *The Spirit of Islam,* daß die Sklaverei zu den vorislamischen Gebräuchen gehöre, die der Islam nur vorübergehend geduldet habe. Und ein weiterer indischer Muslim, der einflußreiche Sir Sayyid Ahmad Khan, bezeichnet in seinem ebenfalls 1893 publizierten Traktat über die Abschaffung der Sklaverei *(Ibtal-i Ghulami)* die Sklaverei als im Islam verboten aufgrund von Sure 42,4: «Ihm gehört alles, was im Himmel und auf Erden ist.»[39]

Die Sklaverei im Islam war jedoch, nochmals sei es betont, nicht ein gesetzwidriger Zustand, sondern Teil der von Muhammad intendierten Sozialstruktur, die in ihrer Hierarchie von Herren und Sklaven einerseits das Verhältnis Gottes als des obersten Herrn zu seinen Sklaven, den Menschen, widerspiegelte, anderseits zum Fluidum von Mächtigkeit beitrug, einer Mächtigkeit, die die einen schon besaßen, die andern erreichen konnten durch Unterwerfung. Es ist denn auch kein Zufall, daß gerade Sklaven im Islam immer wieder zu obersten Machtpositionen aufstiegen, als Generäle oder Prätorianer schließlich die letzte Bindung abschüttelten und eigene Dynastien gründeten, wie dies etwa der in Diensten der Samaniden bis zum Großkämmerer aufgerückte Alptegin, der Gründer der Ghaznawidendynastie, und mancher andere islamische Held oder Haudegen sklavischen Ursprungs getan hat.

Die wichtigste historische Bedeutung erlangte das Sklavenwesen jedoch in der Dynastie der Mamluken, die, als Offiziere ihrer Vorgänger, der Ayyubiden, mächtig geworden, über 250 Jahre lang in Ägypten und zeitweise auch in Syrien herrschten. Ihr Name, der «Sklave» bedeutet, wurde ihnen zum Ehrennamen, und der Sklavenstand war die Voraussetzung für die Thronbesteigung und die Teilhabe an der mamlukischen Macht. Söhne von Mamluken, die den freien Stand gewählt hatten, wurden von der Herrschaft ausgeschlossen. Die Mamluken rekrutierten ihren Bedarf an Mannen aus immer neuen Sklaven, die, zunächst Kiptschaken, später Tscherkessen, aus ihren Ursprungsländern Südrußland bzw. Kaukasus im Knabenalter nach Ägypten entführt und dort in den Kasernen und Offiziersschulen der Mamluken erzogen wurden. Statt also ihr Sklaventum abzuschütteln im Augenblick ihrer Machtergreifung, konservierten und kultivierten sie es und illustrieren damit das Prinzip Teilhabe durch Unterwerfung wie in greller Beleuchtung, ja wie in karikierter Verzerrung.[40] Das System erinnert an die sogenannte *Devşirme,* die zwangsweise Aushebung christlicher Knaben im osmanischen Hoheitsgebiet und deren Erziehung zur Elitetruppe der Hohen Pforte, den sogenannten Janitscharen (aus *yeni çere* = «neue Truppe»).[41]

Mahmud und Ayaz – Herr und Sklave als Liebespaar

Mahmud von Ghazna, der Eroberer Indiens, einer der erfolgreichsten islamischen Eroberer, schonungslos in der Zerstörung buddhistischer Tempel und Klöster, hatte der Überlieferung nach einen Sklaven, der sein Offizier und Liebling war. Es geht uns hier nicht um die spezifisch homoerotischen Aspekte dieser Beziehung, vielmehr interessiert sie uns als Paradigma des Gesetzes «Teilhabe durch Unterwerfung». Denn einerseits unterwirft sich Ayaz seinem Herrn in grenzenloser Demut und Verehrung. Seine Liebe für den Gebieter geht so weit, daß er sich wünscht, sein Beutewild, das Ziel seiner Pfeile zu sein,[42] ja daß er einen von Mahmud hingerichteten Sklaven beneidet.[43] Andererseits ist aber auch Mahmud ihm in Liebe zugetan, von seinen Locken gefangen,[44] hat einen geheimen Gang zu seinen Zimmern,[45] ja geht einmal spontan so weit, Ayaz sein Reich und sein Heer anzuvertrauen, was der Sklave allerdings mit Vehemenz zurückweist: «Was soll ich mit diesem Königreich? Mir ist sein (d. h. Mahmuds) Anblick Königreich genug!»[46] Mahmud und Ayaz gelten früh als ideales Liebespaar[47] und erscheinen bereits bei `Attar als Symbol des Verhältnisses zwischen Mensch und Gott in mystischer Sicht.[48] Es ist nur eine – allerdings die berühmteste – von zahlreichen ähnlichen Männerfreundschaften, genauer: von Beziehungen zwischen Vertretern der äußersten Pole des sozialen Spektrums: Herrscher und Sklave, König und Bettler erscheinen als gleichwertig in der gemeinsamen Unterwerfung unter die Liebe – ein Sonderfall der Unterwerfung aller Gläubigen unter Gott, aller Mystiker unter die Liebe zu Gott (vgl. auch Kap. XIII.4.).

9. Muslimische «Ketzer»

Verbindet die gemeinsame Unterwerfung unter Gott die verschiedenen Stände und tilgt ihre Unterschiede, auch wenn das in praxi natürlich längst nicht immer realisiert war – aber die zahlreichen Geschichten spiegeln eine diesbezügliche Erwartung, die zweifellos immer wieder auch ihre reale Einlösung fand –, so konnte die Nichtunterwerfung bereits im geistigen Bereich die Exkommunizierung, das Anathema, also die Verurteilung als «Ungläubiger» *(kāfir)* resp. «Ketzer» *(zindīq)* nach sich ziehen. Die Verurteilung ist ein juristischer Akt. Die Scharia sieht für den Abfall vom Islam die Todesstrafe vor.

Ghazali hat u. a. in seinem Werk *Kriterium der Unterscheidung zwischen Islam und Ketzerei (Faiṣal at-tafriqa bain al-Islām waz-zandaqa)* genaue Bedingungen einer solchen Verurteilung aufgestellt. Dabei spielen, wie kürzlich gezeigt wurde, zwei Begriffe eine ausschlaggebende Rolle: der Consus prudentium *(iǧmāʿ)* und die allegorische Schriftauslegung *(taʾwīl)*.[49] Unabhängig von der schwierigen und kontroversen Frage, wie denn der Konsensus festzustellen sei, gilt für ihn das in mehreren Hadithen niedergelegte Prinzip, daß die muslimische Gemeinde nie in einem Irrtum übereinstimmen kann.[50] Eine einmal durch Konsens erreichte Meinung behält daher ihre Gültigkeit. Nun mag zwar Meinungsverschiedenheit in manchen Einzelheiten bestehen. In den fundamentalen von Muhammad vorgetragenen Lehren waltet dagegen Konsens, und wer hier widerspricht, der wird zum Ketzer gemäß dem Koranwort: «Wenn aber jemand sich von dem Propheten abspaltet, nachdem ihm die Rechtleitung dargelegt wurde, und einen andern Weg als den der Gläubigen einschlägt, den kehren wir, wohin er selber sich gekehrt hat, und lassen ihn in der Hölle brennen – ein übles Schicksal!» (4,115)

Der zweite wichtige Begriff ist die allegorische Schriftauslegung. Mittels dieser suchten ja die Philosophen ihre eigene Lehrmeinung mit dem Koran in Einklang zu bringen. Ghazali unterscheidet nun weiter zwischen Exegese, die fundamentale islamische Lehren betrifft, und solcher, die sich auf weniger zentrale Dinge bezieht. Freilich darf eine allegorische Deutung immer nur dann unternommen werden, wenn ein zwingender «apodiktischer» Beweis vorliegt, daß der betreffende Text nicht in seinem Wortsinn gemeint sein kann. Auch darf *taʾwīl* nur von der in spekulativem Denken geschulten Elite betrieben werden. Weicht nun eine Exegese hinsichtlich fundamentaler Glaubenssätze von der durch Konsens erzielten Deutung ab, so ist ihr Urheber der Ketzerei schuldig und entsprechend zu bestrafen.

Genau diesen Tatbestand aber sieht Ghazali bei Farabi und Ibn Sina in drei Punkten erfüllt.[51] Mit andern Worten, der Beschuldigte wird zum «Ketzer», weil er eine Autorität, eine «Mächtigkeit» beansprucht, die ihm nicht zukommt.

Besonders häufig wurde der Vorwurf der Ketzerei in den ersten Jahrhunderten des Islam gegen angebliche oder tatsächliche Manichäer erhoben.[52] Der berühmteste unter ihnen, der große Literat Ibn al-Muqaffa`, einer der Pioniere der arabischen Prosabelletristik und Übersetzer aus dem Pahlavi, wurde zu Tode gebracht, indem man ihm Arme und Beine abschnitt.[53] Die wahren Motive seiner Hinrichtung mögen andere, der Vorwurf der Ketzerei nur ein Vorwand gewesen sein. Die Strafe aber entsprach der in Sure 5,33 angedrohten.

Die obigen Ausführungen, so kursorisch sie im einzelnen notgedrungen oft waren, haben zur Genüge das Wesen islamischer Gesellschaftsstruktur verdeutlicht. Der islamische Staat war ein vom Kraftstrom göttlich legitimierter Mächtigkeit durchdrungenes und kontrolliertes Gemeinwesen. Der einzelne hatte die Wahl, durch Unterwerfung an dieser Mächtigkeit zu partizipieren oder sich durch Auflehnung von ihr auszuschließen und damit die eigene Existenz der Gefahr physischer Vernichtung auszuzsetzen. Hier wurzelt auch die Schwierigkeit, in traditionell islamischen Ländern eine funktionierende Demokratie zu etablieren.

Zweiter Teil

Die Wissenschaften und ihre religiöse Legitimierung

IV. Wissenschaften im Umkreis des Korans

Vorweg ist daran zu erinnern, daß der Islam nicht nur eine der großen Schriftkulturen der Welt darstellt, sondern daß diese Schriftlichkeit und die daraus erwachsende enorme Buchproduktion religiösen Ursprungs und unmittelbar im Koran verwurzelt sind. *Al-Kitāb* – «das Buch» oder «die Schrift» – ist im Koran das Buch der Offenbarung, die Heilige Schrift. *Ahl al-kitab,* «die Leute der Schrift», sind die Besitzer heiliger Schriften. Diese letzteren wiederum stammen aus der «Urschrift», im Koran «Mutter des Buches» genannt oder auch «die wohlverwahrte Tafel» *(al-lauḥ al-maḥfūẓ),* eine himmlische Urkunde, die die Offenbarungstexte und die menschlichen Schicksale enthält.[1] Daß die Schiefertafel der Kinder mit dem gleichen Wort *lauḥ* bezeichnet wird, wirft ein bezeichnendes Licht auf den Zusammenhang des Himmlischen und des Irdischen in diesem Bereich. Zum sakralen Buch treten das sakrale Lesen und das Instrument des göttlichen Schreibens in Sure 96, wobei deren Wichtigkeit noch dadurch gewinnt, daß sie als der erste Muhammad geoffenbarte Text gilt.

> Lies im Namen deines Herrn, der dich erschuf,
> den Menschen erschuf aus klebrigem Blut,
> Lies und dein Herr ist der hochedele,
> der, welcher lehrt mit dem Federrohr
> den Menschen, was er nicht wußte zuvor! (96,1–5)

Bemerkenswert ist ferner noch der folgende Koranvers: «Wenn alle Bäume der Erde Federrohre wären und das Meer Ihn mit Tinte versorgte, und danach sieben weitere Meere, würden doch die Worte Gottes sich nicht erschöpfen!» (31,27) Allem Schreiben haftet mithin im Islam etwas Sakrales an. Das kommt auch darin zum Ausdruck, daß jedes Buch, jeder Brief, jede Urkunde – gleich welchen Inhalts, bis hin zu obszöner Dichtung – mit der sogenannten Basmala (von *bismillāh*), der Formel «Im Namen Gottes, des Barmherzigen Allerbarmers», die die Zugehörigkeit des folgenden Textes zum Heiligen Haus signalisiert, zu beginnen hatte und in allen erhaltenen Dokumenten damit auch tatsächlich beginnt.

Die Wissenschaften, die im islamischen Mittelalter gepflegt wurden, lassen sich in profane und sakrale gliedern. Als sakral bezeichnen wir die Wissenschaften, die sich mit Koran, Hadith, Theologie und islamischem Recht befassen, als profan diejenigen, die von den Arabern selber damals «Wissenschaften der Alten» (*ʿulūm al-qudamāʾ*) bzw. «der Ersten» (*ʿulūm al-awāʾil*) genannt wurden, wobei mit den «Alten» und «Ersten» im wesentlichen die Griechen gemeint waren, so wie auch wir kurz von «Altertum» oder «Antike» reden und damit, wenn nichts weiteres hinzugefügt wird, das klassische Altertum der Griechen und Römer meinen. Diese Bezeichnung grenzte die gedachten von den sogenannten «Wissenschaften der Araber» ab, und das waren im wesentlichen jene, die aus der Beschäftigung mit dem Koran hervorgegangen waren, so daß die traditionelle Einteilung mit der von uns vorgenommenen in profane und sakrale weitgehend übereinstimmt. Allerdings gehört zu den «Wissenschaften der Araber» natürlich auch die arabische Philologie sowie die Geschichtsschreibung, die zwar ebenfalls aus der Beschäftigung mit dem Koran hervorgingen, aber nicht in dem Sinn «sakral» sind wie die koranischen Wissenschaften.

Die Wissenschaften stellen im Sinne des in diesem Buch verwendeten Denkmodells «Mächtigkeiten» dar. Das heißt, es erhob sich auch in bezug auf sie die Frage des Verhältnisses ihrer Mächtigkeit zur göttlichen Allmacht und damit die Frage ihrer Legitimität, ihres Rechts auf Entfaltung im Heiligen Haus des Islam. Der Unterschied zwischen den beiden Kategorien besteht nun darin, daß die koranischen Wissenschaften ihre Daseinsberechtigung nicht zu erweisen brauchten, diese mit ihrem Gegenstand vielmehr unmittelbar gegeben war. Anders die profanen Wissenschaften. Aufgrund ihrer Herkunft aus heidnischem Milieu stellten sie eine Herausforderung dar und standen fast von Anfang an unter Legitimationsdruck. Auch zielte, wie nicht anders zu erwarten, die islamische Tendenz langfristig darauf ab, nach und nach die ursprünglich heidnischen Wissenschaften zu sakralisieren bzw. zu islamisieren, also ihre profane Mächtigkeit dem Gesetz der Allmacht zu unterwerfen. In einem sich über Jahrhunderte hinziehenden Prozeß erfolgte tatsächlich die Islamisierung in den meisten dieser Wissenschaften, d. h. überall da, wo es sich um interpretierbaren Stoff und nicht um rein abstraktes Material wie etwa Mathematik handelte. Dieser Prozeß ist Gegenstand der folgenden Betrachtungen. Zuvor jedoch sollen die Philologie sowie die sakralen Wissenschaften im Hinblick auf ihre Mächtigkeit wenigstens kurz beleuchtet werden.

Der eben angedeutete Befund resultiert aus dem koranischen Verständnis des Wortes *ʿilm* (= «Wissen» oder «Wissenschaft»), das hier im Gegensatz zur vorislamischen *ǧāhilīya* (= Unwissenheit) steht und ganz klar das geoffenbarte Wissen von Gott, also sakrales Wissen bedeutet. Zwar gab und gibt es immer wieder Muslime, die die koranische Aufforderung, sich dieses «Wissen» anzueignen, in einem weiteren oder umfassenden Sinn – als

Ermunterung, auch profane Wissenschaften zu treiben – verstanden und ihr Verständnis natürlich als das richtige und verbindliche betrachteten. Die strenge Richtung in Sunna und Schia ließ sich davon aber nicht beeindrukken. Was unter Wissenschaft in ihrem Sinn zu verstehen sei, hat einer der einflußreichsten Rechtsgelehrten des Islam, der Hanbalit Ibn Taimiya (1263–1328), im folgenden Satz klar zum Ausdruck gebracht: «Es ist allein die vom Propheten ererbte Wissenschaft, die den Namen Wissenschaft verdient. Alles andere sind entweder unnütze oder gar keine Wissenschaften, auch wenn sie so bezeichnet werden. Jede nützliche Wissenschaft ist nämlich notwendig im Vermächtnis des Propheten enthalten.»[2] Und ebenso tönte es schon ein Jahrhundert früher bei einem der größten mystischen Denker des Islam, dem Andalusier Ibn ʿArabi (1165–1240). In einem Brief an den Philosophen Fachr ad-din ar-Razi schrieb er:

«Das intelligente Individuum muß alle jene Wissenschaften studieren, die dazu dienen, sein Wesen zu vervollkommnen, und ihn begleiten, wo immer er hingeht. Die einzige Wissenschaft (die dem entspricht), ist das Wissen von Gott, das als Gabe verliehen und aus unmittelbarer (mystischer) Schau erlangt wird. Medizin z. B. wird nur in der Welt von Krankheit und Siechtum gebraucht. Wenn du nun fortschreitest zu einer Welt, in der es keine Krankheit gibt, wen willst du da mit medizinischem Wissen heilen? Das intelligente Individuum sollte sich daher nicht bemühen, dieses zu lernen, nicht einmal in Form jener Medizin, die den Propheten als Gabe zuteil ward (d. h. die sog. «Prophetenmedizin», vgl. Kap. VII.1.d). Das Gleiche gilt auch für Geometrie *(handasa)*; sie wird in der Welt des Messens benötigt. Wenn du fortschreitest, läßt du es in der Welt zurück, und deine Seele lebt nun frei von jeder Last. Das Gleiche gilt für jede Wissenschaft, die die Seele zurückläßt, wenn sie weiterschreitet in jene Welt. Das intelligente Individuum sollte daher kein Wissen erwerben außer dem unbedingt notwendigen. Vielmehr sollte es sich bemühen, das zu erwerben, was mit ihm fortschreitet, wenn es fortschreitet. Das sind sonderlich zwei Wissenschaften: das Wissen von Gott und das Wissen von den Heimstätten *(mawāṭin)* in der anderen Welt.»[3]

Zwei hervorragende Vertreter der beiden sonst meist gegnerischen Lager, des islamischen Rechts und der islamischen Mystik, erscheinen hier also in verblüffender Einmütigkeit, wo es sich um den Platz der säkularen Wissenschaften handelt. Es ist diese Einstellung gegenüber den Wissenschaften – man hat sie kürzlich als «die rabbinistische Autoritätsstruktur des Islam» bezeichnet[4] –, die, in pietistischen Kreisen von Anfang an vorhanden, sich im spätmittelalterlichen Islam durchgesetzt, allerdings eine jahrhundertelange Wissenschaftsblüte doch nicht verhindert hat.

1. Die Philologie

Die Philologie, an sich, wie gesagt, nicht sakral, hat es doch mit einem quasi-sakralen Gegenstand zu tun, da die arabische Sprache als Gefäß der Offenbarung sakralisiert ist. Diese enge Verknüpfung der arabischen Sprache mit dem göttlichen Wort kommt ja im Koran selber zum Ausdruck, wo an neun Stellen betont wird, daß dies ein «arabischer Koran» sei (12,2; 13,37; 16,103; 26,195; 20,113; 39,28; 41,3; 42,7; 43,3). Ihre Heiligkeit und Erwähltheit spiegeln sich aber auch in geläufigen Vorstellungen, wie etwa jener, daß die arabische Sprache die Sprache des Paradieses sei, oder daß sie nicht «christlich werden» könne *(lā tatanaṣṣar)*.[5]

In der Tat ist ja das Arabische ein wahres Wunderwerk an Sprache. Wunderbar erscheint dem Betrachter einmal ihr durch und durch regelmäßiger, gleichsam ornamentaler Aufbau, der die abstrakten Strukturen islamischer Kunst, deren wellenartig repetitive Muster, akustisch vorzugeben scheint; ebenso wunderbar aber auch die Fülle ihrer Ausdrucksmöglichkeiten, darunter, was in unserm Zusammenhang natürlich von besonderem Interesse ist, ein ungewöhnlich reiches Instrumentarium für den Ausdruck von Mächtigkeit, und dies nicht allein auf der semantischen, sondern schon auf der morphologischen Ebene. Denn anders als etwa in den indogermanischen Sprachen – als Extremfall mag das formal völlig ambivalente Englisch genannt sein, wo ein und dasselbe Morphem sowohl Substantiv wie Adjektiv wie Verb sein kann – hat das Arabische, zwar gemeinsam mit den übrigen semitischen Sprachen, doch in besonders klassisch ausgeprägter Form, einen reichen Bestand an paradigmatisch vorgegebenen Formen, deren Bedeutungsfunktion über die bloße Unterscheidung der Wortklassen weit hinausgeht. Es gibt Intensivformen für das Verb ebenso wie für das Nomen, namentlich auch für das Adjektiv – Formen, die durch die verschiedene Vokalfüllung der drei sinnbildenden Wurzelkonsonanten sowie weitere unveränderliche Elemente, z. B. die Verdoppelung des mittleren Konsonanten, ein Präfix oder einen eingeschobenen Konsonanten, gebildet werden. So signalisieren die Paradigmata *faʿūl, faʿʿāl, fiʿʿīl, mifʿāl* jeweils die Intensivierung einer Eigenschaft oder Tätigkeit, also z. B. *ǧahūl* (= «sehr unwissend»), *qahhār* (= «machtvoll niederzwingend»), *ṣiddīq* (= «absolut aufrichtig»), *mizwāǧ* (= häufig heiratend»). Es braucht kaum betont zu werden, daß die Beschäftigung mit dieser Sprache eo ipso verdienstvoll war. Sie brachte auch gesellschaftlich «Teilhabe». Es ist daher kein Zufall, daß viele der großen mittelalterlichen Philologen, Lexikographen, Grammatiker des Arabischen ihrer Herkunft nach Perser waren.

Für unseren Blickwinkel ist ferner das Faktum bemerkenswert, daß es der Philologie früh gelang, die ihrem Charakter nach durch und durch heidnische altarabische Poesie vor der Vernichtung zu bewahren, obschon, wie wir sehen werden, einige mehr als abfällige Äußerungen Muhammads über die Dichtung sehr wohl hingereicht hätten, eine solche Maßnahme seitens frommer Eiferer zu rechtfertigen. Das unabweisbare Argument für die Rettung und philologische Pflege der altarabischen Dichtung bestand darin, daß man erklärte, sie sei als einziges greifbares Zeugnis der arabischen Sprache aus vorislamischer Zeit für das Verständnis des Korans unentbehrlich.[6]

Nachdem diese Dichtung aber einmal mit gutem Argument in das Heilige Haus integriert war und ihre Pflege von angesehenen Autoritäten betrieben wurde, war auch ihr Rang nicht mehr in Frage gestellt. Es ist ein seltsames Paradox, daß die Dichtung jener Epoche, die der Koran als die «Unwissenheit» bezeichnet, zum nach herrschender Meinung unübertrefflichen und unerreichbaren Vorbild arabischer Dichtung in islamischer Zeit werden sollte. Die Dschahiliya-Dichtung war damit in jenen Kernbestand von Wertvorstellungen eingeschmolzen worden, der sich in frühislamischer Zeit herausbildete und um den herum sich die nach und nach in Unantastbarkeit erstarrende Tradition kristallisierte. Für die Entwicklung der arabischen Dichtung war die Herausbildung eines solchen der Kritik entrückten Kanons übrigens nicht von Vorteil, trug vielmehr wesentlich zum frühen Absinken in Epigonentum bei.

2. *Die Geschichtsschreibung*

Ähnlich wie in der Philologie vollzog sich auch in der Geschichtswissenschaft anfangs ein Loslösungsprozeß, den man – bis zu einem gewissen Grade – als Profanisierung bezeichnen könnte. Denn wenn am Anfang der Geschichtsschreibung die Beschäftigung mit Muhammads Leben und Wirken sowie dann mit jenem seiner Zeitgenossen und Nachfolger stand, den Kriegs- und Siegeszügen der islamischen Heere, so weitete sich das Gesichtsfeld doch bald darüber hinaus. Man interessierte sich für die Geschichte Arabiens vor dem Islam, dann für die anderer Völker, überhaupt die Geschichte der Menschheit von Adam an.[7] Dennoch bleib das Konzept immer ein heilsgeschichtliches, und das Interesse richtete sich auf die im Koran so häufig erwähnten «Zeichen» *(āyāt)* der göttlichen Allmacht, die sich im Ablauf der Geschichte und im Kreislauf der Natur bekundet. Diese Zeichen sind «Hinweise» oder auch Warnsignale *(ʿibra,* pl. *ʿibar),* aus denen es gilt, «eine Lehre zu ziehen» *(iʿtibār).*

Geschichtswerke, Memoirenwerke tragen denn auch gelegentlich diesen Begriff im Titel, so Ibn Chalduns großes Geschichtswerk *Kitab al-ʿibar,* oder die Memoiren des syrischen Ritters Usama Ibn Munqidh (1095–1188), *Kitab al-iʿtibar.* Freilich konnte innerhalb dieses Rahmens der Akzent des Interesses auf sehr verschiedenen Dingen liegen. Entscheidend ist, daß die Geschichtsschreibung wegen ihres religiösen Ursprungs und ihrer – betonten oder impliziten – Motivation als islamische Heilsgeschichte keiner ausdrücklichen Legitimation bedurfte und daher auch durch die Jahrhunderte in allen Landen der islamischen Welt lebhaft geblüht hat.[8] So lauten etwa die einleitenden Worte der «Goldwiesen und Edelsteinminen», einer im 9. Jahrhundert verfaßten Universalgeschichte von al-Mas`udi:

«In unserm Geschichtswerk behandeln wir zunächst die Gestalt der Erde und ihrer Städte und ihre Merkwürdigkeiten, ihre Meere, Tiefen und Berge, Ströme und großartigen Erzminen, die Arten ihrer Quellen und ihre Urwälder, Meeresinseln und kleinen Seen, gewaltigen Gebäude und angesehenen Siedlungen. Wir sprechen vom Anfang und Ursprung des Menschengeschlechts und dem Unterschied der Länder, von Strömen, die zu Meer, von Meer, das zu Festland, und von Festland, das zu Meer wurde im Lauf der Zeit und Wechsel der Epochen, und den Ursachen dafür, den sphärischen und den irdischen, von der Einteilung in Klimata und ihren Unterschieden und ihrem Ursprung in Indien, von den Arten der Ketzer und was die Gesetzgeber darüber verlauten ließen und was die heiligen Schriften darüber sagen und die Religionskundigen.

Dann lassen wir die Nachrichten über vermoderte Könige und versunkene Völker, verflossene Jahrhunderte und verschwundene Geschlechter folgen mit dem Unterschied ihrer Art und der Verschiedenheit ihrer Religionen, den Weisheiten früherer Zeiten, den Lehren der Philosophen und der Kunde von ihren Königen und Kaisern, sowie den Nachrichten über die Propheten und die Gesandten und die Frommen, bis zur Zeit, da Gott seine Gnade ergehen ließ und Muhammad, seinen Propheten – Gott spende ihm Frieden und Heil! –, mit seiner Sendung ehrte. Wir erwähnen seine Geburt, sein Heranwachsen, seine Berufung, seine Emigration (Hidschra), seine Schlachten und Heerzüge bis zum Augenblick seines Todes, sodann die Folge des Kalifats und die Ordnung des Reiches in jeder Epoche, und die Kämpfe der Talibiden bis zu dem Zeitpunkt, da wir die Niederschrift dieses Buches begannen unter dem Kalifat des Beherrschers der Gläubigen al-Muttaqi billah, im Jahre 332 (934 n. Chr.)».[9]

3. Die koranischen Wissenschaften

Die koranischen Wissenschaften kreisen um das Verständnis des heiligen Textes und umfassen neben arabischer Philologie und Lexikographie sowie Geschichte (als Heilsgeschichte) eine Reihe großer, um die religiösen Belange des Islam bemühter Disziplinen, deren wichtigste nun kurz beleuchtet werden sollen.

a) Koranexegese

In der Koranexegese geht es zunächst nur um den einfachen handfesten Schriftsinn, den man sich bald gewöhnte, den «äußeren» *(ẓāhir)* zu nennen, und um dessen Verständnis die frühe Exegese ausschließlich bemüht war.

Mit der Entstehung der Mystik und gnostisch beeinflußter Strömungen wie der Isma'iliya bildete sich indessen in wachsendem Maß eine allegorische Exegese heraus, die einen hinter der lexikalischen Bedeutung verborgenen Schriftsinn, den man den «inneren» *(bāṭin)* nennen sollte, aufzuspüren suchte. Oft blieb es übrigens nicht bei *einer* esoterischen Bedeutung. Wo die Schleusen der allegorischen Deutung einmal geöffnet sind, erkennt der Blick des Eingeweihten bald schon ganze Ströme verborgenen Sinns. Die frühe philologisch-historische Exegese bleibt die maßgebliche in der Sunna und wird *Tafsīr* genannt; die allegorische Schriftdeutung, bei Mystikern, Schiiten, Philosophen und Modernisten im Schwange, bei Sunniten allerdings in der Regel mehr oder weniger stark beargwöhnt, heißt demgegenüber *Ta'wīl.*

Wichtig ist, daß schon der Koran selber zwei exegetische Prinzipien an die Hand gibt, um Streitereien über die richtige Exegese vorzubeugen. Da ist einmal die Unterscheidung zwischen «festgelegten» *(muḥkam)* und «zweifelhaften» *(mutašābih)* Versen. Natürlich sagt der Koran nicht selber, welche Verse jeweils der einen oder der andern Kategorie zugehören. Er stellt aber fest, daß es Verse gebe, deren genaue Bedeutung allein Gott bekannt sei: «Er ist es, der dir das Buch herabgesandt hat; darin gibt es festgelegte (Verse), die sind die Mutter des Buches und andere, zweifelhafte. Diejenigen aber, in deren Herzen ein Schweifen ist, heften sich an die zweifelhaften, aus Begierde nach Zwist *(fitna)* und aus Begierde, das auszudeuten *(ta'wīl),* dessen Deutung niemand kennt außer Gott und die, die im Wissen verwurzelt sind.» (3,7)

Der Vers bezweckt zweierlei. Einmal hält er eine exegetische Tür für schwierige Verse offen, zum anderen aber entzieht er diese Exegese denen, die nicht die Einigkeit der Umma im Auge haben, in unserer Begrifflichkeit gesagt: Gegenüber dem Zugriff unbefugter Mächtigkeit z. B. rationalistischer Exegese, wie sie etwa Mu'taziliten und peripatetisierende Philosophen unternahmen, ist im Heiligen Buch selber bereits ein Warnschild aufgerichtet, auf das spätere orthodoxe Hüter des einfachen Schriftsinns sich berufen konnten.

Das zweite im Koran verankerte exegetische Prinzip ist das der Abrogation *(nasḫ).* Es beruht auf Vers 2,106: «Wenn wir einen Vers tilgen oder vergessen machen, so bringen wir einen, der besser ist als er oder der ihm gleichkommt.» – Wann aber sieht sich Gott veranlaßt, eine solche Selbstkorrektur vorzunehmen? Da ist einmal der praktische Verlauf von Muhammads Tätigkeit, die, nachdem er in Medina an die Spitze eines ständig wachsenden Gemeinwesens getreten war, immer stärker gesetzgeberische Entscheidungen erforderte; zum andern ergab sich aus der neuen Rolle des Propheten die Notwendigkeit strengerer disziplinarischer Zucht. Daher wurden nun Strafen und Verbote erlassen.

Ein bekanntes Beispiel ist die Entwicklung der Weinfrage. Ein Verbot bestand zunächst nicht, denn ein früher Vers nennt den Wein unter Dingen, die Gottes Fürsorge für den Menschen erkennen lassen, wie Milch, Honig und dergleichen: «Und wir geben euch von den Früchten der Palmen und Weinstöcke, woraus ihr euch einen Rauschtrank macht.» (16,67) Eine erste Einschränkung erfolgte mit Vers 2,219: «Man fragt dich nach dem Wein und dem Losspiel *(maisir)*. Sprich: In ihnen liegt eine große Sünde und Nutzen für die Menschen; doch ihre Sünde ist größer als ihr Nutzen.» Da aber einige Gläubige weiterhin häufig betrunken oder angeheitert zum Gebet erschienen, wurde nun ausdrücklich diese Unsitte untersagt: «O ihr, die ihr glaubt! Kommt nicht betrunken zum Gebet, bis ihr wisset, was ihr sprecht!» (4,43) Schließlich aber erfolgte die völlige Verurteilung des Weingenusses mit den Worten: «O ihr, die ihr glaubt! Der Wein und das Losspiel und die Opfersteine und die Glückspfeile sind ein Greuel, vom Teufel gemacht! Meidet es, auf daß es euch wohl ergehe. Der Satan will euch ja nur in Feindschaft und Haß um Wein und Losspiel stürzen und euch abhalten vom Gedenken Gottes und vom Gebet. Wollt ihr denn nicht damit aufhören?!» (5,90–91) In solchen Fällen also, wo verschiedene göttliche Verlautbarungen sich widersprechen, gilt jeweils der zuletzt geoffenbarte Vers.

Wichtig für jeden exegetischen Ansatz war auch die Überzeugung, daß jede Offenbarung Gottes Weisung für eine aktuelle Situation sei, daß sie, wie der Fachausdruck der muslimischen Exegese lautet, einen konkreten «Anlaß» *(sabab)* habe. Die «Anlässe der Herabsendung» *(asbāb an-nuzūl)* zu erkunden, hieß Geschichte der islamischen Frühzeit zu treiben. Diese beginnt denn auch mit Darstellungen des Lebens und Wirkens Muhammads, «Wandel» *(sīra)* genannt, und mit Beschreibungen der von ihm und seinen Getreuen bestandenen Schlachten und Eroberungen *(maghāzī)*. Da nun aber das koranische Wort nach muslimischer Auffassung von Ewigkeit her ist und sich dennoch auf die konkreten Ereignisse in Mekka und Medina bezieht, heißt das, daß diese Ereignisse ebenfalls von Ewigkeit her geplant, vorherbestimmt gewesen sein müssen. Die Prädestinationslehre der islamischen Theologie folgt notwendig aus diesen exegetischen Grundannahmen. Auch wurde die Lehre, daß jede Offenbarung einen konkreten Anlaß hatte, keineswegs zur Prämisse der doch an sich naheliegenden Folgerung, daß mithin diese Weisungen auch nur von zeitgebundener Gültigkeit seien. Diese Folge zu ziehen, sollte noch einem modernen Reformdenker zum Fallstrick werden (vgl. Kap. XIV.5.).

Zu erinnern ist nochmals an die oben bereits betonte Funktion des koranischen Wortes als Maßstab menschlichen Handelns und damit als Legitimationsbasis jeder Entscheidung, jeder Unternehmung, vor allem, wenn es um die Einführung von Neuerungen geht. Wir werden bei der Erörterung der einzelnen Wissenschaften und Künste sehen, wie der Koran als Kriterium für oder gegen deren Daseinsrecht im Heiligen Haus und damit dann auch deren Pflege und Entfaltung ins Feld geführt wurde.

Ebenso aber bildet der Koran die Grundlage des islamischen Rechts und der islamischen Theologie. Kein Wunder daher, daß er Gegenstand islamischer Hermeneutik bis auf den heutigen Tag geblieben ist. Philosophie und Mystik, Mu'tazila (vgl. Kap. IV. 3. c) und schiitische Richtungen haben sich der Allegorese bedient, um die in ihr Weltbild, ihre Theologie, ihr Lehrsystem passenden, für Legitimationszwecke benötigten Weisungen daraus zu entnehmen. Die Mu'tazila etwa schied durch allegorische Exegese alles ihrer Ansicht nach Vernunftwidrige aus; namentlich alle anthropomorphen Beschreibungen Gottes wurden allegorisch gedeutet: Gottes «Hand» bedeutet seine Macht, Gottes «Thron» seine Erhabenheit usw.[10]

In der modernen Koranexegese findet sich das Bestreben, für modernes Empfinden anstößig gewordene ethische Normen wie die Mehrehe, die Blutrache, die Sklaverei durch exegetische Verfahren aus dem Heiligen Buch hinauszuinterpretieren. Reizvoll, aber kaum überzeugend sind Bemühungen, wichtige Entdeckungen der modernen Naturwissenschaft im Koran angedeutet zu finden.[11]

Eine den Text selber tangierende kritische Wissenschaft, die also auch dessen Entstehung historisch hinterfragen würde, gibt es im Islam nicht und kann es wohl auch nicht geben. Der Koran muß das unantastbare, durch Gabriel offenbarte, durch Muhammad den Menschen vermittelte Wort Gottes bleiben.[12]

b) Hadith

Über die Bedeutung des Hadith als den Koran ergänzende Basis für die Herausbildung der islamischen Tradition wurde schon gesprochen. Die Hadith-Gelehrten befanden sich jedoch insofern in einer grundlegend anderen Situation, als sie es – jedenfalls in der Anfangsphase – nicht mit einem gegebenen, kanonisiertem Text zu tun hatten, vielmehr mit mündlicher Überlieferung. Die knappen Berichte über ein Wort Muhammads, eine Reaktion, eine Geste dessen, den der Koran als «Vorbild» *(uswa ḥasana,* «schönes Beispiel», 33,21) für die Gläubigen bezeichnet, kursierten in der Gemeinde. Aber diese Gemeinde war inzwischen über den halben Erdball verstreut. Im dritten Jahrhundert nach Muhammads Wirken begann man angesichts einer mittlerweile hochentwickelten Schriftlichkeit, eines blühenden Wissenschaftsbetriebs, das Bedürfnis zu spüren, dieses kostbare Gut zu sammeln. Hatte nicht der Prophet gesagt: «Suchet das Wissen, und sei es in China!»[13] Hadith-Gelehrte machten sich «auf der Suche nach Wissen» *(fī ṭalab al-'ilm)* auf die Reise und brachten reiche Ernte ein. Freilich wurden sie auch von Anfang an mit dem Problem konfrontiert, das die Hadtihwissenschaft bis auf den heutigen Tag nicht gelöst hat: der Frage der Echtheit.

Al-Buchari, der bekannteste Hadith-Gelehrte und einer der frühesten und bedeutendsten unter ihnen, wurde 810 als Enkel eines Persers geboren. Mit 11 Jahren begann er mit dem Auswendiglernen von Hadithen; mit 16 vollzog er zusammen mit Mutter und Bruder die Pilgerfahrt und suchte die Koryphäen der Traditionswissenschaft in den beiden Heiligen Städten auf. Anschließend begab er sich nach Ägypten und durchwanderte dann jahrelang große Teile Asiens. Von über tausend Schaichen empfing er seine Hadithe, deren Zahl 600000 betragen haben soll. Doch er traf eine strenge Auswahl und nahm kein Hadith in seine Sammlung auf, ohne vorher eine rituelle Waschung und ein Gebet mit zwei Kniefällen vollzogen zu haben. Die ungeheure Zahl der Hadithe mag übertrieben sein, zeigt aber, welche Bedeutung dieses Traditionsgut zur Zeit Bucharis bereits erreicht hatte. Unser Schaich ordnete das gewaltige Material nach Sachgruppen und teilte es in 97 Bücher mit 3450 Kapiteln ein. Das Werk enthält 7397 Hadithe; da jedoch viele von ihnen unter mehreren Rubriken auftauchen, bleibt bei Abzug aller Wiederholungen eine Zahl von 2762 Hadithen übrig.

Als al-Buchari 870 starb, galt er noch als ein Hadithgelehrter unter anderen. Bald aber genoß sein Werk das höchste Ansehen und wurde bei den Sunniten als das wichtigste Buch nächst dem Koran gewürdigt. Das hinderte freilich nicht, daß immer neue Hadithwerke entstanden und das Material auch immer mehr anschwoll. Daß Hadithe erfunden wurden, sei es, um sie an Interessenten zu verkaufen, sei es, um damit eigene Lehrmeinungen zu legitimieren, sei es, um – wie man das heute in muslimischen Kreisen manchmal so sieht – «gegen den Islam zu intrigieren», unterliegt keinem Zweifel. Goldziher hat die Hadithfälschung kritisch beleuchtet und zu Recht aus dem herrschenden Legitimationszwang erklärt.[14] Die Tatsache als solche war auch mittelalterlichen Hadithgelehrten bewußt; doch das Kriterium, welches sie zur Prüfung der Echtheit anwandten, war weniger auf den Inhalt als auf die Überliefererkette gerichtet. Es war dieser sogenannte *isnād* (etwa «Abstützung»), der dem Hadith seine Authentizität, seine, wie wir sagen könnten, «Mächtigkeit» verlieh. Enthielt diese Kette einen Gewährsmann, dessen Verläßlichkeit als dubios galt, so wurde das Hadith selber als «schwach» bezeichnet. Dieser uns formal erscheinende Ansatz führte dazu, daß als ein wichtiger Teil der Hadithwissenschaft die «Wissenschaft von den Männern» entstand. Die bloße Bezeichnung der Hadithgelehrten als «Männer» schlechthin offenbart im übrigen bereits deren Mächtigkeit. Welche Macht die Hadithwissenschaft tatsächlich besaß, darauf werden wir bei der Erörterung der einzelnen Künste und Wissenschaften immer wieder stoßen.

Wie die Koranwissenschaft, so brachte auch die Hadith-Wissenschaft Werke riesigen Umfangs hervor. Und sie ist es, die die einheitliche Gestaltung islamischen Lebens bis in zahllose Einzelheiten des Alltags, der Sitten und Bräuche, bewirkt hat. Ein moderner muslimischer Gelehrter, Muhammad Arkoun, hat diese ihm peinliche Einbeziehung des Alltäglichen in das Heilige abschätzig als «sacralisation du banal» bezeichnet,[15] dabei allerdings verkannt, daß genau das beabsichtigt war, die Durchdringung des gesamten Daseins mit heiliger Norm, heiliger Form, der man sich unterwirft, um dadurch an der in ihr sich manifestierenden Omnipotenz zu partizipieren.

c) Theologie

Die islamische Theologie begann ihre Entwicklung stark im Zeichen apologetischer und polemischer Intentionen. Angesichts einer scholastisch argumentierenden christlichen Theologie und einer von aristotelischer Logik durchwalteten philosophischen Metaphysik ging es nicht an, auf der Ebene schlichter Gläubigkeit zu verharren. Die Theologen empfanden die Notwendigkeit, sich der gleichen Technik des Denkens und Argumentierens zu bedienen, d. h. also der Logik. Ihre Theologie erhielt denn auch einen Namen, der auf dieses Bemühen hinweist: *kalām,* was wörtlich «Rede» bedeutet, was man aber wohl eher mit «Logos» oder vielleicht mit «Diskurs» übersetzen müßte.

Andererseits zeigte sich aber bald, daß der Vernunft im Bereich der Theologie Grenzen gesetzt sind, da die Sache, um die es geht, Gottes Wesen und Wirken, sich den Gesetzen der Vernunft letztlich entzieht. Hier besteht nun ein bezeichnender Unterschied zur christlichen Theologie. Während nämlich diese um das – von vornherein als vernunftwidrig zu akzeptierende – Mysterium der Trinität kreist, entzündet sich islamische Theologie bezeichnenderweise vor allem an der Frage der göttlichen Allmacht. So vernunftgemäß nämlich das streng monotheistische Dogma erscheinen mag, so schwierig und unlösbar bleiben die mit der Allmacht verknüpften Probleme. Es geht namentlich um die fogenden Fragen:

1) Wie sind die im Koran häufigen anthropomorphen Beschreibungen Gottes zu verstehen, also die Rede von seinem Gesicht, seinen Händen, von seinem Thron, auf dem er «sich aufrichtet» etc.?

2) Ist Gott als der allmächtige Schöpfer auch der Erschaffer der menschlichen Handlungen oder erschaffen die Menschen ihre Handlungen selber?

3) Sind Gutes und Böses absolute, in der Vernunft verankerte, oder lediglich kraft Offenbarung erkennbare Werte?

4) Bewirkt Gott jeden Vorgang in der Natur unmittelbar und kann mithin den in der Natur scheinbar waltenden Kausalzusammenhang jederzeit durchbrechen oder gibt es die sogenannten «sekundären Ursachen», d. h. eine nach ihren inhärenten Gesetzen verlaufende Kausalität?

Die Mehrheit der Gläubigen, jene, die sich selber als «Anhänger von Sunna und Hadith» bezeichneten, argumentierten in allen diesen Fragen vornehmlich mit dem Argument der göttlichen Allmacht: Die göttlichen Attribute des Korans waren wörtlich zu nehmen. Gott erschafft die menschlichen Handlungen, weil er allein dazu mächtig ist. Gutes und Böses sind nicht gut oder böse, weil die Vernunft es so entscheidet, sondern allein, weil Gott es so will und so offenbart hat, wobei die göttliche der menschlichen Vernunft natürlich himmelweit überlegen ist. Gott kann die scheinbar waltenden Naturgesetze jederzeit aufheben, denn es handelt sich nicht um Gesetze, vielmehr nur um eine «göttliche Gewohnheit». Die «Anhänger von Sunna und Hadith» lehrten also die Vorherbestimmung, sie vertraten eine ethische Kasuistik statt einer philosophischen Ethik, und sie leugneten die Kausalität im Naturgeschehen.

Dagegen argumentierten die sogenannten Mu`taziliten, eine theologische Richtung, die in der ersten Hälfte des 9. Jahrhunderts von beherrschendem Einfluß war, ganz von der Ratio her. Ihr oberster Satz war nicht: Gott ist allmächtig, sondern: Gott entspricht den Postulaten der Vernunft. Eines dieser Postulate lautete natürlich, daß es nur einen Gott geben kann. Und selbstverständlich durfte dieser Gott keine irgendwie menschlichen Attribute haben; die Anthromorphismen des Korans wurden daher durchgehend metaphorisch verstanden. Gleichermaßen wichtig aber war die Forderung, daß Gott gerecht sein müsse, weshalb diese Richtung sich selber auch «Anhänger von Monotheismus und Gerechtigkeit» nannte. Gottes Gerechtigkeit wiederum erfordert, daß der Mensch seine Handlungen selber erschaffen, d. h. frei sein muß, sie zu tun oder nicht zu tun. Sonst nämlich würde er für Dinge bestraft oder belohnt, die seiner freien Wahl und damit seiner Verantwortung entzogen sind. Mit der gleichen Entschiedenheit vertraten die Mu`taziliten das Postulat, daß Gutes und Böses absolute, von der Vernunft erkennbare Werte sein müssen und daß Gott nicht böse handeln, in seiner Offenbarung nicht von der Vernunft als gut Erkanntes böse nennen kann oder umgekehrt. Schließlich haben die Mu`taziliten mehrheitlich auch die Existenz der *causae secundae* anerkannt. Ihr Wirken, ihr Einfluß war für die Rezeption der griechischen Wissenschaften, die durch die Übersetzung hunderter von Texten ins Arabische vor allem in jenem halben Jahrhundert ihres Einflusses auf das Kalifat erfolgte, von ausschlaggebender Bedeutung.[16]

Durchgesetzt hat sich jedoch nicht die mu`tazilitische Schule, sondern eine den «Anhängern von Sunna und Hadith» nahestehende Schule von Theologien, die nach dem Namen ihres Begründers al-Asch`ari die Asch`ariten heißen. Sie bedienen sich der von den Mu`taziliten eingeführten aristotelischen Logik und gewisser von Aristoteles stammender Termini, so nennen sie etwa Gott in Anlehnung an Aristoteles' Begriff der *prima causa* den ersten und einzigen «Verursacher». In ihren Lehren aber bleibt die Vernunft im aristotelischen Sinn auf der Strecke. Sie lehren, daß Gottes Attribute zwar einerseits nicht menschlich, andererseits aber auch nicht metaphorisch verstanden werden dürften, viel mehr «ohne Wie». Von den menschlichen Handlungen lehren sie, daß Gott sie zwar erschaffe, der Mensch sie aber im Augenblick der Ausführung sich aneigne, was auf Vorherbestimmung hinausläuft. Freilich, der nach der Schlacht von Badr offenbarten Versicherung (als Muslime sich Gedanken darüber machten, daß sie mekkanische

Verwandte getötet hatten): «Nicht ihr habt sie getötet, sondern Gott hat sie getötet und nicht du hast geschossen, als du schossest, sondern Gott hat geschossen» (8,17) konnte man kaum mit einer andern als der asch`aritischen Theologie gerecht werden.

Was die Frage der *causae secundae* betrifft, so leugneten die Asch`ariten deren Existenz genau wie die Altfrommen im Namen ihres Monotheismusverständnisses. Die Existenz sekundärer Verursacher neben dem Einen Gott wäre eine Form der Beigesellung, also Polytheismus, zumindest dann, wenn man sich auf diese Ursachen verlassen würde, statt sein Vertrauen allein auf den einen Verursacher zu setzen. Die Diskussion um die Kausalität rückt damit in den Umkreis einer zentralen islamischen Frömmigkeitshaltung, des im Koran immer wieder geforderten Gottvertrauens *(tawakkul)*. Wie ernst dieser Punkt genommen wurde, zeigt eine Äußerung Ghazalis in der *Wiederbelebung der Wissenschaften von der (islamischen) Religion*. Im Kapitel «Über das Einheitsbekenntnis und das Gottvertrauen» sagt er:

«Der Satan hindert dich an diesem (islamisch verstandenen) Einheitsbekenntnis durch zwei Dinge: Das eine ist die Hinkehr zum freien Willen *(iḫtiyār)* der Lebewesen, das andere die Hinkehr zu den leblosen Dingen. Was die Hinkehr zu den leblosen Dingen betrifft, so ist damit z. B. gemeint, daß du dich auf den Regen verläßt für das Keimen, Sprießen und Wachsen der Saat, auf die Wolken für den Niederschlag des Regens und auf die Kälte für die Zusammenballung der Wolken; auf den Wind für die aufrechte Position und die Bewegung des Schiffes. All dies ist Beigesellung und Unwissenheit über die wahren Beschaffenheiten der Dinge!»

Ghazali vergleicht dann einen, der seine Rettung aus Seenot auf den Wind zurückführt, mit einem Sklaven, der seine Freilassung der Tinte und dem Federrohr zuschreibt, womit seine Freilassungsurkunde geschrieben wurde, während sie doch nur Werkzeuge in der Hand des Besitzers seien. Wie die Feder in der Hand des Schreibers ein willenloses Werkzeug ist – Ghazali benutzt hier den koranischen Ausdruck *musaḫḫar,* d. h. «unterworfen» –, genauso sind Sonne, Mond und Sterne, die Wolken und die Erde dem Zugriff von Gottes Dekret unterworfen. «Gott ist der Schreiber, wie es sein Wort bezeugt: ‹Nicht du hast geschossen, als du schossest, sondern Gott hat geschossen!›»

Entsprechendes gilt aber auch für die angebliche Freiheit der menschlichen Handlungen, wie Ghazali im folgenden mit ähnlichen Bildern ausführt. So vergleicht er die Kurzsichtigkeit dessen, der nicht hinter allem Gottes Wirken erkennt mit einer Ameise, die über das Blatt des Schreibers kriecht und die Federspitze für dasjenige hält, was das Papier schwärzt, weil ihr Blick nicht bis zu seinen Fingern, geschweige denn zu seiner Hand reicht: «So vermag der Blick desjenigen, der nicht durch Gottes Licht für den Islam geweitet ward, nicht zu erkennen, daß Gott der Bezwinger *(ǧabbār)* von Himmel und Erde ist und daß er als der Machtausübende *(qāhir)* hinter allem steht (...). Das aber ist reine Torheit!»[17]

Bei Ghazali sieht es also so aus, als wäre die wahre Vernunft diejenige, welche die Kausalität und den freien Willen als Täuschung erkennt. Die Auswirkung dieser Haltung auf die naturwissenschaftliche Forschung, überhaupt das wissenschaftliche Denken, konnte nicht ausbleiben. Ein eindrucksvolles Beispiel liefert uns Nizamis Montagsgeschichte, erzählt von der Prinzessin des «dritten Klimas», in seinem Epos *Die Sieben Gestalten*. Hier konfrontiert er einen frommen Muslim und einen arroganten Nichtmuslim auf gemeinsamer Reise. Der Nichtmuslim ist an den Ursachen der Naturvorgänge interessiert. Doch bereits dieses «Warum» erscheint seinem Begleiter – und soll auch dem Leser so erscheinen – als unstatthafter Vorwitz. Genügt doch auf alle Fragen die Antwort: Weil Gottes Weisheit es so gewollt hat.[18]

Hafis, der geistreiche und kritische Schiraser Dichter, den Goethe so verehrte, hat sich später über diese religiöse Bevormundung der Vernunft mokiert, wenn auch in einem Kontext, der eher von ethischer Indifferenz zu handeln scheint:

> Hafis, laß Wie und Warum und trinke ein Weilchen Wein!
> Gibt es denn Raum für die Wörter Wie und Warum in Seinem Urteil?![19]

Anstelle der Naturgesetze hatte die asch`aritische Theologie, wie gesagt, Gottes «Gewohnheit» gesetzt. Doch sie begnügte sich damit nicht, entwikkelte vielmehr eine eigene theologisch-naturwissenschaftliche Theorie, die in der westlichen Forschung als Okkasionalismus oder Atomismus bekannt ist: Danach besteht die Welt aus Atomen, die Gott in jedem Augenblick vernichtet und neu erschafft. Die Bewegung eines Gegenstandes beruht daher nicht auf dessen Ortsveränderung, vielmehr darauf, daß Gott dessen Atome in jedem Augenblick an einem neuen Ort erschafft. Hiermit läßt sich dann z. B. das im Koran erwähnte Wunder des Throntransports (27,38f.) erklären. Wenn der Thron der Königin von Saba auf Salomos Gebot hin plötzlich in Jerusalem vor ihm erschien, so nicht, weil ihn ein Dämon herbeibrachte, sondern weil Gott seine Atome in Saba vernichtet und im gleichen Augenblick in Jerusalem erschaffen habe.[20] Hier wird deutlich, daß die asch`aritische Theologie der Naturwissenschaft den Boden entzog und gleichzeitig Türen und Tore öffnete für eine Verquickung von Religion und Magie. Es wird aber auch deutlich, daß die theologische Diskussion zwischen Mu`taziliten und Asch`ariten nicht, wie es vordergründig scheinen könnte, ein Streit um verschiedene Auffassungen von Monotheismus, sondern ein Ringen um den Raum der Vernunft gegenüber der Allmacht Gottes darstellt. Das Paradox liegt hier darin, daß von den Asch`ariten die Vernunft bemüht wurde, um deren eigene Hoheitsrechte zu beschneiden.

d) Recht

Ein ähnliches Bild bietet in dieser Hinsicht auch das islamische Recht. Seine vier Grundlagen nach traditioneller islamischer Auffassung sind Koran und Hadith sowie Analogieschluß *(qiyās)* und Konsens *(iǧmāʿ)*, d. h. zwei materielle Quellen und zwei methodische Prinzipien. Der Analogieschluß ist ein logisches Verfahren, bei welchem ein präzedenzloser Fall in Anlehnung an ähnliche in den Rechtsquellen behandelte Fälle entschieden wird. Viel schwieriger ist die Frage, wie der Konsens der Gläubigen oder zumindest der Rechtskenner ermittelt werden sollte (vgl. Kap. III.9). Doch offenbart das Prinzip das Empfinden für die Mächtigkeit der Gemeinschaft. Bemerkenswert ist nun die Entwicklung der Rechtswissenschaft im Lichte unseres Blickwinkels. In den vier großen islamischen Rechtsschulen, die nach ihren Gründern Abu Hanifa (gest. 767), Malik ibn Anas (gest. 796), asch-Schafiʿi (767–820) und Ahmad ibn Hanbal (780–855) Hanafiten, Malikiten, Schafiʿiten und Hanbaliten heißen, zeigt sich ein allmähliches, aber kontinuierliches Einschränken des Spielraums der Vernunft. Hatte bei Abu Hanifa die eigene Meinung *(raʾy)* in Form von «Gutdünken» *(istiḥsān)*, bei Malik in Form von «Rücksicht auf das Gemeinwohl» *(istiṣlāḥ)* noch eine wichtige Rolle gespielt, so geriet deren Freiraum zunehmend unter Beschuß. Ibn Hanbal macht diesem eigenständigen Entscheiden «nur äußerst notgedrungene Konzessionen»[21] und leitet, wenn irgend möglich, alles Gesetz aus den überlieferten Quellen her. Wie sehr dabei die Tradition bereits den Koran überflügelte, zeigt sich in Ibn Hanbals *Musnad*, einer von ihm als Rechtsquelle zusammengestellten Kompilation, die 28000 bis 29000 Hadithe umfaßt!

Angesichts solchen Argwohns gegen die freie Betätigung der Vernunft wundert es nicht, daß bei den Hanbaliten auch die Wissenschaften in enge Schranken gewiesen wurden, wie die aus der Feder des größten hanbalitischen Rechtsgelehrten stammende, oben (S. 99) zitierte Definition dessen, was islamische Wissenschaft ist, deutlich dartut. Der «Fundamentalismus« der Hanbaliten hatte freilich auch andere und, wenn man so will, positive Aspekte. So waren sie es, die eifrig darüber wachten, daß keine unstatthafte «Neuerung» *(bidʿa)* in das Heilige Haus des Islam Einzug hielt, und die daher den Heiligenkult und das Derwischwesen bekämpften. Doch die Mächtigkeit dieser Bewegungen war stärker als der hanbalitische Purismus. Im übrigen traten Hanbaliten auch selber bald Derwischorden bei. «Als Rabbi seines persönlichen Gottes beraubt, erlag selbst ein so unerbittlicher Hanbalit wie Ibn Taimiya der Mystik.»[22] Wenn nun auch die Hanbaliten sich nicht als einzige Rechtsschule durchsetzten, so gilt doch, daß von etwa 900 ab das sogenannte «Tor des Bemühens» *(bāb al-iǧtihād)*, d. h. der Weg eigenständiger Benutzung der Rechtsquellen und unabhängiger Urteilsfindung, als geschlossen galt. «Den späteren Rechtsgelehrten stand nur der *taqlīd* an, der blinde Anschluß an die Autorität der früheren *fuqahāʾ*».[23]

Einzig dem Amt des Mufti blieb es vorbehalten, für schwierige Fälle *Fetwa* genannte Rechtsgutachten zu erstellen. Das Amt erlangte vor allem bei den Osmanen Bedeutung, wo der oberste Mufti, der sogenannte «Schaich des Islam» *(Şeyhülislam)* an der Hohen Pforte in Konstantinopel Entscheidungen, die der Sultan zu treffen gedachte, durch ein Fetwa religiös zu legitimieren hatte, darüber hinaus aber auch aus dem ganzen Lande mit Anfragen überhäuft wurde, wie die riesigen Fetwa-Sammlungen etwa des Abu s-Su`ud beweisen. In der Regel werden diese Rechtsgutachten den Intentionen des Herrschers entsprochen haben. So gestattete der eben erwähnte Abu s-Su`ud, der unter Sulaiman dem Prächtigen (1520–66) als Şeyhülislam wirkte, das Kaffeetrinken. Er stellte aber auch der Poesie des Hafis, die verständlicherweise immer wieder dem Verdacht der Ketzerei ausgesetzt war, das folgende milde Zeugnis aus, das man in Goethes *Westöstlichem Divan* nachlesen kann:

Hafis' Dichterzüge, sie bezeichnen
Ausgemachte Wahrheit unauslöschlich;
Aber hie und da auch Kleinigkeiten
Außerhalb der Grenze des Gesetzes etc.[24]

Weitere wichtige Fetwas der osmanischen Großmuftis betrafen Kriege gegen Ägypten (1516) und Venedig (1570), die Einrichtung der ersten Buchdruckerei in Konstantinopel (1727), Reformgesetze im 19. Jahrhundert u. a. m. Fetwas im Widerspruch zum Willen des Sultans kamen nur ausnahmsweise vor; ein berühmter Fall ist die Weigerung des Großmuftis Es`ad Efendi unter Osman II. (1618–22), den – allerdings damals seit langem praktizierten – Brudermord an den von der Nachfolge ausgeschlossenen osmanischen Prinzen zu legalisieren.[25]

In unserm Jahrhundert hat das Fetwa-Wesen, wie das islamische Recht überhaupt, neuen Auftrieb erhalten. Die heutigen Fetwas betreffen häufig Fragen, die sich aus der modernen Zivilisation ergeben, also etwa, ob Männer und Frauen gemeinsam in einem Schwimmbassin baden dürfen (natürlich nicht!) u. ä.[26]

Wie das Hadith, so begünstigte auch das islamische Recht eine kasuistische Ethik. Und wie jenes, so wurde auch dieses gelegentlich von kritischen Geistern verspottet oder aber von Libertinisten unterlaufen, wie die folgenden satirischen Verse zeigen, die dem unflätigen, aber scharfsinnigen und zu seiner Zeit sehr beliebten Dichter Ibn al-Haddschadsch (941–1001) zugeschrieben werden:

Schafi`i lehrte, das Lauschen auf Sang und Musik
wie auch das Spiel auf dem Schachbrett, das sind keine Sünden.
Abu Hanifa, der gilt als ein redlicher Mann,
welcher im Urteil das Rechte stets weiß zu befinden,
duldet den Trank jungen Mosts und – mit Maßen – des Weins.

Trink also, ledig der Sorge, dich sündigem Tun zu verbinden!
Malik gestattete, daß man zur Abwechslung wohl
Mädchen und Knaben auch dürfe von hinten umwinden.[27]
Und der Imam der Schiiten erlaubte die Ehe auf Zeit.[28]
Dies sind die Säulen, den Bau des Islams drauf zu gründen.
Trink denn, lieb Knaben, hure, ergib dich dem Spiel!
Mußt nur dein Tun mit dem Wort von Imamen begründen![29]

Erst die Durchdringung des Gesetzes mit sufischem Geist, wie sie sich in Ghazalis *Wiederbelebung* findet, hob die kasuistische Ethik der Scharia auf eine höhere Ebene.

So sehr nun aber die strikte Bindung an die beiden nicht hinterfragbaren islamischen Rechtsquellen, die zeit- und gesellschaftsgebundenen Vorschriften des Korans und das riesige Korpus Tausender in sich widersprüchlicher Hadithe dem modernen nichtmuslimischen Betrachter als *sacrificium intellectus* erscheinen mag, die angewandten Verfahren folgen den Gesetzen der Logik. Der Verstand leistete also auch hier eine enorme Anstrengung, ohne doch autonom und souverän den Gesetzen der Vernunft folgen zu dürfen. Statt z. B. den Widersprüchen zwischen verschiedenen Hadithen mit Eliminierung der vermutlich unechten zu begegnen, gingen Gelehrte daran, mit sophistischer Exegese diese Widersprüche miteinander zu harmonisieren.[30]

So ist es verständlich, daß Theologen und Rechtsgelehrte aus der Sicht der Mystik als die Vertreter einer kalten, trockenen Vernunft erscheinen, nämlich vom Standpunkt der Liebe aus, die gegenüber jener die höhere Mächtigkeit beansprucht, denn, wie Hafis feststellt: Das Heiligtum der Liebe hat eine weit höhere Pforte als das Reich des Verstandes![31]

Bei allen Vorbehalten, die, wie sich gezeigt hat, nicht nur der moderne westliche Betrachter empfindet, sondern die auch von seiten der islamischen Mystik gegen Theologie und Recht vorgebracht worden sind oder die heute, wie Arkouns spitze Kritik an der «sacralisation du banal» zeigt, von modernen Richtungen des Islam gegen die Traditionswissenschaft vorgebracht werden, bleibt doch festzuhalten, daß das strikte Festhalten an den Quellen jenes Kraftnetz herstellte, das die Mächtigkeit garantierte, und jene formal strukturierte, göttlicher Ordnung, Form und Omnipräsenz sich unterwerfende Geistigkeit, die den Nährboden der islamischen Künste bildete.

V. Die Wissenschaften der «Alten»

1. Die Rezeption des griechischen Erbes

Mit den griechischen Wissenschaften drang pagane Mächtigkeit von wahrhaft respektgebietenden oder auch, je nach Standpunkt, bedrohlichen Dimensionen in das Heilige Haus des Islam ein. Der Vorgang löste so etwas wie ein geistiges Erdbeben aus, dessen Wellen erst nach Jahrhunderten verebbten. Daß dies überhaupt geschehen konnte, erscheint nach allem, was eben über den Raum der Vernunft gesagt wurde, wie ein Wunder. Verständlich ist es nur als ein Ausdruck der inneren Stärke auf seiten jener Muslime, die die Rezeption einleiteten und förderten. Gleichzeitig wurde aber die Rezeption auch ausgelöst durch das Bestreben rational gesinnter und wissenschaftlich interessierter Kreise, die eigene Mächtigkeit durch die Aneignung des griechischen Erbes zu vergrößern.

Der Stagirit höchstpersönlich soll dem Kalifen al-Ma´mun im Traum erschienen sein, ein Greis von strahlender Gestalt, auf einer Kanzel predigend und sagend: «Ich bin Aristoteles!» Das habe den Herrscher veranlaßt, sich mit der griechischen Philosophie zu befassen.[1] Mag dies nun Wahrheit oder Legende sein, auf jeden Fall gründete al-Ma´mun in Bagdad eine Übersetzerakademie, an der die besten damals verfügbaren Wissenschaftler, überwiegend Christen, angestellt wurden. «Echte Muslime fungierten nur als Patrone, die Übersetzungen bei mehr oder weniger beruflichen Übersetzern gegen Bezahlung bestellten und in einigen Fällen für ihre Tätigkeit sogar fest besoldeten».[2]

Die Handschriften beschaffte man sich von überall her, sogar aus Byzanz direkt, durch Verhandlungen mit dem Kaiser. Innerhalb weniger Jahrzehnte wurden Hunderte von Texten teils aus dem griechischen Urtext, teils aus vorhandenen syrischen Versionen übertragen. Es war eine Art zweiter Eroberung, diesmal rein im Reiche des Geistes. So sehr nun aber die Sprengkraft des griechischen Denkens durch solche Rezeption aktualisiert wurde, die Arabisierung dieses «Erbes» war auch ein erster Schritt zu seiner Unterwerfung, ein Schritt, den freilich – *mutatis mutandis* – manchmal schon christliche Mönche Vorderasiens in ihren Klöstern getan hatten, wenn sie z. B. Aristoteles ins Syrische übertrugen, während ihn in andern Fällen erst die in muslimischem Auftrag arbeitenden Übersetzer vollzogen. Aus den griechischen Göttern machten sie stillschweigend Engel, Zeus tauften sie um in Allah, der Hades wurde zur Hölle, und ebenso erscheint etwa der *daimon,* der Jenseitsführer in Platons *Phaidon,* in der arabischen Übertragung als Engel.[3] Der nächste Schritt der Aneignung bestand dann im Abfassen von Kommentaren, Auszügen und Inhaltsangaben.

Doch auch eigenständige Werke im Anschluß an das griechische Erbe entstanden. Sie begannen nun mit der *Basmala* und der *Chutba,* und sie enthielten im Prolog – anfangs vereinzelt, später in der Regel – Rechtfertigungen der jeweils behandelten Wissenschaft, worin neben Vernunftgründen Schriftbeweise für ihre Existenzberechtigung vorgebracht wurden. Schließlich drang islamisches Denken auch in den Stoff selber ein, und wo anfangs ein leichter islamischer Firnis nur die Oberfläche färbte, zeigte sich Jahrhunderte später eine Durchdringung und Durchtränktheit mit islamischem Geist in Philosophie, Medizin, Kosmographie und Geheimwissenschaften, um nur diese wichtigsten Beispiele zu nennen. Die oben zitierten Definitionen und Direktiven Ibn ʿArabis und Ibn Taimiyas bezüglich legitimer islamischer Wissenschaft hatten ihre Wirkung nicht verfehlt.

Es muß denn auch nicht verwundern, daß an den Medresen, den islamischen Hochschulen des Mittelalters, sei es an der von den Fatimiden gegründeten Azhar in Kairo, sei es an den vom Seldschukenwesir Nizam al-Mulk ins Leben gerufenen und nach ihm Nizamiya benannten Hochschulen in Bagdad, Isfahan und anderswo, die griechischen Wissenschaften, von Ausnahmen abgesehen, keinen Platz hatten. Unterrichtet wurden sie vielmehr in der Regel in privaten Zirkeln oder am Hofe eines liberalen und interessierten Herrschers oder Mäzens, im Fall der Heilkunst kam hier und da der Unterricht an einem Krankenhaus hinzu. Daß unter den obwaltenden Umständen die «Wissenschaften der Alten» dennoch während Jahrhunderten geblüht und erstaunliche Früchte gezeitigt haben, ist mithin keineswegs selbstverständlich; es ist nur erklärbar durch deren gewaltige Mächtigkeiten, die, nachdem sie einmal in das Heilige Haus des Islam importiert waren, zunächst ihre eigene Dynamik entfalteten, bis sie nach einem jahrhundertelangen Ringen als völlig gezähmt erschienen. Anfangs aber fand das wissenschaftliche Erbe der «Alten» begeisterte und generöse Förderer und zog immer neue muslimische Intellektuelle in seinen Bann, die die Beschäftigung mit Aristoteles, Galen, Dioskurides etc. mit ihrem Verständnis von Islam mehr oder weniger problemlos zu vereinigen wußten.

2. *Wissenschaftskataloge*

Einen Überblick über die im islamischen Mittelalter gepflegten «Wissenschaften der Alten» kann man sich verschaffen, indem man einen der Wissenschaftskataloge befragt, die damals geschrieben wurden. Einer der frühesten stammt von dem großen Aristoteliker Farabi (gest. 950) und trägt den Titel *Aufzählung der Wissenschaften (Iḥṣāʾ al-ʿulūm).* Farabi behandelt darin zunächst die Sprachwissenschaft *(ʿilm al-lisān),* genauer die Grammatik, deren allgemeine Gesetze er anhand des Arabischen entwickelt, sodann die Logik *(ʿilm al-manṭiq),* die er wie folgt definiert: «Die Logik gibt, kurz gesagt, die Gesetze, die dazu dienen, den Verstand zu leiten *(tuqawwim)* und den Menschen zum Weg des Richtigen und Wahren zu lenken in allen Dingen der Begriffswelt *(al-ma`qūlāt)*, in denen ein Irrtum möglich ist, und die Gesetze, die ihn bewahren und schützen vor Irrtum, Ausgleiten und Fehlern in bezug auf das Begriffliche, und die Gesetze, mittels deren man das Begriffliche prüft, wenn man zweifelt, ob einer sich geirrt hat.» Das Verhältnis von Logik und Denken vergleicht Farabi später mit dem von Grammatik und Sprache bzw. Prosodie und Dichtung.

In den folgenden Kapiteln werden die Mathematik *(`ulūm at-ta`ālīm)* mit den fünf Zweigen Arithmetik, Geometrie, Astronomie, Musik und Mechanik behandelt. Es folgen Physik und Metaphysik und schließlich Politik, d. h. Herrschaftslehre. Hier behandelt Farabi die verschiedenen Staatsformen, definiert im Anschluß an Plato den guten Staat als denjenigen, in dem die Tugenden, d. h. Handlungen, die zur Glückseligkeit (arab. *sa`āda*, griech. *eudaimonía*) führen, durch eine entsprechende Regierung ermöglicht werden. Schließlich behandelt er die Bedeutung des Rechts *(fiqh)* und der Theologie *(kalām)* im islamischen Staat und tut damit einen ersten Schritt zur Anpassung seines sonst ganz in Anlehnung an Aristoteles entworfenen Systems an die islamischen Realitäten. Allerdings geht er hier auch auf das Problem ein, daß einige Glaubenslehren für den Verstand anstößig sind, und beschreibt unterschiedliche Versuche seitens der Theologen, mit diesem Problem fertig zu werden – von Exegese bis zur Gewaltanwendung, wenn Argumente nicht ausreichen, die Einwände derer, die keine «göttliche», sondern nur ihre menschliche Vernunft besitzen, zum Schweigen zu bringen. Der Text ist stellenweise von kaum verhohlener Ironie.[4]

Was bei Farabi erst in Ansätzen geschieht, die Einbeziehung islamischer Wissenschaften, findet sich bei anderen Autoren voll ausgearbeitet, etwa in den nur wenige Dekaden später entstandenen *Schlüsseln der Wissenschaften (Mafātīḥ al-`ulūm)* des al-Chwarizmi, der dieses Werk für den Samaniden Nuh II. (975–87) verfaßte. Es umfaßt zwei Teile, die der Autor selber zu Beginn wie folgt umschreibt: «Ich habe mein Werk in zwei Bücher eingeteilt. Eines ist den Wissenschaften des islamischen Religionsgesetzes und den damit zusammenhängenden arabischen Wissenschaften gewidmet und das zweite den Wissenschaften, die von Fremden wie den Griechen und anderen Nationen herrühren (...).» Das erste Buch umfaßt 6 Kapitel mit 52 Abschnitten, das zweite 9 Kapitel mit 41 Abschnitten. Zu den bei Farabi genannten säkularen Wissenschaften treten hier als weitere die Medizin und die Alchimie hinzu.[5] Auf einen weiteren Wissenschaftskatalog wird unten im Kapitel über die Lauteren Brüder von Basra (Kap. VI.3.) einzugehen sein.

Etwa zur gleichen Zeit wie al-Chwarizmi seine *Schlüssel der Wissenschaften* verfaßte ein anderer arabischer Autor namens Abu l-Hasan al-`Amiri (gest. 992) ein Werk mit dem Titel *Unterrichtung über die Vorzüge des Islam (al-i`lām bi-manāqib al-Islām),* das in einem seiner Kapitel die Aufzählung von Wissenschaften mit deren Rechtfertigung verbindet.[6] Konnte Farabi noch einfach Funktion und Nutzen der Logik darlegen, so sieht sich al-`Amiri bereits veranlaßt, die philosophischen Wissenschaften gegen die Angriffe aus dem Lager der Traditionalisten und die Logik insbesondere gegen solche von Theologen *(mutakallim)* zu verteidigen. Seine Referierung der Angriffe ist aufschlußreich: Die Gegner der philosophischen Wissenschaften sähen in diesen «nur leere Phrasen, die mit trügerischen Ideen übertüncht sind». Al-`Amiri betont demgegenüber die notwendige Übereinstimmung der philosophischen wie der religiösen Wissenschaften und Glaubenssätze mit dem Verstand. Die Gegner der Logik finden einerseits die logischen Schriften dunkel, halten sie andererseits für entbehrlich. So wie ein Naturtalent dichten könne ohne Kenntnis der Prosodie, so könne auch jeder, «der durch eigene Einsicht imstande ist, logisch zu schließen, ohne (das formale Studium der) Logik auskommen.» Al-`Amiri weist auch diese beiden Argumente zurück. Wenn der Verstand der Theologen nicht ausreiche, die logischen Schriften zu begreifen, so lasse sich daraus nicht schließen, daß diese nichts taugten, vielmehr nur, daß jene, die das zugäben, nicht berechtigt seien, darüber zu urteilen. Und die Kenntnis der Regeln der Logik erweise sich als unerläßlich, sobald eine dieser Regeln von einem Gesprächspartner angefochten werde.

Die Aufzählung der übrigen Wissenschaften, die sich eng an Farabi anschließt, verbindet sich bei al-`Amiri neben einer kurzen Schilderung des jeweiligen Nutzens mit legitimierenden Argumenten aus Koran und Hadith. So führt der Autor für die Mathematik die Verse an: «Wir haben sie berechnet und gezählt» (19,94) und «Er hat alle Dinge gezählt» (72,28); für die Astronomie: «Diejenigen, die Gottes gedenken im Stehen und im Sitzen und auf ihren Seiten und die über die Erschaffung der Himmel und der Erde nachdenken (...)» (3,191); für die Musik das Hadith: «Schmückt den Koran mit euern Stimmen!» etc. Am Ende des Absatzes über die mathematischen Wissenschaften steht dann zusammenfassend der Satz: «Aus dieser Übersicht über die Nützlichkeit der mathematischen Wissenschaften kann man ersehen, daß zwischen ihnen und den religiösen Wissenschaften keinerlei Widerspruch besteht.» Und der gleiche Befund wird später auch festgestellt im Hinblick auf die Naturwissenschaften. Trotz dieser wackeren Verteidigung der säkularen Wissenschaften verfolgt das Werk al-`Amiris, wie der Titel vermuten läßt, jedoch einen anderen Zweck. Am Schluß des Kapitels nämlich schreibt der Autor: «Die Nützlichkeit der philosophischen und metaphysischen Wissenschaften ist somit deutlich genug erwiesen. Die Hauptabsicht unseres Werkes ist es, die religiösen Wissenschaften zweckmäßig zu erschließen, und wir haben uns nur darum ausführlich über die erwähnten Punkte ausgesprochen, um zeigen zu können, daß die religiösen

Wissenschaften nützlicher als alle anderen sind. Somit müssen wir uns den religiösen Wissenschaften zuwenden.»[7]

Schon dieser kurze Einblick in einige Wissenschaftskataloge zeigt also, daß mit dem Freiraum, den die säkularen Wissenschaften für sich beanspruchten und den man ihnen jahrhundertelang auch einräumte, letztlich der Freiraum der Vernunft zur Debatte stand. Bevor wir uns den einzelnen Wissenschaften zuwenden, sei daher über diese zentrale Frage noch einen Augenblick nachgedacht.

3. Der Raum der Vernunft

Schon in den Kapiteln über Theologie, Tradition, Recht wurde deutlich, wie der Raum der Vernunft gegenüber der Allmacht abgegrenzt und zunehmend eingeengt wurde. Doch sind hier noch einige Ergänzungen erforderlich. – Das arabische Wort für Vernunft, *'aql,* kommt im Koran nicht vor, wohl aber das davon abgeleitete Verb, und zwar im Sinn von «begreifen», immer bezogen auf das göttliche Wirken: «So tut euch Gott seine Wunder kund, vielleicht begreift ihr!» (2,242) «Das Haus des Jenseits ist besser für die, die Gott fürchten. Wollt ihr denn nicht begreifen?!» (6,32) Und viele ähnliche Stellen. Wie *'ilm* ist also auch dieser Terminus auf die religiöse Sphäre zugespitzt und eingeengt. Und wie im Falle von *'ilm* hinderte das freilich den mehr oder weniger profanen Gebrauch des Wortes in Gelehrtenkreisen keineswegs.

Eine durchaus profane Vorstellung von Vernunft kam durch die griechische Philosophie und die übrigen säkularen Wissenschaften in den Islam. Hier betätigte sich die Vernunft autonom, und ihr Werkzeug war die Logik. Darin beruht die Mächtigkeit der Vernunft, die aus der Sicht einer dogmatisch gebundenen Weltanschauung verständlicherweise leicht als Herausforderung, ja Gefahr erscheinen konnte. Während der Fromme seine Prämissen und Aprioris aus den heiligen Schriften bezieht und die Gestaltung der sichtbaren Welt aus dem vorgegebenen Unsichtbaren herleitet, stützt die Vernunft sich auf Augenschein und Erfahrung und schließt mittels der Logik vom Sichtbaren auf das Unsichtbare. Anstelle von Schriftbeweis und Analogieschluß als Mittel der «unterworfenen» Vernunft des Frommen treten Empirie und Logik als Mittel autonomen Denkens. Wo der Fromme sein geoffenbartes Gottesbild hat, hat die griechische Philosophie ihre Metaphysik, wo ihm die magisch-mythischen Andeutungen des Korans als Grundlage seines Weltverständnisses dienen, bietet die Philosophie ein naturwissenschaftliches Weltbild; anstelle des dreistufigen Menschenbildes des Korans, für welches allein der Muslim ein vollgültiger Mensch, der nichtmuslimische Schriftbesitzer ein Mensch zweiter Klasse und der Polytheist ein Un-Mensch («die übelsten Tiere vor Gott», 8,22) ist, hat diese ihre philosophische Anthropologie, anstelle der kasuistischen Pflichtenlehre der

Scharia ihre auf allgemeinen Prinzipien fußende Ethik: Der philosophisch geschulte Mensch brauchte mithin gar keine Offenbarung, um Gott, Welt und Mensch in ihrem Wesen zu erkennen – die «Herausforderung» hätte kaum größer sein können!

Aber damit nicht genug. Die Vernunft verführt den Menschen, etwa die Kasuistik des islamischen Gesetzes zu hinterfragen, also das – wie wir sahen – verbotene «Warum» zu erheben. Warum ist z. B. für die einzelnen Gebete eine verschiedene Anzahl von Kniefällen vorgeschrieben? Solche Fragen, sagt Ghazali (gest. 1111), stellt man so wenig, wie der Kranke, dem der Arzt ein Rezept verschrieben hat, nach dem Warum der Verschreibungen fragt; er befolgt sie vielmehr im Vertrauen auf die Kompetenz des Arztes zu seinem eigenen Heil.[8] Die Lauteren Brüder von Basra, eine im 10. Jahrhundert tätige Gruppe von Philosophen, von denen weiter unten noch ausführlich die Rede sein wird, hatten dies Bild vorweggenommen, wenn sie konstatierten, die Scharia sei Medizin für die Kranken, die Philosophie dagegen sei Medizin für Gesunde.[9] Ghazali hätte da freilich keineswegs zugestimmt, denn er war aufgrund eigener Erfahrung, die er auf eindrückliche Weise in seinem autobiographisch-didaktischen *Retter von Irrsal* beschreibt, durchdrungen von der Täuschbarkeit der Vernunft und den Irrtümern der Philosophen.

Weiter noch gingen jene, die das Wort in Umlauf setzten: «Wer logisch argumentiert, ist ein Ketzer» *(man tamanṭaqa tazandaqa)*.[10] Dieser durch seinen eingängigen Reim besonders schlagkräftige Slogan richtete sich zweifellos zunächst und vor allem gegen Aristoteles und seine Anhänger unter den Arabern, gleich ob Muslime, Christen oder Juden. Denn Aristoteles hatte die Logik in seinen propädeutischen, später unter dem Namen *Organon* zusammengefaßten Schriften als Werkzeug autonomen Denkens, autonomer Vernunft beschrieben und ihren Siegeszug begründet, weshalb ihn Freunde und Gegner unter den Arabern oft einfach den «Autor der Logik» *(ṣāḥib al-manṭiq)* nannten. Daß es dabei sehr wohl um einen Rangstreit der Mächtigkeiten ging, zeigt etwa das folgende Zitat aus dem Prolog der *Bildung des Sekretärs* von Ibn Qutaiba, einem Handbuch für Hofsekretäre aus dem 9. Jahrhundert: «Wenn der Autor der Logik bis in unsere Tage gelebt und die Feinheiten der Dogmatik und des religiösen Rechts und der religiösen Pflichten und der (arabischen) Grammatik wahrgenommen hätte, so wäre er lieber stumm geblieben; wenn er die Worte des Propheten und seiner Gefährten (d. h. Hadithe) gehört hätte, so würde ihn das überzeugt haben, daß die Araber die Weisheit (d. h. Philosophie) und Überlegenheit der Rede (d. h. Rhetorik) besitzen».[11]

Hinter der in diesen Worten zur Schau getragenen Überlegenheit verbirgt sich in Wirklichkeit ein tiefes Mißtrauen gegen die Denkverfahren der autonomen Vernunft, die Angst vor einer Hinterfragung, die bedrohliche Breschen ins Bollwerk des Glaubens schlagen könnte. Ich erinnere mich eines Gesprächs mit einem afghanischen Intellektuellen über das Fasten im Monat Ramadan. Die schädlichen Auswirkungen auf die Wirtschaft des Landes leugnete er nicht. Als ich aber fragte: «Meinen Sie nicht, daß diese Bestimmung einer vergangenen Zeit und Gesellschaftsstruktur angehört und daß, wenn Muhammad heute käme, er sie durch etwas Zeitgemäßeres ersetzen würde?» antwortete er: «Es ziemt mir als Muslim nicht, über göttliche Vorschriften zu räsonnieren.»

Deutliche Grenzen also wurden der Mächtigkeit der Vernunft im Ringen um den Absolutheitsanspruch der Allmacht gesetzt. Die Tendenz ging dahin, Vernunftargumente durch Schriftbeweise, d. h. Koranworte oder Hadithe zu ersetzen oder mindestens zu beglaubigen. Die Frage etwa, welche Musikinstrumente verboten seien, bedurfte keiner empirischen Begründung. Es ging lediglich darum, festzustellen, was Muhammad dazu befunden habe. Ein an sich musikbegeisterter Mystiker musterte das Material und kam zum Schluß, das einzige von Muhammad mit Sicherheit gebilligte Instrument sei das Tamburin. Rigide Mystiker erachteten daher auch nur dieses als zulässig in ihren Zirkeln.[12] Oder ein anderes typisches Beispiel: Ein tradierter Muhammad-Ausspruch, der die Ansteckung leugnet, löste nicht endende Diskussionen aus und verhinderte die Einführung von Quarantäne bis ins 19. Jahrhundert. Bemerkenswert ist immerhin ein Einwand, den ein bekannter Intellektueller noch im 14. Jahrhundert niedergeschrieben hat, der granadische Wesir und Historiker, Dichter und Philosoph Lisan ad-din Ibn al-Chatib (1313–75), ein Einwand, der vor ihm zweifellos oft gedacht, aber anscheinend nur selten offen geäußert wurde: die Feststellung nämlich, daß Hadithe, wenn sie mit dem Augenschein nicht übereinstimmten – das auch nur festzustellen, grenzte ja bereits an Blasphemie –, irgendwie umgedeutet werden müßten. Ibn al-Chatib formulierte es so: «Es gehört zu den Prinzipien, denen man sich nicht verschließen kann, daß ein der Tradition entnommener Beweis, wenn die Sinneswahrnehmung und der Augenschein ihm widersprechen, (allegorisch) ausgelegt werden muß.»[13] Doch diese für seine Zeit mutige Direktive verhallte ohne Wirkung; sie kam aus dem rationalistischen Lager und zu einer Zeit, als dieses ohnehin längst seinen einst bedeutenden Einfluß eingebüßt hatte. Das Argumentieren mittels Schriftbeweis drang vielmehr früh in das gesamte islamische Schrifttum ein.

Die Vertreter der säkularen Wissenschaften sahen sich bald bemüßigt, ebenfalls Schriftbeweise für die Rechtmäßigkeit ihres Faches anzuführen. Philosophen beriefen sich gern darauf, daß die von ihnen erörterte Wahrheit die gleiche sei wie die der offenbarten Bücher, der Unterschied liege lediglich in der sprachlichen Fassung, die im einen Falle die der Philosophen, im andern eine für jeden verständliche bildhafte Sprache sei. Der Legitimationsdruck führte und verführte jedoch dazu, zwecks Errichtung eigener Mächtigkeit auch das Gewicht der eigenen Lehrautoritäten herauszustreichen, was wiederum bedeutete, daß anstelle autonomen Vernunftgebrauchs die unantastbare Autorität des Meisters treten konnte. Die Wissenschaften entwickelten also eine immanente Dogmatik, die schließlich ebenso erstarrte wie jene der religiösen Tradition.[14]

Gleichzeitig aber drang islamischer Geist ein in Philosophie und Medizin, Kosmographie und namentlich die sogenannten Geheimwissenschaften, in deren Zeichen alles miteinander verschmolz, was vorher unvereinbar schien. Aristoteles, der *Sahib al-mantiq,* wurde zum Mantiker; und nicht besser erging es einigen seiner Streitgenossen im Geist: Auch der arabische Plato erscheint als Verfasser magischer Schriften und beide mithin als Geistesverwandte des islamischen Salomo, der, wie andernorts in diesem Buch aufgezeigt, aufgrund seiner koranischen Physiognomie zum Begründer der «erlaubten Magie» avancierte. Die damit erlangte Mächtigkeit war enorm, aber sie beruhte nicht, wie in der Gegenwart, auf der Ausübung autonomer Vernunft, sondern auf deren Unterwerfung unter ein Numen und einen heiligen Nomos *(nāmūs),* zu welchem islamische Scharia und antiker Hermetismus im späten Mittelalter verschmolzen.

VI. Die Philosophie

1. Griechische Philosophie und islamische Welt

Mit gewaltiger Mächtigkeit war die Philosophie ausgestattet, als sie das Heilige Haus des Islam betrat. Ihre frühen Lehrer traten den Arabern als bewundernswürdige Gestalten vor das geistige Auge: «Die griechischen Philosophen gehören zu der höchsten Menschenklasse und zu den größten Gelehrten.»[1] Der heldenhafte Tod des Sokrates, der ihn als Märtyrer des Monotheismus erscheinen ließ, wurde immer wieder erzählt, die Passagen des *Phaidon,* die davon berichten, waren auch im Wortlaut bekannt.[2] Plato selber erscheint vor allem als Esoteriker, der «seine Weisheit verhüllte, symbolisch verschlüsselte und in Rätseln aussprach, damit sie nur die Weisen verstünden».[3] In manchen arabischen Quellen erhält er das Epithet «der göttliche», so z. B. bei dem Mystiker Ibn ʿArabi. Und auf jeden Fall war er es, der, obwohl von seinen Werken nur wenig übersetzt wurde, den nachhaltigsten Einfluß auf die spätere islamische Philosophie, die sogenannte «Weisheit der Erleuchtung», ausgeübt hat.

Aristoteles war der «erste Lehrer», das «Siegel ihrer Weisen»[4] und «von vollkommener Tugend». Die arabischen Aristoteles-Biographien verraten sichtlich das Bemühen, ein für den muslimischen Leser ansprechendes Bild zu vermitteln, berichten etwa von seinem Engagement für das Gemeinwohl: «Nachdem Philippos gestorben und Alexander [der Große] König geworden war und seinen Asienfeldzug angetreten hatte, wandte sich Aristoteles vom Hofdienst ab, richtete den Peripatos in Athen ein und kümmerte sich um das Wohl der Menschen, indem er sich der Schwachen und Armen annahm, die Witwen wieder verheiratete, die Waisen ernährte und sich um ihre Erziehung kümmerte, denen behilflich war, die lernen und sich bilden wollten, wer sie auch waren und welche Wissenschaft und Bildung sie auch erwerben wollten, ihnen dazu verhalf und sie aufrichtete, den Armen Almosen gab und für das Gemeinwohl in den Städten Sorge trug. Er baute auch seine Stadt Stagira wieder auf und blieb bei all dem äußerst milde und bescheiden und liebenswürdig zu Groß und Klein, Starken und Schwachen.»[5] Bemerkenswert ist aber auch die Mitteilung, daß Aristoteles' «Unterwerfung unter Plato» – wörtlich: sein «Islam zu Plato hin»! – auf einer göttlichen Eingebung *(waḥy min Allāh)* beruht habe. Schließlich die Geschichte, daß ein heidnischer Priester ihn des Unglaubens bezichtigte, weil er sich weigerte, die damals verehrten Götzen anzubeten, was ihn zwang, Athen vorübergehend zu verlassen.[6]

Der oben erwähnte al-ʿAmiri stellt fest, Empedokles, Pythagoras, Sokrates, Plato und Aristoteles hätten ihre Weisheit von den (alttestamentlichen?)

Propheten.[7] Anderswo heißt es speziell von Empedokles: «Er lebte zur Zeit des Propheten David (...) und empfing die Weisheit von dem Weisen Luqman in Syrien»,[8] von Pythagoras: «Er empfing die Weisheit von den Gefährten Salomos, Sohnes des David».[9] Derartige Feststellungen dürfen wir als einen der Versuche werten, die griechische Philosophie zu legitimieren, indem man ihre Lehrer nachträglich in die Heilsgeschichte einordnet. Die arabischen Biographien griechischer Philosophen nehmen aber auch präfigurierend Züge vorweg, die für die arabischen Aristoteliker bezeichnend werden sollten. Ich denke vor allem an die Verwendung einer verschlüsselten Sprache, wie sie Pythagoras und Plato nachgesagt wird und bei Ibn Sina und Ibn Tufail, aber auch bei Suhrawardi al-Maqtul wiederkehrt, und an die Verfolgung wegen Ketzerei *(kufr)*, wie sie – mit tödlichem Ausgang – von Pythagoras und Sokrates, mit der Folge vorübergehender Flucht von Aristoteles berichtet wird und in Erfahrungen einiger arabischer Philosophen erneut Gestalt annimmt, namentlich bei Ibn Ruschd und dem eben schon erwähnten Suhrawardi.

Was nun die arabischen Philosophen bis Ibn Ruschd betrifft, so sind zwei Dinge für sie charakteristisch: einmal das Bemühen um Legitimität durch Einordnung in ein monotheistisches, d. h. in der Regel islamisches Weltbild. Zum andern die – mehr oder weniger deutlich – geäußerte Überzeugung, daß die Philosophie als Erkenntnisweg demjenigen der Offenbarung mindestens gleichwertig – die meisten von ihnen sagen: überlegen – sei. Das gilt sowohl für die Aristoteliker wie für die sogenannten Lauteren Brüder. Dauerhafter Erfolg war jedoch keiner dieser Schulen beschieden. Die Lauteren Brüder bestanden, bei allem Einfluß, den ihre Enzyklopädie langfristig ausgeübt hat, als greifbare Gruppe kaum über das 10. Jahrhundert hinaus. Die Schule der arabischen Aristoteliker – und damit der Aristotelismus im Islam überhaupt endet mit Ibn Ruschd (= Averroes), der 1198 starb.

Dieses «Aus» für die griechische Philosophie war, wie wir gesehen haben, in der islamischen Denkstruktur wohl vom Ursprung her angelegt, wurde aber ganz wesentlich gefördert durch das Werk eines Mannes, der zu den größten Gestalten und einflußreichsten Lehrern des islamischen Mittelalters zu zählen ist, Muhammad al-Ghazali (gest. 1111). Er hat mit seinem Werk *Tahāfut al-falāsifa* der aristotelischen Philosophie im Islam einen – man muß es wohl so nennen – tödlichen Stoß versetzt. Der Titel bedeutet *Die Inkohärenz der Philosophen; tahāfut* kann aber auch mit «Widersprüchlichkeit», «Unstimmigkeit» oder «Unhaltbarkeit» bzw. «Zusammenbruch» (so Fakhry: «collapse») übersetzt werden. Das Werk richtet sich vor allem gegen Aristoteles und seine zwei wichtigsten arabischen Protagonisten Farabi und Ibn Sina. Ghazali betont, daß er nicht die philosophischen Wissenschaften überhaupt ablehne, vielmehr unterscheidet er solche, die vom religiösen Standpunkt aus harmlos seien, wie Logik und Mathematik, von solchen, die voller Häresien steckten, nämlich Physik und Metaphysik. Was ihn veranlasse, sein Buch zu schreiben, sei die Geringschätzung für die rituellen Pflichten des Islam, über welche eine kleine Gruppe von Freidenkern sich im Hinblick auf ihre intellektuellen Errungenschaften erhaben dünke.

Ghazali zählt in seinem Werk 20 philosophische Lehrsätze auf (16 aus dem Bereich der Metaphysik und 4 aus dem der Physik), die religiöse Implikationen haben und vor denen der Gläubige gewarnt werden müsse. Drei dieser Lehrsätze hält Ghazali für so gravierend, daß er demjenigen, der sie vertritt, die Sünde des Unglauben *(kufr)* zur Last legt, die mit der für Abfall vom Islam vorgesehenen Strafe (d. h. Hinrichtung) zu sühnen sei. Diese drei Irrlehren sind die folgenden:

1) die Lehre von der Ewigkeit und Unerschaffenheit der Welt,
2) die Lehre, daß Gott nur die Universalien kenne,
3) die Leugnung der Auferstehung des Leibes.

Die übrigen 17 Lehrsätze sind laut Ghazali weniger gravierend und rechtfertigen daher nicht den Vorwurf der Ketzerei, sondern nur den der Abweichung *(bid`a)*.[10]

Die Wirkung dieses Todesurteils über die Anhänger peripatetischer Lehren blieb nicht aus. Im islamischen Osten trat nach Ghazali kein Aristoteliker von Rang mehr in Erscheinung; im islamischen Westen, d. h. in Andalusien, hielt sich die Schule noch ein knappes Jahrhundert, aber unter zunehmender Bedrängnis. Bereits der 1139 jung verstorbene Ibn Baddscha, den Ibn Chaldun zusammen mit Farabi, Ibn Sina und Ibn Ruschd zu den größten Philosophen des Islam zählt, wurde einmal unter dem Verdacht der Ketzerei ins Gefängnis gesperrt. Ibn Ruschd wurde, nachdem er über 20 Jahre lang die Gunst der Almohaden in Cordoba und Sevilla genossen hatte, durch den Fürsten Abu Yusuf Ya`qub Mansur (1184–99) – vielleicht war er von seinem philosophiebeflissenen Vater zu Ehren des «Philosophen der Araber», Abu Yusuf Ya`qub al-Kindi, so genannt worden – fallen gelassen, als dieser die Unterstützung der Fuqaha´ in seinem Kampf gegen die Reconquista benötigte. Ein religiöses Gericht erklärte nach einem Verhör seine Lehren als Häresie und verbannte ihn aus Cordoba; die Beschäftigung mit Philosophie wurde verboten und die Verbrennung philosophischer Schriften angeordnet. Ibn Ruschds Widerlegung von Ghazalis *Zusammenbruch* unter dem Titel *Der Zusammenbruch des Zusammenbruchs (Tahāfut at-Tahāfut)* hatte keinerlei Wirkung mehr im Islam, zumal er darin, statt die von Ghazali angegriffenen Aristoteliker Farabi und Ibn Sina zu verteidigen, sich ganz auf die Verteidigung des Aristoteles beschränkte und jene wegen angeblicher Abweichungen von den Lehren des Meisters attackierte. Ibn Ruschd, ein leidenschaftlicher Anwalt des Aristoteles, war selbst ein Opfer jenes wissenschaftsimmanenten Dogmatismus geworden, von dem oben die Rede war.[11]

Hatte Ghazali in der Einleitung seiner *Inkohärenz* noch von der weitverbreiteten Verehrung für die antiken Philosophen gesprochen, so bezeugt eine Äußerung Ibn ʿArabis, des großen mystischen Denkers, der ein Landsmann und jüngerer Zeitgenosse von Ibn Ruschd war, bereits das Gegenteil. Der Name *falsafa* (aus griech. *philosophia*) war ebenso wie das zugehörige nomen agentis *failasūf* in frommen Kreisen in Verruf geraten. Das Zitat ist so aufschlußreich, daß ich es hier trotz seiner Länge im Wortlaut bringe:

«Gibt es irgendetwas auf dieser Stufe [des Erkennens], das nicht mittels (mystischer) Enthüllung *(kašf)* und Ekstase *(wuǧūd)* erlangt werden kann? Wir sagen: Nein! und verbieten das Denken als einzige Kategorie *(? ǧumlatan wāḥidatan),* weil es den, der sich darauf beschränkt, täuscht und der Wahrheit beraubt. Es gibt nichts, dessen Wissen nicht mittels Enthüllung und Ekstase erlangt werden könnte. Die Beschäftigung mit dem Denken ist ein Schleier; andere als wir verbieten es [völlig]. Niemand jedoch von den Leuten des Weges Gottes verbietet es; vielmehr kommt das Hindernis *(māniʿuhu,* d. h. das, was zu einem Verbot führt) von den am Formalen haftenden Gelehrten, die spekulieren und deduzieren und kein Gespür *(dhauq)* haben in bezug auf die [wahren] Beschaffenheiten, so wie dies der göttliche Plato unter den Weisen hatte. Doch das ist selten. Er nämlich verhielt sich wie die Leute der Enthüllung und Ekstase, und wenn er einigen Muslimen mißfällt, so nur deswegen, weil er mit der Philosophie verbunden ist und sie nicht wissen, was dieser Ausdruck bedeutet. Die Weisen *(al-ḥukamāʾ)* sind nämlich in Wirklichkeit die Gelehrten *(al-ʿulamāʾ),* die Gott und alle Dinge mit ihrem [jeweiligen] Rang erkennen; und Gott – ‹Er ist der Weise, der Wissende› (Sure 43,84). Und wer Weisheit empfangen hat, der hat viel Gutes empfangen. Und die Weisheit ist das prophetische Wissen *(ʿilm an-nubūwa),* so wie es im Koran von David heißt: ‹Und Gott brachte ihm die Herrschaft und die Weisheit und unterwies ihn, worin Er wollte› (2,251). ‹Philosoph› bedeutet ‹der Freund der Weisheit›, denn *sophia* heißt in der griechischen Sprache ‹Weisheit› und *phil* ‹Liebe›.[12] So heißt also ‹Philosophie› ‹Weisheitsliebe›. Und jeder Verständige liebt ja die Weisheit. Nur daß die Leute des Denkens in ihrer Theologie mehr Falsches als Richtiges gesagt haben, gleich ob sie nun Philosophen oder Muʿtaziliten oder Aschʿariten waren oder was immer im Bereich des spekulativen Denkens *(an-naẓar).* Die Philosophen werden also nicht nur wegen ihres Namens getadelt, sondern wegen ihrer Irrtümer in der Metaphysik *(al-ʿilm al-ilāhī),* die dem widersprechen, was die Propheten – Friede sei über ihnen! – gebracht und damit die Theorien jener verurteilt haben, die ihnen ihr verdorbenes Denken eingab hinsichtlich des Ursprungs der Prophetenschaft und des Apostolats und worauf sie beruhen. Das alles blieb ihnen unklar.

Hätten sie aber die Weisheit, da sie sie liebten, von Gott erstrebt statt aus ihrem Denken, so hätten sie in jeder Hinsicht das Wahre getroffen. Was aber die übrigen Theoretiker des Islam betrifft, die keine Philosophen, sondern z. B. Mu`taziliten oder Asch`ariten sind, so ist ihnen ja der Islam vorausgegangen und hat sie seinem Urteil unterworfen. Dann aber haben sie begonnen, ihn zu verteidigen gemäß ihrem Verständnis und haben, zwar nicht im Grundsatz, wohl aber in einigen Einzelheiten, geirrt in ihren von Denken und Vernunftargumenten eingegebenen Interpretationen, weil sie nämlich fanden, daß es Unglaube sei, einige Aussagen des Gesetzgebers (d. h. Muhammads) über Gott, die der Vernunft absurd erscheinen, ihrem Wortsinn nach aufzufassen. Daher deuteten sie sie allegorisch. Sie wußten aber nicht, daß Gott einigen seiner Diener eine Kraft *(qūwa)* verleiht, die manchmal im Widerspruch zur Kraft des Verstandes urteilt, und manchmal in Übereinstimmung mit ihm. Und das ist der Rang, der sich dem Walten der Vernunft entzieht. Die Vernunft ist nicht unabhängig, und es ist ihr nicht zu trauen, falls jene Kraft nicht bei ihr ist.»[13]

Der Passus bringt den Kampf der Mächtigkeiten sehr deutlich zum Ausdruck und signalisiert bereits jenen Ausgang, den F. Rosenthal mit den Worten umschrieb: «unentschieden in der Theorie und im Leben mit dem Sieg der Theologen».[14] Ein typisches Beispiel aus dem Leben ist der folgende Vorfall, den wiederum Ibn `Arabi berichtet: In einem Buch mit dem Titel *Die ideale Polis* habe er den – in jeder von Aristoteles hergeleiteten Metaphysik denkbaren – Satz gelesen: «Wir müssen über die Weise nachdenken, wie es einen Gott in der Welt zu setzen gilt», worauf er das Buch seinem Besitzer mit Abscheu zurückgegeben und nie mehr in die Hand genommen habe.[15]

Anstelle der *falsafa* traten die Mystik, sowie eine eklektische, durch und durch islamische Philosophie, die unter dem Namen «Weisheit der Erleuchtung» gewissermaßen ein neues Angebot an die argwöhnischen Theologen darstellte. Der es anbot, der schon erwähnte Schihab ad-Din Yahya as-Suhrawardi, war nach allem, was sich seinen Schriften entnehmen läßt, ein tiefgläubiger Mensch. Aber seine Philosophie war bei aller islamischen Färbung so kühn, daß sie Uneingeweihten als schiere Häresie erschien. Ausgerechnet der uns als Verkörperung orientalischer Toleranz bekannte Saladin war es, auf dessen Betreiben der junge und geniale Gelehrte im Alter Mozarts durch ein islamisches Gericht zu Tode verurteilt und hingerichtet wurde.

2. *Die großen arabischen Aristoteliker*

Was im folgenden dargelegt werden soll, kann natürlich nicht eine gründliche Einführung in oder Auseinandersetzung mit den Lehren der arabischen Aristoteliker sein. Es geht uns vielmehr darum, anhand weniger ausgewählter Aspekte zu zeigen, wie jeder von ihnen bemüht war, seine philosophischen Lehren in den islamischen Rahmen einzuordnen, ohne doch die eigene an Aristoteles orientierte Position preiszugeben. Vorweg muß hier übrigens noch eine klärende Bemerkung zur Bezeichnung «arabische Aristoteliker» gemacht werden. Diese ist insofern nicht ganz zutreffend, als der arabische Aristotelismus auf einer durch unechte Schriften getrübten Grundlage fußte. Zu nennen ist vor allem die sogenannte «Theologie» des Aristoteles, bei der es sich in Wirklichkeit um die Paraphrase einiger Kapitel aus den *Enneaden* des Plotin, also dem Grundwerk des Neuplatonismus handelte.[16] Hinzu kommen nicht nur weitere untergeschobene Werke neuplatonischer Richtung, so das *Buch vom reinen Guten (K. īḍāḥ al-ḫair al-maḥḍ)* und das dem *Phaidon* nachgebildete *Buch vom Apfel (K. at-tuffāḥa),*[17] sondern auch Schriften magischen Inhalts, darunter namentlich das *Steinbuch*[18] und ein in Werken über Magie viel zitiertes Werk mit dem – etymologisch ungeklärten – Titel *Isṭamāḫis,*[19] von dem Nizami in seinem Epos über Alexander den Großen sagt, es sei ein Werk «über die Geheimnisse der Geistwesen, das Buch, das die Griechen am Leben erhält».[20]

Die großen Aristoteliker zeigen sich nun – im Unterschied zu den Lauteren Brüdern – zwar unanfällig gegenüber den okkulten, dem Meister untergeschobenen Schriften, die sie offenbar als Fälschungen erkannten, waren aber nicht in der Lage, den wahren Charakter der «Theologie» zu durchschauen. Ihre Philosophie, genauer: ihre Kosmologie und Metaphysik, zeigt daher eine deutlich neuplatonische Tönung und zwar in der Lehre von der Emanation, die wiederum besonders geeignet war, sich in das islamische Weltbild einzufügen. Einzig Ibn Ruschd in seinem Bestreben, den reinen Aristoteles zu restituieren, hat den nötigen Scharfblick bewiesen und erkannt, daß hier ein fremdes Element vorlag. In seinem *Tahafut at-Tahafut* wirft er Farabi und Ibn Sina vor, mit der Zuschreibung der Emanation an Aristoteles dessen ganze Lehre verfälscht zu haben.[21]

Abschließend sei noch bemerkt, daß außer Farabi keiner dieser großen Philosophen die Philosophie als Hauptbeschäftigung ausübte. Kindi war Prinzenerzieher am Kalifenhof in Bagdad, Ibn Sina Arzt und Wesir mehrerer persischer Dynasten, Ibn Baddscha und Ibn Tufail waren Wesire, Ibn Ruschd war Fürstenberater, Arzt und zeitweise Qadi in Cordoba und Sevilla.

a) al-Kindi

Abu Yusuf Ya`qub ibn Ishaq al-Kindi wurde gegen 796 als Sohn des Gouverneurs von Kufa geboren. Er war rein arabischer Abstammung aus dem Stamm Kinda, dem auch der große vorislamische Dichter Imra´al-Qais angehört hatte, und erhielt daher den ehrenvollen Beinamen *Failasūf al-`Arab,* «der Philosoph der Araber». Als junger Mann begab er sich nach Bagdad, trat dort in Verbindung mit christlichen Übersetzern, ließ auch selbst Übertragungen für sich anfertigen, so der *Theologie des Aristoteles,* die er anschließend korrigierte. Er war überzeugter Mu`tazilit, daher schon in seiner Jugend beim Kalifen al-Ma'mun (813–833) gern gesehen, dem er einige seiner Schriften widmete. Unter dessen Nachfolger al-Mu'tasim (833–42) wurde er zum Prinzenerzieher ernannt. Mit der Entmachtung der Mu'taziliten aber nahm auch sein Schicksal eine unerfreuliche Wendung. Nicht nur endete natürlich seine Rolle als Prinzenerzieher; al-Mutawakkil (847–61) erlaubte zwei gelehrten Neidern, den Brüdern Muhammad und Ahmad ibn Schakir, sich seiner Bibliothek zu bemächtigen. Nur wie durch ein Wunder gelangte Kindi später wieder in deren Besitz. Hochbetagt starb er im Jahre 873.[22] Kindi betrieb eine neuplatonisch-peripatetische Philosophie innerhalb der vom Islam gesetzten Grenzen, deutlich darauf bedacht, Konflikte zwischen Theologie und Philosophie zu vermeiden.[23] Er leugnete also die Ewigkeit der Welt, vertrat vielmehr deren Entstandenheit und Vergänglichkeit, und zwar mit koranischen Argumenten. Kein philosophisches Argument könne die *creatio ex nihilo* schlagkräftiger beweisen als die Schlußverse der Sure 36 (77–83): «Hat denn der Mensch nicht gesehen, daß wir ihn aus einem Tropfen erschufen, ist er also ein offenkundiger Gegner?! Er prägt Gleichnisse über uns, vergißt, daß er erschaffen ist, und sagt: ‹Wer wird wohl Knochen beleben, die schon morsch sind?!› Sprich: Der belebt sie, der sie auch erstmals entstehen ließ; denn er ist jeder Schöpfung kundig. Der euch aus grünen Bäumen Feuer macht, so daß ihr es daraus entzündet. Sollte denn der, der Himmel und Erde erschuf, nicht mächtig sein, euresgleichen zu erschaffen? Ja, er ist der Erschaffer, der kundige! Will er ein Ding, so ist Sein Befehl an es: ‹Sei!› und es ist. Gepriesen sei Er, in dessen Hand die Herrschaft über alles Ding ist und zu dem wir zurückkehren!»

Erwähnenswert ist auch ein Traktat mit dem Titel *Darlegung darüber, daß der entfernteste Körper vor Gott prosterniert und ihm gehorcht.*[24] Hier beruft sich Kindi auf Sure 55,6 – «und die Gestirne und die Bäume knieen nieder (vor Ihm)» – und beweist mittels Zitaten aus der altarabischen Dichtung, daß «niederknien» nicht wörtlich zu nehmen sei. Der Text ist also auch ein Zeugnis seiner mu'tazilitischen Gesinnung.[25] Andererseits aber finden sich bei Kindi auch jene selbstherrlichen Aussagen über die Philosophie, die den Frommen ein Ärgernis und ein Stein des Anstoßes sein mußten, so etwa in seinem *Buch der Definitionen,* das u. a. sechs aus der Antike stammende Definitionen der Philosophie enthält, die hier im folgenden zitiert seien:

1. Nach der Etymologie: Philosophie bedeutet Wissensliebe.

2. Nach ihren Handlungen: Die Philosophie ist das Bemühen, sich den göttlichen Taten anzugleichen nach Maßgabe des menschlichen Vermögens.[26]

3. Nach ihrem Ziel: Die Philosophie ist eine Sorge um den Tod, d. h. zum einen den Austritt der Seele aus dem Körper und zum andern die Abtötung der Begierden.

4. Nach der Ursache: «Die Philosophie ist die Kunst der Künste und die

Weisheit der Weisheiten» – eine wörtliche Übernahme aus der griechischen Definition *techne technon kai episteme epistemon.*

5. Philosophie ist die Selbsterkenntnis des Menschen. Kindi kommentiert: Die Dinge sind entweder Körper oder unkörperlich. Die unkörperlichen Dinge sind entweder Substanz oder Akzidens. Der Mensch besteht aus Körper, Seele und Akzidentien. Die Seele ist eine Substanz, kein Körper. Kennt also der Mensch sich selber, so kennt er den Körper mit seinen Akzidentien ebenso wie die Substanz, die kein Körper ist. Wenn er also dieses alles kennt, so kennt er alles. Daher nennen die Philosophen den Menschen einen Mikrokosmos.

6. Nach ihrem Wesen: «Die Philosophie ist die Kenntnis der ewigen Universalien, ihres Wesens und ihrer Ursachen, soweit dies den Menschen möglich ist.»[27]

Trotz der vorsichtigen, auf die Grenzen menschlichen Vermögens verweisenden Einschränkungen in Definition 2 und 6 erscheint hier also die Philosophie doch wieder als keiner Offenbarung bedürftig. Und ebenso wenig nimmt ein anderer Text auf Islamisches Bezug, das *Sendschreiben über die Methode zur Vertreibung der Traurigkeit.* Es enthält vielmehr rein philosophisch-ethische Ratschläge, die darauf hinauslaufen, der Traurigkeit über den Verlust einer Sache durch freiwilligen Verzicht, durch eine Haltung der Entsagung zuvorzukommen.[28] Nichts dürfe, betont Kindi, dem nach Wahrheit Suchenden teurer sein als die Wahrheit. Es gebe jedoch falsche Wahrheitssucher, die das Studium der Wahrheit im Namen der Religion verbieten wollten, während sie in Wirklichkeit ohne Religion seien und diese nur für ihre persönlichen Zwecke mißbrauchten. Wer die Suche nach Wahrheit als Häresie *(kufr)* verurteile, der begehe selber *kufr;* denn das Wissen der Wahrheit umfasse das Wissen um Gott, die göttlichen Dinge, die Tugenden und die Mittel, sie zu bewahren und ihr Gegenteil zu meiden. Das aber sei genau das, was die echten Apostel Gottes immer gelehrt hätten.[29]

Das riesige Œuvre Kindis soll hier nicht weiter vorgestellt werden. Es genüge, darauf hinzuweisen, daß sich bei ihm in Ansätzen schon jene Lehre der emanierenden Intelligenzen findet, die Farabi und Ibn Sina entfaltet haben, und die eine philosophische Grundlage für das Begreifen von «Mächtigkeit» als «Teilhabe» bietet.

b) al-Farabi

Muhammad ibn Muhammad ibn Tarchan ibn Uzlugh Abu Nasr al-Farabi war Sohn eines Offiziers türkischer Abstammung, wie die Namen Tarchan und Uzlug zeigen. Der Vater gehörte vielleicht der türkischen Leibgarde der Kalifen an. Über Farabis Leben ist wenig bekannt, nicht einmal sein genaues Geburtsjahr, doch muß er gegen 870 geboren sein. Er verbrachte den größten Teil seines Lebens als Privatmann, vermutlich in Bagdad, wo er jedoch weder in Hofkreisen verkehrte, noch gar ein Amt innehatte. Sein

Lehrer in der Philosophie war ein Christ, der Nestorianer Yuhanna ibn Hailan; er pflegte auch freundschaftliche Kontakte mit andern christlich-arabischen Philosophen, so dem großen Übersetzer und Kommentator Matta ibn Yunus (gest. 940). Im Jahre 942 nahm er als alter Mann eine Einladung des kulturfreudigen Hamdaniden Saif ad-Daula nach Aleppo an und gehörte von da ab zu dessen Tafelrunde von illustren Dichtern und Gelehrten, bis er hochbetagt, gegen 80 Jahre alt, im Jahre 950 verstarb. Farabi zählt zu den bedeutendsten Köpfen des islamischen Mittelalters. Es war nicht nur ein hervorragender Philosoph, sondern auch ein offensichtlich brillanter Musiker, und im Korpus seines Werkes nehmen die musiktheoretischen Schriften einen beträchtlichen Umfang ein. Eine Anekdote, die seine «Mächtigkeit» als Musiker dartut, werden wir im Musikkapitel (Kap. X. 1.) zur Sprache bringen. Neben der Musikwissenschaft war es jedoch die Politik als Teil der Philosophie, die ihn vor allem beschäftigte. Sein Einfluß auf die islamische Philosophie, die Lauteren Brüder, Miskawaih, al-ʿAmiri, Ibn Sina und vor allem Ibn Ruschd, ist gewaltig. Wie sehr man in ihm, ungeachtet der reichen Anleihen bei Plato in seinen politischen Schriften, einen Aristoteliker sah, zeigt der Ehrenname «der zweite Lehrer» (nach dem «ersten Lehrer» Aristoteles), mit dem er in die Geschichte der arabischen Philosophie einging.

Im Abschnitt über Wissenschaftskataloge wurde schon gezeigt, wie Farabi vorsichtig daran geht, islamische Wissenschaften in sein System einzubauen, indem er die Rolle von Theologie *(kalām)* und Recht *(fiqh)* im Rahmen der politischen Wissenschaften behandelt. In seinen politischen Schriften geht er auf die Rolle des Staatsführers ein und zeichnet ein Bild, das, bei aller Anlehnung an Platos *Politeia,* die islamischen Verhältnisse berücksichtigt. Dies soll hier anhand eines Einblicks in seine wichtigste politische Schrift gezeigt werden, die den Titel trägt *Über die Prinzipien der Ansichten der Bewohner der idealen Polis,*[30] wobei wir statt «ideale Polis» im folgenden den Begriff «Musterstaat» verwenden, den der verdiente Farabi-Forscher F. Dieterici eingeführt hat.

Farabi sieht die Aufgabe des Staates darin, seinen Gliedern die Erlangung der Glückseligkeit (*saʿāda* = griech. *eudaimonía*) zu ermöglichen. Er beginnt mit einer neuplatonisch gefärbten Theologie, die den Einfluß der *Theologie des Aristoteles* verrät. Zu den Eigenschaften Gottes gehört seine Schönheit, deren Anschauen ihn in Wonne und Seligkeit versetzt und bewirkt, daß er sich liebt – ein Gedanke, der, aus der gleichen Quelle fließend, auch in der islamischen Mystik Wurzel fassen sollte. Anschließend behandelt Farabi die Emanation, also den Ausfluß *(faiḍ)* «sekundärer Existenzen» aus dem Einen, als den zur Entstehung des Kosmos führenden Vorgang. Diese, wie Dieterici übersetzt, «Zweitdinge», sind anfangs stofflose, sich selber und das Eine begreifende Intelligenzen, die sich jedoch von der dritten Seinsstufe an substanzialisieren *(tataǧauhar)* und zwar auf folgende Weise:

3. Intelligenz – verkörpert in: Fixsternsphäre
4. Intelligenz – verkörpert in: Saturn
5. Intelligenz – verkörpert in: Jupiter
6. Intelligenz – verkörpert in: Mars
7. Intelligenz – verkörpert in: Sonne
8. Intelligenz – verkörpert in: Venus
9. Intelligenz – verkörpert in: Merkur
10. Intelligenz – verkörpert in: Mond

Sublunare Welt

Die zehnte Intelligenz, die die sublunare Welt regiert, heißt bei Farabi auch die «aktive (bzw. wirkende) Intelligenz (bzw. Vernunft)» *(al-ʿaql al-faʿʿāl)*, sie wirkt, wie wir noch sehen werden, unmittelbar auf die menschliche Vernunft ein.

Farabi behandelt dann Stoff und Form nach aristotelischem Vorbild: Der Stoff existiert nur um der Form willen, die Form hat keine Existenz ohne Stoff. Stoff ohne Form ist etwas nur der Potenz nach; um es *in actu* zu werden, bedarf er der Form.

Sodann behandelt der Zweite Lehrer die Körperwelt, die Bewegung der Himmelskörper und der irdischen Körper, die Rangordnung der stofflichen Welt etc. Eine Psychologie schließt sich an, in der die Seelenteile behandelt und Wille *(irāda)* und freie Entscheidung *(iḫtiyār)* unterschieden werden. «Willen» besitzen auch die Tiere, «freie Entscheidung» dagegen nur der Mensch, ein Postulat, das in diametralem Gegensatz zur aschʿaritischen Lehre von der Vorherbestimmung steht. Nachdem alle diese Voraussetzungen geklärt sind, leitet Farabi im 26. Kapitel – «Daß der Mensch der Gemeinschaft und der Kooperation bedarf» – auf die Staatsphilosophie über, der auch die folgenden Kapitel noch gewidmet sind. Er fordert, die Polis müsse vom besten ihrer Teile, d. h. dem fähigsten Mann, geleitet werden, so wie der Körper vom besten seiner Organe, d. h. dem Herzen. Dieser fähigste Mann wird dann näher beschrieben als derjenige, der in sich die Eigenschaften des (militärisch-politischen) Führers, des Philosophen und des Propheten in sich vereinigt. Er steht an der Spitze einer Hierarchie, so wie der Erste Beweger an der Spitze des Universums, alle Schichten sind durch die Beziehung von Vorbild und Abbild verbunden und organisiert. «In dieser Weise folgt alles Existierende dem Zweck des Ersten (...). Ebenso müssen im Musterstaat alle Teile in ihren Handlungen dem Ziel ihres Führers folgen.»

Nicht jeder beliebige Mensch kann dieses Amt ausüben, vielmehr nur jener, der die Vollkommenheit erreicht hat *(qad istakmal)*. Er vermittelt zwischen der wirkenden und bewirkten Vernunft (also zwischen der universalen und der individuellen, der Zehnten Intelligenz und dem menschlichen Verstand). Im 28. Kapitel zählt Farabi zwölf Eigenschaften auf, die dieser ideale Herrscher besitzen soll: Er sei (1) von vollkommenem Körperbau, geschickt zu jeder ihm notwendigen Handlung, (2) intelligent und verständnisvoll, (3) habe ein gutes Gedächtnis, (4) sei scharfsinnig, (5) beredt, (6) gebildet und bildungshungrig, (7) selbstbeherrscht, (8) wahrheitsliebend, (9) großmütig, (10) ein Geldverächter, (11) gerechtigkeitsliebend, (12) charakterfest: «Das ist der Mensch, in den die wirkende Vernunft eingegangen ist *(ḥalla fīhi)*. Wenn das eingetreten ist in beiden Teilen seiner vernünftigen Kraft, d. h. der theoretischen und der praktischen, und ebenso in seiner vorstellenden Kraft, so ist er der Mensch, dem offenbart wird. Gott offenbart ihm vermittels der wirkenden Vernunft. Was von Gott mittels der wirkenden Vernunft emaniert *(yafīḍ)*, emaniert die wirkende Vernunft an seine bewirkte Vernunft vermittels der erworbenen Vernunft, ferner an seine vorstellende Kraft. Dann ist er kraft dessen, was an seine bewirkte Vernunft emaniert, Weiser und Philosoph, in Fülle begreifend, und kraft dessen, was an seine vorstellende Kraft emaniert, ist er Prophet, der ankündigt, was sein wird und mitteilt, was ist (...). Dieser Mensch steht im vollendetsten Rang des Menschseins *(al-insānīya)* und der höchsten Stufe der Glückseligkeit. Seine Seele ist vollendet und mit der wirkenden Vernunft vereinigt in der vorher beschriebenen Weise. Und dies ist der Mensch, der alle Handlungen kennt, mittels deren man die Glückseligkeit erreicht, und das ist die oberste Bedingung des Führers (...).»

Allem Anschein nach ist diese Führerfigur auf Muhammad gemünzt oder jedenfalls ist das der Sinn, den muslimische Leser hineinlesen mußten; dennoch kann man sich fragen, ob Muhammad, der ja historisch gesehen kein Philosoph war, Farabi als solcher erschien. Da sein Name nie genannt wird, bleibt diese Frage offen, ja es bleibt ein ambivalenter Eindruck, denn falls Farabi im Grunde seines Herzens der Ansicht war, Muhammad sei kein Philosoph gewesen, so würde sein Führerbild diesen als ideales Staatsoberhaupt sogar disqualifizieren. Andererseits ist das von Farabi entworfene Idealbild auch insofern utopisch, als nach Muhammad kein Mensch mehr auftreten durfte, der ihm entsprochen hätte, da Muhammad nach islamischer Auffassung ausdrücklich «das Siegel der Propheten» darstellt und der Anspruch oder die Anerkennung eines Propheten nach ihm Ketzerei wäre. Farabi faßt denn auch, ohne auf die islamischen Implikationen einzugehen, die Alternative ins Auge und stellt fest, daß, falls der Idealtyp nicht zu finden sei, der Kandidat doch möglichst viele der gefragten Eigenschaften aufweisen solle.

Von diesen Schwierigkeiten abgesehen, wirkt aber das bei Farabi erstmals voll ausgebildete Konzept der Emanation insofern durchaus islamgemäß, als es das für den Islam so zentrale Erlebnis der Partizipation an der Allmacht im Teilbereich der Vernunft philosophisch rechtfertigt und eine geradezu mystisch anmutende Dimension eröffnet mit der Vereinigung von irdischer und himmlischer Vernunft. Was jedoch völlig fehlt – und das läßt sein Konzept dann doch wieder unislamisch erscheinen – ist das Moment der Unterwerfung. Denn hier wird ein Mensch gedacht, der «mit freiem Willen» seine Verstandeskräfte so lange entfaltet, bis sie des Kontakts mit der Allvernunft fähig sind. Auch die spätere Gleichsetzung der Allvernunft mit dem Erzengel Gabriel, wie sie erstmals offenbar Ibn Sina vorgenommen hat, brachte diese philosophische Prophetologie nicht in Übereinstimmung mit der islamischen. Denn während in letzterer die Wahl des Propheten ein freier Willensakt Gottes ist, der auf der Seite des Menschen keine besonderen Anstrengungen oder Gaben des Geistes voraussetzt, ist für die Aristoteliker der Kontakt mit dem aktiven Intellekt die höchste der menschlichen Vernunft erreichbare Stufe und wird, außer bei Farabi, auch keineswegs ohne weiteres mit Prophetentum identifiziert.

Bei genauerem Hinsehen lassen sich übrigens, oft an versteckter Stelle, bei Farabi Breitseiten gegen islamisches Denken entdecken, die die Unvereinbarkeit der beiden Systeme deutlich zum Ausdruck bringen und zeigen, daß Farabi, auch wenn er ein guter Muslim sein wollte, zu sehr durchtränkt war von aristotelischem Geist, um den geforderten *Islam* der Ratio zu leisten. Das zeigt sich in dem oben kurz gestreiften Abschnitt über *fiqh* und *kalam* in seinem Wissenschaftskatalog ebenso wie an anderen Stellen. So betont Farabi etwa im Kommentar zu Aristoteles' *De Interpretatione* den Unterschied von immanenter Vernunft und jener durch das Gesetz verordneten Lehre. Er gebraucht hier *aš-šari'a* zwar in allgemeinem Sinn, doch für den muslimischen Leser mußte der Terminus natürlich in erster Linie das islamische Gesetz bedeuten:

«Wenn wir etwas wissen, weil es uns eingeboren ist, kann keine Rücksicht genommen werden auf die Meinung von Leuten, die widersprechen, weil sie glauben, daß die Scharia es anders verordne. Der Vorgang der Wahrheitsfindung in der Logik, wie in der Philosophie im Allgemeinen, baut auf und geht aus von in uns eingeborenem Wissen oder solchem, das daraus folgt. Prämissen, die verordnet sind oder aus etwas Verordnetem folgen, oder Ansichten, die in einer Gesellschaft allgemein akzeptiert worden sind, weil sie die Meinung eines Mannes darstellen, dessen Wort unter ihren Mitgliedern Autorität genießt, werden bei diesem Vorgang nicht benutzt. In Philosophie und Logik bleiben solche Dinge außer Betracht».[31]

Es versteht sich von selber, daß die Hüter der Allmacht mit einer solchen Sicht der Dinge nicht einverstanden sein konnten. Und das Gleiche gilt für Farabis Einstufung der religiösen Offenbarungen, wie sie bei den arabischen Aristotelikern bis zu Ibn Ruschd dann immer wieder begegnet. Auch der «Gesetzgeber» der vollkommenen Religion – es ist klar, daß damit Muhammad gemeint ist – liefert nichts anderes als eine gleichnishafte Darstellung der Wahrheit, da deren philosphische Formulierung nur den wenigen darin Geschulten verständlich ist. Die Offenbarung wird damit gewissermaßen auf die Ebene der Dichtung und Rhetorik verwiesen. Über die Konsequenzen einer solchen Einstufung für das beiderseitige Verhältnis machte sich Farabi keine Illusion:

«Wenn sie sich klarwerden, daß diese Religion eine gleichnishafte Darstellung der philosophischen Botschaft ist, werden die Philosophen die Religion nicht bekämpfen; die Exponenten der Religion dagegen werden die Philosophen bekämpfen. Statt eine führende Rolle bei der Verwaltung der Religion und ihrer Anhänger zu spielen, werden die Philosophie und die Philosophen abgelehnt werden. Die Religion wird daher wenig Unterstützung von der Philosophie erhalten und von der Religion und ihren Anhängern kann großer Schaden über die Philosophie und die Philosophen kommen.»[32]

Farabi hat damit die auf die aristotelische Philosophie im Islam zukommenden Schwierigkeiten vorausgesagt, auch wenn er selber davon, soweit wir wissen, noch verschont blieb.

c) Ibn Sina (Avicenna)

Nach dem Araber Kindi und dem Türken Farabi reihte sich mit Ibn Sina einer der zahlreichen persischen Gelehrten des islamischen Mittelalters in die Phalanx der Aristoteliker ein. Abu `Ali al-Husain ibn `Abdallah Ibn Sina, dem Abendland als Avicenna bekannt, wurde 980 in der Nähe von Buchara, wo damals die persische Dynastie der Samaniden herrschte, geboren. Sein Vater, ein Isma`ilit, sorgte frühzeitig für die Ausbildung seines Sohnes, der ein Wunderkind und von unbändiger Lernlust war. Bald überflügelte er seine Lehrer. Mit 10 Jahren kennt er den Koran und große Teile der Adab-Literatur und beginnt sich mit Fiqh zu befassen, mit 16 Jahren hat er bereits Geometrie und Teile der Philosophie studiert und wendet sich der Medizin zu, die er ebenfalls in kürzester Zeit in sich aufsaugt. Er studiert die Nächte durch, bei Lampenlicht und sich mit Wein ermunternd, wenn die Müdigkeit ihn zu übermannen droht. «Und wann immer ich bei einem Problem nicht zum Ziel kam und mir der Mittelbegriff im Syllogismus (er beschäftigte sich damals speziell mit Logik) nicht gelingen wollte, eilte ich in die Moschee und betete und flehte zum Schöpfer des Alls, bis sich mir das Verschlossene auftat und das Schwierige leicht wurde.»

Vierzigmal liest er (in arabischer Version) die Metaphysik des Aristoteles, weiß sie schließlich auswendig, ohne sie zu verstehen, bis er auf dem Büchermarkt zufällig auf einen Kommentar des Farabi stößt, nach dessen Lektüre es ihm wie Schuppen von den Augen fällt. «Da freute ich mich und gab am nächsten Tag reichlich Almosen an Arme aus Dank gegen Gott den Erhabenen.» Noch keine 18 Jahre alt, ist er bereits als Arzt bekannt und wird gerufen, als der Samanide Nuh II. ibn Mansur (976–97) in Buchara an einer Krankheit leidet, der gegenüber seine Hofärzte ratlos sind. Avicennas Erfolg verschafft ihm den Zutritt zur Bibliothek des Fürsten. «Und ich sah Bücher, die die meisten Menschen nicht einmal dem Namen nach kennen, die ich selber vorher nicht gesehen hatte und auch später nie wieder gesehen habe.» Er liest das alles und hat mit 18 Jahren das Bewußtsein, das gesamte Wissen seiner Zeit in sich aufgenommen zu haben. «Ich bewahrte damals mehr Wissen im Gedächtnis; heute aber ist es dafür reifer in mir. Im übrigen aber ist die Wissenschaft eines. Ich habe seither nichts Neues hinzugelernt.» Andererseits aber stürzt er sich auch weiterhin auf jedes neue Buch und blättert darin auf der Suche nach ihm noch Unbekanntem.[33]

Ein ungeheuer intensives Leben, überreich an Arbeit, Genuß und Abenteuern als Wesir und Arzt im Dienste mehrerer Dynasten schließt sich an diese Lehrjahre an. Auch an mehreren Kriegszügen nahm er teil. In einem autobiographischen Gedicht stellt er seine Mächtigkeit als Krieger jener als Lehrer und Gelehrter an die Seite. Da heißt es u. a.:

> Wahrlich, wenn sich auch von mir die distanzieren, die mich plagen, in deren Augen Blindheit und in deren Ohren Taubheit ist,
> So unterscheiden mich doch jene Erdensöhne, die Unterscheidungsvermögen besitzen. Mir fehlt es wahrlich nicht an Glanz und Macht.
> In welchem Werk kann einer sich mit mir messen? In welchem Verdienst tun es die Völker mir gleich?
> (...)
> Fürwahr, wenn mir auch Schreibrohre dienen, so dient doch meiner Hand auch die schneidige Klinge.
> Ich wohne dem Schrecken gelassen bei, und decke ihn auf, wenn vor seinem Tosen die Tiere scheuen.
> Der Streich ist lodernd, der Stich ist von rechter Art; da sprudelt das Blut und es brodelt der Mut.
> Es bedeckt sich die Schläfe der Wahrheit mit Staub, wenn sie fallen; schwarz färbt sich die Waage der Lüge, wenn das Blut sich aus ihnen ergießt.
> (...)
> Was aber die Beredsamkeit betrifft, so erkundige dich bei Erfahrenen: Ich bin die Zunge seit langem, wo die Zeit nur ein Mund ist.
> Keinen bedeutenden Lehrer kennt die Wissenschaft, wenn nicht mich; für ihre Leute bin ich dieser bedeutende Lehrer.
> Die Lanze der Wissenschaften der Wahrheit lag brach, bis ihrem Banner zu neuem Glanze verhalf mein Werk (...).[34]

Kein Wunder, daß dieser Mann auch Gegner hat. Schon in Buchara, wo er nach dem Tode des Vaters in die Dienste des Fürsten getreten war, und später noch mehrfach, heißt es in seiner Autobiographie: «Da nötigten Umstände mich», einen Ort zu verlassen. Nach langen Irrfahrten landet er am Hof des Buyiden Schams ad-Daula in Hamadan, dessen Gunst er durch erfolgreiche Heilung einer Kolik erlangt. Zuerst sein Zechgenosse, wird er wenig später gebeten, das Wesirat zu übernehmen. Doch bald schon rebelliert die Soldateska gegen ihn, setzt ihn gefangen, verlangt seine Hinrichtung. Schams ad-Daula verweigert das, und als seine Kolik wiederkehrt, läßt er Ibn Sina aus dem Kerker rufen, entschudigt sich bei ihm und setzt ihn erneut in Amt und Ehren ein. 1021 stirbt jedoch der Fürst, und Ibn Sina tritt von seinem Posten zurück, versteckt sich im Hause eines Drogisten, da der neue Wesir Tadsch al-Mulk offensichtlich gegen ihn intrigiert. Stattdessen tritt er mit einem andern Dynasten, dem Kakuyiden ʿAlaʾ ad-Daula in Isfahan, in Korrespondenz, was, als es bekannt wird, hinreicht, ihn zu verhaften und in einer Festung einzukerkern. Vier Monate bleibt er dort, verfaßt drei wissenschaftliche Werke, gelangt dann aber nach einer abenteuerlichen Flucht mit einigen Freunden, als Sufi verkleidet, doch nach Isfahan, wo er, wiederum als Wesir, die nächsten 14 Jahre in relativer Ruhe verbringt. Im Jahre 1038 begleitet der schon Erkrankte seinen Fürsten auf einem Feldzug und stirbt in Hamadan, der Stadt seines Unglücks, an einer Kolik.

Das ist ein ungeheuer intensives Leben. Tagsüber versieht er seinen Dienst und schreibt an seinen Büchern, mitunter bis zu 50 Seiten an einem Tag, und einen großen Teil der Nächte durchwacht er, schreibend und lehrend, zechend und genießend mit Freunden und – mit Frauen. «Der Schaich war kraftvoll in allen Dingen: doch von den Kräften seiner Triebseele war seine Geschlechtskraft am stärksten und dominantesten.» Sein Biograph und Freund al-Dschuzadschani führt denn auch seinen relativ frühen Tod – er starb mit 56 oder 57 Jahren – auf diesen Lebensstil zurück.[35] Der Meister erkrankte wie einst sein buyidischer Brotherr an Kolik und behandelte sich eine zeitlang selber, machte sich bis zu acht Einläufen am Tag. Sein Mangel an Vorsicht, weiterer häufiger Geschlechtsverkehr, aber auch ein Fehler eines behandelnden Arztes und eine große Dosis Opium, die ihm Feinde am Hof verabreichten, führten zu immer neuen Rückfällen, bis er schließlich selber resignierte: «Der Regler *(mudabbir),* der meinen Körper zu regeln pflegte, ist nicht mehr dazu imstande; da hilft keine Behandlung!»[36] An Spöttern fehlte es nicht. In Anspielung an die Titel zweier seiner philosophischen Werke, der großen enzyklopädischen *Heilung der Seele (Šifāʾ an-nafs)* und eines kleineren Werks mit dem Titel *Die Rettung (an-Naǧāt),* schrieb ein Anonymus die hämischen Verse:

Ich sah Ibn Sina die Männer befehden –
Nun starb er an Stopfung den kläglichsten Tod!
Es konnte sein Leiden *Die Heilung* nicht heilen,
noch Rettung vorm Tode die *Rettung* ihm bot.[37]

Da steht er also wieder vor uns, der Kampf der Mächtigkeiten. Die kraftvolle Persönlichkeit Ibn Sinas, der sich ums Weinverbot nicht scherte, dessen Autobiographie gesundes Selbstbewußtsein ausstrahlt, der sich nicht scheut, seinem philosophischen Hauptwerk einen für fromme Ohren provokanten Titel zu geben – denn *Heilung der Seele* hat im Islam nicht aus der Philosophie, sondern aus den heiligen Schriften zu kommen –, und auf der anderen Seite die allzufrommen Hüter der Allmacht, darunter, wir wissen es bereits, der große Ghazali, der ihn zusammen mit Farabi auf die Anklagebank setzen, postum zum todeswürdigen Ketzer verdammen wird.

Ibn Sina selber aber wollte so wenig ein Ketzer sein wie Farabi. Sein religiöses Denken, von Louis Gardet gründlich analysiert,[38] zeigt ihn als einen auf seine Art gläubigen Muslim mit einer deutlichen Neigung zur Mystik. Ibn Sina übernimmt wie Farabi die Emanationslehre der *Theologie* des Aristoteles als Gerüst seines Weltbilds. Allerdings besteht ein Unterschied zu Farabi insofern, als bei ihm die erste aus dem Einen emanierte Intelligenz, die er auch als «Allvernunft» bezeichnet, nicht nur eine nächste Intelligenz, sondern auch eine «Seele», d. h. Form, sowie den dazugehörigen Körper, nämlich die sogenannte «umgebende» Sphäre hervorbringt, und aus dieser Trias gehen dann weitere Triaden hervor, die jeweils Intellekt, Seele und Himmelskörper umfassen. Die «Seelen» oder Sterngeister hat Ibn Sina im übrigen mit islamischen Engeln gleichgesetzt.

Obwohl er durchaus gelegentlich Koranverse anführt – und natürlich allegorisch interpretiert – ist sein System als Ganzes doch philosophisch-theistisch und mithin keinesfalls im strikten Sinn islamisch. Dagegen ist der Gedanke der Teilhabe auch bei ihm wieder deutlich greifbar. Das zeigt sich z. B. in seiner dem lateinischen Mittelalter vertrauten Ontologie[39] wie auch in seiner Psychologie, die beide zu seinen originellsten Ideen als Philosoph zählen.

Der Kernpunkt in Ibn Sinas Ontologie ist die Unterscheidung von Essenz und Existenz sowie die von notwendigem und möglichem bzw. kontingentem Sein. Mögliches Sein ist Sein, das, im Unterschied zum notwendigen Sein Gottes, sowohl existent wie auch nicht existent sein kann. Aus dem Zustand der Potenz in jenen der Aktualität vermag es nur überzutreten durch einen Veranlasser, und dieser Veranlasser ist letztlich Gott, die *prima causa*. Anders als in der asch`aritischen Doktrin wirkt jedoch Ibn Sinas Gott nicht unvermittelt, sondern über die den Kosmos durchwaltende Kette der aus dem Einen emanierenden, die Sternsphären regierenden Intelligenzen auf das irdische Geschehen. Es ist das überströmende Sein, auch Wissen Gottes, wovon das Irdische zehrt.

Nur Gott besitzt durch sich selber notwendiges Sein, ist «von notwendigem Sein kraft seines Wesens» *(wāǧib al-wuǧūd bi-ḏātih)*, d. h. Wesen und Existenz fallen bei ihm zusammen. Alles übrige ist dagegen entweder im Zustand möglichen Seins, oder aber, wenn es real existiert, «von notwendigem Sein kraft eines Anderen» *(wāǧib al-wuǧūd bi-ġairih)*, und dieses Andere ist eben Gott bzw. die vermittelnde Intelligenz. Hier tritt das Sein, die Existenz, als ein Akzidens zum Wesen des Existierenden hinzu, und insofern bleibt es mögliches bzw. kontingentes Sein, weil es, im Unterschied zum ewigen Sein des Schöpfers, befristet ist.

Die Ontologie Ibn Sinas ist kompliziert und im einzelnen nicht frei von Problemen und Widersprüchen, worauf jedoch hier nicht eingegangen werden kann. Wichtig für unsern Zusammenhang ist die in seiner Ontologie verankerte Teilhabe des erschaffenen Seins am göttlichen Sein, die fast pantheistische Züge trägt. Gardet spricht denn auch im Hinblick auf Ibn Sina von einer «communication d'être».[40] In diesem Rahmen ist nun seine Psychologie und speziell seine Erkenntnislehre wie auch seine Auffassung vom Gebet zu sehen. Das Erkennen vollzieht sich auf drei Ebenen:

a) Die Sinneswahrnehmung: Sie bedarf der Gegenwart von Materie, von Körpern (Particularia), um zu erkennen.

b) Die Phantasie: Sie bedarf erinnerter Bilder von Körpern.

c) Der Intellekt: Er erkennt die reinen Formen, die Universalien.

Neben den fünf äußeren Sinnen kennt Ibn Sina fünf innere Sinne und zwar:

1) den Allgemeinsinn *(sensus communis),* eine Art Koordinator aller Sinneseindrücke, Empfindungen und Gedanken,

2) die Vorstellungskraft *(vis imaginativa),* die die Bilder bewahrt,

3) die Vorstellungskraft, die die Bilder kombiniert,

4) die Einschätzungskraft *(vis estimativa,* arab. *wahm),* die auf Sinneseindrücke emotional reagiert,

5) Die Gedächtniskraft, die die Bedeutungen *(ma'ānī)* speichert.

Die Einschätzungskraft ist äußerst wichtig. Sie umfaßt den Bereich des Instinktiven, wie es uns auch in der Tierwelt entgegentritt: Ein Hund z. B. flieht vor dem Stock, wenn er einmal damit geschlagen wurde. Ebenso aber gehören hierher auch die körperlichen Auswirkungen seelischer Affekte, von denen Ibn Sina in seinen medizinischen Werken, namentlich dem *Canon* und dem *Canticum medicinae,* redet und die er selber gelegentlich therapeutisch ausgenutzt hat.[41] Am interessantesten für unsern Kontext ist jedoch Ibn Sinas Lehre über die intellektuellen Operationen, worin er im übrigen auch auf Farabische Lehren zurückgreift. Während nämlich nach Aristoteles der Mensch die allgemeinen Begriffe durch Abstraktion von den angeschauten Einzeldingen erlangt, empfängt er sie laut Ibn Sina vom aktiven Intellekt, also der zehnten Intelligenz, nachdem er durch die Kontemplation dafür reif geworden ist. Erkennen wird so zu einer Art Gebet.

Es ist hier daran zu erinnern, daß der Begriff *nous poietikos* bei Aristoteles den aktiven Teil der menschlichen Seele bezeichnet, während er nun, wie schon bei Farabi, die unterste der himmlischen Intelligenzen bedeutet. Man mag es mit A.-M. Goichon bedauern, daß Ibn Sina die menschliche Seele ihrer höchsten und edelsten Fähigkeit, der auf Abstraktion beruhenden Erkenntnis der unsichtbaren intelligiblen Welt, beraubt und sie zu einer bloß passiven Empfängerin dessen, was der aktive Intellekt ihr vermittelt, gemacht hat.[42] Der Gedanke der Teilhabe steht jedenfalls deutlich im Vordergrund bei dieser Erkenntnislehre, die ähnlich wie bei Farabi auf eine Prophetologie hin konzipiert zu sein scheint.

Schließlich das Gebet. Ibn Sina hat es nicht nur im Rahmen seiner

Psychologie, sondern auch in einer eigenen kleinen Schrift, *Vom Wesen des Gebets,* erörtert. Er unterscheidet zwei oder richtiger sogar drei Formen des Gebets, nämlich zunächst das Bittgebet *(du'ā')* und das Ritualgebet *(ṣalāt),* sodann zwei Formen des letzteren, ein rein formal vollzogenes, «äußerliches» und ein «innerliches». Ibn Sinas Gebetslehre ist eingebettet in seine Kosmologie. Beim Bittgebet beeinflußt die menschliche Seele mit ihrer Vorstellungskraft die «himmlischen Seelen» und deren Vorstellungen, die den irdischen Formen entsprechen. «Das Gebet wird hier zu einem psychischen Einfluß, der nach den Gesetzen des Makrokosmos physische Wirkungen erzielt mit der gleichen Notwendigkeit, mit der die Einbildung auf den Körper wirkt.»[43] In Wirklichkeit werden die Sphären jedoch nicht beeinflußt, bewirken vielmehr bereits das Gebet im Betenden, dessen Erhörung aber dennoch als Folge seines Gebetsakts erscheint – Gedanken wie sie ganz ähnlich später bei Dschalaluddin Rumi wieder auftreten werden.[44]

Was das Ritualgebet betrifft, so kommt hier ein anderer wichtiger Gedanke hinzu: Die vorgeschriebenen Bewegungen, die der Betende ausführt, sind einerseits Ausdruck der inneren Bewegung der Seele, die ihrerseits die Bewegung der Sphären nachahmt, andererseits Ausdruck der Unterwerfung des menschlichen Körpers unter die letzte der Intelligenzen, den aktiven Intellekt, mit welchem der Betende in Kontakt tritt. Die äußerliche Verrichtung vermag sich über diese Stufe nicht hinauszuschwingen, bleibt im Zeichen von Furcht vor Strafe und Hoffnung auf Belohnung. Das innerliche Gebet dagegen kann bis zur «Schau» des Schöpfers führen.[45]

So islamisch Ibn Sina nun aber in einzelnen Punkten auch wirken mag, sein Bezugsrahmen bleibt der seines philosophischen Systems. Selbst seine Gebetslehre ist, wie Gardet es ausdrückt, «tout intellectuelle». Für Ibn Sina ist das Gebet in seiner höchsten Form «ein intimes Verhältnis mit der Welt der intelligiblen Dinge und eine intellektuelle Schau des notwendigen Seins.»[46] Diese Unabhängigkeit seines Denkens vom islamischen Bezugsrahmen zeigt sich besonders deutlich noch in seinen mystischen Schriften. So ist sein Traktat über das Wesen der Liebe ein rein philosophisch argumentierender Text.[47] Und seine drei berühmten mystischen Allegorien oder, wie Corbin sie genannt hat, «récits visionnaires», verzichten ebenfalls auf Koranzitate.[48]

Es braucht uns daher nicht zu verwundern, daß Ibn Sina die gleiche Souveränität auch in seiner Koranexegese an den Tag legt, die sich im übrigen nicht nur verstreut in seinen Werken, sondern auch in einer Reihe von speziell diesem Anliegen gewidmeten Traktaten findet. Das berühmteste Beispiel ist seine Exegese des Lichtverses. Sie findet sich sowohl in seinen philosophischen *Hinweisen und Anmerkungen*[49] wie auch in seinem *Sendschreiben über den Beweis der prophetischen Sendungen (Risāla fī iṯbāt an-nubūwāt).* Dieser letztgenannte Text ist sehr kurz, aber höchst aufschlußreich schon in seiner Fragestellung, die der Autor, dem Usus seiner Zeit folgend, einem – anonym bleibenden – Freund in den Mund legt: «Du hast mich – Gott schenke dir Heil! – gebeten, das in einem Traktat zusammenzufassen, was ich dir mitgeteilt hatte zur Beendigung der Zweifel, die es dir schwer machen, die Sendung der Propheten für wahr zu halten, angesichts der Tatsache, daß sie Dinge, die lediglich möglich sind, als notwendig behaupten, ohne daß ein Vernunftargument dafür stände, sei es apodiktisch oder dialektisch, ja sogar unmögliche Dinge, die sich wie Ammenmärchen *(al-ḫurāfāt)* ausnehmen, so daß der Versuch, sie zu erklären, mit Recht verspottet wird. Ich antworte dir – möge Gott deinem Leben Dauer verleihen! –, indem ich folgendes sage:»[50]

Die Lösung, die Ibn Sina anbietet, entspricht unsern Erwartungen. Nach einer theoretischen Einleitung über die menschliche Vernunft spricht er – unter Berufung auf Plato – den Propheten die Berechtigung, ja die Pflicht zu, ihre Offenbarungen in symbolischer Sprache vorzutragen, und untermauert diese Feststellung alsdann durch Beispiele. Auf einzelne Propheten läßt unser Philosoph sich aber nicht ein. Lediglich Muhammad wird kurz erwähnt, wenn es zu Ende des ersten Teils heißt: «Was die Echtheit der Prophetenschaft unsers Propheten Muhammad – Gott spende ihm Frieden und Heil! – betrifft, so wird die Echtheit seines Aufrufs (*da'wa* [!]) dem Verstand klar, wenn er zwischen ihm und andern Propheten vergleicht. Wir verzichten daher darauf, uns weiter darüber zu verbreiten.»[51]

Dann folgt der zweite Teil, in dem es um die «Auflösung von Symbolen, um die du mich gebeten hattest», geht, d. h. um allegorische Exegese von Korantexten. Das erste Beispiel ist auch gleich der «Lichtvers»: «Gott ist das Licht der Himmel und der Erde. Das Gleichnis Seines Lichtes ist wie eine Nische, in der eine Lampe ist, die Lampe ist in einem Glas. Das Glas ist wie ein perliges Gestirn, das entflammt wird von einem gesegneten Ölbaum, weder östlich noch westlich. Fast leuchtet sein Öl schon, ohne von Feuer berührt zu sein – Licht über Licht! Gott führt zu Seinem Licht, wen Er will, und Gott prägt den Menschen Gleichnisse und Gott ist aller Dinge kundig.» (24,35)

Ibn Sina wendet nun unter Bezug auf Aristoteles diese Passage auf seine Vernunftlehre an. Nur das Wichtigste kann hier angedeutet werden: Die Nische ist der stoffliche Verstand, die Vernunftseele. Die Lampe ist der «erworbene Verstand», ein wichtiger Begriff schon in der Erkenntnislehre Farabis. Der Ölbaum ist die Denkkraft *(al-qūwa al-fikrīya),* und er wird «weder östlich noch westlich» genannt, weil jene weder den reinen lichthaften Kräften der Vernunft noch den dunklen der Triebseele angehört. «Fast leuchtet sein Öl schon (...)» ist also ein Lob dieser Denkkraft etc.[52] Das folgende Beispiel ist ein viel einfacherer Vers, er handelt von den Engeln «an den Rändern» des Himmels: «Und über ihnen tragen an jenem Tag acht den Thron deines Herrn» (69,17). Für Ibn Sina gibt es keinen Zweifel, daß mit den acht Engeln die acht Gestirnsphären, mit dem Thron die oberste

Umgebende Sphäre gemeint ist.[53] Die wenigen Auszüge zeigen, wie Ibn Sina vorgeht: Er gibt eine Anleitung, den Koran philosophisch zu lesen.

Zum Abschluß stehe hier als weiteres Beispiel sein berühmtes Gedicht auf das Schicksal der Seele im neuplatonischen Sinn. Der einzige koranische Bezug darin mag im ersten Wort des Gedichtes liegen: *habaṭat,* «sie stieg herab». Das erinnert an den koranischen Bericht der Vertreibung Adams und Evas aus dem Paradies und den göttlichen Befehl *ihbiṭū* (Plur.) bzw. *ihbiṭā* (Dual) *minhā:* «Steigt/Stürzt aus ihm hinab! (2,26; 20,123). Es läge dann aber bereits wieder eine typische Umdeutung vor, denn der Abstieg der Seele vom Himmel zur Erde ist etwas völlig anderes als die Vertreibung aus dem Paradies. Dagegen benutzt hier Ibn Sina Bilder aus der altarabischen Dichtung, vergleicht namentlich den Ursprungsort der Seele mit dem geweihten Bezirk, was sowohl Temenos eines Tempels wie auch die Frauenzelte im Lager bedeutete, und die Erde mit den verlassenen Spuren eines Zeltplatzes, die den Dichter an eine durch den Aufbruch der Stämme abgebrochene Liebesbeziehung zu erinnern pflegten. Weiter ist das Bild vom gefangenen Vogel verwendet, das Ibn Sinas *Vogel-Traktat,* einer der drei eben erwähnten Allegorien, zugrundeliegt.

Sie stieg hernieder zu dir vom erhabensten Ort,
eine graue Taube voll Mächtigkeit und Unnahbarkeit,
Die verschleiert war vor dem Blick jedes Wissenden,
bis sie selbst in Erscheinung trat und den Schleier hob,
Und gelangte zu dir wider Willen; doch wird vielleicht auch
sie wider Willen dereinst dich verlassen, von Schmerz übermannt.
Stolz war sie einst, nicht vertraulich, doch als sie sich dir verband,
gewöhnte sie sich an die Nähe verlassener Wüstenei.
Und ich glaube, daß sie vergaß des Bunds im geweihten Bezirk,
und der Stätten, die zu verlassen sie nicht zufrieden war,
Bis dem A ihres Abstieges sie sich dennoch verband,
vom Z ihres Zentrums hinunter ins Dünsandgefild,
Und es hing sich das S der Schwere ihr an, und sie kam
an die Orte voll Zeichen und ärmlicher Splitter im Sand.
Und sie weint, sooft sie der Häuser gedenkt im geweihten Bezirk,
Tränenströme, die unablässig quellen seither.
Und so gurrt sie nun immer fort über der Lagerspur, die
unter dem ständigen Weh'n der vier Winde verwischt.
Denn das dichte Fangnetz behindert sie und es hält
von dem lichten offenen Gipfel der Käfig sie ab.
Bis zum geweihten Bezirk hin der Aufbruch sich naht
und die Zeit für die Reise kommt in den weitesten Raum.
Da gurrt sie, wenn sich die Decke hebt und sie schaut,
was mit den schlafenden Augen nicht zu erkennen war.
Und sie macht sich daran zu verlassen jeden, der hinterbleibt,
all ihre Jugendgefährten, keiner geleitet sie dort.

Sie aber jubelt nun über dem Berggrat, der ragt,
sich in den tiefsten Abgrund des Perigäums erhebt.
Wenn sie der Gott *(al-ilāh)* gesandt hat um einer Weisheit willen,
welche dem Klugen, Scharfsinnigen, Kühnsten verborgen ist,
Und ihr Niederstieg also wohl unvermeidlich war,
daß ihr möglich werde, zu hören, was nie sie gehört,
Um dann zurückzukehren, alles Verborgenen kund
in beiden Welten, so ward doch ihr Riß nicht geheilt.
Was ihr geschah, ist, daß die Zeit ihr den Weg abschnitt,
bis sie zur Fremden ward an dem Ort, der kein Aufgangsort war.
Und es ist, als habe ein Blitz aufgezuckt vom gefeiten Bezirk
und sei wieder verschwunden, als habe er niemals geglänzt.[54]

Das Gedicht läßt den Sinn des irdischen Lebens im Dunkeln, es endet in einem agnostischen Ton, aber es spricht auch vom Jubel der aus den Fesseln befreiten, die Rückkehr zum Ursprung antretenden Seele – das alles aber in einem Bezugsrahmen, der nochmals den Eindruck erweckt, daß dieser bedeutende Philosoph in seinem Denksystem ohne Islamisches auskam.

d) Ibn Baddscha (Avempace)

Abu Bakr Muhammad Ibn Yahya Ibn Baddscha oder, in hispanisierter Form, Avempace, wurde gegen Ende des 11. Jahrhunderts geboren. Er war nicht nur Philosoph, sondern auch ein begabter Dichter und Musiker. Zweimal war er als Wesir im Dienste der Almoraviden tätig, in Saragossa und Sevilla. Zu dem wenigen, das man über sein Leben weiß, gehört, daß er zweimal im Gefängnis saß, das zweite Mal wegen Häresie-Verdacht. Sein früher Tod – er starb 1139 – hinderte ihn daran, sein letztes Werk zu vollenden. Nicht nur die spärlichen biographischen Nachrichten, von denen überdies manche als unsicher gelten, auch sein schmales Œuvre verraten, daß dieser Intellektuelle und Schöngeist den in orthodoxen Kreisen wachsenden Argwohn gegen die *falsafa* zu spüren bekam. In der Tat haben die Anhänger griechischer Philosophie in Andalusien, wo der malikitische Ritus vorherrschend war, selten in öffentlicher Gunst gestanden.[55]

Die zwei wichtigsten Werke Ibn Baddschas sind ein Traktat über die Vereinigung der [aktiven] Vernunft mit dem Menschen *(Risālat ittiṣāl al-ʿaql bil-insān)*, jenes uns von Farabi und Ibn Sina her bekannte Konzept, sowie ein Buch mit dem Titel *Die Lebensweise des Einzelgängers (Tadbīr al-mutawaḥḥid)*. Wie die Philosophie seiner Vorgänger besteht auch die Ibn Baddschas in einer mit neuplatonischen Tönen durchsetzten Peripatetik, die um die Glückseligkeit kreist. Ausgangspunkt ist jene von Aristoteles in der *Nikomachischen Ethik* entfaltete, von Farabi und Ibn Sina übernommene These, wonach das höchste Glück des Menschen in einer Art *Imitatio Dei* besteht. Und wie Farabi und Ibn Sina, so kombiniert auch Ibn Baddscha diesen Gedanken mit der neuplatonischen Kosmologie und läßt das Glückserlebnis in der Vereinigung mit dem aktiven Intellekt *(al-ittiṣāl bil-ʿaql)* kulminieren. Dieses Ziel fällt einem nicht mühelos zu, setzt vielmehr die volle Entfaltung der Vernunft des Menschen voraus. Ibn Baddscha beugt übrigens einer Verwechslung mit mystischen und gnostischen Erwartungen ausdrücklich vor: Erkenntnis könne niemals allein durch Ekstase, ohne intellektuelles Wissen erlangt werden. Denn wenn das möglich sei, so bliebe ja der edelste Teil des Menschen müßig und überflüssig – die Vernunft![56]

Das Bemühen um Vereinigung mit dem aktiven Intellekt macht, wie Ibn Baddscha offensichtlich aus eigener Erfahrung weiß, den Menschen zum Einzelgänger. Das aber ist das Problem des zweiten, unvollendet gebliebenen Werkes. In der *Lebensweise des Einzelgängers* geht es um die Frage, wie ein Philosoph in einem Gemeinwesen, das mit seinen moralischen und spirituellen Bestrebungen nicht übereinstimmt, in einer ihm argwöhnisch oder feindlich gesinnten Gesellschaft, leben und überleben kann. Im Anschluß an Fārabi und dessen Vorgänger unterscheidet Ibn Baddscha eine Reihe von Staatsformen: den Musterstaat, den Staat der Ehre (= Timokratie), den Staat der Masse (= Demokratie) und den Erobererstaat. Der vollkommene Staat ist frei von Lastern, Zerwürfnis und Krankheit, bedarf also weder der Ärzte noch der Richter. Die unvollkommenen Staaten jedoch werden von all diesen Mängeln heimgesucht und bedürfen mithin nicht nur der Ärzte und Richter, sondern vor allem verbindlicher Normen, wie sie Religionen enthalten, sowie des Auftretens sogenannter erleuchteter «Gewächse», die das Gemeinwesen wie Ärzte heilen *(ṭibb al-muʿāšara),* auch das übrigens ein Gedanke – der Staatsführer als Arzt der Gesellschaft! – der sich schon in Farabis politischen Schriften findet.

Im vollkommenen Staat kann der nach Vereinigung mit dem aktiven Intellekt strebende Mensch ohne weiteres leben, da die Gemeinschaft ihn nicht behindert. Anders dagegen in den unvollkommenen Staaten, «wie sie heute existieren». Hier gerät seine Natur als *Zoon politikon* mit seinen geistigen Anliegen in Widerstreit. Es bleibt ihm dann nur die Weltflucht – heute würde man sagen: die innere Emigration – oder die (äußere) Emigration in einen idealen oder halbwegs idealen Staat.

Schon Farabi hatte in einer seiner politischen Schriften die Philosophen als einsame «Gewächse» *(nawābit)* in einer solchen Umgebung bezeichnet, und in den *Aphorismen des Staatsmanns (Fuṣūl al-madanī)* findet sich der folgende Satz: «Der Idealmensch muß sich in korrupten Staaten vom Leben fernhalten und in ideale Staaten emigrieren, sofern solche existieren. Existieren sie nicht, so ist der Idealmensch ein Fremder in dieser Welt, wahrhaft elend daran und zu sterben besser für ihn als zu leben.»[58] Ähnliche Fragestellungen werden uns auch bei dem nächsten Aristoteliker nochmals begegnen.

e) Ibn Tufail

Abu Bakr Muhammad ibn ʿAbd al-Malik Ibn Tufail, wurde Anfang des 12. Jahrhunderts in Wadi As (= Guadix), 65 km nordöstlich von Granada geboren. Er praktizierte zuerst als Arzt in Granada, war dann Sekretär des Provinzgouverneurs dieser Stadt, wurde 1154 Sekretär des Gouverneurs von Ceuta und Tanger und schließlich Leibarzt des Almohaden Abu Yaʿqub Yusuf (1163–84) in Sevilla. Er hatte großen Einfluß auf den Fürsten und führte u. a. den jungen Ibn Ruschd bei ihm ein. Ein Schüler Ibn Tufails berichtet, der Fürst sei ihm, Ibn Tufail, äußerst zugetan gewesen und habe Tage und Nächte mit ihm verbracht. 1182 wurde Ibn Tufeil wegen seines hohen Alters durch Ibn Ruschd im Amt des Hofarztes abgelöst, behielt aber die Gunst des Fürsten und erlangte nach dessen Tod 1184 die Freundschaft seines Sohnes und Nachfolgers auf dem Almohaden-Thron, Abu Yusuf Yaʿqub, starb jedoch bereits ein gutes Jahr später 1185 oder 1186.

Ibn Tufail ist der Verfasser eines der originellsten Werke nicht nur der islamischen Philosophie sondern auch der arabischen Literatur des Mittelalters, der Erzählung *Ḥayy ibn Yaqẓān, Lebendig, der Sohn des Wachen* – oft, aber irreführend, als «philosophischer Roman» bezeichnet. Sie erregte frühzeitig auch im Abendland Interesse; wurde unter dem Titel *Philosophus autodidactus* ins Lateinische übersetzt und zusammen mit dem arabischen Text 1671 in Oxford veröffentlicht.[59] Man hat vermutet, daß diese Übersetzung Daniel Defoe zur Abfassung seines 1719 erschienenen Romans *Robinson Crusoe* inspiriert haben könnte; doch lag diesem ja ein reales Geschehen, die Erlebnisse eines Schiffbrüchigen namens Alexander Selkirk, zugrunde, dessen Tatsachenbericht Defoe ausgeschmückt und bearbeitet hat. Auch ist das Anliegen Ibn Tufails ein grundsätzlich anderes als das Defoes.

Hayy Ibn Yaqzan wird auf einer von Menschen unbewohnten Insel durch Urzeugung im Uferschlamm geboren; eine Gazelle ernährt ihn während der ersten Jahre seines Lebens. Als sie stirbt, öffnet er ihren Körper, um das Geheimnis des Lebens zu entdecken, gelangt an die Herzkammern und schließt auf die Existenz eines beim Tod entweichenden Lebensprinzips, der Seele. Die nächsten Jahre sind aber zunächst noch angefüllt mit praktischen Erfahrungen; denn er muß ja nun selber für Nahrung und Kleidung sorgen. Erst mit 21 beginnt die Periode des philosophischen Erkennens und währt 14 Jahre – der Entwicklungsgang Hayys vollzeiht sich in Stufen von 7 oder 14 Jahren. Mit 35 spürt er, daß es jenseits der rationalen Erkenntnis noch eine andere und höhere Erkenntnis gibt. Die Liebe zum höchsten Wesen treibt ihn dazu, sich in dieses zu versenken, und er erlebt Augenblicke mystischer Schau und ekstatischer Wonne.

Der «Roman» könnte hier enden, wollte er nur die immanente Fähigkeit der Vernunft, zur höchsten Erkenntnis zu gelangen, beweisen. Doch die Erzählung hat einen zweiten Teil, der mir geistesgeschichtlich wichtiger scheint als der erste, der, bei allem ansteckenden Enthusiasmus, doch auf einer, wie wir längst wissen, falschen Annahme beruht. Der zweite Teil dagegen ist realistisch. Auf der einsamen Insel landet ein Schiffbrüchiger namens Asal, begegnet Hayy, lehrt ihn die Sprache, worauf sie ihre Erfahrungen und Überzeugungen austauschen und zu ihrer Freude feststellen, daß ihre religiösen Auffassungen übereinstimmen, obwohl Asals Glaube ihm durch seine Erziehung zuteil geworden ist und auf der Lehre eines Propheten gründet. In Ibn Tufails Worten: «Als Asal Hayys Beschreibung der Wesen, die von der sinnlichen Welt getrennt und der Wahrheit kundig sind, vernahm, seine Beschreibung der Wahrheit selber mit all ihren köstlichen Attributen und, so gut er es vermochte, der Freuden dessen, der Ihn erreicht, und der Qualen dessen, dem Er verhüllt bleibt, zweifelte er nicht, daß alle Traditionen seiner Religion über Gott, Seine Engel, heiligen Bücher und Propheten, den Jüngsten Tag, Himmel und Hölle nichts als symbolische Darstellungen jener Dinge, die Hayy ‹geschaut› hatte, waren.»[60]

Eine Feststellung, die in den Ohren eines Asch`ariten natürlich alles andere als eitel Musik war. Hayy seinerseits erkundigt sich bei Asal nach den Vorschriften seiner Religion. Asal nennt ihm Gebet, Armensteuer, Fasten und Pilgerfahrt, d. h. es handelt sich, obwohl der Name nie genannt wird, eindeutig um den Islam. Diese Feststellung ist wichtig, denn Ibn Tufail holt nun zu einer massiven Kritik dieser Religion und ihres Propheten aus:

«Zwei Dinge blieben jedoch, die ihn überraschten und deren Weisheit er nicht begriff.

1) Warum hatte dieser Gesandte, wenn er über die göttliche Welt sprach, meistens in Bildern gesprochen und «Schau» vermieden, so daß die Menschen in gewaltigem Maß in Anthropomorphisierung *(taǧsīm)* verharrten und Dinge hinsichtlich des Wesens Gottes glaubten, über die Er erhaben ist, und ebenso hinsichtlich Lohn und Strafe?

2) Warum beschränkte er sich auf diese Vorschriften und rituellen Pflichten und erlaubte den Erwerb von Gütern und Freizügigkeit im Essen, so daß die Leute sich mit nichtigen Dingen beschäftigten und von Gott abkehrten?

Seiner Ansicht nach sollte jeder nur gerade genug essen, um sein Leben zu fristen. Und was den Besitz von Gütern betrifft, so fand er ihn wertlos. Auch betrachtete er die Vorschriften des Gesetzes über Besitz, die Almosensteuer nebst zugehörigen Klauseln, Verkauf und Zins und die Körperstrafen und sonstigen Strafen und fand das alles seltsam und überflüssig. Und er sprach: Wenn die Menschen die Sache richtig verstünden, würden sie sich von diesen Nichtigkeiten abkehren und der Wahrheit zuwenden, und aller dieser Dinge nicht mehr bedürfen. Und keiner müßte belangt werden wegen seiner Almosensteuer, keinem würden die Hände abgehackt wegen Diebstahl, keiner würde hingerichtet wegen öffentlichen Raubs.

Was ihn dies annehmen ließ, war seine Illusion, daß alle Menschen hohe Begabung, Scharfsinn und Entschlußkraft besitzen. Er wußte noch nicht, wie töricht und mangelhaft, uneinsichtig und unentschlossen sie sind. Und daß sie wie das Vieh, ja noch verirrter sind (25,44).»[61]

Von Mitleid mit den Menschen der Insel Asals erfaßt, beschließt er, ihnen zu predigen und – scheitert. Selbst die Besten unter ihnen wollen nichts Neues hören und weisen ihn unwillig ab. Für sie gilt das, was für Asals Freund Salaman ausdrücklich festgestellt wird: «Salaman schloß sich der Menge an und zog es vor, ihre Meinung zu vertreten, weil er von Natur aus zu feige war zu denken und selbständig zu handeln.»[62] Die große Mehrheit dieses Volkes freilich folgt ihren Lüsten und Launen, allenfalls verrichten sie eine der vorgeschriebenen Handlungen, «um sich damit zu schmücken oder ihren Hals zu retten.»[63]

Da erkennt Hayy die Vergeblichkeit seines Tuns. «Und als er begriff, wie es um die Menschen stand und daß die meisten von ihnen auf der Stufe unvernünftiger Tiere sind, wußte er, daß alle Weisheit und Rechtleitung in dem lag, was die Propheten gesprochen und die Scharia gebracht hat und daß es nichts anderes gebe und kein Zusatz möglich sei.»[64] Ja, er entschuldigt sich sogar bei Salaman und seinen Freunden, widerruft, was er gesagt hat und rät ihnen, die Vorschriften strikt zu befolgen und die äußerlichen Handlungen auszuführen, da allein hierin der Weg ihres Heils bestehe und der Versuch, sich zu höherer Einsicht aufzuschwingen, sie nur ins Verderben stürzen werde. Dann verlassen er und Asal dieses Land und kehren auf die Insel Hayys, die Insel der Einsamen, zurück und verbringen dort den Rest ihrer Tage in der Anbetung Gottes, wobei aber Hayy noch immer das Vorbild ist und Asal ihm nacheifert und «ihm nahe kommt oder doch fast.»

Kein Zweifel, dieser Text ist ein für unsern Zusammenhang höchst bedeutsames, aufschlußreiches Dokument. Denn was Ibn Tufail seinen Helden am Schluß widerrufen läßt, die massive Kritik an Formalismus, Ritualismus, Legismus und am Mangel einer vergeistigten Ethik bei einer Religion, mit der ganz offensichtlich der Islam gemeint ist, das ist doch eben von ihm ausgesprochen worden. Und die solchermaßen kritisierte Scharia wird schließlich nur damit gerechtfertigt, daß sie auf das Niveau von Menschen zugeschnitten sei, von denen die meisten unvernünftigen Tieren glichen. Der Rat an den als ängstlicher Formalist charakterisierten Salaman, bei seinem Weg zu verharren, klingt ironisch oder jedenfalls nach Resignation. Die einzige Lösung für die beiden Helden liegt im Rückzug auf die einsame Insel, die den nicht vorhandenen Idealstaat ersetzen muß. Aber, noch zum Schluß wird es betont, Hayy, der sein geistiges Wissen allein der ihm immanenten Vernunft verdankt, steht über Asal, der es seiner religiösen Erziehung verdankt; und doch ist Asal der einzige vom ganzen in der Scharia erzogenen Inselvolk, der, wenn auch nur «fast», an ihn heranreicht!

Merkwürdig ist, daß Ibn Tufail so schreibt, obwohl er selber in seinem Leben nicht vor diese Konsequenz gestellt war. Er hatte das seltene Glück, im Schutze eines philosophiebeflissenen Herrschers unbedroht leben zu können. Die gesellschaftliche Situation auf der Insel Asals war ihm aber zweifellos vertraut. Und sein Nachfolger Ibn Ruschd sollte ihr schon bald einmal wehrlos ausgesetzt sein.[65]

f) Ibn Ruschd (Averroes)

Abu l-Walid Muhammad Ibn Ahmad Ibn Ruschd, dem Abendland als Averroes bekannt, wurde 1126 in Cordoba geboren und starb 1198 in Marrakesch. Er stellt den Gipfel und gleichzeitig den Schlußpunkt der arabischen peripatetischen Schule dar. Wie Ibn Sina war er Philosoph und Arzt, obendrein aber auch Kadi – bezeichnend für das veränderte Bildungsideal seiner Zeit, jenen geistigen Klimawechsel, der sich auch in den bei Ibn abi Usaibi`a verzeichneten Bildungsgängen der Ärzte vom 9. bis zum 13. Jahrhundert ablesen läßt. 1153 befindet er sich in Marrakesch, vielleicht schon im Dienst des Almohaden `Abd al-Mu´min (1130–63), beauftragt mit dem Bau von Kollegien, die der Fürst damals errichten ließ, und anscheinend auch mit astronomischen Beobachtungen beschäftigt. Dort mag er Ibn Tufail kennengelernt haben, der ihn dann dem nächsten Almohaden, Abu Ya`qub Yusuf (1163–84), empfahl, als dieser um die Abfassung von Aristoteles-Kommentaren bat und Ibn Tufail sich dafür zu betagt fühlte.

Die Begegnung wird auf 1169 datiert. Der Fürst stellte Ibn Ruschd die heikle Frage, ob der Himmel ein von Ewigkeit existierender Stoff sei oder einen Anfang habe. Natürlich wußte Ibn Ruschd, daß dies eine der drei Fragen war, an denen sich in Ghazalis *Tahafut* entscheidet, ob man Gläubiger oder Ketzer ist. Er zögerte daher mit der Antwort. Doch da begann der Fürst ein philosophisches Gespräch mit dem greisen Ibn Tufail, das alle Ängste des Jüngeren sogleich zerstreute. Nun äußerte er offen seine Ansicht, zeigte sein philosophisches Wissen und erhielt den Auftrag, die Kommentare zu schreiben, die in der Tat ja den Hauptinhalt seines Lebenswerkes bilden sollten und ihm den Beinamen «der Kommentator» einbrachten, als der er auch dem lateinischen Mittelalter bekannt war, wie seine Erwähnung in Dantes *Divina Commedia* dartut: «Averrois que il gran commento feo.»[66] Mit einer kurzen Unterbrechung verblieb Averroes bis zu seinem Tod im Dienst dieser Dynastie, ab 1169 als Kadi in Sevilla, ab 1171 als Kadi in Cordoba, ab 1182 als Hofarzt in der Nachfolge Ibn Tufails in Marrakesch, dann als Oberrichter in Cordoba. Im Jahre 1195 jedoch fiel er in Ungnade bei dem nun herrschenden Almohaden Abu Yusuf Ya`qub al-Mansur (1184–99), der, dem Druck der Fuqaha´ nachgehend, deren Unterstützung er in seinem Krieg gegen die Christen benötigte, den nun beinahe 70jährigen vor ein religiöses Gericht zitieren ließ. Dieses verdammte seine

Werke, worauf Ibn Ruschd aus Cordoba in das nahe gelegene Lucena verbannt, das Studium philosophischer Werke verboten und deren Vernichtung befohlen wurde. Die Anordnung war keineswegs nach dem Herzen des Fürsten, der sich wenig später nach Marrakesch begab und dort, in weniger fanatischer Umgebung, die Edikte aufhob und Ibn Ruschd an seinen Hof zurückrief, wo dieser dann allerdings kurz darauf starb. An seinem Leichenbegängnis nahm einer teil, dessen Denken jenes von Ibn Ruschd bald überstrahlen und zu seiner Verdrängung beitragen sollte, der Mystiker Ibn `Arabi.[67]

Averroes' eigentliche Wirkung sollte im Abendland, nicht im Islam erfolgen. Doch das Abendland mißverstand ihn und machte ihn zum Lehrer einer doppelten Wahrheit – noch der bedeutende französische Religionswissenschaftler Ernest Renan (1823–92) sah ihn so![68] –, während Ibn Ruschd genau wie seine Vorgänger immer die Lehre von der einen Wahrheit in zweierlei sprachlichem Gewand, dem der Offenbarung und dem der Vernunft, verkündet hatte. – Werfen wir nun einen Blick auf jene seiner Schriften, in denen dieses Anliegen vor allem zum Ausdruck kommt. Es geht zunächst um drei in den Jahren 1174–80 verfaßte Werke, nämlich:

1) *Entscheidende Darlegung und Nahebringung der Verbindung, die zwischen dem Religionsgesetz und der Philosophie besteht (Faṣl al-maqāl wa-taqrīb ma bain aš-šarī`a wal-ḥikma min al-ittisāl)*

2) *Aufdeckung der Beweismethoden bezüglich der Glaubenslehren der [islamischen] Religion und Darlegung der verfälschenden Zweifel und irreführenden Neuerungen, die durch die Exegese entstanden sind (al-Kašf `an manāhiǧ al-adilla fī `aqā'id al-milla wa-ta`rīf mā waqa'a fīhā bi-ḥasb at-ta'wīl min aš-šubah al-muzayyifa wal-bida` al-muḍilla)*

3) *Die Inkohärenz der Inkohärenz (Tahāfut at-tahāfut).*

Ibn Ruschd erweist sich in diesen Werken als ein mit islamischem Recht vertrauter Philosoph. Wenn vor ihm die Theologen versucht hatten, die griechische Philosophie mit ihren eigenen Denkmethoden zu widerlegen, so scheint Ibn Ruschd zu versuchen, sie mit den Denkverfahren der Juristen zu verteidigen.

Da auch die Angriffe auf die Aristoteliker eine juristische Spitze hatten – das Ketzerurteil Ghazalis war ja ein juristischer Akt –, ist dieses Vorgehen nicht nur verständlich, sondern war das für den Juristen Averroes sich aufdrängende Verfahren. So rechtfertigt er im *Faṣl* die Philosophie mit Koranversen: «Haben sie nicht betrachtet das Reich der Himmel und der Erde und was Gott darin erschaffen hat?» (7,185), wobei das koranische *naẓara fī* ohne weiteres im philosophischen Sinn von «spekulativ denken» verstanden wird. Und: «So zieht denn Lehren (oder: laßt euch warnen), o ihr Leute von Einsicht!» (59,2). Der Kontext, ein Hinweis auf die Vertreibung des jüdischen Stammes der Banu Nadir (vgl. Kap. III. 5.), hat hier zwar mit Philosophie absolut nichts zu tun, macht aber die Methode dieser Art Exegese um so deutlicher. Der Textzusammenhang hat bei der Verwendung koranischer Verse als Legitimationsargument wohl nie eine Rolle gespielt.

Ibn Ruschd unterscheidet zwischen einer auf Vernunftgründen basierenden und einer auf Vorgaben der Scharia basierenden logischen Schlußweise *(qiyās ʿaqlī, qiyās šarʿī)*; beide seien berechtigt und notwendig. Führt logisches Denken zu einer Wahrheit, die im Koran nicht erwähnt ist, so gilt hier dasselbe wie im Fiqh, wo der Analogieschluß ebenfalls im Koran nicht erwähnte Urteile ermöglicht. Für diese Fähigkeit des Denkens sei aber das Studium «der Alten» (Griechen) unerläßlich, das zu verbieten daher Unsinn sei. Da die Menschen unterschiedlich gebildet seien, bediene sich Gott auch rhetorischer und dialektischer Schlußverfahren, um jeden zu erreichen, eine Behauptung, die Ibn Ruschd mit folgendem Koranvers legitimiert: «Ruf zum Weg deines Herrn mit Weisheit *(ḥikma)* und mit guter Predigt und disputiere mit ihnen mittels der besseren [Argumente]!» (16,125) Wenn umgekehrt der Koran eine Aussage aufweise, die mit den syllogistischen Schlüssen der Vernunft nicht übereinstimme, so müsse man die allegorische Exegese *(taʾwīl)* anwenden und den Textsinn übertragen *(maǧāzī)* auslegen, ein Verfahren, das laut Ibn Ruschd im Fiqh ja ebenfalls gang und gäbe sei, nur mit dem Unterschied, daß die Fuqahaʾ von bloß hypothetischen Schlüssen *(qiyās ẓannī)* ausgingen, die Philosophen dagegen von absolut sicheren *(qiyās yaqīnī)*.

Auf diese Weise also kommt es zu einer Vereinigung der Vernunft mit der Offenbarung bzw. dem Glauben oder der religiösen Tradition *(al-ǧamʿbain al-maʿqūl wal-manqūl)*. Ibn Ruschd beruft sich für diese Art des *Taʾwīl* übrigens auch auf die koranische Unterscheidung von «festen» *(muḥkam)* und «undeutlichen» *(mutašāhib)* Versen in Sure 3,7.

Merkwürdig ist, daß Averroes den Philosophen hier das Recht abspricht, ihrerseits in dialektischer, rhetorischer oder poetischer Form über die Wahrheit zu schreiben, um ihr Wissen zu popularisieren. Auch fordert er, man weiß nicht, ob im Zuge alter esoterischer Tradition oder unter dem Druck der Fuqahaʾ, philosophische Werke seien der Allgemeinheit vorzuenthalten, ja zu verbieten. Der Durchschnittsgläubige soll auch, ganz Ibn Tufails Rat im Munde seines Helden entsprechend, keine allegorische Exegese betreiben, dazu ist er laut Ibn Ruschd nicht berechtigt, er hat sich vielmehr allein an den äußeren Wortsinn zu halten.

Diese Gedanken werden im *Kašf* fortgesetzt, im *Tahāfut* zu einer großartigen Summe zusammengefaßt. *Tahāfut at-Tāhafut, Der Zusammenbruch des «Zusammenbruch»*, ist, wir erinnern uns, der Widerlegung jenes Werkes von al-Ghazali gewidmet, das dem arabischen Aristotelismus einen tödlichen Stoß versetzte. Daran vermochte auch Ibn Ruschd nichts zu ändern. Die historische Stunde dieser Schule in der islamischen Welt war offensichtlich vorüber. Ibn Ruschd selber wirkt wie ein Diener zweier Herren. Auf der einen Seite ist er, mehr als alle seine Vorgänger, um den authentischen

Aristoteles bemüht, so sehr, daß er sogar überholte medizinische Lehren des Stagiriten gegen Angriffe Galens verteidigt.[69] Diese Versteifung auf eine Lehrmeinung könnte mit der zunehmend bedrohten Position der *Falsafa* unmittelbar zu tun haben. Anderseits ist Ibn Ruschd intensiver als jeder seiner fünf hier behandelten Vorgänger bemüht, die Vereinbarkeit von Vernunft und Offenbarung, islamischem Gesetz und aristotelischem Denken zu beweisen. Genau diese Gespaltenheit aber schwächte seine Position; denn sie veranlaßte ihn, im *Tahāfut* gewissermaßen einen Zweifrontenkrieg zu führen, nämlich einmal gegen Ghazali, zum anderen aber, und hier z. T. Ghazalis Standpunkt teilend, gegen Ibn Sinas Ontologie mit ihrer Unterscheidung von Essenz und Existenz, möglichem und notwendigem Sein, die er als unaristotelisch zurückweist. Doch auch die neuplatonische Emanationslehre erkennt er, als einziger unter den großen arabischen Aristotelikern, als unecht. Die Wirkung, die diesen Schriften bei seinen Glaubensgenossen versagt blieb, erzielt er ungewollt im Abendland, wo ein direkter Strang von Averroes zur Aufklärung und zum Liberalismus verläuft. Doch dies weiter zu erörtern, gehört nicht in den Rahmen unseres Buches.

Wenden wir uns statt dessen noch einem weiteren seiner Werke zu, das unerwartete Schlaglichter auf sein Denken und sein Verhältnis zur eigenen Zeit wirft, den Kommentar zu Platos *Staat*. Daß Averroes die *Politeia* überhaupt kommentierte, erstaunt bei einem so leidenschaftlichen Peripatetiker. Er selber begründet es, gleichsam entschuldigend, damit, daß ihm des Aristoteles *Politik* (d. h. sein Werk über die Verfassungen) nicht zu Gesicht gekommen sei. Der Text ist eine freie Paraphrase mit Weglassungen und Erweiterungen des Hauptteils der *Politeia*. Es fehlt das erste Kapitel über das Problem der Gerechtigkeit, das auch von der klassischen Philosophie als Sonderschrift, ursprünglich selbständiger Dialog betrachtet wird. Die drei folgenden Teile finden sich jedoch bei Averroes:

I. Über den gerechten Staat (Aristokratie), seine Gründung, seine Wächter, seinen Herrscher etc.; Rolle von Dichtung, Musik, Sport.

II. Über Erziehung; Weiber- und Kindergemeinschaft; die Philosophen, ihre Rolle im Staat; Erklärung des Guten durch das Sonnengleichnis; Veranschaulichung der Erkenntnis durch das Höhlengleichnis.

III. Die vier schlechten Staatsformen: Timokratie (durch Ehrgeiz bestimmt), Oligarchie, Demokratie, Tyrannis.

Averroes betont die Wichtigkeit der platonischen Staatsphilosophie auch für seine Zeit, für die er den Text bearbeitet, indem er Plato teils wörtlich zitiert, teils kürzt oder erweitert, Beispiele durch andere ersetzt, namentlich griechische Mythologie durch Islamisches. Sehr verkürzt erscheint etwa das Höhlengleichnis, gleichzeitig aber schiebt er anderes Material ein, namentlich aus Aristoteles und Farabi, und fügt häufig eigene Ansichten hinzu.

Der in der *Politeia* jeweils beschriebenen fiktiven Stadt stellt er «die Städte» (der islamischen Welt) gegenüber. Er konstatiert z. B., in der idealen

Polis würden auch die Frauen die gleichen Aufgaben wie die Männer erfüllen; nichts spreche dagegen, daß auch aus ihren Reihen Philosophen und Herrscher hervorgehen könnten. Anders dagegen «in diesen Städten», wo die Frauen auf die Rolle der Aufzucht des Nachwuchses beschränkt, daher wie Pflanzen seien. Weil ihre übrigen Fähigkeiten brachlägen, verschlechtere sich die Situation immer weiter (vgl. das wörtliche Zitat in Kap. XII.4.). Während jene Stadt von Philosophen beherrscht werde, hätten «diese Städte» von ihnen keinerlei Nutzen und die Lage der Philosophen sei wie die eines Menschen, der unter Raubtiere geraten ist. Averroes nennt sie denn auch die «unwissenden» oder «irrenden» Städte.[70]

Doch der Autor wird hier noch konkreter und verweist auf Entwicklungen in der jüngsten Geschichte des arabischen Spanien, die seinen Lesern frisch in Erinnerung sein mußten. So nennt er als Beispiel für den Verfall politischer Macht die Almoraviden in Andalusien (1056–1147). Während ihr Gründer[71] dem Nomos gefolgt sei, habe sich unter seinen Nachfolgern zunächst eine Timokratie, mit Plutokratie vermischt, herausgebildet, dann ein ganz dem Vergnügen ergebenes Regime, das denn auch von einer neuen Macht, dessen Gründer dem Nomos erneut gefolgt sei, beseitigt wurde. Doch auch ihre Herrschaft nehme sich inzwischen nicht besser aus – ein Hinweis, daß dieser Kommentar wohl erst nach Ibn Ruschds Verbannung, also nach 1195, kurz vor seinem Tod, entstanden sein kann, denn so lange er noch die Gunst seines almohadischen Gönners genoß, dürfte er kaum die obige Kritik geäußert haben.[72]

Interessant ist schließlich noch, wie Ibn Ruschd Platos Forderung, im idealen Staat sei das Erzählen von unwahren oder anstößigen Geschichten, namentlich aber von Mythen, in denen Götter sich unmoralisch verhalten, zu verbieten, auf seine Zeit überträgt. Er nennt hier einmal die arabische Dichtung, in der das unmoralische Element in reichem Maß vorhanden sei, zum andern aber – und das ist nun wirklich überraschend! – die Lehre der Theologen *(mutakallimūn),* wonach Gutes und Böses von Gott stammen, d. h. er attackiert hier die islamische Vorherbestimmungslehre im Hinblick auf ihre moralischen Konsequenzen. Für den Herrscher und Gesetzgeber dagegen sind, so meint Ibn Ruschd, Lügen zum Wohle des Volkes nicht nur erlaubt, sondern sogar unvermeidlich.[73]

So erweist sich Ibn Ruschd gerade auch in seinem *Politeia*-Kommentar als ein lebendiger Geist, dessen Auseinandersetzung mit der antiken Philosophie sich nicht in Spitzfindigkeiten verlor, sondern im wachen Bewußtsein um die aktuellen Probleme seiner Zeit sich vollzog. Ibn Ruschds Bemühen, die Vereinbarkeit von Vernunft und Offenbarung zu erweisen, wirkt leidenschaftlich und rührt an, ohne doch überzeugen zu können. Denn auch für ihn gilt, daß er am Primat der Vernunft festzuhalten gewillt war. Die im *Faṣl* niedergelegten Prinzipien zeigen es klar: Die Inhalte des Glaubens, koranische Aussagen und natürlich erst recht Hadithe seien am Maßstab der

Vernunft zu messen und nicht umgekehrt. Das aber war eine den Hütern der Allmacht nicht genügende Unterwerfung, für die sie die Teilhabe – schon auf der gesellschaftlichen Ebene – zu gewährleisten nicht mehr bereit waren. Der arabische Aristotelismus geht daher mit Ibn Ruschd zu Ende und die Philosophie im Islam sucht sich andere, gangbarere Bahnen. Ehe wir einen Blick auf die weitere Entwicklung werfen, müssen wir jedoch noch einen zurück tun, auf eine etwas anders geartete philosophische Schule und ihr Bestreben, sich in Einklang mit der Allmacht zu setzen.

3. Die Lauteren Brüder von Basra

Im zehnten Jahrhundert – dem vierten nach der Hidschra – wirkte in Basra ein Kreis von Gelehrten, die sich den schönen Namen ‹Brüder der Lauterkeit und Freunde der Treue› gaben und der Nachwelt als ‹Die Lauteren Brüder von Basra› bekannt sind. Sie sind die – namentlich nicht genannten – Autoren einer Art Enzyklopädie der Wissenschaften, eingeteilt in 51 Sendschreiben *(Rasāʾil)*. Ganz unbekannt sind nun zwar die Autoren nicht; es werden in zeitgenössischen Quellen einige Namen genannt; doch das Geheimnis, mit dem die Entstehung der *Rasāʾil* umgeben ist, wird dadurch nicht gelüftet. Dieses liegt in der Frage nach den eigentlichen Intentionen dieser Enzyklopädie. Handelt es sich, wie einige Gelehrte annahmen,[74] um ein ismaʿilitisches Propaganda-Werk, das mit seiner wissenschaftlichen Aufmachung speziell Intellektuelle ansprechen und für die damals dank der fatimischen Erfolge mächtige und expansive schiitische Bewegung werben sollte, oder handelt es sich um ein Werk vorwiegend wissenschaftlichen Charakters, wie andere glauben?[75]

Die jüngsten maßgeblichen Äußerungen stammen von Bausani, der feststellt, daß die *Iḫwān aṣ-Ṣafāʾ*, trotz gewisser allgemeiner ismaʿilitischer Tendenzen, sich nicht einfach mit den bekannten ismaʿilitischen Strömungen identifizieren lassen. So empfehlen sie z. B. das Zölibat, was in keiner ismaʿilitischen Richtung der Fall gewesen zu sein scheint. Gewisse Feste und Riten, zu denen sie sich bekennen, erinnern an Gebräuche der Sabier von Harran, von denen gleich noch näher die Rede sein wird. Bausani sieht daher in den Lauteren Brüdern eine Art Freimaurer-Bewegung.[76]

In der Tat scheint das Bemühen der «Brüder», ähnlich wie das der arabischen Aristoteliker, darauf gerichtet, die Philosophie und die mit ihr verbundenen Wissenschaften im Islam akzeptabel zu machen, andererseits aber auch darauf, den Islam wie die andern monotheistischen Religionen im Rahmen eines philosophisch-theistischen Konzepts zu würdigen und miteinander zu verschmelzen. Um dieses Anliegens willen stützen die Lauteren Brüder ihr Werk durch eine Fülle unterschiedlichster Quellen ab, errichten ein bei allem Eklektizismus und Synkretismus imposant einheitliches, auf der Entsprechung von Makro- und Mikrokosmos beruhendes Weltbild und machen ethische Aussagen, die nicht scharia-gebunden, sondern allgemein humanistisch sind.

Zunächst also zu den Quellen: Die Lauteren Brüder bewegen sich offensichtlich auf den Spuren der Sabier von Harran im Norden Mesopotamiens. Die Sabier oder Harranier waren Anhänger eines babylonischen Sternkults, den sie mit dem Mithra-Kult sowie griechischer Religion und Philosophie verschmolzen hatten, wobei hermetisches Schrifttum als Katalysator wirkte. Ob sie von Haus aus Sabier hießen, bleibt fraglich. Entscheidend ist, daß sie sich im Islam so nannten und dadurch für jene Sabi'un, gehalten wurden, die der Koran unter den Schriftbesitzern nennt,[77] womit offensichtlich eine Muhammad bekannte christliche Sekte, wohl die Mandäer oder Subba, gemeint ist. Diesem Trick verdankten es die Sabier, daß sie als Monotheisten galten und daher die sonst im Fall von Polytheisten unausweichliche Alternative Schwert oder Islam ihnen erspart blieb. Eine stattliche Zahl hervorragender Übersetzer und Gelehrter ging aus den Reihen der Harranier hervor, ehe sie im zehnten Jahrhundert allmählich von der Bildfläche verschwanden. Ihre Schonung stellt ein schönes Beispiel islamischer Toleranz, aber auch ein Paradebeispiel für die oft rein formalen Kriterien islamischer Justiz dar.[78]

Doch das astrologische Weltbild der Harranier ist nur eines von zahlreichen Elementen im Synkretismus der Lauteren Brüder. Zu den darin tradierten Spuren babylonischer Astrologie kommen Reste iranischer und indischer Astrologie, eingebettet in das Weltbild des Ptolemäus. Überhaupt ist, wie nicht anders zu erwarten, der griechische Anteil beherrschend. Zu nennen sind das hermetische Schrifttum sowohl astrologischen, alchimistischen und magischen wie philosophischen Inhalts, pythagoreischer Einfluß in Arithmetik, Musik, Zahlensymbolik, derjenige von Plato und Aristoteles in der Philosophie, von Hippokrates und Galen in der Medizin. Hinzu kommen die neuplatonischen Pseudepigrapha, die *Theologie des Aristoteles* und das ihm ebenfalls untergeschobene *Liber de pomo,* dazu weitere schwer einzuordnende Werke wie das politisch-philosophische *Secretum secretorum* und die sogenannte *Nabatäische Landwirtschaft,* beide von Magie durchsetzt. Das in den *Rasa'il* wichtige narrative Element umfaßt Geschichten indischen und persischen Ursprungs, solche aus dem Alten Testament und aus rabbinischen Texten. Es gibt aber auch Entlehnungen aus den Evangelien, wie überhaupt der christliche Einfluß beträchtlich ist.[79]

Korrespondenzen zwischen Makro- und Mikrokosmos, himmlischen und irdischen Phänomenen, unentbehrliche Grundlage für alle Prozeduren der astrologischen Magie, strukturieren, wie gesagt, das Weltbild der Lauteren Brüder. Die Idee zieht sich wie ein roter Faden durch das in den *Sendschreiben* niedergelegte Denken, wird aber auch in gesonderten Abschnitten eingehend behandelt. Einleitend und programmatisch heißt es zu Beginn eines dieser Abschnitte: «Die Welt – o frommer und barmherziger

Bruder! –, die wir einen Makranthropos *(insān kabīr)* nennen, weist in ihren Teilen und in ihrem Verlauf der Dinge, die sich in ihr befinden, Exempel und Analogien auf, die auf den Verlauf der Welt, die ein Mikrokosmos *(insān ṣaghīr)* ist, hinweisen.»[80] Eine Reihe von physiologischen Details und die astronomischen Daten des ptolemäischen Weltbilds verbindet die folgende Liste von Korrespondenzen:

Den neun Himmelssphären, d. h. den sieben Planetensphären plus Fixstern- und Umgebender Sphäre, auch Zodiakalsphäre oder Sphäre der Sphären genannt, entsprechen neun Körpersubstanzen des Menschen, nämlich Knochen, Mark bzw. Hirn, Fleisch, Adern, Blut, Nerven, Haut, Haare und Nägel.

Die zwölf Tierkreiszeichen des Himmels werden eigenartigerweise den Körperöffnungen an die Seite gestellt, wobei die Zwölfzahl sich ergibt, wenn man zwei Brustöffnungen und den Nabel mitzählt.

Den sieben Planeten, hier betrachtet unter dem Aspekt ihrer astrologischen Mächtigkeit, die sich auf Physisches und Spirituelles erstreckt, entsprechen die sieben physischen und sieben spirituellen Potenzen im Körper, nämlich einerseits die Kräfte, die Blutkreislauf, Ernährung und Ausscheidung regeln, andererseits die fünf Sinne zuzüglich Denk- und Sprechfähigkeit.

Die Beziehung wird nun noch auf die sogenannten «Häuser» der Planeten ausgedehnt, von denen Sonne und Mond je eines, die übrigen fünf Planeten dagegen deren zwei, je ein Tag- und ein Nachthaus, besitzen; denn es handelt sich ja bei diesen Häusern wiederum um die zwölf Sternbilder des Tierkreises, das Dutzend muß also zusammenkommen. Wie die fünf Planeten je zwei Häuser, so haben die fünf Sinne je zwei Instrumente, also zwei Ohren, zwei Augen etc.; für den Tastsinn sind es die beiden Hände, für den Geschmackssinn der Gaumen und das Geschlechtsorgan. Hingegen wie Sonne und Mond nur je ein Haus, so haben die ihnen zugeordneten Fähigkeiten des Denkens und Sprechens je nur ein Organ, die Denkfähigkeit das Gehirn, die Sprechfähigkeit die Mundhöhle einschließlich Kehlkopf, wobei hier als letzte Feinheit hinzukommt, daß den 28 Stationen, die der Mond durchläuft, die 28 Buchstaben des arabischen Alphabets entsprechen. Im einzelnen entsprechen

die beiden Häuser Jupiters den Augen,
die beiden Häuser Merkurs den Ohren,
die beiden Häuser des Mars den Nasenlöchern,
die beiden Häuser der Venus den Brüsten,
die beiden Häuser Saturns den beiden Darmöffnungen,
das Haus der Sonne dem Mund,
das Haus des Mondes dem Nabel.

Doch nicht nur die Planetenhäuser, auch die Planeten selber haben ihre Entsprechungen im Körper. Das Herz steht im Körper wie die Sonne im

Körper des Universums, die Milz entspricht Saturn, die Leber Jupiter, die Gallenblase Mars, der Magen der Venus, das Hirn Merkur, die Lungen dem Mond. Diese zunächst völlig willkürlich erscheinenden Korrespondenzen werden durch Einzelheiten plausibel gemacht, z. B. die Beziehung Lunge–Mond: So wie der Mond sich bald mit Licht anfüllt, bald sich davon entleert, ergeht es der Lunge mit der Luft. Manche Korrespondenzen werden nicht näher ausgeführt, sondern nur kurz als poetische Bilder beschworen. Die Welt gleiche, erfahren wir da, einem Baum mit seinen Wurzeln, einer Stammesordnung mit ihrer Gliederung in Sippen und Familien, einem religiösen Gesetz mit seinen mancherlei Satzungen und Weisungen etc.

Der Mensch seinerseits wird nicht nur mit dem Kosmos in Beziehung gebracht, sondern auch mit anderen irdischen Erscheinungen, wobei es in der Regel darum geht, das Verhältnis von Leib und Seele bzw. Geisteskräften zu verdeutlichen. Dieses kann veranschaulicht werden z. B. mit dem Bild von Schiff und Kapitän, Pferd und Reiter, von einem Handwerker und seinem Laden mit dem mancherlei Werkzeug darin[81] oder auch mit dem eines Hauses und seines Herrn, ein Bild, das die Lauteren Brüder in Einzelheiten spezifizieren. So ist etwa das Gesicht die Fassade des Hauses, die Gelbe Galle die Waffenkammer, die Eingeweide sind der Abtritt, After und Harnröhrenspitze die Abfallgräben des Hauses.[82]

Besonders lieb war den Lauteren Brüdern schließlich das Bild der Stadt, weil es sich nämlich sowohl auf den Makrokosmos der Sphären wie den Mikrokosmos des menschlichen Körpers anwenden ließ: «So wie die Bewohner jener (vorher erwähnten) Stadt darin Moscheen, Kirchen und Synagogen haben und die Vertreter der Wisenschaft in ihnen Sitzungen, Versammlungen, Feste und Gebete abhalten, so finden auch in dem unbegrenzten Raum der Sphären und der Weite der Himmel von den Engeln Versammlungen, Lobpreisungen und Anrufungen (Gottes) statt, wie Gott – erhaben und groß ist er – gesagt hat: ‹Sie preisen bei Tag und bei Nacht und sie ermüden nicht› (21,20) und ‹Du siehst die Engel um den Thron kreisen und das Lob ihres Herrn verkünden› (39,75) usw. Und so, wie es in jener Stadt für ihre Bewohner Gefängnisse und Kerker mit Polizeigarden und Wächtern gibt, so gibt es im Makrokosmos für die schlechten Seelen die Hölle, das Feuer und den Höllenabgrund, welche ein zorniger Engel bewacht; und das ist die Welt des Entstehens und Vergehens.»[83]

An einer anderen Stelle des Werkes wird der menschliche Körper als eine von Gott errichtete Stadt beschrieben: Aus den vier Elementen *(ʿanāṣir)* und den daraus entstandenen vier Körpersäften *(aḫlāṭ)* erschuf Gott neun Substanzen *(ǧawāhir)* verschiedener Form, die die Basis der Konstruktion bilden und in zehn Schichten übereinandergeordnet sind. Dann stützte er sie mit 248 Säulen und verband sie mit 750 Bändern, legte elf Magazine *(ḫazāʾin)* an, gefüllt mit verschiedenen Substanzen, ebnete Straßen und

Gassen zu ihnen, öffnete die Pforten und legte 360 Pfade zu ihren Bewohnern an, ließ 390 Bäche und Kanäle fließen und brachte zwölf Stadttore an. Die Stadt ließ er von sieben Arbeitern erbauen, gab ihr fünf Wächter und errichtete sie dann in freier Luft auf zwei Sockeln, machte sie in sechs Richtungen beweglich mittels zwei Flügeln und ließ drei Stämme in ihr wohnen: Dämonen, Menschen und Engel. Schließlich unterstellte er sie einem König, den er die Namen aller Bewohner lehrte und mit ihrem Schutz beauftragte. – Die Aufschlüsselung der Bilder macht keine großen Schwierigkeiten, doch lassen die Lauteren Brüder den Leser auch nicht im Unklaren, nennen vielemehr im einzelnen folgende Entsprechungen:

Die neun Substanzen: Knochen, Hirn, Nerven, Adern, Blut, Fleisch, Haut, Haare und Nägel.

Die zehn Schichten: Kopf, Hals, Brust, Bauch, Unterleib, Lenden, Hüften, Oberschenkel, Beine, Füße.

Die elf Magazine: Hirn, Mark, Lunge, Herz, Leber, Milz, Gallenblase, Magen, Darm und zwei Nieren.

Die zwölf Öffnungen: Augen, Ohren, Nasenlöcher, After und Harnröhre, Brustwarzen, Mund und Nabel.

Die sieben Arbeiter: Potenzen, die die inneren Körpervorgänge bewirken, die anziehende *(ǧā*d̲*iba),* die festhaltende *(māsika),* die verdauende *(hāḍima),* die ausstoßende *(dāfi`a),* die wachsen[lassen]de *(nāmiya),* die ernährende *(ǧhā*d̲*iya),* die vorstellende *(muṣawwira).*

Die fünf Wächter: die fünf Sinne.

Die zwei Sockel: Die Beine.

Die zwei Flügel: Die Arme.

Die drei Stämme: die drei platonischen Seelenteile, und zwar repräsentieren die Dschinnen die Triebseele *(šahwānīya),* die Menschen die animalische Seele *(ḥaiwānīya),* die Engel die Vernunftseele *(nafsānīya).*[84]

Das alles erinnert an die Spiegelmetapher, von der wir in einem früheren Kapitel gesprochen haben. Auch begreift man die Bedeutung dieses in Analogien denkenden Weltbildes für die schönen Künste. Eine ausdrückliche Bezugnahme der Lauteren Brüder auf diese kommt an anderer Stelle unsers Buches zur Sprache (Kap. VIII. 3.). Daß aber das Weltbild der makro-mikrokosmischen Korrespondenzen letztlich auf okkultes Wissen und daraus zu erlangende Mächtigkeit abzielt, zeigt sich darin, daß die *Rasa'il* in der Magie gipfeln, von der die letzte, 51. *Risala* handelt. Darauf wird im Magie-Kapitel zurückzukommen sein. An dieser Stelle aber geht es uns um die Mächtigkeit der Philosophie der Lauteren Brüder im Rahmen der islamischen Religion, also die Frage des Grades ihrer Unterordnung. Dafür seien nun in aller gebotenen Kürze noch einige Hinweise gegeben.

Einmal ist die Dreiteilung aufschlußreich, die die Brüder ihrer Einteilung der Wissenschaften zugrundelegen: «So wisse denn, mein Bruder, daß die Wissenschaften, mit denen die Menschheit sich beschäftigt, dreierlei Gattungen einschließen. Es gibt nämlich propädeutische, konventionell religionsgesetzliche und wesenswahr philosophische Wissenschaften.»[85] Dem entspricht, daß die Lauteren Brüder zwar nicht in der Enzyklopädie selber, aber im Gespräch mit ihresgleichen die Philosophie als die Medizin der Gesunden, die Scharia dagegen als diejenige der Kranken zu bezeichnen pflegten.[86] Eine überkonfessionelle Einstellung scheint deutlich in der eindrücklichen Erzählung vom Geretteten[87] zum Ausdruck zu kommen, die hier im Wortlaut angeführt sei:

«Es wird erzählt, daß einer der Freunde und frommen Diener Gottes des Erhabenen, die Gott aus der Qual des Höllenfeuers entkommen läßt, einen von denen, die untergehen, fragte: ‹Wie geht es dir, o Soundso?›

Er antwortete: ‹Ich bin in die Gnade Gottes des Erhabenen eingetreten, ich suche sie zu vermehren, begehre nach ihr, bin eifrig darum bemüht, sie zu sammeln, helfe der Religion Gottes und bekämpfe und bekriege die Feinde Gottes.›

Der Gerettete frage: ‹Wer sind die Feinde Gottes?›

Er antwortete: ‹Jeder, der eine andere Lehrmeinung *(maḏhab)* und einen anderen Glauben *(iʿtiqād)* vertritt als ich.›

Der andere fragte: ‹Und wenn er zu den Leuten gehört, die sich zum Einheitsbekenntnis bekennen?›

Er sagte: ‹Ja, (auch dann).›

Der Gerettete antwortete: ‹Was machst du mit ihnen, wenn du ihrer habhaft wirst?›

Er sagte: ‹Ich rufe sie zu meiner Ansicht *(raʾy)*, Lehrmeinung *(maḏhab)* und meinen Glauben *(iʿtiqād)*.›

Er sagte: ‹Und wenn sie sich dagegen auflehnen?›

Er antwortete: ‹Dann bekämpfe ich sie und halte es für erlaubt, ihr Blut zu vergießen, ihnen ihr Vermögen wegzunehmen, und führe ihre Kinder in Gefangenschaft.›

Er fragte: ‹Wenn du aber ihrer nicht mächtig wirst, was tust du dann?›

Er sagte: ‹Ich verwünsche sie Nacht und Tag und verfluche sie in meinem Gebet. All das tue ich im Bemühen, Gott – Preis sei ihm – nahezukommen.›

Der Gerettete sagte: ‹Weißt du denn, daß sie etwas trifft, wenn du sie verfluchst?›

Er antwortete: ‹Das weiß ich nicht. Aber wenn ich es tue, finde ich Ruhe für mein Herz, Genuß für meine Seele und Heilung für den Rachedurst meiner Brust.›

Der Gerettete sagte: ‹Und weißt du, warum das so ist?›

Er antwortete: ‹Nein, aber sage du es mir.›

Er sagte: ‹Weil du eine kranke Seele hast, ein gepeinigtes Herz und einen bestraften Geist (...) Wisse, daß du in einem der Stockwerke der Hölle gefangen bist (...)›

Daraufhin sagte der Verlorene zu dem Geretteten: ‹Berichte doch du mir von deiner Ansicht *(ra'y)* und Lehrmeinung *(maḏhab)* und in welchem Zustand sich deine Seele befindet.›

Er antwortete: ‹Ja. Was mich betrifft, so bin ich der Ansicht, daß ich in die Gnade Gottes eingetreten bin.› Er übt Wohltaten an mir (Diwald: ‹verübt W. gegen mich›), die ich gar nicht zählen kann, und so viel Gutes, daß ich ihm gar nicht genug dafür danken kann. Ich bin zufrieden mit dem, was Gott mir zugeteilt und bestimmt hat, ich füge mich geduldig seinen Bestimmungen *(aḥkām),* ich beabsichtige gegen keines der Geschöpfe etwas Böses, hege gegen sie nichts Schlechtes und habe gegen sie nichts Übeles vor. Denn meine Seele befindet sich in Ruhe, mein Herz ist gelöst, und die Geschöpfe sind vor mir in Sicherheit. Ich habe Gott meine Religion *(dīn)* und meinen Glauben *(maḏhab)* anheimgestellt, und meine Religion ist die Religion meiner Väter und die Religion Abrahams, Gott möge ihn segnen. Ich spreche, wie er gesprochen hat (14,36): ‹Wer mir nachfolgt, der gehört zu mir, und wer sich mir widersetzt – so bist du verzeihend und barmherzig.›»[88]

Der Text ist aufschlußreich und berührt in seiner Haltung ausgesprochen sympathisch. Es schiene mir fatal, hier mit Marquet nur einen der Propagandatricks der Lauteren Brüder, in dieser schönen Toleranz nur Taktik zu erblicken. Richtig ist allerdings, daß der «Gerettete» zweifellos als Muslim präsentiert wird ebenso wie die Gruppe der «Freunde Gottes», denen er angehört. Ebenso unverkennbar ist aber, daß der Verlorene die Haltung der Schari`a verkörpert, die den Kampf gegen die Feinde Gottes in der von ihm vertretenen Form vorschreibt. Hier wird also, genau wie bei den arabischen Aristotelikern, mit islamischen Argumenten ein höheres, philosophisches Verständnis des Islam propagiert, das seinen Einfluß – nicht nur auf intellektuelle Kreise – nicht verfehlt hat.

Erwähnen wir schließlich noch das Menschenbild in der langen Erzählung von Mensch und Tier vor dem König der Genien oder Dschinnen. Diese Geschichte persischen Ursprungs, wie aus den Namen der Helden hervorgeht, ist die mit Abstand längste der eingestreuten Erzählungen in den *Rasa'il* und von hohem literarischem Rang. Der Inhalt ist, kurz zusammengefaßt, der folgende:

Auf der Erde hatten die Tiere in Frieden gelebt, bis der Mensch sie zu tyrannisieren begann. Einige Zeit nach dem Auftritt Muhammads landet auf der vom Dschinnenkönig Biwarasp Schahmardan,[89] beherrschten Insel Saghun bzw. Balasaghum, wo nur Tiere leben, ein vom Sturm verschlagenes Schiff mit Menschen verschiedener Herkunft und Berufe. Alsbald beginnen sie auch hier, die Tiere zu jagen und zu töten, worauf diese sich beim König der Insel beklagen. Biwarasp läßt nun Menschen und Tiere vor sich kommen. Und da die Menschen durch Vertreter der einzelnen Länder repräsentiert sind, beantragen die Tiere im Verlauf des Prozesses angesichts ihrer Schwäche, sich um je einen Vertreter der sechs Tiergattungen erweitern zu dürfen, was ihnen gewährt wird. Dem anonymen Erzähler gibt das – schon bei der Wahl dieser Sprecher seitens der Tiere – Gelegenheit zu zahlreichen, bald witzigen, bald nachdenklichen Erörterungen über tierische Eigenschaften, meist mit Bezug auf menschliche Schwächen.

Vergebens suchen die Menschen ihre Überlegenheit zu erweisen. Die Tiere halten ihnen einen Spiegel vor. In vieler Hinsicht erscheinen sie den Menschen ebenbürtig, ja überlegen. Vor allem folgen sie nicht ihren Begierden und quälen und töten sich nicht gegenseitig; selbst die Raubtiere werden in dieser Hinsicht von den Menschen bei weitem übertroffen. Die Tiere brauchen daher keine Religion; ihr Leben ist Gottesdienst, ihre Sprache Lobgesang. Dagegen töten die Menschen sich im Namen ihrer Religionen, obwohl es in der Religion eigentlich keinen Zwang geben sollte – ein Verweis auf Sure 2,256 – und die wahre Religion darin bestehen müßte, sich selber, d. h. seine Lüste, zu töten. Nachdem alle andern Argumente der Menschen für den Erweis ihres Herrschaftsanspruchs aufgrund von vorgeblicher Überlegenheit durch die anwesenden Tiere widerlegt worden sind, erhebt sich der Hidschaser – wobei Hidschas hier als das Ursprungsland des Islam für wahren Islam steht – und verweist auf das künftige Leben, das allein den Menschen versprochen sei, worauf die Vertreter der Tiere und die vom König eingesetzten Weisen der Dschinnen gemeinsam erwidern: «Jetz habt ihr die Wahrheit gebracht, und das richtige gesagt!» (Dieser Schluß ist gleichzeitig eine Korrektur der volkstümlichen islamischen Vorstellung eines von Tieren bevölkerten Paradieses). Das sei etwas, dessen der Mensch sich wahrhaft rühmen dürfe und wofür Bemühen und Wetteifer lohne. Der Mensch solle nun aber die Eigenschaften derjenigen, die dies wirklich tun, beschreiben.

«Da erhob sich der vollkommene Gelehrte unter ihnen von persischer Abstammung und arabischer Religion, hanafitischer Richtung, hebräischer Erfahrung, christlichem Wandel, syrischer Askese, griechischer Wissenschaft, indischer Weisheit, sufischer Lebensart, königlichem Charakter, göttlicher Einsicht und Erkenntnis.» Dieser Idealmensch gibt eine knappe Beschreibung vom Wesen des sufischen Menschen, den er selber verkörpert, worauf der König entscheidet, die Tiere seien diesem Menschen unterworfen und hätten ihm zu gehorchen. Mit diesem Urteil endet das «hearing».[90]

Das so sympathisch wirkende Bemühen der Lauteren Brüder um ein vergeistigtes Verständnis des Islam hatte zweifellos großen Einfluß, bewahrte aber ihr Werk nicht davor, schon bald als ketzerisch zu gelten. Im Jahre 1150 wurden die *Rasa'il* zusammen mit den Schriften Ibn Sinas von Vertretern der Orthodoxie in einem öffentlichen Autodafé verbrannt.[91] Gewiß brachte der Vorfall die Wirkung des Werkes nicht zum Erliegen; er zeigt aber, wie es in orthodoxen Kreisen eingeschätzt wurde und zu welchen Reaktionen sich diese auch im arabischen Osten um die Mitte des

12. Jahrhunderts bereits genötigt sehen. Noch vor Ablauf des Jahrhunderts sollten sie ein prominentes Opfer fordern, den genialen «Meister der Erleuchtung».

4. Suhrawardi und die Weisheit der Erleuchtung

Nachdem das Bemühen sowohl der Lauteren Brüder wie der arabischen Aristoteliker, eine Versöhnung zwischen Scharia und *Falsafa* herbeizuführen, gescheitert war, lag es wohl in der Natur der Dinge, neue, gangbarere Wege für ein islamisches spekulatives Denken zu finden. Zwei hervorragende Geister unternahmen dies noch in der zweiten Hälfte des zwölften Jahrhunderts, der Andalusier Muhyi d-Din Ibn `Arabi, (1165–1240), genannt «der größte Meister» *(aš-Šaiḫ al-akbar),* der den mystischen Monismus begründete, daher hier im Mystik-Kapitel behandelt wird, und Schihabuddin Yahya as-Suhrawardi (1153–91), mit den ihn von mehreren prominenten Gelehrten gleichen Namens unterscheidenden Beinamen «Der Getötete» *(al-maqtūl)* und «Meister der Erleuchtung» *(Šaiḫ al-išrāq).*

Über das Leben dieses Gelehrten wissen wir wenig. Er wurde in Suhraward, bei Zandschan im nordwestlichen Iran geboren, war also Perser und hat auch einen Teil seiner Werke auf persisch verfaßt. In seiner Jugend machte er weite Reisen, hielt sich in Maragha, Isfahan und Diyarbakr auf und kam schließlich von Anatolien nach Aleppo, wo er am Hofe des Ayyubiden al-Malik az-Zahir (1186–1216), einem Sohn Saladins, freundliche Aufnahme fand. Der junge Gelehrte war zweifellos ein ganz außergewöhnlicher Mensch. Schon auf seinen Reisen hatte er begonnen, das Leben eines Derwischs zu führen, nur einmal wöchentlich das Fasten gebrochen und nie mehr als 50 Dirham besessen, so daß sein Biograph Schahrazuri, der gleichzeitig auch zu seinen Jüngern gehörte, ihn mit Jesus vergleicht. Wie dieser und wie der dem Messias ebenfalls oft an die Seite gestellte Mystiker al-Halladsch, so war auch Suhrawardi wundermächtig. Diese Züge und seine brillante Gelehrsamkeit verschafften ihm begeisterte Jünger. Auch der Fürst gehörte dazu und veranstaltete Diskussionen mit berühmten Juristen und Theologen, bei denen Suhrawardi seine Kontrahenten überstrahlte. «Offen verteidigte er in seinen Diskursen die Ansichten der Philosophen und zeigte, wie dumm die Meinungen seiner Widersacher waren, diskutierte mit ihnen und stellte sie öffentlich bloß. Hinzu kamen die Wunder, die er durch die Macht des Heiligen Geistes vollbrachte. Aus Neid erklärten sie ihn daher einstimmig für einen Ungläubigen, der die Hinrichtung verdiene, unterstellten ihm große Verbrechen und behaupteten, er hätte beansprucht, ein Prophet zu sein, obwohl er sich dessen nie schuldig gemacht hat.»

Da al-Malik az-Zahir nichts unternahm, schrieben die Fuqaha´ an seinen Vater Saladin, der dann mit der Drohung der Absetzung seinen Sohn nötigte, die Hinrichtung des Ketzers wider seinen Willen zu vollziehen.[92]

Suhrawardi ist der Begründer einer neuen Schule, der «Weisheit der Erleuchtung» *(Ḥikmat al-išrāq),* die er in einem angesichts der Kürze seines Lebens recht imposanten Werk niedergelegt hat, darunter das Hauptwerk mit dem Titel, der seiner Lehre den Namen gab. Dieser Titel als solcher ist aufschlußreich. Es fällt auf, das der Autor seine Lehre nicht als *falsafa,* sondern als *ḥikma* bezeichnet. Das Wort ist durch seinen Gebrauch im Koran und darüber hinaus im Alten Testament – in der hebräischen Form *hochma* – von heiliger Weihe. Griechisch entspricht ihm *sophia,* das im Neuen Testament für Weisheit steht. Doch während der Begriff im Neuen Testament ambivalent ist – der Weisheit Gottes steht «die Weisheit der Welt» (*tou kosmou,* 1. Kor. 19,20) gegenüber –, ist es im Koran immer sakrales Wissen, das durch *hikma* bezeichnet wird. David, Jesus, Muhammad und daneben der arabische Weise Luqman, Titelheld der 31. Sure, erhielten Weisheit von Gott. Begreiflich daher, das *falsafa* bald als Gegensatz zu *hikma* empfunden wurde. Ibn Sina verwendet den terminus *hikma* in einem umfassenden Sinn für die Philosophie und alles ihr zugeordnete Wissen. Ibn Ruschd zitiert, wie wir sahen, von *hikma* handelnde Koranverse, um die Philosophie zu legitimieren. Keinem der arabischen Peripatetiker wäre es, sollte man meinen, in den Sinn gekommen, unter Berufung auf *hikma* sich von der *falsafa* abzusetzen, die letztere als bloße Vorstufe der *hikma* anzuschauen. Das mag allenfalls in Ibn Sinas verlorengegangenem Werk *Die östliche Weisheit* der Fall gewesen sein.[93] Demgegenüber verwendet nun Suhrawardi *hikma* in einem programmatischen Sinn für eine bewußt stärker an Plato, aber auch an den Hermetismus und die parsische Tradition anknüpfende, ebenso gnostisch wie islamisch durchwachsene Philosophie. Das geht klar aus der Einleitung seines Hauptwerks hervor.

«Bei der von mir dargelegten Wissenschaft von den Lichtern und allem, was sich darauf gründet, helfen mir alle, die den Weg Gottes beschritten. Es ist die Erfahrung (*dhauq,* «Geschmack» – ein in der Mystik geläufiger Terminus) des Führers *(imām)* und Hauptes der Weisheit, Platos, Herrn der Macht und des Lichtes, und ebenso der großen Weisen, die vor ihm waren seit der Zeit des Vaters der Weisen, Hermes, bis zu seiner Zeit, wie Empedokles, Pythagoras u. a. Die Worte der frühen (Lehrer) sind symbolisch verschlüsselt *(marmūza)*, und sie wurden nie widerlegt *(mā rudda ʿalaihim)*. Wenn man sich gegen den äußeren Wortsinn wendet, so trifft man ihre Absicht nicht, und der symbolische Sinn *(ramz)* bleibt unwidersprochen. Auf diesem Prinzip beruht auch die östliche Lehre *(qāʿidat aš-šarq)* von Licht und Finsternis, die die persischen Weisen vertraten wie Dschamasp, Frashaoshtra und Buzurgmihr, so wie ihre Vorgänger. Dies ist nicht die Lehre der heidnischen Magier noch die Ketzerei Manis, und nichts, was zum Polytheismus hinführt.

Glaube auch nicht, daß die Weisheit nur in dieser kurzen Periode existiert hat! Nein, die Welt ist nie ohne Weisheit noch ohne einen, der sie durch Argumente und Beweise aufrecht erhielt, gewesen; ein solcher aber ist der

Stellvertreter Gottes auf Erden (...). Und so wird es sein, solange Himmel und Erde bestehen. Der Unterschied zwischen den Früheren und den Späteren liegt lediglich in den Termini *(alfāẓ)* und in der unterschiedlichen Gepflogenheit bezüglich direkter oder allusiver Sprache. Alle glauben an die drei Welten (!) und stimmen überein im Monotheismus, ohne über die grundsätzlichen Dinge zu streiten.

Der Erste Lehrer Aristoteles ist nun zwar von großer Bedeutung und hohem Rang, ein sehr gründlicher Denker und hervorragender Theoretiker; dennoch darf man seine Verehrung nicht übertreiben, indem man seine Lehrer schmäht, unter denen sich ja Mittler *(ahl as-sifāra)* und Gesetzgeber *(šāri`)* wie Agathodaimon, Hermes und Asklepios befinden.»

Nach einer Darlegung der verschiedenen Grade des Forschens und Strebens fährt der Autor fort:

«Dieses unser Buch ist für diejenigen, die Forschung und Vergöttlichung erstreben *(at-ta'alluh wal-baḥṯ)*, nicht aber für den Forscher, der Vergöttlichung weder erreicht hat, noch danach strebt. In diesem Buch und seinen Symbolen wenden wir uns nur an den Strebenden *(muǧtahid)*, der sich vergöttlicht hat oder Vergöttlichung anstrebt. Das Mindeste, was der Leser dieses Buches aufweisen muß, ist, daß der göttliche Funken *(barīq)* ihn schon getroffen hat und diese Erleuchtung ihm zur zweiten Natur *(malaka)* geworden ist. Sonst hat er keinen Nutzen davon. Wer nur forschen *(baḥṯ)* will, für den ist die Methode der Peripatetiker; denn sie ist für das bloße Forschen gut und verläßlich. Wir aber reden und diskutieren mit ihnen nicht über die Lehren der Erleuchtung. Deren Anhänger nämlich vollbringen nichts ohne lichthafte Eingebungen *(sawāniḥ nūrīya)*.»[94]

Auf Einzelheiten der Erleuchtungsphilosophie kann in diesem Zusammenhang nicht eingegangen werden. Nur so viel sei gesagt, daß es sich um eine ausgeprägte Lichtmetaphysik handelt. Das Universum erscheint unserm Autor als ein gigantischer Lichtregen oder, anders gesagt – und darin enthüllt sich das enorm Moderne seines Weltbildes –, als ein kompliziertes, subtil geordnetes System von Lichtstrahlen, Lichtwellen. Doch während wir heute wissen, daß jede noch so erbärmliche Materie die im Prinzip gleiche molekulare Struktur aufweist, daß also die Elektronen der Atome in einer luftverschmutzenden Rußpartikel ebenso kreisen wie in den Nervenfasern des Gehirns, beruht das Universum Suhrawardis auf dem Gegensatz von Licht und Finsternis, Geist und Materie. Die Seele des Menschen muß sich also, wie schon bei Plato, aus dem Gefängnis des Leibes befreien, der Finsternis entrinnen, die niederen Seelenkräfte besiegen, um dann die schwierige Rückreise durch den Kosmos antreten zu können. Diesen Gedanken hat Suhrawardi in zehn kurzen symbolischen Traktaten mit eindringlichen, traumhaften Bildern Ausdruck verliehen. Daß ein Einfluß Ibn Sinas vorliegt, ist unverkennbar. Suhrawardi bestätigt es übrigens selber, indem er zu Beginn eines dieser Traktate mit dem Titel *Das Westliche*

Exil (al-ghurba al-gharbīya) seine Unzufriedenheit mit Ibn Sinas *Ḥayy Ibn Yaqẓān* und *Salamān wa-Absāl* ausdrückt. Zwei deutliche Unterschiede zu Ibn Sinas «récits visionnaires» bestehen aber darin, daß Suhrawardis Traktate von Koranzitaten durchsetzt und im ganzen viel anspielungsreicher und symbolträchtiger sind als jene. Das möge eine kurze Textprobe aus dem *Westlichen Exil* verdeutlichen.

Zum Verständnis sei kurz das Folgende vorausgeschickt: Suhrawardi bedient sich einer schon in der antiken Gnosis bekannten metaphysischen Geographie, für welche der Osten als das Land des Sonnenaufgangs die Heimat der Seele ist, der Westen dagegen der Ort ihrer Verbannung, ihr Exil.[95] Diese geistige Landkarte wird nun in der Erzählung aber irdisch versinnlicht, der Erzähler und sein Bruder befinden sich im fernen Westen der islamischen Welt, der heute in Tunesien liegenden Stadt Kairouan, die aber zweifellos auch darum gewählt wurde, weil ihr Name das arabisch-persische Wort für Pech *(qīr)* – Symbol äußerster Schwärze – im Schriftbild enthält. Doch damit nicht genug, zur Ferne kommt auch noch die Gefangenschaft, und das in einem tiefen Brunnen, der den Körper symbolisiert. Dicht daneben aber ist das Schloß, zu dem die Gefangenen bei Nacht aufsteigen dürfen. Das Bild bedeutet, daß der Seele momentane Ausbrüche aus dem Körper möglich sind. Im Schloß erreicht die Gefangenen denn auch der aus der Heimat der Seele kommende Vogel Wiedehopf, im Koran der Bote zwischen Salomo und der Königin von Saba. Nichts also ist in dieser bildreichen und doch dunklen Erzählung ohne Bedeutung, natürlich auch die Namen nicht: \`Asim, «der Unschuldige», dürfte auf den persönlichen Engel des Menschen deuten und der Name des Vaters, Hadi ibn al-Chair («Führer, Sohn des Guten»), zweifellos auf den aktiven Intellekt.

«Als ich in Gesellschaft meines Bruders \`Asim von der Gegend jenseits des Flusses aufbrach und die Reise ins Land des Westens antrat, um am Ufer des Grünen Meeres verschiedene Vögel zu jagen, gerieten wir plötzlich in *die Stadt, deren Bewohner Unterdrücker sind* (4,77), ich meine Kairouan. Als die Bewohner unsere unerwartete Ankunft bemerkt und begriffen hatten, daß wir Söhne des Schaichs waren, der als Hadi ibn al-Chair der Jemenit bekannt ist, erkannten sie uns, legten uns in Ketten und glühende Halseisen und warfen uns gefangen in einen Schacht von bodenloser Tiefe. Doch gab es bei dem leeren, durch uns bevölkerten Brunnen ein hohes, mit zahlreichen Türmen befestigtes Schloß. Man sagte uns: ‹Ihr begeht kein Unrecht, wenn ihr bei Nacht eure Kleider ablegt und zum Schloß emporsteigt. Doch müßt ihr, sobald der Tag anbricht, unbedingt in den Brunnen zurücksteigen›. Im Brunnen aber war *Finsternis über Finsternis, wenn wir die Hände ausstreckten, konnten wir sie kaum sehen* (24,20). Doch in den Stunden der Nacht stiegen wir auf das Schloß. So stiegen wir also während der Nacht hinauf und während des Tages wieder hinab. Da geschah es, daß wir in einer Vollmondnacht den Wiedehopf erblickten, der durch das Fenster hereinkam und uns grüßte. In seinem Schnabel hatte er eine Botschaft, die stammte *von der rechten Seite des Tales, von der gesegneten Gegend, dem Baum* (aus welchem Mose die Stimme Gottes vernahm; 27,22) (...).»[96]

Seine eigentliche Mächtigkeit bezieht dieser Text zweifellos aus den eingeflochtenen Koranzitaten, die, Kalligraphien auf einem Gebäude oder Gegenstand vergleichbar, seine Sakralisierung bewirken. Angesichts der Hinrichtung Suhrawardis aber wirkt dieses dichte Geflecht koranischer Verweise auch wie ein letzter verzweifelter Versuch eines Philosophen, zur Versöhnung mit der Scharia zu gelangen.

Die weitere Entwicklung der *Weisheit der Erleuchtung* kann in unserm Rahmen nicht verfolgt werden. Nur so viel sei gesagt, daß sie eine schiitische Richtung nahm, auf Persisch geschrieben wurde und dadurch im schiitischen Persien akzeptabel wurde, während die arabisch-sunnitische Welt schon aus sprachlichen Gründen kaum mehr davon Kenntnis nahm. Statt dessen soll noch ein späterer Denker der arabischen Welt behandelt werden, der, ohne Aristoteliker zu sein, sich doch seiner Denkart, seiner Methodik nach am ehesten dieser Schule zurechnen läßt.

5. *Ibn Chaldun*

Bedeutende westliche Gelehrte, darunter Sarton und Toynbee (vgl. die Zitate im Kapitel II.7.) haben ebenso wie moderne muslimische Gelehrte Ibn Chaldun als großen Rationalisten gewürdigt. Das seine Zeit beherrschende Denken pflegte sich jedoch nicht mehr an antikem Geist zu schulen, entlehnte seine Axiome und Denkmuster vielmehr Koran und Scharia. Dieses Klima ist auch an Ibn Chaldun nicht spurlos vorübergegangen. So stellt seine eindrückliche Geschichtstheorie, deren Grundzüge in einem früheren Kapitel bereits erörtert wurden, ein eigenartiges Gemisch aus empirischen Fakten, rationalen Argumenten und gleichrangig eingesetzten islamischen Aprioris dar. Sein Bild ist daher umstritten und die Diskussion um ihn noch voll im Gange.[97]

Fraglos ist etwa für ihn, daß, während die Geschichte sonst weithin mechanisch ihren immanenten Gesetzen – dem oben skizzierten zyklischen Ablauf – folgt, Muhammads Wirken und Wirkung allein einem außergewöhnlichen direkten Eingreifen Gottes zu verdanken ist. Auch die Ausbreitung des Islam durch den Heiligen Krieg und die dafür nützliche, ja unentbehrliche *'asabiya* ist ein solches nicht zu hinterfragendes Faktum.

Ein weiteres Beispiel ist Ibn Chalduns Einstellung zu den Geheimwissenschaften, namentlich der Magie. Er bezeichnet zwar die Beschäftigung mit Alchimie, Astrologie, Magie als im Islam verboten. Doch an der Realität zumindest von Alchimie und Magie zweifelt er nicht.[98] Auch registriert er zwar kritisch distanziert die Aszendenz einer islamisierten Magie, die auf diese Weise legal zu erscheinen versuche, es allerdings nicht sei. Sein eigenes

Interesse an diesem Gegenstand kommt aber in der überaus breiten, detaillierten Behandlung von Zahlenmagie deutlich zum Ausdruck.[99]

Doch nicht nur die Geheimwissenschaften fühlt Ibn Chaldun sich bemüßigt zu widerlegen, sondern auch – und zwar im gleichen Kontext – die aristotelische Philosophie.[100] In dieser sehr intelligenten Refutatio zeigt sich noch einmal deutlich, was den Kern des Problems, den Stein des Anstoßes für das von der Scharia geprägte Denken ausmacht (und Ibn Chaldun ist ja von Haus aus *Faqih*): Es ist der von uns mehrfach herausgestellte Autonomie-Anspruch der Vernunft. Den *falasifa,* deren wichtigste Lehren Ibn Chaldun in gedrängter Form zutreffend wiedergibt, wirft er vor, daß sie glaubten, ohne Offenbarung, allein mit Hilfe des Intellekts Gut und Böse sowie Gott erkennen zu können. Auch der Anspruch, die Vereinigung mit der aktiven Vernunft «ohne Mittler» zu erreichen und allein dadurch Glückseligkeit, wahre Freude zu erlangen, sei eine Täuschung. Freue sich doch schon ein Kind an seinen ersten sinnlichen Wahrnehmungen. Aristoteles hätte daher gut daran getan, sich auf die Logik zu beschränken und keine Verantwortung in Sachen Metaphysik auf sich zu nehmen. «Wisse, daß diese Lehre, die sie vertreten, in allen ihren Aspekten nichtig ist!»[101] «Wer sie studieren will, sollte daher vor ihren verderblichen Gefahren auf der Hut sein. Und er sollte sie erst studieren, nachdem er sich angefüllt hat mit den religiösen Wissenschaften *(aš-šar'īyāt)* und nachdem er Koranexegese und islamisches Recht studiert hat. Keiner soll sich mit ihr befassen, der noch leer ist von den Wissenschaften der (islamischen) Gemeinschaft! Selten nämlich wird ein solcher vor ihren verderblichen Gefahren bewahrt bleiben. Gott schenkt den Erfolg und die Leitung zur Wahrheit! Wir wären nicht rechtgeleitet, wenn Gott uns nicht führte!» (7,43)[102]

Aufschlußreich ist schließlich die Ambivalenz, mit welcher Ibn Chaldun den Niedergang der Philosophie verzeichnet. Der diesbezügliche Passus in seinem Werk möge hir in vollem Wortlaut erscheinen, weil man den äußeren Verlauf kaum knapper resümieren könnte. Nach einem kurzen Bericht über die Blüte der Wissenschaften bei den Griechen und ihre Einschränkung unter der christlichen Herrschaft fährt Ibn Chaldun fort:

«Dann brachte Gott den Islam, und seine Anhänger erlebten einen Sieg ohnegleichen und entrissen den Byzantinern die Macht, wie sie sie andern Völkern entrissen. Anfangs waren sie einfach und ohne Achtung für die Künste *(ṣanā'i'),* bis die Regierung und die Macht daran gingen, Nutzen zu ziehen, und eine Kultur *(ḥaḍāra)* erreichten, wie sie kein anderes Volk je besaß. Und sie verzweigten sich in den Künsten und den Wissenschaften und bemühten sich um das Studium der philosophischen Wissenschaften *(al-'ulūm al-ḥikmīya)* aufgrund dessen, was sie von Bischöfen und Geistlichen, die etwas davon in Erinnerung hatten, vernahmen, und weil diese das menschliche Denken heben.

Da sandte Abu Dscha'far al-Mansur zum byzantinischen Herrscher und bat ihn um die Bücher der mathematischen Wissenschaften *(at-ta'ālīm)* in Übersetzung. Und er sandte ihm die Werke des Euklid und einiges über Naturwissenschaft. Die Muslime lasen und studierten sie, und ihr Verlangen wuchs, auch das übrige zu besitzen. Da kam al-Ma'mun an die Macht, und er war sehr interessiert an den Wissenschaften aufgrund dessen, was er sich schon angeeignet hatte. Ja, er gab sich ganz seinem Verlangen nach diesen Wissenschaften hin und entsandte Boten zu den byzantinischen Herrschern, um die Wissenschaften der Griechen zu erkunden und in arabischer Schrift zu kopieren, und er beauftragte Übersetzer damit. So wurde es rezipiert und ausgeschöpft, und muslimische Denker befaßten sich intensiv damit und wurden geschickt in allen Zweigen derselben und ihre Einsichten erreichten den Gipfel. Sie widersprachen aber dem Ersten Lehrer in vielen Punkten und spezialisierten sich auf seine Widerlegung oder Rechtfertigung wegen seiner Berühmtheit, und legten es in Kompendien nieder und übertrafen ihre Vorgänger in diesen Wissenschaften.

Zu den Größten dieser Gemeinschaft (des Islam) gehören Abu Nasr al-Farabi und Ibn Sina im Osten und der Qadi Abu l-Walid Ibn Ruschd und der Wesir Abu Bakr ibn as-Sa'igh (Ibn Baddscha) im Westen, so wie andere, die den Gipfel in diesen Wissenschaften erreichten. Diese sind es, die den Ruhm und das Angedenken besonders verdienen. Viele andere aber haben sich auf die mathematischen und die sie flankierenden Wissenschaften wie Astrologie, Magie, Talismane beschränkt. Der Ruhm kommt hierin Dschabir ibn Hayyan von den Bewohnern des Ostens und Maslama ibn Ahmad al-Madschriti von den Bewohnern Andalusiens und seinem Schüler zu. Mit diesen Wissenschaften ist etwas (Fremdes) in den Islam eingedrungen und hat viele Menschen verführt, die ihnen zugeneigt und ihre Lehren übernommen haben. Die Verfehlung lastet auf dem, der sie begeht. ‹Und wenn Gott es (anders) gewollt hätte, hätten sie es nicht getan!› (6,137).

Nachdem nun aber der Wind der Zivilisation *(al-'umrān)* im Maghrib und in Andalusien zum Erliegen gekommen ist und mit ihrem Schrumpfen die Wissenschaften geschrumpft sind, ist das (alles) bis auf wenige Kennzeichen erloschen, die man noch bei einzelnen Gruppen und unter der Kontrolle der Religionsgelehrten *(fī riqbat al-'ulamā')* findet.

Wir hören aber, daß die Ware dieser Wissenschaften im Osten noch im Schwange ist, namentlich in Persien und weiter östlich in Transoxanien pflegen sie die Verstandes- wie die Traditionswissenschaften, weil ihre Zivilisation noch blüht und ihre Kultur gefestigt ist.»

Ibn Chaldun nennt als Beispiel die Werke des arabisch schreibenden persischen Polyhistors at-Taftazani (gest. 1390), der jedoch keine *falsafa,* sondern nur Logik und *Kalam* betrieb,[103] und beschließt dann diesen Passus mit folgender Bemerkung: «Wir hören ebenso, daß die philosophischen Wissenschaften *(al-'ulūm al-falsafīya)* in den Ländern der Franken, im Reiche Roms und dem im Norden angrenzenden Gebiet einen guten Absatz finden. Ihr Brauch wird dort erneuert, Sitzungen, wo man sie unterrichtet, sind zahlreich, Bücher darüber umfassend und die Zahl derer, die sie betreiben und studieren, ist sehr groß. Gott weiß am besten, was dort vor sich geht, und ‹Gott erschafft was Er will, und Er hat die Wahl› (28,68).[104]

6. Abschließende Bemerkungen

Fast genau ein Jahrhundert nach Ibn Chaldun (gest. 1406), im Jahre 911 der Hidschra (1505 n. Chr.) starb as-Suyuti, von dem wir in den Kapiteln über Prophetenmedizin und Magie noch zu reden haben werden. Er war der führende ägyptische Gelehrte seines Jahrhunderts und kann daher für den Geist seiner Zeit, die Ausrichtung der arabischen Wissenschaften im 15. Jahrhundert, als repräsentativ betrachtet werden. Statt eines Nachworts stehe hier zum Abschluß des langen Kapitels über das Ringen zwischen *falasifa* und *fuqaha'*, zwischen autonomer und schariagebundener Ratio, was dieser Gelehrte über seine Ausbildung mitteilt:

«Ich las viele Bücher über Grammatik, wurde versiert in ihr und schrieb viele erklärende Anmerkungen darüber. Ich glaube, die Mehrheit meiner Zeitgenossen, und wohl auch viele ihrer Vorgänger, haben nicht die Bücher über Arabisch gelesen, die ich gelesen habe (...). Dann übertrug sich dieser Eifer auf das Recht *(fiqh)* – Gott sei gepriesen! – und diese beiden sind nun meine besten Gebiete. Danach folgt Rhetorik, die Abfassung eleganter Prosa und die technischen Aspekte des Hadith *(iṣṭilāḥ al-ḥadīṯ)*. Was die Pflichtenlehre *(farā'iḍ)* anlangt, so ist mein Wissen darin nicht besser als das anderer Gelehrter. In Arithmetik und Prosodie bin ich schwach. Was aber Logik und philosophische Wissenschaften betrifft, so befasse ich mich nicht mit ihnen, denn sie sind verboten *(ḥarām)*, wie an-Nawawi (berühmter Traditionsgelehrter) und andere festgestellt haben. Und selbst wenn sie erlaubt wären, würde ich sie den religiösen Wissenschaften nicht vorziehen.»[105] Fügen wir hinzu, daß Suyuti in mehreren seiner Schriften bestrebt ist, «als der Mann zu gelten, den Gott, wie einst al-Ghazali, gesandt habe, die Religion zu erneuern.»[106]

VII. Natur- und Geheimwissenschaften

Wie die Philosophie, so stellten auch die Natur- und Geheimwissenschaften im Islam «Mächtigkeiten» dar, deren paganer Ursprung sie je nach Charakter als mehr oder weniger anstößig erscheinen ließ. Dabei spielte einerseits der Bedarf, andererseits die implizierte Ideologie eine wichtige Rolle. So war z. B. eine elementare Mathematik unerläßlich für die aus den koranischen Regelungen erwachsende, oft komplizierte Berechnung der Erbanteile, eine elementare Astronomie für die Feststellung der Gebetsrichtung *(Kibla),* zumal auf Reisen, der Gebetszeiten, der Tage und Stunden von Anfang und Ende des Fastenmonats; beide besaßen mithin wichtige islamische Legitimationen, soweit die Grundkenntnisse betroffen waren.[1] Was darüber hinausging, konnte aber bereits Argwohn erregen. Und so wurden, ebenso wie die Logik, auch die Mathematik und Astronomie aufs Korn genommen mit dem angeblichen Prophetenwort «Gott, ich nehme Zuflucht zu dir vor einer Wissenschaft, die nichts nützt, und einem Herzen, das sich nicht unterwirft!» Dagegen geriet die hippokratisch-galenische Medizin nach anfänglicher Blüte wegen ihrer Verquickung mit Philosophie zunehmend in Bedrängnis, die Kosmographie kollidierte mit dem koranischen Weltbild. Die Geheimwissenschaften lavierten zwischen ihrem (sie verdächtig machenden) paganen Ursprung und der Möglichkeit, durch Islamisierung dem islamischen Mächtigkeitsstreben in besonderm Maß zu entsprechen, was zu einer bemerkenswerten Entfaltung «erlaubten Zaubers», islamisch legimierter Magie führen sollte. Dies sei nun im einzelnen des Näheren untersucht.

1. *Medizin*

Unter allen von der Antike ererbten Wissenschaften ist es zweifellos die Medizin, die – schon rein gesellschaftlich – die größte Mächtigkeit auf sich versammeln konnte, wenn man einmal von den Geheimwissenschaften und deren problematischer Rolle absieht. An ihrem «Schicksal» im Islam läßt sich denn auch das Verhältnis von Allmacht und Mächtigkeit wieder besonders deutlich erkennen.[2]

Zunächst gilt es, sich eine ungefähre Vorstellung vom Umfang des von den Griechen übernommenen Materials zu machen. Allein aus dem *Corpus Hippocraticum* wurden an die 30 Schriften übertragen, von Galen sind es über hundert medizinische Titel und daneben noch einige philosophische Werke dieses großen Heros abendländischer wie arabischer und islamischer Medizin. Hinzu kommen weitere Schriften von antiken Ärzten, etwa die

Melancholie-Schrift des Rufus von Ephesus, aber natürlich auch die *Materia medica* des Dioskurides, sowie Kompendien von Ärzten aus späthellenistischer Zeit, namentlich Werke des Oreibasios, der Leibarzt des byzantinischen Kaisers Julian Apostata war, des Aetios, der zur Zeit Justinians (527–67) in Byzanz wirkte, des Alexander von Tralleis (525–605), der in Rom praktizierte, und des Paulus von Aigina, der den Anbruch des Islam in Alexandria erlebte, das 641 in die Hände der Araber fiel. Die Araber nennen ihn *al-Qawabili* (von *al-qawābil,* «die Hebammen»), weil sein Kompendium einen Abschnitt über Gynäkologie und Geburtshilfe enthält.[3] Manches von den Schriften der weniger berühmten Ärzte – weitere Namen ließen sich anfügen – ist allerdings nur aus Testimonien bekannt.

Lebendig war dieses gewaltige Wissen u. a. in der medizinischen Schule von Gondeschapur in der Nähe des heutigen Ahwaz in Westpersien. Es scheint sich um eine Art Akademie gehandelt zu haben; jedenfalls war es eine Gründung des Sasaniden Schapur I. (309–79), nach dem sie benannt ist.[4] Byzantinische Philosophen sollen dort Zuflucht gesucht haben, namentlich nach der Schließung der Akademie von Athen durch Justinian im Jahre 529. Dort nämlich hatte sich die (neu)platonische Schule mit ihren Häuptern Syrian (ab 431), Proklos (bis 485), Damaskios (bis 529) nicht wie ihre Schwester-Akademie in Alexandria mit dem Christentum arrangiert, sondern in einem «leise, aber zäh geführten Kampf hartnäckig christlicher Zensur widerstanden».[5]

In frühislamischer Zeit jedoch war Gondeschapur ein Zentrum christlicher, genauer: nestorianischer Gelehrsamkeit, vielleicht nach wie vor eine Art Akademie, zumindest aber ein Krankenhaus, das auch zum Bau der ersten Krankenhäuser im islamischen Machtbereich anregte und ihnen vermutlich als Vorbild diente.

Von Gondeschapur wurde unter dem zweiten `Abbasiden al-Mansur (754–75) erstmals ein bedeutender Arzt an den Hof gerufen, weil – wie die (freilich anekdotisch gefärbte) Überlieferung zu berichten weiß – die verfügbaren Mediziner mit einem Magenleiden des Kalifen nicht zu Rande kamen, vielleicht aber auch einfach aus wissenschaftlichem Interesse: Es war der Direktor der Anstalt Dschurdschis (Georg), Sohn des Dschibril (Gabriel), Sohnes des Buchtischu` («Gabe Jesu»). Er heilte den Kalifen, zog es dann aber vor, nach Gondeschapur zurückzukehren. Sein Sohn Buchtischu` wurde unter al-Hadi (785–86) und dann endgültig unter Harun ar-Raschid (786–809) nach Bagdad beordert.[6] Von da ab wirkten Mitglieder dieser Ärztefamilie am Kalifenhof während annähernd zwei Jahrhunderten. Einigen von ihnen bescherte die Schatulle des Kalifen legendären Reichtum. Gewiß war diese Mächtigkeit auch bedroht. Manchmal wurde ein solches Vermögen kurzerhand konfisziert, wenn ein Arzt bei ausbleibendem Heilerfolg oder wegen mangelnder Subordination in Ungnade fiel, mitunter aber auch wieder restituiert, wenn der Kalif des erprobten Medikus erneut bedurfte. Sieben bedeutende Ärzte aus dieser Familie sind namentlich bekannt; der letzte, Abu Sa`id `Ubaidallah ibn Dschibril, starb in der 2. Hälfte des 11. Jahrhunderts in Mayyafariqin.[7] Doch die Buchtischu`iden sind nur ein Beispiel für die enorme Mächtigkeit, zu der es ein Arzt, gleich welcher Konfession, in der mittelalterlich-islamischen Gesellschaft bringen konnte. Dieses Phänomen verdient es, daß wir uns noch eine Weile mit ihm beschäftigen.

a) Die Mächtigkeit des hippokratischen Arztes

Zum griechischen Erbe im Bereich der Heilkunst gehört das Bild des idealen Arztes, wie es in Schriften des *Corpus Hippocraticum,* aber auch z. B. in Galens Traktat *Daß der beste Arzt Philosoph sein muß*[8] niedergelegt sowie in den Viten der großen Ärzte überliefert war.

Zu diesem Bild gehört einerseits eine eigene Ethik, die im hippokratischen Eid verankert ist, der ja noch bis vor kurzem auch für alle Ärzte der christlichen Welt verbindlich war und erst seit der Freigabe der Abtreibung seiner über zweitausendjährigen Geltung teilweise entkleidet ist. Es gehört dazu im Idealfall eine philosophische Bildung, wie dies Galen in seiner eben genannten Schrift fordert, und es ist diese Verbindung, die den Arzt «gottgleich» *(isótheos)* macht, wie ihn schon die hippokratischen *Empfehlungen (Parangelíai)* nennen. Sich zu dieser Ethik bekennen hieße für den Arzt, nicht nur die Abtreibung, sondern auch alle sonstigen bewußten Schädigungen des menschlichen Lebens zu unterlassen, die Beihilfe zum Mord, die Preisgabe von Geheimnissen u. ä. zu verweigern.[9] Hunain ibn Ishaq, der große Übersetzer und Arzt im Dienste al-Mutawakkils (847–61), jenes Kalifen, den man seiner Grausamkeit wegen mit Nero verglichen hat, lehnte unter Verweis auf seine christliche Ethik und den hippokratischen Eid die von ihm unter Todesdrohung geforderte Ausführung eines Giftmords ab und wurde dafür ein Jahr lang eingekerkert. Mag sein, daß der Kalif, wie es in der Quelle heißt, den Arzt, den er im Verdacht hatte, ein Handlanger des byzantinischen Kaisers zu sein, nur auf die Probe stellen wollte. Auf jeden Fall zeigt der Bericht, daß der hippokratische Eid kein bloßer Buchstabe war.[10]

Anderseits aber gehören zu diesem Bild eines großen Arztes – und hier kommt dann seine Mächtigkeit deutlich zum Ausdruck – außergewöhnliche, mitunter ans Mirakulöse grenzende Heilerfolge und eine entsprechende Karriere und gesellschaftliche Stellung. Einige dieser Wunderheilungen wurden in der Antike vorgeprägt und entwickelten sich, z. T. ebenfalls schon in der Antike, zu Topoi, die in medizinischer und darüber hinaus auch in belletristischer Literatur des islamischen Mittelalters weiterleben. Der bekannteste dieser Topoi ist der von der Diagnose eines (oder einer) Liebeskranken, der (oder die) die Ursache seines Leidens verheimlicht, mittels Pulsfühlen. Die früheste Version dieses Topos spielt am Hof der Seleukiden in Antiochia, dem heutigen Antakya in der Türkei. Die Helden sind der berühmte alexandrinische Arzt Erasistratos, der Prinz Antiochos, später Antiochos II. Theos von Syrien (262–247 v. Chr.), sein Vater Seleukos I. Nikator (312–280) und dessen Favoritin Stratonike. Eine frühe arabische Quelle, auf die wir unten zurückkommen, die wohl zu Anfang des 10. Jahrhunderts entstandene, von einem jüdischen Arzt namens Ishaq ibn ʿAli ar-Ruhawi (d. h.: aus Ruha = Edessa) verfaßte und von Zitaten aus antiken Quellen durchsetzte *Bildung des Arztes (Adab aṭ-ṭabīb)*,[11] gibt den Vorfall mit folgenden Worten wieder:

«Ähnliches wird auch von Erasistratos berichtet: als ihn einer der griechischen Könige zur Behandlung seines Sohnes kommen ließ, der sein einziger war, nahm er den Jüngling in Augenschein, befühlte seinen Puls, fand, daß der sich gleichmäßig dehnte und zusammenzog, und vermutete daher, daß sein Leiden in seiner Seele, nicht in seinem Körper sei. Der Arzt befahl nun Stühle, auf welche sich der König, der Jüngling und der Arzt setzten; dann ließ er alle Sklaven und Sklavinnen des Palastes vorüberschreiten, während er den Puls des Jünglings in seiner Hand behielt. Dieser schlug regelmäßig, bis eine der Sklavinnen vorbeiging. Da veränderte sich der Pulsschlag, wurde unruhig und unregelmäßig, und der Jüngling zitterte und wechselte die Farbe. Als das der Arzt bemerkte und erkannte, daß er in sie verliebt sei, ließ er ab (den Puls zu fühlen), bis die Sitzung beendet war. Dann erkundigte er sich nach jener Sklavin und man teilte ihm mit, es sei die Konkubine des Königs und sie bedeute ihm die Welt.

Darauf ging er weg und versprach dem König, am nächsten Tag wiederzukommen. Er kam jedoch nicht, weil es ihm leid tat, was dem König bevorstand. Doch der König ließ ihn holen, fragte ihn nach dem Grund seines Säumens und sagte zu ihm: ‹Du weißt doch, wie mein Sohn mir am Herzen liegt, da er das Reich von mir erben wird, und wie lieb ich ihn habe!› Der Arzt erwiderte ihm: ‹Ich habe gezögert, bis ich seine Krankheit erkannte!› – ‹Was fehlt ihm also?› – ‹Er liebt meine Frau!›. Der König senkte schweigend das Haupt, dann sagte er zum Arzt: ‹Was befindest du nun?› Er erwiderte: ‹Dem König steht es zu, zu befinden, nicht mir!› Er sprach: ‹Ich befinde, du solltest mich höher schätzen als sie!› – ‹O König!› rief der Arzt, ‹könntest du dies gutheißen?› – ‹Gewiß, siehe, der König wird dir für sie Ersatz leisten und eine andere Frau statt ihrer verschaffen, und dir geben, was du begehrst!› Er sprach: ‹Wenn dies der König befindet und gutheißt, so (wisse er, daß) der Jüngling in Wirklichkeit die Konkubine des Königs liebt!›

Damit versetzte er den König in eine schwierige Lage. Der König verharrte lange Zeit schweigend und in Gedanken versunken, bis der Arzt ihn anredete: ‹Gott stärke den König! Siehe, Weiber lassen sich ersetzen, sie sind vorhanden zu jeder Zeit. Der Erbe des Königs aber, sein geliebtes, kluges, verständiges Kind ist nicht jederzeit vorhanden und zur Verfügung;

er ist unersetzlich!› Da tat der König nach seinem Rat und ließ den Jüngling seine Sklavin heiraten, und er genas. Den Arzt aber ließ der König in eines seiner Gefährte heben, schenkte ihm mehrere Reittiere, zehn Talente Gold und prächtige Gewänder.»[12]

Die Geschichte ist nicht nur trefflich erzählt, sie ist auch ein klassisches Beispiel für die Mächtigkeit des großen Arztes, der hier nicht nur den Sohn, sondern auch den Vater, ja die ganze ausweglose Situation mit seiner Einfühlungsgabe heilt.

Pulsdiagnose bei verheimlichter Liebeskrankheit hatte schon Galen dem berühmten Muster nachgeahmt, als er das Leiden einer vornehmen Römerin diagnostizierte, die an Liebe zu einem Theatertänzer namens Pylades litt, einem Freigelassenen Marc Aurels. Die arabische Version macht allerdings aus Pylades einen Reiter in der Kampfbahn, vermutlich einen Polospieler.[13] – Der erste arabische Arzt, von dem wir wissen, Harith Ibn Kalada, ein Zeitgenosse Muhammads, übte, einer späten Quelle zufolge, die Pulsdiagnose an einem verliebten Beduinen aus, was stimmen könnte, wenn er wirklich, wie es die Überlieferung will, in Gondeschapur studiert hat. Doch handelt es sich wohl eher um einen der zahlreichen Fälle von nachträglicher «Aneignung» im Rahmen der Rezeption.[14] Ibn Sina behandelt die Pulsdiagnose an Liebeskranken in seinem medizinischen Hauptwerk[15] und entwikkelt sie insofern weiter, als er feststellt, man könne mit dieser Methode nicht nur den Namen der Geliebten, sondern auch deren Wohnort, ja die Adresse eruieren, indem man einfach so lange entsprechende Namen aufzähle, bis der Puls des oder der Kranken jeweils höher schlage.[16] In einer arabischen Sammlung medizinischer Prüfungsfragen lautet deren eine: «Kann der Arzt aus dem Puls den Namen des Geliebten erkennen und wie (geschieht) das?» In der Antwort wird auf Ibn Sinas Kanon verwiesen.[17] Dschalaluddin Rumi greift den Topos in der einleitenden Erzählung seines berühmten mystischen Lehrgedichts auf.

Zu dem, was Galen und andere griechische Ärzte ihren arabischen Nachfahren vorpraktiziert hatten, gehörten auch Formen der Psychotherapie und psychosomatischer Heilung.[18] So soll Galen einen Mann geheilt haben, der an der Wahnvorstellung litt, eine Schlange verschluckt zu haben, indem er sich von ihm das Aussehen der – imaginären – Viper beschreiben ließ, eine solche verschaffte, dem Kranken ein Brechmittel eingab, ihm die Augen verband und, als er zu speien begann, die Viper in seinen Auswurf manipulierte und die Binde von seinen Augen hob. Der Kranke rief aus: «Das ist die Schlange, die ich verschluckt habe!» und war geheilt. Auch diesen Vorfall berichtet der Autor der *Bildung des Arztes*.[19]

Ein Pendant dazu findet sich bei dem arabischen Arzt und Philosophen Hibatallah ibn Malka im 12. Jahrhundert. Er behandelte einen Mann, der an der Wahnvorstellung litt, eine kostbare Vase auf dem Kopfe zu tragen, indem er ihn erleben ließ, daß diese beim Passieren einer niedrigen Tür herunterfiel und zerbrach. Die Prozedur war sorgfältig vorbereitet: Die Vase, in der vom Kranken beschriebenen Form, war über der Tür montiert und mit einer Schnur versehen. Ein Helfer drang auf den Kranken ein und nötigte ihn, den flachen Durchgang zu wählen, ein anderer zog an der Schnur . . .[20] Rufus von Ephesus (um 100 n. Chr.) berichtet ähnliche Fälle in seiner Melancholie-Schrift. So wurde ein Mann, der glaubte, keinen Kopf zu haben, mittels eines bleiernen Helmes geheilt.[21] Eine analoge Erzählung findet sich in der stark von Rufus beeinflußten arabischen Melancholie-Schrift des am Hofe der Aghlabiden in Kairouan tätigen Arztes Ishaq ibn ʿImran, die durch die lateinische Bearbeitung des Constantinus Africanus auch im Abendland einen großen Einfluß ausüben sollte.[22] Da lesen wir: «Ich erlebte in Kairouan einen Mann, der glaubte, keinen Kopf zu haben. Ich beschaffte mir daher Blei, brachte es in die Form einer Mütze und setzte sie ihm auf den Kopf, wie man einen Helm aufsetzt. Alsbald wurde er gewahr, daß er einen Kopf hatte.»[23]

Ein weiterer in den Quellen toposartig wiederkehrender Erweis ärztlicher Mächtigkeit ist die Auferweckung Scheintoter. Der hier schon mehrfach zitierte Ibn abi Usaibiʿa (um 1194–1270) berichtet in seinen *Nachrichtenquellen über die Klassen der Ärzte (ʿUyūn al-anbāʾ fī ṭabaqāt al-atibbāʾ)*, einer Sammlung von etwa 400 Ärztebiographien von der Antike bis in seine Tage, nicht weniger als fünf Fälle aus islamischer Zeit. Einen dieser Berichte hat unser Autor aus einem arabischen Kommentar zu einer heute als unecht geltenden Galenschrift mit dem Titel *Verbot, vor (einer Frist von) 24 Stunden (nach Eintritt des Todes) zu begraben* übernommen.[24] Zu den Zügen dieses Topos gehört es, daß sich der Vorfall in der Öffentlichkeit abspielt, d. h. die versammelten Trauergäste werden mit der als Wunder, als Totenauferwekkung erscheinenden Wiederbelebung verblüfft, was den Ruhm des Arztes entsprechend steigert.[25]

In allen diesen spektakulären Heilerfolgen manifestiert sich eine Voraussetzung ärztlicher Mächtigkeit: Einfühlungsvermögen, Intuition *(ḥads)* – eine auch für die richtige Prognose unerläßliche Gabe; und diese Fähigkeit gehörte mindestens so sehr wie die Diagnose zu den Merkmalen des großen Arztes. Galen hatte davon in seiner Prognose-Schrift[26] berichtet, deren arabischer Titel bezeichnenderweise lautet: *Über seltene Fälle von Prognose.*[27] Den Ablauf einer Krankheit, namentlich z. B. das Eintreten der Krisentage bei den verschiedenen Formen von Fieber aufgrund von Symptomen wie Puls, Urin, Kot, Hautfarbe, Pusteln etc. richtig vorauszusagen, das galt als eines der Indizien des bedeutenden Arztes.

Welchen Erfolg man gar mit der Prognose des Geschlechts eines künftigen Kindes aus dem Urin einer Schwangeren erzielen konnte, werden wir unten sehen. Allerdings war auch in damaligen Ärztekreisen umstritten, ob dergleichenwirklich möglich sei, und manche zogen hier eine Grenze zur Hochstapelei. Überhaupt lag in diesen Randzonen des Machbaren auch ein

Tummelfeld für Betrüger und Scharlatane, und was wir über das Gebaren des Scharlatans in mittelalterlichen arabischen Quellen erfahren, läßt ihn wie den verzerrten Schatten, den dunklen Doppelgänger des großen Arztes erscheinen. Der berühmte Abu Zakariya ar-Razi, der bedeutendste Empiriker unter den Ärzten des mittelalterlichen Islam – er wird uns im Alchimie-Kapitel nochmals begegnen –, wettert dagegen, daß Patienten vom Arzt die absurdesten Divinationen aufgrund von Flaschenschau erwarteten und wenn ein seriöser Arzt das verweigere, zum Quacksalber liefen, der mit ein paar simplen Tricks – Razi beschreibt einige solche – ihren Erwartungen entspreche.[28] Manche gelungene Prognose und Therapie mag eher aus Glück und Schlauheit als aus wirklichem Wissen hergerührt haben.

Mit der so oder so erlangten und unter Beweis gestellten Kompetenz verband sich der Anspruch auf Anerkennung, Rang und Würden. Die ärztliche Mächtigkeit hatte wie die der Fuqaha', 'Ulama' etc. ihre konkrete gesellschaftliche Seite. Die oben erwähnte Schrift *Bildung des Arztes* enthält ein Kapitel über die «Ehre der Medizin», und Entsprechendes findet sich auch in andern ähnlichen Werken, etwa dem im 10. Jahrhundert verfaßten *Schlüssel der Medizin* des Ibn Hindu.[29] Das dabei verwendete Wort *šaraf*, das auch mit «Adel» oder «Rang» wiedergegeben werden kann, dürfte übrigens bei manchen Frömmlern Anstoß erregt haben, da ja das Substantiv *šaraf* und das zugehörige Adjektiv *šarīf* mit den Nachfahren des Propheten, den Shariffen, assoziiert war.

Der «Adel» der Heilkunst liegt einmal in ihrem Gegenstand, denn es gibt nichts Edleres als den menschlichen Körper, zum andern in ihrem Ziel, der Gesunderhaltung bzw. Heilung, und ohne Gesundheit sind ja menschliche Handlungen, und mithin auch die rituellen Pflichten – so betonen fromme Protagonisten wie auch pragmatische Verteidiger der Heilkunst –, nicht ausführbar. Ruhawi vertritt sogar die unbescheidene Auffassung, die Heilkunst sei edler als die Philosophie, weil nämlich der Philosoph nur die Seele heilen könne, der Arzt dagegen Leib und Seele.[30]

Die *Bildung des Arztes* enthält auch ein Kapitel «Darüber, daß der Arzt gemäß seiner Rangstufe in der Heilkunst von allen Menschen geehrt werden muß, am meisten aber von den Königen und den hervorragenden Menschen». Dieses Kapitel handelt von ungewöhnlichen Karrieren, der Erlangung ärztlicher Mächtigkeit aufgrund von unverhofften Heilerfolgen. Geradezu märchenhaft ist etwa die Karriere eines Juden namens Isra'il ibn Zakariya at-Taifuri, der in der Nähe des Kalifenpalastes eine Apotheke betrieb und dadurch Gelegenheit fand, der schwangeren Chaizuran, einer Sklavin al-Hadis, zweimal kurz nach der Empfängnis aus ihrem Urin die Geburt von Söhnen vorauszusagen – es waren die späteren Kalifen al-Mahdi und Harun ar-Raschid. Diese Erfolge trugen ihm die Ernennung zum Hofarzt ein; er gelangte – gegen den Widerstand eines der Buchtischu's, dem diese Diagnose zu windig war – zu hohen Ehren und großem Reichtum, sowie dem Ehrentitel Abu Quraisch («Vater der Quraischiten» – des Stammes Muhammads, dem auch die ʿAbbasiden entstammten), was angesichts seiner jüdischen Konfession fast der Ehre zuviel war.[31] Dieser Aufsteiger behauptete seinen Posten während mehrerer Kalifate bis zu seinem Tod. Unter al-Mutawakkil trug sich das Folgende zu: Als der Kalif sich eines Tages schröpfen ließ, ohne daß Abu Quraisch es erlaubt oder gar angeordnet hatte, wurde der Arzt so zornig, daß der Kalif sich bemüßigt sah, ihn mit 3000 Golddinar und einem Landgut, das er ihm als registriertes Geschenk übermachte und das jährlich 50000 Dirham einbrachte, zu beschwichtigen.[32] Und als der Arzt erkrankte, besuchte ihn der Kalif persönlich, schob ihm, da er ihn ohnmächtig vorfand, eigenhändig ein damastenes Kissen unter den Kopf und bemerkte zu seinem Wesir: «Dieser liebt mich, und mein Leben hängt an seinem Leben. Wenn ich ihn verliere, lebe ich nicht weiter!»[33]

Ein ähnliches, aber noch pointierteres Bekenntnis wird von Harun ar-Raschid berichtet; Quelle ist wieder *Die Bildung des Arztes:* «Der Arzt ʿIsa ibn Masa erzählt, Yuhanna ibn Masawaih habe ihm berichtet, Harun ar-Raschid habe auf der Pilgerfahrt in Mekka zu (seinem Leibarzt) Gabriel ibn Buchtischuʿ gesagt: ‹O Gabriel, weißt du, was du mir bedeutest?› Er sprach: ‹Wie sollte ich es nicht wissen, mein Herr!› Er sprach: ‹Ich habe, bei Gott, für dich an der Kaaba ein großes Gebet getan!› Dann wandte er sich den Haschimiten (Nachfolgern Muhammads in Mekka) zu und sprach: ‹Vielleicht mißbilligt ihr, was ich zu ihm gesagt habe?› Sie sprachen: O Herr, (er ist) ein *Dhimmi!*› (d. h. ein nichtmuslimischer Monotheist). Er sprach: ‹Das stimmt; doch das Wohl und die Leistungskraft meines Körpers liegen bei ihm; das Wohl der Muslime aber bei mir. Mithin hängt das Wohl der Muslime von seinem Wohl und seiner Existenz ab!› Sie sprachen: ‹Du hast recht, o Beherrscher der Gläubigen!›»[34] Streng genommen hätte der christliche Arzt Mekka gar nicht betreten dürfen. Nur der Kalif konnte ihm dieses Recht einräumen. Daß er obendrein dort noch speziell für den Arzt betete und dies öffentlich aussprach, war vollends exzeptionell.

Es ist deutlich, wie hier «Mächtigkeit» aufgebaut wird, und zwar manchmal schon mit Mitteln, die dem muslimischen Milieu angepaßt sind. Denn diese Geschichten haben ja den Charakter von Hadithen und sollen auch deren Beweiskraft haben. Ruhawi gibt denn auch seine Gewährsmänner an, zwei bekannte christliche Ärzte. Liberale Muslime wird der Bericht überzeugt und entzückt haben, andere, z. B. Traditionsgelehrte, werden ihn wegen der untauglichen «Überliefererkette» als wertlos bezeichnet haben (vgl. die in Kap. II.6. zitierte Anekdote).

Zur Mächtigkeit der Ärzte gehört aber auch ihre Autorität gegenüber den Patienten. Diese haben den Anweisungen des Arztes unbedingt Folge zu leisten, und das gilt sogar für Herrscher, wie aus der oben mitgeteilten

Anekdote, die nicht alleinsteht, hervorgeht. Der Arzt schuf sich damit auch eine Rückversicherung. Falls die Therapie erfolglos blieb, konnte es daran liegen, daß der Patient irgendeine Vorschrift außer acht gelassen hatte. Im übrigen aber stoßen wir hier auch an die Grenzen der ärztlichen Mächtigkeit. Die Imponderabilien jedes Heilungsprozesses konnte auch der größte Arzt nicht aus der Welt schaffen. Die Heilung ist ein wahrscheinlich, aber nicht notwendig eintretendes Resultat der Therapie. Galen hatte sich zwar dagen gesträubt und im Streben nach sicheren Schlüssen die sogenannten Möglichkeitsschlüsse der aristotelischen Logik für überflüssig erklärt. Farabi aber kritisierte ihn deswegen und stellte fest: «Die Syllogismen, deren sich die Ärzte bedienen (...) zur Erkenntnis der inneren Krankheiten und ihrer Ursachen, deren (...) Heilung sie bezwecken, sie alle sind Möglichkeitssyllogismen, durchaus keine Notwendigkeit.»[35]

Zu diesen Grenzen ihrer Kunst bekannten sich denn auch immer wieder große arabische Ärzte, betonend, daß die Heilung von Faktoren abhänge, die nicht in den Händen des Arztes liegen. Mit der Heilkunst verhalte es sich also ähnlich wie mit der Seefahrt oder dem Ackerbau: Der Arzt behandelt, Gott aber schenkt die Heilung.[36] Dennoch blieben Angriffsflächen für fromme Widersacher, Gegner, Zweifler und Pessimisten. Die Heilkunst mußte sich rechtfertigen, zunächst mit Vernunftgründen, dann auch bald mit religiösen Schriftbeweisen, wobei uns in diesem Rahmen natürlich speziell diejenigen Vorbehalte und Rechtfertigungen interessieren, deren Argumente islamisch sind. Um sie gänzlich zu begreifen, ist ein kurzer Blick auf das galenische System erforderlich.

b) Das galenische System und seine Reibungsflächen im islamischen Kontext

Das galenische System, in seinen Wurzeln natürlich auf die hippokratische Medizin zurückgehend, beruht auf mehreren miteinander verquickten Axiomen: der Qualitätenlehre, der Humoralpathologie und dem Symmetrieprinzip. Von elementarer und umfassender Bedeutung ist die Qualitätenlehre, die von den vier Qualitäten kalt, warm, feucht, trocken ausgeht und sie allem Erschaffenen vom Gestirn bis zum Gestein zuschreibt. Die Säftelehre geht von vier im Körper wirkenden Säften aus, dem Schleim oder Phlegma, dem Blut, der Gelben und der Schwarzen Galle. Jeder dieser Säfte ist durch eine Kombination der zwei genannten Qualitäten charakterisiert, das Phlegma z. B. ist kalt und feucht, die Gelbe Galle warm und trocken. Auf dieser Annahme beruht die Temperamentenlehre, die uns in den Temperamentbezeichnungen Phlegmatiker, Sanguiniker, Choleriker und Melancholiker noch geläufig ist. Gesund ist der Mensch, wenn sich diese Qualitäten und Säfte im Gleichgewicht, in Symmetrie (gr. *symmetría*, arab. *iʿtidāl*) befinden, wobei allerdings bei jedem Menschen einer der Säfte von Natur aus das Übergewicht hat, wodurch das jeweilige Temperament bewirkt wird. Auch die Begriffe *Eukrasie* und *Dyskrasie*, also «gute» und «schlechte Mischung», werden verwendet. Ein Zuviel an Schwarzer Galle (gr. *mélane cholé*) z. B. bewirkt Melancholie. Das Prinzip der Therapie, soweit es sich um Erkrankungen des Säftehaushalts handelt, lautet *contraria contrariis.* Besteht die Krankheit etwa in einem Zuviel an Hitze, so muß mit kalten Umschlägen behandelt werden, ein auch uns noch geläufiges, unmittelbar einleuchtendes Verfahren. Doch die galenische Medizin systematisiert jedes körperliche Leiden nach diesem Schema und ebenso können auch die Heilmittel aus den drei Reichen der Natur, dem Mineral-, Pflanzen- und Tierreich, geordnet und eingesetzt werden, wobei u. U. eine Verfeinerung durch die Einteilung in Grade erfolgt, also feucht im zweiten, warm im dritten Grad.[37] Doch wird das Schema in der arabischen Pharmazie keineswegs immer systematisch durchgeführt, und andere Qualifikationen wie lockernd, lindernd, lösend u. dgl. fehlen nicht.

Charakteristisch für die galenische Heilkunst ist ferner die echt aristotelische Unterscheidung in Allgemeines und Besonderes. Was die medizinischen Lehrbücher vermitteln, sind nur Allgemeinheiten, die *Generalia* – so der Titel von Averroes' medizinischem Hauptwerk *al-Kullīyāt,* lat. verballhornt zu *Colliget* –, also die Regeln, der *Kanon,* wie Avicenna sein systematisches Lehrbuch der Heilkunst genannt hat. Von diesen Generalia hat der Arzt die Besonderheiten für jeden einzelnen Patienten zu eruieren durch Befragen und Anwendung logischer Schlußverfahren, ohne deren Beherrschung keiner ein guter galenischer Arzt sein kann.

Wendet der Arzt alle diese Regeln gewissenhaft an, stellt die richtige Diagnose und macht die richtige Verschreibung, so sollte die Heilung gewährleistet sein, sofern nicht äußere, sich der Kontrolle des Arztes entziehende Umstände störend einwirken. Man ahnt, wo hier die wichtigste Reibungsfläche zu islamischem, genauer gesagt, asch`aritischem Denken liegt: Es ist das Bauen auf die Gesetze der Natur, das sich mit der asch`aritischen Vorherbestimmungslehre nicht verträgt.

Es kommen aber noch weitere Momente hinzu. Mit der Vorherbestimmungslehre aufs engste verwandt ist das im Koran mehrfach und mit Nachdruck empfohlene «Gottvertrauen» *(tawakkul),* das vor allem in mystischen Kreisen gepflegt wurde und dessen ideale Erfüllung einige in einer völlig passiven Haltung erblickten, «wie eine Leiche unter den Händen des Leichenwäschers», mindestens aber in einem «Verzicht auf Planung» *(tark at-tadbīr)* und speziell einem «Verzicht auf ärztliche Behandlung» *(tark at-tadāwī).*[38] Daß die wichtige Rolle der Logik die galenische Medizin für alle diejenigen, die ihren Gebrauch ablehnten, doppelt verdächtig machen mußte, braucht kaum gesagt zu werden. Überhaupt wurde es für die Traditionsfrommen zunehmend zum Ärgernis, daß ein großer Teil der Ausübenden wie auch der Lehrautoritäten einer Wissenschaft, die sich für Leib und Seele des Menschen zuständig erklärte, keine Muslime, vielmehr Heiden, Christen oder Juden waren. Anstößig war insbesondere dann wieder die Verschreibung von Wein und Musik, jener für alle möglichen Leiden des Leibes und der Seele, diese gegen Schlaflosigkeit und Depression.

Wein als Heilmittel

Jahrhundertelang haben arabische Ärzte des Mittelalters – darunter auch Muslime – unbefangen die nützlichen Seiten des Weines gelobt. Natürlich war auch hier die antike Medizin ihr Vorbild. Christen und Juden hatten im übrigen ohnehin keinen Grund, den – selbstverständlich mit Maßen zu genießenden – Wein nicht zu empfehlen. So rät der bereits erwähnte jüdische Autor Ruhawi, aus dessen *Bildung des Arztes* wir schon verschiedentlich zitiert haben, dem Arzt, während des allabendlichen Lesens oder Abschreibens wissenschaftlicher Werke bis zum Schlafengehen in kleinen Zügen Wein zu trinken,[39] und widmet dem Wein an anderer Stelle einen längeren Passus, worin er seine Vorteile und Gefahren sowie einzelne gute Sorten mit ihren Wirkungen behandelt. Hier eine Textprobe:

«Der Wein hat mancherlei Nutzen für die Gesunden und die Kranken. Was die Gesunden betrifft: er ernährt rascher als alle übrigen Speisen, weil er so rasch reift und in die Leber dringt und sich in Blut umwandelt kraft der Hitze, die seiner Mischung eignet. Daher vermehrt er das Blut und reinigt es, so daß viele ihm beigemischte Feuchtigkeiten mit dem Urin abgeführt werden. Er reift durch seine Hitze auch, was er in Magen und Leber vorfindet an Phlegma und unreifen Säften. Daher nutzt er Leuten mit kaltem Temperament und viel Phlegma in ihren Mägen, besonders, wenn sie ein wenig davon zu jeder Speise genießen. Durch seine guten Eigenschaften stärkt er den Körper und verschafft ihm Gedeihen und eine leuchtende Farbe und Schwung für seine Handlungen und Bewegungen. Und darum auch verschafft er der Seele Freude, und bei manchen Temperamenten schärft er den Geist und verbessert die Begabung. Alles das ist sein Nutzen für die Gesunden, wozu dann noch der Nutzen für die Kranken kommt, sofern es Wein von guter Substanz ist, ausgewogen an Qualität und Quantität, und jeder denjenigen auswählt, der für ihn am bekömmlichsten ist im Hinblick auf seine Natur, sein Alter, seine Arbeit und Gewohnheit, die Jahreszeit und den Ort, wo er wohnt (d. h. dessen Klima), und dergleichen mehr, was unbedingt zu beachten ist.»[40]

Ein bekannter christlicher Arzt nennt in seinem satirischen *Gastmahl der Ärzte (Da`wat al-aṭibbā´)* unter Berufung auf Hippokrates zehn nützliche Wirkungen des Weines, fünf für den Körper und fünf für die Seele. Die körperlichen sind: Er schafft gute Verdauung, leitet den Urin ab, verschönt die Hautfarbe, gibt einen angenehmen Mundgeruch und vermehrt die Kraft. Die seelischen sind: Er erfreut die Seele, weckt die Hoffnung, ermutigt das Herz, verschönt das Gemüt und wehrt dem Geiz.[41] Doch nicht nur jüdische und christliche, auch muslimische Ärzte zögerten lange Zeit nicht, den Wein zu loben. Sa`id ibn al-Hasan, ein Autor des 11. Jahrhunderts, preist ihn in seiner *Ermutigung zur Medizin*[42] ebenso unbefangen wie Ibn Sina.[43] Und der sufisch gesinnte ärztliche Autor Muzaffar, Sohn des Richters von Ba`albakk, trägt noch im 13. Jahrhundert ebenfalls kein Bedenken, in seinem *Seelenerheiterer (Mufarriḥ an-nafs)*, einem reizvollen Werk über die psychischen Wirkungen von Sinneseindrücken und über Antidepressiva, unter zahlreichen anderen «seelenerheiternden» Mitteln auch den Wein zu nennen.[44]

Nun aber befinden wir uns bereits in einer Zeit, wo dies keine Selbstverständlichkeit mehr war. Averroes entschuldigt im 7. Buch des *Colliget* den Gebrauch des Weins bei Ohnmachten, wohl ein Reflex auf den unter dem Druck der Reconquista sich verschärfenden Einfluß der Fuqaha´ im Reich der Almohaden.[45] Der erste Entwurf des *Colliget* war zwar lange vor dem Regierungsantritt von Abu Yusuf Ya`qub al-Mansur (1184–99) verfaßt worden;[46] doch sah sich der Autor entweder damals schon zu solcher Rücksicht bewogen, oder aber er hat die Weinklausel später hinzugefügt. Ya`qub al-Mansur, der sich ja auch bemüßigt sah, das Studium der Philosophie zu verbieten und Ibn Ruschd aus der Stadt zu verbannen, setzte jedenfalls auch das Verbot des Weines, mit ausdrücklichem Einschluß seiner medizinischen Verwendung, durch. Ibn abi Usaibi`a berichtet dazu folgenden aufschlußreichen Vorfall:

Der Fürst beauftragte seinen Arzt Ibn al-Ghazzal, einen bestimmten Theriak herzustellen. Binnen kurzem meldete der Arzt, er könne dem Befehl nicht nachkommen, da kein Wein aufzutreiben sei. Der Fürst äußerte sich befriedigt: Eben das habe er kontrollieren wollen.[47] Verständlich daher, daß sich der berühmte jüdische Arzt und Philosoph Ibn Maimun, im Abendland als Mainonides bekannt (1139–1204), in einer für den Ayyubiden al-Malik al-Afdal, einen Sohn Saladins, verfaßten medizinischen Beratung dafür entschuldigt, daß er Wein und Musik verschreibe, obwohl das islamische Gesetz beide verbiete. Doch sei er als Arzt nur für das körperliche Wohl zuständig und verantwortlich.[48] Zum Abschluß seien zwei kurze Fetwas des osmanischen Großmufti Abu s-Su`ud (16. Jh.) zitiert:

«*Frage:* Gestattet er die Scharia, daß der kranke Zaid für seine Behandlung etwas Arak benutzt?

Antwort: Davor bewahre uns Gott der Erhabene! Ist so eine Behandlung denn überhaupt wahrscheinlich!? Doch selbst wenn seine Heilung (dadurch) erreicht wird, ist sie (gesetzlich) nicht möglich.»

«*Frage:* Die kranke Hind ist mehrere Male behandelt worden, ohne daß ihr Leiden beseitigt wurde. Wenn nun die Ärzte übereinstimmend feststellen: Falls sie nicht zwei Dirham (ca. 6 Gramm) Wein mit Zichorie vermischt einnimmt, wird die erwähnte Krankheit sie zugrunde richten! – ist es dann zulässig, daß Hind die erwähnte Behandlung anwendet?

Antwort: Das gehört zu den Dingen, die keinesfalls zulässig sind und auch die Übereinstimmung der Ärzte ist nichtig *(bāṭil)*. Gott bewahre, daß im Wein Heilung sei! Statt dessen soll man für die Gesundheit gekochten *Müselles* (eine Art Fruchtsaft) verabreichen».[49]

c) Die religiöse Rechtfertigung der Heilkunst

Die religiöse Rechtfertigung der Heilkunst richtete sich also gegen verschiedene Lager und wurde auch in zwei verschiedenen Lagern geübt, nämlich einmal im Lager der Rationalisten, die diese Pflichtübung nur nach außen, als Kotau vor der herrschenden Ideologie für nötig hielten, und zum andern im Lager der Frommen, die, obwohl Befürworter der Medizin, einer Rechtfertigung auch vor sich selber und für ihr eigenes Gewissen bedurften. Eine klare Scheidelinie läßt sich aber natürlich nicht ziehen. Tatsache ist jedenfalls, daß etwa vom vierten Jahrhundert der Hidschra ab immer häufiger in den Einleitungen medizinischer Werke Legitimationspassagen eingefügt, ja manchmal auch ganze Kapitel diesem Zweck gewidmet sind. Dabei ist zu bedenken, daß die Verteidigung der Heilkunst gegen Zweifler und Verächter auch in der Antike schon ein Thema war. Kapitel mit rationalen Argumenten zu ihrer Verteidigung finden sich unter dem Titel «Die Richtigkeit/Legitimität der Medizin» oder auch «Die Statuierung der Medizin» in Werken wie der *Bildung des Arztes*, dem *Schlüssel der Medizin* des Ibn Hindu etc.[50] Hier jedoch geht es uns um die religiöse Rechtfertigung.

Was zunächst die «Leute des Gottvertrauens» betrifft, so wurden deren Übertreibungen auch von islamischer Seite in Schranken gewiesen, z. B. von al-Ghazali, der im 35. Buch der *Wiederbelebung der Wissenschaften von der (islamischen) Religion* ausführt, es komme darauf an, sein Vertrauen nicht auf die Mittel, sondern allein auf Gott als den unmittelbaren Urheber allen Geschehens zu setzen. Tue man dies, so dürfe man sich getrost auch der Mittel bedienen, sofern deren Wirkung verbürgt sei (eigentlich ein Widerspruch, aber so argumentiert der große Lehrer!), also z. B. des Brotes, doch auch erprobter medizinischer Drogen. Nichtsdestoweniger sei es verdienstvoll, auf Behandlung zu verzichten, zumal Leiden auch Verfehlungen sühne.[51]

Es gibt aber auch ein Hadith, das so aussieht, als sei es speziell gegen die aus Gottvertrauen «Verzicht auf Behandlung» Übenden gerichtet. Der Verfasser eines Handbuches für den Muḥtasib, den islamischen Markt- und Gewerbevogt, führt es in seinem Medizinkapitel an: «Ein Gefährte des Propheten erkrankte am Tage von Uhud (vgl. Kapitel III. 5.). Da rief der Prophet zwei in Medina anwesende Ärzte zu ihm und bat sie, ihn zu behandeln. Sie sagten: ‹O Gesandter Gottes! In der Dschahiliya pflegten wir zu behandeln und allerlei Methoden anzuwenden *(naḥtālu)*. Seit aber der Islam kam, gibt es doch nur noch Gottvertrauen *(fa-mā huwa illā t-tawakkul)!*› Er sprach: ‹Behandelt ihn! Denn der die Krankheit herabsendet, der sendet auch die Arznei herab und legt dann die Heilung hinein!› So behandelten sie ihn, und er genas».[52]

Das Hadith richtet sich nicht nur gegen die Gottvertrauenden, sondern auch gegen die Prädestinarier. Der Schlußsatz des Propheten, häufig auch ohne den erzählenden Rahmen in Einleitungen medizinischer Werke zitiert, besagt nämlich: Nicht nur die Krankheit ist vorherbestimmt, sondern auch die Heilung; du darfst dich also darum bemühen und notfalls auch einen Arzt in Anspruch nehmen. Das Argument erinnert daran, daß schon der strenge Determinismus der Stoa ähnliche Diskussionen und eine ähnliche Lösung hervorgerufen hatte. Chrysipp, dem Schulhaupt der Stoiker war vorgehalten worden, daß der stoische Fatalismus die Inanspruchnahme eines Arztes ausschließe: «Denn wenn es dir bestimmt ist *(si fatum tibi est)*, von einer Krankheit zu genesen, so wirst du genesen, ob du einen Arzt rufst oder nicht, und wenn es dir bestimmt ist, nicht davon zu genesen, so wirst du nicht genesen, ob du einen Arzt rufst oder nicht.» Chrysipp hatte darauf geantwortet, das Rufen des Arztes sei mitvorherbestimmt, *confatale*.[53]

Freilich, ein Argument konnte den Gottvertrauenden niemand nehmen: die Tatsache, daß gerade große Ärzte oft an Krankheiten gestorben waren. Ein Spötter faßte das in die folgenden Knittelverse, in denen die Mächtigkeit der Medizin mit hämischem Spott als Illusion entlarvt wird:

Hippokrates ging einst gelähmt[54] dahin;
Plato verstarb an seinen Brustfellplagen.[55]
Hin ging an Schwindsucht[56] Aristoteles.
Es starb Galen, er hatte was am Magen.[57]
Avicenna ist eines Tags an Ruhr[58]
verschieden und sein Canon half ihm nichts.
Arznei für Heilung gibt es nur bei dem,
der zu dem Ding spricht: Sei! – und schon geschicht's![59]

Ein anderes, besonders häufig zitiertes Wort zur Rechtfertigung der Medizin lautet: «Es gibt zwei (Arten von) Wissen, das Wissen von den Körpern, und das Wissen von den Religionen.»[60] Es wird meistens als Ausspruch Muhammads präsentiert, manchmal aber auch seinem Schwiegersohn ʿAli ibn Abi Talib[61] oder dem großen Rechtslehrer Schafiʿi in den Mund gelegt.[62] Hier wird also einfach die uns vertraute Zweiteilung in arabische bzw. koranische Wissenschaften und griechische Wissenschaften als unumstößliche und legitime Tatsache hingestellt. Das Wort ist durch die Jahrhunderte immer wieder zitiert worden, und wird es in frommen Kreisen noch immer, wie folgendes typische Beispiel illustrieren möge:

Die angesehene türkische Illustrierte *Hayat* («Leben») brachte Mitte der sechziger Jahre Farbaufnahmen über das pränatale Leben des Menschen und veröffentlichte gleichzeitig Stellungnahmen des Muftis und einer anderen hohen geistlichen Autorität von Istanbul. Der Mufti hielt nicht nur die

Möglichkeit solcher Aufnahmen für unwahrscheinlich, sondern bezeichnete die Photographien einer Schwangeren, sei sie nun ledig oder verheiratet, als «verboten» *(haram)*, also als Sünde. Der andere Glaubensmann dagegen begrüßte das Ereignis als eine herrliche Bestätigung der im Koran enthaltenen Beschreibungen von der Entwicklung des Embryos (die freilich medizinisch keineswegs korrekt sind, vgl. Sure 22,5; 23,12–14). Gegen die Abbildungen sei nichts einzuwenden, denn der Islam habe die Wissenschaften und insbesondere die Medizin nie befeindet, vielmehr stets gefördert (!), das beweise ja schon das Wort *El-ilmü ilman ilmül ebdan sümmel-edyan* (das arabische Zitat in Lateinschrift gemäß türkischer Aussprache). Schließlich bedauert er, daß dieser Fortschritt nicht im Islam, sondern in einer anderen Kultur erzielt wurde, und sieht darin einen Ansporn, sich der Wissenschaft noch intensiver zu widmen. Der Verfasser des Artikels rügt den Mufti als rückschrittlich und rühmt seinen Kollegen als fortschrittlich.[63]

Neben der Rechtfertigung aus dem Hadith gilt es nun noch jene aus dem Koran zu behandeln. Was hatte das Heilige Buch an Belegen zu bieten? So gut wie nichts. Das Wort «Gesundheit» *(ṣiḥḥa)* kommt gar nicht vor. «Krankheit» erscheint einerseits mehrfach als Metapher für mangelnden Glauben, andererseits im Rahmen von Ausnahmebestimmungen in der koranischen Pflichtenlehre. Im einzelnen sieht der Befund wie folgt aus: Die Wörter «Arzt» *(ṭabīb)*, «Medizin» *(ṭibb)*, «Heilmittel» *(dawāʾ)* kommen nicht vor. Das Wort «Krankheit» erscheint 23mal, jedoch ausschließlich als eine Eigenschaft der Ungläubigen, «in deren Herzen eine Krankheit ist»[64]; «krank» bzw. «der Kranke», «die Kranken» kommt insgesamt achtmal vor, und zwar ausschließlich in Versen, die im Rahmen ritueller Vorschriften bestimmte Erleichterungen für Krankheit und ähnliche Fälle gewähren bzw. Ersatzleistungen festsetzen.[65] Als Verbum kommt die gleiche Wurzel einmal vor, und zwar in dem Vers: «Wenn ich krank bin, so heilt Er mich» (26,80). Obwohl der sonstige Wortgebrauch im Koran eher dagegen spricht, läßt sich dieser Vers zweifellos auf Krankheit und Heilung des Körpers beziehen, ist aber für Legitimationszwecke offenbar dennoch ungeeignet, weil er in keiner Weise auf ein mittelbares Wirken, also die menschliche Heilkunst, hinweist. Man findet ihn denn auch in der Regel nicht in den der Legitimation gewidmeten Einleitungen medizinischer Werke. «Heilen» (als Verb) kommt außerdem einmal (9,13), «Heilung» dreimal vor, immer in übertragener, der spirituellen Verwendung von «Krankheit» entsprechender Bedeutung, z. B. «Wir senden hinab vom Koran, was eine Heilung und eine Barmherzigkeit für die Gläubigen ist».[66] Zu erwähnen ist schließlich, daß das Wort «Heilung» bzw. «Arznei» *(šifāʾ)* einmal auch im konkreten Sinn vorkommt, und zwar in folgendem Vers, dem einzigen, der – neben dem hier allenfalls zu nennenden vom Nutzen des Weins – auf die therapeutische Verwendung von Naturprodukten hinweist:

«Aus ihren (der Bienen) Leibern kommt ein Trank verschieden an Farbe, in dem eine Arznei ist für den Menschen» (16,69). Doch auch dieser wird in der Regel nicht in Legitimationspassagen angeführt.

Es bedurfte also schon eines gewissen Maßes an Findigkeit und Phantasie, die Medizin im Koran bestätigt zu finden. Ein häufig angeführter Vers hat denn auch einen Wortlaut, in dem der uneingeweihte Leser wohl kaum einen Hinweis auf die Heilkunst vermutet: «In der Schöpfung der Himmel und der Erde und im Unterschied von Nacht und Tag und in dem Schiff, das über die Meere befördert, was den Menschen nützt, und in dem Wasser, das Gott vom Himmel hernieder sendet zur Belebung der toten Erde und in allen Tieren, die er auf Erden verbreitet hat, und in dem Wechsel der Winde und in den Wolken, die unterworfen sind zwischen Himmel und Erde, sind in der Tat Zeichen für verständige Leute.» (2,164) al-ʿAmiri, aus dessen Werk wir oben (S. 117) die Sätze zur Verteidigung der Philosophie zitiert haben, bringt diesen Vers zur Legitimierung der Medizin, gibt jedoch keinerlei Aufklärung.[67] Diese erhalten wir bei Saʿid ibn al-Hasan, dem Autor der *Ermutigung zur Medizin*. Er zitiert von dem Vers nur den Teil «und in dem Schiff, das über das Meer befördert, was den Menschen nützt» und fügt hinzu: «In der Exegese *(tafsīr)* heißt es, damit seien Myrobalanen gemeint. Andere (Kommentatoren) sagen: Nein, alles, was auf Schiffen befördert wird – Drogen und anderes».[68]

Derselbe Saʿid zitiert noch einen zweiten Vers, und zwar bezeichnenderweise den vom Nutzen des Weines: «Sie werden dich befragen nach dem Wein und dem Glücksspiel. Sprich: In beiden ist große Sünde und Nutzen für die Menschen!» Die Fortsetzung: «aber die Sünde in ihnen ist größer als ihr Nutzen» unterschlägt er. Doch dieser Vers galt durch das spätere strenge Weinverbot ja ohnehin als annulliert. Saʿid erweist sich mithin hier als schlechter Kenner der verbindlichen Koranwissenschaft! Und überhaupt konnten alle diese flüchtigen und oberflächlichen Legitimationsbemühungen jene nicht befriedigen, deren Anliegen es war, statt der galenischen eine islamische Medizin zu benutzen.

d) Prophetenmedizin

«Die prophetische Medizin» *(aṭ-ṭibb an-nabawī)* oder «Die Medizin des Propheten» *(ṭibb an-nabī)* – das ist die islamische Selbstbezeichnung dessen, wovon nun die Rede sein soll. Die «Prophetenmedizin» erwächst aus medizinischen Ratschlägen, die Muhammad erteilte und die mithin in Form von Hadithen überliefert wurden. Es gibt keinen Grund, die Möglichkeit auszuschließen, daß dieser dem praktischen Leben so zugewandte Mann solche Ratschläge erteilt haben könnte, wenn auch das Fehlen medizinischer Gegenstände im Koran es nahelegt, dieses Interesse nicht besonders hoch zu veranschlagen. Ein echter Kern dürfte jedenfalls vorliegen, um so mehr, als diese frühesten Hadithe das Gepräge von Folklore und den Kenntnisstand von Beduinenmedizin aufweisen. Ebenso aber muß damit gerechnet werden, daß medizinische Hadithe, genau wie zahllose andere auch, später erfunden wurden.

Mit selbständigen Werken manifestiert sich die prophetische Medizin vom 10. Jahrhundert ab, ihre eigentliche Aszendenz aber beginnt mit dem Verfall der galenischen, das heißt vom 13. Jahrhundert an. Immer breiter wird nun der Strom prophetenmedizinischer Werke, während die galenische Tradition allmählich vertrocknet bzw. von prophetenmedizinischem Material durchsetzt wird.

Von dem sich über manches Jahrhundert erstreckenden Prozeß kann hier nicht mehr als ein fragmentarischer Eindruck vermittelt werden. Verschaffen wir uns zunächst eine Vorstellung vom Charakter des medizinischen Materials in Bucharis *Ṣaḥīḥ*. Von den insgesamt 3450 thematisch geordneten Paragraphen dieser im 9. Jahrhundert entstandenen Hadith-Kompilation sind 80 medizinischen Fragen gewidmet, eingeteilt in zwei längere Abschnitte, das ‹Buch der Kranken› und das ‹Buch der Medizin›.[69] Obwohl nun Muhammad mit einem in Gondeschapur ausgebildeten Arzt, Harith ibn Kalada, befreundet gewesen sein soll, ist von wissenschaftlichem Einfluß in diesen Hadithen nur sehr wenig zu spüren. Religiöses vermischt sich mit Magischem und mit primitiven Heilpraktiken. Gleich im ersten Paragraphen des ‹Buches der Kranken› begegnet uns die auch im Neuen Testament belegte, heute noch z. B. in der Christian Science vertretene Auffassung vom funktionalen Zusammenhang zwischen Krankheit und Sünde, wobei die Krankheit aber nicht als eine Folge von Sünde, sondern als deren Sühne gewertet wird: «Mit jeder noch so kleinen Verletzung, sei es auch nur durch einen Dorn, sühnt der Gläubige eine seiner Sünden».[70] Leiden ist eine Auszeichnung, deshalb hat auch niemand heftigere Schmerzen gelitten als Muhammad – eine durch seine Biographie kaum gestützte Behauptung, die vermutlich den Zweck verfolgt, Muhammad auch als Leidenden über Christus zu stellen.[71] Demjenigen, der Blindheit geduldig erträgt, verspricht der Prophet das Paradies.[72] Krankenbesuch ist eines von sieben Dingen, die der Prophet den Gläubigen empfiehlt.[73] Auch der Rest des Kapitels ist in der Hauptsache diesem Thema gewidmet, wobei mehrfach theurgisches Material hineinkommt. So wird ein Kranker durch den Propheten aus seiner Ohnmacht geweckt mit Wasser, welches Muhammad vorher für seine Ablution benutzt hat.[74]

Im ‹Buch der Medizin› werden dann im engeren Sinn medizinische Ratschläge erteilt. Das erste Hadith ist jenes schon zitierte: «Gott sendet keine Krankheit herab, ohne auch das Heilmittel dafür herabzusenden.» Die Heilmittel, die dann folgen, sind allerdings gering an Zahl und in der Regel weit von galenischem Wissen entfernt. So sagt etwa Muhammad: «Die Heilung besteht in drei Dingen: Ein Schluck Honig, Ritzen mit dem Schröpfkopf und Brennen mit dem Feuer (d. h. Kauterisieren); doch meinen Anhängern verbiete ich das Brennen.»[75] Oder in einer ähnlichen Variante: «Wenn es in einigen eurer Mittel Heilung gibt, so im Ritzen mit einem Schröpfkopf und im Brennen mit Feuer; doch ich liebe es nicht, gebrannt zu werden.»[76] Hier mag man einen fernen Anklang an einen Locus communis der griechischen Medizin vernehmen; und ein später Kommentator hat denn auch diesen Bezug hergestellt: «Er hat das Brennen nach der Anwendung von Honig und Schröpfkopf erwähnt, weil es erst angewandt wird, wenn die trinkbaren Drogen u. ä. nichts helfen, denn das letzte Mittel der Medizin ist das Brennen, und die Worte: ‹Ich liebe es nicht, gebrannt zu werden› sind ein Hinweis darauf, daß die Therapie durch Brennen solange hinausgezögert werden soll, bis man dazu gezwungen ist, weil sie den heftigen Schmerz beschleunigt.»[77]

Doch kehren wir zurück zu weiteren in Bucharis ‹Buch der Medizin› empfohlenen Drogen und Heilverfahren. Zwei Männern, die, an Appetitlosigkeit erkrankt, nach Medina kamen, gibt Muhammad den Rat, von der Milch und dem Urin ihrer Kamele zu trinken, was sie tun und Heilung finden.[78] Weitere empfohlene Medikamente sind Antimon – es fördert den Haarwuchs und schärft den Blick –,[79] der indische Kostwurz *(al-qusṭ al-hindī)*, der bei Halsschmerzen in die Nase und bei Lungenentzündung in die Ohren geträufelt werden soll und insgesamt sieben (nicht genannte) Heilwirkungen ausübt.[80] Geheimnisvoll wirkt die Empfehlung eines schwarzen Korns im folgenden Hadith: «Chalid ibn Sa`d berichtet: Wir zogen aus in Gesellschaft von Ghalib ibn Abdschar. Da erkrankte er unterwegs und war noch krank, als wir Medina erreichten. Da besuchte ihn Ibn abi `Atiq und sprach: ‹Euch sei dieses schwarze Korn empfohlen! Nehmt fünf oder sieben davon, zerreibt sie, und tropft es ihm in die Nase, in Tropfen von Öl, in diese Seite und in diese! Denn `A´ischa hat mir erzählt, sie habe den Propheten – Gott spende ihm Frieden und Heil! – sagen hören: Wahrlich, dieses schwarze Korn heilt alles außer *as-sām!* Ich (`A´ischa) fragte: Und was ist *as-sām?* Er sprach: Der Tod!›»[81]

Muslimische Kommentatoren haben das «schwarze Korn» als Schwarzkümmel erklärt, aber was Muhammad wirklich gemeint hat, wird man wohl nie mit Bestimmtheit sagen können. Das bringt uns nun zur magischen Seite der Prophetenmedizin. Obwohl in den Muhammad zugeschriebenen Aussprüchen eine gewisse Reserve gegenüber magischen Praktiken zum Ausdruck kommt, werden sie doch als Realität betrachtet, was dem auch im Koran verankerten magischen Weltbild entspricht. Eindeutig verurteilt wird in den Hadithen wie im Koran jedoch nur die Magie *(siḥr)*.

Heilzauber *(ruqya, ruqan)* dagegen wird als Mittel gegen den Bösen Blick sowie Schlangen und Skorpione, überhaupt Tiere mit giftigem Stachel *(dhū ḥuma)* empfohlen.[82] Muhammad selber pflegte, so berichtet ein weiteres Hadith, vor dem Schlafengehen in die Hände zu spucken und dabei die Worte «Gott ist Einer!» (Sure 112,1) sowie die Suren ‹Das Morgengrauen›

(113) und ‹Die Menschheit› (114), die als ‹Die beiden Bannenden› *(al-mu`awwidhatān)* bekannt sind, zu murmeln und sich über das Gesicht und die für die Hände erreichbaren Körperpartien zu streichen; wenn er krank war, mußte es `A´ischa für ihn tun.[83] Auch an anderen übte er Heilzauber aus und pflegte dabei Formeln zu sprechen wie die folgenden: «Staub unserer Erde, Speichel der Unsern! So wird unser Kranker geheilt, mit Gottes Erlaubnis!» Oder auch «O Gott! du Herr der Menschen, Tilger des Unheils! Heile! Denn Du bist der Heiler, kein Heiler außer dir (schafft) Heilung, die keine Krankheit im Stich läßt!»[84]

Hier liegen die Wurzeln der später im Islam ganz allgemein verbreiteten Praxis religiösen Heilzaubers, namentlich des Buchstaben- oder Heilschalenzaubers, der sich schon bei Ahmad Ibn Hanbal beschrieben und empfohlen findet und bis in unser Jahrhundert hinein in der islamischen Welt praktiziert wurde und vermutlich noch immer wird (vgl. S. 200). Und ebenso hat der Gebrauch von Talismanen und Amuletten hier seine Legitimationsbasis.

Magische und nicht-magische Praktiken sind also im Hadith nicht klar getrennt. Empirische Phänomene, die man sich nicht erklären kann, werden als magisch betrachtet. Gerade hier hat nun aber die oben erwähnte Reserve gegenüber Magischem zu einem schwerwiegenden Urteil geführt, das den medizinisch gebildeten Kommentatoren später viel Kopfzerbrechen bereiten sollte. In einigen Hadithen wird nämlich zusammen mit dem Augurium oder Vogelomen und dem *ṣafar,* einer mysteriösen Magenkrankheit bzw. deren Ursache, die Ansteckung *`(adwā)* als nicht existent erkärt.[85] Und wenn man bei diesem Hadith noch zweifeln wollte, ob mit dem Wort *`adwā* wirklich die Ansteckung gemeint ist, so geht dieser Sinn aus einem anderen Hadith eindeutig hervor. Es lautet wörtlich: «Es gibt keine Ansteckung, kein *ṣafar* und keinen Totenvogel. Da sagte ein Beduine: ‹O Gesandter Gottes! Was ist dann mit meinen Kamelen los? Sie stehen im Sand wie Gazellen; da kommt ein aussätziges Kamel, tritt zwischen sie und macht sie aussätzig (ist das keine Ansteckung)?! Er sprach: ‹Und wer hat das erste Kamel angesteckt?!›»[86] Dieser eindeutigen Leugnung der Ansteckung stehen allerdings andere Hadithe gegenüber, so etwa der Rat, vor den Aussätzigen zu fliehen (ohne Begründung) und: «Wenn ihr von der Pest hört in einem Lande, so betretet es nicht, und wenn sie auftritt in einem Lande, während ihr dort seid, so verlaßt es nicht!»

Für Asch`ariten freilich fand sich hier kein Problem. Sie lösten die Frage mit ihrer Lehre von der unmittelbaren Verursachung aller Dinge durch Gott, der Leugnung der *causae secundae.* Wenn es ein Phänomen wie die Ansteckung gab, was in den häufig von der Pest heimgesuchten Ländern der islamischen Welt kaum in Abrede gestellt werden konnte, so wurde doch die Krankheit nicht durch Kontakt verbreitet, es sei denn, Gott selber benutzte diesen als Mittel zu ihrer Verbreitung.[87]

Ein System ist also in der Prophetenmedizin nicht enthalten, wohl aber ein Prinzip. Das Prinzip nämlich, daß der Prophet in jedem Falle die Wahrheit gesagt haben muß. Gewiß enthält die Prophetenmedizin, zumal in späteren, an Umfang weit über Bucharis Material hinausgehenden Sammlungen noch manchen nützlichen Ratschlag, z. B. «Reiset und ihr bleibt gesund!» oder: «Vier Dinge wirken Wunder: der Honigtrunk, der Blick auf Wasser, der Blick auf Grünes, der Blick in ein schönes Antlitz».[88] Als eine Ergänzung zur galenischen Medizin hätte daher die Prophetenmedizin ihren durchaus sinnvollen Platz gehabt. Doch sie zielte auf Größeres, auf nichts Geringeres nämlich, als die Entthronung der alten heidnischen Autoritäten Hippokrates, Galen etc. und deren Verdrängung, mindestens aber ihre Unterordnung unter die Autorität Muhammads. Es geht also, wie zu Eingang dieses Kapitels angedeutet, um einen Kampf der Mächtigkeiten, um den Machtkampf zwischen pagan-rationaler und islamisch-theurgischer Medizin. Bezeichnend dafür ist etwa die folgende Anekdote, die sich in einem dem osmanischen Sultan Bayezit II. Yildirim (1481–1512) gewidmeten Werk prophetenmedizinischen Inhalts findet:

«Harun ar-Raschid hatte einen tüchtigen Arzt unter den Schriftbesitzern. Der fragte eines Tages ʿAli ibn al-Husain ibn Waqid: ‹Gibt es in eurem Buch nichts über Medizin, wo doch das Wissen zweierlei Wissen ist, das Wissen von den Körperdingen und das Wissen von den Religionsdingen?› Er sprach: ‹Gott hat die ganze Medizin in einem halben Koranvers vereinigt!› – ‹Und welcher ist das?› – ‹Esset und trinket, doch schweift nicht aus!› (7,31). Der Arzt sagte: ‹Aber von euerm Propheten ist nichts über die Medizin überliefert?› Er sprach: ‹Der Gesandte Gottes hat die Medizin in leichte Worte gefaßt!› – ‹Und welche sind das?› – ‹Der Magen ist der Krankheit Zelt, die Vorsicht der Heilkunst vorangestellt. Gib jedem Körper, woran du ihn gewöhnt hast!› Der Arzt sprach: ‹Euer Buch und euer Prophet haben da für Galen keine Medizin mehr übrig gelassen!›»[89] Wenn die Geschichte wirklich passiert ist, so kann man sich als Sprecher einen der großen christlichen Ärzte, etwa den oben erwähnten selbstbewußten Gabriel ibn Buchtischuʿ oder den spöttischen Yuhanna ibn Masawaih denken; seine Antwort dürfte dann freilich eher ironisch als bewundernd gewesen sein. Doch der Autor nimmt sie ernst.

Pointierter noch ist die folgende Anekdote, wohl eine Variante der vorigen: «Es wird berichtet, daß ein ungläubiger Arzt, als er diese Worte (d. h. ‹Eßt und trinkt . . .›) hörte, Muslim wurde und dabei sagte: ‹Ich habe hundert Bücher über die Medizin verfaßt und mein Leben damit verbracht und habe hundert Worte daraus ausgewählt, von denen ich glaubte, daß etwas dahinter sei,[90] und meinte, ich hätte es weit gebracht im Extrahieren. Aber Gottes Wort ‹Eßt und trinkt und schweift nicht aus!› erschöpft alles, was ich verfaßt und extrahiert habe!›» Das Werk, dem dieser Bericht entstammt, hat einen programmatischen Titel, nämlich *Heilung der Schmer-*

zen – Medizin für die Anhänger des Islam.[91] Tatsächlich ist dieser Text eine Art Manifest der Prophetenmedizin, «ein eigentümliches Werk, das eine etwas nähere Betrachtung verdient»,[92] und uns daher nun für eine kurze Weile beschäftigen soll.

Der Autor Yusuf as-Surramarri (gest. 1374) war, wie bei Werken dieser Gattung die Regel, von Hause aus nicht Arzt, sondern Traditionalist. Doch er betont, er habe 49 Jahre lang anderen Ärzten zugesehen, ihren Gesprächen gelauscht und auch ab und zu selber etwas verschrieben. Daß solche Erfahrung hinreiche, dafür macht er wiederum ein Hadith geltend, wonach Fatima, die Tochter des Propheten, durch den Umgang mit den Ärzten ihres Vaters (!) allerlei ärztliche Kenntnisse erworben habe.[93] Seine von der galenisch-aristotelischen völlig abweichende Denkmethode tut sich überall kund. Dinge, die auf der Hand liegen oder in der Medizin längst bekannt sind, werden auf mühsamem Umweg, d. h. durch eine kühne Exegese von Koranversen hergeleitet. So gleich in der Einleitung:

«Die Gesundheit der Seele gehört zu den wichtigsten Pflichten und die Rücksicht auf die körperliche Gesundheit zu den vordringlichsten Obliegenheiten. Gott sagt: ‹Tötet euch nicht selbst, denn Gott hat mit euch Erbarmen!› (4,29) Gott sagt auch: ‹Stürzt euch nicht mit eigenen Händen ins Verderben!› (2,195) Denn auf der körperlichen Gesundheit beruht das rechte Vollbringen in religiösen und weltlichen Dingen und die Ordnung himmlischer und irdischer Geschäfte. Das aber erreicht man nicht ohne die Kenntnis der Medizin, mittels deren man das Schädliche vom Nützlichen und das ‹Ziehende› vom ‹Stoßenden› unterscheidet. Sie gehört zu den edelsten Wissenschaften und ihre Pflege zu den wichtigsten Dingen.

Gott der Erhabene hat seine Geschöpfe an drei Stellen seines glorreichen Buches auf die Prinzipien der Körpermedizin hingewiesen. Diese Prinzipien sind drei: Die Erhaltung der Gesundheit, die Vorsicht (*ḥimya* = Prophylaxe) vor schädlichen Dingen und die Entleerung verderblicher Stoffe.

So sagt Er in dem Vers vom Fasten: ‹Wer unter euch krank ist oder auf Reisen, (der soll) eine Anzahl anderer Tage (fasten)! (2,184) Da gestattet Er also das Fastenbrechen dem Kranken im Hinblick auf seine Krankheit, die ihn entschuldigt, und dem Reisenden im Hinblick auf die (notwendige) Erhaltung seiner Gesundheit und Kraft, damit sie nicht vom Fasten auf der Reise zugrunde gehen, da ja die heftige Bewegung und die durch die Reise bewirkte (stärkere) Auflösung (der Nahrungsstoffe im Körper) und der Mangel an Nahrung, die das Aufgelöste ersetzen könnte, zusammenkommen, mithin die Kraft schwindet und in Schwäche verkehrt wird.

Im Vers von der Pilgerfahrt sagt Er: ‹Und wer von euch krank ist oder einen Schaden am Haupt hat, der leiste Ersatz dafür mit Fasten, einem Almosen oder einem Opfer!› (2,196). Da gestattet Er also dem Kranken oder dem, der an seinem Kopf an Läusen oder Krätze oder anderem leidet, sein Haupt in geweihtem Zustand zu scheren (was an sich verboten ist), um die Materie der schädlichen Dünste, die den Schaden an seinem Kopf bewirkt haben, indem sie unter dem Haar eingeschlossen waren, zu purgieren. Wenn er nämlich seinen Kopf schert, öffnen sich die Poren und jene Dämpfe treten aus. Analog verhält es sich mit der Entleerung von anderen Dingen, deren Einschluß im Körper schädlich ist. Dinge, deren Verhaltung oder Verdrängung *(mudāfa'a)* im Körper schädlich sind, gibt es zehn: Das Blut, wenn es andringt, das Sperma, wenn es in Wallung ist, Urin, Kot, Wind, Erbrechen, Niesen, Schlaf, Hunger und Durst. Die Unterdrückung jedes dieser zehn Dinge bedeutet eine Krankheit. Gott aber hat durch die Rede von der Entleerung des geringsten unter ihnen, nämlich des im Kopf eingeschlossenen Dampfes (davon ist jedoch im Koran mit keiner Silbe die Rede!) dazu angespornt, die Dinge zu purgieren, bei denen es schwieriger ist; wie es ja der Methode des Korans entspricht, durch das Geringere auf das Höhere hinzuweisen.

Und in dem Vers von der Waschung sagt Er: ‹Wenn ihr krank seid oder auf Reisen oder es kommt einer von euch vom Abtritt oder ihr habt die Frauen berührt und ihr findet kein Wasser, dann verrichtet die Sandwaschung mit gutem Hochlandsand!› (4,43 u. 5,6) Da gestattet Er also dem Kranken, vom Wasser zum Sand abzuweichen aus Vorsicht für ihn, auf daß sein Körper keinen Schaden nehme. Damit ist aber auf die Vorsicht vor allem, was, von außen oder von innen, schaden könnte, hingewiesen. So hat also der Erhabene seine Knechte auf die Prinzipien der Medizin und den komprimierten Extrakt ihrer Regeln verwiesen (tatsächlich geht es im vorliegenden Vers gar nicht um Vorsicht, sondern um die Erlaubnis, das fehlende Wasser durch Sand zu ersetzen).

Und der Prophet – Gott spende ihm Frieden und Heil! – hat gesagt: ‹Gott sendet keine Krankheit herab, ohne ein Heilmittel (dafür) herabzusenden!› (Nur:) Der eine weiß es, der andere nicht. Die Gelehrten des Islam haben dann aus Gottes Wort und dem Wort seines Gesandten eine Medizin entwickelt, zu deren Handhabung die geschicktesten Ärzte des Altertums nicht fähig waren, wie es auch das Koranwort: ‹Eßt und trinkt und schweift nicht aus!› zeigt.»[94]

Hier folgt dann die oben bereits wiedergegebene Anekdote. As-Surramarri läßt also keinen Zweifel daran, daß die Prophetenmedizin der galenischen überlegen ist, und er führt dafür auch noch weitere Argumente an. So namentlich die größere Verläßlichkeit der frommen Überlieferung: «Was auch immer an den Männern (der Traditionswissenschaft) an Mängeln gefunden werden mag, wie sie nun einmal bei mündlicher Überlieferung nicht ausbleibt, so sind sie doch von besserer Art als die Überlieferer der Medizin Galens und Hippokrates'. Und was das Propheten-Hadith auch beinhalten mag, die Seele vertraut darauf und das Herz verläßt sich darauf! Und mag die Medizin nun Inspiration von Gott oder Überlieferung von den Alten oder auf Erfahrung begründet sein, die Hadith-Gelehrten sind (auf jeden Fall) kraft ihrer Kompetenz und Redlichkeit und Frömmigkeit und Gottesfurcht wenn nicht für diese Dinge zuständiger, so (mindestens) nicht weniger zuständig als andere.»[95]

Surramarri läßt auch keinen Zweifel an seiner Methode: «Ich bin bei der Abfassung dieses Werkes wie die Rechtsgelehrten *(fuqaha')* verfahren, indem ich eine Frage gestellt und anhand des (Koran- oder Hadith-)Textes Beweise angeführt habe. So nenne ich etwa Heilmittel und gebe zunächst an, was die Ärzte darüber gesagt haben; dann gebe ich Beweise anhand von Aussprüchen und Handlungen des Propheten. Ebenso nenne ich eine Krankheit und was über ihre Behandlung gesagt ist, danach was im Hadith darüber vorkommt.»[96] So wird in diesem Werk tatsächlich alles gesagt, was von unserm Denkmodell her zu erwarten war. Die Medizin wird zu einem Gegenstand der religiösen Wissenschaften erhoben, ihre Sakralisierung vollzogen, anders ausgedrückt: ihre Mächtigkeit, die Mächtigkeit von Hippokrates und Galen, Rufus und Dioskurides, wird Koran und Hadith, Allah und seinem Propheten, also der Allmacht, unterworfen. Die Teilhabe durch Unterwerfung ist durchgesetzt. Fassen wir zusammen, was die Konsequenzen sind:

1) Vernunftargumente können durch Schriftbeweise ersetzt werden, wie dies noch an drei typischen Beispielen gezeigt werden soll:

– «Schröpfen ist gesünder und nützlicher als Aderlaß aufgrund des Prophetenwortes: ‹Die Heilung liegt in dreierlei: In einem Löffel Honig, einem Ritzen mit dem Schröpfkopf und einem Brennen mit Feuer›».[97]

– «Die nützlichen Wirkungen des Schröpfens sind zahlreich (...); doch bewirkt es Vergessen (erg.: wenn man es am Hinterkopf vornimmt), wie ja der Prophet gesagt hat: ‹Der hintere Teil des Hirns ist der Sitz des Gedächtnisses und dieses wird durch Schröpfen geschwächt.›»[98]

– Einer zweifelt an der Echtheit eines Hadithes (fehlt bei Buchari), das besagt, wer sich am Samstag schröpfen lasse, bekomme Aussatz. Er läßt, um die Berechtigung seines Zweifels zu beweisen, sich tatsächlich am Samstag schröpfen. Prompt erkrankt er an Aussatz und wird nur dadurch gerettet, daß er vor dem ihm im Traum erscheinenden Propheten sein vorwitziges Urteil bereut.[99]

2) Magische und galenische Elemente vermischen sich in einem religiösen Konzept, dessen letzte Instanz nicht mehr die galenische Humoralpathologie, sondern die zufällig überlieferten medizinischen Hadithe sind.

3) Dadurch und durch die hineingenommene asch`aritische Leugnung der *causae secundae* werden Magie und galenische Medizin auf eine Ebene gestellt. Heilzauber tritt mehr und mehr in den Vordergrund.

As-Suyuti (gest. 1505), den wir am Ende des Philosophie-Kapitels als engagierten Gegner von Philosophie und Logik anführten, verkörpert diesen Befund als der führende Gelehrte des spätmamlukischen Ägyptens.

In seiner Prophetenmedizin hebt er den Unterschied zwischen Heilzauber und anderen Formen der Therapie ausdrücklich auf und stellt fest: Das Hersagen von Heilzauber und das Tragen von Amuletten sind ebenso Formen, Gottes Hilfe zur Bewahrung der Gesundheit zu erlangen, wie die (galenische) Medizin.»[100] Und in diesem Werk findet sich dazu u. a. auch ein gewichtiges Zitat aus einem Werk Ahmad ibn Hanbals (vgl. Kap. IV.3.b), worin jene oben erwähnte Praxis des Buchstaben- oder Heilschalenzaubers gebilligt und wie folgt beschrieben wird: «Wenn Worte aus dem Koran auf etwas niedergeschrieben und dann abgewaschen werden und man trinkt dieses Wasser, so ist das gut. Wenn jemand Koranverse in das Innere einer Schale schreibt oder auch nur etwas aus dem Koran über der Schale rezitiert und dann einen Kranken daraus trinken läßt, so ist das ebenfalls gut. Weiter, wenn jemand Koranverse über Wasser rezitiert und dieses dann über einen Kranken sprengt, oder bei schweren Wehen Koranverse aufschreibt und sie die Frau trinken läßt, so ist das gut.»[101] Suyutis Stimme werden wir auch im folgenden Kapitel nochmals vernehmen.

e) Abschließende Bemerkungen

Was bisher über das «Schicksal» der Medizin im Islam gesagt wurde, zeigt also, wie das uns bekannte Ringen zwischen der religiösen und der säkularen Mächtigkeit auch diesen Bereich erfaßte. Das Resultat? Die galenische Medizin lebte zwar weiter, aber in lähmender Umarmung durch die Prophetenmedizin. Hier muß nun freilich nochmals daran erinnert werden, daß es auch in der galenischen Medizin einen systemimmanenten Dogmatismus gab, der auch ohne das Einwirken des religiösen Milieus geeignet war, den Fortschritt zu lähmen. Der äußere Druck und das autoritätsgläubige Klima mögen aber, ähnlich wie wir das bei Averroes schon vermuteten, dazu beigetragen haben, den Autoritätsglauben zu verstärken. Fälle von Galenkritik sind äußerst selten und mit Entschuldigungsklauseln und Verbeugungen vor dem an sich unantastbaren Meister verbunden.[102]

Der in Werken arabischer Ärzte galenischer Richtung ständig beklagte Niedergang in der wissenschaftlichen Medizin – gleichzeitig ein schon von der Antike ererbter medizinliterarischer Topos – wird auf ein ungenügendes Bewahren der Tradition zurückgeführt. Eine Erschütterung des galenischen Systems hätte eine geistige Umwälzung vorausgesetzt, wie erst die europäische Renaissance sie einleiten sollte. Es hätte einer Aufhebung des Leichensektionsverbots bedurft, das im Islam bis an die Schwelle der Neuzeit bestand. Auch waren für den Durchbruch der modernen Medizin Erfindungen wie die des Mikroskops natürlich nicht wegzudenkende Voraussetzungen.

Immerhin gibt es auch in der arabischen Medizin einige große Momente. So etwa die Entdeckung eines anatomischen Irrtums Galens durch den ägyptischen Arzt und Naturforscher ʿAbd al-Latif al-Baghdadi (gest. 1231).

Anhand von Studien an menschlichen Skeletten, die er bei Kairo aufgehäuft fand, stellte er fest, daß der menschliche Unterkiefer nicht, wie Galen gelehrt hatte, aus zwei Teilen, sondern aus einem nahtlosen Knochen besteht. Bei der Darlegung dieser Entdeckung erklärt er jedoch nicht nur, daß er erst nach der genauen Prüfung von über 2000 Schädeln zu der Überzeugung gelangt sei, Galen müsse sich in diesem Falle geirrt haben, sondern er räumt auch die Möglichkeit ein, der Text sei an dieser Stelle vielleicht durch Kopisten verdorben oder anders zu interpretieren.[103] Doch grundsätzlich beruft sich ʿAbd al-Latif hier auf das Prinzip, dem Zeugnis der Sinne sei mehr zu trauen als den Lehren Galens, ein im Grunde von der Antike ererbter Leitsatz, den Aristoteles in die Worte gefaßt hatte *amicus Plato, magis amica veritas,* und der den größten arabischen Gelehrten geläufig war; so beruft sich etwa der große Arzt und Philosoph Abu Zakariyaʾ ar-Razi in der Einleitung seiner *Zweifel an Galen,* die sich allerdings nicht auf medizinische Lehren beziehen, darauf.[104]

Mit der beschriebenen Tendenz zur Prophetenmedizin hatte freilich dieses Prinzip seine Dynamik eingebüßt, denn die Wahrheit fiel ja nun mit den Worten Muhammads zusammen. Ibn Chalduns ausdrückliche Feststellung, daß die Prophetenmedizin beduinische Folklore sei und es nicht zur Sendung Muhammads gehört habe, medizinische Lehren zu vermitteln, blieb ohne Wirkung, zumal er selber hinzufügt, daß eine gläubige Anwendung dieser Mittel «sehr nützlich» sein könnte, auch wenn die Heilung nichts mit Humoralmedizin zu tun habe, sondern mit dem Glauben.[105]

Eine bedeutende Blüte erlebte das Heilwesen unter den frühen Osmanen; doch die Tatsache, daß dem Sultan Bayezid II. (1481–1512) ein prophetenmedizinisches Werk von einem an seinem Serail tätigen Lehrer gewidmet – was wohl nur heißen kann: in seinem Auftrag für ihn geschrieben – wurde, zeigt, daß sich auch dort die galenische Medizin Ende des 15. Jh. in der Umklammerung der Prophetenmedizin befand.[106] Das geistige Klima im Osmanischen Reich wurde im 16. und 17. Jahrhundert so unduldsam, daß ein moderner türkischer Historiker es unter der Überschrift ‹Der Triumph des Fanatismus› behandelt, obwohl es an einzelnen liberalen Gelehrten auch in jenen Jahrhunderten nicht gefehlt hat.[107] Für den Iran läßt der kürzlich erstellte Katalog einer großen Sammlung persischer medizinischer Handschriften den Schluß zu, daß dort ebenfalls magische und prophetenmedizinische Werke nach 1300 in den Vordergrund traten.[108]

2. *Kosmographie*

Zu den Wissenschaften, die die islamische Kultur von den Griechen übernahm, gehörte natürlich auch die Kosmographie. Es war das ptolemäische Weltbild, das hier tradiert wurde, also die Vorstellung eines geozentrischen Universums, dessen Sphären zwiebelförmig die Erde umschließen, und zwar zunächst sieben Planetensphären in der Reihenfolge Mond, Merkur, Venus, Sonne, Mars, Jupiter, Saturn, sodann die Fixsternsphäre, die man in der Regel von einer weiteren, der Sphäre der Sphären umgeben sein ließ, die manchmal auch einfach die Umgebende Sphäre genannt wurde. Über die Größe und Entfernung der Planeten hatte man schon in der Antike Berechnungen angestellt, und Gelehrte des islamischen Mittelalters haben diese ererbte Astronomie und Kosmographie um wertvolles Wissen bereichert. Entsprechendes gilt für die Geographie.

Bevor nun aber dieses Wissen rezipiert und weiter entwickelt wurde, besaß der frühe Islam bereits sein im Koran angedeutetes und in Prophetenaussprüchen näher geschildertes Weltbild. Dieses wurde, genau wie die medizinischen Ratschläge des Propheten, zunächst und für einige Jahrhunderte von der griechischen Wissenschaft überstrahlt und beiseite gedrängt. Es ging aber nicht verloren, hatte vielmehr, genau wie die Prophetenmedizin, eine nie verstummende Anhängerschar, die um seine Verbreitung und Aufbewahrung für eine spätere, dem sakralen Wissen wieder aufgeschlossenere Zeit bemüht war.

Das koranische Weltbild ist, wie an anderer Stelle bereits ausgeführt, in den Grundzügen mythisch-magisch, so wenn etwa Sternschnuppen als Feuerbrände, von himmlischen Wächtern gegen die an den Himmelspforten lauschenden Dämonen geschleudert, gedeutet werden (72,8–9). Interessant ist, daß sieben Himmel oder Sphären genannt werden (2,29; 17,44), was ein Anklang an Ptolemäus zu sein scheint, allerdings im Zusammenhang mit den ebenfalls genannten sieben Erden (65,12) wieder eher mythisch wirkt. Die Beschreibung der Erde beschränkt sich auf einige Realien aus der Natur und dem Leben von Beduinen und Kaufleuten, sowie die hymnische Nennung von Bergen, Meeren, Flüssen und dergleichen. Der Akzent liegt ganz auf dem Hinweischarakter der Schöpfung, deren Zeichen, namentlich die jährliche Wiederbelebung aus dem Wasser, die Allmacht Gottes bezeugen. Die Himmel, die Berge und die Vögel (21,79), Nacht und Tag (21,20), der Donner (13,13), «alles, was im Himmel und auf Erden ist» (57,1; 59,24), werden im übrigen mehrfach ausdrücklich als Gott Lobende erwähnt.

Das Hadith jedoch brachte konkrete Angaben, die mit dem naturwissenschaftlichen Weltbild unvereinbar waren. Wieviel an mythologischen Vorstellungen älterer Kulturen sich später um den islamischen Kern herum gruppierte, dürfte kaum mehr genau zu erkunden sein, sowenig wie man den echten prophetenmedizinischen Nukleus von späteren Zutaten anderer Herkunft trennen kann. Doch schon in den beiden zu Anfang des 11. Jahrhunderts entstandenen, zu allgemeiner Beliebtheit gelangten Sammlungen sogenannter *Prophetengeschichten (Qiṣaṣ al-anbiyāʾ)* von ath-Thaʿlabi (gest. 1035) und seinem Zeitgenossen al-Kisaʾi (genaue Lebensdaten unbekannt) findet sich solches Material. Ein besonderer

Schriftzweig, oft ‹Buch der Majestät› *(Kitāb al-ʿaẓama)* betitelt, nimmt sich dieses Traditionsgutes an.

Wissenschaftler der rationalen Epoche, der große al-Biruni etwa, haben es ignoriert. Eine Mischung aus beidem, aber doch noch mit deutlicher Reserve gegen allzu Abstruses, bietet Yaqut (gest. 1229) in der Einleitung seines großen geographischen Wörterbuchs *(Muʿǧam al-buldān)*, das ihn zusammen mit seinem umfangreichen *Wörterbuch der Gebildeten* zu einem der bedeutendsten Gelehrten seiner Epoche macht. Sohn griechischer Eltern, geriet er als Knabe in Gefangenschaft und erhielt von seinem Herrn eine – natürlich islamische – Ausbildung, später machte er mehrere Reisen und sammelte Material für seine Wörterbücher. Die genante Einleitung, einen Prolog und fünf Kapitel umfassend, beginnt mit Koranzitaten und endet mit einem Kapitel über islamische Bodensteuer. Yaqut begründet sein Unternehmen sowohl mit säkularen wie mit religiösen Bedürfnissen. In seinen wissenschaftlichen Aussagen orientiert er sich überwiegend an Ptolemäus und Biruni, kennt aber auch andere antike Autoren wie z. B. Dorotheus von Sidon; wörtliche Zitate stammen jedoch vor allem aus Biruni.

Das erste Kapitel, mit dem wir uns nun näher befassen, ist der Gestalt der Erde gewidmet. Zu Beginn führt der Autor mehrere Koranzitate an, z. B.: «Haben wir nicht die Erde als Lager und die Berge als Pflöcke gemacht?» (78,6) Dann referiert er verschiedene widerstreitende Auffassungen der Antike über die Erdgestalt, die auf einige Vorsokratiker wie Anaximander, Xenophanes von Kolophon, Empedokles zurückzugehen scheinen.[109] «Die Mehrheit von ihnen war jedoch der Ansicht, daß die Erde rund ist wie ein Ball.» Wenig später heißt es dann: «Das Beste und Richtigste, was ich in dieser Hinsicht gefunden habe, sagt al-Biruni.» Und es folgt ein längeres Zitat, das ausführt, die Erde sei, aus genügender Entfernung betrachtet, rund, da die Berge dann nicht größer als Unebenheiten auf einer Kugel erscheinen würden. Es folgen dann u. a. Angaben über die Größe der Erde nach verschiedenen Autoren, darunter Ptolemäus.

Anschließend kommt Yaqut erstmals auf ein heikles Thema zu sprechen, die im Koran erwähnten sieben Erden. Doch auch hier wendet er seine Methode an, einfach verschiedene Ansichten zu referieren, ohne einen Versuch, sie miteinander zu harmonisieren:

«Man ist auch verschiedener Ansicht *(iḫtalafū)* über die Anzahl und die Beschaffenheit der Erden. Gott – erhaben und mächtig ist er – sagt: ‹Er hat sieben Himmel und ebenso viele Erden erschaffen.› (65,12) Möglicherweise bezieht sich das auf die Zahl der Schichten. Es wird aber auch überliefert, daß sie übereinander sind und die Dicke jeder Erde 500 Reisejahre[110] beträgt. Einige haben für jede Erde Bewohner von eigentümlicher Eigenschaft und Gestalt aufgezählt und jeder Erde einen besonderen Namen gegeben, genau wie jedem Himmel. Und von ʿAtaʾ ibn Yasar (einem

Traditionalisten (wird) zu diesem Koranvers (überliefert, daß) er (Muhammad?) sagte: ‹Auf jeder Erde ist ein Adam wie euer Adam und ein Noah wie euer Noah und ein Abraham wie euer Abraham!› Doch Gott weiß es am besten.»[111] Mit diesem «Gott weiß es am besten» pflegten sich damals kritische Autoren von Texten, an deren Richtigkeit sie Zweifel hegten, zu distanzieren, namentlich, wenn es ratsam schien, diesen Zweifel nicht deutlicher zu äußern. Gegen die Formel «Gott weiß es am besten» konnte schließlich auch der Frömmste nichts einwenden.

Deutlicher wird Yaqut erst an einer späteren Stelle. Kehren wir jedoch zunächst noch einmal zu jenem Passus zurück. Yaqut referiert, daß die Muʿtaziliten diesen Vers auf die sieben Klimata bezögen und sich damit im Einklang mit der antiken Geographie befänden. In den folgenden Abschnitten behandelt er die Gewässer und die Gebirge. Auch hier werden Koranverse zitiert. So bestätige der Vers: «Er warf auf die Erde festverankerte (Berge), auf daß sie nicht schwanke mit euch!» (16,15) eine antike griechische Ansicht, wonach die Erde anfangs geschwankt habe wegen ihrer Kleinheit, mit der Zeit aber habe sie sich verdickt und stabilisiert. Eine ähnliche Äußerung findet sich tatsächlich bei Demokrit.[112] Der letzte Abschnitt geht ein auf die Frage, was unter der Erde ist. Und hier wird nun Yaqut ausgesprochen kritisch:

«Man ist auch verschiedener Ansicht hinsichtlich dessen, was unter der Erde ist. Einige der Alten haben behauptet, daß die Erde von Wasser, und das Wasser von Luft, und die Luft von Feuer und das Feuer vom untersten Himmel, dann dem zweiten, dritten usw. bis zum siebten Himmel umgeben ist; diesen umgibt die Fixsternsphäre, über welcher die mächtigste ‹gerade› Sphäre ist, darüber ist die Welt der Seele und über der Welt der Seele die Welt des Intellekts, und über der Welt des Intellekts ist der Schöpfer – mächtig ist seine Gewalt! Jenseits davon gibt es nichts. Nach dieser Anordnung *(tartīb)* ist also der Himmel sowohl unter der Erde wie über ihr.

In den Materialien der frommen muslimischen Erzähler[113] gibt es jedoch seltsame Dinge, die die Brust des Verständigen beklemmen. Ich erzählte einiges davon, ohne an seine Richtigkeit zu glauben.»

Was nun folgt, sind mythologische Vorstellungen, die vermutlich letztlich auf den alten Orient zurückgehen, aber, wie gesagt, frühzeitig, und zwar offenbar aus jüdischen Quellen, in die islamische Volksfrömmigkeit Eingang fanden:

«Als Gott, der Erhabene, die Erde erschaffen hatte, schwankte sie, wie ein Schiff schwankt. Da sandte er einen Engel, der unter die Erde ging und sich den Felsklotz auf die Schultern legte. Dann streckte er seine zwei Hände aus, die eine gen Osten und die andere gen Westen, und er ergriff die sieben Erden und ordnete sie so an, daß sie ruhten. Doch seine Füße hatten keinen Standort. Da ließ Gott einen Stier aus dem Paradies zu ihm niedersteigen, der hatte 40000 Hörner und 40000 Beine und er machte seinen Buckel zum Standort für seine Füße, doch seine Füße erreichten ihn nicht. Da sandte Gott einen grünen Korund vom Paradies herab, dessen Länge war 1000 Jahre; und er legte ihn auf den Buckel des Stiers, und nun standen die Füße des Engels darauf. Die Hörner des Stiers kommen aus den Flächen der Erde heraus und verhaken sich unter Gottes Thron, und die Nüstern des Stieres sind in zwei Löchern jenes Felsens unter dem Meer. Täglich atmet er zweimal und wenn er ausatmet, ist es die Flut des Meeres, und wenn er einatmet, die Ebbe. Die Füße des Stieres hatten aber keinen Standort. Da erschuf Gott, der Erhabene, eine Düne(?) so dick wie sieben Himmel und Erden, darauf standen die Füße des Stiers. Doch die Düne hatte keinen Halt. Da erschuf Gott der Erhabene einen Walfisch namens Balhut und legte die Düne auf die Finne jenes Fisches, und die Finne ist der Flügel in der Mitte des Fischrückens. Und dieser Walfisch ist auf dem Rücken des unfruchtbaren Windes und ist mit einer Kette so dick wie die Himmel und die Erden an den Thron (Gottes) gekettet (...).

Es wird berichtet, Gott der Erhabene ließ aus jenem grünen Korund, der auf dem Buckel des Stiers liegt, das Kaaf-Gebirge *(ǧabal Qāf)* hervorwachsen, und es umgab die Erde. Es wird auch gesagt – und Gott weiß es am besten – daß daher das Grün des Himmels komme (...). Und aus dem Kaaf ließ Gott die Berge wachsen und machte sie zu Pflöcken für die Erde wie die Wurzeln für die Bäume. Und wenn Gott – erhaben ist er und mächtig! – eine Ortschaft (durch ein Erdbeben) erschüttern will, so gibt er jenem Engel ein: ‹Erschüttere die Ortschaft so und so!› und er bewegt dann jene Wurzel unter jener Ortschaft und erschüttert sie (...).»

Der Stier auf dem Fisch als Träger der Erde, das Kaaf-Gebirge als ihre Umzäunung, das sind die wichtigsten Elemente der mythischen Kosmographie, soweit die Erde betroffen ist. Man begegnet ihnen auf Schritt und Tritt in der islamischen Dichtung. Und niemand wird bezweifeln, daß derlei Vorstellungen sehr poetisch sind. Es gibt nun in dieser frommen Tradition aber auch Maßangaben über den Kosmos, und Yaqut, der das eben auszugsweise Zitierte zurückweist, führt zum Schluß seines Kapitels eine solche Überlieferung an, ja, als sei er vor seiner eigenen Courage erschrocken, bezeichnet sie als ein zuverlässiges Hadith. Die kleine Erzählung – nebenbei auch ein schönes Beispiel für die in sakralen islamischen Texten so oft verwandte repetitive Struktur (vgl. Kap. VIII.4.) – ist so typisch, daß sie hier ebenfalls im vollen Wortlaut folgen soll:

«Während wir beim Propheten – Gott spende ihm Frieden und Heil! – waren, zog eine Wolke vorüber. Da sprach er: ‹Wißt ihr, was dieses da über euch ist?› Wir sprachen: ‹Gott und sein Gesandter wissen es besser!› Er sprach: ‹Das ist die Wetterfront *(al-ʿanān)* und ihre Güsse, die Gott zu denjenigen seiner Diener sendet, die ihm nicht dankbar sind und ihn nicht Herrn nennen! Wißt ihr, was dieses da über euch ist?› Wir sprachen: ‹Gott und sein Gesandter wissen es besser!› Er sprach: ‹Der unterste Himmel *(ar-raqī')*, eine gebändigte Woge und ein bewahrtes Dach. Wißt ihr, wieviel zwischen euch und ihm ist?› Wir sprachen: ‹Gott und sein Gesandter wissen es besser!› Er sprach: ‹Die Reise von 500 Jahren!› Dann sprach er: ‹Wißt ihr, was über ihm ist?› Wir sprachen: ‹Gott und sein Gesandter wissen es besser!› Er sprach: ‹Ein weiterer Himmel. Wißt ihr, wieviel zwischen ihm und euch ist?› Wir sprachen: ‹Gott und sein Gesandter wissen es besser!› Er sprach: ‹Die Reise von 500 Jahren!› Und so zählte er die sieben Himmel auf. Dann sprach er: ‹Wißt ihr, was darüber ist?› Wir sprachen: ‹Gott und sein Gesandter wissen es besser!› Er sprach: ‹Der Thron!› Dann sprach er: ‹Wißt ihr, wieviel zwischen euch und dem siebenten Himmel ist?› Wir sprachen: ‹Gott und sein Gesandter wissen es besser!› Er sprach: ‹Die Reise von 500 Jahren!› Dann sprach er: ‹Wißt ihr, was dies unter euch ist?› Wir sprachen: ‹Gott und sein Gesandter wissen es besser!› Er sprach: ‹Die Erde! Wißt ihr, was unter ihr ist?› Wir sprachen: ‹Gott und sein Gesandter wissen es besser!› Er sprach: ‹Eine weitere Erde. Wißt ihr, wieviel zwischen ihr und euch ist?› Wir sprachen: ‹Gott und sein Gesandter wissen es besser!› Er sprach: ‹Die Reise von 700 Jahren!› Und so zählte er die sieben Erden auf. Dann sprach er: ‹Bei Gott! Wenn ihr einen von euch an einem Seil zur siebten untersten Erde hinabließet, würde es euch auf Gott fallen lassen!› Darauf rezitierte er: ‹Er ist der Erste und der Letzte, der Sichtbare und der Verborgene und Er ist aller Dinge kundig.›»

Daß Yaqut dieses Hadith ausdrücklich als *ṣaḥiḥ,* also «authentisch» bezeichnet, muß erstaunen, da es mit den vorher von ihm gegebenen wissenschaftlichen Daten über die Größe der Erde und die Entfernungen der Planeten unvereinbar ist. Vielleicht aber bezieht sich sein Urteil hier wirklich nur auf die Verläßlichkeit der Überliefererkette, die er ausführlich zitiert, während die Beurteilung der sachlichen Richtigkeit stillschweigend dem Leser überlassen wird.

Dieses von Yaqut im ganzen doch mit großer Reserve behandelte Material der volkstümlichen frommen Tradition ist es nun, was den uns schon bekannten ägyptischen Polyhistor as-Suyuti in seinem Werk über islamische Kosmographie ausschließlich interessiert. Das Werk trägt den kryptisch tönenden, aber in seiner Intention doch eindeutigen Titel *al-Hai'a as-sanīya fi l-hai'a as-sunnīya,* auf deutsch: *Die glänzende Gestalt: Über die sunnitische (d. h. islamische) Kosmographie,* also eine bewußte Entsprechung zu Suyutis oben mehrfach erwähnter Prophetenmedizin. Allerdings ist das hier zusammengetragene Material im ganzen weit spärlicher als das medizinische. As-Suyuti, der innerhalb des von ihm allein für zulässig gehaltenen sakralen Rahmens durchaus kritisch sein konnte, hat keineswegs einfach die spätere Literatur frommer Folklore und der Mirabilien etwa eines Qazwini[116] ausgeschrieben, sondern greift auf einen alten Traditionsstrang zurück, der vor allem in den bereits erwähnten *Büchern der Majestät* tradiert worden war und etwa schon das Weltbild eines «philosophischen» Mystikers wie Hakim Tirmidhi bestimmt und von einem Tirmidhi-Forscher als «fantastisch-rational» bezeichnet worden ist.[117]

Was von Yaqut mehr als Pflichtübung und etwas ratlos neben das wissenschaftliche Material gestellt worden war, wird hier zum allein verbindlichen Wissensgut über den Kosmos. Einige Kostproben genügen, um den Geist desselben zu verdeutlichen. Über die Meere etwa findet sich u. a. die folgende Tradition, überliefert von Ibn `Abbas, einem Vetter des Propheten: «Jemand fragte ihn über Ebbe und Flut. Er sprach: Wahrlich, Gott hat einen Engel, der mit dem Meer beauftragt ist. Wenn er seinen Fuß hineinstellt, fließt es über, und wenn er ihn hebt, sinkt es. Das ist Ebbe und Flut.»[118] Und im Abschnitt über die Milchstraße und den Regenbogen steht u. a. zu lesen: «At-Tabari und Abu sch-Schaich berichten durch einen Mittelsmann namens Mu`adh ibn Dschabal vom Propheten – Gott spende ihm Frieden und Heil! – die folgende Überlieferung: «Die Milchstraße, die im Himmel ist, kommt vom Schweiß der Viper, die unter dem Thron ist.»[119] Auch das Kaaf-Gebirge wird in einem Hadith beschrieben, und das Erdbeben, etwas weniger poetisch als in dem oben mitgeteilten Text, erklärt man aus einem Befehl Gottes an «dieses Gebirge». Das von Yaqut zuletzt zitierte Hadith über die sieben Himmel und die sieben Erden findet sich wörtlich auch bei Suyuti.[120]

Hier sei daran erinnert, daß auch im frühesten Bericht von Muhammads Himmelfahrt, dem sogenannten *Ḥadīṯ al-mi`rāǧ,* die räumliche Struktur eine Art ptolemäischen Kosmos darstellt. Auf seinem Wunderpferd Burak erhebt sich der Prophet unter Führung Gabriels durch die sieben Himmel bis vor Gottes Thron, in jedem Himmel von einem der früheren großen Propheten mit den immer gleichen Worten begrüßt.[121] Aber nicht nur der ptolemäische Kosmos wird durch dieses Hadith im Kern islamisiert und geheiligt, sondern mit ihm auch seine eigentümlich repetitive, spiegelhafte Struktur, die uns schon in Ibn Tufails Erzählung begegnete (vgl. S. 54f.). Eine persische Miniatur zeigt den Einfluß dieser Struktur auch auf die darstellende Kunst.[122]

Es wäre leicht und lohnend, würde aber den Rahmen unseres Buches sprengen, ähnliche Entwicklungen wie die hier aufgezeigten auch in anderen Naturwissenschaften nachzuweisen. So ergibt etwa ein Vergleich des im 9. Jahrhundert verfaßten umfangreichen *Tierbuchs* von al-Dschahiz mit dem rund ein halbes Jahrtausend später entstandenen *Leben der Tiere* des ad-Damiri (1341–1405), eines Zeitgenossen Ibn Chalduns, ein eindeutiges Resultat: Steht Dschahiz' Tierbuch wie alle Werke dieses Mu`taziliten im Zeichen eines aufgeklärten Rationalismus, so ist Damiris Werk durchsetzt von muslimischer Folklore, seine Zoologie ist durch und durch islamisch. Der Autor, ein studierter Theologe, Hadith- und Scharia-Fachmann, der ein asketisches Leben führte und im Rufe stand, ein Wundertäter zu sein, hat

Legendäres und Märchenhaftes kritiklos übernommen, wie er denn in der Einleitung konstatiert, er schreibe nicht als Naturwissenschaftler, sondern, um falsche Vorstellungen über Tiere, wie sie selbst von Gelehrten geteilt würden, zu korrigieren.[123]

3. Geheimwissenschaften

Die auffällige Aszendenz der Geheimwissenschaften im Islam und ihr Weiterblühen in jener Zeit, als die aristotelische Philosophie und die galenische Medizin bereits entweder verschwunden oder in vollem Verfall begriffen waren, läßt sich aus zwei unmittelbar miteinander verquickten Faktoren erklären. Einmal durch ihre Mächtigkeit, die dem islamischer Mentalität immanenten Streben nach Mächtigkeit entspricht, zum anderen in ihrer Vereinbarkeit mit dem islamischen Weltbild, wie es in Koran und Hadith verankert ist und das wir als magisch-mythisch bezeichnet haben (vgl. S. 38).

Selbstverständlich aber war das aus der orientalisierten Spätantike ererbte Material okkulten Wissens nicht einfach unverändert rezipierbar. Es mußte vielmehr, wie alle anderen geistigen und kulturellen Güter, die man dem Heiligen Haus einzufügen gedachte, adaptiert werden. Wir müssen also im folgenden kurz noch einmal auf die magischen Komponenten in Koran und Hadith zurückkommen, um dann auf die Mächtigkeit der drei wichtigsten Geheimwissenschaften in ihrem Verhältnis zur Allmacht, vor allem aber auf die mit fortschreitender Islamisierung verknüpfte Aszendenz der Magie einzugehen.

Was den Koran betrifft, so wurde das meiste bereits in Kap. I.6.b gesagt. Nachzutragen ist hier jedoch der koranische Locus classicus zur Magie, auf den islamische Werke über Zauberei sich zu berufen pflegen: «Und sie (die vorher erwähnte Gruppe von Monotheisten, die das ihnen offenbarte Buch achtlos beiseite werfen) sind dem gefolgt, was die Satane über/gegen die Herrschaft Salomos verlasen.[124] Salomo aber war nicht ungläubig, sondern die Satane waren es, indem sie die Menschen die Zauberei *(siḥr)* lehrten und das, was auf die beiden Engel in Babel, Harut und Marut, herabgesandt wurde. Doch sie (Dual) lehren niemand, ohne daß sie sagen: ‹Wir sind nur eine Versuchung *(fitna)*; sei also nicht ungläubig!› Und sie (Plural) lernen von den beiden, wie sie einen Mann von seiner Gattin trennen können, schaden aber niemand damit, außer mit Gottes Erlaubnis.» (2,102)

Der Text ist recht kompliziert, schon rein syntaktisch, und erst recht, was die hier der Magie eingeräumte Stellung anbetrifft. Einerseits wird diese deutlich von dem großen Geisterfürsten Salomo abgehoben, andererseits aber erscheint sie als eine Realität. Menschen werden darin unterwiesen, und zwar nicht nur von Teufeln, sondern auch von zwei dubiosen Engeln. Harut und Marut gehen als Gestalten auf jüdische Überlieferung zurück, während ihre Namen offensichtlich altpersischen Ursprungs sind, nämlich aus Haurvatat («Reinheit») und Ameretat («Unsterblichkeit»), den Namen zweier zoroastrischer Erzengel, verballhornt.[125] Die so den Menschen vermittelte Magie – als Beispiel für ihre Mächtigkeit verweist der heilige Text auf Liebeszauber – ist zwar keineswegs eine nützliche Wissenschaft, sie kann aber auch nicht schaden, es sei denn mit Gottes Erlaubnis. Dem Text läßt sich freilich auch entnehmen, daß Magie erlernbar ist und angewandt werden darf, sofern Gott dies erlaubt.

Für den Koran ist also Magie *(sihr)* eine Realität; und das gleiche gilt auch für das Hadith. Auch in ihm erscheint Magie als eine reale, gefährliche Mächtigkeit. «Vielgötterei und Zauberei gehören zu den verderblichen Dingen.»[126] Und: «Die Zauberei ist eine Realität!»[127] Wenn im Koran u. a. die Warnung vor Liebeszauber oder der Bannspruch gegen die «in die Knoten Spuckenden», d. h. Hexenweiber, auf bestimmte magische Praktiken zur Zeit Muhammads schließen lassen, so bietet das Hadith weiteres konkretes Material, etwa Muhammads Empfehlung: «Wer jeden Morgen einige ʿAdschwa-Datteln ißt, dem schadet an diesem Tag bis zum Abend weder Gift noch Zauber *(sihr)!*»[128]

Mehrfach mit nur leichten Varianten und, was den Kernpunkt betrifft, meist nur dezent andeutend, erscheint ein Bericht über die Verzauberung der Potenz des Propheten durch einen Talisman, bestehend aus einem Kamm mit ausgerupftem Haar (vom Propheten) und den Kolben männlicher Palmen, der in einem Brunnen versteckt war. Erst als Muhammad von zwei Männern oder Engeln das Geheimnis erfahren hat, begibt er sich zum Brunnen, wo ihm die Palmenwipfel wie Satansköpfe erscheinen und das Wasser des Brunnens wie eine Henna-Lache; er läßt den Brunnen zuschütten und ist geheilt.[129]

Wichtig ist nun, daß im Hadith eine andere Form von Zauber erlaubt ist, nämlich die *ruqan* oder *ruqya* genannten Praktiken. Diese Erlaubnis findet sich im Medizin-Kapitel Bucharis und die Rede ist hier von Formen des Heilzaubers, wie oben (S. 185 f.) bereits gezeigt wurde. Die andern Geheimwissenschaften, insbesondere Astrologie und Alchimie, sind Koran und Hadith unbekannt; ihre Entwicklung im Islam ist daher auch weniger spektakulär. Allerdings war die Astrologie mit der Hauptrichtung der Magie aufs engste verquickt und blühte gewissermaßen in Symbiose mit ihr, während die Alchimie, sich deutlicher davon abhebend, sehr früh in bestimmten religiösen Kreisen, dem der Mystiker und jenem der – besonders ismaʿilitischen – Schiiten, gepflegt wurde. Das Spiel der Mächtigkeiten, dem wir hier begegnen, ist allerdings komplizierter als die bisher von uns skizzierten Abläufe, da diesmal die Gegner nicht nur im religiösen Lager sitzen, sondern auch in den Reihen der Vertreter der säkularen Wissenschaften, also bei den Philosophen und Naturwissenschaften, während die Befürworter sich, wie üblich, entweder eine islamische Tarnkappe überwerfen oder aber überzeugt sind, sich in Einklang mit islamischem Geist zu befinden. Das ganze Terrain ist freilich noch viel zu wenig erforscht bzw. dem Verfasser zu wenig geläufig, als daß es hier anders denn in großen und groben Zügen projiziert werden könnte.

Wie sehr die Grenzen der von uns als «rational» empfundenen zu den okkulten Wissenschaften fließend waren, möge eine Aufzählung von fünf von den Autoren als «magisch» bezeichneten Wissenschaften in der Enzyklopädie der Lauteren Brüder dartun:

1. Die Alchimie, welche die Armut verbannt und den Schaden aufdeckt.
2. Die Astrologie *(aḥkām an-nuǧūm)*, durch welche das Gewesene und das Werdende erkundet wird.
3. Die Wissenschaft der Talismane, durch welche die Untertanen an die Könige und die Könige an die Engel gebunden werden.
4. Die Medizin, die die Gesundheit der Körper bewahrt und die eintretenden Krankheiten heilt.
5. Die Wissenschaft der Loslösung *(taǧrīd)*, durch welche die Seele sich selber erkennt und nach ihrer Loslösung auf ihren Wohnort herabblickt.[130]

Dem Anspruch nach sind die Geheimwissenschaften zwar okkult, aber keineswegs obskur, stehen vielmehr an der Spitze der Wissenschaften. Wenden wir uns also den drei großen okkulten Wissenschaften nun im einzelnen zu.

a) Alchimie

Unter Alchimie soll hier die Goldmacherkunst verstanden werden, also der – immer Illusion gebliebene – Versuch, mit Hilfe eines Wundermittels, Elixir oder «Stein der Weisen» genannt, aus unedelen Metallen edle und speziell Gold herzustellen. In diesem Sinne verwenden arabische Quellen das Wort *kīmiyā'*, mit Artikel *al-kīmiyā'*, woraus unser Wort Alchimie wurde, so wie Elixier aus arab. *al-iksīr* entstand.[131] Im Persischen hatte *kīmiyā-sāz* die gleiche Bedeutung. Daneben begegnen jedoch auch Bezeichnungen wie «die Kunst» *(aṣ-ṣan'a)* oder «die edle/hohe/göttliche Kunst» *(aš-šarifa/al-'āliya/al-ilāhīya)*; «der Stein» *(al-ḥaǧar)* wird auch «der verehrungswürdige/gewaltigste Stein» *(al-ḥaǧar al-mukarram/al-a'ẓam)* u. ä. genannt.[132]

Obwohl an sich vom Ansatz her verfehlt, hat dieses Bemühen bekanntlich zur Entdeckung zahlreicher chemischer Kenntnisse und Verfahren geführt und war mithin nicht völlig vergebens, wenn auch für den einzelnen Alchimisten oft ruinös. Wenn nun in praxi Alchimie und Chemie oft miteinander verquickt waren, mithin eine scharfe Trennung für die vormoderne Wissenschaftsepoche nicht durchführbar ist, so gab es doch im islamischen Mittelalter sehr wohl Gelehrte, die die Umwandlung der Metalle für unmöglich hielten, und mit diesem Argument die Alchimie ablehnten.

Die alchimistische Kunst hat eine lange vorislamische Ahnenreihe in den arabischen Quellen. Die Liste der Namen beginnt bei völlig mythischen Figuren wie Hermes und Agathodaimon, umfaßt Naturphilosophen wie Thales (um 650–560), Atomisten wie Leukipp (5. Jahrhundert v. Chr.) und dessen Schüler Demokrit, thaumaturgische Gestalten wie Empedokles (5. Jahrhundert v. Chr.) und Apollonios von Tyana (1. Jahrhundert n. Chr.), den Meister der Magie und der Talismane, aber natürlich auch die großen Philosophen Sokrates, Plato, Aristoteles, ferner persische Weise wie Ostanes (5. Jahrhundert v. Chr.) und Dschamasp (3. Jahrhundert n. Chr.), einen babylonischen Astrologen namens Teukros (1. Jahrhundert n. Chr.) und einen obskuren indischen Weisen namens Tumtum, sodann sogar – erfreuliche Nachricht für Feministinnen! – zwei Frauen, nämlich die Königin Kleopatra und die wiederum ganz obskure Maria «die Koptin»; und sie reicht bis zu späthellenistischen Alchimisten wie Zosimos (4. Jahrhundert n. Chr.), Olympiodoros (4. oder 5. Jahrhundert n. Chr.) und dem byzantinischen Kaiser Herakleios (610–41).[133]

Ohne auf die zahlreichen Forschungsprobleme eingehen zu können, sei in unserm Rahmen nur das Folgende festgestellt: Es scheint, daß es von den drei großen okkulten Wissenschaften die Alchimie war, die am raschesten einer Umarmung durch islamischen Geist gewürdigt wurde. Jedenfalls soll sich bereits der Umaiyadenprinz Chalid ibn Yazid (gest. nach 720), der als «Dichter und Prediger» galt, mit Alchimie befaßt haben.[134] Es könnte dann eine Rolle gespielt haben, daß bereits die neuplatonisch gefärbte christliche Mystik ein Interesse an Alchimie entwickelt hatte, was wiederum den christlichen Kaiser Herakleios bewegt haben soll, sich mit Alchimie zu befassen.[135] Solche Argumente übersehen freilich die enorme Anziehungskraft, die die von der «göttlichen Kunst» erhoffte «Mächtigkeit» barg.

Neben der Mächtigkeit und dem implizierten geheimen Wissen zog die Alchimie nun freilich in der Tat vor allem neuplatonisch oder mystisch geprägte Geister auch dadurch an, daß man die durch sie zu erreichende Veredelung des Metalls als Symbol innerer Läuterung, ja als einen die innere Läuterung notwendig nach sich ziehenden Prozeß verstehen konnte. So ist es zu erklären, daß mehrere bekannte Mystiker sich offenbar mit Alchimie befaßt haben. Auf Chalid folgt jedoch zeitlich zunächst noch der sechste Imam der Schiiten, Dscha`far as-Sadiq (gest. 765) (vgl. Kap. III.6.), der übrigens ein Vetter mütterlicherseits von Chalid war und dessen Schriften mithin gekannt haben könnte, sofern sie existierten. Daß der Imam sich in der Tat mit Alchimie befaßt haben dürfte, halten mehrere Fachgelehrte für wahrscheinlich; Sezgin macht u. a. geltend, daß «schon in der umaiyadischen Zeit unter den ši`itischen Gnostikern eine Theorie der Gleichgewichtsverhältnisse verbreitet war».[136] Die Frage, ob die erhaltenen Schriften wirklich von Dscha`far oder späteren Bearbeitern stammen, läßt jedoch auch dieser für den frühen Beginn der arabischen Wissenschaften eintretende Gelehrte offen.

Doch nun folgen in der Reihe arabischer alchimistischer Autoren die Namen einiger bekannter Mystiker: Sufyan ath-Thauri (gest. 778), Dschabir ibn Haiyan as-Sufi (gest. 815?), Dhu n-Nun (gest. 861), Dscha`far ibn Ibrahim as-Sufi (9. Jahrhundert), Dschunaid (gest. 910) und al-Halladsch (gest. 922).[137] Weitere Mystiker werden in einer arabischen Quelle des 13. Jahrhunderts als «Autoritäten für die Geheimkünste und insbesondere für die magischen Eigenschaften der Buchstaben des Korans» genannt, nämlich al-Harith al-Muhasibi (gest. 857), Sahl at-Tustari (gest. 886), Abu l-Qasim al-Quschairi (gest. 1072) und Schihab ad-Din as-Suhrawardi.[138] Diese Verquickung der Alchimie mit der frühen islamischen Mystik hat zu einer verklärenden Sicht der arabischen Alchimie überhaupt in modernen Kreisen islamischer Mystik geführt.[139] Doch die Realität sah zweifellos nicht immer so ideal aus; das geht aus Quellen von Gegnern der Alchimie – ein Beispiel wird später gegeben – deutlich hervor.

Der berühmteste unter diesen alchimistischen Mystikern oder mystischen Alchimisten ist Dschabir ibn Hayyan, gleichzeitig eine geheimnisvolle Gestalt, deren geschichtliche Wirklichkeit eine undurchdringliche Wolke verhüllt. Denn nicht nur wissen wir über seine Biographie so gut wie nichts. Das riesige, angeblich von ihm verfaßte Korpus wissenschaftlicher Schriften, das an die 3000 Titel umfaßt, wurde schon im 10. Jahrhundert in arabischen Intellektuellen-Kreisen als Fälschung betrachtet, ja Dschabirs Existenz wurde in Zweifel gezogen, und das sogar von Schiiten, obwohl der sich Dschabir nennende Autor in seinen Schriften den sechsten Imam als seinen Meister bezeichnet und behauptet, alles Wissen von ihm ererbt zu haben.[140] Der Umfang des Korpus ist so gewaltig, daß es die Leistungskraft eines einzelnen zu übersteigen scheint. Auch ist es äußerst reich an Zitaten aus griechischen Schriften, die, so weit wir wissen, zu Anfang des neunten Jahrhunderts – Dschabir soll 812 oder 815 gestorben sein – noch gar nicht auf Arabisch vorlagen. Doch nicht nur das; im Korpus wird eine Terminologie benutzt, die der große Übersetzer Hunain ibn Ishaq (808–873) erst Jahrzehnte nach Dschabirs vermutetem Todesdatum kreiert hat. Außerdem huldigt der Verfasser des Dschabir´schen Korpus einer ismailitischen Gnosis, die sich nach Auffassung zuverlässiger Kenner sogar erst in der zweiten Hälfte des neunten Jahrhunderts entwickelt hat. Alles das scheint also für eine Entstehung des Korpus «nicht vor dem Ende des 9. Jahrhunderts» zu sprechen. So die Auffassung von P. Kraus, M. Plessner, M. Ullmann und anderen, von denen im übrigen die meisten von einer Entwicklung des Korpus über mehrere Generationen und mithin der Beteiligung mehrerer Autoren ausgehen. Andererseits aber zitiert Dschabir wichtige Schriften nicht, die ein im neunten Jahrhundert schreibender, derart belesener Autor mit großer Sicherheit gekannt und zitiert hätte, weil sie dann schon übersetzt gewesen wären; und dies ist nur einer von mehreren Gründen, die sich zugunsten einer Entstehung im achten Jahrhundert anführen lassen, weshalb Sezgin an Dschabir als Verfasser des gesamten Korpus im achten Jahrhundert festhält.[141] Auf den mitunter recht geharnischt geführten Streit kann hier jedoch nicht näher eingegangen, auch muß auf eine Stellungnahme verzichtet werden.

Wichtig für unsern Kontext ist jedoch, daß Dschabir – oder wer immer sich hinter diesem Namen verbergen mag – die Alchimie wie überhaupt die antiken Wissenschaften in einen religiösen, genauer: schiitisch-isma'ilitischen Kontext einordnet. Dafür nur zwei bezeichnende Beispiele: Dschabir setzt die sieben Imame der Isma'iliten in Bezug zu den sieben Planeten sowie einem ganzen System von Heptaden, mit dem er seine Makro- und Mikrokosmos verbindende Entsprechungslehre strukturiert. Im Mittelpunkt seines Denkens steht die Lehre vom Gleichgewicht *(mīzān)*. Dieser Begriff wird nun von ihm in einer Reihe von Bedeutungen verwendet, in denen teils wissenschaftliche, teils religiöse Aspekte im Vordergrund stehen. Er bedeutet nämlich: a) spezifisches Gewicht, b) *stathmos* (ein Begriff aus der griechischen Alchimie), das Maß in einer Mischung von Substanzen, c) eine Spekulation über die arabischen Lettern *(mīzān al-ḥurūf)* mit weitreichenden divinatorischen Implikationen, verwandt dem schiitischen *ǧafr*,[142] d) ein Symbol für das Eine als Gegensatz zum Dualismus der Manichäer, e) «Waage», wie im Koran, wo von der Waage des Jüngsten Gerichts und dem Wiegen der menschlichen Handlungen die Rede ist, was bei Dschabir jedoch allegorisch gedeutet wird und ihm als Katalysator dient, um seine religiösen Lehren mit seinem wissenschaftlichen Weltbild zu verschmelzen. Freilich gibt es auch ausgesprochen häretische Züge im Korpus, so wird das baldige Erscheinen des Imams vorausgesagt, «der durch seine esoterische Lehre das muslimische Gesetz beseitigen und die koranische Offenbarung durch das Licht der Wissenschaft, die griechische Philosophie und die Alchimie ersetzen wird».[143]

Trotz aller früh unternommenen Verstrebung mit Religiösem haftete also der Alchimie auch von allem Anfang an etwas Häretisches an, und hieran liegt es wohl, daß sie keinen ähnlichen Siegeszug wie die Magie erlebte. Hinzu kamen gewiß auch die konkreten Mißerfolge, die ja selbst dem Ansehen der Medizin immer wieder Eintrag taten. Die Tatsache, daß sich ein ausgesprochener Religionskritiker wie der große Arzt und Philosoph Abu Zakariya' ar-Razi mit Alchimie befaßte, konnte deren Ansehen in den Augen ihrer frommen Gegner natürlich auch nicht heben. Dieser große Empiriker war, im Unterschied zu vielen seiner Fachgenossen, «von der Transmutation der Metalle beseelt»,[144] betrachtete aber die Goldmacherkunst durchaus von ihrer praktischen Seite, wie sein Ausspruch bezeugt: «Ich nenne keinen einen Philosophen, der nicht die Kunst der Alchimie erlernt hat. Denn dadurch wird er unabhängig und muß seinen Lebensunterhalt nicht bei schäbigen Menschen verdienen, ist ihrer Macht entronnen und hat sie nicht mehr nötig!»[145] Freilich war es dann doch gerade die

Alchimie, die, einer weiteren Überlieferung zufolge, Razi ins Unglück stürzte: Ein Wesir, dem er das Geheimnis der Alchimie zu enthüllen sich geweigert, habe ihn heimlich erdrosseln lassen. Auch soll er byzantinischen Reisenden Goldbarren verkauft haben, die sich Jahre später als gefälscht erwiesen, worauf sie zurückgekommen und ihn zur Rücknahme gezwungen hätten.[146]

Widerlegungen der Alchimie erfolgten meist auf der theoretischen Ebene, daneben aber auch mit praktischen Argumenten. Beides vereint findet sich in einem äußerst reizvollen, kulturgeschichtlich höchst bedeutsamen *«Streitgespräch zwischen zwei Weisen (oder Philosophen), dem spekulativen Denker und dem Alchimisten»*, das der ägyptische Naturforscher ʿAbd al-Latif al-Baghdadi verfaßt hat.[147] In diesem Dialog kommen also auch die Argumente der Alchimisten zu Wort, werden dann aber widerlegt. Wie vor ihm Biruni und andere Wissenschaftler der islamischen Welt, unterscheidet der Autor zwischen Kräften der Natur und Fähigkeiten des Menschen: Es gibt zweifellos in der Natur seltsame Umwandlungsprozesse, aber sie dauern Jahrtausende; der Mensch kann sie also schon aus diesem Grunde nicht nachahmen. Was er vermag, sind chemische Operationen wie die Herstellung von Glas, die Kalzination von Erzen und ähnliche Techniken, bei denen jedoch nie die sogenannte *differentia specifica,* das Wesen einer Substanz, verändert wird. Man kann Metalle wohl färben, ihre Substanz jedoch nicht verwandeln.

Die Alchimisten aber wußten es besser. ʿAbd al-Latif prangert ihr idealistisch verbrämtes Streben als nackte Geld- und Besitzgier an und erzählt haarsträubende Geschichten, um seine Sicht der Dinge zu belegen, Geschichten, worin es meistens um die Beschaffung bestimmter Ingredienzen geht, mit Hilfe deren man das Elixier herstellen zu können vermeint. Da mischt ein Schulmeister Tierblut mit Eigelb, um Würmer daraus zu brüten. Die Würmer aber fressen, als sie endlich entstanden sind, sich gegenseitig auf, und der letzte wird vor den Augen des ihm nachstürzenden Alchimisten von einer Katze verschlungen.[148] Da sammelt einer das Blut von zur Ader Gelassenen oder hält sich Sklaven, ernährt sie mit einer besonderen Diät und bewahrt ihren Kot auf. – Zwanzig Notable sind während des Brennvorgangs auf einem Dach versammelt und entblößen sich wegen der Hitze, bis sie, durch eine Explosion im Ofen erschreckt, nackt auf die Straße laufen, so daß die Weiber auf den Erkern der Nachbarhäuser glauben, die Dschinnen seien am hellichten Tag zum Vorschein gekommen.[149]

Doch damit nicht genug: Es finden sich Berichte, die in ihrer grotesken Grausigkeit an moderne Literatur zu diesem Thema wie Somerset Maughams *Magician* erinnern, etwa von jenen Alchimisten, die, im Glauben, das Elixier sei in den Augen junger gesunder Männer enthalten, Sklaven kaufen oder Leute einfangen und ihnen mit einer Art Angelhaken die Augen herausreißen. Und schließlich die folgende Monstrosität: Nach einer Schlacht mit einem Kreuzritterheer lagen an 12000 erschlagene Franken auf dem Schlachtfeld, alle ohne Augen und mit aufgeschlitzten Bäuchen. Alchimisten waren über die Leichen und die Sterbenden hergefallen und hatten sich mit Augen und Gallenblasen versorgt.[150]

Die Schuld aber an all diesen Verirrungen und Verbrechen lastet der Autor keinem Geringeren als Dschabir ibn Hayyan an. «Alles Blut», so resümiert er, «das wegen dieser Kunst vergossen, alles Geld, das verschwendet, jede Sünde, die begangen wird, jeder Verstand, der verloren geht, und jeder Mensch, der (ihretwegen) vom rechten Pfad abkommt und schwachsinnig wird, geht zu Lasten Dschabirs. Er trägt die Verantwortung dafür, es ist seine Sünde. Sagt doch der Prophet: ‹Wenn einer eine gute Tradition einführt, so wird er dafür belohnt und er erhält auch den Lohn aller derer, die danach handeln bis zum Jüngsten Tag. Führt er aber eine schlechte Tradition ein (...).»[151]

Die Widerlegung der Alchimie, die Ibn Chaldun in seiner *Muqaddima* vorbringt, bewegt sich auf der gleichen Linie, ohne daß er mit ähnlich plastischem, ähnlich drastischem Anschauungsmaterial den Leser zu überzeugen suchte.[152] Im übrigen stellt er die Realität der Alchimie so wenig wie jene der Magie in Frage: «Was man über die Alchimie zu glauben hat als eine durch die Realität gestützte Wahrheit, ist, daß sie zu den Einflüssen der geistigen Seelen und ihrer Mächtigkeit in der Welt der Natur gehört, sei es von der Art des Wunders, wenn es sich um gute Seelen, oder sei es von der Art der Magie, wenn es sich um böse Seelen handelt.»[153] Die Alchimie hat also offenbar, ebenso wie andere okkulte Praktiken, zur Zeit Ibn Chalduns geblüht, wenn auch zweifellos nicht im gleichen Maß wie die Magie.

Dagegen scheinen, wenn der Eindruck nicht täuscht, die in der Frühzeit des Islam der Alchimie zuneigenden Mystiker sich später ganz von ihr gelöst und ihre Mächtigkeit aus rein geistigen Quellen bezogen zu haben. Ihr «Wirkungsvermögen» *(himmat)* war eine psychische Energie, wenn nicht gar eine übernatürliche Gabe. Die Kunst, Metalle zu veredeln, blieb ihnen jedoch ein vertrautes Bild, und alchimistische Metaphern drangen in das Idiom der Mystik und von ihr beeinflußter Dichtung ein. So gab Muhammad al-Ghazali der persischen Kurzfassung seiner *Wiederbelebung* den schönen Namen *Elixier der Glückseligkeit,* was `Abd a-Latif bewog, festzustellen, daß dies nichts mit der von ihm attackierten Alchimie zu tun habe. Bei Hafis finden sich u. a. folgende schöne Beispiele:

In Drangsal widme dich Lebensfeude und Rausch!
Denn diese Daseins-Alchimie macht den Bettler zum Krösus![154]
Meine Dichtung ist kostbar wie Gold, jawohl!
Diese Veredelung von Messing hat die Billigung der Herrschenden gefunden![155]
Hafis, wasche den Ruß der Armut und Genügsamkeit nicht aus deinem Gesicht!

Denn dieser Staub ist besser als das Werk der Alchimie![156]
Die Alchimie der Liebe zu Dir hat mein Gesicht in Gold verwandelt.
Ja, durch das Glück der Huld, die Ihr gewährt, wird Staub zu Gold![157]
Das, durch dessen Strahl ein schwarzes Herz *(qalb)* zu Gold wird,
ist die Alchimie, die in der Gemeinschaft mit Derwischen liegt.[158]

b) Astrologie

Die arabischen Wissenschaftler begannen früh, von der mathematisch-physikalischen Sternkunde oder Astronomie eine Wissenschaft von den «Bestimmungen der Sterne» *(aḥkām an-nuǧūm)* zu unterscheiden. Oft wurde, wie schon bei Ptolemäus, beides miteinander betrieben, so etwa auch bei Biruni (973–1050), einem der größten Gelehrten des islamischen Mittelalters.[159] Doch wie im Fall von Alchimie und Chemie, so gab es auch hier ein Bewußtsein von der Scheidelinie und eine Gegnerschaft, die sich ausschließlich gegen die Astrologie richtete und aus dem rationalen Lager kam. Farabi, Ibn Sina, Ibn Chaldun u. a. schrieben Widerlegungen der Astrologie. Beide Wissenschaften sahen sich wegen ihres antiken Ursprungs natürlich auch frommen Attacken ausgesetzt. Der gegen sie angeführte Koranvers lautet: «Ich liebe die Untergehenden nicht». Es ist der Ausruf Abrahams, als er sich von der Verehrung der Gestirne zum Glauben an den einen Gott bekehrt. Die Autoren astrologischer Werke reagierten darauf, wie üblich, anfangs mit oberflächlichen Legitimierungen mittels Schriftbelegen, später mit weitergehender Islamisierung ihrer Ideen. In der Praxis hatte die Astrologie früh ihren Platz im kulturellen Leben islamischer Städte. Ein Gebiet, wo sie häufig zu Rate gezogen wurde, war das der Heilkunst. Mit der sogenannten Melothesie verfügte nämlich die Astrologie über ein hygienisch-therapeutisches System, das jedes Glied, jedes Organ und jede Funktion des menschlichen Körpers unter die Herrschaft der verschiedenen Planeten stellte. Nach dieser astrologischen Lehre waren Gesunderhaltung und Heilung vornehmlich eine Frage der Anpassung von Kleidung, Nahrung, Handlungen etc. an die jeweilige Konstellation.

Man berief sich dabei gern auf einen Ausspruch in Hippokrates' *Schrift von der Umwelt,* wonach die Astronomie keinen geringen Teil der Heilkunst darstellte,[160] obschon damit – und dies betont gelegentlich ein arabischer Arzt – wohl eigentlich nur die meteorologischen, nicht die astrologischen Aspekte der Astronomie gemeint waren.[161] Darüber hinaus gab es freilich auch auf den Namen des Hippokrates gefälschte astrologische Schriften. Doch «die arabischen medizinischen Werke sind im allgemeinen frei von astrologischen Erwägungen».[162] Die Praxis sah freilich schon früh anders aus. Eine Anekdote aus der Zeit Harun ar-Raschids wirft ein bezeichnendes Licht darauf und ist ein schönes Beispiel für den Kampf der Mächtigkeiten, hier zwischen Medizin und Astrologie, und soll daher im Wortlaut folgen:

«Yusuf ibn Ibrahim (ein wichtiger Gewährsmann in Ibn abi Usaibi`as

Werk) berichtet: 'Isa ibn al-Hakam hat mir erzählt: Ghadid, die Kindsmutter ar-Raschids, litt an Kolik und ließ mich und die beiden Astrologen *(ḥāsib)* al-Abahh und at-Tabari kommen und fragte mich, welche Behandlung ich befürworte. Ich unterrichtete sie davon, daß die Kolik sich bereits so festgesetzt habe, daß, wenn sie nicht sofort ein Klistier erhalte, ihr Leben in Gefahr sei. Da bat sie al-Abahh und at-Tabari: ‹Wählt mir eine Zeit aus für die Behandlung!› al-Abahh erwiderte: ‹Diese deine Krankheit ist nicht so beschaffen, daß man ihre Behandlung verschieben könnte bis zu einem astrologisch günstigen Zeitpunkt. Ich bin daher der Meinung, daß du dich sofort behandeln läßt, ehe es zu spät ist! Auch 'Isa ibn al-Hakam ist dieser Meinung.› Sie aber fragte nun at-Tabari nach seiner Meinung, und der sagte: ‹Der Mond vereinigt sich heute mit Saturn, morgen mit Jupiter. Ich meine daher, du solltest die Konjunktion von Mond und Jupiter abwarten!› Da sagte al-Abahh: ‹Ich fürchte, der Mond vereinigt sich mit Jupiter, wenn die Kolik ihr Werk bereits getan hat und keine Behandlung mehr erforderlich ist!› Das faßten Ghadid und ihre Tochter Umm Muhammad als schlechtes Omen auf und befahlen seine Entfernung aus dem Palast und hielten sich an die Weisung at-Tabaris. Ghadid starb jedoch, ehe die Konjunktion von Mond und Jupiter eintrat. Als sie aber eingetreten war, sagte al-Abahh zu Umm Muhammad: ‹Die Zeit, die at-Tabari für die Behandlung ausgewählt hat, ist da. Doch wo ist die Kranke, damit wir sie behandeln?!› Das vermehrte ihre Empörung über ihn, und sie hörte nicht auf ihn zu hassen, bis sie starb.»[163] Zur gleichen Zeit hatte Umm Dscha'far, die Gattin des Wesirs Yahya vom – damals noch mächtigen – Hause der Barmakiden, in ihrem Palast ein eigenes Kabinett, wo sie zu jeder Konsultation alle Ärzte und Astrologen des Hofes versammelte, die durch Diskussion und Abstimmung zu einer Entscheidung über die jeweils erforderliche Behandlung gelangten.[164]

Der Einfluß der Planeten beginnt bereits im vorgeburtlichen Stadium. Die Lauteren Brüder z. B. lehren darüber das Folgende: «Sobald der Same in den Uterus gefallen ist, regiert ihn Saturn im ersten Monat mit Kälte, Jupiter im zweiten mit Ausgewogenheit, Mars regiert ihn im dritten und verwandelt ihn in Blut, im vierten bläst ihm die Sonne das Leben ein mit der Erlaubnis Gottes – sein Name ist mächtig! Im fünften setzt Venus in ihn das männliche oder weibliche Geschlecht ein, im sechsten macht Merkur in ihm die Zunge und die Zähne (!), im siebten vollendet der Mond in ihm die Gestalt und wenn er unter der Regierung des Mondes geboren wird, bleibt er am Leben, wenn er aber bis zum achten Monat verharrt, gerät er wieder unter die Regierung von Saturn und stirbt. Wird er jedoch im neunten Monat geboren, wenn das Regiment wieder an Jupiter gelangt, ist er, mit Gottes Erlaubnis, gerettet.»[165]

Im übrigen lassen sich vier große Funktionen der Astrologie unterscheiden:

1. die sogenannte Genethlialogie oder Geburtshoroskopie, die darauf beruht, die Konstellation in der Stunde der Geburt zu eruieren und aus ihr die Zukunft des eben geborenen Menschen zu erkunden. Wir besitzen eine Reihe solcher Horoskope, das berühmteste dürfte jenes des Fürsten Iskandar (1409–1414), eines Enkels des großen Timur sein, ein prachtvolles Manuskript, welches die Wellcome Library in London zu ihren Schätzen zählt.[166]

2. die Katarchenhoroskopie *(katárchai, iḫtiyārāt, electiones),* d. h. die Auswahl des günstigsten Augenblicks, wofür die oben zitierte Anekdote ein Beispiel war.

3. die sogenannten Fragen *(erotéseis, masā'il, interrogationes);* hier gibt der Astrologe Antwort auf bestimmte Fragen divinatorischer Art, z. B. nach der Ankunft eines Boten, dem Inhalt eines verschlossenen Briefes, nach gestohlenem Gut, dem Aufenthaltsort eines Diebes etc., um nur einige von den Lauteren Brüdern erörterte Fragen zu nennen.[167]

4. die Mundanastrologie, die sich mit den großen welthistorischen Ereignissen befaßt und Voraussagen «über Kriege, Epidemien, Überschwemmungen, über Wetter, Winde, Jahreszeit, über Könige und Herrscher» macht.[168]

Als Motiv für die Beherrschung dieser Art Astrologie nennen übrigens die Lauteren Brüder wiederum jenes, das, wie wir hörten, Razi zugunsten der Alchimie anführte: die Unabhängigkeit von andern. Wörtlich lautet ihre Empfehlung: «Wisse, mein Bruder – möge Gott dich und uns mit Geist von Ihm stärken! –, daß du und alle unsere Brüder der Kenntnis dieser Dinge bedürfen, auf daß ihr kraft der euch selber eignenden Kenntnisse und Wissenschaften unabhängig von denen werdet, die euern Wert nicht kennen, so daß sie euch überlegen sind, wenn ihr das nicht wißt, was sie wissen, und ihrer bedürft. Das aber ist nicht die Eigenschaft unserer edlen Brüder; denn sie geben sich mit Unwissenheit nicht zufrieden, sie rasten und ruhen nicht, es sei denn, nachdem sie durch Anstrengung und Bemühen alle Wissenschaften nach Kräften beherrschen. Und wenn sie die benötigten Kenntnisse erlangt haben, haben sie den menschlichen Adel (d. h. höchsten Rang des Menschseins, *al-faḍīla al-insānīya)* erreicht; und darum nennen wir sie unsere edlen Brüder!»[169] An einer anderen Stelle wird die Astrologie wie folgt gelobt: «Betrachte also, mein Bruder, diese wunderbare Wissenschaft und diese vollendete Kunst, die alles umfaßt, was in der Dingwelt *(al-mauǧūdāt)* vorgeht und was in der Schöpfung eintritt. Wie großartig ist sie, und wie großartig das ihr gemäße Handeln und Entscheiden! Diese Wissenschaft ermöglicht es also, dem, dessen Handeln es rechtfertigt, vom Kommenden Kunde zu geben, bevor es eintritt. Und das ist eine Art Geheimwissenschaft, ähnlich der Divination *(az-zaǧr)* und dem Omen *(al-fa'l)!*»[170]

Für die Lauteren Brüder besteht aber auch kein Zweifel, daß diese Wissenschaft zur Magie gehört.[171] Damit sind zukünftige Entwicklungen angedeutet und vorweggenommen. In Persien z. B. haben sich die Intellektuellen vom 14. Jahrhundert ab für eine Form der Divination entschieden, die bis in die Gegenwart fortlebt und sich nach wie vor großer Beliebtheit erfreut, das Omenstechen mit Hilfe der Dichtung des Hafis. Es gibt viele intelligente Iraner, die nichts unternehmen, ohne vorher den Diwan des Hafis geöffnet und seinen Ratschlag erfragt zu haben. Da man aber dabei nicht auf eindeutige Weisungen, sondern auf eine Reihe von Versen verschiedenen Inhalts, die obendrein noch sehr verschieden deutbar sind, stößt, bleibt der persönlichen Intuition ein erheblicher Spielraum. Auf der anderen Seite wurde die Astrologie zu einem Teil der Magie, verschmolz mit dieser zu einer Wissenschaft, die ihrerseits eine intensive Islamisierung erfuhr, wie im folgenden Abschnitt gezeigt werden soll.

c) Magie

Wie die anderen beiden Geheimwissenschaften, so hat auch die Magie eine in mythische Zeit zurückreichende Ahnenreihe, zu der wiederum Autoren gehören, die sich in Wirklichkeit nie mit Magie oder okkulten Dingen befaßt haben. Der berühmteste antike Lehrer der Magie war jedoch der oben bereits erwähnte pythagoreische Philosoph Apollonios von Tyana (1. Jahrhundert n. Chr.), dessen arabisierter Name Balinus oder Balinas lautet. Er galt schon in der Spätantike als der Überlieferer der Weisheit des Hermes und vom fünften Jahrhundert ab als der Errichter der Telesmata, magischer Statuen, deren Funktion es ist, Städte zu schützen, wilde Tiere fernzuhalten, Überschwemmungen zu verhüten, Stürme zu besänftigen u. a. m.[172] In den Islam dringt also die Magie im Rahmen des antiken Erbes als erhabene und an Mächtigkeit reiche Wissenschaft ein. Dort aber ist es ihr bestimmt, ungeachtet aller auch aus dem frommen Lager kommenden Gegnerschaft zu einer großen islamischen Wissenschaft aufzusteigen.

Kindi scheint sich mit ihr befaßt zu haben. Eine der frühesten arabischen Schriften über Magie ist seine lateinisch erhaltene Schrift *De Radiis,* ein rein theoretisches Werk, das von der Möglichkeit der Beeinflussung der Dinge durch die Vorstellung und davon ausgehenden Strahlen handelt. Doch auch die Dinge selber – es tönt wie eine Vorahnung moderner Physik – senden Strahlen verschiedener Stärke aus; und durch die Bündelung miteinander harmonierender Strahlen ist eine starke Wirkung erzielbar. Alles das bleibt freilich recht vage und abstrakt.[173] Irgendwelche Bezüge auf Islamisches tauchen in diesem Text, zumindest in seiner lateinischen Version, nicht auf.[174] Im 10. Jahrhundert jedoch steht die Magie bereits im Spannungsfeld der geistigen Auseinandersetzung, des Ringens der Mächte; verschiedene Positionen werden deutlich erkennbar. Der äußerst belesene Bagdader Buchhändler Ibn an-Nadim, dessen *Verzeichnis (al-Fihrist)* eine unschätzbare bibliographische Quelle darstellt, schreibt folgendes zu Beginn des Abschnittes über Magie:

«Die Beschwörer *(al-mu`azzimūn)* und Zauberer *(as-saḥara)* behaupten, daß ihnen die Satane, Dschinnen und Geister gehorchen und dienen und sich nach ihren Befehlen und Verboten richten. Diejenigen Beschwörer aber, die einer Religion angehören, behaupten, daß dies auf dem Gehorsam gegen Gott – gewaltig ist sein Name! – beruhe und dem Flehen zu Ihm und dem Beschwören der Geister und Satane durch Ihn und auf dem Unterlassen der Lüste und der Befolgung der religiösen Riten, so daß ihnen die Dschinnen und Satane gehorchen, entweder aus Gehorsam gegen Gott – gewaltig ist sein Name! –, weil man bei Ihm schwört, oder aus Furcht vor Ihm – gesegnet und erhaben ist Er! – und weil es zur Besonderheit Seiner Namen – sie werden geheiligt! – und des Gedenkens an Ihn – hoch und erhaben ist Er! – gehört, jene zu zähmen und zu erniedrigen.

Was aber die Zauberer betrifft, so behaupten sie, sich die Satane dienstbar zu machen durch Opferhandlungen, sowie durch Frevel und das Begehen verbotener Dinge, die zu vermeiden Gott – erhaben ist Sein Name! – gefällt, während es den Satanen gefällt, wenn man davon Gebrauch macht, wie z. B. die Unterlassung des Gebets und des Fastens, Mord, Unzucht und weitere böse Handlungen.

Das ist in Ägypten und den angrenzenden Ländern offenkundig; dort gibt es viele Bücher darüber; das Babel der Zauberer liegt in Ägypten! Das hat mir einer gesagt, der sie gesehen hat: Dort gibt es also noch immer Zauberer und Zauberinnen; und Beschwörer wie Zauberer behaupten, sie verfügten über Siegelringe und Beschwörungsformeln und Bannsprüche *(ruqan)* und Sandelholz *(? ṣanādil)* und Amulette und Räucherwerk und dergleichen mehr, was sie bei ihren Wissenschaften verwenden.»[175]

Gegenüber dieser sehr klaren und skeptischen bis ablehnenden Beschreibung des Handwerks der Zauberer macht sich bei den Lauteren Brüdern das Bestreben bemerkbar, eine legitime islamische Magie zu etablieren. Diesem Zweck dient vermutlich die eigentümliche Verharmlosung, die sich darin ausdrückt, daß eine sehr vage Definition des Wortes gegeben wird, die es dann erlaubt, auch die Medizin als eine Art Magie zu bezeichnen. Deutlich aber wird das Anliegen vor allem durch die – hier vielleicht erstmals getroffene – Unterscheidung zwischen «erlaubter» und «verbotener» Magie[176] einschließlich ausführlicher Legitimierung der «erlaubten Magie» aus Koran, Hadith und darüber hinaus mit Berufung auf das Alte Testament und eine Erzählung in Platos *Politeia*. Dann wird der Leser gefragt: «Das alles, o Bruder, findet sich also in der Überlieferung. Teils kommt es von den Philosophen, teils von den Propheten und den Offenbarungsschriften, teils stammt es aus dem Koran, wo die Zauberer erwähnt werden, wie wir das im Vorausgehenden dargelegt haben. Glaubst du, dies alles sei bodenlose Lüge, Aberglauben und Dummheit von seiten derer, die es berichten (...)?»[177] Was an praktischer Magie in diesem letzten der 51 Sendschreiben behandelt wird, beschränkt sich freilich auf astrologische «Fragen» und hat mit dem, was in handfesten Lehrbüchern über Magie steht, wenig zu schaffen.

Ein solches handfestes Lehrbuch und gleichzeitig das berühmteste des islamischen Mittelalters – laut Ibn Chaldun sogar das Lehrbuch der arabischen Magie schlechthin – ist ein Werk mit dem Titel *Das Ziel des Weisen und diejenige der beiden Konklusionen (der Philosophie) (d. h. Alchimie und Magie), die es verdient, vorangestellt zu werden».*[178] Als Verfasser dieses Werkes galt dem Mittelalter ein gewisser al-Madschriti («der Madrider»), ein andalusischer Gelehrter, der jedoch aus chronologischen Gründen nicht in Frage kommt. Das Buch wurde für Alphons den Weisen übersetzt und dem lateinischen Mittelalter unter dem Titel *Picatrix* (vermutlich eine Verballhornung aus Buqrat, dem arabischen Namen des Hippokrates) bekannt. Es übte auch im Abendland zunächst einen beträchtlichen Einfluß aus, geriet aber im Zuge des Humanismus offenbar in Vergessenheit. In der islamischen Welt dagegen bildet es die stoffliche Grundlage der späteren islamisierten Magie.

Dieses umfangreiche Werk unternimmt zwar zu Beginn einen oberflächlichen Legitimationsversuch, namentlich wird ein Ausspruch Muhammads zitiert, der sich schon bei Buchari findet und den auch die Lauteren Brüder nicht zu erwähnen vergessen: «Wahrlich, es gibt eine Art von Ausdruck, die ist Magie!»[179] Das bezieht sich nun zwar ganz offensichtlich auf die Zaubermacht der Sprache, ist aber wichtig, weil in ihm das Wort «Magie» in bejahendem Sinn verwendet wird. Ferner verweist der Autor auf das im Koran erwähnte Vogelwunder als ein Beispiel für nutzbringenden Zauber: «Als Abraham sprach: ‹Herr, zeige mir, wie du die Toten lebendig machst!› erwiderte Gott: ‹Glaubst du etwa nicht?› Er sprach: ‹Doch! Aber damit mein Herz Gewißheit habe!› Er sprach: ‹Nimm vier Vögel und schlachte sie[180] und tue einen Teil davon auf jeden Berg! Dann rufe sie, und sie werden eilends zu dir kommen! Wahrlich, Gott ist mächtig und weise!›» (2,260)

Schließlich zitiert der Autor einen weiteren Koranvers, in dem vom Propheten Idris die Rede ist, der, weil ohne historisch nachweisbare Identität, früh mit andern Gestalten gleichgesetzt wurde, so mit dem alttestamentlichen Henoch, aber auch, was für unsern Kontext entscheidend ist, mit Hermes Trismegistos, dem mythischen Eponymos des magischen und ganz allgemein des okkulten «hermetischen» Schrifttums. Die koranische, auf Idris bezogene Aussage: «Wir erhoben ihn an einen hohen Ort» (19,57) wird nun auf einen nicht näher bezeichneten «ersten Weisen» bezogen, unter dem vermutlich Hermes zu verstehen ist, und der Koranvers als Bestätigung seines den Kosmos umfassenden Wissens gedeutet.

Der Autor nennt den Zauber eine «göttliche Kraft» und unterscheidet zunächst einen theoretischen vom praktischen Zauber, wobei die edelste Art des theoretischen die Redekunst sei, was er mit jenem schon zitierten Prophetenwort beweist. Der praktische Zauber ist von dreierlei Art: Wirkt

Geist auf Geist, so spricht man von Phantasmagorie *(ḫayāl)* oder *Nirandsch* und es handelt sich um Illusionskunst (später im Text wird *nīranǧ* allerdings im Sinne von Zauberrezept verwendet!); wirkt Geist auf Körper, so handelt es sich um Talismane. Wirkt Körper auf Körper, so um Alchimie. Zum Thema Talisman führt Pseudo-Madschriti das Folgende aus: «Über die Bedeutung von Talisman *(ṭilasm,* geschrieben: *ṭlsm)* aber ist zu sagen, daß sie die Umkehrung seines Namens ist, nämlich *musallaṭ* (geschrieben *mslṭ* = dasjenige, dem Macht über ein anderes gegeben ist). Denn aus den Substanzen der Macht und der Gewalt heraus übt er auf das, wofür er zusammengesetzt ist, eine Wirkung der Überwältigung und Übermächtigung aus durch Zahlenbeziehungen und sphärische Geheimnisse, die in bestimmte Körper zu geeigneten Zeiten gelegt sind, und durch stärkende Räucherungen, die das dem betreffenden Talisman zugehörige Pneuma anziehen.»[181]

Die für arabische Leser so plausibel klingende Etymologie, die sich übrigens schon bei Dschabir findet, stimmt natürlich ebensowenig wie jene, die der Autor anschließend von *al-iksīr* (Elixir) gibt, das er, wieder im Hinblick auf die von ihm ausgehende Macht, von dem arabischen Verbum *kasara* (= «zerbrechen») ableitet. Tatsächlich sind beide Wörter griechischen Ursprungs – Talisman kommt von *telesma, al-iksīr* von *to xerion,* «das Trockene» –, aber auch solche Umdeutungen sind ein reizvoller Aspekt der «Aneignung».

Das Material, das in diesem Handbuch versammelt ist, stammt größtenteils aus vorislamischer Zeit, aus griechischen und indischen Quellen; doch enthält das Buch auch einige Zitate von Dschabir und aus einem angeblichen Zauberbuch des Mystikers al-Halladsch. Das nicht-islamische Material ist jedoch unverändert, ohne jeden islamischen Firnis, überliefert. – Wie ein roter Faden zieht sich durch das ganze Werk die auch für die Lauteren Brüder grundlegende Annahme von Korrespondenzen zwischen Makro- und Mikrokosmos. Und zu den von jenen betonten harmonischen Beziehungen kommen hier die scheinbar willkürlichen, aber durch uralte Tradition gleichsam geheiligten Zuordnungen der irdischen Welt zu den sieben Planeten. Dafür ein Beispiel:

«Venus ist die Quelle der begehrenden Kraft; ihr untersteht die Grammatik, Poetik, die schöne Literatur und die Musik. Von den Sprachen gehört ihr das Arabische, von den Gliedern außen am Körper das linke Nasenloch und im Inneren die Samengänge und der Magen, aus denen die Begierde nach Genuß in alle Kanäle des Leibes strömt, durch die man die Speisen schmackhaft, die Getränke angenehm und die Genüsse schön findet. Von den Religionen gehört ihr der Islam und jede Religion, in der Speisen, Getränke und Heiraten eine große Rolle spielen. Von den Kleidern gehören ihr die gemusterten Seidenstoffe, von den Handwerken die Feinheit in ihnen, die bildenden Künste, der Handel mit Wohlgerüchen, das Lautenspiel, die Bewegung der Saiten und überhaupt jede Beschäftigung, bei der (es auf) Feinheit (ankommt). Von den Geschmäcken gehört ihr alles gut Mundende, süß Schmeckende, Fette, von den Landschaften die Orte der Lust, die Parks, die Gärten, die Orte der Freude, des Spiels, des Gesanges und der Trinkgelage, und von den Edelsteinen die Perlen, und von den Steinen der Lazur, der Borax *(tinkar),* die Bleiglätte und alles, was sich zum Gießen von Weiberschmuck eignet, und von den Pflanzen die Basilikumgewächse, Henna, Safran, Rose, Citrusblüten (?), Anemonen sowie alles, was gut schmeckt, scharf riecht und schön aussieht, und von den Drogen Balsam, die Bennüsse und die Kerne der Weichselkirsche und alles mit scharfem Geruch, und von den Wohlgerüchen Moschus und Ambra, und von den Tieren die Kamele und die von schöner Gestalt und ebenmäßigem Wuchs wie der Hirsch, die Gazellen, die Schafe und Hasen, und alle hübschen, schön singenden und aussehenden, gesangbegabten Vögel, wie das Rebhuhn, die wilden Tauben, die Sperlinge, Hühner und dergleichen, und alles Geziefer von bunter Färbung und schönem Äußeren, und von den Farben das Dunkelblau und das Goldgrün, und von den Zeichen .»[182]

Nach dem gleichen Schema sind auch die Kapitel der übrigen Planeten aufgebaut. Merkur z. B. ist die Quelle der denkenden Kraft; ihm untersteht die Erfindung der Wissenschaften – und von den Wissenschaften die Dialektik, die Philosophie, die Arithmetik, die Geometrie, die Astronomie, die Rhetorik und die Einsicht in die verborgenen Geheimnisse, doch auch die Omendeutung, die Vogelschau, die Loskunst – an Berufen unterstehen ihm der des Richters und des Hofsekretärs, von den Sprachen das Türkische und das Chazarische, von den Gliedern die Zunge und das Gehirn, von den Religionen die Heterodoxie *(zandaqa)* und die Erforschung der Religionen und Vernunft-Gesetze etc.[183] Die Abgrenzung der Bereiche ist nicht scharf, es gibt vielmehr allerlei Überschneidungen; so finden sich Musik und bildende Künste z. B. Venus und Merkur zugeordnet, der Safran der Venus und der Sonne etc. Im ganzen aber bleibt doch eine deutlich geprägte Sphäre für jeden Planeten, und insbesondere die Venus-Sphäre wirkt wie eine den Islam der Tausendundein Nächte charakterisierende Kulturanalyse in nuce.

Die Planeten kommen noch mehrfach zur Sprache. Es gibt, von den Harraniern übernommen, einen Abschnitt über ihre Zuständigkeit für die Erhörung von Gebeten,[184] gefolgt von weiterer Aufklärung über ihren jeweiligen Charakter, Anweisungen, wie zu ihnen zu beten sei hinsichtlich der Kleidung, der Räucherung etc. und namentlich des Wortlauts. Sodann zitiert der Autor aus dem pseudoaristotelischen Buch *Istamatis* einen Passus über die sogenannten Pneumata der Planeten.[185] Den Rest des Buches bildet ein buntes Gemisch aus Zauberrezepten, langen theoretischen Erörterungen über Intellekt, Substanz, Seele, eine Reihe von an den Mond gerichteten Gebeten, Aphorismen von Hermes, Aristoteles u. a.

Was geschieht nun, wenn gezaubert wird? Es geht jeweils darum, die kosmischen Kräfte, denen das Irdische zugeordnet ist, auf die eine oder andere Weise zu aktivieren, sich untertan zu machen, also z. B. das sogenannte Pneuma eines bestimmten Planeten. Indem man eine Reihe ihm zugeordneter Ingredienzen vereinigt, z. B. bestimmte Kleider, Gerüche, Gemmen, Metalle, aber auch Materialien der sogenannten «Dreckapotheke», bildet man eine sympathetische Kette, mittels deren die Kraft des Planeten anzapfbar wird. Auch der Talisman hat diese Funktion und beruht auf dem gleichen Prinzip.

Pseudo-Madschriti ist bestrebt, die Magie als eine erhabene Wissenschaft, edler und wirksamer als die Alchimie – die beide ihrerseits über der Philosophie stehen –, darzustellen. «Zauber ist eine göttliche Macht», versichert er seinen Lesern. Ähnlich tönt es zu Beginn des Abschnitts über Planetengebete: «Wenn du zu einem Planeten beten oder ihn um etwas bitten willst, so fasse vor allem Gottvertrauen, reinige dein Herz von schlechten Glaubensmeinungen und deine Kleider von Schmutz, und läutere und kläre deine Seele. Ferner mußt du die Sache, um die du bitten willst, daraufhin ansehen, welchen von den sieben Planeten man um sie bitten muß und zur Natur welches Planeten von den himmlischen (?) sie gehört. Richte dich dann an den himmlischen (?) Planeten, zu dessen Natur die betreffende Sache gehört: ziehe sein Kleid an, räuchere mit seinem Räucherwerk und rufe ihn an mit seiner Anrufung, nachdem der betreffende Planet zu denjenigen Stellen seiner Sphäre gelangt ist, die ich dir noch bezeichnen werde. Wenn du so tust, wird dein Anliegen erfüllt werden, und du wirst erreichen, was du mit deiner Bitte bezwecktest.»[186] Dabei ist sich unser Magier aber keineswegs im Unklaren darüber, daß seine Kunst eigentlich vom «Gesetzgeber», d. h. Muhammad, verboten ist. Er sagt dies expressis verbis, holt aber gleichzeitig zu einer bezeichnenden Polemik aus: Die Gegner der «Kunst» werden, genau wie bei den Lauteren Brüdern, als die «Unwissenden» bezeichnet, und das wird obendrein dreist mit einem Koranwort untermauert, d. h. der Koran wird im Grunde *gegen* Muhammad bemüht! Am Ende eines Abschnittes über astrologische Elektionen heißt es da:

«Dies – Gott gebe dir Macht! – ist der Grundpfeiler und Schlüssel der Talismankunst. Darum hat der Gesetzgeber (d. i. Muhammad) das Eindringen in die Sternwissenschaft verboten, weil man durch ihre Kenntnis zu der Wissenschaft der Talismane gelangt. Welche (tiefere Bedeutung) aber die Enthüllung dieser Dinge hat, versteht derjenige, der recht überlegt, was ich gemeint habe. Es ist eben das, was der weise Aristoteles meint, wenn er zu Alexander sagt: ‹O Alexander, wenn es dir gelingt, keine Bewegung außer in Analogie und Übereinstimmung mit einer himmlischen Bewegung zu machen, welches allein durch astronomische Elektion möglich ist, so erreichst du das Ziel deines Strebens und erlangst den Gegenstand deiner Wünsche.› Das war ein guter Rat, den der Weise gab, denn das ist der

Unterschied zwischen der Art, wie die Gelehrten etwas unternehmen und wie die Unwissenden das tun, welche ‹nichts wissen als Äußerliches vom diesseitigen Leben; das jenseitige aber beachten sie nicht›.[187] In diesen Worten wird auf den inneren Sinn der Wissenschaften und ihre Geheimnisse hingewiesen.»[188]

Das Ziel des Weisen ist ein faszinierendes Buch. Es enthält Rezepte gegen Zahnschmerzen ebenso wie für Liebeszauber, Anweisungen, wie man sich unsichtbar machen kann ebenso wie die grausige Beschreibung eines angeblich in den Tempeln der Sabier geübten, in islamischen Zauberbüchern häufig beschriebenen Brauches, ein lebendes Haupt für divinatorische Zwecke zu präparieren, indem man einen Mann 40 Tage lang in eine Tonne mit Sesamöl pfercht, bis sich sein Kopf vom Körper lösen läßt, um alsdann, in eine Nische des Tempels gestellt, prophetische Auskünfte zu erteilen.[189]

Was dem *Picatrix* fehlte, war die Durchdringung mit islamischem Geist. Das aber holten nun spätere Autoren nach. Schon ein nur wenig später entstandenes Werk erfüllt diese Bedingung in vollem Umfang. Es ist verfaßt von einem gewissen at-Tabasi (gest. 1089). Ullmann vergleicht es mit dem *Picatrix* und schreibt: «Die Themen, Ziele und Mittel beider Bücher sind weitgehend dieselben: Auch bei at-Tabasi geht es um Beschwörungsformeln, Liebeszauber, Siegel, Gravierungen, magische Quadrate, Zirkel und Tafeln, auch hier werden Zauberworte in imaginärer Sprache und die bekannten Brillenbuchstaben benutzt; dieselben Drogen *(sandarūs, banǧ, kundur)* werden zum Zaubern verwendet. Aber kein griechischer Autor, kein mit der hellenistischen Wissenschaft befaßter islamischer Gelehrter wird genannt, nirgends eine Spur von Hermetismus. Dagegen spielen die aus dem Koran bekannten jüdischen Propheten, Moses, Salomon, Jesus usw. die Erzengel Ǧībrāʾīl, Mīkāʾīl, Isrāfīl, Ṭāṭarnūš usw., die Cherubim und die islamischen Heiligen eine große Rolle (...)».[190]

Nennen wir schließlich noch den bekanntesten Vertreter islamisierter Magie, den 1225 verstorbenen al-Buni, Verfasser von rund vierzig Werken über Magie, darunter das enzyklopädische Buch *Sonne der Kenntnisse und Feinheiten der Wohltaten.*[191] Was die Ziele dieser Magie betrifft, so sind es die üblichen: «Abwehr von Giften, Vertreibung des Ungeziefers, Stärkung des Gedächtnisses, Vermehrung des Geldes, Beförderung der Empfängnis, Erleichterung der Geburt, Befreiung der Gefangenen, Sieg über Feinde, Heilung der Krankheiten, Verstehen der Sprache der Ǧinnen, Regenzauber und Liebeszauber.» Die Mittel allerdings sind nun islamisiert; die wichtigste Rolle spielen «die Magie der Zahlen- und Buchstabenquadrate und der Namen Gottes, die Anfertigung von Amuletten mit Koranversen und magischen Schriftzügen».[192] Was sich hier abzeichnet, hat Ibn Chaldun für seine Zeit ausdrücklich festgestellt: die Aszendenz einer islamisierten Magie. Er schreibt folgendes:

«Was die Magie *(as-siḥr)* betrifft, so muß der dafür Veranlagte praktizieren, um vom Vermögen zum Tun zu gelangen. Manchmal gelingt das auch dem nicht dafür Veranlagten durch Aneignung, doch er bleibt hinter dem Veranlagten zurück. Doch das Praktizieren hilft ihm ebenso wie dem andern. Diese Praxis ist bekannt; seine Arten erwähnen Maslama al-Madschriti in seinem Buch *Das Ziel des Weisen,* Dschabir in seinen Traktaten und andere. Viele, die die Magie sich aneignen und erlernen wollen mit ihren Gesetzen und Bedingungen, benutzen sie, nur daß diese magische Praxis der Altvordern beladen ist mit Unglauben, wie der Hinwendung an die Planeten, und den *qiyām* genannten Planetengebeten zum ‹Anzapfen› (*istiğlāb,* wörtlich «Herbeiziehen») ihrer Pneumata oder dem Vertrauen auf eine Wirkung, die nicht von Gott ausgeht, indem man die Handlung mit den Aszendenten der Gestirne und ihren Aspekten in den Tierkreiszeichen verbindet, um die gewünschte Wirkung zu erzielen.

Deswegen haben viele, die in der Welt des Seienden Eigenmächtigkeit *(at-taṣarruf)* erstrebten, und sie erlangen wollten auf einem Weg, der vom Verdacht der Ketzerei fern und nicht mit ihr verknüpft ist, jene Praxis verwandelt in eine legale (islamische) *(šar'īya)* mit (Verwendung von) Litaneien *(adhkār)* und Gotteslob und Gebeten aus dem Koran und Propheten-Hadithen (...). Und sie tarnen sich mit dieser legalen Praxis, um so die herkömmliche Magie, die Ketzerei ist oder dazu einlädt, zu umgehen und halten an der legalen Form fest, weil sie allgemein und rein ist, so wie al-Buni in seinen Büchern, darunter *al-Anmāṭ,* und andere es getan haben. Und sie nennen diese Methode *as-Sīmiyā',* um den Namen ‹Magie› auf jeden Fall zu vermeiden. Aber wenn sie damit auch Legalität erlangt haben, so handelt es sich doch um Magie. Auch haben sie nicht aufgehört, an Wirkungen außerhalb von Gottes Wirken zu glauben und Eigenmächtigkeit in der Welt des Seienden zu erstreben, das aber verbietet der Gesetzgeber».[193]

Diese Beschreibung der Sachlage läßt an Klarheit nichts zu wünschen übrig. Im übrigen ist Ibn Chaldun weit davon entfernt, die Realität der Magie zu leugnen (was ihn ja auch in Widerspruch zu Koran und Hadith bringen würde). Er stellt vielmehr ausdrücklich fest: «Keine intelligente Person bezweifelt die Existenz der Magie!» Und anschließend zitiert er die uns bekannten einschlägigen Stellen aus Koran und Hadith. Doch damit nicht genug, er berichtet auch von maghribinischen Magiern, denen er selbst begegnet ist und die er über ihr Handwerk ausgefragt hat. Die Auskunft lautete, sie trieben ihren Zauber mit Hilfe von ketzerischen Gebeten und Kontakt mit Geistern. «Ihre Wirkung übten sie jedoch nicht an freien Menschen, nur an Gegenständen aus, Waren, Tieren und Sklaven (die nach islamischem Recht eine Ware sind) (...). Was ihre (Zauber-)Handlungen betrifft, so sind sie offenkundig und existent. Wir haben vieles davon mit eigenen Augen gesehen!»[194]

Ibn Chalduns eigenes Interesse am Buchstabenzauber geht übrigens über das des bloßen skeptischen Berichterstatters weit hinaus, wie die sehr umfangreiche Darstellung dieses Gegenstands deutlich dartut. Besonders ausführlich befaßt er sich mit einem *zā'iraǧa* genannten Verfahren, einer Art astrologischen Zahlenspiels, das auf dem Zahlenwert der Buchstaben und der Überzeugung beruht, das jede Zahl eine Entsprechung in der oberen Welt habe. Wie eine Reihe weiterer, anschließend behandelter Verfahren dient es dazu, Informationen über zukünftige oder unbekannte Ereignisse zu erlangen. Ibn Chaldun betont jedoch abschließend, daß es sich weder beim *zā'iraǧa,* noch bei den anderen Verfahren um Buchstabenzauber *(sīmiyā')* handele, da ja nichts übersinnliches *(ghaib)* herausgefunden werde, vielmehr die Antwort in der Frage jeweils im Grunde schon enthalten sei. Man habe es also eher mit Scherzen als mit verbotenen Dingen zu tun.[195]

Wir brechen hier ab. Viele Fragen bleiben offen und lassen sich beim gegenwärtigen Stand der Forschung oder auch, weil es die Möglichkeiten des Schreibenden, der kein Magier ist, überfordern würde, nicht beantworten. Einige abschließende Bemerkungen sollen jedoch gewagt werden.

d) Abschließende Bemerkungen

Wir sind dem Ringen kultureller Mächtigkeiten mit der Allmacht und deren Repräsentanten gefolgt. Das Resultat dieser sich über Jahrhunderte hinziehenden Auseinandersetzung ist letztlich überall das Gleiche: Während unmittelbar nach der Rezeption die einzelnen säkularen Wissenschaften blühen und ihre Vertreter sich kaum sorgen müssen um die Vereinbarkeit ihrer Disziplinen mit der herrschenden Religion, wächst der orthodoxe Druck doch ständig und der Konflikt tritt nach dem 10. Jahrhundert immer deutlicher zutage. Die Philosophie gerät unter Beschuß und mit ihr andere von den Griechen ererbte Wissenschaften. Die Logik als Werkzeug autonomer Vernunft wird verketzert. Legitimationsbemühungen setzen ein, gleichzeitig aber ein Bemühen, die Wissenschaften der Alten mit islamischem Gedankengut zu durchdringen oder durch solches zu ersetzen.

Während die aristotelische Philosophie als eigenständige Schule auf der Strecke bleibt und die galenische Medizin mehr und mehr von Prophetenmedizin verdrängt oder durchtränkt wird, blühen andere Wissenschaften, bei denen es keine oder nur geringe Reibungen mit dem religiösen Bereich gibt, weiter, etwa die Mathematik und die Astronomie. Das geistige Klima aber verändert und verengt sich kontinuierlich. Die einst vorhandenen Freiräume für unabhängige Betätigung der Vernunft schrumpfen und schwinden schließlich ganz. Dagegen besteht freie Fahrt für alles islamisch Legitimierte und mithin auch für alle Wissenschaften, die sich mit islamischem Geist vereinen lassen. Das ist, wie wir gezeigt haben, in besonderem Maße bei bestimmten Formen der Magie der Fall.

Eines ist freilich zu beachten: Es standen sich nicht etwa Muslime und Nichtmuslime oder Muslime und Heiden gegenüber, vielmehr Muslime verschiedener Couleur, verschiedener Lager, die alle beanspruchten, im

Namen des wahren, des recht verstandenen Islam zu sprechen. Wer also hatte den wahren Islam? Moderne muslimische Intellektuelle werden zweifellos geneigt sein, zu antworten, Leute wie al-Farabi, Ibn Sina, al-Biruni, `Abd al-Latif al-Baghdadi etc. Unsere Untersuchungen aber haben gezeigt, daß die Fuqaha´ sich mit weit besserem Recht auf Koran und Scharia beriefen. Die Frage nach dem wahren Islam ist im übrigen ja bis heute nicht entschieden, wie wir im letzten Kapitel zeigen werden.

Wie dem aber auch sei, die mit der oben skizzierten Entwicklung entstandene geistige Atmosphäre, so ungünstig sie den Naturwissenschaften sein mochte, sollte sich in einem anderen Bereich als äußerst befruchtend erweisen, jenem, wo Magisches seit eh und je in allen Kulturen im Spiele war und ist: dem Bereich der Schönen Künste. Wenden wir uns also nun den drei großen Künsten Dichtung, Musik und Malerei (mit Ausblikken auf die sie flankierenden Künste Architektur, Kalligraphie und Kunsthandwerk) zu.

Dritter Teil

Ekstase und Ordnung – Die schönen Künste und ihre «erlaubte Magie»

VIII. Allgemeines

Wohl kaum ein anderes Element islamischer Geistigkeit findet bei Nichtmuslimen so viel Interesse, ja Begeisterung wie die islamische Kunst, d. h. vor allem das Kunsthandwerk, also Teppiche und Metallarbeiten, aber auch die Dinge, die man in der Regel nur noch in Museen oder *in situ* zu sehen bekommt, also Glas, Keramik, Holzschnitzerei und vor allem die Miniatur, sowie die gesamte Architektur – alles das fesselt den Betrachter. Weniger oder auch gar nicht bekannt ist dem Europäer dagegen die klassische Dichtung der islamischen Welt, allenfalls kennt er Omar Chayyam und Hafis, aber ob deren Dichtung nun im Original arabisch oder persisch geschrieben wurde, das wüßten viele schon nicht mehr mit Sicherheit zu sagen. Islamische Musik hat ungezählten Touristen zwar in die Ohren getönt: Man tut sich als Europäer aber damit in der Regel schwerer als mit der visuellen Kunst, und zwar wegen des uns fremden Tonsystems. Worüber der Westler meistens – abgesehen vom Bilderverbot – so gut wie gar nichts weiß, das ist die Einstellung der Orthodoxie zu den drei großen Künsten Dichtung, Musik, Malerei. Davon muß also zunächst die Rede sein, wenn in Rahmen des Rasters von Allmacht und Mächtigkeit zu reden ist über die Künste im Islam.[1]

1. *Das Mißtrauen der Orthodoxie, Ursachen und Wirkungen*

Die stark negative Einstellung der islamischen Orthodoxie zu den drei genannten Künsten beruht teils auf Aussagen bzw. dem Fehlen legitimierender Aussagen im Koran, teils auf überlieferten Worten Muhammads. Es wäre wohl verfehlt, aus dem weitgehenden Schweigen des Korans und den meist Argwohn bis Ablehnung ausdrückenden Muhammad-Worten in Sachen Schöne Künste (Näheres dazu in den einzelnen Kapiteln) schließen zu wollen, Muhammad sei ein amusischer Mensch gewesen. Das Urteil mag zwar teilweise zutreffen, würde aber am Kern der Sache vorbeigehen. Vielmehr ist es mit an Sicherheit grenzender Wahrscheinlichkeit so, daß Muhammad alle drei Künste als in ihren Wirkungen unkontrollierbare, irgendwie magische Mächte und damit als Gefahren für den jungen Glauben empfunden hat, als «Mächtigkeiten» also, die es zu unterwerfen galt. Bei der Dichtung ist das mit Händen zu greifen, für die andern beiden Künste läßt es sich ebenfalls plausibel machen. Die Auswirkungen dieser Einstellung auf die Entwicklung der drei Künste waren gravierend, allerdings nicht ausschließlich negativ, trugen vielmehr zur Herausbildung der spezifisch islamischen Prägung namentlich aller visuellen Künste, von denen übrigens nur die Malerei und speziell die Darstellung erschaffener Wesen umstritten war, ganz wesentlich bei.

2. *Schöpfung als Spiegel, Schönheit als Erscheinung des Göttlichen*

Daß sich trotz der weitgehend negativen Einstellung der Scharia gegenüber den genannten Künsten diese im Islam dennoch entfalteten, liegt einmal daran, daß Kunst ein Teil des menschlichen Wesens ist, den man nicht tilgen oder zerstören kann, ohne daß dieses Wesen selber verkümmert oder zerstört wird. Es liegt daran, daß sich Höfe und andere wohlhabende und unabhängige Kreise über die orthodoxen Kunstbeschränkungen hinwegsetzten –, ein großer Teil islamischer Kunst ist ja höfische Kunst. Was aber lange Zeit fehlte, war die Ausbildung spezifisch sakraler Kunst, sieht man von Architektur und ornamentalem Dekor im Dienste der Religionsausübung ab. Man braucht nur die Rolle von Kunst in Kirche und Moschee zu vergleichen, um sich des hier bestehenden Unterschieds bewußt zu werden. Der islamische Kultraum duldet keine Abbildungen, der islamische Gottesdienst kennt keine Musik, keinen Choral und damit auch keine liturgische Dichtung außer der Rezitation des Korans. Für die Entfaltung sakraler Kunst bedurfte es daher eines langen Weges, genauer gesagt: eines Um- und Ausweges. Dieser Ausweg war die Mystik sowie das vor allem durch sie rezipierte neuplatonische Gedankengut.

Was die Künste ermutigte und beflügelte, war das besondere Verhältnis der Mystik zur Schönheit. Im Koran fehlt zwar die Vorstellung von Schönheit nicht völlig. Von der Schönheit *(ḥusn)* der Frauen ist die Rede in jenem Vers, der dem Propheten untersagt, weitere Frauen zu ehelichen, «auch wenn dir ihre Schönheit gefällt» (33,52). In allen übrigen Fällen haben jedoch die Ableitungen dieser Wurzel im Koran ethische bzw. metaphysische Konnotationen. So ist *ḥasana* «die gute Tat» (2,201 u. ö.), *iḥsān* «das Wohltun» (2,178 u. ö.), *qabūl ḥasan* die «schöne Annahme» (3,37) des Menschen durch Gott etc. Entsprechendes gilt auch für die zweite Wurzel, die «schön sein» bedeutet. Ein einziges Mal begegnet das Wort *ǧamāl* als «Schönheit», und zwar in dem Vers «in ihnen (euerm Vieh) habt ihr Schönheit, wenn ihr es ein- und austreibt» (16,6). Im übrigen ist von «schöner Geduld» (12,18 u. a.), «schöner Entlassung» (der Frau) (33,28,49) und «schöner Meidung» (73,10) die Rede.

Was nach koranischer Lehre sich in der Schöpfung offenbart, ist also

Gottes Allmacht, nicht seine Schönheit. Immerhin ist der Gedanke, daß die Welt voller Zeichen *(āyāt)* ist, wichtig als Gefäß für das Einfließen jener neuplatonischen Lehre, wonach die Schöpfung einen Abglanz göttlicher Schönheit darstellt. Ihrer bemächtigte sich die islamische Mystik.

Die Mystiker liebten den als Hadith geltenden Satz: «Wahrlich, Gott ist schön und liebt die Schönheit»,[2] der noch heute in herrlichen Kalligraphien, z. B. auf türkischen Tellern aus Iznik oder Kütahya, prangt. Und sie umschrieben das göttliche Wesen mit dem polaren Namenpaar *ǧalāl* und *ǧamāl,* Gewalt und Schönheit bzw. Macht und Pracht, was deutlich an das vom Religionshistoriker R. Otto geprägte Begriffspaar *mysterium tremendum* und *mysterium fascinosum* anklingt.[3]

Wenn Schönheit nicht mehr eine verlockende Macht ist, die den Menschen vom Gebet und damit vom Göttlichen ablenkt, wie es so manches Hadith der Musik und der Malerei zum Vorwurf macht, sondern vielmehr die Seele an ihre Heimat, ihren himmlischen Ursprung erinnert, dann ist sie nicht mehr Provokation, sondern ein Mittel der Teilhabe, ist potentiell sakral. Die bedrohliche magische Mächtigkeit des Künstlers wird dadurch legitim, wird zu «erlaubter Magie«, eine im mittelalterlichen Islam namentlich unter Dichtern geläufige Vorstellung, von der in Kap. IX. 3. noch näher die Rede sein wird. Hier genüge es, einige Verse von Dschami zu zitieren.

Der Schöpfer goß aus himmlischem Pokal
in unsern Staub des Gottesweines Strahl.
Davon sind schön die Locken und die Wangen,
daran des Königs Lippen trunken hangen.
Der schöne Staub, den du so selig küßt,
von Gottes Schönheitsglanz durchdrungen ist.
Kann staubvermischt Sein Glanz uns so entzücken,
wie erst, wenn wir Ihn unverhüllt erblicken?[4]

Wie stark das Moment der Teilhabe beim Erleben heiliger Schönheit ist, verdeutlicht besonders die Spiegelmetapher, die wir in einem früheren Kapitel erörtert haben (II. 5). Indem die Schöpfung als Spiegel Gottes und insbesondere der göttlichen Schönheit aufgefaßt wird, befindet sich der Mensch im überall spürbaren Fluidum des göttlichen Glanzes. Der Künstler aber ist berufen, Abglanz und Widerschein dieser Schönheit in Bildern und Formen sichtbar, in Worten und Tönen hörbar zu machen. So ist es denn kein Zufall, daß sich der Dichter Nizami als «Spiegel des Unsichtbaren», d. h. der metaphysischen, göttlichen Realität bezeichnete[5] und daß Hafis in einem Ghasel, das ganz offensichtlich von seiner Berufung zum Dichter handelt, ebenfalls die Spiegelmetapher benutzt. Nachdem er berichtet hat von jenem Morgendämmer, da er von Gram befreit, mit Lebenswasser getränkt, vom Strahlengefunkel des göttlichen Wesens überwältigt und mit dem Wein der Manifestation der (göttlichen) Eigenschaften getränkt worden ist, nachdem er jene Nacht mit der in Sure 97 erwähnten Schicksalsnacht, in der Muhammad die erste Offenbarung empfing, gleichgesetzt und seine Berufung zum Dichter damit sakralisiert hat, fährt er fort: «Von jetzt ab sei mein Blick immer auf jenen Spiegel der Schönheit gerichtet, in welchem man mir die Offenbarung des göttlichen Wesens kundgetan hat!»[6]

Doch die Spiegelmetapher drückt nicht nur ein islamisches Daseinsgefühl aus, sie hat auch auffallende strukturelle Entsprechungen in den islamischen Künsten. Wir sprachen schon von der enormen Rolle der Repetition in allen islamischen Künsten. Hier ist nun der Augenblick, darauf hinzuweisen, daß ja der unendliche Rapport im Ornament der optischen Wirkung entspricht, die entsteht, wenn man zwei Spiegel einander gegenüberstellt. Doch ist dies nur eine der strukturellen Entsprechungen des – wenn wir so sagen dürfen – ontologischen Spiegelbewußtseins. An erster Stelle ist natürlicherweise die Symmetrie zu nennen, d. h. die Gleichheit oder Fastgleichheit zweier längs einer (oft nur gedachten) Achse liegender Bildhälften. Ein bewußter Zusammenhang dieser – gerade in der islamischen Miniatur recht häufigen – Struktur mit der Spiegelsymmetrie wird deutlich in einer Darstellung des oben erwähnten Malerwettstreits, bei welchem zwei durch einen Vorhang getrennte Maler an gegenüberliegenden Wänden arbeiten, bei Aufhebung des Vorhangs aber zur allgemeinen Verblüffung beide Wände das gleiche Bild aufweisen, weil der eine Meister, statt zu malen, seine Wand zum Spiegel poliert hat. In zwei diese Szene illustrierenden Miniaturen sind nun die beiden Bildwände um je 90 Grad nach außen gedreht und so auf die Blattebene projiziert, daß sie rechts und links im Bild als symmetrische Entsprechung erscheinen.[7]

Nicht weniger aufschlußreich ist die häufige Verwendung der Spiegelung in Kalligraphien. Der Text geht dann jeweils nur bis zur Mitte und wiederholt sich danach spiegelbildlich, so etwa die Worte «Allah – gewaltig ist seine Macht!» *(Allāh ǧalla ǧalāluhu)* am Mihrab der Grünen Moschee in Bursa. Daß der schöne blautönige Kacheldekor als spiegelsymmetrisches Ornament deutbar ist, wird dem Auge erst durch das ihn krönende goldschwarze Kalligraphie-Zentrum voll bewußt. Eindrucksvolle Beispiele finden sich auch im Innendekor des Mevlevi-Mausoleums in Konya. Selbst Spiegelschriften mit horizontaler Symmetrieachse kommen vor, und zwar wiederum in sakralem und machthaltigem Kontext. So ist etwa das aus dem Jahr 1324 stammende Kloster-Minarett im iranischen Natanz mit einem in Ziegelornamentik ausgeführten doppelten Schriftband geschmückt, das die Worte «Die Majestät gehört Gott» *(al-`aẓamatu lillāh)* wiederholt. Der obere Teil steht auf dem Kopf, die lanzenartigen Oberlängen beider Schriften verschlingen sich in der Mitte zu mächtigen Knoten, die an die Rolle des Knotens in der altarabischen Zauberpraxis erinnern – ein augenfälliges Beispiel sakraler «erlaubter Magie» in der Kunst.[8]

Eine mit Ornamenten bedeckte Fläche gehört allerdings eher der dritten hier zu nennenden Spiegelwirkung zu, die sich ergibt, wenn man mehrere

Spiegel zu einem Kabinett anordnet. Der Gegenstand wird dann multidimensional vervielfacht, gestreut oder angehäuft. Auch solche Motivvervielfachung ist wie die unilaterale Repetition ein äußerst wichtiges Stilmittel islamischer Kunst. Bei all diesen Wirkungen zeigt sich im übrigen auch die Nähe zum Magischen, entsprechend der «Mächtigkeit» des Spiegels, wie sie zweifellos damals noch lebhaft empfunden wurde.

Die drei genannten Spiegelwirkungen, Symmetrie, serielle Repetition und Streuung bzw. Anhäufung haben nun auch ihre Entsprechungen im Bereich der Literatur. Da ist zunächst auf die typische Form der arabischen Dichtung und ihrer Schwesterpoesien (Persisch, Türkisch etc.) hinzuweisen, die sogenannte Qaside, und das aus ihr entwickelte Ghasel. Beide sind gekennzeichnet durch den zweiteiligen Vers, dessen Zäsur in der Mitte liegt. Schlägt man einen Diwan auf, erblickt man also auf jeder Seite zwei symmetrisch angeordnete Blöcke mit einem Zwischenraum in der Mitte.

Doch auch die lineare Repetition ist Teil dieser literarischen Form, denn Ghasel und Qaside zeichnen sich durch den Monoreim aus, der am Ende jedes Verses wiederkehrt. Noch verstärkt wird dieses Moment der linearen Repetition, wenn am Versende jeweils nach dem Reim der sogenannte *Radif* oder Echoreim folgt, das heißt ein Wort oder auch eine Folge von Worten, die unverändert wiederholt werden wie ein Refrain.

Selbstverständlich besitzen solche repetitiven Strukturen in der Literatur neben formalen auch inhaltliche Aspekte. Die Wiederkehr eines Motivs, wie sie der Echoreim oder Refrain im Gedicht bewirkt, fungiert, wenn auch in der Regel weniger strikt, als wichtiges Strukturelement, häufig auch in literarischer Prosa. Mit den Motiven können sich Formeln verbinden, so daß die Repetition sich auf beides erstreckt. Solcherlei Repetition von Formeln und Motiven findet sich reichlich in Koran und Hadith. Die Vermutung liegt daher nahe, daß das Vorbild der Heiligen Texte auf die spätere Entwicklung der islamischen Literatur auch im Strukturellen eingewirkt hat. Auf jeden Fall sind repetitive Strukturen und namentlich die Motivwiederholung ein vorherrschendes Element in der gesamten islamisch-orientalischen Erzählliteratur, vor allem aber in *Tausendundeiner Nacht.* Zu ihren Eigenheiten gehört die Variation, d. h. ein Teilaspekt des wiederholten Motivs wird verändert. Die Repetition ist also hier, anders als im Ornament, nicht wörtlich. Doch ist es gerade die Abweichung, was dieser Struktur Reiz und Sinn verleiht.[9]

Wir gingen aus von der göttlichen Schönheit, die sich im Irdischen spiegelt, und der Möglichkeit, künstlerisches Schaffen als Sichtbarmachung solcher Schönheit zu interpretieren. Mit diesem, dem Neuplatonismus entlehnten Spiegelkonzept ist nun ein weiterer, ebenfalls aus der Antike kommender Rahmengedanke aufs engste verknüpft, jener der Entsprechung von Makro- und Mikrokosmos.

3. Makro- und Mikrokosmos

Es war bereits davon die Rede, daß die Lauteren Brüder von Basra, jener im 10. Jahrhundert aktive, liberal und rational-monotheistisch gesonnene, auf Versöhnung und Verschmelzung der Religionen und Kulturen bedachte Kreis von Philosophen, den Gedanken der Entsprechung von Großer und Kleiner Welt, Kosmos und Mensch bzw. kosmischer und irdischer Ordnung zu einem der Ecksteine seines in den Sendschreiben niedergelegten philosophischen Gebäudes machte. In dieses System waren die Künste durchaus eingebaut; der Entsprechungsgedanke wurde zweifellos nicht zuletzt durch dieses Werk auch in Künstlerkreisen bekannt, wo man ihn diskutierte, künstlerisch umzusetzen versuchte. Am deutlichsten sind die Zusammenhänge in der Musik; und so ist es denn wohl kein Zufall, daß sich gerade im Musikkapitel der Sendschreiben mehrere einschlägige Aussagen finden, die z. T. über die Musik hinaus die Künste im allgemeinen und ihr Verhältnis zum Kosmos betreffen.

Ausgangspunkt sind einige philosophische Postulate und Prämissen. So müssen die Sphären bewohnt sein und ihre Bewohner müssen hören und sehen können, damit die im Kosmos durch Reibung der Himmelskörper entstehenden Klänge und Melodien vernommen werden. Würden sie nämlich von niemand gehört, wären sie sinnlos; das aber kommt in der von den Lauteren Brüdern teleologisch gedachten Schöpfung nicht vor. Vielmehr lauschen diese Bewohner, Sphärengeister oder Engel, mit Wonne jenen Klängen, und die Musik der Menschen ist nur ein ferner Widerhall davon: «Die Melodien (aus) den Bewegungen des Musikinstruments erinnern die Einzelseelen in der Welt des Entstehens und Vergehens an die Freude der Welt der Sphären, so wie die Melodien (aus) den Bewegungen der Sphären und Gestirne die Seelen dort an die Freude der Welt der Geister erinnern. Das aber ist das Resultat von Prämissen, die bei den Philosophen als erwiesen gelten: Nämlich ihre Lehre, daß die verursachten sekundären Geschöpfe in ihren Zuständen den unverursachten primären Geschöpfen ähneln. Das ist die eine Prämisse, und die andere ist ihre Lehre, daß die himmlischen Personen die primären Ursachen der Personen in der Welt des Entstehens und Vergehens sind, daß ihre Bewegungen die Ursachen für deren Bewegungen sind und daß deren Bewegungen ihren Bewegungen ähneln.»[10]

Eine weitere Gleichung wird aufgestellt, die das Verhältnis der bildenden Kunst zur Realität betrifft. Die Bilder an den Wänden verhalten sich zu den Körpern aus Fleisch und Blut, die sie darstellen, wie diese zu ihren himmlischen Urbildern.[11] Scheinbar an Platos bekannte Beschreibung der Dichtung als «Schatten von Schatten» erinnernd, liegt hier jedoch der Akzent auf dem Element der Schönheit. Das wird deutlich in der für unsern Kontext wichtigsten Feststellung jenes Kapitels: Die Künstler ahmen Gott nach, indem sie vollkommene, d. h. in ihren Proportionen harmonische, den himmlischen Urbildern gleichende Formen, Statuen, Bilder herstellen.[12]

Ebenfalls im Musikkapitel der Lauteren Brüder finden sich dann auch Ansätze einer ins einzelne gehenden Zuordnung irdischer Phänomene zu kosmischen, wie sie für die spätere Musiktheorie so wichtig werden sollte. Doch davon wird unten, im Abschnitt «Musik», gehandelt werden. Hier sei nur daran erinnert, daß mit solchen Zordnungen jeweils auch die Magie gestreift wird, deren Wirkkraft oder «Mächtigkeit» ja eben auf irdisch-kosmischen Analogien beruht, wie wir oben (S. 215 u. S. 257f.) gesehen haben.

Der ans Magische grenzenden psychosomatischen Wirkung einer Musik, die kosmischen Proportionen entspricht, entsprechen ähnliche Wirkungen des Bildes und der Dichtung. Der persische Dichter Nizami (1141–1209), der über diese Wirkungen spricht (vgl. S. 239) und jene des Bildes und der Musik in zauberhaften Erzählungen illustriert, verdeutlicht die mögliche Funktion von Kunst einmal auch am Beispiel der Architektur, wenn er in seinem Epos *Haft Paikar* oder *Die sieben Gestalten* den Hofbaumeister Schida die folgenden Worte zu seinem Herrn, dem Sassaniden Bahram Gur (Vahram V., 421–438), sagen läßt, als es um die Errichtung eines Schlosses für ihn geht:

Wenn nun der König es mir so gebietet,
halt ich den Bösen Blick von seinen Zimmern fern.
Denn ich bin Himmelsforscher, Astronom,
kundig der Wirkungen der Gestirne.
In Bildnerei und Stukkatur besitze ich,
könnte man meinen, inspirierte Kunst.
Der Kosmos lehrt mich solche Proportionen *(nisbat),*
daß für den König jeder Schaden weicht.
Solange er im Bilderhaus des Staubes ist,
muß er nun von den Sternen nichts mehr fürchten.
Er wohnt in einem Lebens-Talisman,
auf Erden mächtig über die Gestirne.[13]

Das Schloß, das hier gebaut wird, hat sieben Kuppeln; jede entspricht einem Planeten und einem Wochentag und hat die entsprechende Farbe; in jeder Kuppel wird der Held Bahram Gur mit einer von sieben Prinzessinnen, den Töchtern der Herrscher in den (wiederum den Planeten zugeordneten) sieben Klimata der Erde, nächtigen und vor der Vermählung einer Geschichte lauschen, deren Charakter dem entsprechenden Planeten entspricht. Kunst also als Lebenshilfe, als Teil jener Einfügung in die kosmische Ordnung, die bei Nizami sichtlich vom Denken der Lauteren Brüder beeinflußt ist und hier wie dort mit islamischer Frömmigkeit verschmilzt. Hinzu kommt im gedachten Fall aber noch ein anderer Aspekt: die Bedeutung der Spiegelung und der Repetition. Der Palast mit seinen sieben Kuppeln spiegelt einerseits den Kosmos, bildet andererseits das Gehäuse für die sieben Erzählungen. Die repetitive heptadische Struktur der beiden Kunstwerke, des architektonischen und des literarischen, strömt unmittelbar, als Spiegelung, aus der Struktur des Kosmos und bezieht daraus ihre magische Mächtigkeit. Gleichzeitig mag eine unausgesprochene Beziehung zum *Hadith al-mi'rağ* bestehen, auf dessen heptadisch-kosmologische Struktur wir an anderer Stelle hingewiesen haben (vgl. Kap. VII.2.).

4. *Repetition als Mächtigkeit und als magischer Akt*

Es war schon von der Mächtigkeit der Form die Rede (Kap. I.8.). Hier soll nun noch speziell die kinetische Energie, die Machtgeladenheit der Wiederholung verdeutlicht werden. Man muß nur einmal der Rezitation einer Qaside in islamischem Milieu beigewohnt und die von Reim zu Reim sich steigernde Erregung und Begeisterung der Zuhörer miterlebt haben, um etwas von dem emotionalen Potential der Repetition zu ahnen.

In Parenthese sei daran erinnert, daß dieses Potential in unsern Breiten heutzutage häufig und mitunter bedrohlich in Erscheinung tritt im politischen Alltag, wie jeder weiß, dem etwa vor gut zwei Jahrzehnten ein straßendeckender Zug «Ho –, Ho –, Ho Chi Minh» brüllend repetierender Demonstranten begegnet ist –, ein gewissermaßen neopaganer Gebrauch des uralten Rituals der Beschwörung, die ursprünglich ein magischer Akt war und deren spätere, monotheistisch gezähmte Fortsetzung die Liturgie und andere repetitive Formen kultischer Sprache sind. Daß dabei auch die Mächtigkeit der Sprache als solcher eine Rolle spielt, versteht sich von selber (vgl. Kap. IX.2.).

Ähnlich stark ist auch das emotionale Potential repetitiver Strukturen in der Musik, zumal wenn, wie es in traditioneller Musik islamischer Länder häufig der Fall ist, die aus der Wiederkehr erwachsende Erregung noch durch die Steigerung des Tempos intensiviert wird. Repetition bedeutet in all diesen Fällen das Gegenteil von Monotonie; sie feuert an, mitunter bis zur Ekstase, wie dies besonders in Derwischzirkeln der Fall ist, wo der sogenannte *Dhikr,* bestehend in der jeweils minutenlangen Wiederholung religiöser Formeln, verstärkt durch bestimmte Formen der Atemtechnik und rhythmisch repetierte Körperbewegungen, den Zweck hat, zum Erlebnis der unio mystica in der Ekstase zu führen (vgl. Kap. X.4.).

In diesem Zusammenhang ist es nun von Bedeutung, daß die heiligen Texte des Islam ein hohes Maß an markanter Repetition aufweisen. Zunächst und vor allem ist die besondere repetitive Struktur des Korans zu erörtern. Bestimmte Formeln und Sprachmuster sind in den Text gewoben und strukturieren ihn wie Ornamente einen Teppich. Bezeichnend ist es, daß diese formelhaften Wiederholungen inhaltlich in der Regel mit Gottes Allmacht zu tun haben. Das gilt schon für die syntaktisch parallel gebauten Schwurformeln in den frühen Suren, z. B. in Sure 91. Es gilt aber besonders auch für mehrere längere Suren, die durch eine in Abständen wiederholte Formel segmentiert sind. So findet sich etwa in Sure 16 siebenmal (mit geringfügigen Varianten) der Satz «Darin liegt fürwahr ein Zeichen (*āya*, auch = Wunder, Erweis göttlicher Macht) für Leute, die nachdenken/sich besinnen/verständig sind.» In Sure 26 findet sich achtmal der Satz: «Darin liegt fürwahr ein Zeichen, doch die meisten von ihnen sind ungläubig», und zusätzlich achtmal der Satz: «Wahrlich ich bin für euch ein zuverlässiger Gesandter. So fürchtet Gott und gehorcht mir!» Wir haben es also, musikalisch gesagt, mit einer Art Doppelfuge zu tun. Am auffälligsten ist jedoch die refrainartige Verwendung der Frage: «Welche der Zeichen eures Herrn wollt ihr beiden (d. h. Menschen und Dschinnen) leugnen?!» in Sure 55. Nicht weniger als 31 Mal tritt sie in diesem koranischen Hymnus auf, wobei die Abstände gegen Ende deutlich kürzer werden, so daß eine geradezu dramatische Steigerung oder, um wieder den musikalischen Vergleich zu ziehen, eine *stretto*-Wirkung erzielt wird.

Doch auch abgesehen vom Koran trifft man in sakralen Texten bemerkenswert häufig auf repetitive Strukturen, sei es nun in Hadithen (Beispiele auf S. 197 u. S. 327) oder in Gebeten. Nach allem, was wir bisher zur Funktion der Wiederholung gesagt haben, dürfte es einleuchten, daß auch das flächendeckende, auf Motivvervielfachung beruhende Ornament der islamischen Kunst einen Ausdruck sakraler Mächtigkeit darstellt. Es handelt sich um Sakralisierung uralt-paganer, auf Repetition beruhender Ornamente, in denen maßgebliche Kunsthistoriker einen typischen Ausdruck magischer Welterfahrung sehen wollten.[14] Daß Sakralisierung vorliegt, ist überall da unmittelbar einsichtig, wo Schrift in die Arabeske einfließt, handelt es sich doch in der Regel um Koran- oder Muhammadworte. Doch auch im schriftlosen islamischen Ornament drückt sich, insofern es kosmische Ordnungen spiegelt, zweifellos das Bewußtsein göttlicher Gegenwart, göttlicher Allmacht und der Teilhabe an der von dieser Allmacht erschaffenen und durchwalteten Ordnung aus.[15]

IX. Die Dichtung

Für die Spannung zwischen der Allmacht und den irdischen Mächtigkeiten, für das Problem der Unterwerfung einer eklatant paganen Mächtigkeit bietet die Geschichte der arabischen Dichtung mit ihren Anfängen im altarabischen Heidentum, ihrer enormen Mächtigkeit und dem daraus sich ergebenden Konflikt mit Muhammad und seiner Botschaft, aber auch die spätere Entwicklung der Dichtung im Islam, ein besonders markantes und lehrreiches Beispiel.

1. Muhammad und die Dichtung

Muhammads Verhältnis zur Dichtung wurde durch deren spezifische Rolle in seiner Zeit und Gesellschaft schwer belastet. Der Dichter war der Sprecher des Stammes und verteidigte dessen Ehre und Macht kraft der magischen Mächtigkeit, über die er verfügte dank seiner Inspiration durch Dschinnen. So rühmt sich der bekannteste vorislamische Dichter Imra´al-Qais: «Die Dschinnen lassen mich ihre Gedichte wählen, und was mir von ihren Gedichten gefällt, das wähle ich aus!»[1] Und, bedrohlicher im Ton:

> «Fragst du (den Stamm der) Rabi`a, sie wissen Bescheid:
> Ich bin der gefürchtete Dichter, umgeben von meinem Gefolge
> unter den Dschinnen, das (mir) überliefert und singt, was ich dichte.[2]

Das war die pagane Mächtigkeit der vorislamischen arabischen Dichter. Als daher Muhammad von einigen seiner Gegner als Dichter bezeichnet wurde, schuf der Koran durch eine scharfe Grenzziehung zwischen Dichter und Prophet Klarheit: Die Dichter werden hier als Verführer und Verführte hingestellt, gleichzeitig wird ihre Mächtigkeit heruntergespielt: «Soll ich dir Kunde geben, auf wen die Satane niedersteigen? Sie steigen auf jeden Lügner und Frevler herab. Sie spitzen die Ohren und die meisten von ihnen sind Lügner. Und die Dichter, ihren Spuren folgen die Verführer (d. h. wohl: die Dschinnen). Sahst du nicht, wie sie in jedem Wüstental schweifen und daß sie reden, was sie nicht tun? Außer denjenigen, welche glauben und fromme Werke verrichten und Gottes häufig gedenken und die den Sieg erlangen, nachdem sie zuvor unterdrückt worden sind. Die Unterdrücker werden schon merken, wie man sie umstürzen wird!»[3]

Der Text macht implizit deutlich, daß Dichter und Prophet sich in zweierlei Hinsicht unterscheiden, einmal in der Inspirationsquelle, die beim Dichter dämonisch, beim Propheten dagegen göttlich ist, zum andern in der Übereinstimmung von Reden und Tun. Der Koran unterstellt den Dichtern mit der Formulierung: «Sie reden, was sie nicht tun!» Unwahrheit. Tatsächlich wurde die Stelle später manchmal als Legitimation dichterischen «Lügens» bemüht, wobei das grobe Wort natürlich dann meistens nicht mehr «Lügen» im heutigen Sinn meinte, sondern dichterische Verfahren wie starke Hyperbel, Herrscherlob, phantastische Umdeutung u. a. bis hin zur eigentlichen Fiktion.

Mehr noch als die Gleichsetzung mit Dichtern machte Muhammad jedoch die reale Macht der Dichter, soweit sie gegen ihn gerichtet war, zu schaffen. Spott aus Dichtermund war eine gefährliche Waffe, wie es noch Jahrhunderte später ein arabischer Dichter in folgendem Epigramm über die Mächtigkeit der Dichtung zum Ausdruck brachte:

Poesie ist Feuer ohne Rauch!
Feiner Zauber in den Reimen währt.
Selbst den Moschus, würdig alles Lobes,
spöttisch Lied in stinkend Aas verkehrt.
Und wie manchen Mann, erhöht, gewichtig,
haben leichte Lettern tief entehrt![4]

Viele Geschichten hat die arabische Überlieferung aufbewahrt über die Macht der Dichter, einen Menschen, ja das Ansehen eines ganzen Stammes durch einen Vers, ein Gedicht zu erhöhen oder zu erniedrigen, Mächtigkeit zu verleihen oder zu entziehen.[5] Muhammad war sich darüber im klaren, was auf dem Spiel stand, wenn Dichter ihn verspotteten. Und er handelte. Auf eine Weise, die erschreckt und an jenen oben (S. 58) zitierten Ausspruch erinnert: «Ich lache, wenn ich töte!» Muhammad, der mit ehemaligen, sich ihm unterwerfenden Gegnern großzügig verfahren konnte, kannte hier kein Pardon.

Die früheste Muhammad-Biographie, die von Ibn Hischam (gest. 833) bearbeitete *Sira* des Ibn Ishaq (gest. 767) enthält Berichte, die diesen Kampf zwischen Prophet und Poeten, für den gläubigen Muslim ein Kampf zwischen sakraler und paganer Mächtigkeit, schlaglichtartig verdeutlichen. Der erste derartige Fall scheint sich nach der Schlacht von Badr ereignet zu haben, in der Muhammads Anhänger die Mekkaner besiegten. Ein jüdischer Dichter namens Ka`b Ibn al-Aschraf beklagte in einem Gedicht den Tod edler Quraischiten und drohte den Schuldigen Rache an. Muhammad rief aus: «Wer schafft mir Ibn al-Aschraf vom Hals?», und wenig später war der Dichter in eine Falle gelockt und getötet.[6] Noch eine weitere Rechnung wurde nach dieser Schlacht beglichen: «An-Nadr Ibn al-Harith ibn `Alqama ibn Kalada ibn `Abd Manaf pflegte Muhammad zu folgen, wo immer der Gesandte in einer Versammlung saß und Menschen zu Gott rief und den Koran rezitierte und die Quraisch warnend auf das verwies, was früheren Völkern widerfahren war. (Da pflegte er sich) zu erheben und ihnen Sagen von den Helden Rustam und Isfandiyar und den persischen Königen zu erzählen und zu sagen: ‹Bei Gott, Muhammad kann keine besseren Geschichten erzählen als ich, und sein Gerede sind nur alte Fabeln, die er nacherzählt ebenso wie ich die meinen!›» An-Nadr befand sich unter den Gefangenen von Badr und Muhammad ließ ihn bald nach der Schlacht töten.[7]

Zwei weitere Fälle haben sich entweder ebenfalls damals oder später ereignet: Ein Greis namens Abu `Afak hatte in Versen den Medinensern vorgeworfen, einem hergelaufenen Fremden, der ihnen ständig Vorschriften mache, zu gehorchen. «Der Apostel (= Prophet) sprach: ‹Wer zahlt mir diesem Schurken heim?› Worauf Salim ibn `Umair, ein Bruder der Banu `Amr ibn `Auf, einer der ‹Weiner›, hinging und ihn tötete.» Darüber empörte sich eine Frau namens Asma´ bint Marwan. In ihren Versen heißt es u. a.:

Ihr gehorcht einem Fremden, der nicht zu euch gehört!
Von ihm, der eure Führer getötet, erwartet ihr Gutes
gleichwie ein hungriger Mann, der auf eine Brühe wartet?
Gibt es denn keinen Mann von Stolz, der ihn angreift
und die Hoffnungen derer tilgt, die etwas von ihm erwarten?

«Als Muhammad diese Worte vernahm, rief er: ‹Wer schafft mir die Tochter Marwans vom Hals?› `Umair ibn `Adi al-Chatmi, der bei ihm war, hörte die Worte und noch in derselben Nacht ging er in ihr Haus und tötete sie. Am Morgen kam er zum Apostel und erzählte ihm, was er getan hatte und dieser sprach: ‹Du hast Gott und seinem Apostel geholfen, `Umair!› Als er ihn fragte, ob er schlimme Folgen zu gewärtigen habe, sagte der Apostel: ‹Keine zwei Ziegen werden sich ihretwegen die Hörner stoßen!› – Unter den Banu Chatma entstand eine große Erregung wegen des Vorfalls um Bint Marwan. Sie hatte fünf Söhne, und als `Umair vom Apostel zu ihnen kam, rief er: ‹Ich habe die Tochter Marwans getötet! Bekämpft mich, so ihr könnt! Laßt mich nicht warten!› Das war der erste Tag, an welchem der Islam unter den Banu Chatma mächtig wurde ...»[8]

Zwei weitere Namen von Muhammad getöteter Dichter, Ibn Chatal und Ibn Hubaba, werden in einer bekannten Poetik des 11. Jahrhunderts genannt.[9] Angesichts solcher Probleme mit Poeten scheint es begreiflich, daß Muhammad den Rat gab: «Wahrlich, daß sich der Bauch eines von euch mit Eiter füllte bis er ihn zerfräße, wäre besser für ihn, als daß er sich mit Dichtung anfüllte!»[10]

Andererseits konnte Muhammad aus religionspolitischen Gründen aber nicht darauf verzichten, die mächtige Waffe für seine Ziele einzusetzen, und umgab sich daher selber mit Barden, die seine Wirksamkeit mit dem altbewährten Machtmittel unterstützten. Der bekannteste unter ihnen war Hassan ibn Thabit. Eine Probe seiner – von den frühen arabischen Kritikern nicht sonderlich geschätzten – Dichtkunst gibt uns der gereimte Kommentar zum Tod jenes eben erwähnten jüdischen Dichters und eines weiteren Widersachers:

Gott, welchem prächtigen Rudel seid ihr begegnet,
o Sallam und Ibn al-Aschraf!
Sie kamen zu euch mit scharfen Klingen,
stark wie Löwen in einem verschlungenen Dickicht,
bis sie in eueren Häusern über euch kamen
und euch den Tod zu trinken gaben mit raschen Schwertern,
bedacht auf den Sieg der Religion ihres Propheten,
jede Gefahr verachtend.[11]

Das Bewußtsein von der Mächtigkeit der Dichtung zeigt auch der folgende Rat Muhammads an diesen seinen Hausdichter Hassan ibn Thabit: «Verspotte sie (die Gegner)! Denn, bei Gott, dein Spott setzt ihnen mehr zu als der Beschuß mit Pfeilen im Morgendämmer; und Gabriel, der Geist der Heiligkeit, wird mit dir sein!»[12] Interessant an diesem Rat ist, daß Muhammad offenbar dem Dichter nahelegt, sich, wie er selber, von Gabriel inspirieren zu lassen, ihn also an eine sakrale Inspirationsquelle statt der bisher üblichen paganen verweist. Doch es sollte Jahrhunderte dauern, bis islamische Dichter diese Empfehlung beherzigten. Das nämlich geschah erst im persischen Milieu.

2. *Rhetorik der Mächtigkeit*

Muhammads Kampf gegen die Dichtung – genauer: die paganen Dichter – blieb nicht ohne Folgen. Er entzog den Dichtern zweierlei: einmal ihre Inspirationsquelle; denn von Dämonen durfte sich ein auf gesellschaftliches, und das hieß von nun ab: religiöses Comme-il-faut bedachter Dichter im Islam nicht mehr inspirieren lassen; wo es noch vorkam, geschah es entweder scherzhaft oder mit bewußter Frivolität. Zum andern nahm er ihnen den traditionellen Auftrag, Sprecher eines Stammes zu sein. Denn die Einheit des Stammes, obwohl nicht von heute auf morgen völlig bedeutungslos, wurde doch weitgehend durch die islamische Kommunität *(umma)* und bald auch durch das innerhalb weniger Jahrzehnte eroberte islamische Imperium, das Kalifenreich, abgelöst. Der Dichter wurde vom Sprachrohr des Stammes, dem er angehört, dessen Interessen er emotional geteilt hatte, zum Lobdichter und Hofschranzen, dazu erkoren oder vielleicht auch verdammt, Fürsten in den Himmel zu heben, deren Schwächen er oft nur allzu genau durchschaute.

Diese Entwicklung hatte stilistische Folgen. Der «Leistungsdruck» im Kalifenpalast und an späteren Fürstenhöfen, die ständige Konkurrenz, das drohende Damoklesschwert allerhöchster Ungnade schufen ein Klima der Beflissenheit, des Glänzenmüssens und des gegenseitigen Zu-überbieten-Suchens und führten zu dem, was H. Friedrich im Zusammenhang mit italienischer Barocklyrik die «Überfunktion des Stils» genannt hat.[13] Überdies verkörperte der Kalif die höchste religiös-politische Autorität auf

Erden, deren Macht ohnehin nur in kosmischen Dimensionen angemessen geschildert werden konnte. Kurz, die Rhetorik der Mächtigkeit, die in der altarabischen Dichtung schon angelegt war, wucherte nun üppig ins Kraut und uferte aus. Durch die Panegyrik mit ihrer immanenten Übertreibung wurde die Hyperbel zur zentralen rhetorischen Figur. Ihr ungehemmter Gebrauch bei den größten Dichtern der klassischen Zeit, z. B. einem Abu Tammam (gest. 846), einem Mutanabbi (gest. 965), löste zwar einen akademischen Streit aus, ob dergleichen noch mit der Wahrheit zu vereinen sei, tat aber der Beliebtheit ihrer Verse keinen Abbruch. Im Gegenteil, viele bekannten sich offen zu dem Motto: «Die beste Dichtung ist die lügenreichste» und beriefen sich dabei notfalls auf den Koran, wo ja schon stehe, daß die Dichter «reden, was sie nicht tun». Wem das zu frivol erschien, der führte Hadithe an, in denen berichtet wird, wie der Prophet zustimmend Gedichten gelauscht habe, in denen offensichtliche Unwahrheiten gesagt wurden.[14]

Die Entwicklung läßt sich an einem einfachen Beispiel, dem beliebten Vergleich des schönen Gesichts (A) mit dem Vollmond (B) verdeutlichen. Stand am Anfang der Vergleich A ist *wie* B, so trat an seine Stelle bald einmal die Gleichsetzung A *ist* B; diese wiederum wurde verdrängt durch den Überbietungsvergleich A *ist schöner* (heller, strahlender etc.) als B. Doch damit nicht genug, nun wurde A zum Spender der Qualität, aufgrund deren man ihn mit B verglichen hatte, in unserm Fall also des Lichts: Der Mond hat seinen Glanz vom Antlitz der Geliebten oder des Fürsten. Noch aber fehlt ein wesentlicher Schritt in dieser Stufenfolge: die Metapher; sie liegt, auch schon nach mittelalterlicher, arabisch-persischer Poetik, dann vor, wenn B für A eintritt, man also vom Vollmond spricht und das schöne Antlitz meint.

Hier beginnt nun ein völlig neues und grenzenloses Betätigungsfeld für die Rhetorik der Mächtigkeit, denn nun wird diese Metapher dynamisiert, magisch aufgeladen. Häufig ist namentlich das von H. Friedrich so bezeichnete «Naturalisieren» der Metapher, d. h. sie wird als real vorhanden behandelt und mit ihrem Proprium, in unserm Falle also dem Mond am Himmel, in Beziehung gesetzt. In gewisser Weise findet also eine Verdoppelung statt: Die Metapher löst sich vom Urbild und beginnt ein Eigenleben zu führen. Doch auch das Urbild, das Proprium, wird häufig in die magische Umdeutung einbezogen, indem man es, mindestens partiell, personifiziert. In unserm Fall erhalten wir also die als wirklichen Mond behandelte Mondmetapher neben einem mit menschlichem Reaktionsvermögen ausgestatteten Mond am Himmel. Der Dichter kann dann etwa sein Erstaunen darüber ausdrücken, daß diese Nacht so hell sei, weil zwei Monde schienen, einer am Himmel und einer in seinen Armen (Naturalisierung). Oder er kann, was eine weitere Steigerung darstellt, behaupten, daß der Mond am Himmel sich hinter eine Wolke versteckt habe aus Scham vor dem heller strahlenden

Mond auf der Erde, dem Antlitz seiner Geliebten. Erreicht die Beschreibung diese Stufe, dann ist der so gerühmte Mensch mit magischer, in den Kosmos wirkender Mächtigkeit ausgestattet; und diese Ebene des Magischen ist es, auf der die gesamte spätere persische Dichtung (etwa vom 12. Jahrhundert an) sich bewegt.

Kosmische Mächtigkeit kann gewiß auch auf andere Weise rhetorisch erzielt werden, so wenn vom Fürsten etwa gesagt wird, daß er mit seinem Lasso die Sterne einfange, sein juwelenbesetzter Gürtel den Orion überstrahle oder dergleichen. Andererseits führt das beschriebene Verfahren in gewissen Fällen, z. B. bei einem Naturvergleich wie Wange–Rose, zu einer naturmagischen Mächtigkeit, die ebenfalls auf beiden Seiten zum Ausdruck kommen kann, also in einer partiell vermenschlichten Rose oder in einer Wange, die die Rose auf magische Weise affiziert. Alles das bildet die sprachliche Grundlage für die «erlaubte Magie» der Dichtung, deren sich vor allem persische Dichter rühmen sollten, und die sie mit raffinierter Virtuosität und schrankenloser Phantasie ins Werk setzten. Der von arabischen Literaten geführte Hyperbelstreit zeigt freilich, daß diese Art Sprachmagie noch anstößig, also im öffentlichen Bewußtsein noch nicht völlig legitimiert war. Die Einsicht, daß Dichtung «erlaubte Magie» sein könne, brauchte Jahrhunderte, um sich zu etablieren, und wurde wohl überhaupt erst auf persischem Boden wirklich heimisch.

3. Die «erlaubte Magie» der Dichtung

Die Dichtung blieb also mächtig trotz der Machteinbuße, die der Kampf des Propheten mit den heidnischen Dichtern für sie zur Folge hatte. Am mächtigsten war sie da, wo sie islamische Glorie zu verherrlichen und Gegner der neuen sakralen Macht zu verhöhnen hatte, also vor allem in der Kalifenpanegyrik[15] und bald auch im Fürstenlob, das mit der Zersplitterung des kalifalen Imperiums in immer mehr Teilreiche in wachsendem Maß neben das Kalifenlob trat und es nach 1258 völlig verdrängte. Arabische Literaten betonten denn auch die führende Rolle von Lob *(madīḥ)* und Spott *(hiǧā')* in der Dichtung; manche wollten darin sogar deren zwei einzige Gattungen erblicken, von denen alle anderen nur abgeleitet seien.[16] Die Qaside, d. h. «Zweckgedicht», blieb die zentrale Form. Doch das Herrscherlob beeinflußte mehr oder weniger auch die übrige Dichtung. Von der Verklärung der Geliebten zu einem machtvollen Idol wird im Kapitel über die Frau gesprochen werden. Doch auch die sich in kleinen «ekphrastischen Epigrammen», im Dinggedicht entfaltende Beschreibung, geriet in den Sog höfischer Mächtigkeit.[17]

Das bedeutete Magisierung der Dinge, häufig Projektion ins Kosmische, wozu auch das oben erörterte Weltbild der Makro-Mikrokosmos-Entsprechung beigetragen haben dürfte. Die aufsteigenden Schaumblasen im Wein, die stiebenden Funken eines nächtlichen Feuers, die schimmernden Spitzen der Lanzen, alles das wurde mit Sternen verglichen, und durch die Umkehrung dieser Vergleiche erhielt der Dichter geeignete Bilder für eine Beschreibung des nächtlichen Himmels. So wurden Erde und Himmel, Makro- und Mikrokosmos in Beziehung gesetzt, miteinander verschränkt und die irdischen Dinge mit kosmischer Mächtigkeit aufgeladen.[18]

Eine andere Form dieser poetischen «Mächtigkeit» bestand im Edelsteinvergleich, der z. B. bei Blumenbeschreibungen sehr in Schwang kam.[19] Selbst Speisen gerieten bei einigen dichtenden Gourmets in diesen Sog von irdisch-kosmischer Mächtigkeit. So erscheinen dem Kalifen-Abkömmling al-Ma'muni trockene Mandeln als «Perlen aus Elfenbein, umgeben – und das nicht im Meer, sondern auf dem Festland! – von elfenbeinernen Muscheln»,[20] Spiegeleier als «reines Gold in einem Tiegel aus reinem Silber»,[21] die indische Melone «wie ein Kästchen aus Elfenbein in Chrysolith gefaßt, das Stücke von Rubin in Fetzen von Baumwolle enthält»,[22] und die Fladenbrote der Fastenzeit «wie die aufgehenden Vollmonde am Monatsanfang».[23] Das ist ein – entweder albernes oder listig parodierendes – Spiel mit dem vorherrschenden Stil seiner Zeit.

Der Verfasser der zweifellos bedeutendsten Poetik, die das arabische Mittelalter hervorgebracht hat, `Abd al-Qahir al-Dschurdschani, ein arabisch schreibender Perser des 11. Jahrhunderts (gest. um 1078), vergleicht in seinem von H. Ritter kongenial übersetzten Werk die Dichtung mit der Alchimie und bezeichnet sie als eine Art Zauber *(siḥr)*: «Dieser Zauber erreicht zuweilen einen solchen Grad, daß er imstande ist, den der Liebe Abholden zum Flirten zu bringen, den der Kinder Beraubten seine Kinderlosigkeit vergessen zu machen, das Grauen der Einsamkeit zu bannen, und die Freude, die sich dir verirrte und verloren ging, wieder aufzufinden. Er stellt der Dichtkunst ein Zeugnis aus, dessen sie sich laut rühmen kann, und stellt recht ans Licht, welche Macht und Bedeutung der Wortkunst eigen ist.»[24] «Durch sie wird der Fantasie das Leblose und Schweigende in der Gestalt des Lebendigen und Vernunftbegabten, das Tote und Stumme in der Rolle des richtig und korrekt Redenden, klar sich Ausdrückenden und Urteilsfähigen, das Nichtseiende und nicht Vorhandene als vorhanden und wahrnehmbar vorgegaukelt. Aus wertlosem Stoff erschafft sie Wunderdinge, die teuer und hoch an Wert sind; sie verwandelt die Substanzen und ändert die physischen Qualitäten, so daß die Alchimie dadurch wahr, und die Behauptung, es gäbe ein Elixier, evident geworden zu sein scheint, nur daß diese Alchimie von rein geistiger Art ist und es mit Vorstellungen und Gedanken, nicht mit leblosen Materien und Körpern zu tun hat.»[25]

Eine Legitimation für solcherlei Magie hält dieser Autor offensichtlich noch nicht für nötig. Der Ausdruck «erlaubte Magie» *(as-siḥr al-ḥalāl)* fehlt bei ihm noch, und ebenso fehlt das etwa im *Picatrix*, dem großen arabischen Handbuch der Magie aus dem 11. Jahrhundert, zitierte angebliche Muhammad-Wort: «Es gibt eine Art von Rede, die Zauberei ist.»[26] Es ist ja noch – wenn auch schon auslaufend – die Zeit der großen Offenheit, die Zeit eines im riesig geweiteten Heiligen Haus des islamischen Weltreichs vorhandenen Freiraums für sich tummelnde säkulare Mächtigkeiten. In diesen Jahrhunderten, vor allem dem zehnten und elften, findet sich, wenn auch vereinzelt, sogar noch das frivole Spiel mit Dschinnen (ja mit Iblis, dem Teufel höchstpersönlich), von denen inspiriert oder mit denen in Kontakt zu sein man sich brüstet. Zur Einstimmung auf dieses Thema diene uns ein kleines schelmisches Liebesgedicht von Abu Nuwas (um 757–815), den man den Anakreon unter den arabischen Dichtern nennen könnte, denn er war graziös und poetisch wie jener, weicht aber von ihm ab durch seine häufig frivolen und obszönen Töne:

> «Als der Geliebte mich quälte und die Botschaften ausblieben und die Nachrichten von ihm,
> Wurde meine Sehnsucht so heftig, daß mich die Erinnerung an den Geliebten und die Sorge und der Kummer fast töteten.
> Da rief ich den Satan und sprach zu ihm, während die Tränen stürzten:
> Siehst du nicht, wie ich geprüft bin und Weinen und Schlaflosigkeit meine Augenlider schwären lassen?
> Wenn du nicht die Liebe zu mir ins Herz des Geliebten wirfst – und du vermagst es! –
> So spreche ich kein Gedicht mehr und höre kein Lied mehr, noch quillt Rausch in meinen Gelenken!
> Noch meide ich den Koran; vielmehr studiere ich ihn von morgens bis abends
> Und faste und bete unaufhörlich mein Leben lang, dem Guten verschworen!
> Dann werden keine drei Tage vergehen, bis mein Geliebter kommt und sich entschuldigt!»[27]

Abu Nuwas' Drohung, nicht mehr zu dichten, wenn der Teufel ihm nicht helfe, stellt die Dichtung als etwas dem Teufel Genehmes hin, bezeichnet sie aber nicht ausdrücklich als vom Satan inspiriert. Doch gibt es auch Aussagen, die eben dies unverhüllt tun. Knapp zwei Jahrhunderte nach Abu Nuwas findet sich eine solche bei dem geistvollen Gesellschaftskritiker Badi` az-zaman («der Genius seiner Zeit») al-Hamadhani (969–1008), dem Erfinder der sogenannten Makamen, kurzer pikaresker Szenen um einen in mancherlei Verwandlungen auftretenden Helden, einen durch Kriegswirren heimatlos gewordenen Intellektuellen. In einer dieser Szenen hat der Held Abu l-Fath al-Iskandari («Vater des Sieges, Der von Alexandria») eine nicht ganz geheure Begegnung mit einem Alten, der ihn in ein Gespräch über Dichtung verwickelt und sich nach einiger Zeit zu erkennen gibt als der Teufel: «Ich wollte dir verbergen, was es mit mir auf sich hat, und üppig mit dir leben, aber du, du hast dies abgeschlagen. Darum will ich dir die Wahrheit sagen: Einen Dichter, der von uns nicht einen Helfer hatte, gibt es nicht, auch dem Dscharir diktierte ich einst sein Gedicht. Ich bin der alte Teufel Abu Murra!»[28]

Ein weiteres markantes Beispiel findet sich bei dem skeptischen blinden Dichter Abu l-`Ala´al-Ma`arri (973–1057) aus Syrien. In seinem geistreichen *Sendschreiben vom Verzeihen,* vornehmlich einer Parodie auf islamische Jenseitsvorstellungen, läßt er den Helden im Jenseits einem `Ifrit, einem Dämon der Monsterklasse, begegnen. Dieser Abu Hadrasch al-Chaita`ur vom Stamm asch-Schaisaban hat sich nach unerhörten Freveln, von denen er in zwei renommistischen Gedichten berichtet, zum Islam bekehrt und damit einen Platz im «Paradies der `Ifrite» errungen.[29] Befragt über die Dichtung der Dschinnen, antwortet er:

«Wissen die Menschen denn von der Poesie mehr als eine Kuh von der Astronomie und der Geometrie?! Sie haben 15 Metren, über die selten ein Dichter hinausgeht, wir dagegen haben deren Tausende, von denen nie ein Mensch gehört hat. Vielmehr pflegten einige unserer ungebärdigen Kinderchen die Menschen zu schütteln (...). Ich habe Radschaz-Verse und Qasiden gedichtet schon ein oder zwei Äonen, ehe Gott den Adam erschuf. Es ist mir zu Ohren gekommen, daß ihr Menschen die Qaside von Imra´al-Qais ‹Bleibt stehen, laßt uns weinen› plappert und sie die Bengel in den Schulen auswendig lernen laßt. Wenn du willst, diktiere ich dir tausend Worte in diesem Metrum (...). Alles das stammt von einem unserer Dichter, der als Heide gestorben ist und jetzt in den Stockwerken der Hölle arbeitet (...).»[30]

Zu erwähnen ist schließlich ein weiterer reizvoller Text, diesmal aus der Feder eines Andalusiers namens Ibn Schuhaid (992–1035). In seinem Sendschreiben von den «Folge- und Hausgeistern« beschreibt er eine ganze Versammlung von Dämonen, die alle Inspirationsgeister von Dichtern sind.[31] In allen diesen Texten ist weder von «erlaubter Magie» die Rede, noch verspürt man einen Legitimationsdruck. Dennoch muß er zu dieser Zeit schon bestanden haben; al-Ma`arri zumindest galt schon zu Lebzeiten als einer der großen Ketzer des Islam.

Im 10. Jahrhundert verfaßten die Lauteren Brüder von Basra ihre große philosophische Enzyklopädie, von der in früheren Kapiteln wiederholt die Rede war. Dort findet sich im Magie-Kapitel der Ausdruck «erlaubte Magie» als Bezeichnung jeder magischen Übung, die dem Islam nützlich ist.[32] Dieser Ausdruck – er setzt ein neues Verhältnis zur Magie überhaupt voraus, dem zweifellos nicht zuletzt die Lauteren Brüder den Weg geebnet haben – findet Eingang in die Selbstreflexion persischer Dichter. Sah sich der altarabische Dichter im Verkehr mit Dschinnen und im Besitz magischer Mächtigkeit, so werden nun die persischen Dichter von Engelwesen inspiriert und verleihen sich die koranischen Dimensionen des vollkommenen Menschen. Das soll im folgenden anhand von Texten zweier der größten Dichter Irans gezeigt werden – des genialen Ilyas ibn Yusuf Nizami (1141–1209) von Gendsche (heute Kirovabad), dessen fünf Versepen zum

Bedeutendsten gehören, was die persische Dichtung hervorgebracht hat, und des grazil-vieldeutigen Lyrikers Hafis.

Nizamis Schaffen müssen gründliche Überlegungen über Wesen und Sinn der Dichtung vorausgegangen sein; denn schon im Prolog seines ersten Epos *Schatzkammer der Geheimnisse* tritt er als junger Mann mit einem klaren, ausgereiften Konzept vor den Leser.[33] Er fordert einerseits eine religiöse, also sakralisierte Dichtung, stellt sich andererseits aber als großen Magier dar, der im Kampf mit der unerlaubten, durch Harut verkörperten Magie den Sieg davonträgt. So wird im Abschnitt ‹Von der Überlegenheit der gebundenen Rede über die ungebundene› die Dichtung in unmittelbare Nähe der Prophetie gerückt:

Es sind am Himmelsthrone Nachtigallen
die Dichter; niemand gleichen sie von allen.
Verzückte sind's von des Gedankens Flamme
und mit den Engeln wie von einem Stamme.
Die Rätseln Schleier webt, die Poesie,
Abglanz des Schleiers ist der Prophetie.
Im Heer der Großen sind sie angetreten:
Vornan Propheten, gleich danach Poeten.[34]

Hatte Sana'i (gest. 1141), ein wichtiger Vorläufer Nizamis, noch von der Schwierigkeit gesprochen, Dichtung *(ši'r)* und Religion *(šar',* eigentl.: Gesetz = Scharia) miteinander zu vereinen,[35] so ist für Nizami diese Verbindung die unerläßliche Voraussetzung rechten Dichtens wie auch der daraus resultierenden Mächtigkeit, wie er in Versen, die Sana'is Wortspiel aufnehmen, dartut:

Eh du nicht Ruhm errungen hast im Gesetz,
Hüte dich, dich der Dichtung zu widmen!
Durch das Gesetz bringt dich die Dichtung soweit,
Daß dein Gürtel bis zum Orion strahlt.
Die Dichtung gibt dir einen Platz am Sidrabaum,
gibt dir die Herrschaft im Reich der Ideen.
Die Dichtung verleiht dir den Ruhm eines Fürsten;
denn ‹die Dichter sind die Fürsten der Rede!›[36]

Am Ende des Prologs folgt dann die Selbstapotheose, die Selbsternennung Nizamis zum frommen Magier, unter Einschluß astrologischer Bezüge:

Alles was existiert, alt oder neu,
es wird betört durch mich, den Sprachmagier!
Meine Kunst hat den Zauberern die Fassung geraubt,
meine Magie ist ein Bann, dem die Engel erliegen.
Mein Babel ist das Harut verbrennende Gendsche,
meine Venus der Sterne erleuchtende Geist.
Die Venus dieser Region steht in der Waage,

kein Wunder, daß ihre Sprache die der Geister ist.
Meine erlaubte Magie erwächst aus der Speise der Frühe (dem Gebet);
sie annulliert die Rezepte Haruts.
Die Gestalt, die mir vorschwebt, Nizami,
wird lebendig durch meinen erlaubten Zauber![37]

Daß Nizami seine Mächtigkeit aus einer Gestirnkonstellation seiner Heimatregion ableitet – Venus, der Planet der Musik und der Dichtung, steht im Zeichen der Waage, also einem ihrer beiden «Häuser», die ihre Mächtigkeit erhöhen, «diese Region» ist mithin nicht geographisch zu verstehen, sondern auf das Land der Dichtung zu beziehen – entspricht seinem astrologischen Weltbild, das sich, wie bereits erwähnt, besonders im vierten Epos, *Die sieben Bildnisse,* manifestiert.[38]

Bemerkenswert ist auch das Motiv des Wettstreits, das sich im übrigen durch das gesamte Werk Nizamis zieht.[39]

Zum Thema der Mächtigkeit Nizamis seien hier noch einige Verse aus einem weiteren großartigen Selbstportrait, der Qaside *König der Könige,* angeführt. Dieses 58 Verse umfassende Gedicht zerfällt in zwei Teile. Im ersten baut Nizami seine kosmisch-magische Mächtigkeit auf, im zweiten stellt er sich als sündiger, auf Gottes Erbarmen angewiesener Mensch dar, ein Gedicht also, das die beiden Pole islamischer Anthropologie (vgl. Kap. I.6.a) poetisch überzeugend zum Audruck bringt:

König der Könige an Rang bin ich durch Adel der Ideen,
Raum und Zeit umfassend durch himmlisches Gleichnis.
Hochhallendes Lied, weitschallende Glocke bin ich,
Weltdurchmessende Feder, welterobernde Fahne bin ich.
Meines Strebens Lohn ist die Krone Kaikobads,
Mein Ansehen überstrahlt die Pracht des Gurchan.
Meine welterleuchtende Warte ist die vierte Sphäre,
mein Körper ein Lebenspender, mein Atem ein zweiter Messias.
Im Reich der Dichtung, wo mein Wort von ewiger Dauer ist,
hat keiner außer mir an die Pforte der (göttlichen) Majestät geklopft.[40]

Das gleiche Selbstgefühl kosmisch-magischer und religiös sanktionierter Mächtigkeit finden wir auch bei andern persischen Dichtern jener Epoche. Das sei zum Schluß an einigen Versen des Hafis verdeutlicht, den Goethe so verehrte, daß er ihn «Heiliger Hafis» nannte und ihm zurief:

Wie du zu trinken und zu lieben
Sei uns, den Zwillingen, gemein![41]

Hafis hat seine Dichtkunst ebenso wie Nizami in die Nähe der Prophetie gerückt und ihre kosmische Mächtigkeit besungen, allerdings in einem Ton, der sich vom hohen Pathos Nizamis durch seine spielerische Anmut, der oft auch Scherz und Ironie gepaart sind, unterscheidet. Beginnen wir mit einem Vers, in welchem Hafis am Ende eines hinreißenden Ghasels, das von der Ewigkeit seiner Liebe handelt, für seine Dichtung und damit für sich selber jene Präexistenz in Anspruch nimmt, die nur dem Propheten und im weiteren dem Archetyp des Vollkommenen Menschen mit seinen Verkörperungen zukommt:

> Die Dichtung des Hafis war zur Zeit Adams im Garten der Ewigkeit
> der Blattschmuck des Heftes der Eglantinen und Rosen.[42]

Wie Hafis hier seiner Dichtung zeitensprengende Dimensionen zuschreibt, so in andern Versen raumsprengende Mächtigkeit. Ich verzichte darauf, all jene anmutig selbstgewissen Verse zu zitieren, in denen Hafis die Welteroberung seiner Dichtung registriert. Unbekümmert nimmt er die Zukunft vorweg und behauptet, daß seine Lieder in Griechenland und Ägypten, in Kaschmir und China gesungen und bewundert würden. Doch es bleibt nicht bei den irdischen Regionen.[43] Vielmehr dringt seine Poesie auch durch die Sphären:

> Im Himmel nimmt es nicht Wunder, wenn Venus des Hafis Gedicht
> zum Tönen bringt und zum Tanze sogar den Messias bewegt.[44]

> Morgens scholl an Gottes Throne Stimmenschall. Die Allvernunft sprach:
> Traun, das tönt, als memorierten Engel Hafisens Gesänge![45]

In diesen Zusammenhang gehören auch die Selbstbezeichnungen seiner Dichtung als «Wein» und als «Lebenswasser».[46] Mit einem jener oben behandelten Überbietungsvergleiche stellt er sie sogar über den vom unsterblichem Chiser in undurchdringlichem Dunkel gehüteten Lebensquell und begründet zugleich jene Finsternis mit einer «phantastischen Ätiologie»: «Den Schleier der Finsternis hat Chiser (um das Lebenswasser) gebreitet, weil er sich vor der Dichtung des Hafis und ihrer (lebens-) wassergleichen Natur zu schämen begann.»[47]

Der Abschnitt über Nizamis und Hafis' Mächtigkeit soll nicht beendet werden ohne den Hinweis darauf, daß dies eine Mächtigkeit ohne Gewalt ist, ja eine, die bewußt auf Gewalt verzichtet und den Mißbrauch von Gewalt im Namen der Religion verurteilt. Wenige Verse genügen, um dies darzutun: Nizami sagt von sich selber:

> Solange ich ich bin, ist auf dem Weg der Gewalt
> kein Ameisenflügel durch mich gepeinigt worden.
> (...)
> Erdulde Pein, aber peinige nicht!
> Besser du bist gepeinigt als andere (durch dich) in Pein![48]

Ähnlich tönt es bei Hafis:

> Wir haben das Reich des Heils nicht mit Heeren erobert,
> wir haben den Thron der Macht nicht mit Gewalt errichtet.[49]

Daß manchen Becher Weines ich mit dir trink, was tut's?
Ist Wein doch Saft der Rebe, nicht euers Blutes Saft![50]

Ich bin meinem Arm sehr dankbar, daß ich nicht die Macht habe, Menschen zu peinigen.[51]

Die Interpretation der Dichtung des Hafis, so klar die Botschaft angesichts solcher Verse scheint, ist nun freilich sehr umstritten, und das hängt mit einem Stilproblem zusammen, das, da es mit dem in unsern Rahmen gehörenden Gegensatz von Profan und Sakral zu tun hat, im folgenden näher erörtert werden soll.

4. Sakrale Sprache in profaner Verwendung

Durch die Wahl des Arabischen als Gefäß göttlicher Offenbarung war eine Sakralisierung vollzogen, die sich potentiell auf die gesamte Sprache, vor allem aber auf bestimmte Stilmerkmale des Korans, namentlich die sogenannte Reimprosa, erstreckte. Reimprosa für profane Zwecke zu verwenden, galt lange Zeit als tabu. Ihr Gebrauch war beschränkt auf die *Chutba* genannte Freitagsansprache in den Moscheen, sowie das ebenfalls Chutba genannte fromme Proömium, den Buchvorspann, in welchem Gott Lob und Dank dargebracht und der legitime Zweck des Buches vorgestellt wurde. Auf dem Umweg über die Verwendung in offiziellen Korrespondenzen erfolgte dann eine allmähliche Profanierung des Reimprosastils, die ihren Höhepunkt in den *Makamen* al-Hamadhanis und al-Hariris erreichte.

Koran- und Prophetenworte wurden (und werden) von frommen Muslimen ständig zitiert, sie strukturieren ihr Denken und prägen mehr oder weniger auch ihre Sprache. Die Literaturen der islamischen Welt sind durchsetzt von Zitaten und Anspielungen an diese heiligen Texte. In nichtarabischen Sprachen fallen solche arabischen Wortsplitter jeweils sofort heraus. Daß dabei auch frommer Mißbrauch getrieben wurde, liegt auf der Hand. Der Legitimationsdruck führte bekanntlich zur Fälschung ungezählter Hadithe (vgl. Kap. IV.3.b). Unlautere Menschen verstanden und verstehen es, ihre boshaften Praktiken mit sakralem Gehabe und Gerede zu kamouflieren –, dergleichen gibt es freilich auch in anderen Religionen.

Reizvoll für den Literarhistoriker ist dagegen die nicht frommer Verbrämung, sondern deren Entlarvung dienende oder aber auch bloß frivole Verwendung sakraler Sprache in literarischen Texten. Für beides seien hier einige Beispiele angeführt: Ein früher markanter Beleg frivolen Gebrauchs frommer Formeln findet sich ausgerechnet bei einem Kalifen, der freilich seinen Ruhm weniger diesem Rang als seiner Dichtung verdankt, al-Walid ibn Yazid, der in den Jahren 743–44 achtzehn Monate lang das Kalifenamt innehatte. Bei ihm lesen wir in einem Gedicht:

Ich rufe Gott und die heiligen Engel und die frommen Gottesknechte an,
daß ich Musik und Bechertrunk und den Biß in holde Wangen begehre.[52]

Dem gleichen frivolen Ton begegnet man ein halbes Jahrhundert später wieder bei Abu Nuwas, dem durch seine libertinistischen Eskapaden berühmten Dichter der frühen ʿAbbasidenzeit (ca. 757–815). Wie Walid, so machte auch er aus seinen Lastern, Weinrausch und Knabenliebe, nicht nur keinen Hehl, sondern einen Kult, den Wein zum Symbol einer hedonistischen Religion erhebend und sich als Zecher rühmend mit Versen wie den folgenden:

Er beugt sich vor dem Lauteren im Kelch, kniet hin in Trunkenheit,
ihn segnend, wird der Wein gemischt, und ruft aus: Gott ist groß![53]

In einem längeren Gedicht berichtet Abu Nuwas von einem Gespräch mit einem Religionsgelehrten *(faqih),* den er als «tief eingedrungen in seine Religion und mit ihrem Recht vertraut, beschlagen in Wissenschaft und Tradition» bezeichnet. Das Gespräch betrifft die Pflichten des Muslims; die Antworten, die der Faqih dem Dichter erteilt, sind zweideutig oder offen frivol und laden zu lockerem Lebenswandel ein. Ich greife nur den Heiligen Krieg heraus. Die Antwort des *Faqih* lautet hier:

Bekämpfe sie (die Heiden) nicht! Wären sie auch schon nahe bei al-Anbar! (Stadt in Syrien)
Schließ Frieden mit ihnen und räche dich an ihren Kindern, sofern du einer bist, der die Ungläubigen haßt!
Durchbohre mit deiner Lanze jener den Bauch und diesem den Rücken! Das ist der Heilige Krieg und ‹wie glücklich ist die letzte Wohnstatt›![54]

Wie der Leser bemerkt haben dürfte, ist der Heilige Krieg in diesen Versen auf die erotische Sphäre übertragen, so wie Abu Nuwas an anderer Stelle eine wilde Becherei als Schlacht beschrieben hat.[55] Die Lanze wird zur sexuellen Metapher und die Empfehlung lautet, sich mit Christen- oder Heidenkindern beiderlei Geschlechts zu vergnügen. Die Frivolität kulminiert im Koranzitat von der glücklichen «letzten Wohnstatt» (Sure 13,24). Was im Kontext des Heiligen Krieges ein Trost für Märtyrer wäre (durchaus mit Huri-Hoffnung im Hintergrund), ist hier wiederum frivol, gleichzeitig freilich – und das gibt es bei Abu Nuwas öfter – eine Art pazifistischer Parodie des Heiligen Krieges. Ein ähnlich frivoles Spiel treibt dieser Dichter in einer ganzen Gruppe von Gedichten mit dem Hadith. «Fingierte Aussprüche, die ein nach islamischen Anschauungen verwerfliches Leben billigen oder zu ihm auffordern, werden hier mit einer Kette angesehener Überlieferer zusammengestellt.»[56] Das erinnert an jene frivolen Anekdoten in *Tausendundeiner Nacht,* in denen zwei bzw. drei Odalisken im Harem Harun ar-Raschids sich das Anrecht auf einen gewissen Körperteil des Kalifen zu sichern suchen, indem sie Hadithe, die von Bodenrecht und Landbestellung handeln, anführen.[57]

Ihren Gipfel erreicht die parodistische Verwendung sakraler Sprache einmal in den *Makamen* al-Hamadhanis (969–1007) und al-Hariris (1054–1122), zum andern in Abu l-ʿAlaʾ al-Maʿarris (973–1057) satirischer Jenseitsreise, dem *Sendschreiben vom Verzeihen (Risālat al-ǧhufrān)*. Befassen wir uns zunächst kurz mit den *Makamen* al-Hamadhanis. Schon ein flüchtiger Blick auf die einzelnen Szenen dieser Folge pikaresker Abenteuer mit einem in immer neuen Verwandlungen auftretenden Helden offenbart, daß ein parodistisches Element im Spiel ist. Erscheint doch dieser Abu l-Fath von Alexandria mehrfach in «frommen» Rollen, wie etwa dem eines Amulettverkäufers (Nr. 23), eines Predigers, der den Leuten ins Gewissen redet (Nr. 27), oder eines zum Islam übergetretenen Byzantiners, der für den Heiligen Krieg wirbt und Spenden sammelt (Nr. 18). Zwei Makamen zeigen ihn als Imam, der einmal das Gebet in die Länge und den Betern nachher das Geld aus der Tasche zieht (Nr. 10), ein andermal kurz nach seinem amtlichen Auftreten in der Moschee zechend und singend in einer Kneipe sitzt (Nr. 50).

Das gleiche Spiel setzt sich auch bei al-Hariri fort. Auch bei ihm legt der Held mehrfach eine fromme Maske an, etwa die des mehr oder weniger machtvollen Nothelfers. Der Segen zum Schutz vor Seenot, den Abu Zaid von Sarudsch den Schiffsreisenden gegen kostenlose Mitfahrt austeilt, vermag zwar den aufkommenden Sturm nicht zu bannen; was aber unsern Helden nicht hindert, gleich danach auf der Insel, wohin der Sturm ihn verschlagen hat, sich dem König, dessen Gattin seit langem in qualvollen Wehen liegt, als amulettkundiger Arzt vorzustellen und ein entsprechendes Schriftstück zu verfassen, das diesmal auch seine Wirkung nicht verfehlt. Segen und Amulett werden in der Makame zitiert; es handelt sich, zumal beim Segen, ganz offensichtlich um parodierte sakrale Sprache.[58]

Ein reizvolles Beispiel findet sich auch in der dritten (bei Rückert zweiten) Makame, in der der Held sich lahm stellt, um an das Mitleid seiner Mitmenschen zu appellieren, das er natürlich zusätzlich, wie immer, mit seiner unwiderstehlichen Suada erregt. Vom fiktiven Erzähler ob dieses Täuschungsmanövers später zur Rede gestellt, rechtfertigt er sich zunächst mit seiner verzweifelten Situation, verweist schließlich aber auf jenen Koranvers, der da lautet: «Nicht auf dem Blinden noch dem Lahmen noch dem Kranken (lastet) ein Makel» (Sure 24,61), nämlich wenn sie dem Heiligen Krieg fernbleiben. Das kleine Gedicht, mit dem der Held seine Entschuldigung vorbringt, ist so gebaut, daß das Koranzitat sich zwanglos einfügt, als frivole Pointe am Schluß der ganzen Makame:

> Wenn mich einer tadelt, so sage ich: Entschuldigt!
> Doch auf dem Lahmen lastet kein Makel!

Oder, in Rückerts trefflicher Verdeutschung:

> Die Schrift sagt: Es ist keine Sünde zu hinken.

Der letzte und tiefste Sinn der Makamen liegt wohl überhaupt darin, daß sie die Mächtigkeit der Sprache und zumal sakraler Sprache aufdecken und hinterfragen.

Werfen wir nun noch einen kurzen Blick auf das bereits erwähnte *Sendschreiben vom Verzeihen,* jener Verzeihung nämlich, die gewisse arabische Dichter – so will es der Autor Abu l-`Ala´ al-Ma`arri – trotz des heidnischen Tons ihrer Dichtung nach dem Tod erlangen. Hier werden, wie gesagt, volkstümliche Paradiesvorstellungen ironisiert, daneben aber auch das formalistische Denken der Scharia und schließlich theologische Vorstellungen bzw. deren naive Verwendung aufs Korn genommen. Besonders pikant etwa in jener Szene, wo sich im Paradies eine Schar Gänse plötzlich in vollbusige und prosodiekundige Mädchen verwandelt und auf die Frage «Wart ihr nicht eben noch Gänse? Woher habt ihr auf einmal all dieses Wissen?» mit der vorwurfsvollen Gegenfrage antwortet: «Welche Vorstellung hast du denn von Gottes Allmacht?»[59]

Ein wichtiger Bereich profaner Verwendung sakraler Sprache war von frühester Zeit an die Liebesdichtung, wie an anderer Stelle unseres Buches gezeigt wird (Kap. XII.6.). In dieser jedoch diente das in Rede stehende Stilmittel in der Regel nicht parodistischen Zielen, sondern im Gegenteil der Heiligung des behandelten Gegenstandes, also der Liebe. Das führt uns nun zum Spiegelbild des eben Behandelten, der Sakralisierung profaner Sprache.

5. *Sakralisierung profaner Sprache*

Wie wir oben feststellten, wurde profane Sprache bereits zu Beginn des Islam durch ihren Gebrauch in den Heiligen Texten, Koran und Hadith, sakralisiert. Das Ziel des Islam richtete sich ja auf eine umfassende Heiligung des Lebens und damit letztlich auch auf eine umfassende Heiligung der Sprache. Einen wichtigen Schritt in dieser Richtung tat die Mystik mit ihrer ontologischen Dichotomie, ihrer Auffassung, daß alle Erscheinungen der Welt ein Außen und ein Innen haben und daß dieses Innen die göttliche Seite der Schöpfung ist. Da außerdem die Mystik an eine ähnliche *analogia entis* wie das mittelalterliche Abendland glaubte, vermochten die sinnlichen Dinge als Hinweis auf Höheres, will sagen als Symbole begriffen werden. Das gab Mystikern und zumal mystischen Dichtern die Möglichkeit, Profanes so in Worte zu fassen, daß damit Höheres, Heiliges zum Ausdruck kam. Der Kern dieser Sakralisierung der Sprache liegt schon in der koranischen Aussage «Gott schämt sich nicht, eine Mücke oder etwas noch Geringeres zum Gleichnis zu machen». (2,26) Die damit gewonnene Mehrdeutigkeit erhöhte die Mächtigkeit der Sprache ganz ungemein, und wir begreifen, was Rumi sagen wollte mit der Aussage: «Die Sprache ist ein Schiff und die Bedeutung ein Meer.»[60] Und in der Tat hat Rumi wie kein anderer Mystiker die gesamte Welt der Erscheinungen in seine Symbolik einbezogen und damit in gewisser Weise das Profane, von dem er spricht, sakralisiert.

Am eklatantesten zeigt sich diese sekundäre Sakralisierung des Profanen, ja Paganen in der Mystik am Beispiel der Verwendung ursprünglich profaner Liebessprache und des gesamten Tavernenvokabulars zur Schilderung von Gottesminne und Gottestrunkenheit. Trägt der Gebrauch sakraler Sprache in Weingedichten des Abu Nuwas noch ausgesprochen provokante Züge, so wirkt bei den Mystikern die Verwendung der Weinmetaphorik im Rahmen einer durch und durch sakralisierten Mächtigkeit als legitim, ja sie trägt zur Erhöhung der mystischen Mächtigkeit bei. Es ist hier daran zu erinnern, daß das Heilige und das Verbotene (Tabu) nahe beieinanderliegen, im Arabischen ja auch durch beinah das gleiche Wort bezeichnet werden (*ḥaram* = Heiliges; *ḥarām* = Verbotenes). Anders ausgedrückt: Der den Muslimen für das Jenseits versprochene Wein steht den Mystikern gewissermaßen schon im Diesseits zur Verfügung, oder vielmehr: Sie sind seit Ewigkeit von ihm trunken:

> Eh Garten wurden, ehe Reben und Wein ward auf der Erdenflur,
> die Seele mein von Gottes Weine den Rausch der Ewigkeit erfuhr.[61]

Das Element von Zwei- und Mehrdeutigkeit, das damit die Sprache von Dichtern wie Rumi durchdringt, ist freilich nicht nur ein Gewinn; es trägt auch den Keim von Zweifelhaftem und Zwielichtigem in sich. Bald wird dieses Phänomen die gesamte persische Dichtung affizieren und auch auf deren Schwesterpoesien, die türkische, hindustanische etc. übergreifen. Die Mehrdeutigkeit wird weithin zum Stil, schillerndes Sprachspiel zum Selbstzweck. Einen Gipfel erreicht diese Millefiori-Technik bei Hafis, in dessen Dichtung sich mithin ein Kernproblem oder ein Wesenszug – je nachdem, wie man es ansieht – persisch-islamischer Geistigkeit verkörpert.

6. Hafis

Hafis gilt als der größte persische Lyriker. Seine Mächtigkeit existiert nicht nur als Anspruch in seinen Versen, sondern in seiner tatsächlichen Beliebtheit und Bedeutung. Ist doch der schmale Band seiner Gedichte – knapp 500 Ghaselen, einige Dutzend Vierzeiler und zwei kurze Mathnawis (Gedichte in Doppelversen mit wechselndem Reim) – in vielen Haushalten das einzige Buch neben dem Koran, wenn nicht überhaupt das einzige, auf jeden Fall ein Buch, zu dem man ständig greift, vor allem um Omen zu stechen. Es gibt viele Perser, die überhaupt keinen Tag beginnen, nichts beschließen, keine Sache in Angriff nehmen, ohne vorher zu erkunden, «was Meister Hafis befindet».

Das ist um so erstaunlicher, als über die Bedeutung seiner Verse, die ganze Botschaft dieses Dichters, bis auf den heutigen Tag keineswegs Einigkeit herrscht. Und dieser Zweifel reicht bis in die Tage des Dichters zurück. Ein Gespräch, das Hafis mit dem Anführer des Zweiten Mongolensturms, dem Lahmen Timur (Timur lang, was im Abendland verballhornt wurde zu Tamerlan), geführt haben soll, ist dafür aufschlußreich. Timur nahm Anstoß an einem berühmten Ghasel, das mit den Worten beginnt:

Gestern gewahrte im Traume ich Engel,
hörte sie pochen am Schenkenportal,
Sah, wie den Lehmklumpen Adams sie walkten,
wie sie ihn tränkten mit Wein im Pokal.[62]

«Du hast», rief Timur, «in diesem Gedicht eine große Gotteslästerung begangen!» Darauf Hafis: «O Fürst, an einem Frühlingsmorgen, noch in der Dämmerung, als die Luft sehr angenehm und frisch war, und von Schiras her der Duft der Rosen in meine Nase hauchte und ich die Nachtigallen schlagen hörte, fühlte ich eine Begeisterung im Herzen und wurde von einer derartigen Erregung und Freude ergriffen, daß ich vermeinte, an allen Wesen des Kosmos teilzuhaben, und mir war, als wenn die Engel in meine Existenz eingingen und ich in die ihre. Da verfaßte ich aus übergroßer Begeisterung dieses Gedicht. Und was ich mit ihm sagen will, ist, daß die Engel (...) mit mir gesprochen und mir Wanderer einige Geheimnisse der Schöpfung kundgetan haben. O Fürst, mit ‹Wein› meine ich die Erkenntnis (oder: Gnosis), mit ‹Wein trinken› das Erlangen der Erkenntnis, mit der ‹Weinschenke› die Stätte des Erlangens der Erkenntnis (...).»[63]

Dieses Gespräch steht zwar in den als unecht geltenden Memoiren Timur Langs, könnte so oder ähnlich aber durchaus stattgefunden haben. Für die Frage der Hafis-Interpretation hilft das jedoch wenig, denn in den zitierten Versen ist ohnehin klar, daß Hafis von metaphorischem Wein spricht. Aber gilt das für jeden Wein-Vers in seiner Dichtung? Offensichtlich nicht. Verse wie die bereits zitierten, in denen Hafis das Weintrinken als harmlos bezeichnet, weil Wein Rebenblut, nicht (das so oft im Namen Gottes vergossene) Menschenblut sei, wären sonst sinnlos. Dennoch lautet die im Iran seit je vorherrschende, heute offizielle Auslegung, daß Hafis' Dichtung grundsätzlich mystisch oder gnostisch zu interpretieren sei. Das heißt: Überall, wo von Wein und Rausch die Rede ist, geht es um Gnosis und mystische Trunkenheit, immer wenn Hafis von Liebe spricht, ist die Liebe zu Gott gemeint, das Liebchen, wie grausam und frivol es auch sein mag, verweist auf Gott oder mindestens Muhammad.

Diese Deutung läßt sich tatsächlich weithin nachvollziehen. In Liebesversen z. B. überall da, wo die Schönheit oder das Sich-Selber-Genug-Sein *(istighnā)*[64] des Geliebten gelobt wird, selbst seine Hartherzigkeit oder daß «seine grenzenlose Schönheit» Scharen von Liebenden töte,[65] läßt sich auf Gott beziehen. Von Weinversen sind solche ohne weiteres gnostisch deutbar, die davon singen, daß man im Wein das Bild des Freundes erblickt.[66] In beiden Bereichen aber stößt man an Grenzen, wo diese Deutung nicht mehr greift, wo sie absurd, ja blasphemisch erscheint. Es sind Verse wie die folgenden:

> Mein schönes Lieb ging nie zur Schule, auch hat es Schreiben nie gelernt,
> und doch lehrt es mit einem Zwinkern wohl hundert Lehrer schwere Fragen.[67]

Gerade dieser Vers wird allerdings – und das zeigt, zu welchen Eskapaden die Exegese fähig ist! – heute auf Muhammad und dessen Analphabetentum bezogen, welches ja für den Muslim wichtig ist, weil es das Wunder der durch ihn vermittelten Offenbarung erhöht. – Oder die folgenden drei Gedichte:

> Vierzehn Jahre zählt mein Schätzchen, zwei mein Rebenkind,
> mir genügt's, wenn Jung' und Alte so beisammen sind.[68]

> Komm und wirf das Schiff in den Golf des Weines!
> Wirf Trubel und Aufruhr in die Seele von Greis und Jüngling!
> Wirf mich ins Schiff des Weines, o Schenke! Hat man doch gesagt:
> «Es wäre gut, ihn zu ertränken!»[69]

> Im Morgengraun vor der Taverne – mein Gott! – was war das für ein Dröhnen!
> Welch toller Trubel war's von Trunknen, von Kerzen, Fackeln, Schenken, Schönen![70]

Verse, die Goethes Diwangedicht –

> Was in der Schenke waren heute
> Am frühsten Morgen für Tumulte!

– als Vorlage gedient haben.

Schon Goethe erschien eine solche Einengung auf eine Bedeutungsebene zweifelhaft, ja anrüchig, weil offenbar unaufrichtig:

> Sie haben dich, heiliger Hafis,
> Die mystische Zunge genannt,
> Und haben, die Wortgelehrten,
> Den Wert des Worts nicht erkannt.

> Mystisch heißest du ihnen,
> Weil sie Närrisches bei dir denken
> Und ihren unlautern Wein
> In deinem Namen verschenken.

> Du aber bist mystisch rein,
> Weil sie dich nicht verstehn,
> Der du, ohne fromm zu sein, selig bist,
> Das wollen sie dir nicht zugestehn.[71]

Auf eine kurze Formel gebracht, lautet also die an Hafis zu richtende Frage, ob in seiner Dichtung eine Sakralisierung des Profanen stattfindet oder umgekehrt das Heilige profaniert wird. Daß die Frage für den muslimischen Leser von essentieller Bedeutung ist, begreift man angesichts von Versen, in denen Liebe und Wein mit spezifisch sakraler Sprache verknüpft werden:

Jeder, der zu der Kaaba deiner Gasse kommt, steht vor der Kibla
deiner Augenbrauen im reinsten Gebet.[72]

Das Heilige Haus des Fasses wird
Hafis umkreisen, bis er stirbt.[73]

Manchmal ist mit diesem ketzerischen Gebrauch sakraler Sprache auch noch ausdrückliche Abkehr vom islamischen Ritus verbunden:

Das Herz, das nach der Umkreisung der Kaaba deiner Gasse zum «Stillstand»[71] gelangt ist,
hat aus Sehnsucht nach diesem Heiligtum kein Verlangen nach dem Hidschas![75]

Oder:

Wozu sollten wir den Ihram (die sakrale Pilgertracht) anlegen, wenn jene Kibla (Gebetsrichtung, d. h. hier: der Geliebte) nicht da ist,
wozu uns um den «Lauf» bemühen, wenn die Reinheit *(ṣafā)* aus Marwa entwichen ist?[76]

Wein und Geliebter werden also über die Riten des Islam gestellt. Nimmt man das alles ernst, so wird hier tatsächlich eine andere Religion als der Islam verkündet; und diese Lesart gewinnt an Wahrscheinlichkeit, wenn man die Rolle des Zoroastrismus, verkörpert in der Figur des «Alten Parsen» oder Parsenpriors (Abt eines zoroastrischen Klosters), der in der Weinschenke der Liebe das weltenschauende Glas für Hafis bereithält, bedenkt. Im ersten Ghasel seines *Diwans* erteilt Hafis bereits den durch und durch ketzerischen Rat:

Färbe den Beterteppich mit Wein, so der Parsenprior es sagt,
denn der Pilger sei der Gebräuche des Pfades nicht unkund!

Es ist, als habe Hafis die Fragwürdigkeit einer sprachlich durch Formeln, durch Deklarationen vollziehbaren Sakralisierung durchschaut und in seiner Dichtung ironisiert. In einigen Versen ist das Vexierbildhafte, das schon die eben zitierten Verse haben, auf die Spitze getrieben, z. B.:

Die Fässer sind alle in Wallen und Brausen;
und der Wein in ihnen ist Wirklichkeit, nicht Metapher.[77]

Das scheint eine eindeutige Erklärung zugunsten des irdischen, trinkbaren Weins zu sein. Liest man es aber als Mystiker, so ist genau das Gegenteil der

Fall, denn für den Mystiker ist die sichtbare Welt Metapher, die unsichtbare dagegen die eigentliche Realität; die Fässer bedeuten dann die erregten Herzen der mystisch Minnenden, der Wein die göttliche Wirklichkeit, während unmystische Leser, und solche gab und gibt es natürlich im Islam auch, darin ein bacchantisches Manifest vernehmen.[78] Man begreift, daß Gegner des Hafis ihn am liebsten als Ketzer verdammt hätten, vielleicht schon zu seinen Lebzeiten, auf jeden Fall aber nach seinem Tod. Doch gibt es auch das weise Fetwa des Großmufti Abu s-Su`ud, das Goethe fast unverändert in seinen Westöstlichen Diwan aufgenommen hat. Danach enthält Hafis' Dichtung «ausgemachte Wahrheit unauslöschlich», abgesehen von einigen «Kleinigkeiten/außerhalb der Grenze des Gesetzes».[79]

Ähnlich wie die Araber einst ihre pagane Dichtung gerettet hatten, indem sie sie als unentbehrlich für das Verständnis des Korans bezeichneten, so rettete die Nachwelt die Dichtung des Hafis durch die «gnostische» *(`irfānī)* Deutung, mit der freilich Hafis' Dichtung um ihre Brisanz gebracht, seinem Versuch, den Fesseln des Gesetzes zu entrinnen, humane Werte über den Ritus zu stellen, die Spitze genommen ist. Die Herausforderung, die diese Dichtung darstellt, wirkt aber fort, auch wenn sie durch die offizielle Interpretation gebändigt, unterworfen scheint. So wird sie zu einem zentralen Symbol für das die islamische Geistigkeit von Anfang an prägende doppelte Widerspiel von Profanisierung und Sakralisierung und, dialektisch damit verknüpft, von Ritus und Ethik.

7. Das persische Ghasel als lyrischer Diskurs über «Teilhabe durch Unterwerfung»

Nicht nur Hafis' Dichtung, das persische Ghasel insgesamt läßt sich weithin deuten als ein Diskurs über unser Thema, d. h. als Ausdruck einer Grundbefindlichkeit, die zwischen extremer Unterwerfung und ekstatischer Teilhabe hin- und herschwankt. Der Liebende existiert nur durch den Kraftstrom, den ihm der Geliebte durch seine Nähe, seine Schönheit zuteil werden läßt, sei er dabei auch hart und grausam. Grausamkeit ist willkommen, wenn nur der Geliebte sich überhaupt mit dem Liebenden befaßt. Dynamische Beziehungsmetaphern wie Poloball und Poloschläger drücken dieses Verhältnis aus. Der Geliebte ersehnt den Augenblick, da ihn die Wimpern-Pfeile des Geliebten durchbohren, er wünscht sich den Wahnsinn, der ihm das Anrecht gibt auf die Ketten der Locken des Geliebten. Verse wie die folgenden von Sa`di, ziemlich beliebig herausgegriffen, finden sich auf Schritt und Tritt:

> O Muslime! Wehe über jene zauberübertörende Narzisse (d. h. Auge),
> die mir auf einen Schlag Ruhe, Fassung und Geduld geraubt hat![80]
>
> Zu Dornen unter meinen Flanken wird
> das Lager ohne deinen Anblick.[81]

Beuge den Kopf herab zum Gespräch mit den Ausweglosen,
sei es auch nur so viel, daß sie den Staub deines Weges küssen.[82]

O Mondgesicht, wende das schöne Antlitz nicht von mir ab!
Wie kannst du es für richtig halten, einen Schuldlosen zu töten?[83]

Oder bei Amir Chusrau Dihlawi:

Wenn er den Bogen spannt, möchte ich vor Begierde
die Pfeile seiner faszinierenden Blicke verschlingen!
Bei Nacht tue ich mir aus Lust seinen Türstaub in den Mund,
und schwemme im Wasser der Augen die Sehnsucht nach ihm hinunter.[84]

Ich kreise um jenes flammende Gesicht.
Die Kerze braucht einige Falter![85]

Und schließlich bei Hafis:

Magst du schmäh'n oder fluchen, ich segne dich!
Auch bittere Antwort ziert den rubingleichen Mund.[86]

Mein Fürst, du schreitest so schön, ich möchte zu Füßen dir sterben![87]

Und so geht es weiter durch die Jahrhunderte. Noch im vorigen dichtet der bekannteste Dichter des islamischen Indien, Asadullah Ghalib (1797–1869), einer der letzten Klassiker des Ghasels, zahllose Verse wie die folgenden:

Warum sollte meine Mörderin sich fürchten? Was wird sie am Hals haben?
Jenes Blut, das mir, seit ich lebe, ständig aus den Augen strömt![88]

Der tödliche Dolch ihrer Wimpern, der unentrinnbare Pfeil ihres Stolzes –
Selbst das Spiegelbild deines Gesichtes, wie kann es vor dich treten (ohne dich zu töten)?![89]

Und noch immer, wie schon bei Hafis und früheren persischen Dichtern, kann das mörderische Liebchen ebenso eine kokette Hetäre oder den grausamen Sultan wie den in seiner Willkür unberechenbaren Allmächtigen bedeuten. Ghalibs Verse verraten gelegentlich freilich auch schon eine subtile ironische Hinterfragung des überkommenen Systems; doch dies weiter auszuführen, ist hier nicht der Ort.

Stürzt die Ferne seines Idols den Liebenden in höchstes Elend an Seele und Leib, so gewährt ihm dessen Nähe höchste Seligkeit und Ermächtigung. Das mögen zum Abschluß dieses Kapitels einige Verse Rumis aus einem Ghasel an seinen mystischen Freund Schams-i Tabriz (vgl. dazu Kap. XIII.4.) verdeutlichen:

Die Liebe zu dir hat mich trunken und tanzend gemacht,
ich bin trunken und außer mir, was kann ich dagegen tun?
Ich war ein Herling und bin zur Traube geworden,
Nun kann ich mich nicht mehr sauer machen.
Süß ist mein helwa-feiner Freund,
eine Handvoll Helwa hat er in meinen Laden gebracht.

Seit er den Helwa-Laden eröffnet hat,
hat er mir Haus und Laden geraubt,
(...)
Er hat mir den Krug zerbrochen und meinen Essig vergossen,
Ich klagte, weil er mir solchen Verlust zufügte.
Stattdessen sandte er mir nun aber
hundert Humpen Weines und machte mich froh.
(...)
Ich entflog seiner Hand wie ein Pfeil;
da griff er nach mir und machte aus mir seinen Bogen.
Ich will den Dank von Himmel und Erde abstatten:
Denn Erde war ich; er aber hat mich zum Himmel gemacht.
Mein Herz überquerte die Milchstraße,
von jenseits der Milchstraße zog er mich.
(...)
Laß es genug sein, o Herz, denn es läßt sich nicht kundtun,
was jener liebe Freund mir getan hat.[90]

8. Entwicklungen in der Epik

Während arabischer Dichtung die Epik als höfische Gattung – Versdichtung großen Umfangs – fremd blieb, hat die persische Dichtung aufgrund alter epischer Tradition eine solche nach der Befreiung der persischen Literatur aus dem arabischem Joch hervorgebracht. Die persische Epik setzt mit einem Paukenschlag ein. Das je nach Handschrift 50000 bis 60000 Verse umfassende *Schahname* des Firdausi (vollendet um 1000 n. Chr.) erzählt die Geschichte Irans von den mythischen Anfängen über sagenhafte Epochen von Helden und Königen bis in historische Zeit; die Sasaniden, deren letzter von den arabischen Eroberern in die Flucht geschlagen und getötet wurde, bilden den Abschluß des gewaltigen Gemäldes, dessen zentrales, immer wiederkehrendes Thema die Kämpfe zwischen Iran und Turan und, als metaphysischer Überbau, zwischen guten und bösen Dämonen darstellen. Im *Schahname* finden sich die Prototypen des unbesiegbaren Helden ebenso wie des mächtigen und gerechten Herrschers, des zoroastrischen Gott-Königs.[91]

Immer wieder haben sich persische Herrscher auf jene alten Vorbilder berufen, sich als Wiederverkörperung der Dschamschid, Faridun, Isfandiyar, Kaika´us und Kaichosrou, Siyawusch, Anuschirwan, Alexander des Großen, Bahram Gur oder Chosrou Parvez sowie nicht zuletzt des großen Helden Rustam empfunden. Auch hier also ein Kraftnetz, das in Verknüpfung mit der selbstverständlich nicht fehlenden islamischen Legitimation der Mächtigkeit des Herrschers diente. Mehr denn als Wandschmuck dienten kalligraphierte *Schahname*-Verse in Palästen solchen Zwecken. (Näheres s. Kap. XI.1.)

Epen waren denn auch in der Regel einem der lebenden Herrscher gewidmet. Die Widmung, ein wichtiger Passus der Einleitung nach dem Gotteslob und dem Lob Muhammads, pries den Empfänger und stellte womöglich einen Bezug zwischen ihm und dem Helden des ihm gewidmeten Werkes her. So preist Nizami in seinem letzten, Alexander den Großen behandelnden Epos den Ildegiziden Nusratuddin Abu Bakr Muhammad, einen Fürsten von durchaus regionaler Bedeutung, als den Alexander seines Jahrhunderts, ja des Universums! (vgl. S. 68)

Aus dem Gesagten geht schon hervor, daß die Islamisierung vor dieser Tradition so wenig haltmachte wie vor irgendeinem anderen vorislamischen Relikt. Zunächst war es, wie wir sahen, nur der Rahmen des Epos, der islamisiert wurde durch die Hymnen auf Gott und Muhammad. Nizami hat dies als einer der ersten und vorbildlich für alle späteren Epiker der islamischen Welt getan. Aber natürlich erstreckte sich die Islamisierung zunehmend auch auf den Inhalt. So wandelten sich im Heldenepos die altiranischen Helden zu eifrigen Muslimen oder wurden durch islamische Glaubensstreiter ersetzt, ja in einzelnen Epen, so dem *Ǧihāngīrnāme,* erhält «der Islam eine geradezu fanatische Färbung»,[92] andererseits ist nun, etwa im *Garšaspnāme,* die Atmosphäre oft «mit Wundern und Zauberdingen geschwängert».[93] Beides verbindet sich häufig, so etwa im volkstümlichen, in Prosa abgefaßten *Hamzanāme* um den Helden Hamza ibn ʿAbd al-Muttalib, einen Onkel des Propheten.[94]

Ein signifikantes Beispiel ist das in der ersten Hälfte des 15. Jahrhunderts entstandene *Ḫawarnāme (Buch des Ostens)* von Ibn-i Husam, das in der Frühzeit des Islam spielt und der Verherrlichung ʿAlis und des schiitischen Islam dient. In diesem Epos tritt übrigens die Gestalt eines sogenannten *ʿayyār* auf, d. h. eines mit magischen Wunderkräften begabten Edelräubers, wie ihn schon vorher das Volksbuch *Samak-i ʿAyyār* von Sadaqa ibn Abi l-Qasim Schirazi beschrieben hatte.[95] Die Figur ist auch dem persischen Ghasel unter den Namen *ʿayyār, aubāš, qalandar, rind* bekannt.[96]

Das romantische und didaktische Epos werden dagegen von der Mystik vereinnahmt, ein Klimawechsel der sich an den Epen Dschamis (1414–1492) ablesen läßt. Seine zwei romantischen Epen *Joseph und Sulaika* und *Salaman und Absal* sind zwar Liebesgeschichten, der eigentliche Skopus ist jedoch ein mystischer, es geht um Gottesminne, und die irdische Liebe dient nur als Erfahrung und Präfiguration der himmlischen Liebe der Seele.[97]

9. Magische Mächtigkeit in ‹Tausendundeiner Nacht›

Wohl nirgendwo ist das Fluidum religiös-magischer Mächtigkeit islamischer Prägung dem Europäer leichter, aber auch überzeugender erfahrbar als in den Märchen aus *Tausendundeiner Nacht.* Vieles davon ist zwar vorislamischer, vor allem indischer oder iranischer Herkunft, aber von den

Erzählern so adaptiert, daß bei aller oft erhaltenen Exotik überall islamischer Geist weht. Das Wunderbare ist hier mit dem Alltag wie selbstverständlich verquickt; jeden Augenblick kann es geschehen. Wir befinden uns nicht, wie in unsern Märchen, in einer fiktiven Welt irgendwo hinter den sieben Bergen, sondern in den Basaren und Gassen, Palästen und Armenvierteln von Bagdad, Basra und Kairo. Was uns berichtet wird, sind Dinge, die von den Erzählern und ihren Zuhörern für möglich gehalten wurden, ein Teil der Wirklichkeit, in der sie lebten. Erinnern wir uns an Ibn Chalduns Feststellung: Zauberer gibt es, ich habe selber deren einige gesehen (vgl. S. 217).

Voraussetzung eines solchen märchenhaften Klimas war die koranisch fundierte asch`aritische Theologie mit ihrer Negierung des Kausalgesetzes in der Natur, ihrer Lehre, daß Gott jederzeit seine Gepflogenheiten durchbrechen könne, mithin immer unversehens das «die Gewohnheit Durchbrechende» *(ḫāriq al-`āda)* eintreten, der Thron der Königin von Saba, eben noch in Südarabien, dort verschwinden und im gleichen Augenblick vor Salomo in Jerusalem erscheinen könne, von Gott dort vernichtet und hier erneut erschaffen. Eine weitere koranische Voraussetzung für das Geschehen in *Tausendundeiner Nacht,* von den Mu`taziliten zwar geleugnet, aber asch`aritisch ebenfalls bestätigt, ist die Realität der Geister. Die Dschinnen, von denen einige laut Koran Muslime, die andern Heiden sind, treiben ihr mutwilliges Spiel, lassen sich aber durch mächtige Talismane auch in Dienst nehmen und weibliche Dämoninnen lassen sich von mutigen Jünglingen erobern und ganz legal heiraten, wie ja im traditionellen islamischen Recht die Ehe zwischen Mensch und Dämon durchaus diskutiert wird. Die weibliche Dämonin ist im übrigen auch eine Projektion der Sehnsucht nach einer mächtigen Frau, wie sie auch das frühe Ghasel noch verrät; doch das gehört in ein anderes Kapitel (XII.6.).

Eines jedenfalls kann keinem Zweifel unterliegen: Diese Geschichten spielen sich, ungeachtet ihrer sehr unterschiedlichen Herkunft, in einer islamischen Welt ab und spiegeln diese intensiv und authentisch. Das ist freilich nicht die Welt der Mu`taziliten und Philosophen, der Intellektuellen im Zeichen der «Aufklärung», sondern die Atmosphäre einer andern Schicht, auch einer späteren, von griechischem Rationalismus weit entfernten Zeit, die Atmosphäre einer von göttlicher Präsenz durchtränkten, von religiös-magischer Mächtigkeit aufgeladenen islamischen Realität. Ohne das Phänomen in unserm Sinn zu begreifen, hat Hugo von Hofmannstahl diesen Sachverhalt erspürt, wenn er in seinem berühmten Essai über die Märchen aus *Tausendundeiner Nacht* ausruft: «Eine Ahnung, eine Gegenwart Gottes liegt auf allen diesen sinnlichen Dingen, die unbeschreiblich ist.»[98] Es entspricht dieser Erfahrung einer magisch aufgeladenen, mächtigkeitshaltigen Wirklichkeit, wenn Dschalaluddin Rumi in seinem Mathnawi einmal Gott als einen großen Magier schildert:

All Ding, das nicht ist, nicht Aug hat noch Ohr –
Spricht Er einen Zauber, so wallt es empor.
Er haucht einen Zauber den Nicht-Dingen ein,
Da kommen sie Purzelbaum schlagend ins Sein.
Ein Zauberwort über dem Seienden, spricht's
Der Herr, galoppieren die Dinge ins Nichts.[99]

10. Abschließende Bemerkungen

Unsere Umschau hat gezeigt, wie auch im Bereich der Literatur das Gesetz «Teilhabe durch Unterwerfung», Teilhabe an islamischer Mächtigkeit durch Unterwerfung unter islamische Geistigkeit, sich auswirkte, wenn es auch hier, genau wie in den Wissenschaften in der Frühzeit und noch im 9. und 10. Jahrhundert, erhebliche Freiräume gab. Zahlreiche Anekdoten und Berichte, etwa im gewaltigen *Buch der Lieder* des Abu l-Faradsch al-Isfahani (897–967) oder den Prosawerken der andern großen Stilisten des 10. Jahrhunderts, eines Tanuchi (gest. 994) oder Tauhidi (gest. 990), wirken nicht spezifisch islamisch; nichtsdestoweniger bezeugen die Werke als Ganzes unverkennbar islamischen Geist, etwa in den Geschichten um berühmte Sklavinnen wie ʿArib und Schariya, den von Tanuchi geschilderten Erlebnissen Bagdader Bürger oder den von Tauhidi protokollierten Diskussionen, z. B. über die Lauteren Brüder, die Vereinbarkeit von Vernunft und Offenbarung u. a. m. Stärker als in der sogenannten Adab-Literatur spiegelt sich Islamisierung des Geistes im Ghasel und in der Epik, sowie in besonders augenfälliger Weise in volkstümlicher Literatur, zu der neben *Tausendundeiner Nacht* weitere Erzählzyklen wie etwa das (aus dem Indischen stammende) *Papageienbuch,* vor allem aber sogenannte Volksromane gehören, in denen die Anfänge des Islam und die Kriege gegen die Franken erzählt und islamische Helden glorifiziert werden.[100]

Bei all dem gibt es aber auch Widerstände zu verzeichnen, und sie gipfeln in höchst reizvollen Hinterfragungen der Sprache als Gefäß des Heiligen. An dieses ketzerische Erbe kann noch die moderne Literatur der islamischen Welt anknüpfen, soweit es ihr um Hinterfragung der eigenen Tradition und der durch diese bedingten Probleme der Gegenwart geht; und sie hat es bereits in reichem Maße unternommen.

X. Musik

Im Unterschied zur Bibel, wo in beiden Testamenten die Einladung schallt: «Singet dem Herrn, alle Lande»,[1] «singet und spielt ihm»,[2] «singet dem Herrn ein neues Lied!»[3] etc. und an Instrumenten Zimbeln, Posaunen, Harfen und Saitenspiel sowie deren «fröhlicher Schall» erwähnt werden,[4] schweigt der Koran in Sachen Musik; das einzige Instrument, das mehrfach erwähnt wird, ist die Posaune des Jüngsten Gerichts.[5] Selbst David ist da kein Spielmann, sondern ein Waffenschmied. Ein Nichtmuslim könnte versucht sein zu sagen: Muhammad war offenbar unmusikalisch. Doch wir hüten uns hier vor dergleichen Urteilen. Richtig ist jedenfalls, daß auch im Hadith kaum ein musikalisches Interesse des Propheten zum Ausdruck kommt. Strenge Gläubige sind nach gründlicher Durchforstung des überlieferten Materials zum Schluß gekommen, das einzige Instrument, dem Muhammad – neben dem Gesang von Sklavinnen – gelauscht und dessen Gebrauch er damit legitimiert habe, sei das Tamburin.[6] Doch selbst gegen dieses werden von Gegnern ablehnende Hadithe angeführt.[7]

Versuche, die Musik aus dem Koran zu rechtfertigen, erforderten denn auch ein beachtliches Maß an exegetischer Akrobatik. So zitierten die Befürworter von Musik gern den folgenden Vers: «Er fügt seiner Schöpfung hinzu, was er will» (35,1) und behaupteten, damit sei die schöne Stimme gemeint; oder sie beriefen sich auf den Vers: «Schreite bedächtig und mäßige deine Stimme! Wahrlich, der unangenehmste Laut ist der Schrei des Esels» (31,20) und wandten darauf das exegetische Prinzip an, wonach die Mißbilligung von etwas das Lob seines Gegenteils einschließt, das Gegenteil des Eselschreis aber sei der Gesang.[8]

Die Auswirkungen dieser Ausgangslage zeigen sich im Gesetz, wobei weitgehende Übereinstimmung unter den vier großen Rechtsschulen besteht. Mehrere Musikinstrumente, so die Laute, das Barbyton, die Rohrflöte, sind verboten, ihre Zerstörung nicht strafbar. Musiker gelten als unzuverlässige Zeugen. Der Gebrauch von Musik ist nur bei wenigen Anlässen legal. So bei Hochzeiten, auf der Pilgerfahrt, und namentlich im Krieg. Doch hat H. G. Farmer wohl recht, wenn er in bezug auf die Einhaltung dieser Verbote ironisch bemerkt: «The truth ist that in spite of the rigours of the legists and theologians, the law concerning ‹listening to music› has been honoured more in the breach than in the observance.»[9]

Die Ursachen der ablehnenden Haltung des entstehenden Islam und, darauf fußend, der späteren Orthodoxie lassen sich leicht erkennen, wenn man sich die pagane Mächtigkeit der Musik im Milieu Mekkas und Medinas zur Zeit Muhammads vor Augen hält. Es blühte dort damals eine schon stark von Persien beeinflußte Musikkultur mit Sängersklavinnen und Spielleuten. Welchen ekstatischen Taumel diese Musik auslösen konnte, zeigen Berichte aus islamischer Zeit. Einer davon, besonders eklatant, ist mit dem schon erwähnten Kalifen al-Walid ibn Yazid verknüpft:

Als einmal der Sänger Ibn al-`A´ischa vor ihm gesungen hatte, war er in solche Verzückung geraten *(fa-ṭariba)*, daß er «dem Islam abschwor und häretische Äußerungen tat» *(kafara wa-alḥada)*. Dann hieß er den Sänger die Weise immer und immer wiederholen, indem er ihn bei den Namen je eines seiner Vorfahren beschwor. Schließlich «beugte er (Walid) sich über ihn und da blieb kein Glied von seinen Gliedern, das er nicht küßte und er drängte sich an seinen Schoß. Da schlug Ibn `A´ischa die Schenkel zusammen. Er aber rief: ‹Bei Gott dem Gewaltigen, du sollst mir nicht entwischen, ehe ich ihn geküßt habe!› Da enthüllte er ihn, und der Kalif küßte ihn auf die Spitze. Dann streifte er seine Gewänder ab und warf sie dem Sänger über, selber entblößt dastehend, bis ihm neue Kleider gebracht wurden; er schenkte ihm 1000 Dinar und einen Maulesel und sprach: Steig auf und verschwinde! Wahrlich mir ist, als habest du mich in einer Bratpfanne schmoren lassen durch die Hitze deines Gesanges!»[10]

Die durch Musik ausgelöste Ekstase also, das Außer-Kontrolle-Geraten, war ihre offenkundigste Wirkung; man nannte beides, die Ursache und die Wirkung, *ṭarab* und den Musikanten *muṭrib*, d. h. einen, der *ṭarab* auslöst. Immer wieder in Berichten über das Musik-Hören heißt es vom Lauschenden *fa-ṭariba:* «und er geriet in Entzücken». «Außer Kontrolle» durfte aber in der islamischen Ordnung nichts geraten, daher der Argwohn und der Widerstand ihrer Hüter gegen die Mächtigkeit dieser Kunst.[11]

1. *Psychosomatische Wirkungen der Musik als Mächtigkeit*

Eine gewaltige Rückenstärkung erfuhr die Musik nun aber dadurch, daß sie im Zuge der Rezeption griechischen Bildungsgutes zur Wissenschaft entwickelt werden konnte. Wie alle griechischen Wissenschaften blühte sie in den Jahrhunderten, da das heilige «Haus des Islam» groß und stark genug war, um sich säkularem Wissen zu öffnen. Aber wie die anderen Wissenschaften wurde auch sie dabei einem allmählichen Prozeß der – mindestens teilweisen – Sakralisierung unterworfen. Dieser Prozeß soll, in einigen Grundzügen, im folgenden näher beleuchtet werden.

In der griechischen Musiktheorie, genauer: in der Lehre vom sogenannten musikalischen Ethos, trat den Arabern statt einer magisch-dämonischen Entfesselung von Mächtigkeit ein System entgegen, das zwar einerseits der Musik enorme Mächtigkeit in Form von psychischen Wirkungen zuschrieb, diese aber andererseits durchschau- und kontrollierbar machte, ein System, das sich einordnen ließ in das irdisch-kosmische Beziehungsgefüge, das dem Islam vertraut war und als von göttlicher Mächtigkeit durchwaltet galt. In der Möglichkeit der Zuordnung musikalischer zu anderen himmlischen und irdischen Phänomenen wie überhaupt in der Beschreibung der psychosomatischen Wirkungen der Musik taten sich dann die arabischen Musiktheoretiker auch besonders hervor und bereiteten das Terrain für die in Kreisen der Mystik sich nach und nach durchsetzende Sakralisierung einer durch Musik ausgelösten Ekstase.

Die Lehre vom Ethos der Musik wurzelt in uralten magisch-mythischen Vorstellungen und Erfahrungen, von denen das Altertum wußte. Einiges davon hallte in das islamische Mittelalter herüber, wenn auch merkwürdigerweise der Name des Orpheus, den man am ehesten erwarten würde, kaum bekannt war. Doch finden sich allerlei halb in Geheimnis gehüllte, offensichtlich antikem Erbe entstammende Nachrichten über diverse Wirkungen der Musik in mittelalterlichen arabischen Quellen. So wird in einem Passus über die Ursprünge der Medizin gesagt: «Einige glauben, daß die Bewohner von Phrygien und Mysien sie herausfanden, und zwar weil sie die ersten waren, die die Schalmei *(az-zamr)* entwickelten, und mit jenen Melodien und Rhythmen pflegten sie die Leiden der Seele zu heilen, und was die Leiden der Seele heilt, das heilt auch den Körper.»[12] Ein Musiktraktat aus dem 11. Jahrhundert berichtet von Terpandros und Arion, «zwei Musikern, die (im 7. Jahrhundert v. Chr.) auf Lesbos wirkten und mit ihrem Kitharaspiel die Bewohner der Insel von der Pest erretteten.»[13]

Andere Berichte beziehen sich nicht auf die therapeutische, sondern die ethische Wirkung. So enthält der eben schon zitierte Traktat die folgende Geschichte: Empedokles befand sich im Hause eines Königs oder Fürsten, als plötzlich einer der Gäste sein Schwert zog und auf den Gastgeber losging. Der Philosoph stimmte rasch seine Laute um und spielte in der Tonart, die den Zorn besänftigt, worauf der Mann sich beruhigte und der Gastgeber gerettet war.[14] Sehr ähnlich ist eine Geschichte, die in einer im 10. Jahrhundert verfaßten Einführung in das Studium der Medizin, dem in anderm Zusammenhang bereits erwähnten *Schlüssel der Medizin* des Ibn Hindu, steht:

«Wer die Musik ausübt, spielt in gewisser Weise mit den Seelen und den Körpern; denn wenn er will, gebraucht er sein Instrument so, daß es lachen macht, wenn er will, gebraucht er es auf eine Weise, die weinen macht. Will er, so erregt er Freude; will er, so erregt er Trauer. Ich habe vernommen, daß einer von den fähigen Meistern der Musik Feinde hatte, die ihm nach dem Leben trachteten. Es begab sich nun, daß er eines Tages in Begleitung von Berufsgenossen in die Wüste zog, um sich gesellig die Zeit zu vertreiben. Seine Gegner aber bemerkten das und eilten zu dem Ort, wo jener Weise und seine Begleiter unbewaffnet weilten. Der Weise aber nahm seine Zuflucht zu dem Instrument, das er bei sich trug und begann in dem Modus zu spielen, der schlaff macht, und in der Tonart, die Schwäche bewirkt. Und alsbald erschlafften die Gelenke jener Feinde und ihre Waffen entsanken ihnen, so daß sie ihre Absicht nicht ausführen konnten».[15]

Lachen- oder Weinenmachen, Lähmen, Einschläfern und Beleben, das sind die wichtigsten Wirkungen der Musik in den Berichten islamischer Quellen, die von ihrer ans Magische grenzenden Mächtigkeit Kunde geben. Eine Anekdote, die von Farabi (873–950) – allerdings erst in einem Werk aus dem 13. Jahrhundert – erzählt wird, schließt sich unmittelbar an das Vorangehende an. Sie spielt am Hof des Hamdaniden Saif ad-Daula in Aleppo, zu dessen Kreis der große Philosoph und Musiker gehörte: «Der Fürst ließ einige der bedeutendsten Instrumentalisten kommen, aber keiner konnte sein Instrument berühren, ohne von Abu Nasr (Farabi) mißbilligt zu werden. ‹Besitzest du denn Geschick in dieser Kunst?› fragte Saif ad-Daula. ‹Jawohl›, erwiderte er und öffnete einen Kasten und brachte eine Laute zum Vorschein. Nachdem er sie gestimmt hatte, begann er zu spielen und machte alle Versammelten lachen. Dann löste er die Saiten und stimmte sie um, spielte wieder und trieb Tränen in ihre Augen. Nach erneuter Stimmung in einen dritten Ton versetzte er mit seinem Spiel alle in Schlaf, worauf er, die Gelegenheit benutzend, sich davonschlich und sie in diesem Zustand zurückließ».[16]

Es ist bekannt, daß Farabi nicht nur einer der sechs großen Aristoteliker des islamischen Mittelalters, sondern auch ein hervorragender Musiker und Musiktheoretiker war. Es wundert daher nicht, daß sich der obige Mächtigkeitserweis an seinen Namen knüpft. Die Anekdote, die vielleicht ebenfalls einen Nachhall antiker Berichte darstellt, findet sich übrigens ähnlich, aber noch ohne Namensnennung, schon in der im 10. Jahrhundert verfaßten Enzyklopädie der Lauteren Brüder, von der in früheren Kapiteln bereits mehrfach die Rede war.[17] Die Zuordnung zu Farabi erfolgte also vielleicht erst in späterer Zeit. Für den mittelalterlichen Leser allerdings war dies keine Anekdote, sondern Realität, er glaubte an die Mächtigkeit der Musik.

Ein weiterer eindrücklicher Erweis musikalischer Mächtigkeit wird dem großen Musiktheoretiker Safiy ad-Din al-Urmawi (1230–94) zugeschrieben, wobei dieses Beispiel besonders interessant ist, insofern hier die Mächtigkeit der Kunst eingesetzt wird in einem Zwist um ihre Rechtmäßigkeit: Als der Sultan von Ägypten auf Drängen der ʿUlamaʾ die Musik verbieten wollte, bat ihn der Musiker, davon abzusehen. Es sei ein Unrecht gegen die Untertanen, eine so angenehme, unschuldige Kunst zu untersagen. Doch seine Argumente fruchteten nichts. Da machte der Meister einen kühnen Vorschlag: Man solle ein Kamel 40 Tage lang dürsten lassen, es dann losbinden und ihm in der Nähe Wasser hinstellen, während er gleichzeitig in einiger Entfernung eine von ihm komponierte Weise singen wolle. Werde das Kamel von seinem Gesang angelockt und vergesse darüber das Wasser, so müßten doch wohl selbst ihre Gegner die Macht der Musik anerkennen, laufe es aber zum Trog, so möge der Sultan sie getrost verbieten. Natürlich siegte Safiy ad-Din, und der Erfolg war so überwältigend, «daß der Sultan in Begeisterung geriet, den Musiker und seine Kunst pries und seine Absicht kundtat, diese in Zukunft mehr als bisher zu fördern».[18]

Ob dieser Vorfall wirklich stattgefunden hat oder nicht, läßt sich so wenig beweisen wie im Falle der Anekdote um Farabi (Safiy ad-din lebte nicht in Kairo, sondern in Bagdad; doch mag dieser Irrtum auf den europäischen Überlieferer zurückgehen). Es spielt aber auch keine Rolle, da die Aussage die gleiche bliebe, auch wenn es sich um Erfindung handelte. So ist es denn auch sinnvoll, nun ein Beispiel anzuführen, das tatsächlich fiktiver Literatur entstammt. Der in diesem Buch immer wieder genannte große persische Dichter Nizami (1141–1209) und sein erster Nachahmer, der indopersische Dichter Amir Chusrau Dihlawi (1253–1325) haben beide das Motiv der Mächtigkeit der Musik auf signifikante Weise verwendet.[19] Ergiebiger für unsern Kontext ist aber zweifellos, was Nizami aus diesem Motiv gemacht hat. Im zweiten Teil seines Alexander-Epos, des letzten und umfangreichsten seiner fünf Epen, findet eine Versammlung am Hof Alexanders des Großen statt, an der alle Koryphäen der Zeit teilnehmen. Jeder spricht über die Wissenschaft, die er vertritt, Naturkunde, Theologie, Mathematik, Literatur; auch Magie wird namentlich genannt. Und zu jeder Wissenschaft fügt Aristoteles einige Worte hinzu, um sich als wahrer Meister in jeder Kunst zu erweisen. Er wird denn auch einstimmig zum Haupt aller Weisen erwählt. Nur einer ist nicht einverstanden: Plato. Schweigend verläßt er den Raum und begibt sich in sein Faß – eine alte Verwechslung mit Diogenes – um nachzusinnen. Es gelingt ihm, die Musik der Sphären zu erlauschen mit ihren Proportionen *(nisab)* und ein Instrument zu konstruieren, auf dem er sie nachspielen kann. Wörtlich heißt es dann bei Nizami:

> So also baute er nach seinen Vorstellungen und Entwürfen eine Art von Organum,
> Und verlieh seinen Saiten die Proportionen für die richtigen Klänge und Weisen.
> Dann schlug er bald laut, bald leise Baß und Diskant der klagenden Töne an, die den Saiten entsprangen,
> Und brachte mit den hohen und tiefen, lauten und leisen Tönen den Klang von Stier und Löwe hervor,
> Und zwar mit so gelungener Entsprechung, daß die Klänge ihnen die Füße fesselten.
> Nun spielte er auf seinen Saiten die Entsprechung aller Stimmen vom Tier bis zum Menschen,
> So daß ob solcher Melodien die Menschenkinder die Lust bezwang, zu tanzen und zu jubeln,
> Und die wilden und zahmen Tiere durch diese Tonpaarungen bald einschliefen und bald erwachten.

So erfand er mancherlei Melodien gemäß den Klangverhältnissen jedes einzelnen Wesens
Und entwickelte eine Art von Musik, zu der außer ihm niemand Zugang hatte.
Er setzte jedes Verhältnis in solche Töne um, daß es das Herz des betreffenden Menschen erbeben ließ.
Das ging so weit, daß, wenn er die entsprechende Weise spielte, ein Weiser (d. h. Arzt) dadurch die Schwächen und Gebrechen erkannte.
Die königliche Musik war wie ein Kanon[20], der dem Verstand von jedem Leiden Kunde gab.
So waren denn die Saiten jenes Instruments vollendet, aus rohem Holz ein reifer Klangleib entstanden.
Nun begab er sich mit ihm in die Wüste und spielte darauf, indem er allen Proportionen Maß verlieh.
Dann zog er um sich herum auf allen vier Seiten eine Linie und setzte sich in deren Mitte nieder; und sobald er eine Weise ertönen ließ,
Lockte er die wilden und zahmen Tiere aus Wüste und Berg in hellen Scharen in seine Nähe.
Bei seinen Klängen kamen sie gelaufen und legten den Kopf auf die Linie, die ihn umgab,
Jedes einzelne Tier verlor die Besinnung und fiel wie tot zu Boden.
Weder tat der junge Wolf dem Lamm Gewalt an noch fiel der reißende Löwe über den Wildesel her.
Dann aber ließ er einen andern Ton (im Sinne der Meistersinger), der nur ihm bekannt war, auf den gepaarten Saiten erklingen,
Worauf die Tiere in Erregung gerieten, aus der Ohnmacht erwachten
Und sich in die Steppe verstreuten. Wer hat dergleichen vernommen?

Das Gerücht von dieser Geschichte verbreitet sich und es währt nicht lange, bis Aristoteles davon erfährt. Natürlich fühlt er sich herausgefordert. «Er mühte sich redlich ab um diese himmlische Kunst, verbrachte viele Tage im Nachdenken darüber und fand auch nach langen Mühen den Zugang zu dem Geheimnis.» Auch er begibt sich in die Wüste und versetzt einige Menschen in Ohnmacht. Als er sie jedoch zum Bewußtsein zurückrufen will, merkt er, daß ihm der dafür erforderliche Ton fehlt, und er sieht sich genötigt, Plato um Hilfe anzugehen:

Als Plato erkannte, daß jener Hochgemute seiner Unterweisung bedurfte,
trat er heraus, zog einen Kreis um sich und spielte, bis der Ton sich einstellte.
Und sogleich kamen alle Tiere der Steppe vom Wildesel bis zum Tiger herbei und umdrängten jenen Kreis.
Ohnmächtig geworden durch seinen ersten Ton, legten sie den Kopf auf seine Mandala-Linie.
Danach spielte er einen anderen Ton, süß wie Nektar, und der Weise Aristoteles verlor die Besinnung.

Doch während er von Sinnen war, machte Plato den Tieren mit einer lieblichen Weise das Hirn wieder wach.
Nochmals schlug er alsdann die bewußtseinspendende Weise an und Aristoteles sprang auf wie ein Feuerstrahl
Und verharrte verwirrt, nicht begreifend, was mit den Tieren geschehen war,
Wie sie aus ihrer Ohnmacht erwacht waren und was sie in ihre Regsamkeit zurückversetzt hatte.
(...)
Plato anzuerkennen, war nun sein ganzes Trachten, und er erwies ihm unbegrenzte Aufmerksamkeit.[21]

Die seltsame Erzählung, für die – abgesehen von der vagen Beziehung zu Orpheus – keine antike Quelle bekannt ist, erscheint in mehr als einer Hinsicht aufschlußreich. Zunächst geht es natürlich um die Überlegenheit Platos über Aristoteles, d. h. den höheren Rang der platonisch-neuplatonischen Philosophie gegenüber der peripatetischen. Nizami reflektiert offensichtlich die geistesgeschichtliche Situation: 1198 ist mit Ibn Ruschd (Averroes) der letzte bedeutende Aristoteliker der arabischen Welt von der Bühne gegangen, während gleichzeitig der Perser Schihabuddin Yahya as-Suhrawardi (gest. 1191) die von platonisch-neuplatonischen Elementen durchsetzte, stark islamisierte *Philosophie der Erleuchtung* begründet hat (vgl. Kap. VI.2.f und VI.4.). Es geht aber in dieser Erzählung auch um die Musik und damit um Kunst. Es geht um die rechte Art, Musik zu treiben, anders und allgemeiner gesagt, um die rechte Art, mit der Mächtigkeit der Kunst umzugehen, es geht letzten Endes also um die Sakralisierung der Musik und ihrer Mächtigkeit. Plato besitzt diese rechte Art, weil er ein religiöser Mantiker ist, weil er die Kunst vom Himmel empfängt, ihre kosmischen Proportionen wahrt und sie nicht mißbraucht: Er benutzt sie, um Tiere in Schlaf zu versetzen und wieder aufzuwecken, während er Menschen lediglich zu «tanzen und zu jubeln» veranlaßt. Aristoteles dagegen, der diese Mächtigkeit allein mit Hilfe des Verstandes und aus Ehrgeiz zu erlangen sucht, scheitert, und nur die Ergänzung seiner Lehre durch diejenige Platos vermag ihn und seine Adepten zu retten. Wichtig ist schließlich, daß Platos Umgang mit der Mächtigkeit der Musik eindeutig als magischer Akt beschrieben wird. Die Musik erscheint damit, wie sonst die Dichtung bei Nizami, als eine Form «erlaubter Magie».

Was Nizami nur andeutet, die Verankerung der Macht der Musik in ihren «Proportionen», das hatten die Musiktheoretiker seit Kindi auf dem Fundament griechischen Erbes inzwischen gründlich überdacht und zu einem ausgeklügelten System entwickelt, an dem aber auch nach Nizami noch weiter gefeilt und gemodelt wurde. Es genügt hier, dieses System in seinen Grundlinien vorzustellen. Wie bereits gesagt, geht es um eine Einbettung und Verankerung der Musik im Kosmos, im Netz von Korrespondenzen, das Makro- und Mikrokosmos miteinander verbindet, und damit um eine wissenschaftliche Untermauerung und Diversifizierung der unleugbaren Mächtigkeit der Musik. Zu diesem Zweck wurden zwölf der sogenannten *Maqam*, d. h. Modi oder Tongeschlechter,[22] aus einer sehr viel größeren Zahl ausgewählt und den zwölf Zodiakalzeichen zugeordnet.[23] Eine andere Reihe von musikalischen Mustern, *Awaz* («Stimme»/«Ton») genannt, ließ man den sieben Planeten entsprechen. Ebenso wurden die vier Saiten der Laute u. a. mit den vier Elementen sowie den vier Körpersäften (Blut, Schleim, Schwarze und Gelbe Galle) und den vier Qualitäten (kalt, warm, feucht, trocken) der galenischen Medizin in Beziehung gesetzt. Weiter wurden diese Korrespondenzen miteinander verknüpft und in ein größeres übergreifendes Bezugssystem eingeordnet. Hiermit ließ sich dann u. a. die therapeutische Verwendung der Musik wissenschaftlich begründen. Vor allem für die Behandlung der Melancholie wurde Musik verschrieben, von der man annahm, daß sie den Überschuß an Schwarzer Galle, der zur Melancholie führt, zu reduzieren imstande sei.[24]

2. Das Musikkapitel in Muhammad al-Ghazalis ‹Wiederbelebung der Wissenschaften von der (islamischen) Religion›

Alle Anstrengungen der Theoretiker, die Mächtigkeit der Musik durch Rationalisierung zu legitimieren, konnten und wollten freilich eines nicht bewirken: ihre Sakralisierung. An diese letzte Grenze vorzustoßen blieb, wie im Fall des Weins, der Mystik vorbehalten, mit dem Unterschied allerdings, daß die Sakralisierung des Weines in der Mystik in der Regel eine bloße Metapher blieb, die gedanklich sakralisierte Musik dagegen auch praktiziert wurde, praktiziert als Mittel, um in Ekstase zu geraten. Ausschlaggebend für ihren hohen Stellenwert in der Mystik wurde also genau jener Aspekt der Musik, der einst ihr weitgehendes Verbot ausgelöst hatte: ihre Mächtigkeit, ihre Magie.

Musik wurde in mystischen Zirkeln spätestens vom 10. Jahrhundert an in Verbindung mit Tanz verwendet. Muhammad al-Ghazali (gest. 1111) verteidigt sie in einem eigenen Kapitel seiner *Wiederbelebung der Wissenschaften von der (islamischen) Religion.*[25] Sein Bruder Ahmad Ghazali widmete dem gleichen Thema eine gesonderte Abhandlung unter dem Titel *Blitze der Erleuchtung: Widerlegung derer, die die Musik für unerlaubt erklären (Bawāriq al-ilmā` fī radd man yuḥarrim as-samā`)*. Im folgenden sollen die wichtigsten Argumente aus Muhammad al-Ghazalis genanntem Kapitel, betitelt ‹Über das rechte Verhalten beim Musikhören und der (durch sie bewirkten) mystischen Ekstase› *(ādāb as-samā` wal-wağd)*, präsentiert werden.

In einem einleitenden Abschnitt stellt der Autor dem Verbot der Rechtsgelehrten andere Auffassungen gegenüber. Der Weg zur Heiligung der

Musik wird gewiesen durch eine Traumerscheinung des Propheten (diese direkte Unterweisung ist eine Möglichkeit, über die durch Koran und Hadith gesetzten Grenzen allenfalls hinauszugelangen): Ein Frommer berichtet, er habe Muhammad im Traum erblickt und ihn gefragt: «Mißbilligst du etwas von dieser Musik?» Seine Antwort sei gewesen: «Ich mißbillige nichts davon. Doch sag ihnen, sie sollen (ihre Versammlung) mit dem Koran eröffnen und hinterher mit dem Koran beschließen!»[26]

Die Mächtigkeit der Musik erscheint als gleichzeitig heilig und furchtbar am Beispiel Davids: «Er war von so schöner Stimme beim Klagen über sich selber (d. h. seine Verfehlungen) und beim Rezitieren des Psalters, daß sich Menschen und Dschinnen, wilde Tiere und Vögel um ihn versammelten, und aus seinen Versammlungen wurden (im ganzen) 400 Leichen (d. h. durch die Musik Getötete) fortgetragen».[27] Ähnlich heißt es später vom Propheten Muhammad: «Er pflegte zu trauern und zu weinen und so zu weinen, daß die Leichen aus seinen Klageversammlungen fortgetragen wurden».[28] Wir stellen also fest: Musik erschien verwerflich und mußte verboten werden, weil sie durch ihre Mächtigkeit von der Beschäftigung mit dem Koran abhielt, nicht aber, weil sie durch ihre Wirkung womöglich Menschen tötete. – Ghazali führt sieben Zwecke oder Gelegenheiten an, bei welchen die von der Musik auf die Herzen ausgehende Wirkung legal ist; es sind die folgenden:

1. der Gesang während der Pilgerfahrt, denn er weckt die Sehnsucht nach dem Haus Gottes,

2. Gesang, der die Krieger im Heiligen Krieg anfeuert,

3. Radschazverse, die ihnen Mut machen,

4. Musik, die Trauer erweckt; allerdings ist keine Trauer bei Todesfällen gestattet, weil darin eine Kritik an Gottes Walten zum Ausdruck käme, vielmehr nur Trauer über die eigenen Sünden,

5. Musik bei freudigen Anlässen, die durch ihre Klänge Freude weckt und verstärkt und zum Tanzen anregt,

6. Musik, die die Sehnsucht der Liebenden weckt und die Leidenschaft erregt und die Seele tröstet,

7. «die Musik derer, die Gott lieben und sich danach sehnen, Ihm zu begegnen, und die in allem, was sie sehen, nur Ihn sehen, und in allem und aus allem, was an ihr Ohr dringt, nur Ihn hören» (zur Gottesminne vgl. Kap. XIII.1.).

Ghazali führt dann Argumente von Gegnern an, um sie zu widerlegen. Andererseits nennt er aber selber fünf «Akzidentien», die das Musikhören unerlaubt machen, nämlich:

1. wenn die Stimme die einer Frau oder eines bartlosen Jünglings ist, so daß man «Versuchung» *(fitna)* fürchten muß;

2. wenn es sich um unerlaubte Instrumente handelt, d. h. Schalmei, Saiteninstrumente oder Trommeln;

3. wenn es sich um unziemliche Texte handelt;

4. wenn im Hörer die sinnliche Begierde überwiegt;

5. wenn der Hörer liederlichem Volk angehört und nicht von Liebe zu Gott geleitet ist.

Im zweiten Teil des Musikkapitels behandelt Ghazali die Wirkungen der Musik und das richtige Verhalten beim Musikhören. Auch dieser Abschnitt ist nach scholastischer Manier aufgegliedert. So unterscheidet der Autor zunächst ganz allgemein drei Stufen der Wirkung:

1. das Verstehen der gesungenen Worte;

2. die durch dieses Verstehen ausgelöste Ekstase *(waǧd)*;

3. die durch die Ekstase ausgelösten Bewegungen der Glieder.

Beim Zuhörer unterscheidet Ghazali vier Zustände:[29]

1. ein rein genußhaftes Hören; es ist zwar erlaubt, stellt aber den niedrigsten Grad des Musikhörens dar, an dem auch die Tiere teilhaben.

2. ein Hören, das zwar ein Verstehen einschließt, die gesungenen Worte aber nur auf der sinnlichen Ebene versteht; es ist die Art der jungen Männer und derer, die ihren Lüsten folgen, sie ist niedrig und verboten.

3. ein Hören, das die gesungenen Worte auf das Verhältnis der Seele zu Gott bezieht; es ist die Art der Mystiker, namentlich der Anfänger unter ihnen. Ghazali läßt eine Reihe von aufschlußreichen Beispielen folgen, in denen weltliche Texte mystisch verstanden werden. So etwa die folgende Erzählung des Mystikers Ibn ad-Darradsch, in der die Wirkung gesungener Worte wiederum tödlich ist: «Ich und Ibn al-Futi waren zwischen Basra und Ubulla am Tigris unterwegs, als wir an ein Schloß kamen mit einem schönen Altan, auf dem ein Mann mit einer Sklavin stand, die sang: Täglich bist du wechselhaft! Anders wäre es besser! Unter dem Altan stand ein hübscher Jüngling in einem Flickenrock, der eine Kupferkanne in der Hand hielt. Er hatte gelauscht und rief nun: ‹Mädchen, bei Gott und beim Leben deines Besitzers, wiederhole mir diesen Vers!› Sie wiederholte ihn, während der Jüngling sprach: ‹Das ist bei Gott meine Wechselhaftigkeit in meinem Verhältnis zu Gott!› Und er stieß einen Schrei aus und starb.» Daß der Gottesminner sich durch den ganz anders gemeinten Vers angesprochen fühlt, ist sinnvoll, bemerkt Ghazali, betont aber sogleich, es wäre schlicht Ketzerei, die Anrede als an Gott gerichtet zu verstehen, obwohl es in dessen Verhalten durchaus Züge von Wechsel- oder Launenhaftigkeit zu geben scheine.[30]

4. das Hören dessen, der die Stufen und Zustände hinter sich läßt und sich von allem Verstehen, das nicht Gott betrifft, entfernt, ja vom eigenen Selbst und dessen Zuständen und Handlungen, und der wie benommen ist, ertrinkend im Meer der Schau; sein Zustand gleicht dem Zustand jener Frauen, die sich in die Hände schnitten als sie die Schönheit Josephs schauten und so benommen waren, daß ihr Empfinden (für Schmerz) verloren ging (vgl. Sure 12,31). Diesen Zustand beschreiben die Sufis als ein «Sich-selber-

Entwerden». «Doch wer sich selber entwird, der entwird erst recht dem andern, und es ist, als sei er allem entworden außer dem Einen Geschauten (...). Dieser Zustand überkommt einen wegen eines Geschöpfes und wegen des Schöpfers, aber meistens ist er wie ein fortreißender Blitz, der nicht besteht und nicht dauert. Doch wenn er dauert, so erträgt ihn die menschliche Kraft nicht. Und manchmal erbebt er in seinen Kleidern so heftig, daß die Seele davon zugrundegeht.

So wird von Abu l-Hasan an-Nuri erzählt, daß er einer Versammlung beiwohnte und den Vers singen hörte:

> Ich höre nicht auf, dich zu lieben in einem Maß, das, sobald es sich einstellt, die Herzen verwirrt.

Da erhob er sich in Ekstase *(waǧd)* und irrte fort, bis er in eine Gegend geriet, wo die Stümpfe von abgeschnittenem Ried wie Schwerter standen, und er lief darin herum, den Vers wiederholend bis zum Morgen, während das Blut aus seinen Füßen strömte, bis seine Sohlen und Schenkel zu schwären begangen. Und einige Tage später verstarb er.»[31]

Einen langen Passus widmet Ghazali der Ekstase, die durch Koranrezitation ausgelöst wird. Die Zahl der Prophetengenossen und -nachfolger, denen dies widerfuhr, sei groß. «Einige stießen Schreie aus, andere weinten, andere wurden ohnmächtig, einige starben in ihrer Ohnmacht.»[32] Dennoch vertritt Ghazali die Meinung, Gesang und Musik wirkten als Auslöser von Ekstase stärker als der Koran, und dies aus sieben Gründen:

1. Nicht alle Koranverse rühren den Menschen in seinem Gemütszustand an, z. B. die Erb- und Scheidungsgesetze oder die *Hadd*-Strafen.

2. Die Wirkung des Korans ist durch häufiges Zitieren in der Regel abgeschwächt.

3. Der Rhythmus der Dichtung übt eine Wirkung aus, die dem Koran abgeht.

4. Diese Wirkung wird durch die unterschiedlichen Modi *(ṭuruq)* weiter variiert.

5. Die rhythmisierten Melodien werden durch Instrumente und Perkussion verstärkt.

6. Den Sänger kann man unterbrechen und eine andere, dem augenblicklichen Zustand gemäßere Weise singen lassen, beim Koran ist das nicht möglich.

7. Der Koran ist als Gottes Wort übermenschlich, Dichtung und Musik dagegen entsprechen der menschlichen Natur.[33]

Im letzten Abschnitt des zweiten Teils des Musikkapitels behandelt Ghazali schließlich gemäß seiner Ankündigung die Auswirkungen der Gemütserregung. Er geht vor allem auf mystischen Tanz und auf das Zerreißen der Kleider in Ekstase ein und bezeichnet beide als statthaft, den Tanz insbesondere als Ausdruck von Freude, denn, so betont er, «alle

Freude ist statthaft!»[34] Allerdings müßten Fünf Regeln *(ādāb)* beachtet werden: die Wahl des Ortes, der Zeit und der «Brüder», die nötige Reife und rechte innere Einstellung betreffend. Erforderlich sei ferner, daß einerseits die Ekstase nicht fingiert sei, vielmehr zwanghaft über den Menschen komme «wie das Stöhnen über den Kranken», andererseits aber alle mitmachten, wenn einer «in wahrhafte Ekstase» gerät und z. B. seinen Turban schiefstellt *(tanḥiyat al-ʿimāma)* oder seine Kleider zerreißt.[35] Jenes (uns in diesem Kontext seltsam anmutende) Verhalten entspricht übrigens einem Hadith, wonach Muhammad Gott als schönen Jüngling erblickte, dem die Mütze schief auf dem Kopf saß.[36]

3. Einige Fetwas gegen Musik

Freilich, auch im religiösen Rahmen war die Musik den Fuqahaʾ nicht genehm, zumal ihnen die Mystik ja ohnehin in der Regel verdächtig und ein Dorn im Auge war. So wurden denn auch immer wieder Fetwas in Sachen Musik – und speziell zu ihrer Verwendung in mystischen Zirkeln – erlassen. Der große hanbalitische Jurist Taqiy ad-Din Ibn Taimiya (1263–1328) hat mehrere solche Gutachten verfaßt, deren Tenor immer der gleiche ist und sich wie folgt zusammenfassen läßt:

Musik ist nur erlaubt, wenn sie der Religion dient, also z. B. als Stimulans im Heiligen Krieg. Die einzige legale Form des Gesangs ist die Rezitation des Korans. Das Singen von Dichtung ist dagegen eine Neuerung, die in das 3. oder 4. Jahrhundert der Hidschra zurückgeht, heißt es in einem der Traktate – eine, wie wir wissen, ahistorische Behauptung *ad usum delphini*. In einem anderen Fetwa stellt Ibn Taimiya fest, die Sänger zur Zeit Muhammads seien Hermaphroditen *(maḫānith)* gewesen. Jener selbst habe nur Trommeln und Händeklatschen von Frauen bei bestimmten frohen Gelegenheiten gebilligt. Die Verwendung von Musik bei den Mystikern sei daher eine gefährliche Neuerung, eine satanische Verführung, die auf solche Aufwiegler wie Farabi, Ibn Sina und die Lauteren Brüder zurückgehe. Das gleiche stellt Ibn Taimiya auch für *sama*ʿ-Zeremonien an den Gräbern von Heiligen fest. Auch dies sei, wie der ganze Heiligenkult, eine unstatthafte Neuerung, die auf christlichem Einfluß beruhe. Alle diese Formen von *sama*ʿ lenkten nur von der einzigen statthaften Form ab, der Kantillation des Korans. Wer solche Formen praktiziere, sei mithin ein Ungläubiger und ein Polytheist.[31]

Weniger kategorisch lauten die Urteile bei dem osmanischen Großmufti Abu s-Suʿud. Für ihn ist der *Sama*ʿ der Sufis so lange zulässig, als sie ihn nicht als gottesdienstliche Handlung bezeichnen.[38] Was er dagegen, genau wie Ibn Taimiya, kategorisch verbietet, ist der Tanz, wie ihn die Sufis vieler Orden in ihren Versammlungen pflegen. Dazu ein längeres Fetwa:

Frage: «Wenn der Prediger Zaid als ein Führer der Sufis in den Moscheen auf die Kanzeln steigt und vor versammelter Menge ausruft: ‹Bei den *Dhikr*-Versammlungen der Sufis sind Tanz und Reigen mit der Absicht, Gott zu dienen, erlaubt; und diese Erlaubtheit gründet sich auf Koran und Hadith! Denn der Koranvers: *Die Gottes gedenken im Stehen* (oder: *beim Aufstehen), im Sitzen* (oder: *beim Hinsetzen) und auf ihrer Seite* (3,191) bedeutet zweifellos ‹Gedenkt Gottes!›, wobei *im Stehen* auch den Tanz umfaßt. Dieser ist aber auch gemäß dem Hadith *Wer ein Volk nachahmt, der gehört zu ihnen* eine Nachahmung der um den Thron Gottes Reigen tanzenden Engel. Auch hat der Gesandte Gottes – Gott spende ihm Frieden und Heil! – getanzt und ist sogar hinter seinem gesegneten Vorhang umgefallen. Auch ist von den großen Prophetengenossen über bedeutende Schaichs wie Imam asch-Schafi`i und Muhammad Ghazali und ihresgleichen bis auf den heutigen Tag immer wieder Reigen getanzt worden› und wenn der kundige `Amr einwendet: ‹Muftis haben wiederholt Fetwas über das Verbot dieser Dinge ausgesprochen› und wenn Zaid dann sagt: ‹Das ist eine Sache der Erfahrung! Hat man doch gesagt: *Wer es nicht gekostet hat, der kennt es nicht!* Mag es verboten nennen, wer da will. Wir halten es weiterhin für erlaubt!› – darf man seinen Worten, nachdem er alle diese Argumente angeführt hat, Beachtung schenken oder aber nicht? Und was hat mit Zaid zu geschehen, falls sie falsch sind? Es wird um die völlige Huld ersucht, sich einer ausführlichen Darlegung nicht zu enthalten, auf daß das Nichtige und das Richtige deutlich werde, die Wahrheit hell wie der Tag erscheine und man allem Zweifel entrinne!»

Antwort: «In jenem Koranvers gibt es absolut keinen Hinweis auf den Tanz. Wer solche häßliche Handlungen damit rechtfertigen will, muß (widerrrufen), seinen Glauben erneuern und seine (durch die Apostasie ungültig gewordene) Ehe erneuern. Denn er hat die Bedeutung des Wortes Gottes verdreht und seinen eigenen Lüsten dienstbar gemacht.»

Das erwähnte Hadith ist zwar authentisch. Doch den Menschen ist nicht aufgetragen, die Handlungen der Engel nachzuahmen. Der Tanz der heutigen Sufis ist vielmehr in Wirklichkeit der Hahnentanz[39] der Ungläubigen und eine Nachahmung von deren Tun. Dem Propheten – über ihm sei Friede! – Tanz zu unterstellen, ist Unglaube. Denn Tanz gehört zu den Handlungen der Toren. Dem Propheten aber Torheit zu unterstellen, das ist Unglaube, wie in den Fetwa-Büchern zu lesen steht. Die Behauptung, daß die Prophetengenossen dergleichen getan hätten, ist Lüge und Verleumdung. In bezug auf asch-Schafi`i ist sie unrichtig. Kein *Muǧtahid* (Autorität des islamischen Rechts) hat Tanz für erlaubt erklärt. Ihre Meinungen gehen nur hinsichtlich der Musik *(sama`)* auseinander. Doch darf man in Rechtsfragen, die *Iǧtihad* erfordern, keinem, der nicht selber *Muǧtahid* ist, Beachtung schenken, also auch nicht dem Imam Ghazali und seinesgleichen. Irrende aber und Verführer, die solche Dinge teuflischerweise mit Arglist und Verfälschung den Leuten empfehlen, sind von seiten der *Muğtahidun* übereinstimmend zu Ungläubigen erklärt worden. Man muß sie mit strengsten Strafen und Kerkerhaft daran hindern. Wer behauptet, diese Dinge seien nicht verboten und: ‹die Ulema sind in die Geheimnisse der Erfahrenen (d. h. Mystiker) nicht eingeweiht!› ist ein Ketzer *(zindīq)* und muß selbstverständlich getötet werden. Reue nach der Festnahme wird nicht mehr akzeptiert. *Gott bewahre uns vor dergleichen!*»[40]

Noch in unserm Jahrhundert bestehen diese gegensätzlichen Positionen weiter. So hat der vor einigen Jahren verstorbene Schaich des in Istanbul beheimateten Ordens Cerrahiye-Halvetiye, deren Mitglieder unter seiner Leitung in wöchentlichen Abendversammlungen eine Form des mystischen Tanzes praktizierten (und dies auch unter dem jetzigen Schaich weiterhin tun), ein kleines Buch zur Einführung in die Mystik veröffentlicht, worin er den Reigen als eine religiöse Handlung verteidigt: «Whirling in worship is one of the fundamental practices of the Sufi orders» wird da eindeutig konstatiert. Und dann tut der Autor das, was im vorangehenden Fetwa als *kufr* verdammt wurde, er beruft sich darauf, daß auch Muhammad, Abu Bakr, `Ali und einige andere getanzt hätten. Der Reigen möge im Gesetz nicht erlaubt sein; er sei aber auch nicht ausdrücklich verboten, gehöre mithin offenbar zu den sogenannten indifferenten natürlichen Handlungen wie Sitzen und Stehen. Mit der entsprechenden Absicht ausgeführt, könne er also sehr wohl eine gottesdienstliche Handlung («act of worship») sein – also genau das, was Abu s-Su`ud strikt untersagt! –, denn er diene ja dem Gottesgedenken, und dieses sei im Gesetz nicht verboten, vielmehr immer und überall gestattet, gleich, durch welche Bewegungen man es ausdrücke.[41]

4. Musik und Mystik

Die Mystiker haben sich also durch kein Verbot davon abbringen lassen, Musik und Reigen in den Mittelpunkt ihrer Riten zu stellen, darin die Begegnung mit dem Heiligen zu erfahren. Am schönsten, in einer ästhetisch vollendeten Weise geschieht das im Orden der Mevlevis, deren von Orchester begleitete Tanzzeremonie, nach dem Verbot der Orden durch Atatürk zunächst in der Versenkung verschwunden, nun seit beinah 30 Jahren in Konya einmal im Jahr öffentlich begangen wird. Offiziell gilt das als lebendes Museum, da ja das Verbot der Orden noch immer in der Verfassung steht. Gleichzeitig aber wird es als ein Symbol türkischer Frömmigkeit, türkischen Islams inszeniert. Minister halten Festansprachen. Das Fernsehen läßt sich die optische Delikatesse nicht entgehen, und die bedauernswerten Tänzer zerfließen unter dem grellen und heißen Licht der spot-lights in Schweiß. Es wäre schade, wenn dieser ungemein eindrucksvolle mystische Ritus, ein lebendes Ornament, ein überzeugendes Beispiel sakralen Tanzes,[42] auf diese Weise seines spirituellen Gehalts beraubt und zur bloßen Folklore herabsinken würde. Die Gefahr ist jedenfalls da.[43]

Die Mystiker und vor allem die Dichter unter ihnen haben es im übrigen nicht verfehlt, die Mächtigkeit dieses Tanzes und der ihn begleitenden Musik zu beschreiben, wobei auch eine reiche Symbolik entfaltet wurde. Wegweisend hierfür war u. a. jener schon erwähnte Traktat zur Verteidigung der Musik, den Ahmad al-Ghazali, der Bruder des berühmteren Muhammad al-Ghazali, unter dem Titel *Blitze der Erleuchtung – Widerlegung derer, die die Musik für unerlaubt erklären* verfaßt hat. Neben einer originellen Symbolik der einzelnen Instrumente wird hier auch das Wort *sama`* selber symbolisch gedeutet, indem der Autor in seinen vier Lettern *sin, mim, alif, `ain* die Wörter *samm* (= «Gift»), *ma`ā* (= «mit»), *samā´* (= «Himmel»), *umm* (= «Mutter»), *mā´* (= «Wasser») und *`amm* (= «umfassen») entdeckt. Er schreibt folgendes:

«Sein *sin* und *mim* bedeuten *samm*; d. h. die innere Natur der Musik/des ‹Hörens› *(samā`)* ist wie Gift, das einen in den Stand setzt, die unsichtbaren Stationen zu erreichen. Sein *mim* und *`ain* bedeuten *ma`a*; d. h. daß das ‹Hören› und das (göttliche) Wesen, die Teilhabe *(ma`īya!)* am Göttlichen erreichen läßt (...). Sein *sin, mim* und *alif* bedeuten *samā´*; d. h. daß man durch das ‹Hören› aus den niederen Rängen befreit, übernatürlich und himmlisch wird. Sein *alif* und *mim* bedeuten *umm*; d. h. daß derjenige, der sich mit dem ‹Hören› befaßt, zur Mutter aller Dinge wird, unterstützt durch die unsichtbare Welt kraft seiner geistigen Natur, und allen Dingen Leben und Erkenntnis schenkt, wie es das Wort *ma´* anzeigt. Sein *`ain* und *mim* bedeuten *`amm*; d. h. daß der, der sich dem ‹Hören› hingibt, in seiner geistigen Natur die übernatürlichen Dinge umfaßt, in seinem Herzen die menschlichen Dinge und im Licht seiner reinen Seele die körperlichen Dinge und andere Verhältnisse. So steigt denn jeder, der sich mit ‹Hören› befaßt, zu den hohen Rängen und göttlichen Gnaden empor, die man durch tausend Anstrengungen und noch so vollkommene religiöse Exerzitien nicht erreichen kann. Und die Segnungen des ‹Hörens› sind hundertfach und umfassen hunderttausend Zustände, die jener entdeckt, der ‹Geschmack›, Ekstase und Einsicht hat!»[44]

Was hier mit kühner Intuition dem Wort *sama`* an Bedeutungen entlockt wird, verrät den Glauben an die Magie der Lettern, von dem wir an anderer Stelle gesprochen haben. Es verrät aber auch eine Begeisterung für die Musik, ein Vertrauen in ihre Mächtigkeit, die nicht größer sein könnten. Was Ahmad al-Ghazali mit einer Art *Dschafr* (vgl. oben S. 277f.) zu beweisen sucht, haben Dichter mit Hilfe poetischer Bilder zum Ausdruck gebracht. Wohl kein mystischer Dichter hat die Musik mit solchem Überschwang und mit einer solchen Fülle von Metaphern besungen wie Dschalaluddin Rumi, dessen Werk von musikalischen Bezügen nur so funkelt.[45] Von ihm stammt der Gedanke, daß die Musik ein Knarren der Pforten des Paradieses sei. Und in einem großen Gedicht auf den *Sama`*, womit hier, wie in der Regel bei den Mystikern, der von Musik begleitete Reigen gemeint ist, heißt es:

Es weicht aus beiden Welten, wer eintritt in den Reigen.
Nicht bergen beide Welten das Weltenall des Reigens.[46]

XI. Architektur, Kleinkunst, Malerei

Neben den in der Öffentlichkeit vollzogenen kultischen Pflichten und den traditionellen Trachten des Islam gehören seine Bauten und seine Kleinkunst zu seinen überall sichtbaren Symbolen. Niemand wird leugnen, daß im Unterschied zu islamischem Recht und Kultus, wo für den Außenstehenden manches befremdlich ist, von Architektur und allen übrigen sichtbaren Künsten des Islam eine große Faszination ausgeht. Die Harmonie der Farben und Formen, die filigranhafte, bortenfüllende oder flächendeckende Ornamentik – nicht von ungefähr ist der Begriff Arabeske zu einem kunsthistorischen Terminus geworden – und die große Bedeutung der Kalligraphie sprechen den kunstempfänglichen Menschen, gleich welcher Konfession, an, sind also auf ähnliche Weise große übernationale und überkonfessionelle Kunst wie z. B. die klassische Musik des Abendlands. Dennoch handelt es sich um islamische Kunst. Es stellt sich damit für uns die Frage, inwiefern das Prinzip «Teilhabe durch Unterwerfung» auch an dieser Kunst zum Ausdruck kommt. Eine erste und allgemeine Antwort liegt zweifellos darin, daß, wie Spezialisten betonen, islamische Kunst von Andalusien bis Indien Charakteristika aufweist, die sie unmittelbar als solche kenntlich machen. Dies aber kann nur bedeuten, daß die Künstler der islamischen Welt sich immer gewissen Prinzipien unterworfen haben, die ihnen die «Teilhabe» am Wesen islamischer Kunst erwirkt hat. Die Verdrängung des Bildes durch das Ornament als Ausdruck kosmischer Ordnung und die Sakralisierung durch Kalligraphie spielen dabei eine überragende Rolle.

Hinzuweisen ist schließlich darauf, daß Architektur und Kleinkunst, sofern sie auf bildliche Darstellung verzichteten, kaum je in Konflikt mit dem islamischen Gesetz gerieten. Zwar wurde das Bilderverbot nicht immer streng befolgt und besonders im Bereich der Miniatur hat sich – innerhalb bestimmter Grenzen – ein Freiraum entfaltet. Im ganzen aber ist dieses Verbot viel strikter als die von der Scharia der Musik auferlegten Beschränkungen, auch als das Weinverbot, beachtet worden und hat die islamische Kunst entscheidend geprägt. Dazu, namentlich zur Miniaturmalerei, im folgenden einige Anmerkungen.

1. Architektur als Ausdruck sakraler Mächtigkeit

Die islamische Architektur umfaßt einerseits sakrale oder Kultbauten, also Moscheen, Medresen, Mausoleen, Heiligengräber und mystische Klöster, andererseits diversen nicht-kultischen Zwecken dienende Gebäude wie

Paläste, Forts, Karawansereis, Bäder, Brücken u. ä. Der sakrale Charakter der Kultbauten versteht sich von selber. Doch auch die übrigen Bauten sind durch Inschriften in der Regel auf einen islamischen Kontext bezogen, d. h. wenn nicht im Grunde ebenfalls sakral, so jedenfalls religiös legitimiert, falls nicht durch Inschriften, so durch die Tatsache, daß ihre Erbauer muslimische Fürsten waren, deren Bauten ihre Macht, d. h. *islamische* Macht zu repräsentieren und zu symbolisieren hatten. Die islamische Herrscher-Ideologie, in der altorientalische und namentlich persische Traditionen des Gottkönigtums mit islamischen und speziell mystischen Doktrinen vom Vollkommenen Menschen verschmolzen (vgl. Kap. XIII. 2.), manifestierte sich in der Dekoration der Paläste, wie die Untersuchungen von Melikian-Chirwani zum Mongolenpalast Tacht-i Sulaiman in Aserbaidschan zeigen. Durch ausgewählte Schahname-Verse wird der Herrscher in Beziehung zu den großen Prototypen vorislamischer Macht, Afrasiyab, Kaichosrou, Alexander dem Großen, gesetzt, andererseits aber seine Macht durch Koranverse auch islamisch legitimiert.[1]

Stilistisch wurde notgedrungen an frühere Muster angeknüpft. Das gilt auch, um nur dieses eine Beispiel kurz näher zu beleuchten, für die drei Haupttypen der Moschee, nämlich

1. die arabische Hof- und Säulenhallenmoschee,
2. die persische Iwanhof-Moschee,
3. die türkische Kuppelmoschee.

1. Die arabische Hof- und Säulenhallenmoschee, deren Urtyp das Wohnhaus Muhammads in Medina ist, nimmt später Elemente mediterraner Säulenhofbauten vorislamischer Epochen in sich auf. Der hypostyle Gebetsraum ist dadurch charakterisiert, daß er aus einer beliebigen Anzahl von Schiffen besteht, die sowohl parallel wie senkrecht zum Mihrab angeordnet sein können. Der durch zahlreiche Schiffe entstehende Säulenwald wirkt wie ein in den Raum entfaltetes Ornament, eine repetitive Struktur aus Stein, kann aber auch als Symbol der Gemeinschaft der Gläubigen, die zusammen den Bau des Heiligen Hauses bilden und tragen, verstanden werden. Berühmte früheste Beispiele sind die Moschee des `Amr ibn al-`As in Fustat (7. Jahrhundert, vollendet 827), die Umayyaden-Moschee in Damaskus (715), die Große Moschee in Samarra (848), die Große Moschee in Kairouan, erbaut von dem Aghlabiden Ziyadat Allah (817–838), die Moschee des Ibn Tulun in Kairo (876–79).

2. Die persische Iwanhof-Moschee nimmt Elemente des altpersischen Sakralbaus (Feuertempel), des ostpersischen Wohnhauses (Mittelteil mit Kuppel, zwei symmetrische Flügel) sowie nestorianischer und buddhistischer Klöster in Ostturkestan (Höfe mit Arkaden) auf. Typische Merkmale sind die vier Iwane, die Verbindung von Iwan und überkuppelter Gebetshalle, symmetrische Gesamtanlage, Verwendung von Teichen zur Erzielung von Spiegeleffekten, die die Moschee als kosmisches Symbol

und irdisches Abbild des Paradieses erscheinen lassen (das gilt übrigens auch für persische Paläste), wozu der vollendete Dekor der Fassaden und Kuppeln gehört. Berühmteste Beispiele sind die Freitagsmoschee in Isfahan (älteste Teile aus dem 9. Jahrhundert), die Lutfullah-Moschee in Isfahan (1602–1616).

3. Die türkische Kuppelmoschee ist eine Variante der byzantinischen Kirche, namentlich der Hagia Sophia in Istanbul. Den Höhepunkt ihrer Entwicklung erreicht sie unter Süleyman dem Prächtigen im 16. Jahrhundert dank der Begabung des Architekten Sinan, der, griechischer Abstammung, zu den Christenknaben gehörte, die aufgrund des *Devşirme*-Systems für die Janitscharentruppe ausgehoben und ausgebildet wurden (vgl. S. 93). Sinan, der eigentlich Christodoulou hieß, eiferte dem Vorbild der Sophienkirche des Kaisers Justinian nach. Von ihm sind u. a. folgende Moscheen erbaut: in Istanbul – Şehzade (1553), Sokullu Mehmet Paşa (1571), Mihrimah (1555), Süleymaniye (1550–56), in Edirne – Selimiye (1569). Zur osmanischen Moschee gehört das schon von den Seldschuken entwickelte schlanke Minarett. Ihr von außen auffälligster Zug aber sind die übereinandergeschichteten Kuppeln, eine Art wogendes Kuppelmeer und eine hierarchische Struktur, denn die große Hauptkuppel ruht auf einer Reihe kleinerer übereinandergesetzter Halb- und Viertelkuppeln, ein schönes Symbol für Teilhabe durch Unterwerfung.[2]

Ihr spezifisch islamisches Gepräge erhalten nun diese drei Typen vor allem durch die hinzukommende Ornamentik im Inneren, bei der persischen Moschee auch an den Außenwänden und bis in die Kuppel hinauf. Nirgends wird deutlicher als in der Moschee, daß das islamische Ornament nicht einfach nur Bildersatz, sondern ein Ausdruck des Unaussprechlichen, Figur gewordenes Ineffabile, sakrale Schönheit darstellt. Dies gilt in besonderem Maß für das sogenannte Stalaktitenornament, arabisch *Muqarnas,* das in Kuppeln und Kapitellen, Iwan-Nischen, Pendentifen und Trompen Verwendung findet. Strukturell handelt es sich um eine Vervielfachung der Wölbung, kulturell um steingewordene Ekstase als Ausdruck der Teilhabe an göttlicher Mächtigkeit.

Wie überall, so diente auch im Islam Architektur als Machtsymbol. Die Bauinschriften machen deutlich, daß diese Macht immer als von der Allmacht abgeleitet verstanden wird. Einige häufig wiederkehrende, prachtvoll in Stein gehauene, mit Ziegeln, Stuck oder Fayence gestaltete Sprüche bringen diese Verbindung von Unterwerfung und Teilhabe auf die knappste Formel: «Die Majestät gehört Gott»,[3] «die Macht gehört Gott»,[4] «das Reich gehört Gott».[5] Natürlich war und ist auch die Moschee ein Symbol sakraler Macht. Man erkennt das unmittelbar in den Befestigungsmauern etwa der Großen Moschee von Samarra oder der Ibn Tulun-Moschee in Kairo. Doch es gibt auch subtilere und spezifischere Ausdrucksformen dieser Machtsymbolik. So wurde in den Mihrab der ersten architektonisch gestalteten Moschee überhaupt, der aus dem Wohnhaus Muhammads entwickelten Großen Moschee in Medina, der sogenannte Spiegel Chosrous eingebaut, offensichtlich ein den Sassaniden entrissener wertvoller Stein oder auch tatsächlich ein Spiegel.[6] Die ornamentalen Mosaiken im Innern des Felsendoms zu Jerusalem ahmen in ihren Formen byzantinischen und sassanidischen Kronschmuck nach,[7] und das auf dem Wandpanneau des westlichen Hofumgangs der Umayyaden-Moschee in Damaskus wiederum in Mosaik abgebildete «Städtepanorama» stellt aller Wahrscheinlichkeit nach unterworfene Hauptstäde (Jerusalem, Antiochien) sowie das noch zu erobernde Konstantinopel dar, so daß dieser Arkadengang eine «Triumphstraße» für den Gläubigen bildet.[8]

Auch die Hagia Sophia oder, wie sie türkisch heißt, Aya Sofya, ist ein aufschlußreiches Symbol für die in der islamischen Kultur sich nach dem Prinzip «Teilhabe durch Unterwerfung» vollziehende Islamisierung. Alle christlichen Symbole des Gebäudes wurden entfernt und durch islamische Inschriften ersetzt. Indessen hat man sich glücklicherweise damit begnügt, die Mosaiken lediglich zu übertünchen. Und dies zumal erscheint wie ein Symbol der oft nur oberflächlich, formal und firnisartig geübten Islamisierung, mag aber auch jener Großzügigkeit zu verdanken sein, die Mehmet dem Eroberer nachgesagt wird. Nachdem diese Bilder einmal verdeckt waren, vergaß man wohl bald ihr Vorhandensein. Auf jeden Fall hat dieses Verfahren der Menschheit einige der herrlichsten byzantinischen Kunstwerke erhalten. Unter Atatürk freigelegt, schmücken sie neben islamischen Kalligraphien den gigantischen, überwältigend schönen Raum, der, obwohl Museum, nun gewissermaßen doppelt sakral ist, vielleicht ein zukunftsweisendes Symbol für die mögliche Verschmelzung heutiger, noch immer unvereinbar scheinender religiöser Systeme?

Ein Wort noch zur «profanen» Architektur. Wenn man sich die Fülle stattlicher, ja häufig riesiger Schlösser, Paläste und Burgen in Europa vor Augen hält und sich fragt, wo Ähnliches in der islamischen Welt zu finden sei, wird einem wenig Vergleichbares in den Sinn kommen. Gewiß, es gibt einige bedeutende Anlagen wie etwa die Festung in Aleppo oder das Fort der Grossmoghuln in Lahore. Doch bilden sie eher Ausnahmen. Typisch ist dagegen doch wohl der Topkapi Palast in Konstantinopel, die Residenz der Osmanen, die während Jahrhunderten zu den mächtigsten Herren dieser Erde gehörten. Er aber besteht aus einer Ansammlug bescheiden wirkender Bauten. Man wird den Eindruck nicht los, daß sie nicht nur Macht, sondern ebensosehr Unterwerfung, also Islam, symbolisieren. Im Inneren freilich manifestierte sich Macht als Teilhabe an der Allmacht auf mancherlei Weise, wie noch dem heutigen Besucher augenfällig deutlich wird. So z. B. in den zahlreichen, unvorstellbar kostbaren Thronen – allein der in Indien angefertigte, von Selim I. bei einem Persienfeldzug eroberte Ismailsthron ist mit angeblich über 25 000 Edelsteinen geschmückt –, so im das Paradies der

Huris vorwegnehmenden (übrigens durch den reichlich verwandten Wanddekor von Koransprüchen sakralisierten) Harem, «gegenwärtig ein fast unentwirrbares Labyrinth von schmalen Höfen und Gängen, dunklen Korridoren, Verliesen, Zellen, Bädern, oftmals fensterlosen Kammern (...)»,[9] das Hunderte von Odalisken beherbergte gemäß dem Prophetenausspruch: «Der Beste meiner Gemeinde ist der mit den meisten Frauen» (vgl. S. 297); so in den überall angebrachten religiösen Symbolen, insbesondere aber den kostbaren Reliquien, die ebenfalls noch heute dort zu sehen sind: dem Mantel und dem aus Rohr bestehenden Bogen des Propheten, Haaren von seinem Bart und einem seiner Zähne sowie den Schwertern der vier ersten Kalifen, der Fahne des Heiligen Krieges u. a. m. Das meiste davon brachte Selim I. nach seiner Eroberung Ägyptens im Jahre 1517 von dort mit und ließ es im Serail aufstellen, als er sich zum Kalifen aller Muslime ernannte.[10] Es sei aber nicht vergessen, zu erwähnen, daß das Topkapi-Serail auch eine der reichsten Bibliotheken enthält, zu deren Schätzen eine Miniaturen-Sammlung gehört, deren Umfang auf 13000 Einzelblätter geschätzt wird. Ehe wir von der Miniaturmalerei sprechen, jedoch noch ein Wort zur Kalligraphie, die natürlich zusammen mit dem Ornament auch im Schmuck der Innen- und Außenwände mehrerer Gebäude des Topkapi-Serail eine wichtige Rolle spielt.

2. Kalligraphie als Mittel der Sakralisierung

Aus der ursprünglich wuchtig-kantigen, «kufisch» genannten arabischen Schrift, in der die frühesten Korane geschrieben wurden, entwickelten sich bald eine Reihe von neuartigen Formen, die miteinander an Anmut und Eleganz zu wetteifern scheinen. Da gibt es die frühen aus dem Kufi abgeleiteten barock-ornamentalen Stile, das sogenannte Blumenkufi, wo aus den quadratischen Grundformen ein phantasievolles Rankenwerk hervorwächst, sowie das geflochtene Kufi mit seltsamen Knoten in den aufstrebenden Geraden der Schrift. Da gibt es die im praktischen Alltag verwendeten Schriftarten, das klare und runde *Nasḫi* der Araber im Osten, und den im islamischen Westen sich herausbildenden eckigen maghrebinischen Duktus mit ausladenden Unterlängen, sowie später bei den Persern die *Schikaste* («Gebrochen») genannte, kühn verkürzende und schwierig zu lesende Kursive. Da gibt es die Schriftarten für besondere Zwecke, das *Tauqi`* («Unterschrift») für Dokumente am Kalifenhof, das ursprünglich kleine *Thuluth* («Drittel»), das Beamten verwenden mußten, aus dem sich aber ein wichtiger kalligraphischer Duktus entwickeln sollte, und das in wellenartigen Halbbögen schwelgende *Diwani,* die offizielle Schrift der osmanischen Sultanserlasse. Und da gibt es den ausgesprochen für ornamentale Zwecke erwählten Duktus, das schon erwähnte *Thuluth,* bei dem die Worte einer Zeile oft über- und untereinandergesetzt werden, so daß ein schwer entwirrbares Netz von Lanzen und Lassos entsteht, schließlich das überaus elegante *Nasta'liq,* die bevorzugte Schrift persischer, türkischer, hindustanischer Dichter-Diwane, das man die «Braut der islamischen Schriftstile» genannt hat, und viele weitere Duktus.[11]

Die Erfinder einiger der oben genannten Schriftarten haben die Formen und Maße der Lettern erlernbar gemacht durch genaue Beschreibung der Maße, sei es in einem Kreis oder in einem System von Rhomben. Die Harmonie in einer vollendeten Kalligraphie ist unübertrefflich; jede noch so geringe Unausgeglichenheit stört aber auch den geschulten Blick wie ein falsch gespielter Ton in einem anspruchsvollen Musikstück. Man sieht, die Kalligraphie entwickelte sich zu einer regelrechten Wissenschaft. Kalligraphen genossen und genießen daher begreiflicherweise ein hohes Ansehen. Nagib Mahfuz, der ägyptische Nobelpreisträger von 1988, schildert in einer seiner Erzählungen den Besuch bei einem solchen Meister und läßt den Helden beim Eintritt «zögern, um den Strom der Inspiration nicht zu stören, die Verbindung dieser Hand mit einer überirdischen Harmonie nicht zu unterbrechen.»[12]

Es gehört zu den wenigen erfreulichen Aspekten des Fundamentalismus, daß er die Pflege der Schriftkunst fördert. So wurde etwa auf dem von der iranischen UNESCO-Kommission in Paris veranstalteten Symposium zum 600. Todesjahr des Hafis im Foyer des UNESCO-Gebäudes eine Kalligraphie-Ausstellung mit ganz jungen Arbeiten veranstaltet, deren Qualität von hohem Niveau war. Die Ursache dieses Schriftkults ist offenkundig: Die arabische Schrift ist ja – wie die arabische Sprache – das Gefäß der göttlichen Offenbarung, und wird außerdem ständig für Koranverse und Prophetenworte sowie ähnlich heilige Worte frommer Väter, großer Mystiker, bedeutender Dichter verwendet. Hinzu kommt, daß das Schreibrohr im Koran als Mittel göttlicher Belehrung ausdrücklich genannt ist:

> Lies im Namen deines Herrn, der dich erschuf,
> den Menschen erschuf aus klebrigem Blut,
> Lies und dein Herr ist der hochedele,
> der, welcher lehrt mit dem Federrohr
> den Menschen, was er nicht wußte zuvor! (96,1–5)

Aus all dem erhellt die Mächtigkeit der arabischen Schrift. Diese wurde nun aber durch drei Faktoren noch weiter gesteigert, und zwar

1. den Zahlenwert der Buchstaben,
2. die Symbolik der Buchstabenformen,
3. die magische Wirkung von Lettern und Wörtern.

Der Zahlenwert der Buchstaben wurde aus anderen semitischen Alphabeten übernommen. Er ermöglichte Chronogramme und sonstige geheime Botschaften, aber natürlich auch eine weiterreichende Spekulation im Sinne der Kabbalistik. Solche Spekulationen wurden z. B. auf die geheimnisvollen, eine Reihe von Suren einleitenden Buchstabenfolgen, die sogenannten *Fawātiḥ*, angewandt.[13] Verschiedene, auf dem Zahlenwert der Lettern und astrologischen Bezügen aufbauende Methoden zur Voraussage zukünftiger Ereignisse kamen früh in Schwang. Eine hauptsächlich in schiitischen Kreisen gepflegte Methode nannte sich *ğhafr*; eine damit verwandte, offenbar von Sunniten bevorzugte Form, die Ibn Chaldun ausführlich beschrieben hat, hieß *Zā'irağa* oder *Zā'irğa*.[14]

Im 14. Jahrhundert entstand sogar eine islamische Sekte, deren Name *Ḥurūfiya* (von *ḥarf*, pl. *ḥurūf* = Letter) auf ihre gnostisch-kabbalistische Ausrichtung hinweist. Schließlich aber beruhte die ganze religiöse Magie, also Amulette und Talismane ebenso wie der Heilzauber, auf der Wirkung des geschriebenen Wortes. – Alles das ist zu bedenken, wenn wir die eminente Rolle der Kalligraphie im Rahmen islamischer Kunst und Kultur richtig verstehen wollen. Die wichtigste Funktion der Kalligraphie geht denn auch über das Ornamentale weit hinaus, sie besteht in der Sakralisierung der Gegenstände bzw. Gebäude, die damit geschmückt werden.

In der Tat dürfte es kaum ein Material geben, das nicht zum Träger arabischer Kalligraphie gemacht worden ist, wie ein Gang durch eine bedeutende Sammlung islamischer Kunst, z. B. in Istanbul oder Kairo, Berlin, London oder New York, dem staunenden Betrachter bald zum Bewußtsein bringt. Von Pergament und Papier über Teppiche, Tücher, Gewänder, von Glas über Kacheln und Ziegeln erstreckt sich das weitgefächerte Spektrum bis hin zu Holz, Marmor, Stuck, Stein, Metall. Aber wohlgemerkt, die Schrift ist diesen Materialien meistens nicht aufgetragen, vielmehr in sie hinein – und manchmal aus ihnen heraus – geprägt, gewoben, geknüpft, gestickt, gebrannt, gegossen, geschnitzt, gehauen, geschmiedet, getrieben, tauschiert. Und es gibt selten Gegenstände, denen der kalligraphische Schmuck fehlt. Angefangen beim steinernen Moscheeportal und der steinernen oder hölzernen Kanzel, dem häufig marmornen Mihrab und der gläsernen Moscheeampel, über Gegenstände des täglichen Lebens wie Koranlesepulte, Truhen und Federkästchen aus Holz; metallene Dosen, Schalen, Kessel; Zierteller und Gefäße aus Keramik; Tuch aller Art; bis zu Schwertern und anderen Waffen des Heiligen Krieges. Die ganze handwerkliche Produktion des Menschen scheint so der Schrift oder, wo sie fehlt, mindestens dem Ornament unterworfen, und damit vergeistigt, sakralisiert.

So ist denn auch das Kunsthandwerk der schönste Ausdruck islamischen Daseinsgefühls, islamischer Ästhetik im täglichen Leben. Die vollkommene Harmonie in Gestalt, Ornament und Kalligraphie erscheint uns nun als das, was sie ist, sinnlicher Ausdruck der Unterwerfung unter das Heilige und der dadurch erwirkten Teilhabe an diesem, an der Allmacht und ihrer kosmischen Ordnung.

3. Sichtbare Mächtigkeit in Kalligraphie und Ornament

Wer islamische Kalligraphie und Ornamentik im Hinblick auf die Frage betrachtet, wie sich in ihnen das, was ich Mächtigkeit nenne, ausgedrückt findet, wird bald auf eine Reihe von Phänomenen stoßen, die die Kunsthistoriker bisher entweder unbeachtet gelassen oder anders erklärt haben, als es hier versucht wird. Wir sind uns dabei bewußt, daß wir uns an Hypothesen wagen, weil die Dinge, um die es nun geht, sich nicht beweisen, sondern nur vermuten lassen.

Wir gehen davon aus, daß die Gestalter von Ornament und Kalligraphie ihre Erfahrung der Präsenz göttlicher Allmacht ausdrücken wollten. Ein elementares Symbol hierfür ist das Minarett, das wie eine Antenne in den Himmel emporragt, über die Kuppel empor, die ihrerseits die Himmelskuppel abbildet, wie denn im obersten Teil der Kuppel häufig sich in kreisförmiger Inschrift der Koranvers findet: «Er hält den Himmel fest, damit er nicht herunterfällt auf die Erde, außer mit seiner Erlaubnis» (22,65) oder auch: «Er hält den Himmel und die Erde fest, damit sie nicht schwinden. Doch wenn sie schwinden, kann keiner sie nach ihm noch festhalten.» (35,41)

Die Senkrechte der Minarette, die also offensichtlich die Verbindung von Himmel und Erde symbolisiert, wiederholt sich in den zahllosen Drahtseilen, die im Innern der Moschee aus der Kuppel herabhängen und den riesigen Eisenring halten, der die gläsernen Lämpchen trägt. Sie kehrt ebenfalls wieder in der islamischen Schrift, deren Buchstaben *alif, ṭāʾ, ẓāʾ, lām* mit ihren Hasten (Lanzen) wie Minarette über den Rundungen der anderen Lettern ragen, was wiederum an eine Reihe von Kriegern mit senkrecht stehenden Lanzen erinnert.

Die Allmacht pulst durch das Sein und erfüllt es mit Mächtigkeit. Kalligraphische Meisterwerke wirken auf uns wie eine kraftgeladene, gleichsam vom galvanischen Strom göttlicher Allmacht durchzuckte Schrift. Im Blumen-Kufi treiben die Lettern Ranken und Blüten, im Flechtkufi haben die Hasten mächtige Knoten, die an die magische Kraft von Knoten erinnern. Im Thuluth ordnen die unterschiedlichen Bögen sich zu wellenartigen Ornamenten, die Schriftzeilen verstreben und verschränken sich und die Hasten durchstoßen mehrere Zeilen. Oft fügen sich die Texte in einen Kreis, füllen Kuppeln oder Kartouschen. In der sogenannten «Wolkenschrift» *(abrī)* wird jedes Wort von einer Art weißer oder goldener Wolke umgeben. R. Ettinghausen deutet das Phänomen als eine Art ‹cordon sanitaire›, der die heilige Schrift von dem sie umgebenden Ornament als einem bloßen ‹human artistic endeavour› abhebe.[15] Ich möchte auch hier lieber von heiliger Mächtigkeit sprechen und die Wolke als Nimbus, als Aureole um die heilig-mächtigen Schriftzüge deuten, zumal sie einerseits oft gar nicht von Ornament umgeben sind, ich andererseits das Ornament für kaum weniger heilig als die Schrift halte. Ebensowenig scheint mir der dominante Hang zum *Horror vacui* im persischen Ornament ungeachtet des irreführenden Namens ein Reflex der mittelalterlich-islamischen Gesellschaft mit ihren von Leben berstenden, aber von der umgebenden Wüste (= Leere) bedrohten Städten zu sein, wie Ettinghausen vorschlägt.[16] Vielmehr dürfte diese Fülle wiederum Mächtigkeit ausdrücken, also die Fülle der göttlichen Gegenwart, die, wie das Licht, keine Lücken läßt. Vielleicht ließe sich damit auch das in der persischen Miniatur beliebte Ausufern des Bildes über den Bildrand erklären. Die Vermutung, daß diese beiden Erscheinungen strukturell mit «Mächtigkeit» zu tun haben, wird bestärkt durch das von mehreren islamischen Mystikern berichtete Wunder der «Aufblähung», d. h. Ausdehnung des eigenen Körpers bis zur Anfüllung eines Raumes.[17] Wichtig für unsern Zusammenhang ist ferner die im Ornament so häufige Übereinanderlagerung mehrerer Systeme, auf die Ettinghausen in seinem Aufsatz über den *Horror vacui* hinweist. Sie dient der Füllung des Raumes, erscheint aber gleichzeitig oft als hierarchische Struktur oder aber als Verdichtung, Potenzierung, was wiederum auch als Tanz und Ekstase gedeutet werden kann, z. B. in persischen Teppichen – so wie wir bereits vom Stalaktitenornament als von steinerner Ekstase gesprochen haben.

4. Malerei und Skulptur

Wie gesagt, gab es für die Herstellung der bisher genannten Kunstobjekte keine Behinderung durch das Gesetz. Dies betraf vielmehr nur die Darstellung lebender Wesen. Die Entwicklung von großformatiger Malerei und Skulptur wurde dadurch, von wenigen marginalen Ausnahmen abgesehen, verhindert. Lediglich in der Buchillustration, also gleichsam an dezent versteckter Stelle, entwickelte sich eine lebendige Maltradition, die viele Schulen und Epochen umfaßt und äußerst reizvolle, hochrangige Kunstwerke aufzuweisen hat. Doch zunächst ein näheres Wort zum Bilderverbot.

a) Verbot und Legitimierung des Bildes

Das Bilderverbot entstammt nicht dem Koran, es sei denn indirekt, durch verallgemeinernde Deutung des Wortes *anṣāb* (aufgerichtete Steine, d. h. Grabstelen, Opfersteine oder Idole) im Sinne von «Bild»: «O ihr Gläubigen! Wahrlich, Wein und Glücksspiel und Opfersteine und Omenpfeile sind ein Greuel von Satanswerk! Vermeidet es, auf daß es euch wohl ergehe!» (5,90) Auf eine archaische Verknüpfung von Kunst und Magie im Weltbild des Korans verweist hingegen jene Stelle, die berichtet, daß einige der Salomo dienstbaren Dämonen («Dschinnen») «für ihn herstellten, was er wünschte an Palästen und Bildwerken, Schüsseln (so groß) wie Tröge und massive

Kessel» (34,13). Der Vers mag indirekt zum Bilderverbot beigetragen haben. Eindeutige Verurteilungen bildlicher Darstellung finden sich aber nur im Hadith. Da stehen Berichte wie die folgenden, die auf Muhammads Frau `A'ischa zurückgehen:

«Der Gesandte Gottes – Gott spende ihm Frieden und Heil! – kam von einer Reise zurück. Ich hatte auf eines meiner Simse ein Tuch von mir gelegt mit Abbildungen *(tamāthīl)*. Als der Gesandte Gottes – Gott spende ihm Frieden und Heil! – es erblickte, ergriff er es, zerriß es und sagte: ‹Die schlimmste Strafe beim Jüngsten Gericht werden jene erleiden, die die Schöpfung nachgeahmt haben!›»[18]

«Sie hatte ein Tuch mit Bildern *(taṣāwīr)* gekauft und als der Gesandte Gottes es erblickte, blieb er an der Tür stehen und trat nicht ein. Als sie den Widerwillen in seinem Gesicht bemerkte, sagte sie: ‹O Gesandter Gottes! Ich bereue vor Gott und dem Propheten! Was habe ich gefrevelt?› Er sprach: ‹Was soll dieses Tuch?› Sie sprach: ‹Ich habe es für dich gekauft, du solltest darauf sitzen und es als Kissen benutzen!› Der Gesandte Gottes – Gott spende ihm Segen und Heil! – sprach: ‹Wahrlich, die Hersteller dieser Bilder werden am Jüngsten Tage bestraft werden und man wird zu ihnen sagen: Belebt, was ihr erschaffen habt!› Und er sprach weiter: ‹Die Engel betreten kein Haus, in dem Bilder sind!›»[19]

In andern Hadithen verflucht Muhammad die Maler zusammen mit Frauen, die sich tätowieren, mit Wucherern und mit – Zauberern![20] Die Frage, ob diese Hadithe echt sind, ob sie auf jüdischen oder christlichen Einfluß zurückgehen, interessiert nur die Forschung.[21] Entscheidend für die Kunstgeschichte ist ihre Wirkung. Diese Wirkung hat zumindest die Verwendung von Malerei und Skulptur in Kultbauten und damit eine Entwicklung einer im engeren Sinne sakralen bildlichen Kunst verhindert, wie dies entsprechend ja auch für die Musik gilt, mit dem wichtigen Unterschied, daß die Mystik einen Entfaltungsraum für sakrale Musik geschaffen hat.

In der Malerei kommt das Verdienst (zwar nicht einer wirklichen Überwindung, wohl aber) einer Umgehung und Nichtbeachtung des Verbots eher den Höfen und wohlhabenden Mäzenen zu. Allerdings ist zweifellos auch immer wieder wertvolle Buchmalerei von Fanatikern zerstört oder verschandelt worden. So sind im berühmten Leningrader Hariri-Manuskript den menschlichen Gestalten durch einen Federstrich symbolisch die Köpfe abgeschnitten, wenn dies nicht etwa ein Verzweiflungsakt eines Miniaturfreundes war, dem es mit diesem Trick gelang, Schlimmeres zu verhindern.[22] Solange aber Miniaturen in den Hofbibliotheken aufbewahrt blieben, waren sie vor solchen Vandalenakten geschützt. Andererseits aber hat das Bilderverbot doch die Gestaltung dieser Maler beeinflußt. Die menschliche Gestalt durfte keine Schattierung und keine plastische Form aufweisen. Die Menschen erscheinen daher in den Miniaturen zweidimensional und ihre Gesichter haben keine individuellen Züge.

Das beginnt sich erst in der indischen Miniatur der Großmoghulzeit unter europäischem Einfluß zu ändern.

Vermutlich gehört zu den spezifisch islamischen Elementen der Miniatur auch ihre Polyperspektivität. Damit wird einerseits der Raum seiner Realität entkleidet, zum andern schaltet der Maler in souveräner Mächtigkeit über das Raumgefüge wie auch über die Menschen. Das Verhältnis des Malers zu seinem Gegenstand entspricht also in gewisser Weise jenem des asch'aritischen Allah zu seiner Welt und seinen Geschöpfen: So wie Gott die normalerweise in der Natur waltenden Gesetze jederzeit durchbrechen kann, um ein Wunder zu bewirken, so hebt der Maler mit seiner Kunst die Gesetze des natürlichen Erscheinungsbildes auf und gießt es um in etwas Wunderbares, Magisches, die «erlaubte Magie» der islamischen Miniatur.[23] Diese Mächtigkeit aber wird dadurch erzielt, daß sich der Maler den aus dem Bilderverbot erwachsenden Beschränkungen unterwirft.

Mächtigkeit und speziell islamische Mächtigkeit kommt allerdings sehr oft auch durch die dargestellten Motive ins Bild. So ist ein sehr großer Teil der Miniaturen ja dem höfischen Leben gewidmet, eine Schloßarchitektur beherrscht das Bild, und den dargestellten Bau schmückt in der Regel mindestens eine äußerst zierlich gepinselte Inschrift eindeutig islamischer Provenienz wie z. B. – über einer Tür – der Gebetsseufzer *yā mufattiḥ al-abwāb* – «O du Öffner der Pforten!» Eine dem Bild zugeschriebene Mächtigkeit kommt schließlich auch in literarischen Zeugnissen zum Ausdruck.

b) Magische und wunderbare Wirkungen der Malerei als Mächtigkeit

Eine der herkömmlichen und vermutlich ältesten Formen von Magie ist der Bildzauber. Was dem zu Verzaubernden angetan werden soll, wird an einem Bild von ihm ausgeübt. Dergleichen scheint auch zur Zeit Muhammads in Arabien praktiziert worden zu sein, und sein in den Hadithen zum Ausdruck kommender Abscheu vor Bildern dürfte hierin mindestens eine seiner Wurzeln haben. Anweisungen für Bildzauber finden sich auch im *Ziel des Weisen*, dem oben (S. 212f.) besprochenen großen arabischen Handbuch der Magie.[24] Doch nicht davon soll hier die Rede sein, sondern von der seelischen Verzauberung durch Bilder.

Zwei Hauptmotive lassen sich in der narrativen Literatur des islamischen Mittelalters ausmachen: Da ist einmal die Entstehung, vor allem aber die Heilung einer fixen Idee durch ein Bild. Mehrfach findet sich das Motiv der unüberwindlichen Abneigung gegen das andere Geschlecht bei einem jungen Mann oder Mädchen, die sich aufgrund eines Bildes von oder wirklichen Erlebnissen mit Tieren herausgebildet hat und demzufolge alle Männchen bzw. Weibchen den Partner und die Jungen in Gefahr verlassen, um sich selber zu retten. Diese fixe Idee wird jeweils durch ein weiteres Bild geheilt, das genau das Gegenteil zeigt, Treue bis in den Tod. Nicht weniger häufig begegnen Variationen des andern Motivs, des sich Verliebens aufgrund eines Bildes, das u. a. Nizami in seinem Epos *Chosrou und Schirin* verwendet, das aber ebenso mehrfach in *Tausendundeiner Nacht* vorkommt. Die durch das Bild geweckte Liebe ist jeweils so mächtig, daß der, der es erblickt hat, nicht ruht, bis er die Dargestellte leibhaftig gefunden und ihre Liebe errungen hat.[25]

Diese zuletzt beschriebene Art von Mächtigkeit konnte zwar die islamische Malerei in Wirklichkeit kaum ausüben, da ihr das Porträt fehlte. Doch wußte man, daß dieses in andern Kulturen, zumal der chinesischen, existierte. Der Weltreisende Ibn Battuta berichtet davon, wie er und seine Begleiter in Peking von den Hofmalern des Kaisers innerhalb kürzester Frist täuschend ähnlich proträtiert worden seien; er fügt freilich hinzu, daß die Chinesen jeden Fremden auf diese Art abkonterfeiten und die so hergestellten Porträts für die Verfolgung und Identifizierung von Verbrechern benutzten.[26] Die der Mächtigkeit des Bildes im Islam gesetzten Grenzen hatten also unter gewissen Aspekten auch ihr Gutes.

Schließlich ist darauf hinzuweisen, daß die islamische Ikonographie eine ganze Reihe von machthaltigen und z. T. wohl auch magischen Motiven aus früheren Kulturen übernommen und ihre Funktion bewahrt hat. Hierher gehören etwa der Herrscher in thronender Pose, der Herrscher als Jäger und ähnliche häufige Machtmotive, z. B. der eine Gazelle anfallende Löwe. Aber auch eine einzelne Tierdarstellung etwa eines Hirsches auf einer Lüsterschale aus dem 10. Jahrhundert kann den Ausdruck von «fast magischer Macht» vermitteln.[27]· Bei Gefäßen in Tierform rechnet die Kunstgeschichte zudem mit apotropäischer Funktion.[28]

In der islamischen Kunst manifestieren sich also, wie zu erwarten, auf mancherlei Weise Unterwerfung und Mächtigkeit. Die Unterwerfung bekundet sich im Verzicht auf Körperlichkeit und Gesicht, überhaupt auf den realistischen Schein bei der Darstellung realer Welt – dies geschieht nur bei Tieren und einigen dinglichen Details, ansonsten wird die Wirklichkeit nicht «real», sondern «magisch» wiedergegeben –, in der Verwendung «kosmisch» orientierter Ornamente und der Kalligraphie als Mittel der Sakralisierung. Die Mächtigkeit erscheint in Machtsymbolen sowohl monumentaler wie subtiler Art im überall erkennbaren Bestreben, den Betrachter zu überwältigen, in heilige Ekstase zu versetzen, sowie nicht zuletzt in Macht verkündenden Inschriften.

Vierter Teil
Mächtigkeit im Bereich von Erotik und Mystischer Minne

XII. Die Mächtigkeit der Frau

Hier soll gezeigt werden, inwiefern unser Denkmodell auch für die Erhellung der Stellung der Frau im Islam stichhaltig ist und wie es insbesondere den Widerspruch zu erklären vermag, daß einerseits die Frau in der Scharia scharfen Einschränkungen unterworfen wird, andererseits aber in der Dichtung die Glorifizierung der Frau oft bis an die Grenze der Vergöttlichung getrieben wurde, was wiederum der Verehrung und Mächtigkeit einzelner Frauen in der islamischen Gesellschaft unserer Tage entspricht. Es ist davon auszugehen, daß auch die Frau zu Beginn des Islam als Trägerin dämonischer oder magischer Mächtigkeit empfunden wurde und dieses Empfinden auch später nie aufhörte, die aus Männern bestehenden Hüter der religiösen Ordnung zu irritieren.

1. Die Frau im vorislamischen Arabien

In zeitgenössischer islamischer Literatur wird unter den Vorzügen Muhammads und seiner Sendung oft auch die Förderung der Rechte der Frau, ja ihre Befreiung aus dem Joch der Sklaverei genannt. Diese Sicht der Dinge ist ausgesprochen jungen Datums; in mittelalterlichen Quellen ist nie davon die Rede, und die von den frühen Muslimen bewahrten Erinnerungen an das vorislamische Arabien sprechen ebenfalls eine andere Sprache. Gewiß, der Koran verbietet die bei den Beduinen damals mitunter offenbar noch geübte Bestattung neugeborner, aber unerwünschter Mädchen, sie sichert der Frau gewisse Rechte bei der Eheschließung und bei der Scheidung zu, andererseits aber hat der Islam durch seine Gesetze die Bewegungsfreiheit und die Entwicklungsmöglichkeiten der Frau innerhalb der Gesellschaft stark beschnitten.[1]

In vorislamischer arabischer Dichtung erscheint die Frau zwar nicht selten als reines Genußobjekt, genauer gesagt: der Dichter rühmt sich, Frauen der von ihm erschlagenen Gegner genossen zu haben. Demgegenüber erscheint aber in den sogenannten *Berichten (aḫbār),* d. h. in zu dieser Dichtung überlieferten Erzählungen, die Frau sehr oft als ausgesprochen selbstbewußtes, stolzes, ja eigenwilliges Wesen. So läßt sie sich z. B. nicht über ihren Kopf hinweg verheiraten, wie es in der islamischen Gesellschaft zur allgemein üblichen Regel werden sollte.[2] Muhammads erste Frau Chadidscha, eine angesehene Kaufmannswitwe, die ihn in ihre Dienste stellte und ihm dann die Ehe vorschlug, ist ein beweiskräftiges Beispiel für diese freiere Stellung der arabischen Frau vor dem Islam. Auch einen Schleier trugen diese Frauen nicht.

Dschahiz, der geistreiche und scharf beobachtende Bel-Esprit und Sittengeschichtler des 9. Jahrhunderts, betont in seinem Traktat über die Sängersklavinnen, daß Mann und Frau in vorislamischer Zeit ungezwungen zusammenkamen und plauderten und daß die Gatten dies unbesorgt duldeten, solange die Grenzen des Anstands nicht überschritten wurden. Erst mit dem koranischen, an die Gattinnen des Propheten gerichteten Gebot, im Haus zu bleiben (Sure 33,33), habe sich das geändert.[3] Von seiner eigenen Zeit und Gesellschaft berichtet dieser Autor, daß viele Männer lieber eine Sklavin auf dem Markt kauften, weil sie sie vorher betrachten und betasten könnten, als eine Freie zu heiraten, die sie erst in der Hochzeitsnacht zu sehen bekämen (vgl. Kap. III.8).

2. *Die Frau im Koran*

Die Stellung der Frau im Koran läßt sich in drei Aspekte gliedern: die Frau erscheint dort nämlich einmal als biologisches und gesellschaftliches Wesen, sodann als Gläubige und drittens als Figur der Heilsgeschichte. Es ist wichtig, diese drei Ebenen zu sehen, um die Einstellung des Korans nicht einseitig zu beurteilen. Beginnen wir mit dem, was der Koran zur Frau als biologischem und gesellschaftlichem Wesen zu sagen hat, also zu ihrer Rolle als Mädchen, Braut, Gattin, Mutter und Geschiedene.

Der Koran verbietet, wie bereits erwähnt, die in vorislamischer Zeit offenbar noch gelegentlich geübte Praxis, neugeborene Mädchen aus wirtschaftlichen Erwägungen heraus zu töten.[4] Die hier angebahnte Gleichstellung der beiden Geschlechter wird jedoch durch manche andere Aussagen des Korans wieder eingeschränkt. An zwei Stellen ist ausdrücklich von der Überlegenheit des Mannes über die Frau die Rede. So heißt es in Sure 2,228 im Zusammenhang einiger Vorschriften über Scheidung: «Ihnen steht vom Brauch her soviel zu wie ihnen obliegt, doch die Männer haben einen Vorrang über sie» (bzw.: «stehen eine Stufe über ihnen»). Deutlicher wird der heilige Text in Sure 4,34: «Die Männer stehen den Frauen vor wegen des Vorrangs, den Gott den einen über die andern gegeben hat und wegen der Ausgaben, die sie von ihren Besitztümern tätigen. Die frommen (Frauen) aber sind gottesfürchtig und bewahren das Verborgene mit allem, was Gott verbirgt. Wenn ihr jedoch Auflehnung von ihnen befürchtet, so ermahnt sie, meidet sie in den Betten und schlagt sie! Wenn sie euch aber gehorchen, so trachtet nicht wider sie, denn Gott ist hoch und groß!»

Aus der hier geforderten Unterwerfung ist im islamischen Recht die absolute Gehorsamspflicht *(ṭā'a)* geworden. Die Ungleichheit drückt sich insbesondere darin aus, daß dem Mann, wie bekannt, im Koran gestattet wird, bis zu vier Frauen gleichzeitig zu heiraten und darüber hinaus mit allen Sklavinnen, die er besitzt, im Konkubinat zu leben (4,3). Der Vers macht zwar den Eindruck, als habe die Erlaubnis ursprünglich den Sinn gehabt, verwaiste Mädchen zu versorgen: «Und wenn ihr fürchtet, die Waisen nicht billig zu behandeln, so heiratet an Frauen, was euch gut erscheint, zwei, drei oder vier! Doch wenn ihr fürchtet, ungerecht zu sein, so nur eine oder was ihr (an Sklavinnen) besitzt!» Das islamische Recht hat aber diesem Kontext keine Beachtung geschenkt und die Ehe mit bis zu (gleichzeitig) vier Frauen als legal erklärt. Was die Bedingung gleicher Behandlung betrifft, so wird sie im Recht ziemlich ernst genommen, im Koran selber dagegen noch in der gleichen Sure als unerfüllbar bezeichnet: «Ihr werdet zwischen den (von euch geehelichten) Frauen nicht gerecht verfahren können, auch wenn ihr ganz danach trachtet.» (4,129)

Etwaige Bedenken gegenüber der Mehrehe wurden damit zerstreut. Erst die moderne Exegese hat beide Verse addiert und daraus den Schluß gezogen, daß der Koran im Grunde die Einehe gebiete, da die Bedingung für Mehrehe gleiche Behandlung sei, der heilige Text selber aber diese Fähigkeit den Männern abspreche. Auch bei dieser Exegese bleibt freilich der zweite Teil von Vers 4,3 außer Betracht, der das Konkubinat mit einer nur durch den Besitzstand begrenzten Zahl von Sklavinnen gestattet und damit die Grundlage der Institution des Harems bildet.

Der kommerzielle Ton, der in der Formulierung «was ihr besitzt» anklingt, begegnet auch sonst im koranischen Ehe- und Scheidungsrecht. Verstoßung einer Frau erscheint da als bloßer Tausch: «Wenn ihr eine Gattin durch eine andere Gattin auswechseln wollt und ihr zuvor ein Kintar (als Morgengabe) gegeben habt, so nehmt nichts davon weg!» (4,20) Da ein bloßes Wort, eine Formel genügt, um die Frau zu verstoßen, konnte es leicht geschehen, daß ein Mann dies in einem Augenblick des Zorns tat, dann bereute und sie wieder zurückrief, dann erneut verstieß und nochmals zurückrief. Der Koran faßt diese Möglichkeit ins Auge und setzt, damit sich das grausame Spiel nicht ad infinitum wiederhole, eine Grenze: «Verstoßung (und anschließende Rücknahme ist) zweimal (statthaft). Dann (sollte) entweder Verzicht (auf weitere Verstoßungen) nach gutem Brauch oder Entlassung mit einem Geschenk (erfolgen). Wenn er sie jedoch (ein drittes Mal) verstößt, so ist sie ihm alsdann nicht mehr erlaubt, es sei denn, daß sie einen andern Gatten heirate. Wenn der sie verstößt, so ist es kein Fehltritt für sie, wenn sie zueinander zurückkehren, sofern sie glauben, die von Gott gesetzten Grenzen einzuhalten.» (2,228–230) Fügen wir hinzu, daß die Frau als Zeugin vor Gericht dem Mann nicht gleichgestellt ist, vielmehr ihr Zeugnis nur halb soviel gilt wie seines, und daß sie auch bei der im Koran detailliert geregelten Erbteilung schlechter wegkommt als der Mann (4,11–12), so haben wir die Stellen des Korans, in denen die Zurücksetzung der Frau gegenüber dem Mann verankert ist, im wesentlichen behandelt.

Noch eine Bemerkung zu der eben erwähnten Vorschrift für den Fall, daß ein Mann seine Frau nach dreimaliger Verstoßung (wobei es keine Rolle spielt, ob diese in drei zeitlich getrennten Intervallen oder auf einmal durch die dreifache Verstoßungsformel erfolgt ist) erneut zurückhaben möchte. Es ist wohl nicht zuviel gesagt, wenn wir dahinter bereits die Realität der «Mächtigkeit» der Frau vermuten, die einerseits den Mann immer wieder dazu reizt, sie zu verstoßen, andererseits aber so viel Macht über ihn hat, daß er nicht von ihr zu lassen vermag. Der koranische Riegel hat denn auch keineswegs dem Verstoß-Spiel ein Ende bereitet, vielmehr zur rechtlichen Institution der Lösungsehe *(taḥlīl),* der Verheiratung mit einem «Löser» *(muḥallil)* geführt, also einem Interimsgatten, der die dreimal Verstoßene heiraten und alsbald wieder verstoßen muß, um sie dem früheren Gatten wieder statthaft zu machen.

Es sei an dieser Stelle nun aber betont, daß der Koran zwar die Mehrehe zuläßt, die Scheidung oder Verstoßung dem Mann ohne weiteres gestattet und in der Ehe die gehorsame Unterwerfung des Weibes unter den Mann gebietet, andererseits aber dazu auffordert, die Frauen «nach gutem Brauch» *(bil-maʿrūf* 4,19) zu behandeln und sich im Streitfall gütlich zu einigen (4,35). Auch ist bei Wiederverheiratung eine Wartefrist von drei Monaten einzuhalten, damit feststeht, daß die Frau nicht schwanger ist: Ist sie bei der Verstoßung schwanger, so hat der Mann die Ausgaben für sie zu bestreiten, und wenn sie Kinder von ihm stillt, ihr ihren Lohn zu geben (65,4–6).

In einigen Versen erscheint die muslimische Frau völlig ebenbürtig neben dem Mann, wenn beide nicht als Ehepartner, sondern in ihrer Rolle als Gläubige oder einfach als Mitglieder der Gesellschaft behandelt werden: So heißt es in bezug auf den Erwerb: «Die Männer haben einen Anteil von dem, was sie erwerben, und die Frauen haben einen Anteil, von dem was sie erwerben» (4,32). Und in bezug auf den jenseitigen Lohn: «Wahrlich die Muslime und die Musliminnen, die gläubigen, gottesfürchtigen, aufrichtigen, geduldigen, demütigen, Almosen spendenden, fastenden, ihre Scham hütenden, Gottes gedenkenden Männer und Frauen (der Koran braucht jeweils das Maskulinum und das Femininum des betreffenden Adjektivs oder Partizips), für sie hat Gott Verzeihung und gewaltigen Lohn bereitet!» (33,35) Es kann also keine Rede davon sein, daß die Frau im Islam, wie es früher in Europa manchmal behauptet wurde, keine Seele habe, und ebensowenig ist sie vom Paradies ausgeschlossen: So beten etwa die Engel, die den Thron Gottes tragen: «O unser Herr, der du alles umfaßt mit Barmherzigkeit und mit Wissen, verzeihe denen, die deinen Pfad befolgen, und schütze sie vor der Pein der Hölle, o unser Herr, und lasse sie eintreten in Eden, das du ihnen versprochen hast, und die Frommen unter ihren Vätern, ihren Gattinnen und ihrer Nachkommenschaft, denn du bist der Mächtige, der Weise!» (40,7–8)

Als dritter Flügel im Triptychon «Frau im Koran» bleibt uns nun noch das Bild der Frau in der Heilsgeschichte kurz zu betrachten. Beginnen wir mit der Menschheitsmutter und stellen fest, daß sie im Unterschied zur jüdisch-christlichen Überlieferung nicht als Verführerin Adams auftritt, vielmehr beide gleichermaßen als Verführte Satans erscheinen (2,35f.; 20,115f.). Des weiteren sind vier Frauen der Heilsgeschichte zu nennen, die aufgrund ihrer Erwähnung im Koran einen Ehrenplatz in der islamischen Tradition erhalten haben, nämlich Asiya, die Frau des Pharao (Fir`aun), dem gegenüber Mose die Sache des jüdischen Volkes vertrat, Sulaika, die Frau des «Mächtigen von Ägypten», Bilqis, die Königin von Saba, und Maryam (Maria), die Mutter Jesu. Jede dieser vier Frauen, von denen übrigens nur Maria mit ihrem Namen genannt wird, während die übrigen Namen der frommen Tradition entstammen, ist auf ihre Weise «mächtig».

Asiya entspricht der Tochter des Pharao im Alten Testament. Sie ist es, die den im Korb ausgesetzten Knaben Mose aufnimmt und ihren Mann überredet, ihn zu schonen: «Ein Augentrost für dich und für mich! Tötet ihn nicht! Vielleicht wird er uns nützen, oder wir nehmen ihn als Kind an, ohne daß sie es merken!» (28,9) Am Schluß von Sure 66 wird sie zusammen mit Maria als fromme Frau den bösen, in die Hölle verdammten Frauen von Loth und Noah gegenübergestellt. Das ist um so erstaunlicher, als sie ja die Frau eines Gottesleugners und Tyrannen ist. Die muslimische Tradition schildert, welchen Foltern ihr Mann sie aussetzt und wie Gott ihr hilft, diese durchzustehen.[5]

Sulaika ist die Frau, die Joseph zu verführen sucht. Sie ist das koranische Beispiel für «List» *(makr,* 12,28) und «Tücke» *(kaid,* 12,33–34) der Weiber, die in diesem Fall nur deswegen versagt, weil Gott selber sie abwendet als der – wie an anderer Stelle betont wird – «beste unter den Ränkeschmieden» *(ḫair al-mākirīn,* 3,54; 8,30). In der frommen Tradition erfährt nun Sulaika aber eine Entwicklung zur frommen Frau und repräsentiert in Dschamis mystischem Epos *Joseph und Sulaika* die menschliche Seele, welche in die durch Joseph symbolisierte göttliche Schönheit verliebt ist.[6]

Bilqis, die Königin von Saba, ist die unabhängigste und mächtigste Frau, die der Koran kennt, freilich eine Ungläubige, da sie und ihr Volk die Sonne anbeten. Als aber Salomo, der nach koranischer Lehre ein Prophet ist, ihr seine Macht vor Augen führt, nimmt auch sie den Islam an.[7]

Schließlich Maria. Sie ist die jungfräuliche, durch den Heiligen Geist empfangende Mutter jenes Propheten, der schon als Säugling redet, einen aus Ton geformten Vogel lebendig macht, Blinde und Aussätzige heilt und Tote auferweckt (3,45 f.).

Zu den Frauen der früheren Heilsgeschichte gesellen sich im Koran die Frauen des Propheten. Gewiß, keine von ihnen wird namentlich genannt, doch mehrere sind Anlaß für Offenbarungen geworden. Man mag es bedauern, daß Chadidscha, die erste Gattin Muhammads, mit der er in Einehe lebte, im Koran nicht erwähnt ist. In der mekkanischen Periode bleibt jedoch die private Sphäre noch außerhalb der Offenbarungen. Anders dann in medinensischer Zeit. Dreimal finden wichtige Entscheidungen über Muhammads Beziehungen zu Frauen ihren Niederschlag im Koran.

Da ist einmal die sogenannte «Halsbandaffäre». Bei einer kriegerischen Expedition im Jahre 6, auf welcher Muhammad von seiner Lieblingsfrau, der blutjungen `A´ischa begleitet wird (der 50jährige Prophet hatte sie, als sie 9 Jahre alt war, geheiratet), entfernt sich diese während einer Rast, um sich an einer Quelle zu reinigen, läßt ihr Halsband liegen, begibt sich daher, während das Lager schon im Aufbruch ist und man sie bereits in ihrer Sänfte glaubt, unauffällig nochmals an den Ort und findet, als sie zurückkommt, Muhammad und die Seinen nicht mehr vor. Ratlos setzt sie sich nieder, da erscheint ein junger Mann, läßt sie auf seinem Kamel Platz nehmen und geleitet sie zur Karawane zurück. Der Vorfall gab Anlaß zu Klatsch, auch zu Gerücht und Verdächtigung. `Ali, der Schwiegersohn Muhammads, riet diesem, `A´ischa zu verstoßen, woraus ein Antagonismus zwischen `Ali und `A´ischa erwuchs, der noch nach Muhammads Tod in der sogenannten Kamelschlacht nachwirkte und damit letzten Endes zur Entstehung des Konflikts zwischen Sunna und Schia beitrug. Momentan aber wurde die Situation durch eine Offenbarung beruhigt, die vorschrieb, daß «diejenigen, die ehrbare Frauen beschuldigen und dann nicht vier Zeugen bringen», mit 80 Peitschenhieben zu bestrafen sind (24,4). Man hat gemutmaßt, daß diese schier unerfüllbare Forderung zur strengen Einsperrung der islamischen Frau im Haus beigetragen hat; doch genügte dafür die Verordnung in Sure 33 (vgl. S. 286).

Im zweiten Fall geht es um Zainab, die Frau von Zaid, dem Adoptivsohn Muhammads, einen freigelassenen Sklaven, den Chadidscha ihm einst geschenkt hatte. Er war etwa zehn Jahre jünger als der Prophet und einer der ersten Bekenner des Islam. Muhammad verliebte sich in Zainab und hätte sie gern geheiratet, scheute sich aber, diesen Schritt zu tun, zumal damals die adoptierten Söhne den leiblichen gleichgestellt waren, so daß er gewissermaßen seine Schwiegertochter geheiratet hätte. Sein Zaudern dauerte an, bis eine göttliche Offenbarung ihn ausdrücklich zu jenem Schritt ermutigte – vor Gott solle er sich schämen, nicht vor den Menschen! – und gleichzeitig klarstellte, daß Nennsöhne den leiblichen Söhnen keineswegs gleichzusetzen sind. (33,4; 37–40) Auch hier also wurde die «Mächtigkeit» einer Frau zu einem «Offenbarungsanlaß» und löste zudem rechtliche Folgen aus. Das

Verhältnis zwischen Muhammad und Zaid, der danach noch vier Frauen heiratete, von denen er zwei wieder verstieß, wurde übrigens, so versichert die Tradition, durch diesen Vorfall nicht getrübt und Zainab fühlte sich durch den Wechsel keineswegs vergewaltigt, vielmehr im Gegenteil erwählt.

Beim dritten Fall schließlich ging es den muslimischen Kommentaren zufolge um einen Zwist im Harem. Muhammad hatte vom Statthalter Ägyptens eine koptische Sklavin namens Mariya geschenkt bekommen, mit der er im Konkubinat lebte und die er sehr schätzte. Nun traf es sich, daß er einst von seiner Frau Hafsa in deren Haus überrascht wurde, als er dort gerade mit Mariya weilte. Muhammad suchte die empörte Gattin zu beschwichtigen, indem er schwor, mit Mariya keinen Umgang mehr zu haben, sofern Hafsa die Sache für sich behalte. Da sie den Vorfall aber an `A´ischa ausplauderte, fühlte sich auch Muhammad nicht mehr an seinen Eid gebunden und wurde durch eine Offenbarung in seiner Haltung bestätigt. Die Auflösung (unter bestimmten Bedingungen ausgesprochener?) Eide wird ausdrücklich als von Gott auferlegte Pflicht hingestellt. Auch in diesem Fall hatte der private Vorfall also eine allgemeine und rechtliche Konsequenz. Diese Offenbarung ist nun mit einer furchtbaren an die beiden Frauen gerichteten Drohung verbunden, aus welcher deren Mächtigkeit auf eindrückliche Weise hervorgeht. Der etwas delphisch tönende, andeutungsreiche Text, den man ohne den historischen Hintergrund kaum verstehen würde, lautet wie folgt:

«O Prophet! Warum verwehrst du dir, was Gott dir erlaubt hat, um deine Gattinnen zufriedenzustellen? Gott ist verzeihend und barmherzig! Gott hat euch die Lösung eurer Eide auferlegt und Gott ist euer Schutzherr und er ist der Wissende, der Weise.

Und als der Prophet einer seiner Gattinnen ein Geheimnis anvertraute, und sie es kundtat und Gott es ihm sichtbar machte, gab er etwas davon bekannt und ließ etwas auf sich beruhen. Und als er es ihr kundtat, sprach sie: Wer hat dir dies kundgemacht? Er sprach: Der Wissende, Kundige hat es mir kundgetan.

Wenn ihr zwei umkehrt zu Gott, denn eure Herzen sind abgeirrt (so ist die Sache erledigt). Wenn ihr euch jedoch gegen ihn empört, so ist Gott sein Schutzherr und Gabriel und die Frommen unter den Gläubigen und die Engel sind obendrein seine Helfer! Vielleicht daß sein Herr, wenn er euch verstößt, ihm Gattinnen eintauscht besser als ihr, Musliminnen, Gläubige, Gottesfürchtige, Reuemütige, Dienende, Züchtige, Witwen und Jungfrauen!» (66,1–5)

In allen drei Fällen wird ein privates Problem veröffentlicht oder vielmehr «sakralisiert», rechtliche Konsequenzen werden gezogen, die Mächtigkeit der Frauen kommt auf mancherlei Weise zum Ausdruck. Zweifellos trug ja diese weibliche Macht auch zur Machtfülle des Propheten bei. Es sei hier daran erinnert, daß in heutiger apologetischer Literatur Muhammads polygyne Praxis mit dem Hinweis darauf gerechtfertigt wird, daß es sich größtenteils um politische Heiraten gehandelt habe. Das trifft in der Tat mindestens in einigen Fällen zu. `A'ischa und Hafsa waren die Töchter von Abu Bakr und `Umar, zwei der mächtigsten Männer des jungen Islam und die ersten beiden Kalifen nach Muhammads Tod. Im Fall von Zainab allerdings ist kein politisches Motiv zu erkennen, und der Koran selber spricht vom Anreiz der Schönheit, als er Muhammad verbietet, weitere Frauen zu heiraten: «Hinfort sind dir keine (weiteren) Frauen erlaubt, noch daß du Gattinnen gegen sie austauschst, mag dir auch ihre Schönheit gefallen, es sei denn Sklavinnen, die deine Rechte besitzt. Gott beobachtet alles.» (33,52)

Die Alternative «Herausforderung» oder «Unterwerfung» und das Prinzip der «Teilhabe durch Unterwerfung» kommt gerade in den an die Frauen des Propheten gerichteten Ermahnungen deutlich zum Ausdruck, wobei zu den oben an Hafsa und `A'ischa gerichteten noch die folgenden, an alle Gattinnen Muhammads gerichteten hinzutreten:

«O Prophet! Sprich zu deinen Gattinnen: Trachtet ihr nach dem irdischen Leben und seinem Zierat, so kommt her, ich will euch ausstatten und mit Anstand entlassen! Trachtet ihr aber nach Gott und seinem Gesandten, so hat Gott für die Wohltätigen unter euch gewaltigen Lohn bereit. Ihr Frauen des Propheten! Wenn eine von euch eine offenkundige Schändlichkeit begeht, soll ihre Strafe verdoppelt werden! Das ist ein Leichtes für Gott. Die aber von euch sich Gott und seinem Gesandten unterwirft und Frommes tut, der geben wir doppelten Lohn und bereiten ihr edlen Unterhalt! Ihr Frauen des Propheten! Ihr seid nicht wie irgendeine von den Frauen. Wenn ihr Gott fürchtet, erniedrigt euch nicht in Worten, damit nicht einer, in dessen Herzen Krankheit ist, nach euch begehre, und redet nur, was sich geziemt! Verharrt in euern Häusern und kokettiert nicht wie in der Dschahiliya! Verrichtet das Gebet, gebt die Almosensteuer und gehorcht Gott und seinem Gesandten! Gott will die Unreinheit von euch entfernen, Sippe des Hauses! Er will euch reinigen. Und behaltet die Offenbarungen Gottes und die Weisheit, die in euern Häusern verlesen werden!» (33,32–33)

Die Einordnung der Gattinnen ins Heilige Haus, hier noch ganz wörtlich gemeint, aber doch schon symbolgeladen, bedeutet letztlich auch, daß sie, wie Muhammad selber, in den großen Stammesverband der Gläubigen gleichsam als heilige Urfamilie eingesetzt werden: «Der Prophet steht den Gläubigen näher als sie selber, und seine Gattinnen sind ihre Mütter» (33,6).

Die Alternative zwischen Auflehnung und Unterwerfung erscheint nochmals am Ende von Sure 66, wo, wie bereits angedeutet, die bösen Frauen zweier frommer Männer mit der guten Frau eines Tyrannen, sowie mit Maria, der Mutter Jesu, konfrontiert werden: Sie werden hier ausdrücklich als Prototypen, als von Gott geprägte Beispiele, präsentiert: «Gott hat als Beispiel für die, die ungläubig sind, die Frau Noahs und die Frau Loths geprägt. Sie waren unter (d. h. verheiratet mit) zweien unserer frommen Diener (nach muslimischer Auffassung sogar Propheten) und haben sie verraten, so daß jene ihnen vor Gott nichts nützten, vielmehr ward ihnen geboten: Geht ein in das Feuer mit denen, die in es eingehen! Und Gott hat als Beispiel für solche, die glauben, die Frau des Pharao geprägt, als sie sprach: Mein Herr! Bau mir ein Haus bei dir im Paradies und errette mich vor Pharao und seinem Tun und errette mich vor den boshaften Menschen! Und Maria, die Tochter ʿImrans, die ihren Schoß bewahrte. Und wir bliesen in ihn von unserm Geist, und sie glaubte an die Worte ihres Herrn und seine Schriften und war eine der Gottesfürchtigen.» (66,10–12) Bleibt uns zum Schluß noch ein Hinweis auf die «in die Knoten spuckenden» Frauen, also Hexen, vor deren Bosheit Gott um Schutz anzurufen Muhammad in Sure 113 gelehrt wird.

Die Mächtigkeit der Frau ist uns im Koran auf mancherlei Weise immer aufs neue entgegengetreten, in den großen Frauengestalten vorislamischer Heilsgeschichte ebenso wie in den Frauen des Propheten, von denen einige durch ihr Verhalten Offenbarungen veranlaßten, am eindrucksvollsten wohl in jenen Versen, in denen der Erzengel Gabriel, die Gläubigen und die Engel als Beschützer Muhammads gegenüber zwei durch ihre Mächtigkeit bedrohliche Frauen beschworen werden. Die Mächtigkeit der Frau zeigt sich einerseits in ihrer «List» bzw. «Tücke», zum andern in ihrer «Schönheit», schließlich in ihrem Handeln und Reden, das entweder von Auflehnung und Herausforderung oder Unterwerfung und Gehorsam bestimmt ist.

3. Die Frau in der Frommen Tradition

Zu den Aussagen des Korans traten noch zu Lebzeiten des Propheten und in wachsendem Maß in späterer Zeit die im Hadith gesammelten Aussprüche Muhammads, deren Zahl im Lauf der Jahrhunderte immer mehr wuchs und schier ins Unermeßliche anschwoll. Zum Thema Frau bietet das Hadith erwartungsgemäß reiches Material; auch unterliegt es keinem Zweifel, daß die Beschneidung der Rechte der Frau und ihre moralische Herabsetzung ihre Wurzeln vor allem im Hadith haben, und das würde bedeuten, daß, falls das Hadith echt ist, Muhammad zur Verschlechterung der Situation der Frau in der islamischen Gesellschaft durch sein persönliches Vorbild und seine Stellungnahmen wesentlich beigetragen hätte, ein Schluß, der sich an sich schon im Hinblick auf seinen Harem aufdrängt, denn rein arithmetisch reduzieren sich in der polygynen Ehe die Rechte der einzelnen Gattin auf einen Bruchteil je nach Anzahl der Frauen – in Muhammads Fall waren es mindestens acht.[8] Muslime erblicken freilich gerade in der Tatsache, daß Muhammad keine dieser Frauen vernachlässigt habe, ein Zeichen seiner übermenschlichen Größe.

Schon bei Buchari finden sich Hadithe, die über die koranischen Ansätze einer Herabsetzung der Frau weit hinausgehen. So heißt es dort im Kapitel über das Heiraten: «Drei Dinge bergen Unheil: Das Haus, das Weib und das Pferd!»[9] Und: «Ich blickte ins Feuer (die Hölle) und sah, daß die meisten seiner Insassen Frauen waren.»[10] Implizit ist auch die Pflicht zum Gehorsam gegenüber dem Gatten, von der ja der Koran bereits redet, ausgesprochen, wenn betont wird, daß die Frau ihrem Mann (nur dann) nicht gehorchen dürfe, wenn er sie zu einer Sünde auffordert.[11] Dagegen findet sich hier noch ein Hadith, das den Frauen Ausgang zur Erledigung ihrer Bedürfnisse gestattet.[12]

Wie die Einstufung der Frau in religiösen Texten sich verschlechterte, zeigt auf überraschende Weise das Register der Strafen, die über Eva bzw. die Frau wegen ihres Sündenfalls verhängt wurden, ein Verzeichnis, das ständig an Umfang zunahm. Hatte der mehrfach erwähnte Dschahiz (um 776–869) in seinem *Buch der Tiere* nach einem jüdischen Gewährsmann noch je zehn Strafen für Adam, Eva und die Schlange aufgezählt, so werden es später für Eva immer mehr, während die der andern beiden Mitschuldigen in der Regel gar nicht mehr zur Sprache kommen.[13] Dschahiz nennt folgende «Strafen»: den Deflorationsschmerz, die Geburtswehen, die Niederkunft, die Verschleierung des Haupts, die Schwangerschaftsgelüste, das Wochenbett, das Eingesperrtsein im Haus, die Menstruation, die Befehlsgewalt des Mannes, das Untenliegen beim Koitus.[14]

Dschahiz war Rationalist und Mu`tazilit, daher wohl die «Gerechtigkeit» in seinem Strafregister. Schon bei einem etwas jüngeren Zeitgenossen, dem sunnitischen Ibn Qutaiba (828–89), zeigt sich, obwohl auch er zehn Strafen – aber nur Evas! – aufzählt, eine bemerkenswerte Verschiebung; er zählt auf: «die Plagen des Wochenbetts, die Menstruation, die Unreinheit in Bauch und Vulva, daß Gott die Erbschaft der Frau halb so groß sein läßt wie die des Mannes, daß er sie mangelhaft an Verstand und Frömmigkeit erschuf: während ihrer Menstruation betet sie nicht; Frauen werden nicht gegrüßt, noch nehmen sie am Freitagsgebet teil, noch an öffentlichen Versammlungen, sie werden nicht Propheten, noch reisen sie ohne männliche Aufsicht.»[15] Dieses Register zeigt einerseits auf eklatante Weise die Islamisierung des Strafregisters von Eva, zum andern macht es deutlich, daß – was heute islamischerseits meist geleugnet wird – die die Frau betreffenden Bestimmungen der Scharia als Strafe, d. h. modern gesagt: als «diskriminierend» empfunden wurden.

Was im 9. Jahrhundert noch im Fluß war, erscheint im 11. auf höchster islamischer Ebene fest etabliert. Ghazali, der überragende islamische Lehrer des 11. Jahrhunderts, betont in seinem *Buch über das Heiraten* die Gehorsamspflicht der Frau mit folgenden Worten: «Die Ehe ist eine Art Gefangenschaft *(riqq)*, denn sie ist seine Sklavin *(raqīqa lah)*. Sie ist ihm zu absolutem Gehorsam verpflichtet in allem, was er von ihr verlangt, soweit keine Sünde darin liegt.»[16] Und zur Illustration erzählt er folgende erbauliche Geschichte:

«Ein Mann war auf Reisen gegangen und hatte seine Frau verpflichtet, nicht vom Oberstock herabzusteigen. Als ihr Vater, der unten wohnte, erkrankte, sandte sie zum Propheten und bat ihn um Erlaubnis, hinabsteigen zu dürfen. Er aber sprach: Gehorche deinem Gatten! Da starb er und sie ersuchte ihn um seine Anweisung. Er sprach wiederum: Gehorche deinem Gatten! Als dann ihr Vater begraben war, ließ ihr der Prophet bestellen: Gott habe ihrem Vater verziehen wegen ihres Gehorsams gegenüber ihrem Gatten.»[17]

Ghazali versorgt seinen Leser mit weiteren eindeutigen Aussagen des Propheten: «Einer Witwe, die sich wieder verheiraten wollte und bei Muhammad nach den Rechten des Mannes erkundigte, antwortete er: ‹Zu den Rechten des Mannes über seine Frau gehört es, daß, wenn er nach ihr begehrt und um sie wirbt, sie ihm sich nicht verweigern darf, und läge sie auf dem Rücken eines Kamels. Sie darf aus seinem Haus nichts weggeben ohne seine Erlaubnis; tut sie es doch, so hat sie die Last und er den Lohn. Sie darf nicht freiwillig fasten ohne seine Erlaubnis; und wenn sie hungert und dürstet, so wird es von ihr nicht angenommen. Und wenn sie ihr Haus verläßt ohne seine Erlaubnis, verfluchen sie die Engel, bis sie zurückkehrt oder Reue tut.›»[18] Bedurfte es noch einer Bestätigung, daß der Mann der Frau gegenüber eine nahezu göttliche Stellung einnimmt, so lieferte sie das folgende Hadith: «Würde ich einem Menschen befehlen, vor einem anderen niederzufallen, so würde ich der Frau befehlen, vor ihrem Gatten niederzufallen wegen der Gewalt, welche er über sie hat.»[19]

In dem Frauen gewidmeten Schlußkapitel seiner Fürstenethik *Geschmolzenes Gold – Ratschläge für Könige* trägt Ghazali ähnliche Thesen vor. Wieder nennt er die Ehefrau die Gefangene *(asīr)* des Mannes und führt dies anhand von einzelnen Punkten des näheren aus: So dürfe sie das Haus nicht verlassen ohne seine Erlaubnis, sich nicht von ihrem Gatten trennen, keinen zweiten Gatten hinzunehmen u. a. m., während er zu all diesem das Recht habe. Nach unserem Raster interpretiert, heißt das: Der Mann fühlt sich berechtigt und genötigt, seine Frau als Gefangene zu halten, weil er sonst fürchten müßte, ihrer Mächtigkeit nicht Herr zu werden. Ghazalis Ratschläge gipfeln nach einer kurzen resümierenden Präambel in einem Poem, das die Verworfenheit der Frau nochmals mit historischen Zeugnissen zu beweisen sucht: «Wahrhaftig, alles Elend und alles Unglück, alle Heimsuchungen, die über den Mann kommen, sind durch die Frauen verursacht, wie der Dichter sagt:

Der Aufruhr *(fitna)* der Frauen ist schuld, daß Jünglinge wider Gott
sich auflehnen und in Furcht vor dem Sultan leben.
Wären sie nicht, kein Räuber dächte daran,
seine Seele für billiges Geld zu verkaufen.

Durch sie wurden Joseph und Adam geschlagen
mit Ungehorsam, wie es die Offenbarung bestätigt,
Und so auch Harut, der gestürzte Engel in Babylon,
am Schopfe erhenkt, inmitten von (andern an) Pfählen.
Ziellos irrte Madschnun aus Liebe zu ihnen umher,
und Wunderdinge passieren im *Sindbad* mit Frauen.
Alles Unglück wurzelt in ihnen und eines nur
findet man nimmer bei ihnen: die Treue![20]

Später treffen wir in frommen Traktaten die Feststellung, von 1000 Männern kämen in der Regel 999 ins Paradies, von 1000 Frauen 999 in die Hölle.[21]

Nicht verschwiegen sei, daß Ghazali mit seiner Einstufung der Ehefrau als einer Gefangenen des Mannes die Aufforderung verbindet, barmherzig mit ihr umzugehen.[21a] Das erinnert an das berühmte Hadith: «Die Frau ist wie eine Rippe. Biegst du sie gerade, so zerbrichst du sie. Willst du sie aber genießen, so genieße sie mit ihrer Krümmung!»[22] Goethe hat daraus das reizende Gedicht *Behandelt die Frauen mit Nachsicht* geformt. Das Hadith überliefert andererseits aber auch den Ausspruch: «Drei Dinge von eurer Welt wurden mir lieb gemacht: die Frauen, der Wohlgeruch, das Gebet.»[23] An diese Frauenverehrung knüpft die islamische Frauendichtung viel stärker an als an die negativen Aspekte, wenn auch das Bild der Frau als Idol mit steinernem Herzen und tödlichen Blicken sich nicht selten in den arabischen Minnesang mischt, so daß im Grunde beide Pole der in Koran und Hadith bezeugten Einstellung zur Frau auch in der erotischen Lyrik, wenn auch in anderer Gewichtung und Beleuchtung, wirksam sind. Ehe wir uns diesem sehr viel reizvolleren Gegenstand zuwenden, jedoch noch ein Wort über die Rolle der Frau in der Gesellschaft.

4. *Frau und Gesellschaft*

In dem oben zitierten Koranvers werden die Frauen Muhammads ermahnt, auf Putz zu verzichten und im Haus zu bleiben. Auch werden allfällige Gäste oder Bittsteller aufgefordert, die Frauen des Propheten nur «hinter einem Schleier» anzureden. (33,53) Hierauf bezieht sich die schon erwähnte Feststellung des Dschahiz in seinem Traktat über die Sängersklavinnen, Männer und Frauen seien in der *Dschahiliya* unbefangen zusammen gekommen, um zu plaudern und sich anzublicken, «bis der Schleier speziell über die Gattinnen des Propheten – Gott spende ihm Frieden und Heil! – geschlagen wurde».[24] Dschahiz konstatiert in diesem kulturgeschichtlich höchst aufschlußreichen Opusculum auch bereits, daß Männer es in seiner Zeit vorzogen, sich mit einer Sklavin einzulassen, da sie sie sehen und betasten konnten. Zwar sucht er durch Beispiele aus frühislamischer Zeit zu beweisen, daß es anfangs nicht als Sünde galt, eine Frau unverschleiert zu sehen. In seiner Zeit ist dies aber offensichtlich bereits der Fall, und Dschahiz selber macht das koranische Schleiergebot dafür verantwortlich.

Tatsächlich verschwindet die Frau sehr bald so gut wie völlig aus der Öffentlichkeit. Man sieht das z. B. an den Biographien. Zehntausende von muslimischen Männern sind uns aus den arabischen Biographien des Mittelalters bekannt, aber nur einige wenige Frauen, Tausende von Dichtern, aber nur eine verschwindende Zahl von Dichterinnen, Tausende von Mystikern, aber nur einige Dutzend heiliger Frauen; und so ließe sich die Reihe fortsetzen bis ins Paradies, wo, wie gesagt, von tausend Männern 999 zu finden sind, von tausend Frauen aber nur eine.

Kaum je ist offensichtlich dieses Faktum im vormodernen Islam von Männern als ungewöhnlich bemerkt, geschweige denn beklagt worden. Um so wichtiger ist eine Äußerung des andalusischen Philosophen Ibn Ruschd (Averroes) in seinem Kommentar zu Platons *Staat*. Hier nämlich wurde der Autor mit andern Verhältnissen konfrontiert, einer klar umrissenen Rolle der Frau in der Öffentlichkeit, was ihn zu folgender Feststellung veranlaßt hat: «In diesen unseren Staaten kennt man die Fähigkeit der Frauen nicht, weil man sie hier nur für die Fortpflanzung einsetzt. Deswegen stellt man sie zur Bedienung ihrer Ehemänner, zum Kinderaufziehen und zum Stillen an. Das macht ihre (andern möglichen) Aktivitäten zunichte. Weil Frauen in diesen Staaten für keine der menschlichen Tätigkeiten für fähig gehalten werden, geschieht es oft, daß sie Pflanzen gleichen. Daß sie in diesen Staaten eine Last für die Männer sind, ist einer der Gründe der Armut dieser Staaten.»[25]

5. Monogamie und Polygynie

Der Prophet hatte beide Formen der Ehe vorgelebt. Etwa zwanzig Jahre währte seine offenbar glückliche Ehe mit Chadidscha, die ihm mehrere in zartestem Alter verstorbene Söhne und vier Töchter gebar. Erst nach ihrem Tod begann Muhammad, sich einen Harem zuzulegen, der schließlich die den Gläubigen gestattete Vierzahl von Gattinnen um einiges überschritt. Die von Muhammad vorgelebte, im Koran gestattete Polygynie wird im Hadith geradezu empfohlen. «Der Beste meiner Gemeinde ist der mit den meisten Frauen», soll der Prophet gesagt haben, und die Heiratsfreudigkeit seines Enkels Hasan, der an die 200 Frauen ehelichte, indem er manchmal vier auf einmal entließ und durch neue ersetzte, habe Muhammad mit dem Diktum gebilligt: «Er gleicht mir an Charakter und Naturell!» So berichtet es al-Ghazali im Kapitel über das Heiraten in seiner *Wiederbelebung der Wissenschaften von der (islamischen) Religion.*[26]

Diese Vorbilder und Empfehlungen blieben nicht ohne Folgen, wenn auch Polygynie keineswegs allgemein praktiziert wurde. Angesichts der offenkundigen «Mächtigkeit» der Frau kann es aber jedenfalls keine Frage sein, daß zu den Motiven der Vielweiberei auch ein starker Aspekt von Mächtigkeit gehörte. Einen umfangreichen Harem konnte sich ohnehin nur leisten, wer die erforderlichen Mittel besaß. Aber natürlich spielte auch das Bewußtsein männlicher Potenz hinein. Bezeichnend ist folgendes Hadith, das as-Suyuti in seiner Prophetenmedizin überliefert: Der Prophet beklagte sich bei Gabriel, daß er den Akt nicht oft genug vollziehen könne: «Was ist das? – erwiderte der Erzengel – Warum ißt du nicht Harisa? In diesem Pudding (einem Reisfleischgericht) wohnt die Kraft von vierzig Männern!»[27]

Die rechtlichen Grundlagen des Harems waren, wie bereits in einem früheren Kapitel besprochen, der Heilige Krieg, der daraus resultierende Sklavenmarkt und die aus dem Koran hergeleitete Bewilligung des Beischlafs mit den Sklavinnen, deren Besitzer man war, ohne zahlenmäßige Begrenzung. Je größer der Harem, desto größer die Macht dessen, der alle diese Frauen samt ihrer Mächtigkeit beherrschte. Gerade aus dem Harem drohte aber dem Mann oft jenes Unheil, von dem die oben zitierten Verse in (Pseudo-)Ghazalis Fürstenspiegel reden. Schon Nizami spricht in *Chosrou und Schirin* von der moralischen Korruption der Odalisken.[28] Und die osmanische Geschichte ist ein Schulbeispiel für die sich im Harem zusammenbrauende Mächtigkeit «tückischer» Frauen und ihre verderblichen Folgen.

Die osmanische Geschichtsschreibung kennt eine Epoche der «Weiberherrschaft» *(kadinlar saltanati)*. Freilich wäre es völlig verkehrt, diesen Frauen alle Schuld aufzubürden. Ihre Situation im Harem, in den sie in der Regel gegen ihren Willen gelangten, die zunehmende Verweichlichung der Sultane, vor allem aber das brutale osmanische Gesetz der Ermordung der von der Nachfolge ausgeschlossenen Prinzen bei der Thronbesteigung, trieb sie fast notwendig in den Machtkampf und damit in die Intrige. Einige moderne türkische Dramatiker wie Adnan Giz, Turan Oflazoglu, Orhan Asena haben das in ihren historischen Stücken plastisch herausgearbeitet.[29] «Das ist die osmanische Sitte. Um nicht zu sterben, muß man töten!» läßt Asena gleich zu Beginn seines Roxelane gewidmeten Dramas die Heldin zu ihrer Tochter sagen, als sie sie in ihre Pläne einweiht.[30]

Doch auch Muhammads Einehe mit Chadidscha hat als Vorbild gewirkt. Bezeichnenderweise ist keine seiner späteren Gattinnen in die Vierzahl vollkommener Frauen, die die islamische Tradition kennt, aufgenommen worden, sondern einzig Chadidscha, deren Lob in Goethes *Divan*-Gedicht *Auserwählte Frauen* nachhallt:

Mahoms Gattin auch sie baute
Wohlfahrt ihm und Herrlichkeiten,
Und empfahl bei Lebenszeiten
Einen Gott und eine Traute.

Muslimische Verfechter der Einehe bzw. einer auf Treue und Lauterkeit aufbauenden Liebesbeziehung haben häufig die Parallele zum Monotheismus gezogen. So bekennt Ibn Hazm, der andalusische Verfasser eines anmutigen Buches über die Liebe mit dem Titel *Halsband der Taube*:

> Der lügt, der da behauptet, zwei zu lieben,
> So wie von Mani feststeht, daß er log![31]
> Nicht ist im Herzen Platz für zwei Geliebte,
> noch auch für das, was Zweites stets erzeugt,[32]
> So wie Vernunft unteilbar ist und einen
> Gott, Schöpfer und Erbarmenden nur kennt,
> So ist das Herz unteilbar und begehrt
> nur einen Menschen, sei er nahe, sei er fern.[33]

Die Liebeslyrik ebenso wie die großen Liebesgeschichten des islamischen Mittelalters bestätigen dieses Bekenntnis: Sie beruhen in aller Regel auf Zweierbeziehungen.

6. Die Mächtigkeit der Frau in der arabisch-islamischen Dichtung

Eine bekannte arabische Quelle des 9. Jahrhunderts zitiert die folgenden Verse eines unbekannten Dichters, worin in Anspielung an das oben erwähnte Hadith, das auch Goethe im *Westöstlichen Divan* verwendet hat, der seltsame Widerspruch im Wesen der Frau auf einen Nenner gebracht ist:

> Sie ist die krumme Rippe, die du nicht gradrichten kannst,
> ohne sie zu zerbrechen!
> Sieht man je Schwäche und Mächtigkeit bei einem Jüngling vereint?
> Ist es nicht wunderbar: ihre Schwäche und ihre Mächtigkeit?[34]

Doch die Mächtigkeit der Frau wird in arabischen und islamischen Quellen auch spezifischer gefaßt, als es in diesen Versen geschieht, vor allem als magische, im Idealfall auch als geheiligte Macht, und wird anhand ihrer Wirkungen gewürdigt. Zu den frühesten lyrischen Zeugnissen für die Mächtigkeit der Frau in islamischer Zeit zählen Verse `udhritischer Dichter, in denen die Frau als numinoses Wesen gefeiert wird und in denen sich ein von Schönheit Überwältigtsein als beseligende, aber im Resultat meistens tragische Erfahrung äußert. Einige tonangebende Aussagen finden sich bei dem bekannten Beduinen-Dichter Madschnun (d. h. dem von Dschinnen Besessenen, also Verrückten), dessen schon in der Schule beginnende, aber unerfüllbare Liebe zu Laila ihn anscheinend um den Verstand gebracht, gleichzeitig aber zum Dichter gemacht hat. Er war ja eines der frühesten und berühmtesten Opfer der «Liebeskrankheit», auf die wir in einem späteren Abschnitt zurückkommen. Madschnun sagt u. a. von Laila:

Man tadelt mich wegen Laila. Und doch, wenn Laila käme nach
meinem Tod und meinen schon trockenen Leichnam berührte, er
würde zum Leben erwachen.[35]

Riefe sie Tauben, sie würden erwidern, und riefe sie
einen Toten, er würde reden.[36]

Sie ist die (leibhafte) Magie *(as-siḥr)*, nur daß es gegen Magie Heilzauber
(ruqya) gibt,
Für sie aber finde ich keinen zauberkundigen Heiler![37]

Ein anderer Dichter, der sich selber wegen seiner außerordentlichen Schönheit verschleierte und daher den Beinamen al-Muqanna`, «der Verhüllte», erhielt, drückte den gleichen Gedanken distanzierter, aber nicht weniger deutlich aus:

In der Sänfte sitzt die Schönste unter allen Bewohnerinnen des
Iraks, Syriens und des Jemens,
eine Dämonin unter den Menschenfrauen, schöner als die Sonne des
Tages und der Mond der Nacht, wenn man vergliche![38]

Neben dem magischen Aspekt, der bei Madschnun im Vordergrund steht, finden sich bei ihm aber auch Verse mit religiösem Anklang, z. B. die folgenden:

Meine zwei Freunde! Laila ist mein Paradies und ihr Fernsein meine
Hölle und sie ist mein Idol, wenn ich beten möchte.[39]
Ich stelle fest, daß, um zu beten, ich ihr mein Gesicht zukehre, obschon der
Gebetsplatz hinter mir liegt.[40]

Hier wie bei zahlreichen anderen Dichtern liegt ein Maß an Verehrung vor, das an Vergöttlichung grenzt. Die Geliebte wird sakralisiert, und man scheut sich nicht, Anleihen bei sakraler Sprache, ja beim Koran zu machen. Die ersten Ansätze reichen auch hier zurück in die Frühzeit des Islam, zu den `Udhriten des 7. Jahrhunderts. So sagt etwa der Dichter Dschamil (gest. 701) von Buthaina – ein uns aus Goethes «Musterbildern» bekanntes Paar:

Sie überragt die andern an Schönheit gleichwie man
die «Nacht der Macht» wohl tausend Monaten vorzieht.[41]

Das ist ein der religiösen Sphäre entliehener Vergleich: Die «Nacht der Macht» war Sure 97 zufolge das zeitliche Gefäß der ersten Offenbarung an Muhammad und daher «besser als tausend Monate». Diese Anleihe beim Koran ist nur ein Anfang. Das Religiöse wird später stärker und oft unverhüllt in die erotische Sprache einbezogen werden, ja man wird sich nicht scheuen, die Liebesnacht als die «Nacht der Macht» zu verklären. Ein wichtiger Repräsentant dieser die Liebe sakralisierenden, die Geliebte divinisierenden Richtung ist der Dichter `Abbas ibn al-Ahnaf, den man den

Minnesänger am Hof Harun ar-Raschids genannt hat.[42] In seinen Gedichten besingt er Fauz, offenbar eine Dame des Kalifenhofes, vermutlich eine Sklavin. Sie erscheint ihm als ein überirdisches Wesen:

Ist es doch, als sei ihr Wohnsitz im Paradies
und sie zu den Menschen gekommen als Wunderzeichen und Mahnmal.
Gott hat auf Erden nicht ihresgleichen erschaffen.
Ich halte sie für ein übermenschliches Wesen.[43]

«Als Wunderzeichen und Mahnmal»[44] – das ist wiederum koranischer Anklang, nennt der Koran doch selber die Offenbarungen «Wunderzeichen», weil deren Übermittlung das Wunder ist, das Muhammad vollbringt. Und Natur und Schöpfung sind voller Mahnmale bzw. lehrreicher Beispiele für die Einsichtigen (3,13; 16,66 u. a.). Weitere sakralisierende Wendungen liegen vor, wenn sich der Dichter im Schmerz seiner Trennung von Fauz mit dem von Joseph getrennten Jakob – später in persischer Dichtung ein Topos, aber bei ihm noch originell –, seine Freude bei ihrem Anblick mit der Freude Abrahams nach der (uns aus der Bibel bekannten) Auslösung Isaaks durch einen Widder vergleicht.[45] Gewiß, die Verherrlichung gilt hier eher dem Dichter selber als der Geliebten, was typisch ist für diesen zu wehleidiger Prahlerei neigenden, auf seinen Nachruhm als beispiellos Liebender bedachten Minnesänger; aber die quasi sakrale Mächtigkeit der Liebe ist jedenfalls auch in diesem Fall thematisiert.

Ein weiterer berühmter Vertreter dieser Richtung ist der bereits erwähnte Andalusier Ibn Hazm, Verfasser eines der bekanntesten und anmutigsten Bücher über Liebe, die in arabischer Sprache geschrieben wurden. Bei ihm finden sich die folgenden Verse:

Bist du vom Reich der Engel oder menschlich?
Tu es mir kund; denn Verwirrung spottet meines Verstandes!
Ich sehe eine menschliche Gestalt, indessen,
wenn ich nachzudenken beginne, so ist der Körper himmlisch.
(...)
Wärest du nicht als Individuum ins Dasein getreten,
wir würden sagen, daß du die erhabene wesenhafte Vernunft
(d. h. die Allvernunft) bist.[46]

Eine andere rasch zum Topos gewordene Form der Sakralisierung der Geliebten besteht darin, sie mit der Kaaba und die zu ihr, sei es auch nur in Gedanken, unternommene Reise mit der Pilgerfahrt zu vergleichen. Ein schönes Beispiel findet sich in einem andalusischen Strophengedicht von al-A`ma at- Tutili, «dem Blinden von Toledo»:

O Kaaba, herzbegehrte ferne Sicht!
Die Liebe ruft, die Sehnsucht zaudert nicht.
Wie gern erfüllt' ich, ach, die fromme Pflicht.
Labbaik! Was auch der strenge Wächter spricht.

Gönn mir zu dir die Wallfahrt groß und klein!
O sag nicht nein!
Mein Herz das Opfer! Tränen Wurfgestein![47]

Der Vergleich ist bis in allerlei Einzelheiten der Wallfahrt durchgeführt: Der Dichter ruft der Geliebten den Pilgerruf bei Betreten des Heiligen Bezirks, des mekkanischen Temenos zu, der an Gott gerichtet ist und «zu Diensten!» bedeutet. Er bittet, die beiden möglichen Formen der Wallfahrt, die Kleine, die sich auf die Zeremonien in Mekka beschränkt, und die Große, die Zeremonien außerhalb der heiligen Stadt einschließt, ausführen zu dürfen, wobei es dem Leser überlassen bleibt, allfällige erotische Anspielungen aufzuschlüsseln, und er wünscht sich, daß seine Tränen die Steine für die Steinchenwurf-Zeremonie in Mina, sein Leib das zu schlachtende Opfertier sein mögen. Das führt uns auf das Motiv des Liebestods, sowie der ihm vorausgehenden Liebeskrankheit und damit zu einem weiteren Aspekt der Mächtigkeit der Frau bzw. der Liebe.

a) Gazelle mit tötenden Blicken

Spürbarer noch als in der Sakralisierung der Frau kommt deren Mächtigkeit da zum Ausdruck, wo von ihren Wirkungen auf den Liebenden die Rede ist. Zentrale Motive sind hier das steinerne Herz und die tötenden Blicke als Symbol ihrer auf den Liebenden, der nicht erhört wird, verheerenden, ja zerstörerischen Wirkung. Das Motiv der tötenden Blicke verbindet sich nun besonders oft mit dem Gazellenvergleich, d. h. die Geliebte wird als eine Gazelle mit tödlichen Blicken beschrieben, zweifellos ein paradoxes Bild, in dem aber Schwäche und Mächtigkeit der Frau auf einleuchtende Weise zum Ausdruck kommen.[48]

Der Vergleich der Frau mit einer Gazelle ist alt und findet sich schon in vorislamischer Dichtung. So vergleicht etwa Imra' al-Qais im 6. Jahrhundert den Hals der Geliebten mit dem einer jungen Gazelle.[49] ʿUmar ibn abi Rabiʿa fühlt sich durch eine Gazelle, die auf einer Wiese zwischen Hügeln weidet, an eine seiner Angebeteten erinnert.[50] Ebenso ergeht es Madschnun, doch nicht genug damit, er muß erleben, daß die ihn an Laila erinnernde Gazelle von einem Wolf angefallen und aufgefressen wird, worauf er den Wolf erlegt, die Gazellenreste aus seinem Bauch herausholt und begräbt[51] – eine geradezu Freud'sche Symbolik, wenn man daran denkt, daß seine Laila einem andern Mann verheiratet wurde, dem kämpferisch zu begegnen sich der friedfertige Dichter allerdings der Überlieferung nach geweigert hat.

Der Umayyaden-Kalif Walid ibn Yazid (707–44), ausschweifender Zecher und Lebemann, war doch feinfühlig genug, auf der Jagd eine Gazelle zu schonen, die ihn an seine Geliebte Salma erinnerte, wovon der begabte Dichter in folgenden Versen berichtet:

Ich hatte eine Gazelle gejagt
und wollte sie schlachten; sie bot sich mir dar.
Da hob sie den Blick und schaute mich an.
Ich täuschte mich nicht: Wie gleich sie dir war!
Da schonte ich sie, um der Liebe zu dir;
Sonst wäre sie, glaub mir's, geschlachtet, fürwahr!
Spring fort, o Gazelle, sei sicher und frei,
dich tummelnd in deiner Gazellenschar![52]

Hier kündigt sich das später so häufige Motiv des Jägers an, der zur Beute seines Jagdwilds wird. So sang der blinde Baschschar ibn Burd (um 715–83):

Gazellen geh'n in die Falle.
Doch sie ist vor Netzen gefeit.
Es verfehlt sie mein Pfeil, wenn ich schieße.
Sie ist eine Schützin voll Kunst.
So trifft mich, hat sie geschossen,
ins Herz ihr verläßlicher Pfeil.[53]

Die Pfeilmetapher, mit der der Dichter, hier noch ohne bildliches Substrat, die «Mächtigkeit» der Frau umschreibt, wird später, vor allem in persischer Dichtung, bildlich abgestützt: Es sind die Bögen der Brauen, aus denen die oder der Geliebte die Pfeile der Wimpern abschießt. Eine andere Möglichkeit, die Gejagte zur Jägerin zu machen, besteht, wie bereits gesagt, darin, der Gazelle tödliche Blicke zuzuschreiben. So singt einmal der schon erwähnte `Abbas:

Ein Gazellenjunges zielte auf mich mit seinen Augen,
Jagd machend auf mein Herz (...) [54]

Und Ibn al-Mu`tazz, der dichtende Kalif, beginnt eines seiner Gedichte:

Gazelle im Tal! Bei meiner Seele, du hast
die Nacht der Trennung nicht so verbracht wie ich!
Es ließen mich deine Augen nicht heil entkommen,
darum zählt man mich nun zu denen, die du getötet hast![55]

Beide Bilder, das von der Gazelle mit tödlichen Blicken und die Doppelmetapher von den Brauenbögen und Wimpernpfeilen, finden sich später auch nebeneinander, so in einem Gedicht Dschalaluddin Rumis (1207–73) auf seinen Freund Schams-i Tabriz:

Mit den Blicken von Gazellen bringt Er Löwen zum Erliegen.
Sinnt Er nun auf mich zu schnellen das Geschoß, wird's mich besiegen!
Denn die Bögen seiner Brauen und die Pfeile seiner Wimpern
sind des Zeuge, daß er ist ein Fürst, dem sich die Seelen fügen.[56]

Vielleicht leben hier alte magische Vorstellungen weiter, denn das vorislamische Arabien hat offenbar neben andern Tiergottheiten auch göttlich verehrte Gazellen gekannt. Auf jeden Fall traten Dämonen in Gazellengestalt auf, und Muhammad ist vielleicht einer solchen Gazellendämonin begegnet; die fromme Tradition weiß jedenfalls zu berichten, daß er einmal einer gefangenen Gazelle auf deren Bitte hin zunächst dazu verhalf, ihre Jungen zu säugen, und ihr dann die Freiheit verschaffte, worauf sie sich zum Islam bekehrte.[57]

Ein anderes, immer wiederkehrendes Machtsymbol der Frau in der Dichtung sind ihre Locken, mit denen sie den Geliebten in Fesseln legt. Es sind wohl wiederum die Perser, die in ihrem Drang, oft Zwang, alle poetischen Bilder in paralogischen Beziehungen zu vernetzen, dazu die folgende Begründung erfunden haben: Der Liebende ist infolge seiner Trennung von der Geliebten wahnsinnig wie Madschnun. Wahnsinnige aber müssen in Ketten gelegt werden, wurden es auch im islamischen Mittelalter, wenn sie um sich schlugen. Diese Ketten aber liefert die Geliebte mit ihren Locken. Hafis singt:

> Wüßte der Verstand, wie wohl es dem Herzen in den Fesseln ihrer/seiner Locken ist,
> Die Verständigen würden wahnsinnig um unserer Ketten willen![58]

Das bringt uns zum Topos der Liebeskrankheit.

b) Liebeskrankheit und Liebestod

Die tiefgreifendste Auswirkung der Mächtigkeit der Frau zeigt sich, wenn der Mann aus Liebe zu ihr krank wird, dahinsiecht, stirbt. Den oben erwähnten `Udhriten wurde nachgesagt, daß es bei ihren Jünglingen gang und gäbe sei, aus Liebe zu sterben. Heinrich Heine erfuhr von dieser Überlieferung und schrieb sein Gedicht *Der Asra,* das in der Zeile gipfelt: «jene Asra, welche sterben, wenn sie lieben». Das hört sich masochistisch-pathologisch an und ist wohl dem ironischen, oft auch zynischen Deutschen so erschienen. Erforscht man aber die überlieferten Biographien der berühmtesten `Udhriten im großen *Buch der Lieder,* so zeigt sich, daß ihrer «platonisch» bleibenden Liebe in der Regel jeweils ein gesellschaftliches Problem zugrunde lag: Die Familie des Mädchens akzeptierte den in sie verliebten Mann nicht, weil dessen Sippe sozial nicht ebenbürtig, d. h. ärmer als sie selber war. Aus der sozialen Situation erwächst nun die `udhritische Haltung. Statt nach einer anderen Ausschau zu halten, bleiben die `Udhriten – vergebens sucht der Vater eines dieser Jünglinge ihn mit dem Argument «Frauen sind ersetzbar!» zur Einsicht zu bringen[59] – der einen Unerreichbaren treu bis in den Tod.

Das führt zu Krankheit, Melancholie, Geistesverwirrung, Auszehrung, Tod. Diese Haltung wirkt ganz und gar unislamisch, wenn wir – neben allem über die koranischen Ehegesetze Gesagten – daran denken, daß Muhammad das Zölibat offenbar ablehnte mit dem Satz: «Kein Mönchtum im Islam!»[60] und die Mehrehe vorgelebt hat (vgl. dazu auch Kap. XII. 5). Darüber hinaus widersprach diese selbstzerstörerische Liebe auch dem im Koran ausgesprochenen Suizid-Verbot.[61] So ermahnt ein anderer Vater seinen liebeskranken Sohn offensichtlich in Anspielung an den erwähnten Koranvers: «Was bezweckst du damit, dich zu töten und (damit) gegen deinen Herrn dich zu versündigen?»[62]

Dennoch bedurfte sichtlich auch die `udhritische Liebe in ihrer extremen Form, d. h. mit tragischem Ausgang, der Sakralisierung und erhielt sie in dem folgenden Hadith: «Wer liebt und keusch bleibt und stirbt, ist ein Märtyrer!» Es dürfte kaum echt sein;[63] doch seine Unechtheit läßt sich natürlich ebensowenig beweisen.

In den arabischen Handbüchern über Liebe werden im übrigen auch jeweils einige Apophthegmen aus der griechischen Antike zitiert, so etwa ein Ausspruch des Palladius, der lautet: «Die Liebe ist eine Krankheit, die im Gehirn entsteht aus dem Schweifen der Gedanken, dem häufigen Denken an den Geliebten und dem Hinblicken auf ihn».[64] Einleuchtender, aber ausschließlich auf die männliche Seite bezogen, war die medizinische Analyse, die Galen für diese seltsame Krankheit gegeben hatte: Die *retentio seminis* führe zu einer Fäulnis des Sekrets, der verrottete Stoff steige auf in den Kopf und störe die Hirnfunktion.[65]

Mochte nun diese Krankheit auch aus dem Altertum stammen, so scheint sie doch in islamischer Zeit besonders grassiert zu haben oder machte jedenfalls ständig von sich reden. Die Handbücher über Liebe behandeln sie, in *Tausendundeiner Nacht* ist sie in mehreren kurzen und rührenden Erzählungen vertreten. Manche Autoren spezialisierten sich aber auch auf dieses Motiv, Bücher über an Liebe Verstorbene entstanden, darunter das reichhaltige Werk *Die tödlichen Heimsuchungen der Liebenden (Maṣāri` al-`uššāq)* von as-Sarradsch (1026–1106). Heilbar war die Krankheit in der Regel nicht, d. h. die sozialen Verhältnisse, aus denen sie entsprang, ließen sich nicht ändern. «Mein Heilmittel ist's, das mich krank macht», so bringt diesen Sachverhalt Ibn Hazm auf die kürzeste Formel.[66] Dennoch wurden Ärzte natürlich immer wieder deshalb konsultiert und die Pulsdiagnose Liebeskranker, welche die wahre Ursache ihres Leidens nicht preisgeben wollten bzw. auch nicht konnten, ohne die geliebte Person zu gefährden – das Verfahren war schon im Altertum berühmt und mit dem Namen des Erasisthratos verknüpft –, setzte sich, wie bereits erwähnt (vgl. S. 170f.), auch in islamischer Zeit fort.[67]

7. Mächtige Frauen in erzählender Literatur

Doch die Liebesliteratur ist keineswegs auf die tragischen, manchmal auch recht sentimentalen Erzählungen von `udhritischer Liebe beschränkt. Starke, unabhängige Frauen finden sich, wir sagten es bereits, in den aus dem vorislamischen Arabien stammenden *aḫbār,* daneben aber auch in der klassischen persischen Epik, wo vor allem einige Frauengestalten in Firdausis *Schahname,*[68] die Wis in Gurganis um 1050 entstandenem Epos *Wis und Ramin*[69] sowie die Schirin in Nizamis (1141–1209) großem romantischem Epos *Chosrou und Schirin* herausragen – also wiederum aus vorislamischer Zeit, aber in diesem Fall aus persischer Tradition stammende Frauenbilder.[70] Persischen Ursprungs ist auch die in Theater und Oper des Abendlands zu Ruhm gelangte Turandot, deren Mächtigkeit die bis ins Grausame gesteigerten Züge des Idols mit dem steinernen Herzen trägt, wie es das persische Ghasel besingt.[71]

In *Tausendundeiner Nacht* finden wir ebenfalls «mächtige Frauen» verschiedenen Zuschnitts, also neben dem Typ des «tückischen» oder durchtriebenen Weibes – ein brillantes Beispiel ist die unbesiegbare Gaunerin Dalila![72] – so großartig mutige und charakterstarke Frauen wie die Scheherasade, die das Mittel des Erzählens einsetzt, um die blutrünstige Neurose ihres Gatten, des Sultans, zu heilen, oder die gute Heldin in der Erzählung *Die beiden Schwestern, die ihre jüngste Schwester beneideten.*[73] Vor allem aber gibt es in diesen Märchen Feen und Dämoninnen, die ein Höchstmaß weiblicher Mächtigkeit verkörpern.

8. Ausblick in die Gegenwart

In der Moderne hat zunächst mit dem europäischen Einfluß ein Emanzipierungsprozeß begonnen, der seinen Niederschlag auf mancherlei Weise gefunden hat, einerseits in der Änderung uralter Gepflogenheiten, andererseits in verbrieften Rechten in den Verfassungen der meisten islamischen Staaten. So wurde der Schleier teils offiziell abgeschafft (Türkei, Iran unter dem Schah-Regime), teils von den Frauen einfach nicht mehr getragen (Maghreb), und ebenso ließen die Frauen sich bald schon nicht mehr in den vier Wänden der Wohnung einsperren, sondern strebten auf die Straße. Das Verlassen des Hauses ohne Erlaubnis des Mannes erscheint allerdings in N. Mahfuz' großer Roman-Trilogie noch als ein Scheidungsgrund – in einer mittelständischen Familie Kairos in der ersten Hälfte dieses Jahrhunderts.[74] Das Heiratsalter der Mädchen, das nach der Sunna bei neun Jahren lag – so alt war `A'ischa, als der 50jährige Muhammad sie heiratete –, wurde heraufgesetzt, die Mehrehe entweder verboten oder von Bedingungen abhängig gemacht, z. B. Kinderlosigkeit der Erstfrau sowie deren Einwilligung in eine Ehe zu dritt (von mehr als zwei Frauen ist in der Regel nicht mehr die Rede).[75] In moderner erzählender Literatur ist die Ehe mit mehreren Frauen wiederholt negativ und als gegen die weibliche Würde verstoßend geschildert worden.[76]

Drang die Idee der Frauenrechte zunächst als rein europäischer Impuls in die islamische Welt, so wird im Zuge der Reislamisierung zunehmend die angeblich positive Stellung der Frau im Islam betont, ja der Islam wird als der wahre Frauenbefreier hingestellt. Viele muslimische Frauen identifizieren sich mit dieser ahistorischen Sicht der Dinge. Selbst eine leidenschaftliche Streiterin für die Frauenbefreiung, wie die ägyptische Ärztin und Schriftstellerin Nawal as-Saʿdawi sieht die Wurzeln des Übels nicht im Islam, sondern in der Verfälschung seines Geistes durch die Sitten.[77] Ob das nur Taktik oder Überzeugung ist, kann der Außenstehende kaum entscheiden, auf jeden Fall haben Saʿdawi und alle, die in dieses Horn blasen, begriffen, daß auch in der Frauenfrage die einzige Möglichkeit, Zustände zu ändern, darin besteht, das angestrebte Ziel als ein dem «echten» Islam gemäßes zu postulieren.

Ein lehrreiches Beispiel für erneute Akzeptanz islamischer Vorschriften ist die Wiedereinführung des landläufig *Tschador,* offiziell *Hidschab* genannten persischen Frauenschleiers. Als der Schah Reza Pahlavi 1936 den Schleier abschaffte *(rafʿ-e ḥiǧāb),* begrüßte die damals angesehene, noch heute in Persien sehr beliebte Schriftstellerin Parvin Iʿtisami das Dekret in einem Gedicht, das ganz «westliche» Reaktionen zeigt. Darin heißt es u. a.:

> Die Frau im Iran ist bisher gleichsam gar nicht Iranerin gewesen!
> Ihr Beruf ist nichts gewesen außer Elend und Jammer.
> Ihr Leben und ihr Tod spielten sich ab im Winkel der Isolation.
> Was war die Frau in jenen Tagen, wenn nicht Gefangene?
> (...)
> Im Gerichtshof der Gerechtigkeit hatte die Frau keine Zeugen,
> in der Schule von Rang und Bildung gab man ihr keinen Platz.
> (...)
> Das Licht des Wissens hat man vor den Augen der Frau verhüllt.
> (...)
> Die Früchte im Laden des Wissens sind in Fülle vorhanden,
> doch für die Frau gab es nie Anteil an dieser Fülle.

Parvin wendet sich dann gegen die Auffassung, daß Gewänder moralische Mängel oder den Makel der Ignoranz verdecken könnten und schließt ihr Gedicht mit dem Vers:

> Auge und Herz brauchen einen Schleier *(parda),* aber den der Keuschheit;
> Der verrottete Tschador ist nicht die Grundlage des Muslimseins.[78]

Heute dagegen liest man in den Hotels iranischer Großstädte u. a. den programmatischen Satz: «Der Schleier ist die Persönlichkeit der Frau» *(ḥiǧāb šaḫṣīyat-i zanast).*

Parvin sah also im Frauenschleier ein Symbol der Unterdrückung und gesellschaftlicher Entmündigung. Inzwischen sehen das iranische Frauen – und Ähnliches gilt für weite Teile der islamischen Welt – aber wieder anders, wie die von einer international angesehenen Iranistin erkundeten

Meinungen zu diesem Thema offenbaren: «Der Schleier oder Tschador besitzt vor allem Symbolwert. Ihn tragen zu *müssen,* verbittert, erniedrigt, macht rebellisch. Er wird zum Symbol der Unterdrückung der Frau. Ihn tragen zu *wollen,* kann aber durchaus frei und stolz machen. Er wird zum Symbol der Unabhängigkeit – etwa vom westlichen Mode-Konsumzwang, von männlicher Zudringlichkeit, man kann sich anonym in der Öffentlichkeit bewegen –, oder er wird zum Symbol der Gleichheit – weder Reichtum noch Schönheit oder Alter kann man einer Frau auf den ersten Blick ansehen. Sie erklärten mir ihre Schleierideologie: Wenn du den Tschador trägst, mußt du deine Persönlichkeit entwickeln. Wenn du die Männer beeindrucken willst, sie neugierig machen willst auf dich, kommt es nicht auf die schönen Beine, Kurven und Kleider an, sondern auf das freundliche Wesen, die Klugheit, das soziale Verhalten. Nur das kannst du zeigen. Wie das offene Zurschaustellen der Frauen und Männer als Sexualobjekte die Sexualisierung der Gesellschaft, die Zerstörung der Familien und schließlich die Demoralisierung der ganzen Nation zur Folge haben kann, so kann die Verhüllung unter dem Tschador zur Verinnerlichung der Gesellschaft beitragen, ein heiles Familienleben und die moralische Anhebung der ganzen Nation bewirken. Das ist der göttliche Wille. Ihm zu gehorchen ist Islam.»[79] Als frühislamisches Ideal stellt man diesen Frauen Fatima, die Tochter Muhammads, vor Augen.[80]

Als nach der iranischen Revolution der Schleier den Frauen wieder aufgezwungen wurde, gingen zunächst, zumindest in Teheran, einige mutige Damen auf die Straße. Im Fernsehen wurde gezeigt, wie fanatische Männer auf diese demonstrierenden Frauen mit gezückten Messern eindrangen. In Algerien tragen jetzt fanatisierte Fundamentalisten sogar Stöcke unter dem Mantel, an deren Spitzen Rasierklingen befestigt sind: Mädchen und Frauen, die sich nicht nach islamischem Anstandskodex verhalten, laufen Gefahr, mit unauslöschlichen Spuren im Gesicht markiert zu werden.[81]

So haben die Frauen z. Zt. wohl kaum eine andere Wahl, als gute Miene zum bösen Spiel zu machen. Andererseits werden sie jedoch auch unter dem Schleier weiter um ihre Rechte kämpfen, sei es mit rationalen, sei es mit religiösen Argumenten oder mit einem Gemisch aus beiden. In diesem Kampf wurden sie seit dem Entstehen moderner Literatur unter europäischem Einfluß von zahlreichen Schriftstellern unterstützt. Doch nicht nur Männer, auch muslimische Frauen haben längst zu schreiben begonnen.[82] Ein ungeheurer Bewußtwerdungsprozeß ist in Gang gekommen, der sich durch den noch so laut erhobenen Schlachtruf «Zurück zur Scharia!» kaum wieder in die Schranken weisen lassen wird. Die Frauen der islamischen Welt sind es müde, der ihnen in der Dichtung vorgespiegelten Mächtigkeit in der gesellschaftlichen Realität beraubt zu sein, sie sind es müde, in der Mächtigkeit des Eros weiterhin nur die Rolle des Objekts zu spielen und die des Subjekts allein dem Mann zu überlassen. Und sie sind bereit, zur Ausübung der ihnen zukommenden Mächtigkeit in der Gesellschaft, in der sie nun einmal leben, auch gewisse Legitimätserweise wie das Tragen des Frauenschleiers zu erbringen.

XIII. Allmacht und Mächtigkeit in der Mystik

Nirgends wird das Prinzip der Teilhabe so deutlich wie in der islamischen Mystik. Machen wir uns zunächst bewußt, daß die Mystik im Islam nicht – wie im Christentum – eine eher marginale Erscheinung ist; sie bildet vielmehr das zweite und wesentliche Element der Religion, den ergänzenden Gegenpol zum Gesetz. Der Grund für diesen Unterschied dürfte darin liegen, daß das Christentum von Hause aus eine starke mystische Komponente hat, denn der Gedanke, Christus und damit Gott selber zu lieben, ihn im Innern, im Herzen wohnen zu lassen, ist jedem Christen vertraut. Das aber ist nahe verwandt mit dem zentralen Anliegen aller Mystik, der Verschmelzung mit dem geliebten Wesen, sei es die Natur, die Nacht, ein Mensch, der Tod oder Gott.

Der orthodoxe Islam scheint von Haus aus keine mystische Religion zu sein. Dennoch fehlt es bei näherem Hinsehen nicht an mystischen Elementen im Koran, und die Mystiker selber leiten ihr Gedankengut gänzlich aus dieser Quelle her. Da finden sich namentlich Ansätze einer Lichtmystik, die später mystische und philosophisch gefärbte Richtungen islamischer Theologie befruchten sollten. Am eindrucksvollsten ist das Motiv in dem berühmten Lichtvers ausgedrückt, der manchmal das Innere von Moscheekuppeln krönt, z. B. in der Aya Sofya in Istanbul, und von dessen allegorischer Deutung durch Ibn Sina oben die Rede war (vgl. S. 140): «Gott ist das Licht der Himmel und der Erde. Sein Licht gleicht der gläsernen Lampe in einer Nische, deren Glas ein Gestirn aus Perlen zu sein scheint, entzündet von einem gesegneten Ölbaum, weder östlich noch westlich, dessen Öl fast leuchtet, ohne von Feuer berührt zu sein. Licht über Licht! Gott leitet zu seinem Licht, wenn Er will!» (24,35) Die Propheten sind gesandt, um die Menschen «aus der Finsternis in das Licht» zu leiten (5,15). Licht von Gott ist in der Thora und im Evangelium enthalten (5,44f.). Muhammads Auftrag ist es, «ein Rufer zu Gott und eine leuchtende Lampe» zu sein (33,46). «Wem Gott kein Licht macht, der hat kein Licht» (24,40). Aus diesen koranischen Elementen sollten später islamische Mystiker ihre mystische Lichtmetaphysik entfalten. Das Bild vom Licht ist – das muß kaum gesagt werden – wiederum besonders aussagestark im Hinblick auf das Prinzip der Teilhabe.

Es gibt jedoch noch weitere mystische Komponenten im Koran. Da ist besonders ein Satz, von Gott an die Menschen gerichtet, dem Kontext nach eigentlich eine Drohung, aber von den Mystikern nie anders denn als Zusicherung verstanden, ein Satz, der jedenfalls die Ubiquität Gottes, seine alles durchdringende Omnipräsenz, plastisch beschwört: «Wir haben ja den Menschen erschaffen und wissen, was seine Seele ihm einraunt. Wir aber sind ihm näher als seine Halsschlagader!» (50,16) Ein weiterer wichtiger Begriff in diesem Zusammenhang ist die *sakīna,* ein aus dem Hebräischen entlehnter Begriff. Er lautet dort *schechina* und bedeutet das «Wohnen» oder die «Gegenwart» Gottes im vergeistigten Sinn.[1] Wie der Koran berichtet, war *sakina* in der Bundeslade der Israeliten enthalten (2,248), wurde aber auch besonders auf den Propheten Muhammad (9,36) und in die Herzen der Gläubigen (48,4) herabgesandt. Für den Muslim verbindet sich damit vor allem die Vorstellung innerer Ruhe, frommer Gelassenheit.

Die spätere Entwicklung mystischen Denkens im Islam ist freilich ohne den Einfluß christlicher und neuplatonischer Gedanken nicht verständlich. Während aus dem Christentum vor allem die Idee der Gottesliebe einfloß, wohl auch das christliche Jesusbild auf die mystische Ausgestaltung des Muhammadbilds einwirkte, kamen aus dem Neuplatonismus wichtige spekulative Elemente hinzu. So namentlich die Lehre von der Emanation und, darauf fußend, die Überzeugung, daß irdische Schönheit ein Abglanz göttlicher Schönheit ist und Liebe der Beweggrund allen Lebens. Es ist vor allem eine Schrift, die diese Gedanken vermittelte: die sogenannte *Theologie des Aristoteles,* bei der es sich in Wirklichkeit um eine Paraphrase mehrerer Kapitel aus den *Enneaden* des Plotin, dem Grundwerk des Neuplatonismus, handelt, das schon in vorislamischer Zeit Aristoteles unterschoben wurde, um seine Verbreitung zu gewährleisten, da der Neuplatonismus den Christen als Heidentum galt. Dieser Philosophie zufolge ist die Vielfalt des Seins, also der Kosmos, ein Ausfluß (Emanation) des Einen, d. h. Gottes, und wird am Ende der Zeit in ihn zurückkehren. Die ganze Schöpfung ist daher von Sehnsucht nach dem Ursprung erfüllt, und diese Sehnsucht stiftet Bewegung und Leben in allem, was ist. Die Liebe der Seele aber wird durch den Anblick des Schönen, das sie als Abglanz göttlicher Schönheit wiedererkennt, geweckt. «Gott ist schön und liebt die Schönheit»,[2] lautet ein bei den Mystikern viel zitiertes Hadith, das noch heute für kalligraphische Zwecke, z. B. auf Keramik-Tellern aus Iznik, verwendet wird.

Den Abstand vom Ursprung empfindet von allen erschaffenen Wesen am bewußtesten die Seele des Menschen; sie leidet unter der Trennung, sobald sie deren inne wird, was eben am ehesten durch den Anblick von Schönheit geschieht, sobald sich ein himmlischer Schimmer darin offenbart. Darum ist auch die irdische Liebe das sinnfälligste Symbol der Gottesminne der Seele, und in der Trennung vom irdischen Geliebten erleidet die Seele symbolisch ihr Geschiedensein von der himmlischen Heimat. Und doch ist ihr Abstieg in das «Niedere» *(ad-dunyā),* wie der Koran das Hiesige, Irdische nennt, unausweichlich. Oft wird bei Mystikern die Seele mit einem Vogel verglichen, den ein Köder in den Käfig, die Fänge und Fallen der Welt gelockt hat, und der nun versuchen muß, dem Kerker wieder zu entrinnen. Zahlreiche Verse, namentlich der persischen Dichtung, sprechen davon, z. B. die folgenden (von Rückert übersetzten) Hafis-Verse:

Ich Vogel Edens, ach, wie tu ich meine Trennung kund,
In diesen Garnort des Geschicks, wie ich gefallen sei?[3]

O Königsfalk, hochblickend von Edens Zedern einst:
Dein Nisteplatz ist hier nicht im Kummertalgewind!

Nicht solch ein Käfig ist würdig solch eines Sängers wie ich:[4]
Ich will zum Garten von Ridhwan, wo ich als Vogel gelebt.[5]

Auch ganze Erzählungen wurden zu diesem Motiv erfunden. Der Philosoph Ibn Sina (980–1237), der, wie wir hörten, auch einen neuplatonisch gefärbten Traktat über die Liebe geschrieben hat, verfaßte mehrere kleine Allegorien oder, wie man sie auch genannt hat, «visionäre Berichte», darunter einen mit dem Titel *Vogelbrief* oder *Traktat über die Vögel*. Darin wird erzählt, wie es einer Gruppe von Vögeln, die in die Schlingen des Vogelstellers geraten sind, gelingt, ermuntert und beraten durch einen Schwarm vorbeifliegender Vögel, sich zu befreien.[6]

Der kurze Text regte über eine Zwischenstufe einen der begabtesten Dichter islamischer Mystik, den Perser Fariduddin `Attar (um 1136–1220), zu seinem reizvollen Versepos *Die Vogelgespräche* an. Hier erküren die Vögel den aus Firdausis Heldenepos *Schahname* bekannten Sagenvogel Simurgh, der dem zu Hilfe eilt, der eine Feder von ihm besitzt und sie verbrennt, zu ihrem König und machen sich auf, ihn zu suchen. Ihr Führer ist der Wiedehopf, der diesen ehrenvollen Rang seiner Erwähnung im Koran verdankt (27,20) – falls nicht etwa ein ferner Widerhall seiner Rolle in den *Vögeln* des Aristophanes vorliegt. Viele Artgenossen aber entschuldigen sich schon vor dem Aufbruch, andere geben unterwegs auf; unter dem Federgewand ornithologisch verbrämter Motive schimmern die eigentlich anvisierten menschlichen Denk- und Verhaltensweisen überall deutlich durch. Schließlich bleibt nur eine kleine Schar von Vögeln übrig, die plötzlich in einer mystischen Erleuchtung erkennen, daß sie selber das Gesuchte sind. Diese, in der islamischen Mystik vielfach behandelte und besungene Lehre, daß wir Gott in uns selber finden müssen, wird nun von `Attar aber noch durch ein ebenso simples wie geniales Wortspiel sinnfällig gemacht. Dreißig Vögel sind übrig geblieben; das aber heißt auf Persisch *sī murgh,* also eine mit dem Namen des Gesuchten identische Lautfolge.[7]

Wichtig an dieser Fabel ist für unseren Kontext wiederum der Aspekt der Teilhabe. Und er kommt bereits zu Beginn des Epos in einem vom Wiedehopf erzählten Mythus besonders deutlich zum Ausdruck:

Die Sache mit Simurgh begann – o Wunder! –
sich einst um Mitternacht in China zu enthüllen.
Mitten in China einst entfiel ihm eine Feder,
das ganze Land geriet darob in Aufruhr.
Jeder erwarb ein Bild von dieser Feder,
Und wer das Bild erblickte, hob zu wirken an.
In Chinas Bildersaal ist also diese Feder:
«Suchet das Wissen, sei es selbst in China»![8]
Wäre dies Feder-Bild nicht offenbar geworden,
es gäbe nicht dies Tosen in der Welt.
Von ihrem Glanz stammt alles Werk der Schöpfung,
und jedes Bild ist Abbild jener Feder.[9]

Ein anderer persischer Mystiker, Schihabuddin Yahya as-Suhrawardi, der Begründer der «Weisheit der Erleuchtung» (vgl. Kap. VI.4.), hat ebenfalls Simurgh als Symbol für Gott verwendet.[10]

Mehrere Aspekte der Vogelmetapher haben wir betrachtet. Einmal das Bild vom gefangenen Seelenvogel, der sich aus seinem den Leib bzw. die irdische Welt bedeutenden Käfig, der Falle oder den Schlingen befreien muß; zum andern das Bild von der Feder des Wundervogels, durch deren Besitz man teilhat an seiner magischen Mächtigkeit. Die Befreiung der Seele aus dem Körper setzt nach mystischer Lehre Kasteiung, Askese, mystisches «Entwerden» voraus. In dem Maße aber, wie dieser Prozeß der Läuterung fortschreitet, schreitet der Mystiker fort auf dem mystischen Pfad, der ihn in immer größere Gottesnähe führt. Die durch äußere Armut erzielte Läuterung wird oft beschrieben als ein Vorgang geistiger Alchimie, aus dem ein unvergängliches Gold hervorgeht. Daher ist der mystische Derwisch reicher und mächtiger als jeder Herrscher (vgl. S. 334). Die «Mächtigkeit» des mystischen Menschen im Islam dürfte auch der Faktor sein, der ihn vom christlichen Mystiker unterscheidet. Die Lehre, in der dieser Menschentyp theoretisch entfaltet wurde, ist die Lehre vom Vollkommenen Menschen. Diesem Konzept und einigen seiner konkreten Entsprechungen wollen wir uns nach einem Exkurs über die Mächtigkeit der Liebe zuwenden.

1. Die Mächtigkeit von Liebe und Schönheit

Spricht man von mystischer Liebe, so sind zwei wesentliche Aspekte zu unterscheiden, nämlich die kosmische Liebe und die mystische Liebe im engeren Sinn. Von der aus dem Neuplatonismus in den frühen Islam eindringenden und dort dann durch Philosophie und Mystik aufgenommenen Vorstellung einer die Schöpfung durchwaltenden und belebenden Liebe war schon die Rede. Die mystische Liebe ist jene, bei der der Liebende mit dem Geliebten zu verschmelzen sucht, müßte er sich auch selber aufgeben, sterben, «entwerden», um dieses Ziel zu erreichen. Die kosmische Liebe ist eher ein objektives Geschehen, man nimmt es wahr als Keimen und Reifen, als Drängen und Ringen, als Leuchten und Leben am Himmel wie auf Erden, sofern man an das Walten der kosmischen Liebe, ihre Energie und Dynamik glaubt. Es handelt sich bei diesem Wirken der Liebe um ein Bezugs- und Erklärungsmodell des Weltgeschehens, also eine philosophische Lehre. Die mystische Liebe ist dagegen ein subjektives Geschehen, eine seelische Erfahrung, bei der wie in irdischer Liebe höchste Wonne und tiefste Qual empfunden und das ganze Dasein durchglüht wird. Beide Formen der Liebe sind aber wesenhaft miteinander verbunden, denn die mystische Liebe ist ein Teil der kosmischen. Um der Bedeutung dieses Gedankens gerecht zu werden, müssen wir einige Gesichtspunkte noch etwas weiter entwickeln.

Zunächst ist festzustellen, daß kosmische und mystische Liebe dem Islam von Hause aus eher fremd sind. Im Koran ist das Verbum *aḥabba/yuḥibbu* (= «lieben») zwar an sich keineswegs selten. Und auch die zugehörigen Substantive *ḥubb* (neunmal) und *maḥabba* (einmal) kommen vor. An einigen Stellen ist die Bedeutung eher «gernhaben» als «lieben», wie in dem Vers: «Möchte *(yuḥibbu)* denn einer von euch den Kadaver seines Bruders verspeisen?» (49,11) Meistens aber kommt das Verbum in Versen vor, die feststellen, wen Gott liebt und wen er nicht liebt: Er liebt die Wohltäter (*muḥsin*, 2,195 u. a.), die Umkehrwilligen *(tawwāb)* und sich Reinigenden *(mutaṭahhir,* 2,222), die Gottesfürchtigen *(muttaqī,* 3,76 u. a.), die Geduldigen *(ṣābir,* 3,146), die auf ihn Vertrauenden *(mutawakkil,* 3,159), die Gerechten *(muqsiṭ,* 5,42 u. a.) und «die auf seinem Wege kämpfen in einer Reihe wie ein festgefügtes Gebäude» (61,4). Er liebt nicht die Ungläubigen, Ungerechten, feindlich Gesinnten, Verräter, Verschwender, Hochmütigen, Dünkelhaften und Prahler. Von der Liebe der Menschen zu Gott ist jedoch nur ganz selten die Rede, und die Beziehung zwischen Gott und Mensch wird nur zweimal als ein Verhältnis gegenseitigen Liebens umschrieben. Wichtig ist dabei für unsern Kontext, daß die Gottesliebe der Gläubigen zweimal auch in einem Macht-Zusammenhang erwähnt wird: Sie ist stärker als die Liebe der Polytheisten zu ihren Göttern (2,165) und sie verbindet jene, «die demütig *(a̲dilla)* sind vor den Gläubigen, doch mächtig gegen *(a'izza 'ala)* die Ungläubigen, und kämpfen um Gottes willen.» (5,54)

Der Zusammenhang ist in all diesen Fällen für unser Empfinden kaum mystisch; es geht ja um die Einhaltung des Bündnisses mit dem Propheten und die Bereitschaft, an seiner Seite zu kämpfen. Für den Muslim ist aber gerade dieser Kampf, der Heilige Krieg, ein Ausdruck seiner Liebe zu Gott und seinem Propheten, und der Tod ist das Tor zum Leben in Gottes Nähe. Insofern gibt es also ein mystisches Element im Daseinsgefühl auch des nicht mystisch gesinnten Muslims; auch ist der Zusammenhang zwischen solcher Liebe und heiliger Macht hier ganz evident. Noch heute sehen daher viele Muslime in den Eroberungskriegen des Islam nur den Erweis der Gewalt authentischer Liebe (vgl. S. 347).

Mystiker kennen aber die Erfahrung der Gottesminne auch außerhalb des Heiligen Krieges, der ihnen im übrigen gering erscheint gegenüber dem «größeren Heiligen Krieg» *(ǧihād akbar)* gegen die eigene Triebseele, den Kampf um Läuterung, um mystisches Entwerden.

Mit Sicherheit darf angenommen werden, daß der Gedanke mystischer Gottesminne durch Impulse aus dem Christentum im frühen Islam heimisch wurde. Eine der größten Gestalten der frühen islamischen Mystik war eine Frau, Rabi`a al-`Adawiya, und sie war es, die erstmals Gott wie einen Geliebten anredete. Bei ihr läßt sich aber auch der Zusammenhang zwischen mystischer Liebe und Mächtigkeit zeigen: Es werden Wunder von ihr berichtet, die sie als mit kosmischen Kräften ausgestattet erscheinen lassen (vgl. S. 334).

Ghazali sagt folgendes über die Liebe des Menschen zu Gott: «Wisse: Wer Gott erkennt, der liebt ihn ohne jeden Zweifel. Und bei wem die Erkenntnis Gottes sich festigt, bei dem festigt sich auch die Liebe zu Ihm im gleichen Maß, wie seine Erkenntnis sich festigt. Die Liebe *(maḥabba)*, die sich festigt, heißt Leidenschaft *(`išq)*. Leidenschaft hat keine andere Bedeutung als gefestigte grenzenlose Liebe. Deswegen sagen die Araber: Muhammad liebte seinen Herrn leidenschaftlich *(`ašiqa)*, als sie sahen, wie er sich auf dem Berge Hira´ zurückzog zum Gottesdienst.

Und wisse: Jedes Schöne ist geliebt bei dem, der diese Schönheit wahrnimmt. Und Gott der Erhabene ist schön und liebt die Schönheit. Die Schönheit, die auf dem Ebenmaß der Statur und der Klarheit der Farbe beruht, wird mit dem Gesichtssinn wahrgenommen. Wenn aber die Schönheit auf Würde *(ǧalāl)* und Majestät *(`aẓama)* und hohem Rang, feinen Eigenschaften und Wesenszügen, darauf, daß man allen Geschöpfen Gutes zu tun beabsichtigt und sie ständig damit überströmt, sowie weiteren inneren Eigenschaften beruht, dann wird sie mit dem Sinn des Herzens wahrgenommen. Der Ausdruck Schönheit wird ja auch dafür entlehnt; denn man sagt, jemand ist fein und schön, und meint damit nicht seine äußere Gestalt, sondern den schönen Charakter, die löblichen Eigenschaften und den feinen Wandel, die er besitzt.

Aufgrund solcher innerer Eigenschaften, die man schätzt, wird manchmal jemand geliebt, so wie man eine äußere Gestalt liebt. Und manchmal festigt sich diese Liebe und wird dann Leidenschaft genannt. Wie viele eifern nicht in der Liebe zu einem der Schulhäupter, asch-Schafi`i, Malik oder Abu Hanifa so sehr, daß sie ihr Geld und ihr Leben opfern, um ihm zu helfen, ihm nahe zu sein und übertreffen jeden (erotisch) Liebenden an Überschwang!

Seltsam ist, daß der Verstand es annimmt, daß eine Person geliebt wird, deren Gestalt man nie gesehen hat, (nicht weiß,) ob sie schön oder häßlich ist, allein aufgrund der Schönheit ihrer inneren Gestalt, ihres angenehmen Wandels und der Wohltaten, die durch ihr Wirken den Frommen zuteilwerden, sowie weiterer solcher Eigenschaften, es aber nicht annimmt, daß man den liebt, dessen Wohltaten sichtbar sind. Nein, vielmehr, recht betrachtet, gibt es kein Gutes, Schönes, Geliebtes in der Welt, das nicht ein Teil von Seinem Wohltun, eine Wirkung Seiner Huld, ein Schwall aus dem Meer Seiner Güte wäre. Alles Feine und Schöne in der Welt, das wahrgenommen wird mit dem Verstand, dem Gesicht, dem Gehör oder einem der übrigen Sinne vom Anbeginn der Welt bis zu ihrem Zusammenbruch und vom Gipfel der Plejaden bis zum Grunde des Erdbodens ist ein Atom aus den Schätzen Seiner Macht und ein Aufglanz der Lichter Seiner Gegenwart! Wüßte ich nur, wieso man nicht begreift, daß einer, der so beschaffen ist, geliebt wird, und wieso sich bei denen, die Seine Eigenschaften erkannt haben, die Liebe nicht so festigt, daß sie alle Grenzen überschreitet und der Name Leidenschaft eine Beleidigung für sie ist, weil er hinter dem Übermaß ihrer Liebe zurückbleibt?!»[11]

Das Wesen der kosmischen Liebe hat als einer der ersten im arabischen Raum der große Philosoph Ibn Sina (Avicenna) in einem *Traktat über die Liebe* beschrieben. Es handelt sich um einen kurzen, dichten, schwierigen Text, der die neuplatonische Idee einer das ganze Universum durchwaltenden Liebe Stufe um Stufe entwickelt, sie fassend zunächst als eine am Grunde des Daseins wirkende Bedürftigkeit – so bedarf der Stoff der Form, der Leib der Ernährung etc. –, zum andern als ein allem Seienden innewohnendes Streben nach Vollendung, nach Erreichung der jedem Wesen eingeborenen Entelechie *(kamāl)*, zum dritten als eine der Seele eingepflanzte Liebe zu allem, was schön ist durch Ordnung, Fügung und Ebenmaß, was auf vollkommene Weise aber nur für Gott gilt, der daher «der erste Geliebte» ist. Im Menschen erweckt der Anblick einer schönen Gestalt drei Wünsche, nämlich diese zu umarmen, zu küssen, sich mit ihr zu vereinigen. Letzteres ist zwischen Männern nicht möglich, zwischen Mann und Frau nur dann gestattet, wenn es sich um eine Gattin oder Sklavin des begehrenden Mannes handelt. Die höchste Stufe der Liebe bildet die der göttlichen Seelen der Menschen und Engel, die auf die *prima causa*, gleichzeitig das absolute Gute, gerichtet ist.[12]

Beide, Ibn Sina und Ghazali, weisen also auch auf die Mächtigkeit der Schönheit hin, ein Aspekt, den wir im Zusammenhang mit der Mächtigkeit der Frau und jener der Künste bereits hervorgehoben haben (vgl. Kap. XIII. 1). Hier sei nur daran erinnert, daß die Mächtigkeit der Schönheit eine koranische Wurzel hat: Als sich die Frau des Machthabers von Ägypten, in der Tradition Sulaika genannt, in Joseph verliebt hat und die Damen der High Society darüber zu tuscheln beginnen, lädt Sulaika sie zu einem Gelage und legt ihnen Obstmesser hin. Dann ruft sie Joseph herein. «Und als sie ihn erblickten, erstaunten sie und schnitten sich in die Hände und riefen: Gott schütze uns! Das ist kein Mensch, sondern ein edler Engel!» (12,30)

Die Mächtigkeit der Schönheit ist in der islamischen Welt, wo man in der Tat auch heute noch Frauen und Männern von faszinierender Anmut begegnet, ein in zahlreichen literarischen Zeugnissen und kulturellen Gebräuchen präsentes Phänomen. Sie äußert sich etwa darin, daß man schöne Menschen für besonders gefährdet durch den «Bösen Blick» hält und sie daher mittels Amuletten gegen Dämonen zu schützen sucht. Kalif ʿUmar (634–44) verbannte einige Menschen aus Medina, weil sie mit ihrer Schönheit Unruhe stifteten.[13] Später nannte man Menschen von hinreißender Schönheit, vor allem aber hübsche Jünglinge, *šahrāšūb,* d. h. «die Stadt erschütternd».[14] Die Schönheitsbeschreibung ist eines der zentralen Themen der islamischen Dichtung.[15]

Die Mächtigkeit der Liebe äußert sich nun aber auch und vor allem in deren zerstörerischer Kraft, die auf der physischen Ebene oft genug Krankheit, Siechtum und Tod zur Folge hat (vgl. Kap. XII.6.b). Und sie äußert sich in ihrer verwandelnden Kraft, die von den Dichtern oft besungen worden ist. Dabei durchströmen irdische und himmlische Liebe den «Freund», der für den Liebenden zum Aufglanz göttlicher Gegenwart wird. Was die mystischen Dichter diesbezüglich zu sagen haben, hat denn auch alte Wurzeln in weltlicher Liebesdichtung. Schon Gurganis Epos *Wis und Ramin* durchflicht dieser Gedanke wie ein Leitmotiv:

Salzwüste, Sumpf und Treibsand,
tödlicher Samum und fauchender Löwe
wurden den beiden Liebenden zum heiteren Garten
aus Freude darüber, daß sie beisammen waren.[16]

Dschalaluddin Rumi singt, das Motiv aufnehmend, in einem seiner inspirierten Ghaselen auf den mystischen Freund:

O daß des Freundes Traumbild sich doch nimmer von uns scheide!
Solang es währt, genießen wir des Schauens sel'ge Freude.
Wo zum Verein die Liebenden gelangen, da verwandelt
der Wüste öde Weite sich zum traulichsten Gebäude.
Und dort, wo sich des Herzens Wunsch erfüllt, da schmeckt mir besser
als tausend Datteln, was an Schmerz von Dornen ich erleide.[17]

Bei Rumi und andern Dichtern seiner Richtung finden sich auch anmutige Naturbeschreibungen, in denen z. B. das Frühlingsgeschehen gedeutet wird aus einer allgemeinen Erwartung des Geliebten und der Freude über sein Erscheinen im Frühling. Die Steppe ‹Wasser-und-Lehm› steht plötzlich voller Zeichen.

Jasmin fragt die Zypresse: Sag an, was tanzest du immer so trunken?
Da flüstert sie ihm selig ins Ohr: Er duldet unser Verlangen!
Fragt die Narzisse schelmischen Blicks die Rose, weshalb sie so lache,
so gibt sie zur Antwort: Ich lache so froh: Weil nah ist des Freundes
Umfangen.[18]

Bald erscheinen Rumi die Blumen als schöne Sklavinnen, die der Frühling zum Kauf anbietet, während die noch kahle Erde, in graue Lumpen gehüllt, als (verliebter!) Käufer naht, bald als Schulkinder, die aufsagen, was die Lerche als Lehrer sie gelehrt hat:

Und jeder Schüler, welcher sein Pensum gut geübt,
mit einer Ehrenrobe geschmückt zum Platz hingeht.[19]

Übrigens ein Gedanke, der Rilkes schönes Sonett ‹Frühling ist wiedergekommen? die Erde/ ist wie ein Kind, das Gedichte weiß›, um Jahrhunderte vorwegnimmt. Wenn man dieses kosmische Walten der Liebe in der Natur und am eigenen Leibe erfahren hat, dann wird man sie besingen als die das All durchwaltende und bewegende Macht, wie persische Dichter nicht müde wurden es zu tun: So sagt Sana'i zu Beginn eines großen und schwierigen Ghasels über die Gewalt der Liebe: «Die Existenz der Liebe verleiht dem Liebenden Existenz im Nichtsein.»[20] Nizami singt im Prolog zu seinem Epos *Chosrou und Schirin,* diesem zu Herzen gehenden Hohenlied der Liebe:

Des Firmaments Mihrab ist Liebe nur,
Der Staub der Liebe –: Tau der Erdenflur!
Des Weltalls Seele, wär sie ohne Liebe,
was blieb lebendig in der Welt Getriebe?[21]

Rumi faßt die Gewalt kosmischer Liebe in folgende Worte: «Durch Liebe sind die Himmelssphären in Harmonie,/ ohne Liebe versänken sogar die Gestirne.»[22] Und Hafis stellt fest: «Es zehren vom Sein der Liebe Menschen und Geister!»[23]

Zur Mächtigkeit der Liebe gehört auch, daß sie der Vernunft überlegen ist. Dies ist eine Ansicht, der vor allem in mystischen Kreisen gehuldigt wird. Oft geht die Sakralisierung der Liebe mit Geringschätzung, ja Verachtung der Vernunft Hand in Hand. Dabei steht Vernunft in solchen Sätzen in der Regel für das kalte Räsonnieren der Theologen und Rechtsgelehrten des Islam. Die Opposition Liebe–Vernunft meint dann also die Opposition Mystik–Orthodoxie bzw. rauschhaftes Dasein, auch Künstlertum und Ekstase gegenüber kalter Vernunft und dürrer Pedanterie. So sind Verse wie die folgenden von Rumi und Hafis zu verstehen, die beide ja ihre Vernunft weiß Gott zu gebrauchen wußten: «Fern mögen Vernunftmenschen Liebenden bleiben,/ fern sei der Dunst des Badeofens vom Hauch des Zephirs!»[24] Und: «Das Heiligtum der Liebe hat eine viel höhere Pforte als das Reich des Verstandes!»[25] Die Sakralisierung der Liebe – in der klassischen persischen Lyrik wird sie mit immer neuen, bedeutenden Worten und Bildern vollzogen. Die Frau indessen ist, sei es auch nur als Symbol, aus dieser Dichtung verschwunden, verdrängt durch den «Freund», der eine – und die literarisch manifesteste – Verkörperung des Vollkommenen Menschen darstellt.

2. Der Vollkommene Mensch als mächtiger und als kosmischer Mensch

Aus der oben dargelegten koranischen Anthropologie ergibt sich, daß der Mensch zwar einerseits *ʿabd,* also «Sklave», «Knecht», «Diener» Gottes ist – das Wort bezeichnet ja den Sklaven im islamischen Recht, erhält aber in seiner religiösen Verwendung eher die Bedeutung von «Geschöpf» –, andererseits aber auch *ḫalīfa,* also Stellvertreter Gottes. Die Schöpfung ist ihm «unterworfen», und er steht über den Engeln, die sich vor Adam verbeugen mußten. Alles das sind die Keimzellen einer potentiellen Mächtigkeit als Teilhabe des Menschen an der göttlichen Allmacht, wie sie in dieser Form dem Christentum unbekannt ist.

Die Lehre vom Vollkommenen Menschen, wie sie sich im Islam entfaltete, geht jedoch nicht nur auf koranische Ansätze zurück, hat vielmehr mannigfache Vorformen und Wurzeln in vorislamischen Religionen und Weltbildern. Man kann davon ausgehen, daß Impulse aus dem Zoroastrismus, der griechischen Philosophie, namentlich Platonismus und Neuplatonismus, der Gnosis und natürlich auch dem Christentum die Entwicklung des Konzepts im Islam beeinflußt haben. Dafür im folgenden einige wenige Hinweise.

a) Vorislamische Wurzeln

Im sassanidischen Zoroastrismus gab es einen (ursprünglich nicht zoroastrischen) Mythos von einem Urmenschen, der schon an gnostische Lehren erinnert. Er bestand aus Metall, und bei seinem Tode traten aus seinem Leib die wichtigsten Metalle und drangen in die Erde. Aus seinem Samen entstand das erste Menschenpaar.[26] Der Name dieses Urmenschen war Gayomart, und dieser Name findet sich fast gleichlautend im *Schahname* des Firdausi wieder, wo der erste noch rein mythische iranische König, der Weltherrscher, wiederum Gayumarth heißt. Er regiert ein tausendjähriges Friedensreich, bis er der Versuchung der Macht anheimfällt und dadurch umkommt. Das *Schahname* ist also realistisch, indem es die Versuchbarkeit des Idealmenschen zeigt. Ein Nachhall dieses Menschentyps lebt, wie H. H. Schaeder zu zeigen versucht hat, im Ghasel der islamisch-persischen Dichtung fort.[27]

In der Philosophie Platos begegnet uns der Gedanke einer Vergöttlichung *(théosis)* durch Läuterung und Erkenntnis. Die Philosophie zeigt den

Weg zu dieser Vollendung, die auch als Glückseligkeit, *eudaimonía* (arab. *sa'āda*), bezeichnet wird. Der Philosoph ist gottähnlich, ein Gedanke, der sich in arabischen Darstellungen platonischer Philosophie natürlich auch wiederfindet. Der arabische Terminus für *theosis* ist *ta'alluh,* also ebenso wie das Wort Allah von *ilāh* (= Gott) abgeleitet. Farabi, der wichtigste Repräsentant politischer Philosophie im Islam, sollte, wie wir an anderer Stelle dieses Buches gezeigt haben, diese Ideen in seiner Lehre vom Propheten bzw. vom idealen Staatsoberhaupt aufgreifen.

Der Neuplatonismus betont den himmlischen Ursprung des Menschen, seine Teilhabe an der göttlichen Lichtwelt. Er sieht wie Plato die Aufgabe des Lebens in der Läuterung von der Materie, betont aber stärker die potentiell thaumaturgischen Fähigkeiten des Menschen und kreiert Heroen der Weisheit in Gestalten wie Hermes Trismegistos, dem «Dreifach großen Hermes». In der Gnosis gibt es in mannigfaltigen Abwandlungen die Vorstellung eines kosmischen Menschen, der manchmal auch Urmensch genannt und mit dem Logos gleichgesetzt wird. Ein typisches Beispiel ist der Attiskult, d. h. die Verehrung eines Hirten, der dann vergöttlicht und mit verschiedensten Gottheiten identifiziert wurde:

> Ob ein Sproß des Kronos, ob ein seliges Kind des Zeus oder der großen Rhea, sei mir gegrüßt, Attis,
> bei dessen Namens Klang Rhea die Augen niederschlägt.
> Dich nennen die Assyrer den dreifach ersehnten Adonis, ganz Ägypten den Osiris,
> das himmlische Horn des Mondes die griechische Weisheit,
> die Samothraker den gefeierten Adamnas,
> die Haimonier den Korybas etc.[28]

Das erinnert schon an die Gleichsetzung verschiedener prophetischer und thaumaturgischer Gestalten im Zeichen des Vollkommenen Menschen, wie sie in Hymnen islamischer Mystiker begegnet; entscheidend ist die allen gemeinsame Mächtigkeit, die sie als Reinkarnationen des gleichen Prototyps erscheinen läßt.

Im Christentum ist der Vollkommene Mensch schlechthin natürlich Christus; aber auch er ist gleichzeitig göttlich. Nur, im Unterschied zum gottähnlichen Philosophen in der Vorstellung Platos, der die Vergöttlichung durch einen mühsamen Läuterungsprozeß erst erringen muß, bringt Christus als Gottessohn seine Göttlichkeit mit in die Welt. Das zeigen im Neuen Testament das Magnificat der Maria und der Lobgesang Simeons ebenso wie Selbstaussagen Jesu. Dennoch ist die Göttlichkeit Jesu auch wieder errungen, wie sein Leben verdeutlicht, und sie erweist und bestätigt sich durch seine Wunder ebenso wie durch seine Auferstehung und Himmelfahrt. In der orientalisch-christlichen Theologie und Gläubigkeit, die sich dann in der Kunst vor allem der byzantinischen Kirche niederschlägt, wird Christus zum Pantokrator und als solcher in Hymnen besungen, die als Modell gedient haben könnten für Hymnen auf Muhammad ebenso wie für solche auf islamische Heilige, die als Vollkommene Menschen verehrt wurden und werden.[29]

b) Koranische Protoypen des Vollkommenen Menschen

Im Koran finden sich Züge des vollkommenen – d. h. in diesem Fall thaumaturgischen – Menschen im Bilde mehrerer Propheten. Es sind dies namentlich Abraham, Mose, Salomo und Jesus. Sie stattet der Koran mit Zügen von Wundertätern aus, wie wir das schon in einem früheren Kapitel angedeutet haben (I.6.a). So wird von Abraham erzählt, daß er mehrere Tage unbeschadet in einem Kalkofen überlebte, in den Nimrod ihn wegen seiner Weigerung, die Götzen anzubeten und wegen der Zerstörung mehrerer Götzenbilder geworfen hatte. Gott nämlich ließ die Glut für ihn kühl sein (21,68 f.). Ist dies ein eher passives Wundererleben, so begegnen uns in andern koranischen Prophetenerzählungen auch ausgesprochen aktive Wunder.

Aus dem Alten Testament kennen wir die Wundertaten Mosis, die auch der Koran erzählt. Da ist zunächst seine Überlegenheit über die Zauberer Pharaos. Wie jene, so verwandelt auch er einen Stab in eine Schlange, doch seine Schlange verschlingt die Schlangen der ägyptischen Zauberer. Ein zweites Wunder, das Gott ihn für diese Gelegenheit gelehrt hatte, ist das Wunder von der aussätzigen Hand: «Stecke deine Hand in deinen Hemdschlitz, dann kommt sie weiß heraus, ohne daß es etwas Schlimmes wäre!» heißt es im Koran (27,12). Die «Weiße Hand» wurde in der islamischen Tradition zu einer Metapher für die Wundermacht des Heiligen, noch ein islamischer Dichter des 20. Jahrhunderts, Muhammad Iqbal, nennt den Islam «die Religion der Weißen Hand».[30] Später teilt Moses mit seinem Stab die Wogen des Roten Meeres und läßt auf der Wanderung durch die Wüste Wasser aus dem Felsen sprudeln.

Sind dies bereits Züge eines frommen Magiers, so begegnet uns der Typ des thaumaturgischen Menschen noch ausgeprägter in der Gestalt des koranischen Salomo. Er versteht die Sprache der Tiere, namentlich die der Vögel – ein redender Wiedehopf diente ihm ja als Bote für den Austausch mit Bilqis, der Königin von Saba. Daß er sogar die Sprache der stummen Ameisen verstand, geht aus einer rührenden kleinen Legende hervor, die in der 27. Sure erzählt wird, die nach dieser Passage den Titel *Sure der Ameisen* trägt (27,17–22). Darüber hinaus gebietet Salomo den Winden und den Dämonen, welch letztere für ihn Statuen und kunsthandwerkliche Gegenstände herstellen. Es nimmt daher nicht wunder, daß die spätere islamische Tradition in Salomo gern den Begründer «erlaubter Magie» erblickte.

Schließlich Jesus. Er ist im Koran der große Wunderheiler und Totenauferwecker, wobei freilich seine Wundertätigkeit schon unmittelbar nach der

Geburt beginnt (ganz abgesehen davon, daß der Koran auch die Jungfrauengeburt anerkennt): Als eben geborener Säugling spricht Jesus zu den Verwandten der Maria, während Gott ihr ein mehrtägiges Schweigen auferlegt hat, und er haucht als Kind einem tönernen Vogel Leben ein (5,110).

Erinnern wir daran, daß die koranische Prophetologie eingebettet ist in eine Anthropologie, die den Menschen zwar einerseits als *'abd Allah,* also «Knecht Gottes», andererseits aber als *ḫalīfat Allāh,* also «Stellvertreter Gottes» auf Erden, einordnet, ihn mit dem Mythos vom Ungehorsam des Iblis, der sich weigert, vor Adam niederzufallen, über die Engel stellt und ihn zum Herrn des Kosmos macht durch die wiederholte Versicherung, Gott habe ihm die gesamte Schöpfung unterworfen *(saḫḫara lakum).* Von höchster Wichtigkeit ist schließlich die koranische, stark an die Sendung Muhammads geknüpfte Lichtmetaphorik, in der die spätere Lichtmetaphysik der islamischen Theologie und Philosophie, sowie auch die gnostischen Lichtlehren der islamischen Mystik angelegt sind. Muhammad wird mit einer «leuchtenden Lampe» *(sirāǧan munīra)* verglichen (33,46), und er ist es, durch den Gott «sein Licht vollendet» (9,32; 61,8).

c) Der Beitrag Farabis

Wie bereits angedeutet, hat al-Farabi (ca. 870–950), der wichtigste Repräsentant politischer Philosophie des mittelalterlichen Islam, die Lehre Platos über die *theosis* aufgegriffen und in seine Prophetenlehre eingebaut. Der ideale Führer der islamischen Gemeinde sollte nach dieser Theorie die Fähigkeiten des politischen und militärischen Führers, des Philosophen und des Propheten in sich vereinen. Farabi ist sich jedoch bewußt, daß keiner nach Muhammad diese Fähigkeiten besitzen kann. Das islamische Dogma selber schließt das aus, da mit Muhammad, dem «Siegel der Propheten», wie der Koran ihn nennt, die Reihe der monotheistischen Propheten zum Abschluß gekommen ist, das Auftreten weiterer Propheten folglich nicht in Frage kommt, ja jeder diesbezügliche Anspruch Ketzerei wäre. Dessen ungeachtet entwickelt er sein Konzept, das durchaus gewisse Beziehungen zu mystischem Denken einschließt. Sprachen die Mystiker von einem göttlichen Licht, so Farabi, wie übrigens auch Ibn Sina und andere islamische Philosophen vom Kontakt mit der Allvernunft, woraus, wie Farabi es ausdrückt, «der vollendete Rang des Menschseins, die höchste Stufe der Glückseligkeit» resultiert (vgl. S. 132).

d) Die Theorie vom Vollkommenen Menschen bei Ibn 'Arabi und 'Abd al-Karim al-Dschili

Seine eigentliche theoretische Ausprägung fand die Idee vom Vollkommenen Menschen bei Ibn 'Arabi, dem großen mystischen Denker aus Murcia in Andalusien, der 1240 in Damaskus verstarb. In seinen *Fuṣūṣ al-ḥikam,* d. h.

Ringsteinen (oder Gemmen) der Weisheit, entwickelte er in dichtester Form seine in unzähligen Schriften ausgebreitete Lehre. Jedes der 27 Kapitel bildet eine «Gemme» und ist der Weisheit eines Propheten gewidmet – von Adam, der ja nach islamischer Auffassung der erste Prophet war, bis zu Muhammad. Jeder dieser Propheten stellt für Ibn ʿArabi eine immer neue Verkörperung des Vollkommenen Menschen dar. Eingebettet ist dieses Konzept in eine dichotomische Weltbetrachtung, wie sie für die Mystiker, nicht nur die islamischen, charakteristisch ist: Es gibt eine sichtbare und eine unsichtbare Welt, die beide aber ineinander verwoben sind; das meinen die Mystiker, wenn sie von den «zwei Welten» reden. Die sichtbare Welt nennt Ibn ʿArabi das Erscheinende *(aẓ-ẓāhir,* auch = «das Äußere» oder «Sichtbare»), die unsichtbare Welt nennt er das Verborgene *(al-bāṭin,* auch = «das Innere» oder «Unsichtbare»). Beide verhalten sich ähnlich zueinander wie Spiegel und gespiegelter Gegenstand. Die sichtbare Welt spiegelt das Unsichtbare, insofern Gott in der Schöpfung erscheint, die daher für unsern Denker voller Erscheinungsorte ist (*maẓhar,* pl. *maẓāhir*). Ibn ʿArabi geht so weit zu sagen: Die Welt ist der sichtbare Aspekt *(zahir)* Gottes, Gott der unsichtbare Aspekt *(batin)* der Welt. Der Mensch im besonderen ist das Auge, durch das Gott seine Schöpfung betrachtet, er ist das Siegel, durch welches der Schatz der Schöpfung versiegelt ist. Die Welt besteht nur durch den Menschen, genauer den Vollkommenen Menschen.[31]

Ein weiterer Gedanke dieser Theorie besagt, daß Gott sich durch seine Namen manifestiert. Seine Namen, das sind seine Eigenschaften; und er erschafft die Welt, indem er diese seine Eigenschaften in der Schöpfung sichtbar werden läßt. Vor allem ist es natürlich der Mensch, der die Fähigkeit besitzt, göttliche Eigenschaften zu verkörpern, sei es eine, seien es mehrere. Je mehr göttliche Eigenschaften nun aber ein Mensch verkörpert, desto mehr ist er Gott angenähert, desto mehr gleicht er dem Ideal des Vollkommenen Menschen. Unter allen Propheten war dies, so glauben nicht nur die Mystiker, sondern jeder fromme Muslim, am stärksten bei Muhammad der Fall. Er war das vollkommenste Wesen, das je erschaffen wurde. Göttliches Licht und göttliche Macht kamen in ihm wie sonst in keiner Gestalt vor oder nach ihm zur Erscheinung und verliehen ihm die kosmischen Dimensionen des Vollkommenen Menschen. «Er ist der Herr der Welt und die erste Manifestation des Seins«, stellt Ibn ʿArabi fest.[32] «Die Schöpfung begann mit dem Lichte Muhammads», singt ein bengalischer Mystiker im 15. Jahrhundert.[33] Beide konnten sich auf eine Überlieferung berufen, wonach Muhammad selber festgestellt hatte: «Ich war Prophet, als Adam noch Lehm und Wasser war.»[34] Auch mit dem universalen Intellekt, der Allvernunft, wird Muhammad im Zuge dieser Verklärung gleichgesetzt, ja bald erklärte man ihn als jenem überlegen.[35] Muhammad war *ḫulqan wa-ḫalqan,* an Charakter und Erscheinung, vollkommen – das ist noch heute muslimische Überzeugung.[36]

Diesem Idealtyp soll der Mystiker nacheifern. Heißt es doch in einem Hadith «Nehmt die Wesenszüge Gottes an!»[37] – ein Wort, das im Grunde dem platonischen Ideal der *theosis* gleichkommt, nur daß die Vergöttlichung hier nun nicht mehr durch den philosophischen, sondern den mystischen Weg zu erreichen ist. Der Unterschied zwischen Mensch und Gott wird dabei nahezu verwischt, fast völlig aufgehoben, eine Tendenz, die freilich schon in der Ontologie Avicennas greifbar war; denn wie Ibn Sina, so lehrte auch Ibn `Arabi, daß Mensch und Gott ein «notwendiges Sein» *(wāǧib al-wuǧūd)* besitzen und sich menschliches von göttlichem Sein nur dadurch unterscheide, daß es nicht durch sich selber, sondern durch Gott bestehe.[38]

Ibn `Arabi war übrigens überzeugt, auch selber ein solcher Vollkommener Mensch zu sein. Das geht aus seiner Biographie hervor, wo von mancherlei Wundern, aber auch von Unterredungen mit Muhammad, ja mit Gott selber die Rede ist; so will er auch die *Gemmen der Weisheit* in einer Vision von Muhammad empfangen haben.[39] Es geht ferner auch aus manchen Versen in Ibn `Arabis Gedichten hervor, wie sie sich u. a. in seinem gewaltigen Hauptwerk, den *Mekkanischen Enthüllungen (al Futūḥāt al-Makkīya)* finden. Ein Beispiel ist etwa die folgende Selbstaussage: «Seit ich vergöttlicht bin, wurde ich zum Erscheinungsort *(mazhar)*./ Da ich dies bin, so nehmt eure Zuflucht zu mir!»[40] Und wenige Zeilen weiter berichtet Ibn `Arabi von einer Vision *(wāqi`a)*, während welcher er hört, wie Gott ihn in Versen anredet, deren Anfang lautet:

> Ich ergriff dich in meinem Haus, um meine Gestalt sichtbar zu machen:
> Gepriesen seid ihr, gepriesen, gepriesen *(subḥāna)*!
> Nie hat dein Auge etwas so Vollkommenes wie mich erblickt.
> Doch hat auch kein Auge je einen Menschen wie dich erblickt.
> Etwas Vollkommeneres als ihr kann nicht mehr entstehen.
> Das habe ich im Gesetz (d. h. Koran) bewiesen etc.[41]

Es ist möglich, daß sich das Plural-Pronomen in diesen Zeilen auf die Menschheit als Ganzes bezieht (obwohl ja im traditionellen Liebesgedicht der Numerus der Verben, mit denen der Geliebte angeredet wird, ständig zwischen Singular und Plural wechselt). Dann bliebe aber immer noch die Aussage: Noch nie hat ein Auge einen Menschen wie dich erblickt, und ebenso bliebe die in *subhana* angedeutete Vergöttlichung des oder der (pl.) angeredeten Menschen.

Die Ibn `Arabi´sche Lehre vom Vollkommenen Menschen wurde von späteren Mystikern übernommen und weiter entfaltet, soweit es da noch etwas zu entfalten gab. Am bekanntesten wurde `Abd al-Karim al-Dschilis (1365–1428) Werk mit dem Titel *Der Vollkommene Mensch.*[42] Hier wird deutlich ausgesprochen, daß jeder Vollkommene Mensch eine Manifestation *(taǧallī)* des gleichen Urtyps ist, der nun hier den Namen *ḥaqīqa*

Muhammadīya erhält. Diese Muhammadianische Realität oder Wirklichkeit manifestiert sich in den vollkommensten Menschen jeder Epoche, die dadurch äußerlich, auf der *zahir*-Ebene, zu Nachfolgern oder Kalifen *(ḫulafā')* Muhammads werden, während auf der *batin*-Ebene die *haqiqa Muhammadīya* ihr Dasein, ihre eigentliche Realität darstellt. Gleichzeitig sind diese Verkörperungen des Vollkommenen Menschen eine Art Kopie Gottes, dessen Eigenschaften einchließlich der speziell göttlichen – nämlich Göttlichkeit *(ulūhīya)*, Einzigkeit *(aḥadīiya)*, Barmherzigkeit *(raḥmanīya)*, Herrschaft bzw. Herr-Sein *(rubūbīya)* – sie verkörpern.[43]

3. Muhammad als Vollkommener Mensch

Daß, wie wir eben schon in Ansätzen sahen, Muhammad sich zum Vollkommenen Menschen par excellence in der islamischen Frömmigkeit entwickelt hat, ergibt sich einerseits mit einer gewissen Logik aus der Lage der Dinge, ist andererseits aber doch nicht ganz selbstverständlich. Man mag etwa daran denken, daß von religionsvergleichender Seite der Inkarnation Christi die «Inlibration», also die «Buchwerdung» Gottes im Islam gegenübergestellt worden ist. Auch die ausgesprochene Nähe zu allem Menschlichen im Muhammadbild des Korans und der frühen Muhammad-Biographie läßt eine Entwicklung zum islamischen Pantokrator nicht voraussehen. Dennoch liegen deren Wurzeln bereits in den Anfängen.

a) Ansätze im Koran

Weder im Koran noch in der frühen Muhammad-Biographie erscheint Muhammad als thaumaturgischer Menschentyp. Im Gegenteil! Der Koran läßt Muhammad von sich sagen «Ich bin ein Mensch wie ihr!»[44] und auf die Aufforderung der Mekkaner, sich durch ein Wunder zu beweisen, antwortet er, wie ebenfalls der Koran dartut, mit dem Hinweis auf das Wunder der durch ihn vermittelten göttlichen Offenbarung. Niemand außer ihm sei imstande, auch nur einen Koranvers hervorzubringen. «Selbst wenn die Menschen und die Geister sich vereinigten, um etwas diesem Koran Gleiches zu bringen, sie brächten desgleichen nicht, auch wenn sie einander hülfen!» (17,88) Das Dogma von der Unnachahmlichkeit *(i'ǧāz)* des Korans hat hier seinen Ursprung und seine Basis.

Andererseits gibt es aber doch im Koran Aussagen über Muhammad, die auf sein Mana, seine Mächtigkeit und numinose Aura hindeuten. Hierher gehören alle jene, aus der medinensischen Zeit stammenden Stellen, die von den Gläubigen Gehorsam gegenüber Gott und seinem Propheten fordern, Muhammad also in unmittelbare Nähe zu Gott rücken. Es gehören hierher aber auch Hinweise auf eine wunderbare Errettung während der Schlacht von Badr sowie auf weitere ungewöhnliche Erlebnisse, die man heute wohl als «parapsychologisch» bezeichnen würde, wenn man sie nicht als Einbruch der metaphysischen Welt in die irdische, also als «Wunder» verstehen will. Wichtig ist vor allem der kurze Passus über Muhammads nächtliche Entrückung *(isrāʾ)* nach Jerusalem (17,1) sowie der Bericht von zwei Visionen, bei welchen er ein vom «höchsten Horizont» herabkommendes Wesen sah, das sich ihm bis auf «zwei Bogenlängen oder weniger» näherte (Sure 53,1–18; vgl. auch 81,23). Von der muslimischen Exegese wird diese Stelle für gewöhnlich auf den Engel Gabriel bezogen, zumal es von dem Erscheinenden heißt: «Er offenbarte seinem Diener, was er ihm offenbarte». Manche, und zumal die Mystiker, beziehen die Stelle aber auch auf Muhammads Himmelfahrt, d. h. «Er» wäre dann nicht der Engel, sondern Gott selber.

b) Ansätze in Hadith und Sira

Hinweise auf übermenschliche Komponenten in Muhammads Beschaffenheit finden sich in Ansätzen aber auch in der frühesten Biographie, der sogenannten *Sira,* sowie im Hadith. Da ist namentlich ein Bericht, den der Autor oder Bearbeiter der *Sira,* allerdings noch mit einer gewissen Skepsis, mitteilt, wonach ein übernatürliches Licht schon aus Muhammads Vater strahlte am Tage, als er ihn zeugte, und dann aus der schwangeren Amina, der Mutter Muhammads, erneut und mit solcher Leuchtkraft hervorbrach, daß «sie darin die Festungen von Bostra in Syrien erblickte», einer Stadt, die nördlich von Jerusalem, also über 1000 km von Mekka entfernt liegt![45]

Auch im Hadith wird die Biographie Muhammads schon früh mit wunderbaren Ereignissen bereichert. So verbeugen sich etwa Palmen vor ihm. Oder Muhammad erscheint als der Tiersprache kundig in jener liebenswürdigen, in mehreren ähnlichen Varianten überlieferten Legende von einer gefangenen Gazelle, die sich an Muhammad um Hilfe wendet.[46] Auch die phantastische Ausgestaltung seiner Himmelfahrt vollzog sich zunächst im Hadith (vgl. Kap. XIII.3.c). Doch das sind nur bescheidene Keime jener Verklärung, die die spätere Tradition ihrem Propheten zuteil werden ließ. Eigentlich lag das aber, wie gesagt, von Anfang an in der Logik der Dinge. Muhammad wird ja im Koran als das «Siegel der Propheten» bezeichnet, und das konnte doch nur bedeuten, daß er alle Vorzüge früherer Propheten in sich einschloß, ja übertraf.

Zwar gab es in der islamischen Theologie auch rationalistische Bestrebungen. Hinsichtlich Muhammads Wundertätigkeit wurde z. B. folgendes festgestellt: Jeder Prophet tue seine Wunder in dem Bereich, der in seiner Epoche die bedeutendsten Leistungen aufwies. So habe Moses seine Wunder auf dem Gebiet der Magie gewirkt, Jesus die seinen auf dem Gebiet der Heilkunst, und das Wunder Muhammads liege im Reich der Rhetorik.[47] Doch Liebe und Verehrung für den Propheten wollten sich mit so schlichten Fakten nicht begnügen.

c) Die Himmelfahrt

Die allgemeine Tendenz, gestützt auf die koranische Prophetologie und nach dem Vorbild des Christus Pantokrator, Muhammad zu einer kosmischen Lichtgestalt zu verklären, war nicht aufzuhalten. Die Mystik hat dazu einen wesentlichen Beitrag geleistet. Und die Himmelfahrt Muhammads bot ein willkommenes Sujet, Muhammads kosmische Mächtigkeit in einer poetischen, allgemeinverständlichen und suggestiven Form zu gestalten. Die koranische Wurzel der Legende findet sich am Anfang der 17. Sure, deren Titel *Die (nächtliche) Entrückung (isrā')* lautet: «Gepriesen sei, der mit seinem Knecht reiste des Nachts von der Heiligen Moschee zur fernsten Moschee, dessen Umgebung wir gesegnet haben, um ihn sehen zu lassen von unsern Wundern. Wahrlich, Gott ist der Hörende, der Schauende.»

Der Legende nach schloß sich an diese nächtliche Entrückung sogleich die Himmelfahrt *(mi'rāǧ)* an, d. h. Muhammad reiste, geleitet von Gabriel, auf einem Buraq genannten Tier von Mekka nach Jerusalem und von dort weiter durch die Sieben Himmel oder Sphären, in jeder von einem der großen Propheten, darunter Moses, begrüßt, bis vor den Thron des Herrn. Gott erlegte ihm und seiner Gemeinde 50 tägliche Gebete auf. Doch als er auf dem Rückweg wieder an Moses vorbeikam und der sich nach der Zahl der Pflichtgebete erkundigte, riet er Muhammad, sogleich zu Gott zurückzukehren und um eine Verminderung zu bitten, er wisse aus eigener Erfahrung, daß 50 Gebete nicht akzeptiert würden. Muhammad folgte diesem Rat und erreichte eine Minderung auf vierzig, dann, durch Moses immer erneut gedrängt, auf dreißig, zwanzig, zehn, schließlich fünf. Die Erzählung, ganz formelhaft, ist ein reizvolles Beispiel einer repetitiven Struktur, die gleichzeitig Mächtigkeit ausdrückt, denn Muhammads mehrfaches Auf- und Absteigen und sein mutiges Verhandeln mit dem Höchsten ist zweifellos ein Vorgang von hoher Mächtigkeit.[48]

Im Hadith und in späterer, volkstümlich-erbaulicher, aber auch anspruchsvoller Literatur wird diese Legende mehr und mehr ausgeschmückt. Ein uns vielleicht kurios erscheinendes, aber aufschlußreiches Beispiel liefert die allmählich ins Märchenhafte gesteigerte Vorstellung von Buraq, also dem Reittier, auf welchem Muhammad die nächtliche Reise und die Himmelfahrt vollzog. Dieses Tier, anfangs ein einfaches Pferd oder ein Gemisch zwischen Esel und Maultier, wird allmählich zu einem Wunderwesen mit Pfauenschwanz, Flügeln und dem Gesicht einer Frau verwandelt. Das alles ist freilich noch harmlos im Vergleich zur Ausgestaltung der Himmelfahrt in der persischen Dichtung, die vor allem den Ritt durch die Sphären der Planeten und Fixsterne höchst phantasievoll und einfallsreich ausmalt. Die Beschreibung der Himmelfahrt gehörte im Anschluß an das Gotteslob und die Preisung des Propheten zum festen Inventar des Prologs persischer Epen spätestens seit dem 12. Jahrhundert. Hier eine Probe aus dem Prolog des *Ilahiname* von 'Attar:

Einst nachts, beschloß zum Himmel, Gottes Thron, höher als die zwei Welten er zu reisen.
Buraq, vor Sehnsucht matt nach seinem Herrn, seit langem an den Tuba-Baum gebunden,
witterte ihn und wieherte erregt, bäumte sich auf und lief, das Seil zerreißend.
Gabriel kam und sprach zu ihm: Du Reiner! Verlaß den Staub, den Fuß setz auf die Sphären!
Kraft deines Rangs bist du der Herr des Throns: Komm mit, empor zum Hof des Gottesthrons!
Dein Wesen, das Erbarmen beider Welten, bewirtet beide Welten mit Erbarmen.
Hast Gäste eine Zeit im Staub gehabt, jetzt naht die Stunde für die hohen Sphären.
Mach für die Menschen Gold aus deiner Armut! Aus deinem Staub für Engel Augensalbe!
Als nun Buraq den Herrn der Welt davontrug, erstieg er wie ein Blitz den Siebten Himmel.
Und ritt, bis er vor Gottes Schemel stand, da ward der Herr Buraqs zum Herrn der Kanzel!
Zu seiner Rechten Träger nun des Throns, zu seiner Linken nun der Erde Hüter.
Unter Buraq der Himmel ward zur Erde, und Gabriel zum Diener dieses Hofs.

Zu seiner Begrüßung werden sogleich «hunderttausende erhabener Seelen» vor ihn gebracht, darunter besonders auch frühere Propheten, die ihm ihre Ehrerbietung erweisen:

Vor Jesus trat er hin wie Joseph schön, verjüngte ihn wie jener einst Sulaika.
Der «Geist von Gott», durch jenen Geist des Geists empfing er nun im Himmel neues Leben.
Salomo kam, gab ihm sei Diadem und stellte vor ihn hin den Korb der Armut.
Hin wallte Moses, durch Verdienst gewiß, daß er zu seinem Volke zählen werde.
Abraham brachte all sein Hab und Gut, bereit, den eignen Sohn für ihn zu opfern.

Später kehrt die Erzählung wieder zu Buraq zurück, und die Größe Muhammads wird an seinem Reittier sichtbar:

Der Himmel, dessen Beute sonst die Sonne, er führte heute Nacht Buraq am Zügel.
Die Sonne war sein goldner Sattelknauf, Steigbügel ihm des Mondes junge Sichel.
Der Neue Mond war nun der Huf Buraqs, ein Ring im Ohr (Sklavenzeichen) des Himmels, der sich auftat.

In den folgenden Versen beschreibt der Dichter mit geradezu übermütiger Phantasie, wie Muhammad in den Sphären herumgaloppiert und jedes Sternbild ihm auf eine seinem Namen entsprechende Art Verehrung erweist.[49] Ähnliches findet sich in den Prologen der Epen Nizamis und anderer Dichter. Die Himmelfahrt Muhammads ist durch diese Ausgestaltung bei großen persischen Dichtern auch zu einem beliebten Sujet von Miniaturmalern geworden, manche davon, wie etwa die berühmte Darstellung des Malers Sultan Muhammad,[50] gehören zu den großartigsten Leistungen der persischen Miniatur, ja der Buchmalerei überhaupt.[51] Schöner, poetischer, suggestiver konnte die Mächtigkeit eines Propheten kaum zum Ausdruck gebracht werden, als es hier geschieht.

In diesem Zusammenhang sei erwähnt, daß von europäischen Gelehrten die These aufgestellt worden ist, arabische Himmelfahrtsbücher hätten die *Divina Commedia* Dantes beeinflußt, eine Idee, die von islamischer Seite natürlich mit Begeisterung aufgegriffen, von andern – und zwar verständlicherweise namentlich italienischen – Gelehrten dagegen mit Vehemenz zurückgewiesen worden ist. Nach jahrelanger erbitterter Debatte ist die Diskussion abgeflaut und hat mit einem Patt geendet. Man konnte nämlich zwar nachweisen, daß Dante ein *Libro della Scala,* d. h. arabisches Himmelfahrtsbuch in kastilischer Übersetzung benutzt haben könnte, da Alfons X. der Weise (1252–82) eine solche anfertigen ließ, daß es aber keine Einzelheit in der *Göttlichen Komödie* gibt, die nicht auch aus viel früherer christlicher Literatur herleitbar wäre, so daß es also näher liegt, die arabischen Himmelfahrtsbücher aus christlichen Quellen herzuleiten als die *Divina Commedia* aus arabischen. Auch der kürzlich vermutete Zusammenhang zwischen einer hebräischen Bearbeitung von Ibn Tufails *Haiy ibn Yaqzan* und der *Göttlichen Komödie* bleibt damit eine für die Erklärung der Genese des Werkes überflüssige Spekulation.[52]

d) Die Hymnen des Halladsch

Mit unserer Besprechung der Himmelfahrt Muhammads haben wir der Entwicklung weit vorausgegriffen. Eines der frühesten und eindrucksvollsten Zeugnisse für die Verherrlichung des Propheten findet sich in den Hymnen des Halladsch – selbst eine geheimnisumwitterte thaumaturgische Gestalt, dessen Wunder seine Anhänger zu enthusiastischer Verehrung hinrissen, seine Gegner auf Seiten der Orthodoxie indessen veranlaßten, in ihm einen Scharlatan und Betrüger zu erblicken, den sie schließlich am Ende eines sich über Jahre hinziehenden Prozesses als Ketzer zum Tode verurteilten und auf grausamste Weise exekutierten.[53] Nach dem im Koran mehrfach verwandten Buchstabenpaar ṭā-sīn (am Anfang der Suren 26,27,28) nannte Halladsch diese Hymnen-Sammlung *Kitāb at-ṭawāsīn (Buch der Tasine).*

Die Hymnen des Halladsch sind Gedichte in Reimprosa, in gewisser Weise eine Vorwegnahme moderner Lyrik. In einer dieser Hymnen, *«Tasin der Lampe»* benannt (in Anspielung an den koranischen Vergleich Muhammads mit einer Lampe), wird zunächst die Uranfänglichkeit des Propheten und eine Lichtmetaphysik – Muhammad als Quell aller Erleuchtung – entwickelt; dann heißt es:

Alle Wissenschaften ein Tropfen aus seinem Meer,
Alle Weisheiten eine Handvoll aus seinem Strom,
Alle Zeiten eine Stunde aus seinem Äon.[54]

Eine ähnliche Lichtmetaphysik finden wir auch schon bei dem Mystiker Tustari (gest. 892), einem älteren Zeitgenossen des Halladsch.[55]

e) Die Verklärung Muhammads in islamischer Dichtung

Die zitierten Texte von Halladsch und Tustari sind die Grundlage aller späteren dichterischen Muhammad-Verehrung. Betrachten wir etwa das folgende Lobgedicht des großen Schiraser Dichters Sa`di, das den verehrten Namen am Ende jedes Verses als Echo *(radīf)* erklingen läßt:

Der Mond verblaßt vor der Schönheit Muhammads,
Auch hat die Zypresse nicht die Anmut Muhammads.
Das Himmelsgewölbe hat weder Rang noch Vollkommenheit,
bemißt man sein Maß mit dem Maße Muhammads.
Ja, Adam, Noah und Abraham, Moses und Jesus
Erschienen und gingen alle im Schatten Muhammads.
Gleichwie die Erde, so möchte der Himmel hinknien,
um froh zu küssen die beiden Sandalen Muhammads.
O Sa`di, magst du auch jung und verliebt sein,
Die Liebe zu Ihm ist genug und zur Sippe Muhammads![56]

Kehren wir schließlich noch einmal zur persischen Epik zurück. `Attars Lob auf Muhammad im eben erwähnten Epos *Ilahiname* beginnt mit den Worten: «Muhammad, der Herold der zwei Welten,/ Muhammad das Ziel der Menschheit,/ Muhammad die Sonne der Schöpfung (...)». Später folgen die Verse:

Der Schahinschah der Welt und Stolz Gottes,
der Beherrscher der Achse von Staub und Sphären.
Licht erfüllt den Himmel dank seiner Schönheit,
Offenbarung kam auf die Erde dank seiner Vollkommenheit.
Durch sein Denken sind die Probleme der Schöpfung gelöst,
denn sein Denken erschaute den göttlichen Heilsplan.
Noch im Alter von Milch und Brüsten,
ertränkte er die Feueranbeter.
Seine Sandalen wurden durch seinen Glauben so stark,
daß sie dem Chosrou das Diadem vom Kopfe stießen.
Der Schwung seines Haars riß dem Caesar die Krone herab,
sein Gelock streckte den Kaiser von China zu Boden.[57]

Und hier noch einige ähnliche Verse aus dem in vier Abschnitte eingeteilten Muhammadlob im Prolog von Nizamis erstem Epos, der *Schatzkammer der Geheimnisse*. Der Anfang des *Ersten Lobs* lautet:

Sonne der Neun Fundamente (d. h. Sphären) und der Sieben Gestirne! (d. h. Planeten)
Letzter der Gesandten, Siegel der Propheten!
Ahmad, der Apostel, vor dem der Verstand Staub ist,
an dessen Halfter beide Welten gebunden sind.
Von der Nacht deiner Locken, o Du, kommt die Rettung!
Das Feuer der Sehnsucht nach dir ist das Wasser des Lebens.

Im *Vierten Lob* heißt es dann u. a.:

Alle, ob aus Deinem Heer, oder dir fremd,
sind in diesem Haus (der Erde) von Dir Zehrende *(ṭufail-i tu)*.
Ist auch der Anfang des Verses *(bait)* an Deinen Namen gebunden
so steht doch Dein Name auch wie der Reim am Ende.
Dies wüste Dorf – als das Gebot erging,
begann es durch Dich und Adam zu gedeihen.
Was das Haus *(bait)* zu einem neuen macht,
ist ja der Grundstein und der Schlußstein.
Adam und Noah bist du, nein, besser als beide!
Beider Knoten hast du gelöst.

Es folgt nun wieder eine Reihe von Versen, in denen Muhammads Überlegenheit über die früheren Propheten von Adam bis Jesus durch poetische Bilder und heilsgeschichtliche Anspielungen bewiesen werden soll. Mit einer gebetsartigen Hymne klingt das Lob aus:

O Du, dessen Odem die Sprache der Stummen ist,
die Salbe für die Schwarze Galle der Leberkranken!
Mit Deinem Gesetz führt der Verstand aus dem Meer des Blutes
das Schiff der Seele zum inneren Ufer.
Die Kibla der Neun Sphären liegt in Deiner Gasse,
Der Ambraduft der Sechs Tage (die in sechs Tagen erschaffene Schöpfung) liegt in Deinem Haar.
Das Reich (d. h. die Welt) gerät wie dein Haar durcheinander,
wenn ein Haar an Deinem Haupt gekrümmt wird.
(...)
Du bist mir der frischeste Morgen der Rettung.
Ich bin Dein Staub, da Du mein Lebenswasser bist.
Dein Staub ist die Aue meiner Seele,
Deine Aue ist die Seele meiner Welt.[58]

In solchen Gebeten ist in der Tat kaum mehr ersichtlich, daß nicht Gott, sondern «nur» Muhammad der Angeredete ist.

4. Der mystische Freund als Vollkommener Mensch

Die Verherrlichung, ja Hypostasierung des «Freundes» ist das beherrschende Thema der persischen Lyrik. Das liegt daran, daß einerseits die

Hofdichtung namentlich in Form der großen Qaside den Fürsten als Vollkommenen Menschen verherrlicht, andererseits aber auch die Liebesdichtung im Ghasel den Geliebten als eine Verkörperung der Vollkommenheit feiert. Die mystische Dichtung mit ihrer Verklärung des «Freunds» hat viel zu dieser Entwicklung beigetragen. Denn die Mystiker kleideten ja nicht nur ihre Gottesminne in die sprachliche Form irdischer Liebesdichtung, sie erlebten auch irdische Liebe und Freundschaft als Analogie und Vorstufe der letztlich gemeinten Liebe der Seele zu ihrem Schöpfer, wobei diese real erlebte Liebe in vielen Fällen die homoerotische war. So verdrängte der «Freund» bald völlig die weibliche Angebetete, der die arabische Liebesdichtung noch in der Regel gegolten hatte. Darüber hinaus aber hob die Symbolik der mystischen Dichtung die Eindeutigkeit der Sprache bewußt auf. Das führte dazu, daß man unter der Chiffre des «Freundes» über alle möglichen Beziehungen von irdischer Erotik bis zu sublimster Verehrung reden konnte, man sprach vom «Freund» und mochte dabei an einen koketten Schenkenknaben, einen verehrten Ordensmeister, einen Fürsten, dessen Huld man suchte, an den Propheten oder auf oberster Ebene gar an Gott selber denken.

Auf jeden Fall bleibt die mystische Freundverherrlichung an Hypostasierung hinter der Preisung Muhammads kaum zurück, und ebensowenig läßt sich die Verherrlichung des Herrschers in persischen Qasiden, also im lyrischen Fürstenlob, deutlich von der Verklärung des anonymen Freundes trennen. Alles das zeigt, welches Gefühl von Macht, welches Fluidum von Mächtigkeit sich hier manifestiert. Vom Herrscherlob war in anderem Zusammenhang schon die Rede. Verweilen wir statt dessen ein wenig bei dem persischen Mystiker, der wie kein anderer durch seine mystischen Freundschaften berühmt ist, weil er wie kein anderer seine große dichterische Gabe dem Lob dieser Freunde gewidmet hat.

Dschalaluddin Rumi und «Die Sonne von Tabriz»

Die Familie Rumis war zu Anfang des 13. Jahrhunderts aus Balch vor den Mongolen unter Dschingis Khan geflohen. Nach jahrelanger Irrfahrt fand sie in Konya, der Residenzstadt der Seldschuken in Kleinasien, eine neue Heimat. Die dortigen Seldschuken nannte man zum Unterschied von ihren im Iran zur Macht gelangten Verwandten Rumseldschuken nach dem ehemals byzantinischen («römischen» bzw. rhomäischen) Gebiet, das sie erobert hatten. Rumi, der an ihrem Hof verkehrte, erhielt den gleichen Beinamen. Sein Leben in Konya, wo er im Begriff war, als Hofprediger in die Fußstapfen seines Vaters zu treten, wurde jedoch mit einem Schlag verändert, als der geheimnisumwitterte Wanderderwisch Schamsuddin von Tabriz, kurz Schams-i Tabriz, also «die Sonne von Tabris» genannt, auftauchte. Rumi wandte sich ihm so leidenschaftlich und so bedingungslos zu, daß seine Jünger eifersüchtig wurden. Schams-i Tabriz floh nach Damaskus, ließ sich aber durch Rumis Drängen zur Rückkehr bewegen. Die alten Konflikte brachen sogleich mit unverminderter Heftigkeit wieder auf. Plötzlich aber verschwand der von Rumi hymnisch gefeierte Gefährte spurlos; der Überlieferung nach haben einige Jünger unter Mithilfe eines Sohnes des Meisters ihn ermordert. Das Grab des gelynchten Mystikers ist kürzlich von Mehmet Önder an der aufgrund zeitgenössischer Angaben zu vermutenden Stelle aufgefunden worden.[58] Alles spricht für die Richtigkeit der grausigen Überlieferung.

Allein dieser biographische Hintergrund zeigt die ungeheure «Mächtigkeit», die hier im Spiel ist. Sie wird durch die von Schams-i Tabriz inspirierten Lob-Oden Rumis hundertfältig bestätigt. Es genüge, hier ein Ghasel vorzustellen, in welchem der Dichter den Freund zunächst unter den Namen Joseph, Jesus, Moses (in dieser Reihenfolge!) anredet, ihn also mit jenen Propheten und Inkarnationen des Vollkommenen Menschen gleichsetzt. Später spricht er ihm u. a., in Anspielung auf seinen Namen, einen Glanz zu, vor dem «die Sonne zur Dämmerung wird», nennt ihn «meine Heilung und Hilfe», «Licht meines zerrissenen Herzens» und stellt ihn in der drittletzten und nochmals in der letzten Strophe durch Anspielungen an Koranverse, die sich auf Muhammad beziehen, unmißverständlich auf eine Stufe mit diesem: Wie Muhammad Gabriel oder – nach mystischer Deutung – Gott selber in der Entfernung «von zwei Bogenlängen oder näher» vor sich sah und wie er von seiner nächtlichen Reise «zur fernsten Moschee» (in Jerusalem) zurückkam, so möge der Freund sich Rumi zeigen, zu ihm zurückkehren:

> O du, dessen Rangstufe *zwei Bogenlängen* und dessen Macht voller Adel ist,
> Keiner, o König, ist dein Vertrauter (außer mir): Komm in die Zone des «oder näher»!
>
> Du Angebeteter meiner Seele, Schamsuddin! Durch deinen Ruhm,
> o verläßlicher Geist, leuchtet Tabris wie der göttliche Thron! Komm (zurück) von der «fernsten Moschee»![59]

5. *Derwisch, Ordenshaupt und Heiliger als fromme Magier*

Neben dem mystischen Freund sind es der Derwisch und der Ordensprior sowie der Heilige, die als Inhaber sakral-magischer Mächtigkeit erscheinen. Die Armut des Derwischs – das persische Wort *darwīš* bedeutet ja «arm» ebenso wie arab. *faqīr* – ist in Wirklichkeit ein über jeden irdischen Reichtum erhabenes Vermögen. Schon von Muhammad wird der Ausspruch überliefert: *faqrī faḫrī*, «meine Armut ist mein Ruhm».[60] Mystische Dichter beschreiben später den geheimnisvollen Reichtum des Derwischs häufig mit alchimistischen Bildern. Hafis hat in einem ungewöhnlich pathetischen

Ghasel, in dessen Echoreim *(darwīšān-ast)* das Wort Derwisch erscheint, die Mächtigkeit der Derwische so in allen wichtigen Zügen beschrieben, daß es genügt, einige Verse daraus hier in Übertragung wiederzugeben, um eine Vorstellung von dieser Mächtigkeit zu vermitteln:

Die Aue des obersten Paradieses ist die Klause der Derwische, ein Unterpfand
hoher Ehre ist der Dienst an den Derwischen.
Daß das schwarze Falschgeld *(qalb,* auch = Herz) zu Gold wird durch ihren
Strahl,
beruht auf jener Alchimie, die im Umgang mit den Derwischen liegt.
Die Krone der Macht legt ihm die Sonne zu Füßen,
jenem Stolz, der der Demut der Derwische eignet.
Die Caesaren sind das Ziel *(qibla)* der weltlichen Bedürfnisse;
ihr Mittel *(sabab)* aber ist der Dienst am Hof der Derwische.
Von Horizont zu Horizont herrscht das Heer der Finsternis,
von Ewigkeit zu Ewigkeit herrscht der Kairos *(furṣat)* der Derwische.
Hafis, wenn du das Wasser des Lebens suchst,
seine Quelle ist der Staub an der Einsiedelei der Derwische.[61]

Was nun den Ordensmeister und den Heiligen betrifft, so gibt es grundsätzlich wohl keinen Unterschied zwischen ihrer Mächtigkeit und der eines Derwischs, diese drei Typen lassen sich nicht klar voneinander trennen. Praktisch sieht es so aus, daß ein reiches hagiographisches Schrifttum existiert, das Mystiker, Derwische, Ordensmeister in der Regel unter dem Namen *auliyā'* zusammenfaßt, was man mit «Heilige» zu übersetzen pflegt, obwohl das Wort, wie bereits ausgeführt, eigentlich nur Nähe ausdrückt (vgl. S. 43).

Bereits die im 10. Jahrhundert verfaßte zehnbändige *Zierde der Heiligen (Ḥilyat al-auliyā')* von Abu Nu'aim al-Isfahani enthält 649 Heiligenviten. Beginnend mit den vier rechtgeleiteten Kalifen, die hier also als Heilige angesehen werden, würdigt das Werk zahllose Mystiker bis in die Zeit des Verfassers und ist eine unerschöpfliche Quelle von Wunderlegenden, ein facettenreicher Spiegel mystischer Mächtigkeit. Von Jahrhundert zu Jahrhundert mehrt sich die Zahl dieser Heiligen und wächst ins Unermeßliche. Und in der Regel sind diese Viten, ganz in der Tradition hagiographischer Literatur, voller Mirakel.

Dabei spielt oft ein anderer Typ von Wundern als der uns aus den Evangelien vertraute eine wichtige Rolle,[62] Wunder, die nicht wie die Wunder Christi die Not eines Menschen lindern, sondern die Mächtigkeit des Heiligen erweisen sollen und daher eher an die magischen Mirakel aus *Tausendundeiner Nacht* als an das Wirken von Heiligen gemahnen. So wird – um nur einige wenige Beispiele von sehr bekannten Figuren zu bringen – etwa berichtet, daß einst Hasan al-Basri (gest. 728) seinen Gebetsteppich auf den Euphrat warf, ihn bestieg und seine Freundin Rabi'a al-'Adawiya (gest. 801, aus chronologischen Gründen ist ihre in der Legende tradierte Freundschaft unwahrscheinlich) einlud, seinem Beispiel zu folgen, worauf sie den ihren in die Luft warf und von dort aus Hasan zurief: «Meister, komm hierher. Hier ist man zurückgezogen und vor den Blicken Neugieriger gefeit!»[63] Dhu n-Nun (gest. 861) ließ ein Sofa im Zimmer herumfahren. Charaqani (gest. 1033), von einigen Kaufleuten um ein Schutzgebet für ihre Reise ersucht, forderte sie auf, in Gefahr seinen Namen zu rufen. Als dann Räuber die Karawane überfielen, erinnerte sich nur einer an diesen Rat. Er rief den Namen des Heiligen und wurde unsichtbar; die andern dagegen wurden überfallen und ausgeplündert.

Und so geht es in endlosen Variationen weiter mit Wundern der Telepathie, Television, Telekinese, Bilokation (gleichzeitiges Erscheinen an zwei Orten), Vorhersage, Krankenheilung, Totenerweckung, Schutzgewährung, des Regenmachens, Redens mit Pflanzen und Tieren, Wandelns auf dem Wasser und Fliegens in der Luft. Auch die Vernichtung von Feinden durch Wunderakte kommt vor. Und manchmal genügte ein bloßes Wort, die Geste eines Mystikers, um einen abwesenden Gegner zu lähmen oder gar zu enthaupten.[64] So soll der oben genannte Abu Nu`aim, der Verfasser der *Zierde der Heiligen,* durch einen Fluch bewirkt haben, daß die Freitagsmoschee in Isfahan, aus der man ihn als Mystiker vertrieben hatte, einstürzte und seine Gegner unter sich begrub.[65] Alles das ist kraft der mystischen Mächtigkeit erreichbar, der sogenannten *himma* (pers. *himmat,* wörtlich: «Streben»), in diesem Kontext soviel wie «Wirkungsvermögen» – so übersetzt F. Meier – oder «psychische Energie».[66] Der Mystiker steht damit in unmittelbarer Nähe des Magiers; er ist ein frommer Magier.

Es wundert daher schließlich nicht, daß nach mystischer Lehre die Welt überhaupt nur dank dem Wirken von Mystikern funktioniert und fortbesteht. Eine relativ kleine Schar von Mystikern, meist werden die Zahlen 30 oder 40, manchmal 360 genannt, ist es, auf deren Schultern oder vielmehr Seelen diese Bürde lastet. Sie sind hierarchisch gegliedert, an ihrer Spitze steht der sogenannte *Quṭb,* d. h. «Pol» oder «Achse» und meint die Achse, um die der Kosmos rotiert. Stirbt einer von diesen Heiligen, läßt Gott ihn sogleich durch einen andern ersetzen.[67]

Wie viele von solchen den Mystikern zugeschriebenen Wundern tatsächlich geschehen sind, das wird man nie feststellen können. Ein Gutteil mag auf Hypnose beruhen. Sicher aber ist, daß ihre Zeitgenossen sie ihnen zutrauten, so daß sie aufgrund dieser «Mächtigkeit» im realen Leben der Gesellschaft oft eine enorme Macht erlangten. Konnten doch ihre Anhänger nach Tausenden zählen, und in vielen Orden war die Verpflichtung zu absolutem Gehorsam, Unterwerfung unter den Willen des Schaichs, ja das «Entwerden im Schaich» *(al-fanāʾ fi š-šaiḫ)* als Vorübung und Symbol für das Entwerden in Gott Bedingung des Eintritts und der Mitgliedschaft im Orden.[68]

6. «Alles ist Er» – Panentheismus als letzte Steigerung omnipräsenter sakraler Mächtigkeit

Die Ubiquität Gottes ist an sich ein durchaus koranischer Gedanke. In Versen wie den folgenden kommt sie deutlich zum Ausdruck: «Alles auf ihr (der Erde) ist vergänglich; es bleibt das Antlitz deines Herrn, reich an Gewalt und Huld.» (55,26) «Gottes ist der Orient und der Okzident. Wohin immer ihr euch wendet, dort ist das Antlitz Gottes!» (2,155) «Wir (Gott) sind ihm (dem Menschen) näher als seine Halsschlagader.» (50,16)

In der Mystik wurden diese Ansätze ausgebaut zu einem mystisch-theologischen Weltbild, wobei, wie gesagt, neuplatonischer Einfluß mitwirkte. Ibn ʿArabis Lehre, wonach die Welt der sichtbare Aspekt Gottes, Gott der unsichtbare Aspekt der Welt ist, und dann spezifischer, daß die Schöpfung aus einer Sichtbarmachung der göttlichen Namen und Eigenschaften hervorgeht, zeigt das hohe Maß an Teilhabe am Göttlichen, das der Schöpfung in diesem Lehrsystem zuerkannt wird. Wichtiger aber als diese theoretischen Erwägungen sind die existentiellen. Die *unio mystica,* in der das mystische Erleben gipfelt, läßt sich beschreiben als ein Augenblick äußerster Unterwerfung, welche die mächtigste Teilhabe einbringt, Gottesfülle durch totales (dem Menschsein) Entwerden (arab. *fanāʾ*) bzw. durch «Entselbstung», wie der im Persischen übliche Terminus *bī-ḫudī* übersetzt werden könnte. Diese Gottesfülle, dieses Gott-Innesein manifestiert sich durch ekstatische Ausrufe, die Religionswissenschaft nennt sie «theopatisch», also «Gott erleidend» – doch für den Mystiker ist das ein Augenblick höchster Seligkeit. «Preis sei mir!» – statt «Preis sei Ihm!» – hieß dieser Ausspruch bei einem der frühen Mystiker, Bayezid al-Bistami (gest. 874), «ich bin die (absolute) Wahrheit (d. h. Gott)!» bei al-Halladsch, der, wie erwähnt, 922 als Ketzer verurteilt und zu Tode gefoltert wurde.[69]

Bei anderen Mystikern wird die hier noch momentane Gottesfülle zu einem Dauerzustand des Mit- und In-Gott-Seins, ja es geht oft bis zu der wahrhaft kühnen – auch bei abendländischen Mystikern, z. B. Angelus Silesius, gelegentlich begegnenden – Behauptung, daß Gott ebensowenig des Menschen entraten könne wie dieser Gottes. Gott betrachtet sich durch die Augen des Menschen, er betet sich an durch den Mund des Menschen – der Mensch erschafft Gott, indem er an ihn glaubt.[70] So steht es bei Ibn ʿArabi, der diesen Gedanken auch in Verse faßte:

Er preist mich und ich preise Ihn
Er verehrt mich und ich verehre Ihn.
Wie kann Er unabhängig sein,
da ich Ihm helfe und beistehe?
Durch mein Ihn-Erkennen erschaffe ich Ihn.[71]

Was sich bei Ibn ʿArabi nach religiöser Selbstüberschätzung anhört, kann auch, von einem andern Blickwinkel aus, als Gipfel selbstloser Liebe erscheinen. Diesen Aspekt hat Rumi mehrfach in seiner Dichtung besungen, etwa in den folgenden beiden Vierzeilern, die im Zeichen des *hame ūst,* «Alles ist Er», stehen:

Die Liebe ging in meinem Leib dem Blut gleich hin und her,
Da ward mein Sein des Freundes voll und von mir selber leer.
Die Glieder alle meines Leibs, sie sind im Bann des Freunds.
Von mir blieb bloß der Name noch. Der Rest ist: Alles Er![72]

In meinem Herzen sind die Dinge, Außen und Innen, alles Er!
In meinem Körper Blut und Adern und Geist und Sinnen, alles Er!
Unglaub und Glauben, ihre Grenzen zerrinnen, wo kein Raum mehr ist
in einem Dasein, dessen Ende wie sein Beginnen: Alles Er![73]

7. Mystik und Orthodoxie: die Heiligung des Inneren oder die größere Teilhabe

Aus allem bisher Gesagten geht hervor, daß Mystik sich definieren läßt als der Anspruch größerer Gottesnähe und damit intensiverer Teilhabe am Heiligen, auch an heiliger Mächtigkeit. Aus der Sicht der Mystik bleibt der offizielle Islam mit seinen streng geregelten Riten, seinem rabulistischen Formalismus im Gesetz am Äußeren haften, ermangelt des Geistes der Liebe oder stellt jedenfalls nur den Anfang dar, die erste Stufe eines Pfades, der mindestens die drei Etappen Scharia, Tariqa (= «Weg», mystischer Orden), Haqiqa («Wahrheit») umfaßt. Hafis kommentiert den Sachverhalt in einem seiner Ghaselen, indem er al-Halladsch, den von der Orthodoxie als Ketzer gehenkten Mystiker mit asch-Schafiʿi, dem Gründer einer der vier großen Rechtsschulen des Islam, konfrontiert:

Die Liebe und das Schelmtum, das schien ein leichtes Lernen,
bald aber galt's, das Leben auf diesem Weg zu wagen.
Halladsch am Galgen wußte gut diesen Punkt zu deuten;
Bei Schafiʿi such keinen Bescheid auf solche Fragen![74]

Aus dem Blickwinkel der Orthodoxie war dagegen gerade der genannte Anspruch der Mystik ein Stein des Anstoßes, ein ständiger Dorn im Auge. Immer wieder wurden einzelne Mystiker der Ketzerei verdächtigt, Prozesse gegen sie angestrengt, Fetwa genannte Rechtsgutachten (ar. *fatwā,* pl. *fatāwā*) beim dafür zuständigen Mufti eingeholt. Lautete das Urteil auf Häresie, so folgte die Hinrichtung. Hier stand Mächtigkeit gegen Mächtigkeit, und die größere spirituelle fiel, wie so oft auch im Christentum, der politisch etablierten, offiziell religiös legitimierten zum Opfer.

Am gefährlichsten wurde es für die Mystiker jeweils dann, wenn sie es wagten, den geheiligten Bestand der Scharia anzutasten. So wurde Halladsch letztlich nicht eigentlich wegen seines ketzerisch tönenden Ausrufs «Ich bin die Wahrheit!» zum Tode verurteilt. Den Ausschlag gab vielmehr sein Vorschlag, die Pilgerfahrt durch eine schlichte häusliche Zeremonie zu ersetzen und das so eingesparte Geld für die Versorgung von Waisenkindern zu verwenden.[75] Analoges hat sich in unserm Jahrhundert im Sudan wiederholt mit der Hinrichtung des Mystikers Taha, worauf wir im Schlußteil näher eingehen werden (Kap. XIV. 5). Die Regel war allerdings eher die gegenseitige Duldung, das friedliche Neben- und vielfach auch Miteinander von Mystik und Orthodoxie. Viele Mystiker waren engagierte Missionare, viele auch leidenschaftliche Krieger. Oft waren es Mystiker, die in den Grenzfestungen den Islam gegen die Ungläubigen verteidigten, den Heiligen Krieg führten und das «Haus des Islam» mit Waffengewalt erweiterten. Solche Grenzfestungen hießen *ribāṭ* – die Hauptstadt Marokkos trägt ja diesen Namen –, ihre Insassen *murābiṭ*, woraus durch Verballhornung Marabut als Bezeichnung islamischer Derwische und Wundertäter geworden ist.

Gemäßigte Mystiker wirkten im Sinne einer Versöhnung gegen das Abweichen von der Scharia, aber gleichzeitig auf deren Durchdringung mit dem Geist der Liebe hin. Berühmte Beispiele sind Abu l-Qasim al-Quschairi (986–1074) und Abu Hamid al-Ghazali (1059–1111). Quschairi reagierte auf Angriffe von Hanbaliten, der strengsten der vier Rechtsschulen, mit seinem *Sendschreiben an alle Anhänger des Sufismus in den Ländern des Islam und Beschwerde an die Sunniten über die Drangsal, der sie ausgesetzt sind,* in der ein gemäßigter Sufismus empfohlen und im einzelnen entfaltet wird, verbunden mit dem Aufruf an die Sufis, Extreme und Libertinismus zu vermeiden. Ghazali seinerseits durchdrang in seiner umfangreichen *Wiederbelebung der Wissenschaften von der (islamischen) Religion* das sunnitische Glaubensgebäude des Islam mit sufischem Geist und erweiterte es um Aspekte mystischer Lehre und Praxis, so namentlich um eine Darlegung des mystischen Pfades mit seinen Läuterungsstufen bis hin zur Liebe.[76]

Es bleibt aber prinzipiell eine Kluft zwischen Mystik und Orthodoxie, und sie klafft um so breiter, je mehr der Mystiker Mächtigkeit durch Teilhabe für sich in Anspruch nimmt. Hier stoßen wir auf einen Widerspruch, der sich ähnlich auch in anderen Religionen findet. Der Grundansatz der Mystik läßt sich definieren als ein radikales Ernstnehmen des islamischen Lebensgesetzes «Teilhabe an göttlicher Macht durch Unterwerfung». Die konsequente Verabsolutierung dieses Gesetzes führt in der Tat einerseits zur Selbstauslöschung, dem mystischen Entwerden, und zur Selbstvergottung andererseits. Genau das aber ist die Wasserscheide, wo Mystik aus der Sicht der Orthodoxie zur Ketzerei wird.

Das enorme Liebespotential der Mystik konnte sich nun aber konkret in zwei noch zu besprechenden Richtungen entladen oder als Katalysator wirken, nämlich im Bereich sozialer Spannungen und im Reibungsraum interkonfessioneller Konflikte.

8. Der Mystiker als Sozialrevolutionär

Wir sagten schon, daß die Aktivitäten islamischer Mystik sich keineswegs auf die geistig-ästhetische Ebene oder die fromme Beschaulichkeit im Kloster beschränken, wie dies gewisse europamüde Ireniker vielleicht gerne sehen würden. Neben der aktiven Teilnahme am Heiligen Krieg ist hier ein weiteres Engagement zu nennen. Die Geschichte der islamischen Mystik ist reich an Beispielen sozialrevolutionärer Aufstände, die von Ordenshäuptern oder Anführern mystischer Bewegungen initiiert und geleitet, von ihren Jüngern getragen wurden. Wir hörten bereits, daß al-Halladsch den revolutionären Vorschlag machte, auf die Pilgerfahrt zu verzichten, um das so eingesparte Geld für karitative Zwecke anzuwenden. Er wagte es obendrein, die Steuerpolitik der `Abbasiden zu kritisieren. Ein moderner ägyptischer Autor, Salah `Abd as-Sabur (1931–1981), hat in seinem von T. S. Eliots *Murder in the Cathedral* beeinflußten Drama *Die Tragödie des Halladsch* diesen sozialen Aspekt ganz in den Mittelpunkt gestellt.[77] Im folgenden sollen nur wenige Beispiele näher betrachtet werden.

Werfen wir zunächst einen Blick auf die faszinierende Gestalt des mystischen Rebellen Bedreddin, der durch merkwürdige Schicksalsfügungen zum Führer eines anatolischen Aufstands gegen die osmanische Zentralgewalt aufstieg. 1358 als Sohn des Richters von Simav, einem Ort bei Edirne, geboren, studiert er Philosophie, Astronomie, Medizin, geht dann in jungen Jahren nach Ägypten und wird dort Prinzenerzieher des Mamlukensultans Barquq (1382–89). In Kairo macht er die Bekanntschaft des aus dem Osten der Türkei stammenden Sufi-Meisters Husain Achlati, bekehrt sich zum bisher von ihm verachteten Sufismus und begibt sich, zum Nachfolger dieses Meisters ernannt, nach Anatolien, wo er, Gütergemeinschaft und Ibn `Arabi'schen Monismus propagierend, zahlreiche Anhänger unter der verarmten Bevölkerung gewinnt, darunter auch Christen. Eine kommunistisch-mystische Untergrundbewegung unter der Führung zweier Haudegen, Bürklüdsche Mustafa und Torlak Hu Kemal, tritt in seinen Gesichtskreis, bald erscheint er als deren geistiges Oberhaupt. Im Jahr 1416 wagt diese Bewegung den Aufstand, wird aber von den osmanischen Truppen blutig zerschlagen. Bürklüdsche und Torlak kommen im Kampf um, Bedreddin wird Sultan Mehmed I. Çelebi (1403–21) vorgeführt, als Rebell zum Tod verurteilt und gehenkt.[78] Zwei bedeutende türkische Schriftsteller dieses Jahrhunderts haben Bedreddins Wirken auf eindrucksvolle Weise literarisch gewürdigt, Nazim Hikmet (1902–63), der überragende Lyriker, in einer großen epischen Ballade, Orhan Asena (* 1922) in einem Drama.[79]

Ein weiteres überzeugendes Beispiel eines aus Liebe sozial engagierten Mystikers ist der Inder Schaich `Inayat von Jhok. 1655 als Sohn eines Grundbesitzers geboren, führte er in der Jugend ein Wanderleben und eignete sich weltliche und mystische Bildung an, zog sich dann auf sein Gut zurück und ließ seine Anhänger dort unter menschenwürdigen Bedingungen arbeiten, was binnen kurzem dazu führte, daß viele «aus der Klaue der Tyrannei der Großgrundbesitzer in die Wiege der Sicherheit jener Leute kamen und ein neues Leben fanden». Diese Abwanderung erregte jedoch das Mißfallen der Feudalherren, die den Schaich bei den Großmoghuln in Delhi verklagten. Die Ausweitung seiner Bewegung scheint nicht im Sinn des Meisters gewesen zu sein, der wohl lieber ein beschauliches Leben auf seinem Gut als Krieg mit muslimischen Truppen geführt hätte. Doch die Situation spitzte sich zu, bis der Provinzgouverneur, von der Regierung in Delhi dazu ermächtigt, ein riesiges Heer, ausgerüstet mit von Elefanten gezogenen Kanonen, gegen das Dorf des Mystikers vorrücken ließ. Nach zweimonatigem verlustreichen Widerstand mußten die Bauern aufgeben.

Der Schaich aber bewies seine mystische Mächtigkeit bis in die Todesstunde und darüber hinaus. Beim Verhör antwortete er dem Gouverneur fast nur mit Hafisversen über Liebe, Liebesleid und Vorherbestimmung. Die Legende will, daß das Schwert des Henkers nicht traf oder schnitt, worauf der Schaich ihm sein eigenes reichen ließ. Sein Haupt wurde nach Delhi gesandt, wo es ein mystisches Gedicht rezitierte, das *Ohne-Kopf-Lied (Bī-sar-name)*. In der Erinnerung indischer Mystiker lebt dieser scheinbar Gescheiterte als einer der großen Liebenden weiter. Sein Biograph Mir `Ali Schir Qani nennt ihn «den Aufglanz der göttlichen Wahrheit, den berauschten Schenken auf dem Gastmahl der Rechtleitung, den randvollen Pokal des Weins der Gnade, den Spiegel der absoluten Gnosis, den Führer zum Reich der Selbst-Hingabe.»[80]

Erinnert sei schließlich an die Entstehung der Safawiden-Dynastie aus einem mystischen Orden, der nach zweieinhalb Jahrhunderten friedlicher Entfaltung plötzlich in eine militärisch-politische Bewegung umschlug, an den enormen Einfluß mystischer Orden auf die Hohe Pforte, aber auch in Nordafrika, im islamischen Indien etc. Alles das zeigt, daß der Islam immer auch irdische Implikationen und mystische Mächtigkeit in ihm in der Regel auch eine politische Dimension hat.[81]

9. Mystische Mächtigkeit als Entgrenzung

In der Mystik geht es um Grenzüberschreitung. Während für den Sunniten bei aller potentiellen Teilhabe an der göttlichen Allmacht doch eine unüberbrückbare Kluft zwischen Schöpfer und Geschöpf besteht, erstrebt und erlebt der Mystiker die Verschmelzung. In dem Maße, wie ihm dies gelingt, vermag er auch andere, üblicherweise den Menschen – oder auch *von* Menschen – gesetzte Grenzen zu transzendieren. Wir sahen das an seiner Wundermächtigkeit. Einige Mystiker fühlten sich auch über die von der Scharia gesetzten Grenzen erhaben. Die Nichteinhaltung der Riten, z. B. des Fastens, konnte zwar verschiedene Motive haben. Eine Gruppe tat es aus

Argwohn gegen die eigene Aufrichtigkeit. Ihr Name, Malamatiya, ist von *malāma* (= Makel) abgeleitet. D. h. sie führten absichtlich und offensichtlich ein anstößiges Leben, um damit von vornherein der Versuchung frommer Selbstgerechtigkeit zu entgehen.[81] Andere dünkten sich schlicht erhaben über den für die breite Masse bestimmten Kanon der Gebote. Ihr Motto *lā ubālī,* «ich schere mich nicht darum», nämlich um das, was die Leute sagen, deutet auf wirkliche oder auch bloß angemaßte Mächtigkeit, auf jeden Fall auf den Willen, Grenzen zu sprengen.[82]

Dies Ausscheren aus der formierten Gesellschaft wurde natürlich übel vermerkt. Kam ein sichtbares Aufbegehren dazu, zumal im Sinn jenes sozialrevolutionären Engagements, von dem die Rede war, so liefen diese Leute Gefahr, zu *outlaws* zu werden. Das zeigt sich an den Namen, mit denen man sie beschimpfte, Wörtern wie «Schelm» *(rind),* «Halunke» *(ʿayyār),* «Schuft» *(qallāš)* u. a. So werden in einer persischen Chronik des 11. Jahrhunderts z. B. zum Tod am Galgen verurteilte Straßenräuber vom Autor als «einige *rind*» bezeichnet.[83] Die Mystiker aber, offenbar in Erkenntnis der solchen Schimpfnamen innewohnenden Mächtigkeit, erhoben sie zu Ehrentiteln. Namentlich dem Wort *rind* (und daneben *qalandar,* was offenbar ursprünglich soviel wie «Grobian» bedeutet hat) widerfuhr dies. Die Bedeutungen dieses Wortes bei den persischen Dichtern schwankten zwischen «Schelm», «Pfiffikus», «Bruder Lustig» über «Außenseiter», «Libertinist», «Freidenker» bis zu «Elitemensch», «lauterer Geist» und «frommer Magier». Schon bei Omar dem Zeltmacher finden sich Vierzeiler, die die Mächtigkeit des *rind* zum Inhalt haben:

Ein Schluck Wein ist besser als das Reich des Kaʾus.
Besser als der Thron des Kobad und der Besitz von Tus.
Jeder Seufzer, den ein Schelm in der Dämmerung ausstößt,
ist besser als der Gottesdienst heuchlerischer Asketen.[83]

Und:

Ich sah einen Schelm sitzen auf dem Roß der Erde;
(ihn scherten) weder Heidentum noch Islam, weder Welt noch Religion,
weder Recht noch Wahrheit noch Scharia noch Gewißheit.
Wer in beiden Welten besitzt soviel Kühnheit?[84]

Immer wieder begegnen *rind* und *qalandar* als Gegensatz zu einer unaufrichtigen Askese, eine Spitze, die sich vermutlich gegen den Typ des unaufrichtigen *Molla* richtet, den auch Hafis und andere Dichter mehr oder weniger offen attackieren. Mitunter berufen sich persische Dichter, die diese Richtung vertreten, zusätzlich auf den Zoroastrismus. So liest man bei Sanaʾi (gest. 1141) die Verse:

O Schenke, reich Wein, denn nichts außer Wein bricht das Fasten!
Aller Besitz der Söhne Adams ist ohne Wert.

Die Macht von (Chosrou) Parves muß man als Staub ansehen.
Die Religion Zarathustras und die Lebensweise des Qalandar
muß man für eine Weile zur Wegzehrung machen auf dem gefährlichen Weg.
Wirf alles, was Mittel ist, ins Feuer und sei heiter!
Schelmtum *(rindi)* und Armut sind das Beste für den Jüngsten Tag.
Asket und Frommer (sind) für den Ausflug ins Paradies!
Doch diese Schar des *la ubali* für die Seele des Geliebten![85]

Immer wieder taucht dieses Moment des Jenseits-von-Gut-und-Böse-, Jenseits-von-Glaube-und-Unglaube-Seins im Zusammenhang mit den Begriffen *rind* und *qalandar* auf, gleichzeitig oft auch als Bedingung und Ergebnis echter Liebe. Dies möge noch ein Vierzeiler Rumis bezeugen:

Solange Medrese und Minarett nicht in Trümmer fallen,
sind die Bedingungen des Qalandartums nicht erfüllt.
Solange Glauben nicht Unglauben und Unglauben Glauben wird,
wird kein Muslim, bei Gott, zum Knecht Gottes.[86]

Dem Geist nach läßt sich das wohl wie folgt wiedergeben:

Bis Medrese und Minarett dir nicht in Trümmer sanken,
solange ist Qalandartum noch jenseits deiner Schranken.
Bis Unglauben mit Glauben nicht aus Liebe er verwechselt,
gehorcht der Muslim noch nicht ganz dem göttlichen Gedanken.

Das führt uns zum für Nichtmuslime erfreulichsten, für die Zukunft der Welt hoffnungsvollsten Aspekt der islamischen Mystik, ihrer Bereitschaft, die Grenzen der eigenen Religion zu transzendieren.

Mystische Liebe als grenzensprengende Macht

Was hier behandelt werden soll, ist keineswegs Allgemeingut der islamischen Mystik; es beschränkt sich aber auch nicht auf die in der Scharia verankerte Duldung nichtmuslimischer monotheistischer Minoritäten. Es geht vielmehr darüber hinaus in Richtung auf eine Relativierung des Absolutheitsanspruchs der Religionen und auf die Anerkennung der Liebe als Wesenskern aller Religionen. Ein wichtiger Ansatz findet sich wiederum bei Ibn al-`Arabi, der die Riten der Religionen als äußere, den eigentlichen Gehalt verhüllende Form erkannte. In berühmten Versen hat der andalusische Denker und mystische Thaumaturg dieses Umfassende der Liebe zum Ausdruck gebracht:

Mein Herz ist jeder Form fähig geworden,
Ein Weideplatz für Gazellen, ein Kloster für Mönche,
Ein Tempel für Götzenbilder, die Kaaba dessen, der den Umgang verrichtet,
Die Tafeln der Thora und das Buch des Korans.
Ich folge der Religion der Liebe; wohin auch immer sich ihre Kamele wenden mögen, da ist meine Religion und mein Glaube.[87]

Der Gedanke wurde von Omar Chayyam – falls die Verse von ihm stammen, sonst von einem seiner Jünger im Geiste – als praktische Forderung formuliert:

> Wenn in deines Herzens Tiefen nur die Saat der Liebe sprießt,
> Gleich ist's, ob du in Moscheen oder Götzentempeln kniest;
> Hast du in das Buch der Liebe deinen Namen eingeschrieben,
> Nicht mehr denkst du dann an Strafe oder an Belohnung drüben.[88]

Auch Hafis spricht diesen Gedanken aus, und er bildet bei ihm Teil eines im Rankenwerk rhetorischen Spiels und hedonistischen Geplänkels versteckten Humanismus, zu dem auch sein oben bereits erörtertes Lob der Gewaltlosigkeit gehört: «Jeder sucht den Freund zu finden, sei er nüchtern oder trunken;/ überall hat Liebe Raum, in Moscheen wie in Kirchen!»[89] Und wie die Liebe den Unterschied der Religionen als Barriere zwischen den Menschen aufhebt, so natürlich erst recht den der Sprachen und Rassen, wie wiederum Hafis es ausspricht: «Eines sind bei diesem Handel Türkisch und Arabisch, Hafis!/ Gib von Liebesdingen Kunde in der Sprache, die du weißt.»[90]

Fünfter Teil
Allmacht und Mächtigkeit in der Gegenwart

XIV. Fallstudien

1. Vorbemerkungen

Nach allem Gesagten dürfte es nicht verwundern, daß die hier dargestellten Gesetzmäßigkeiten historischer Abläufe und soziokultureller Dynamik im Islam auch in der Gegenwart noch und wieder zunehmend wirksam sind. Wir haben es ja zu tun mit einer ähnlichen Situation wie zu Beginn der Glanzzeit islamischer Kultur, als in breitem Strom säkulares Ideengut Eingang fand in die noch junge islamische Welt und deren geistige Bastionen fast zu sprengen drohte. Der gleiche Säkularisierungsprozeß hat sich nun seit dem *European Impact* wiederum abgespielt. Und wie seinerzeit die islamische Orthodoxie ihre Stellungen nie geräumt, vielmehr nicht geruht hat, bis nach jahrhundertelangem Ringen eine von ihr kontrollierte islamische Geistigkeit entstanden war, so hat diese selbe Orthodoxie auch der neuen Säkularisation nie zugestimmt, wenn sie auch nicht umhin konnte, deren technische Errungenschaften in Anspruch zu nehmen. Chumaini etwa hat seinen erfolgreichen Kampf um die Wiedereinführung einer in wesentlichen Zügen mittelalterlichen Gesellschaftsordnung mit den modernen Massenmedien, den (verlorenen) Heiligen Krieg gegen den Irak mit dem modernen Waffenarsenal des Westens geführt und sich nicht daran gestoßen, daß zu beider Entwicklung der «Große Teufel» USA ganz Wesentliches beigetragen hat. Etwaige diesbezügliche Schuldgefühle ließen sich durch die überall (z. B. in den Foyers der großen internationalen Hotels) angebrachten Riesentafeln mit der Aufschrift «Tod für Amerika» kompensieren.

Ebenso bedienen sich militante islamische Gruppen wie etwa die im Libanon und anderswo mit iranischer Unterstützung operierende ‹Partei Gottes› ohne Skrupel der wahrhaft satanischen Mordinstrumente des von ihnen pauschal verteufelten Westens. Der Zweck heiligt die Mittel – dieses, wie wir uns erinnern, nach den ersten muslimischen Überfällen auf mekkanische Karawanen und die dadurch ausgelöste Kritik ausdrücklich im Koran verankerte Prinzip gilt auch in unsern Tagen für jene, die Gewalt zu üben bereit sind, um islamische Siege zu erringen, Mächtigkeit aufzubauen, unvermindert weiter.[1]

Das Problem der heutigen Muslime ist also nicht – oder kaum mehr – die Akzeptanz westlicher Technik. Widerstände z. B. gegen die Einführung des Druckwesens, maschinisierter Landwirtschaft, moderner medizinischer Methoden u. ä. haben den Fortschritt in der islamischen Welt zwar lange behindert, sind aber zumindest in den Städten weitgehend ausgeräumt. Immer noch freilich gibt es starke Bedenken z. B. gegen Familienplanung, und nur mit Hilfe entsprechend ausgelegter Koranverse oder Hadithe lassen sich derlei Skrupel bei der breiten Bevölkerung überwinden. Die eigentliche Frage ist also heute, wie weit das Heilige, die Kontrolle der Allmacht, noch in der Gegenwart und Zukunft in den Alltag hinein gelten soll, wie solche Kontrolle sich mit der unvermeidlichen Dominanz säkularer Mächtigkeiten vereinbaren läßt.

Für die Fundamentalisten gibt es nur eine Antwort: Der Islam, die Scharia muß wieder die totale Autorität besitzen. Sie verlangen daher die Einführung staatlicher islamischer Grundgesetze. Die Azhar hat den Entwurf einer für alle islamischen Staaten gedachten Verfassung bereits vor Jahren vorgelegt. In einigen islamischen Ländern, wie z. B. Saudi-Arabien, hat nie ein anderes Recht gegolten, in andern, wie etwa dem Sudan, Pakistan, Iran, wurden islamische Verfassungen eingeführt. Der Druck der Fundamentalisten nimmt ständig zu. Auch an sich liberale, säkular gesinnte Regierungen wie die tunesische und algerische, müssen Zugeständnisse machen oder werden, wie die türkische, allmählich von Fundamentalisten unterwandert. Andere wie die libysche und die irakische, spielen die nationalarabische Karte, appellieren damit im Grunde aber ebenso an islamische Gefühle.

Käme es zu einem großen islamischen oder auch nur gesamtarabischen Reich, so stünden die Muslime bald einmal vor der Entscheidung, ob es nicht an der Zeit wäre, das Kalifat wieder einzuführen und die Institution des Heiligen Krieges erneut zu beleben. Manche seit Chumaini gegen den bösen Westen ausgesprochene Drohung, auch das Todesurteil gegen Rushdie und die kürzlichen Drohungen Ghaddafis und Saddam Husains, nehmen sich bereits wie Trompetenstöße kommender Heiliger Kriege aus. Möglich ist aber auch (und vor allem: zu hoffen wäre!) ein Sieg gemäßigter Kräfte und eine offizielle Absage an die Tradition des Heiligen Krieges, die mit den heute geltenden Vorstellungen von Völker- und Menschenrecht (deren Durchsetzung in Europa freilich jungen und jüngsten Datums ist und auch in der «ersten» und «zweiten» Welt noch keineswegs ganz gesichert) auf keinen gemeinsamen Nenner gebracht werden kann.

Anhand einiger Beispiele soll dieses Spannungsfeld im folgenden verdeutlicht werden. Der Beispiele wären freilich so viele und unterschiedliche, daß eine angemessene Behandlung des Themas den hier gesetzten

Rahmen bei weitem sprengen würde. – Beginnen wir mit einem Denker, der zu Beginn dieses Jahrhunderts gewirkt hat und zu den Vorläufern sowohl des Fundamentalismus wie auch anderer islamischer Erneuerungsbestrebungen zu zählen ist, auf jeden Fall einen erheblichen Einfluß ausgeübt hat und noch immer ausübt. Viele und ganz unterschiedliche Richtungen haben seinen Namen auf ihre Fahnen gesetzt. Wichtig für unsern Kontext ist die Betonung der Macht, der Mächtigkeit in seinem Denken.

2. *Muhammad Iqbal*

Muhammad Iqbal, der «geistige Vater Pakistans», wurde am 9. November 1877 in Sialkot im indischen Pandschab geboren. Bestimmend für seine Jugend waren zwei Eindrücke: einmal die von ihm als Erniedrigung und Demütigung empfundene Abhängigkeit Indiens, namentlich aber der Muslime, der ehemaligen Herren des Landes, von den Engländern, die die Rolle der Großmoghuln übernommen hatten. Zum andern die europäische Zivilisation, deren Überlegenheit, aber auch deren Materialismus und – zu Anfang dieses Jahrhunderts – Macht- und Kriegslüsternheit er als Student in England und Deutschland erlebte; er studierte Jura in Cambridge und promovierte, nach einem kurzen Aufenthalt in Heidelberg, im Wintersemester 1907 in München mit einer englisch verfaßten Arbeit über *The Development of Metaphysics in Persia.*[2]

Nach seiner Rückkehr eröffnet Iqbal ein Anwaltsbüro in Lahore, profiliert sich aber gleichzeitig in der weiteren Öffentlichkeit, einmal als Politiker indischen und vor allem indo-islamischen Interessen dienend und zum andern als Dichter auf Urdu und Persisch seine Vision des wahren islamischen Menschen verkündend. Was Iqbal am Herzen lag und wofür er sein dichterisches Talent mit glühender Verve verwandte, war die Erneuerung der islamischen Glorie. Ihren Niedergang führte er auf eine falsche Anthropologie zurück, auf ein in der islamischen Mystik jahrhundertelang verbreitetes Mißverständnis, dessen eigentlichen Urheber Iqbal jedoch in Plato erblickte. Dieses bestehe darin, «Entwerden», «Entselbstung» als oberstes Ziel irdischen Daseins zu lehren statt, wie es am Anfang des Islam doch der Fall gewesen sei, Selbsterfüllung im Glauben, Selbstwerdung im Dienst an der Sache Gottes, der Sache des Islams.[3] In seiner Anthropologie verarbeitet Iqbal Einflüsse Dantes, Goethes, Nietzsches, Bergsons sowie englischer Romantiker mit islamischer und indischer Überlieferung. In den Mittelpunkt seines Denkens stellt er den Begriff der Liebe *(ʿišq)* als einer für echtes Leben unentbehrlichen gottentsprungenen Dynamik. Der Begriff hat, wie wir sahen, eine lange mystische Tradition, wenn auch nur sehr sporadische koranische Wurzeln. Wie weit diese «Liebe» bei Iqbal gefaßt wird und wie sehr sie sich mit islamischer Mächtigkeit verknüpft, wird daran deutlich, daß Iqbal die islamischen Eroberungen als einen Ausfluß solcher Liebe ansieht.

Aber Iqbal verzichtet nicht nur nicht darauf, den islamischen Expansionismus zu hinterfragen, er hegt, wie so viele muslimische Denker der Gegenwart, überhaupt ein utopisches Bild vom Urislam, wie wir im folgenden sogleich noch näher sehen werden. So gilt ihm Muhammad als der Prophet, «der den Menschen die endgültige Botschaft von Freiheit und Gleichheit gebracht hat».[4] Die im Koran verankerte Sklaverei, die ausdrücklich festgelegte Ungleichheit von Mann und Frau sind mit solchen Idealvorstellungen jedoch schlicht nicht vereinbar. Und Iqbal selber hält in seinen Äußerungen zur Frauenfrage durchaus an konservativen islamischen Positionen fest.[5]

Aus der Liebe entsteht nach Iqbal'scher Lehre das Selbst, ihr gemäß handelt der wahre Gläubige, der höher steht als der bloß nominelle Muslim. Die Liebe beflügelt den gläubigen Muslim zu Aufschwüngen, die aus ihm einen Menschen von kosmischer Mächtigkeit, einen Mitstreiter Gottes machen, mitwirkend an der Vollendung der Schöpfung. Von dieser Warte aus hat Iqbal den zeitgenössischen und besonders den indischen Islam scharf kritisiert, wie vor ihm u. a. der indische Dichter Hali in seinem mehrere hundert Strophen langen Gedicht *Ebbe und Flut*.[6] So konstatiert Iqbal etwa in einem späten Urdu-Gedicht: «Der Muslim hat dem Müßiggang gefrönt unter dem Vorwand der Vorherbestimmung.»[7] Oder er beklagt:

> Im Sufi-Zirkel schwand die Glut der Sehnsucht;
> übrig sind nur die Wunderlegenden.[8]
>
> Der Wald der Wahrheit ist von Löwenmännern entblößt,
> sie sind die Sklaven von Molla und Sufi geworden.[9]

Die alte Glut also gilt es in den Menschen wieder zu wecken, jene, die einst die arabischen Heere erfüllte, als sie von Mekka und Medina aufbrachen, um wenig später z. B. Cordoba oder Sizilien zu erobern. Iqbal besingt diese Plätze in nostalgischen Gedichten als einstige Bastionen islamischer Größe. So ist es denn auch kein Wunder, daß er gerade im Gedicht *Die Moschee von Cordoba* ein Loblied auf die Liebe in seinem Sinn anstimmt:

> Liebe ist Gabriels Hauch, Liebe ist Mustafas Herz,
> Liebe ist göttliches Wort, Gottes Gesandter zumal.
> ...
> Liebe ist Mekkas Jurist, Liebe: der Führer des Heers,
> Liebe: der Wanderer, der rastlos durchschweift Berg und Tal.
> ...
> Cordobas heilige Statt du, die aus der Liebe entsteht![10]

Soll die alte Glut eingesetzt werden, um erneut in den Heiligen Krieg zu ziehen, verlorene Gebiete zurück und neue dazu zu erobern? Iqbal läßt diese Frage offen. Wichtiger scheint ihm das Selbsterwachen des Gläubigen. Doch die Erwartung kosmischer Mächtigkeit, die er damit verbindet, zeigt, daß er in der Tat an die islamische Tradition von Macht und Mächtigkeit anknüpft. Der Mensch ist für ihn «ein Staubkorn, in dem eine Steppe verborgen liegt».[11] Doch seine Mächtigkeit ist an die Entfaltung seines Selbst gebunden: «Der Geist des Islam ist Licht des Selbst, Feuer des Selbst!»[12] Ein berühmtes Ghasel mit dem Kehrreim *lā ilāha illā llāh* – «Keine Gottheit außer Gott!» – beginnt:

Das verborgene Geheimnis des Selbst:
Keine Gottheit außer Gott!
Das Selbst ist das Schwert, der Schleifstein:
Keine Gottheit außer Gott.[13]

Ist das Selbst entfaltet, so kann der Mensch seine kosmische Mächtigkeit ausüben nach dem Vorbild von koranischen Propheten und vor allem Muhammad selber: «Blicke auf Mose, der Prophet und Zauberer in einem war!»[14] «O Muslim, lerne von Salomo wieder Wunder tun!»[15] «Der höchste Thron ist für des Frommen Streben nur ein Schritt, das lehrt ihn die Nacht der Himmelfahrt von Muhammad.»[16] So lädt denn Iqbal den Gläubigen ein zum Aufbruch in den Kosmos und zur Machtausübung über die Gestirne: «Wirf das erwürgende Lasso um Sonne und Mond, hol die Sterne aus den Sphären und mach sie dir untertan!»[17] «Durchmiß die Milchstraße, durchquere das Himmelsblau! An Stillstand stirbt das Herz, mag es sich auch um eine Mondstation (im astronomischen, nicht im astronautischen Sinn!) handeln.»[18] Der Dichter nennt sich selber denn auch ausdrücklich einen kosmischen Menschen:

Die Engel haben Iqbal vor Gott verklagt:
Er ist dreist; er färbt die Natur mit Henna.
Er ist von Staub, doch seine Maße sind kosmisch.[19]

Ein halbes Jahrhundert ist seit dem Tod von Iqbal, der 1938 in Lahore verstarb, vergangen. Einerseits hat sich in dem von ihm geistig mitbegründeten Staat Pakistan die Vision eines islamischen Idealstaats bisher nicht verwirklichen lassen. Andererseits aber ist der Islam nach längerem Dämmer zum Bewußtsein seiner Mächtigkeit erwacht und im Begriff, seine Kräfte erneut zu ballen, deren Dynamik die anderswo inzwischen eher friedlich gewordene Weltpolitik in Kürze aufschrecken und in neue Turbulenzen reißen könnte.

3. Moderne Muhammad-Bilder

Ähnlich machtbetont wie Iqbals Muhammadbild ist auch jenes anderer moderner Denker und Schriftsteller der islamischen Welt, darunter auch solcher, die im übrigen alles andere als fromme Muslime sind oder waren. Dabei stehen apologetische Bemühungen, Muhammad von dem Vorwurf der Gewaltausübung freizusprechen, neben der Rühmung seiner militärischen Tugenden manchmal beim gleichen Autor schroff nebeneinander. Einige typische Darstellungen seien angeführt:

Ein wichtiges Beispiel aus der ersten Hälfte unseres Jahrhunderts ist Muhammad Husain Haikal (1888–1956), ein bekannter ägyptischer Publizist und Romancier, mit seinem *Leben Muhammads* (1935). In diesem Werk betont Haikal, daß Muhammad das, was in den anderen Religionen zu einem späteren Zeitpunkt ebenfalls unumgänglich wird, nämlich die Verteidigung der Macht, selber in die Hand genommen habe. Gott wollte, daß er die Ausbreitung des Islam und den Triumph des Wortes der Wahrheit durchsetzte. So wurde er also gleichzeitig Gesandter, politischer Führer, Krieger und Eroberer, alles das für Gott und die wahre Lehre.[20]

Weiter in seiner apologetischen Anstrengung, weiter auch in seiner Glorifizierung geht ein Werk des produktiven und einflußreichen ägyptischen Denkers Mahmud `Abbas al-`Aqqad (1889–1964) mit dem Titel *Das Genie Muhammads (`Abqarīyat Muḥammad)*, erschienen 1943. In diesem Buch sucht der Autor nachzuweisen, daß Muhammad in jeder Beziehung – als Prophet, Staatsmann, Heerführer, Gatte, Vater, Freund und Mensch – vollkommen war. Was seine kriegerischen Handlungen betrifft, die für `Aqqad ebenso wie für andere Autoren vor allem deswegen ein Problem darstellen, weil sie von Nichtmuslimen kritisiert werden und daher gerechtfertigt werden müssen, so vertritt dieser Autor den – freilich ahistorischen – Standpunkt, daß Muhammad nur in Verteidigung zu den Waffen gegriffen habe, wie auch der Heilige Krieg ein reines Verteidigungsinstrument sei. Wenn der Islam Krieg geführt habe, so nicht gegen eine Lehre oder Idee – was den gegen ihn erhobenen Vorwurf der religiösen Kriegsführung rechtfertigen würde –, sondern nur gegen bewaffnete Mächte, die sich ungerechterweise seiner Ausbreitung und der Ausübung seines Kultes widersetzten. Andererseits aber vergleicht derselbe Autor, um Muhammads Genie auch als Heerführer zu illustrieren, ihn mit «dem fähigsten aller modernen Generäle im Bewegungskrieg», Napoleon Bonaparte. Ihm sei er in dreierlei Hinsicht – Aufklärung, Propaganda und eigentlicher Kriegsführung – nicht nur ebenbürtig, sondern sogar überlegen gewesen, da er sich aller Mittel, die Napoleon zwölf Jahrhunderte nach ihm einsetzen sollte, bereits bedient habe, allerdings ohne das Kriegshandwerk erlernt oder sein Leben auf dem Schlachtfeld verbracht zu haben.[21]

Überraschen mag, daß Muhammad auch von einem bekannten ägyptischen Marxisten in ähnlicher Weise glorifiziert worden ist. Es handelt sich um den namhaften Autor `Abdarrahman asch-Scharqawi (geb. 1920), Verfasser mehrerer Romane, darunter der große Fellachenroman *Die Erde (al-Arḍ)*, und zahlreicher Erzählungen. In seinem Roman *Muhammad, Apostel der Freiheit (Muḥammad rasūl al-ḥurrīya)* ging es Scharqawi nach seinen eigenen Worten um «die Geschichte eines Menschen von beträchtlichem

Heldenmut, der gegen brutale Mächte der Unterdrückung und für universelle Brüderlichkeit, Gerechtigkeit, Freiheit und Würde der Unterdrückten, für Liebe, Barmherzigkeit und eine bessere Zukunft für alle ohne Ausnahme kämpfte – für jene, die an ihn glaubten und jene, die nicht an ihn glaubten.»[22] Scharqawi zeichnet das Bild eines Revolutionärs, eine säkularisierte Muhammad-Figur. Selbst dessen Offenbarungen erscheinen als bloße Träume, die üblichen Wunder und übernatürlichen Vorgänge sind völlig ausgespart. Nach gut marxistischer Manier sieht der Autor den Kampf des entstehenden Islam als einen Klassenkampf, in welchem den «kapitalistischen» Kaufleuten und Geldverleihern in Mekka, unterstützt von den Priestern mekkanischer Götter, die ausgebeutete Klasse der Armen – die Männer meist Sklaven, die Frauen zur Prostitution gezwungen – gegenübergestanden habe.[23]

Alles das ist ideologische Verzeichnung, ja Verzerrung der geschichtlichen Realität. Wenn man die Anfänge des Islam schon in diesen Kategorien betrachten will, so wäre zu sagen, daß Muhammad auf die Seite der Reichen übertrat, indem er den heidnischen Kaabakult, von dem sie profitierten, nicht abschaffte, sondern durch nur geringfügige Änderungen in die neue Religion integrierte. Wie bei Iqbal, so erscheint auch bei Scharqawi Muhammad als Sklavenbefreier, während doch die Sklaverei eine koranisch fundierte Institution der traditionellen islamischen Gesellschaft war, geregelt in der Scharia ebenso wie das Beuterecht und die andern Aspekte des Heiligen Krieges.

Ebenfalls mit dem Muhammadbild – darüber hinaus aber auch mit dem Gegensatz von Heiligung und Entweihung, säkularer und sakraler Mächtigkeit – haben die beiden im folgenden zu besprechenden Werke zu tun, deren Autoren, obzwar aus ganz verschiedenen Gründen, kürzlich weltweit bekannt geworden sind.

4. «Gott ist tot» auf ägyptisch. Nagib Mahfuz' Roman ‹Die Kinder unsers Viertels›

Beginnen wir mit dem im Westen weniger bekannten der beiden Werke (obwohl vom andern in der Regel auch nicht mehr als der Titel und der durch das Buch ausgelöste Skandal bekannt ist), dem Roman *Die Kinder unsers Viertels (Aulād ḥāratnā)* des ägyptischen Nobelpreisträgers Nagib Mahfuz (geb. 1911). Das 1959 erschienene Werk beinhaltet den Versuch, die Geschichte des Monotheismus oder, genauer noch, der Menschen mit ihrem Gott in ein Kairoer Altstadtviertel zu projizieren. Gott und die großen Propheten erscheinen mithin als menschliche Figuren und unter anderm Namen; doch folgt der Gang der Handlung im großen Ganzen den aus Bibel und Koran bekannten Ereignissen, so daß das eigentlich Gemeinte sehr bald transparent wird.

Gott wird als reicher alter Gutsbesitzer vorgestellt, dessen Name al-Gabalawi (von *ǧabal* = Berg) an die wiederholten göttlichen Manifestationen auf Bergen erinnert, im Roman aber eine weitere Bedeutungsdimension dadurch erhält, daß Gabal hier auch der Name Mosis ist, d. h. Gott wird im Roman durch seinen Namen zum «Gott Mosis». Gabalawis Besitztum befindet sich am Rande der Wüste, «im Leeren» *(fi l-ḫalā')*. Zu Beginn des Romans verwandelt er es in eine Fromme Stiftung *(waqf)*. Doch damit beginnt auch der Konflikt zwischen ihm und den Seinen, die irdische Tragödie. Denn als er als Verwalter der Stiftung nicht den ältesten Sohn Idris (= Iblis, Satan), sondern seinen Lieblingssohn Adham (sprich: Ad-ham), d. h. Adam, einsetzt, rebelliert der Älteste. Er wird daraufhin vom Vater verstoßen und tut von nun an alles, um das Verhältnis zwischen Gabalawi und seinen Kindern und Nachkommen zu vergiften.

Ein erster Streich gelingt ihm, indem er Adham über dessen Frau Umaima (wörtlich «Mütterchen», d. h. Eva) überredet, sich in das Geheimkabinett des Vaters einzuschleichen, um die dort versteckte Stiftungsurkunde zu lesen, deren Inhalt niemand kennt. Adham läßt sich gegen seinen Willen aus Gutmütigkeit dazu verleiten; er wird vom Vater überrascht und nun ebenfalls, zusammen mit Umaima, verstoßen. Idris triumphiert, und sein nächster Schlag läßt nicht lange auf sich warten. Er stiftet den Sohn der beiden, Qadri (= Kain), also einen Enkel des Alten, dazu an, seinen Bruder Humam (= Abel) umzubringen. Gabalawi läßt sich nicht blicken. Und diese Abwesenheit des Gutsbesitzers wird zu einem Leitmotiv des Buches, gesteigert schließlich zur Aussage moderner westlicher Theologie, als sich gegen Ende des Romans, nach einem weiteren Eindringen in das Haus Gabalawis, die Kunde verbreitet, er sei gestorben. Gott schweigt – Gott ist tot.

Dazwischen ereignet sich das Auftreten der drei großen monotheistischen Propheten, die, jeder auf seine Weise, versuchen, menschliche Zustände in dem von korrupten Aufsehern und Schlägertrupps terrorisierten Wohnviertel auf dem Stiftungsgrund herzustellen. Die Möglichkeit, hier ansatzweise Charakterzeichnungen der jüdischen, christlichen und islamischen Religion zu geben, hat sich Mahfuz natürlich nicht entgehen lassen. Gabal (= Mose) erkämpft für seine Anhänger den ihnen zustehenden Teil, Rifa'a (= Jesus) dagegen geht es nur um die Zügelung der Begierden und seine Tätigkeit erschöpft sich im Austreiben böser Geister. Mahfuz schildert ihn als sexuell verklemmten Menschen, der seiner Frau nicht beiwohnt und an seiner Lebensfremdheit schließlich scheitert. Qasim (= Muhammad) dagegen setzt erfolgreich Gewalt ein, um die Schlägertrupps auszuschalten; zum ersten Mal seit den Anfängen kommt es unter ihm zu einer gerechten Verteilung des Stiftungsguts.

Der Roman endet nicht mit dieser – teils nüchternen, teils wiederum verklärenden – Sicht der Anfänge des Islam, erstreckt sich vielmehr mit gewaltiger Zeitraffung bis in die Gegenwart.

Auch nach Muhammad nämlich reißen die alten korrupten Zustände bald wieder ein. Da tritt – wir befinden uns inzwischen in der Neuzeit – ein Zauberer auf namens `Arafa (= «Wissen»), Repräsentant der modernen «magischen» Technologie. Mit den von ihm konstruierten Waffen hofft er, gerechte Zustände herzustellen und erwirbt mit dieser Absicht das Vertrauen des Volkes. Bei dem Versuch, die Stiftungsurkunde zu lesen, tötet er jedoch unwillentlich einen Diener Gabalawis und gerät in den Verdacht, den Gutsbesitzer selber getötet zu haben. Er muß fliehen, wird aber von den Häschern des Aufsehers gefaßt und getötet. Zurückbleibt sein ‹Buch›, das seine Erfindungen enthält, und sein Mythus, an den nun die Menschen glauben, nachdem sie vom Tod des Alten überzeugt sind: «Unsere einzige Hoffnung ist die Magie `Arafas. Wenn wir zwischen al-Gabalawi und der Magie zu wählen haben, wählen wir die Magie!» In diesem Glauben ertragen sie sogar die neuen Unterdrückungsmaßnahmen des Aufsehers, denn, so sagen sie: «Die Unterdrückung muß weichen wie die Nacht dem Tage weicht. Wir werden das Ende der Tyrannei und den Morgen der Wunder erleben!»[24]

Mit diesen Worten endet der Roman. Sein Erscheinen war mit einem Skandal verbunden, der jenen um Rushdies *Satanic Verses* in kleinerem Maßstab vorwegnahm. Gelehrte der Azhar empörten sich über das «freche Antasten heiliger Dinge», der Fortsetzungsdruck in der führenden Tageszeitung *al-Ahram* wurde daraufhin untersagt und abgebrochen. Der Roman durfte in Ägypten überhaupt nicht veröffentlich werden, erschien aber später im Libanon.[25] Im Zuge der Rushdie-Affaire wurde bekannt, daß auch Mahfuz eine Todesdrohung von Seiten einer hohen religiösen Autorität erhalten hat.

Verwunderlich ist das nicht. Handelt es sich doch bei diesem Roman um einen Musterfall von Profanisierung oder Desakralisierung. Allerdings hätte der christliche Leser weit mehr Grund, daran Anstoß zu nehmen. Muhammads Verdienste werden ja nicht in Frage gestellt. Doch der Kern der Religionen wird auf ein soziales Anliegen reduziert, Gott selber auf eine menschliche Ebene projiziert; dergleichen ist, aus orthodoxer Warte betrachtet, natürlich frevelhaft. Auf jeden Fall ist Mahfuz' Roman ein harmloser Affront im Vergleich zu Salman Rushdies spektakulärer Verletzung muslimischer Gefühle.

5. *Salman Rushdies ‹Satanic Verses›*

Unternimmt Mahfuz in seinem Roman den Versuch, die monotheistische Religionsgeschichte aus ihrer numinosen Distanz in menschliche Nähe zu rücken und so einerseits zwar zu «entmythologisieren», anderseits neu und unmittelbar erlebbar zu machen, so tut Rushdie etwas viel Kühneres: Er hinterfragt die Gestalt Muhammads nicht nur von einem rationalen, sondern von einem respektlosen Standpunkt; anders gesagt, er legt an ihn die Maßstäbe, mit denen man einen heutigen Menschen mißt. Freilich geht es auch ihm nicht einfach um Verunglimpfung, sondern um die Zweifel, die einen denkenden Muslim beschleichen können, der das Leben und Wirken Muhammads aus den frühesten Quellen und nicht im Lichte späterer ahistorischer Verklärung kennenlernt.

In Rushdies Roman geht es jedoch nicht vordringlich um Muhammad und den Islam, vielmehr um die Situation indischer Emigranten im heutigen England, namentlich um die Probleme geistig entwurzelter Intellektueller. Im Mittelpunkt stehen zwei Schauspieler, die zu Beginn über der Südküste Englands aus einem Flugzeug abstürzen und von da ab zwischen Traum und Wirklichkeit leben, der eine, Jibril Firishta, beginnt, sich für den Engel Gabriel zu halten, der andere, Chamcha, wird zum Teufel mit Bockshörnern.

In diesem Rahmen werden – unklar, ob auf der Ebene des Traums, als Filmentwurf oder gar nur als Halluzinationen eines Schizophrenen – die Anfänge des Islam erzählt. Der damit für den westlichen Leser gegebene fiktionale Charakter spielt freilich für den gläubigen Muslim, der in der Regel ohnehin das Buch nicht gelesen, sondern nur darüber gehört hat, kaum eine Rolle. Daß Muhammad den alten Teufelsnamen Mahound trägt, den ihm im Mittelalter christliche Eiferer beigelegt haben, verschärft dagegen noch die Attacke. Auch ist es gewiß ein «satanischer» Einfall, daß Rushdie dabei auf eine in frühen islamischen Quellen belegte Überlieferung zurückgreift, wonach Muhammad einmal vom Satan Verse eingeflüstert worden seien, in denen drei im vorislamischen Arabien weithin verehrte Göttinnen anerkannt werden (vgl. S. 29). Da Muhammad nach kurzem Schwanken diese Verse rückgängig machte, kann man die Geschichte als Parallele zur Versuchung Jesu einstufen. Doch Rushdie läßt es dabei nicht bewenden. «Mit der selben Tendenz werden spätere Offenbarungen als eindeutig opportunistische Erfindungen Muhammads hingestellt.» Schließlich wird auch mit Muhammads Harem frevler Spott getrieben, indem ein Hauptgegner Mahounds den Vorschlag macht, die Mädchen im Bordell von Jahiliya – gemeint ist Mekka – sollten die Namen der Frauen Mahounds annehmen.[26]

Alles das geht freilich über im christlichen Bereich längst übliche, mit Achselzucken quittierte Verunglimpfungen der Person Jesu nicht hinaus. Die Reaktion Chumainis hatte im übrigen, ebenso wie die Erneuerung des Tötungsaufrufs durch Rafsandschani Anfang 1990, vor allem innenpolitische Gründe. Bot sich doch hier ein bequemes Mittel, die angesichts der realen Misere des Krieges und der Nachkriegszeit erschlaffende Begeisterung für den Gottesstaat wieder anzufachen.

Rechtlich betrachtet, d. h. nach den Regeln der Scharia, hat aber Rushdie als Muslim zweifellos Apostasie begangen und sich damit der Todesstrafe schuldig gemacht. Umstritten ist lediglich, ob diese ohne offizielle Gerichtsverhandlung vollzogen werden darf. Die offizielle Azhar-Stellungnahme lautet, daß ein Gerichtsverfahren stattzufinden habe, bei welchem der Angeklagte seine Verirrung bereuen und alle der Häresie verdächtigen Äußerungen öffentlich widerrufen müsse. Rushdie hatte zunächst erklärt, daß er dazu nicht bereit sei. Inzwischen hat er dem Vernehmen nach jedoch vor einem Azhar-Gremium ein Reuebekenntnis abgelegt. Zu einer Aufhebung des Todesurteils hat dieser – verständliche – Akt aber bisher nicht geführt.

Wie dem auch sei, der Vorfall hat weltweit bewußt gemacht, daß es für weite muslimische Kreise noch unantastbare Zonen des Heiligen gibt, Allmacht und Mächtigkeit also noch immer eine elementare Dynamik darstellen, die sich in naher Zukunft vulkanhaft und mit globalen Implikationen entladen kann.

6. Mahmud Taha und seine «Zweite Sendung»

Ob Salman Rushdie an seinem Herzfehler oder doch durch den Anschlag eines Fanatikers sterben wird, der damit ein frommes Werk zu verrichten glaubt, kann erst die Zukunft lehren. In einem weniger Aufsehen erregenden Fall hat die islamische Justiz ihr Urteil jedoch bereits vollstreckt. Und dieser Fall ist im Grunde weit gewichtiger, tragischer und noch symptomatischer als der doch eher spektakuläre und zwielichtige um Salman Rushdie. Dennoch vermochte dieser nun darzustellende Fall die Aufmerksamkeit der Weltöffentlichkeit nur sehr flüchtig zu fesseln. Wir sprechen von der Hinrichtung des sudanesischen Mystikers und Politikers Mahmud Taha, der als Greis von 75 Jahren am 18. Januar 1985 vor Tausenden von Zuschauern auf Befehl Numeiris erhängt wurde, nachdem ihn das oberste Gericht des Sudan zu diesem Tod verurteilt hatte. Die Anklage lautete, wie im Fall Rushdies, auf Apostasie, genauer: «Provokation der Feindseligkeit gegen den Staat und Aufruf zur Annullierung der Bestimmungen der Scharia.» Die Einführung der Scharia im Sudan durch die sogenannten ‹Septembergesetze› von 1983 bildete die rechtliche Grundlage dieses Urteils. Taha sprach dem Gericht die Kompetenz ab, verweigerte jede Aussage, verzichtete auf Verteidigung ebenso wie auf Widerruf.

Zahlreiche internationale Versuche, seine Begnadigung zu erreichen, blieben ohne Erfolg. Die Empörung in der westlichen Welt war einhellig, während das Echo in der islamischen Welt wie im Fall Rushdies geteilt blieb. Die einen nannten ihn einen Märtyrer und Heiligen und die Hinrichtung eine eklatante Verletzung der Menschenrechte,[27] die islamische Liga für Menschenrechte erklärte den 18. Januar zum Tag der Menschenrechte.[28] Man verglich ihn mit Halladsch,[29] nannte ihn «Afrikas Gandhi»[30] oder setzte ihn mit Thomas Morus und das Vorgehen des Gerichts mit der

Inquisition in Beziehung.[31] Die andern bezeichneten die Hinrichtung als verdient, ja begrüßten sie. `Abd al-`Aziz Ibn Baz, der oberste Rechtsgelehrte Saudi-Arabiens, und Dr. `Abdullah `Umar Nasif, der Generalsekretär der islamischen Weltliga, beglückwünschten Numeiri zur Exekution des «Feindes Gottes», «Abtrünnigen» und «Ketzers».[32]

Wer war nun dieses Opfer und weswegen wurde der Mann verurteilt? Mahmud Taha kam 1909 in der Nähe der Ortschaft Rufea am Blauen Nil als Angehöriger des Rikabia-Stammes zur Welt. 1936 erwarb er am Gordon College, der heutigen Universität Khartoum, den Grad eines Bauingenieurs (Civil Engineer). 1945 gründete er zusammen mit einigen Intellektuellen die Republikanische Partei *(al-ḥizb al-ǧumhūrī)* und wurde noch im gleichen Jahr zu ihrem Oberhaupt gewählt. Die Briten nahmen ihn von 1946–48 in Gewahrsam. Taha nutzte die Zeit, um sich in mystischen Techniken zu üben. Nach seiner Freilassung blieb er für einige Zeit in seinem Geburtsort Rufea, intensiv mit Gebet und Kontemplation beschäftigt. In diesen Jahren scheint seine neue Sicht des Islam gereift zu sein. Man spricht sogar von einer Vision. Als er 1951 nach Khartoum zurückkehrte, begann er, Schriften zu veröffentlichen, und widmete sich nun gleichzeitig im Rahmen seiner Partei ganz dem Kampf um die nationale Befreiung. Den Ingenieursberuf hatte er aufgegeben.

Tahas Tätigkeiten verquicken sich in den folgenden Jahren immer stärker mit der politischen Entwicklung im Sudan, was hier jedoch nicht bis in alle Einzelheiten verfolgt werden soll. Nur einige große Einschnitte seien genannt. 1965 protestiert die republikanische Partei gegen den Versuch, eine islamische Verfassung einzuführen, da der vorgeschlagene Entwurf weder eine Verfassung noch islamisch sei. Er diskriminiere nämlich z. B. Frauen und Nichtmuslime. Diese Argumentation zeigt, daß Taha und seine Anhänger damals bereits ein von der Tradition abweichendes Islamverständnis haben. 1968 wird Taha erstmals durch das Hohe Scharia-Gericht des Sudans angeklagt und des Abfalls vom Islam beschuldigt, weigert sich jedoch, die Zuständigkeit des Gerichts anzuerkennen. Das Urteil sei hinfällig, die sudanesische Verfassung sehe Klage wegen Apostasie nicht vor. Die Verurteilung bleibt denn auch ohne weitere Folgen.

Auch nach der Machtergreifung Numeiris am 25. 5. 1969 verfolgen Taha und seine republikanische Partei konsequent ihre Politik der Gewaltlosigkeit, allerdings unter leicht verändertem Namen, denn da Numeiri alle Parteien verboten hat, nennen sie sich von nun an ‹Republikanische Brüder›. Taha kritisiert mehrfach die Regierung, sucht Repressionsmaßnahmen zu verhindern. Die Beilegung des seit 17 Jahren wütenden Bürgerkriegs mit dem Süden im Abkommen von Addis Abeba soll u. a. auf seinen Rat zurückgehen.[33] Die «nationale Versöhnung» zwischen Regierung und Opposition im Jahr 1977 wird von den Republikanischen Brüdern gefördert. Diese verhalten sich im allgemeinen loyal zu Numeiri und unterstützen seinen Kurs. Zum offenen Bruch kommt es jedoch im September 1983, als Numeiri die Scharia als Staatsgesetz einführt und eine verschärfte Islamisierungskampagne entfesselt. Taha bezeichnet die Einführung der Scharia durch die sogenannten ‹Septembergesetze› als Schande und Erniedrigung für den Islam und das sudanesische Volk und fordert den Präsidenten auf, seinen Entscheid zu revidieren, da dieses «kriminelle» Gesetz das Land ruinieren und seinen Ruf untergraben werde.[34] Numeiri läßt daraufhin Taha und seine Töchter sowie vierzig Republikaner verhaften.

Ohne Rücksicht auf sein Alter wird Taha im Kober-Gefängnis der sudanesischen Hauptstadt in einer lichtlosen Zelle eingekerkert, Besucher und der tägliche Spaziergang werden ihm verwehrt. Am 19. Dezember 1984 entlassen, veranstaltet er sofort eine Protestversammlung an der Universität mit mehreren hundert Studenten und brandmarkt erneut die Einführung der Scharia als eine Gefahr für die Einheit des Landes. Die Republikaner rufen auf zu öffentlichem Protest am 25. Dezember, dem Tag der Unabhängigkeit des Sudans. Doch die Regierung kommt dem zuvor. Bereits am 23. sitzt Taha wieder im Gefängnis. Kurz darauf beginnt der Prozeß, der wenig später mit der Hinrichtung des Verurteilten endet.

Welche Lehren waren es nun, die Mahmud Taha den Vorwurf der Apostasie, des Abfalls vom Islam einbrachten?[35] Taha ging es um eine Weiterentwicklung *(taṭwīr)* der Scharia, die er mithin als revisionsbedürftig betrachtete. In seinem Ansatz verbinden sich alte mystische Impulse – die Scharia wurde ja in der Sufik wiederholt als ein zu überwindender Anfang betrachtet (vgl. Kap. XIII.7.) – mit Ideen westlicher Provenienz aus dem Bereich der Islamwissenschaft und der allgemeinen Geschichtstheorie. Ist es heute in islamischen Reformkreisen weithin üblich geworden, die islamischen Ideale lediglich in der Zeit Muhammads und der vier ersten Kalifen verwirklicht zu sehen, so macht Taha einen radikalen weiteren Schritt und läßt die Trübung des Ideals schon zur Zeit des Propheten selber beginnen: Nur in der mekkanischen Periode habe Muhammad zeitlos gültige Lehren offenbart, in Medina dagegen habe er als Haupt eines irdischen Gemeinwesens Verordnungen erlassen müssen, die durch das damals herrschende «Gesetz des Dschungels» bedingt und gerechtfertigt gewesen seien, keineswegs jedoch eine unbegrenzte Gültigkeit besäßen. Heute nun, da die Menschheit eine größere Reife besitze, sei es an der Zeit, auf die Ideale des Urislam zurückzugreifen, die im Koran verborgene «zweite Sendung» herauszuschälen und auf die Scharia in ihrer bisherigen Form zu verzichten.

Wie Taha diese «Scharia der Altvordern» *(aš-šarīʿa as-salafīya)* beurteilt, zeigt sich daran, wie er die Situation der Frau in ihr charakterisiert: Die «Scharia der Altvordern» hat aus der Frau einen halben Menschen gemacht. Ihr wird keine Ehre zuerkannt, außer der, über welche die Männer wachen. Sie wird als Unmündige und Verdächtige behandelt. In der Mehrehe wird das Verhältnis des Mannes zu seinen Frauen von Herrschsucht und Mißtrauen bestimmt; die Frauen werden versklavt. Zwar sei, verglichen mit der (angeblichen!) Rechtlosigkeit der Frau in vorislamischer Zeit, auch diese Scharia ein «großer Sprung nach vorn» gewesen, doch für die Entfaltung der Möglichkeiten der heutigen Frau könne sie nicht mehr genügen.

Die Bevorzugung der mekkanischen gegenüber den medinensischen Suren widerspricht dem im Koran verankerten exegetischen Prinzip der Abrogation (vgl. S. 103), wonach bei Widersprüchen jeweils die später offenbarte Verordnung maßgeblich ist. Sie erinnert jedoch an die in der früheren Islamwissenschaft gelegentlich vertretene Auffassung, wonach Muhammad in seiner medinensischen Periode den reinen Prinzipien des Prophetentums, denen er in Mekka verpflichtet schien, untreu geworden sei. Doch die Parallele ist nur marginal. Taha ist nämlich weit davon entfernt, Muhammad selber zu kritisieren, betont vielmehr, daß er als einziger den wahren Islam gelebt habe. Die enge Verflechtung gerade der in Medina erlassenen Suren mit Muhammads Biographie nimmt Taha also nicht zur Kenntnis.

Die Mehrheit der Reformer hat denn auch bisher den umgekehrten Weg beschritten und zu beweisen versucht, daß die Scharia, so wie sie ist, vollkommen sei und einen in jeder Hinsicht idealen Staat hervorbringe, sofern man sie nur richtig interpretiere und konsequent anwende. So illusionär diese Erwartung auch sein mag – und nach Taha tatsächlich ist –, sie hat gegenwärtig noch die große Mehrheit hinter sich, also den islamischen Konsensus. Taha schwamm gegen den Strom, seine Auffassungen konnten Scharia-Anhängern nur als Apostasie erscheinen, von ihrer Warte aus war seine Hinrichtung legitim. Die vielen Proteste aus ebenfalls islamisch engagierten Kreisen zeigen allerdings, daß es heute auch viele humanistisch gesinnte Muslime gibt, die ein anderes Bild vom Islam, auch von islamischem Recht haben als die traditionellen Scharia-Gerichte, ohne daß sie deswegen bereit wären, so radikale Postulate wie Taha aufzustellen.

Wenn der in Harvard lehrende Araber Muhsin Mahdi kürzlich auf einer in Princeton durchgeführten Tagung über ‹Justice and Injustice in Islam› postulierte, die Muslime müßten sich entscheiden, ob sie die Scharia beibehalten oder den echten Geist und Gehalt des Islam retten bzw. neu entdecken wollten, so läuft das im Grunde auf Überlegungen wie die von Mahmud Taha hinaus. In der Tat hat der Islam im Lauf seiner Geschichte genügend soziale und ethische Werte entwickelt oder jedenfalls in bestimmten Epochen gepflegt, um auf gewisse Scharia-Vorschriften ohne Verlust, ja zu seinem Gewinn verzichten zu können. Doch solche Gedanken reifen derzeit nur in von «Ketzerei» zersetzten Gehirnen. Ketzereien können nun zwar, wie die Entwicklung in der Sowjetunion zeigt, auch zum herrschenden Dogma werden, wenn es ein Ketzer schafft, unerkannt bis an die Spitze des Staates vorzudringen und dann das Steuer der ganzen Entwicklung herumzuwerfen. Der historische Augenblick dafür ist im Islam aber offensichtlich noch nicht gekommen, und es scheint fraglich, ob er je kommen wird. Der interne Streit darüber, was von den islamischen Fundamenten verzichtbar und was unverzichtbar ist, scheint aber unausweichlich, auch wenn er wohl erst im nächsten Jahrtausend mit voller Vehemenz entbrennen wird.

XV. Schlußbetrachtungen

1. Einschränkung und Bestätigung

Der hier entfaltete Ansatz erhebt nicht den Anspruch, ein exklusives Erklärungsmodell für alle Entwicklungen islamischer Kultur zu sein. Man müßte an die Möglichkeit monokausaler Erklärung kultureller Phänomene glauben, um dergleichen zu behaupten. Das tue ich aber nicht. Vorgänge von der Art der hier beschriebenen scheinen mir vielmehr in der Regel in ein komplexes Netz von Ursachen und Bedingungen verflochten zu sein.

Nehmen wir als Beispiel die galenische Medizin, deren Niedergang hier vornehmlich mit ihrem heidnischen Ursprung und der allmählichen Aszendenz des koranischen Weltbilds sowie mit der asch'aritischen Leugnung der *causae secundae* erklärt worden ist. Natürlich lassen sich auch andere Faktoren geltend machen. So lag, wie das bereits angedeutet wurde, eine gewisse Tendenz zur Erstarrung in der Tatsache, daß es in den einzelnen Naturwissenschaften einen fachinternen Dogmatismus gab, der in der Regel wenig Spielraum ließ für Neuerungen; anders gesagt, der Argwohn der islamischen Tradition gegen Neuerungen *(bid'a, pl. bida'),* die man früher oder später als Ketzerei betrachtete, wenn ihr Urheber es nicht vermochte, sie islamisch zu legitimieren, hatte sein Pendant bis zu einem gewissen Grad auch in den Schultraditionen der von Griechenland übernommenen Wissenschaften. Galen in der Medizin, Ptolemäus in der Kosmologie waren unumstößliche, unantastbare Autoritäten. Selbst punktuelle Korrekturen wurden da nur sehr zögernd, mit größter Zurückhaltung unternommen. Die autoritäre Tradition des Islam dürfte dieser Autoritätsgläubigkeit innerhalb der säkularen Wissenschaften Auftrieb gegeben und zu ihrer Erstarrung beigetragen haben.[1]

Weitere Gründe für den Niedergang der Medizin wie auch anderer säkularer Wissenschaften liegen oft nur scheinbar außerhalb unseres Modells, gehören in Wirklichkeit in den gleichen Kontext. So wurde etwa das Mikroskop, unentbehrliche Basis für das Eindringen in die Mikrostruktur des Organismus und damit für jede über das galenische System hinausgehende medizinische Erkenntnis, vermutlich darum nicht im islamischen Raum erfunden, weil die Frage nach dem «Warum» nicht mehr gestellt werden durfte, weil medizinische Neugier kaum geweckt wurde, da Medizin als Unterrichtsgegenstand in den Medresen so wenig vorkam wie andere naturwissenschaftliche Fächer.

Die Mongoleneinfälle des 13. und 14. Jahrhunderts richteten gewiß verheerende Zerstörungen an, können aber als Grund kultureller Stagnation nur bedingt angeführt werden, da die Mongolen nach ihren Siegen selber sogleich als eifrige Kulturförderer auftraten, und zwar schon bald auch in durchaus islamischem Geist. Doch die großen Leistungen der Epoche liegen im Bereich der Künste, nicht mehr in dem der Wissenschaften.

Schließlich haben zweifellos auch soziale und wirtschaftliche Faktoren ihre Rolle gespielt. Soziologische und ökonomische Erklärungen bleiben aber an der Oberfläche der Phänomene. Dagegen dringt das Modell «Allmacht und Mächtigkeit» in die von außen kaum sichtbare, nur sorgfältigem Quellenstudium sich erschließende Tiefenstruktur und erhellt nicht nur die große Dialektik und Dynamik der allgemeinen Entwicklung, sondern darüber hinaus unerwartet viele Einzelaspekte im großen Geflecht der islamischen Kulturgeschichte. Denken wir etwa an die Entwicklung des Ghasels, die Umdeutung von Metaphern, z. B. der Anakreontik, im Sinne der Mystik, oder den Funktionswandel von Motiven – alles Bereiche, wo die Forschung noch in den Anfängen steckt. Die grundsätzliche Relevanz des Modells wird jedenfalls durch Ergänzungsbedürftigkeit nicht in Frage gestellt. Es bewährt sich vielmehr auch und gerade als Erklärungsansatz für die Vorgänge in der Gegenwart, wie die wenigen Beispiele im letzten Kapitel verdeutlich haben. Es bewährt sich aber auch als Ansatz eines Vergleichs zwischen islamischer und christlich-abendländischer Geschichte. Dies soll im folgenden noch in großen Zügen unternommen werden.

2. Allmacht und Mächtigkeit im christlichen und im islamischen Bereich – ein Vergleich

Die obigen Untersuchungen haben gezeigt, daß im Islam die Entwicklungen in Kultur, Politik und Gesellschaft immer aufs neue im Zeichen der Losung «Keine Macht und keine Gewalt außer bei Gott!» stehen. Von diesem Zentrum aus strebt diese Kultur danach, die irdischen Mächtigkeiten der Kontrolle der Allmacht zu unterwerfen. Das führt im politischen Bereich zu Theokratie und Ausübung sakraler Gewalt, einem religiös legitimierten Expansionismus und riesigen islamischen Kolonialreichen, im sozialen Bereich zu einer kulturell und rituell formierten Gesellschaft, in der nur Muslime vollgültige Mitglieder sein können, und einer zähen Bändigung der Mächtigkeit der Frau durch einen ihr auferlegten sozialen Status, den schon ein früh belegtes Hadith als «Gefangenschaft» bezeichnet. Im Bereich der Wissenschaften und Künste ist das angestrebte Ziel, das freilich erst nach Jahrhunderten erreicht wurde, ebenfalls eine religiöse Durchdringung und damit Umwandlung des paganen Charakters und der aus ihm resultierenden Herausforderung in Teilhabe mittels Unterwerfung. Auch schloß der Primat der Allmacht die Durchsetzung des koranischen Weltbildes ein, das ein numinos-magisches war. Der Konflikt von

Allmacht und Mächtigkeit erzeugte zunächst eine – oft durchaus fruchtbare – Spannung und ließ streckenweise einen erheblichen Spielraum frei, was beides zusammen die große islamische Wissenschaftsblüte ermöglichte. Nach Erreichung der erstrebten Synthese, der Tilgung jedes der Herausforderung verdächtigen Elements durch Unterwerfung, trat Stillstand ein, die islamische Osmose. In der Wissenschaft bedeutete das, zumindest aus europäischer, fortschrittsorientierter Sicht, Stagnation, jedenfalls aber ein immer stärkeres Dominieren teils rein religiöser, teils jener mit dem zur Herrschaft gelangten magisch-koranischen Weltbild am besten zu vereinbarenden Disziplinen, d. h. der Geheimwissenschaften und der Mirabilien-Literatur.

In den Künsten dagegen führte die erstrebte Synthese gerade im Zeichen «erlaubter» Magie zum Teil zu schönsten Blüten. Die mystisch-magische Divinisierung des Künstlers, für den Dichter durch Selbstaussagen reichlich bezeugt, doch auch für Maler und Musiker nachweisbar, führte zu einer magisch-numinosen Kunst, oder, um Spenglers Ausdruck hier noch einmal zu verwenden, einer Kunst mit «magischer Seele», deren Mächtigkeit auf einer im Universum verankerten, kosmische Ordnungen optisch oder akkustisch nachbildenden Harmonie beruhte –, einer Magie der Teilhabe also, einer Kunst, in der die Präsenz der Allmacht, die göttliche Durchströmtheit sich als gebändigte Ekstase, als Rausch der Unterwerfung manifestiert.

Das bisher Dargelegte eröffnet nun einen weiteren Ausblick, es erlaubt uns, einige Wesensmerkmale, die den islamischen vom christlich-abendländischen Geist unterscheiden, klar zu umreißen. Der Unterschied tritt im jeweiligen Umgang mit den Mächtigkeiten zutage. Fünf Bereiche lassen sich nennen, in denen der christliche Umgang mit Mächtigkeit ein anderer ist als im Islam, wenn man die eindeutigen Worte und Handlungen der beiden Stifter befragt, Unterschiede, die durch historische Entwicklungen zwar oft genug verwischt oder verdeckt waren, die aber immer wieder auch zum Tragen gekommen und langfristig geschichtsbestimmend geworden sind.

1. Jesus bezeichnet sein Reich als nicht von dieser Welt. Damit ist der Verzicht auf Theokratie, aber auch z. B. auf die Kontrolle über Wissenschaften und Künste ausgesprochen. Dies ist der religiöse Kern der Trennung von Kirche und Staat, die ihrerseits eine der wichtigsten Voraussetzungen für die Säkularisierung von Kunst und Wissenschaft und damit für deren Fortschritt darstellte. Dagegen sieht Iqbal gerade in der Trennung von Religion und Staat eines der Grundübel des Abendlands,[2] was von seiner Warte aus berechtigt ist, weil in der Tat der laizistische Staat auch die Voraussetzung der Entsakralisierung des gesamten öffentlichen und privaten Lebens mit allen heute sichtbaren bedrohlichen Folgen darstellt.

2. Jesus befreit seine Anhänger aus dem Zwang des jüdischen Gesetzes. Er hebt damit jene Struktur auf, die als Voraussetzung der Tradition und aller religiösen Kontrolle einen der wichtigsten Aspekte islamischer Mächtigkeit darstellt. Statt auf die Erfüllung kasuistischer Gesetze kommt es auf eine Ethik des Gewissens an, die Jesus in die schlichte und doch so schwer zu erfüllende Regel faßt: seinen Nächsten zu lieben wie sich selbst. Langfristig liegt hier eine der Wurzeln für Reformation und Aufklärung, die Emanzipation der gesellschaftlichen Klassen und der Frau, aber auch des wissenschaftlichen Fortschritts. Einschränkend ist freilich festzustellen, daß vor allem die katholische Kirche durch ihr strenges Kontrollsystem jahrhundertelang trotzdem nicht weniger Druck als die Hüter islamischer Allmacht ausgeübt und zum Teil noch lähmender als jene gewirkt hat.

3. Jesus verzichtet bewußt und konsequent bis zum bitteren Ende auf die Anwendung von Gewalt zur Durchsetzung seiner Lehre. Die Ausbreitung des Christentums während der ersten dreihundert Jahre erfolgte gewaltlos, allein durch Missionierung, ein Punkt der auch in der Auseinandersetzung mittelalterlicher orientalischer Christen mit dem Islam hervorgehoben wurde.[3] Daß auch Gewaltlosigkeit mächtig sein kann, hat die Praxis gewaltlosen Widerstands in unserm Jahrhundert gezeigt. Ihr politisches Potential, im ersten Drittel dieses Jahrhunderts von Mahatma Gandhi erfolgreich erprobt – das in indischen Religionen und namentlich im Buddhismus gepflegte Ideal des *ahimsa* verband sich bei ihm mit Einflüssen Tolstois und der Bergpredigt –, ist in der jüngsten Geschichte, durchaus mit christlichem Hintergrund, auf atemberaubende Weise aktuell und historisch wirksam geworden. Hier wurzelt aber auch das Wirken christlicher Klöster, die nicht, wie die islamischen *Ribat,* Grenzfestungen waren. Während das ganze riesige Reich der Kalifen ebenso wie das der Osmanen und der Grosmoghuln durch Heilige Kriege erobert wurde, unermeßlicher Reichtum zunächst als Beute dem Fiskus anheimfiel und zu maßloser Verschwendung führte, dann aber die Reiche verarmten und zerfielen, sobald keine Eroberungen mehr möglich waren (nicht zuletzt, weil der Boden an die im Heiligen Krieg verdienten Krieger vergeben worden war und durch dieses islamische Lehenswesen die Landwirtschaft jeweils langsam aber sicher ruiniert wurde)[4], entstanden – bei aller christlich abgesegneten Eroberungstätigkeit – im Abendland Staatswesen, deren Bestand nicht von Eroberung, sondern von einer auf friedliche Zustände eingestellten Struktur abhing.[5]

4. Jesus lehrt keinen handlungsbezogenen Determinismus. Nochmals sind hier die Entwicklung der Wissenschaft, aber auch das Leben des einzelnen betroffen. Die negative Auswirkung der Vorherbestimmung z. B. auf die ärztliche Ethik ist von arabischen Ärzten des Mittelalters mehrfach vermerkt worden. Die Frage der Verantwortung war aber ganz allgemein tangiert, und der Sieg der Asch'ariten war hier, wie in andern

Punkten, von einer Auswirkung, die wohl noch nie in ihrem vollen Umfang ermessen wurde.[6]

5. Jesus treibt die Dämonen aus und entzieht damit der Entstehung einer religiösen Magie den Boden.

Man wird also folgern dürfen, daß einerseits Laizisierung, Rationalismus und Humanismus in Jesu Lehre und Wandel angelegt, andererseits aber in Folge des Fehlens eines geoffenbarten Gesetzes der Säkularisierung und dem Fortschrittsdenken keine Barrieren von der Mächtigkeit der Scharia entgegengesetzt sind. Dies führt uns zu folgenden weiterführenden Überlegungen, die um die Pole des Magisch-Statischen und des Rational-Dynamischen kreisen. Während nämlich das Ideal statischer Harmonie in der islamischen Welt zu voller Entfaltung gelangte, stand ihm im Abendland bereits die entgegengesetzte Losung des «Fortschritts» gegenüber. Während in der islamischen Heiligen Schrift ein mythisch-magisches Weltbild verankert ist, das nach Jahrhunderten fruchtbarer Auseinandersetzung mit dem überwiegend rationalen Geist des griechischen Bildungsgutes allmählich und bis zum Anbruch der Neuzeit die Oberhand erlangte, gefördert durch den wachsenden Einfluß der Mystik, die ihrerseits unter dem Schock der Mongoleneinfälle starken Auftrieb erhielt, hatte das Christentum, in der Nachfolge seines Dämonen austreibenden Herrn, von Anfang an einen entschlossenen Kampf gegen alles Magische aufgenommen und im Unterschied zum Islam religiöser Magie nie Raum gegeben, obwohl zugegebenermaßen der katholische Kultus magieähnliche Züge aufweist und daneben fromm verbrämte Magie ins Kraut schoß, mit der die Kirche ihre liebe Not hatte.[7]

Dennoch, der Unterschied ist wesenhaft. Das Christentum kennt keine bekehrten Dämonen. Während daher der Islam die Lösung des Konflikts von Allmacht und Mächtigkeit mit der Durchsetzung seines religiös-magischen Weltbilds im späten Mittelalter erreichte, setzte im Abendland etwa zur gleichen Zeit die große Verketzerung der Magie im Namen christlicher Erlösung und aufklärerischer Vernunft, die Austreibung der Dämonen, die Verbrennung der Hexen ein. Magie gab es von nun ab nur noch um den Preis des Verkaufs der Seele an den Teufel. Faust ist dafür das große, grelle Symbol. Zahlreiche Wunder, für deren Vollzug die magische Literatur des Islam Rezepte anbot, die aber allenfalls von einzelnen frommen Magiern kraft Teilnahme an der Allmacht bewirkt worden sind (sofern man diesbezüglichen Berichten Glauben schenken darf),[8] hat seither die westliche Wissenschaft auf ihre Weise wahrgemacht, ja vielfach noch übertroffen: den dienenden Dämon in der Maschine, den fliegenden Teppich im Flugzeug, die Bilokation im Film, den talismatischen Schadenzauber in Schuß- und Fernlenkwaffen, um nur einige Beispiele anzuführen. Alle diese Errungenschaften aber rückten zunehmend unter das Zeichen des luziferischen «Ihr werdet sein wie Gott!» – Herausforderung also statt vermeintlicher Teilhabe, was man heute erst zu durchschauen beginnt, da die Früchte abendländischer Hybris unsern Planeten bedrohen.

Doch es geht uns nicht darum, eine Religion, eine Kultur gegen die andere auszuspielen. Vielmehr ist von dem Preis die Rede, den jede von ihnen zu zahlen hatte, um ihr Ziel zu erreichen. Der Islam erreichte die angestrebte Versöhnung zwischen Allmacht und Mächtigkeit durch die (freiwillig vollzogene oder gewaltsam aufgezwungene) Unterwerfung unter die Allmacht, Teilhabe am Heiligen durch Heiligung, gipfelnd in einem Ideal innerer Harmonie und statischer Ruhe, koranischer *sakina* und griechischer *symmetria* (arab. *i'tidāl*) – sichtbar nicht nur in seiner Kunst, sondern auch in jener patriarchalischen Würde, die in Goethes Versen vom «reinen Osten» und seiner «Patriarchenluft» anklingt. Aber er bezahlte dafür mit einer Reglementierung der *ratio,* die bis zur Entmündigung gehen konnte, und mit dem Eintauchen in ein magisches Fluidum, das keinen Fortschritt mehr suchte und dessen politische Entsprechung die «orientalische Despotie» war.

Im Abendland wurde die *ratio* aus den Fesseln des Magischen zwar erlöst und dadurch ein Fortschritt ermöglicht, dessen Dynamik, alle Grenzen sprengend, zunehmend atemberaubend wirkt, und das nicht nur im metaphorischen Sinn. Dieser Fortschritt aber ging einher mit Entheiligung, schlechtem Gewissen und innerer Unrast; der Weg der abendländischen Musik von der völligen Herrschaft – von innerer Ruhe beseelter – Konsonanz noch bei Palästrina in die totale Herrschaft der – aus seelischer Unrast erwachsenden und solche bewirkenden – Dissonanz bei den Neutönern, von der gänzlich sakralen in die gänzlich säkulare, ja neopagane Haltung der abendländischen Kunst überhaupt ist dafür ein aufschlußreiches Indiz. Die autonome *ratio* erlag der Versuchung der Hybris, der Geist verfiel der Materie, und die Folge waren die bekannten verderblichen -ismen der jüngeren europäischen Geschichte, auch die mörderischen Kriege. Weil Jesu Reich «nicht von dieser Welt» sein wollte, konnte diese Welt in völlige Gottesferne verfallen.

Aus dem eben Gesagten darf nicht gefolgert werden, daß hier zuletzt der islamische Umgang mit Mächtigkeit rundum gebilligt würde. Vorbehalte sind in den einzelnen Kapiteln und noch in unserm Nachwort ja immer wieder und mit aller gebotenen Deutlichkeit gemacht worden. Gezeigt werden aber sollte, daß der Umgang mit Mächtigkeit den Verlauf der Geschichte, die Entfaltung von Kultur bestimmt und mithin auch für die Zukunft der Menschheit von entscheidender Bedeutung ist. Mir scheint, die *beiden* Kulturen seien in ihrem so verschiedenen Umgang mit den Mächtigkeiten in Sackgassen geraten und hätten, wie die Menschheit überhaupt, dringend zu suchen nach einem neuen mittleren Weg, nicht einfach jener *aurea media,* die schon das Altertum empfahl und die auch der Islam immer zu schätzen wußte,[9] sondern nach jener allein noch möglichen

Durchfahrt zwischen Scylla und Charybdis – der Scylla einer veralteten, lähmenden Sakralität und der Charybdis einer entfesselten, destruktiven Paganität – zu zukunftsversprechenden Ufern. Beide könnten voneinander lernen, wie mit den Mächtigkeiten der Welt, des irdischen Daseins am besten umzugehen sei. Die westliche Welt könnte vom Islam das Bemühen um Harmonie und Genügsamkeit, auch um die Heiligung wichtiger Lebensvorgänge und Tätigkeiten lernen (obwohl das alles sich freilich auch aus christlicher Tradition entnehmen ließe). Der Islam andererseits könnte vom Evangelium, wie freilich auch aus seiner eigenen mystischen Tradition, so wichtige Dinge lernen wie eine größere Freiheit gegenüber dem Gesetz und den – leider auch von der Christenheit immer wieder vergessenen – Verzicht auf Gewalt «auf dem Pfade Gottes», was Verzicht auf die Einteilung der Welt in ein «Haus des Islam» und ein zu unterwerfendes «Haus des Krieges» bedingen würde, Verzicht auch auf den Scharia-Staat mit seiner rechtlichen Ungleichheit für Muslime und Nichtmuslime.

Eine gemeinsame Menschenrechtscharta wäre zu erarbeiten – die bestehende wurde von den muslimischen Ländern bisher nicht unterschrieben –, worin die Diskriminierung Andersgläubiger grundsätzlich untersagt und jede Straftat ausschließlich ethisch definiert, Bestrafung aus konfessionellen Gründen oder gar Todesstrafe für Apostasie ausgeschlossen und als Verstoß gegen die Menschenrechte gebrandmarkt würde.[10] Aufzugeben wäre auch der Anspruch, die einzig wahre, von Irrtümern und Fälschungen freie Religion, das schlechthin vollkommene System für die Gesellschaft der Gegenwart und der Zukunft zu sein, da ein solcher Anspruch in keiner der bestehenden Religionen eine historische Rechtfertigung hat und für die Zukunft nur neue Konflikte heraufbeschwören müßte. Für beide Kulturen also wie für die Menschheit insgesamt, muß es darum gehen, das Verhältnis von Allmacht und Mächtigkeit auf der Ebene des einzelnen wie der Gemeinschaft neu zu überdenken und nach ehrlichen Lösungen Ausschau zu halten.

Anhang

Anmerkungen

Abkürzungen

EI = Enzyklopädie des Islam; Encylopedia of Islam, New Edition.
GAL = Brockelmann: Geschichte der arabischen Literatur
GAS = F. Sezgin: Geschichte des arabischen Schrifttums
HI = Handwörterbuch des Islam. Im Auftrag der Koninklijke Akademie van Wetenschappen, Amsterdam, herausgegeben von A. J. Kramers und J. H. Wensinck, Leiden 1941.
IAU = Ibn abī Uṣaibi'a
MI = Ullmann: Medizin im Islam
NGI = Ullmann: Natur- und Geheimwissen im Islam
MQ = Muqaddima, ed. Qatremère
MR = Muqaddima, übersetzt von F. Rosenthal
QG = Diwan des Hafis, hg. von Qazwini/Ghani
RIS = Rasā'il Iḫwān aṣ-ṣafā'
u = ultima (letzte Zeile eines Gedichtes)

Einleitung

1 Eine auf zahlreichen Fakten aufbauende Begründung dieser Besorgnis liefert Laffin: *Islam.*
2 Said: *Orientalism.* Vgl. auch die wichtigen Diskussionsbeiträge in: Kerr (Hg.): *Islamic Studies: A Tradition and its Problems.*
3 *System der Philosophie III* (10,7) und *Geschichtsphilosophie* (11, 305 u. 453). In: Hegel: *Sämtliche Werke.* Weitere Urteile über den Islam sind zusammengestellt im Hegel-Lexikon von Glockner unter dem Stichwort «Mohammedanismus».
4 Bürgel: *«Wie du zu lieben und zu trinken» – Zum Hafis-Verständnis Goethes.*
5 Vgl. die Abschnitte «Despotie» und «Einrede» in den *Noten und Abhandlungen zum West-östlichen Divan.*
6 *Weltgeschichtliche Betrachtungen,* 53, 134, 136.
7 *Der Untergang des Abendlandes,* 933; siehe auch Index unter dem Stichwort «Islam».
8 A.a.O., 97.
9 A.a.O., 930.
10 A.a.O., 931.
11 A Study of History.
12 Vgl. auch Turner: *Weber and Islam.*
13 *Das Erbe der Antike im Orient und Okzident,* 17.
14 *Islam,* 165.
15 *Das Problem der islamischen Kulturgeschichte,* 15.
16 A.a.O., passim.

17 *Phänomenologie der Religion,* 731 f.
18 *Das Heilige und das Profane,* 23 f.
19 *La critique de la raison islamique.*

I. Die Grundlagen

1 Nwyia: «Instaurer la loi, comme l'a fait le Coran, sept siècles après son abolition par le Cristianisme, était un acte anachronique (...)» – In: *Exégèse coranique et langage mystique,* 8.
2 Vgl. dazu die nüchtern-kritische Darlegung von Reissner in: W. Ende und U. Steinbach (Hg.): *Der Islam in der Gegenwart,* 155–169.
3 Normalerweise wird in den Nachschlagewerken nur die Bedeutung «Unterwerfung» genannt; das Verdienst, auf die Komponente der Heilserlangung hingewiesen zu haben, kommt H. H. Schaeder zu.
4 Seligsohn: «Ādam» im HI.
5 Macdonald: «Fiṭra» in EI.
6 Busse: *Der Islam und die biblischen Kultstätten.*
7 Haarmann: *Heilszeichen im Heidentum – Muhammad-Statuen aus vorislamischer Zeit.*
8 Sure 18,83–98; vgl. «al-Iskandar» im HI sowie das Nachwort zu meiner deutschen Übertragung des Alexanderepos von Nizami.
9 Heller: «Luḳmān» im HI.
10 A.a.O.
11 Ibn abī ʿUṣaibiʿa: *ʿUyūn al-anbāʾ fī ṭabaqāt al-aṭibbāʾ,* I, 36.
12 MQ III, 90; MR III, 14.
13 Wensinck: «Idrīs» im HI; Plessner: «Hirmis» in EI.
14 Wensinck: «al-Khaḍir» im HI.
15 MQ II, 142.
16 Macdonald: «ʿĪsā» im HI.
17 Guillaume: *The Life of Muhammad,* 69.
18 A.a.O., 79.
19 A.a.O., 107.
20 Paret: Der Koran. Kommentar und Konkordanz, 461; zu 53,19–25.
21 al-Baghdadi: al-farq bain al-firaq, 97 f.
22 Vgl. Schimmel: *Islamic Names,* 1. Kapitel.
23 Vgl. Nasr: *Knowledge and the Sacred.*
24 Z. B. in dem Märchen von der Messingstadt; vgl. dazu Hamori: *An Allegory from the Arabian Nights: The City of Brass.*
25 Vgl. Eichler: *Die Dschinn, Teufel und Engel im Koran,* 30–32: «Der Sternschnuppenmythus».
26 Macdonald u. Massé: «Djinn» in EI.
27 In: «Sharīʿa» im HI.
28 Ibn Tufail: *Hajj ibn Jaqzan der Naturmensch,* 42 f.
29 Vgl. Schacht: «Ḥiyal» in EI.

II. Das große Kraftnetz

1 Vgl. J. Pedersen: *Abū Nuʿaym al Iṣfahānī* in EI.
2 Zweimal beim Morgen-, dreimal beim Abend- und je viermal bei den drei dazwischenliegenden Gebeten; vgl. Paret: «Fātiḥa» in EI.

3 Zwei voneinander abweichende Listen dieser Namen nach Tirmidhi und Ibn Maddscha bei: Kriss u. Kriss-Heinrich: *Volksglaube im Bereich des Islam,* II, 69–71.
4 Kirfel: *Der Rosenkranz;* Kriss u. Kriss-Heinrich: A.a.O., II, 53–57.
5 Corbin: *L'imagination créatrice dans le soufisme d'Ibn `Arabi,* 196.
6 Vgl. Muhyiddin Ibn `Arabi: *Journey to the Lord of Power,* 15–21.
7 Westermarck: *Survivances paiennes dans la civilisation mahométane;* Kriss u. Kriss-Heinrich: *Volksglaube im Bereich des Islam I, 3–52.*
8 Beny: *Persien,* 223.
9 vgl. Sumner-Boyd u. Freely: *Istanbul,* 449f.
10 Vgl. u. a. Dermenghem: *Le culte des saints dans l'islam maghrébin.*
11 Dermenghem: A.a.O., 304f.
12 Dermenghem: A.a.O., 206f.
13 Bannerth: *Islamische Wallfahrtsstätten Kairos,* 22f.
14 Bannerth: A.a.O., 22–29.
15 Dazu Bannerth: A.a.O., 29ff.
16 Badawi: *The Egyptian Intellectual Between East and West.*
17 *Mohammedan Saints and Sanctuaries in Palestine,* 87.
18 Sahih al-Buhari: *Ašriba, bab* 22.
19 Winkler: *Salomo und die Karina.*
20 Kriss u. Kriss-Heinrich: *Volksglaube im Bereich des Islam,* II; Texte z. B. bei Mershen: *Untersuchungen zum Schriftamulett und seinem Gebrauch in Jordanien.*
21 Im Haus am Kiel, einer Filiale des Rietberg Museums, im Juni 1989.
22 D. James: Calligraphie Islamique. Musée d'art et d'histoire, Genève 1988, Abb. Nr. 45.
23 Vgl. Schimmel: *Islamic Names,* 25f.
24 Lane-Poole: *Arabian Society in the Middle Ages,* 190; Lane: *An Account of the Maners and Customs of the Modern Egyptians,* 53–54.
25 Dietrich: *Zu den mit ad-Din zusammengesetzten Namen,* 45–53. – Bosworth: *The Islamic Dynasties.*
26 de Vitray-Meyerovitch: *Mystique et poésie en Islam,* 165f.
27 Schimmel: *The Triumphal Sun,* 196.
28 A.a.O., 263.
29 A.a.O., 319.
30 A.a.O., 352.
31 A.a.O., 278.
32 A.a.O., 48.
33 A.a.O., 265.
34 A.a.O., 263.
35 A.a.O., 196.
36 Ibn Tufail, S. 136–138.
37 *Critère de l'action (Mīzān al-a`māl),* 33.
38 *Šarafname,* 401f; vgl. auch Soucek: *Nizami on Painters and Painting;* Bürgel: *The Feather of Simurgh,* 138–41.
39 *Mathnawi V,* 1430–33 mit dem Anfang der Überschrift.
40 *suḫan,* auch = Sprache, Dichtung.
41 *Laila u Mağnun,* 40, 12.
42 *Diwan,* 183,4.
43 A.a.O., 380,2.
44 Vgl. Schacht: «Fiḳh» im HI.
45 Snouck-Hurgronje: *Versprede Geschriften,* I, 402.
46 Sellheim: *Das Lächeln des Propheten.*

47 *Von Allem und vom Einen, Fīhi mā fīhi,* 24, 218, 293.
48 Sahih al-Buhari: *Kitab an-nikah, bab* 60, I, 19.
49 A.a.O., *bab* 13, I, 6.
50 Vgl. Wensinck: «Miswāk» im HI.
51 Vgl. Bousquet: *L'éthique sexuelle de l'Islam*; Bouhdiba: *La sexualité en Islam.*
52 Aus einer arabischen Anekdotensammlung des 15. Jh., abgedruckt in A. Fischer: *Arabische Christomathie aus Prosaschriftstellern.* Leipzig [5]1948, Nr. 6.
53 *Introduction to the Science of History,* III, 1770.
54 *A Study of History,* III, 322.
55 *Tradition in development of Arab research on Ibn Khaldun;* der Artikel stellt eine Zusammenfassung von Pätzolds noch ungedruckter Habilitationsschrift dar.
56 In: Hippokrates: *Fünf auserlesene Schriften.*
57 12,8; 12,14; 24,11; 28,76; das von Ibn Chaldun ebenfalls genannte *ʿiṣāba* kommt im Koran laut dem verläßlichen Index von ʿAbdalbaqi nicht vor.
58 Rosenthal: *Muqaddimah I,* 322.
59 *ʿIbar,* III, 3.
60 Sure 17,16; MQ I, 260f.; MR I, 292f.
61 MQ I, 288; MR I, 342.

III. Die religiös-politische Macht in Staat und Gesellschaft

1 Vgl. dazu Haarmann: *Geschichte der arabischen Welt,* 229–31.
2 Noth: *Früher Islam,* 64f.
3 Haarmann: *Geschichte der arabischen Welt,* 220.
4 A.a.O., 224.
5 Matuz: *Das Osmanische Reich,* 57.
6 A.a.O., 169f.
7 *Šarafnāme,* 60f.
8 Vgl. Malti-Douglas: *Structures of Avarice.*
9 Vgl. Fähndrich: *Die Tischgespräche des mesopotamischen Richters.*
10 Bürgel: *Die Bildung des Arztes,* spez. 355.
11 Rückert: *Hamasa oder die ältesten arabischen Volkslieder gesammelt von Abu Temmâm,* II, 360.
12 Vgl. Caskel: *Das Schicksal in der altarabischen Poesie.*
13 S. 73.
14 *Šarḫ Maqāmāt al-Ḥarīrī,* 225f.
15 *Risālat al-ghufrān,* (Hg. I. al-Yusuf) 190f.; (Hg. Bint aš-Šāti') 426.
16 «que nous devons parfois faire violence aux irresponsables dans leur propre intérêt»; Schuon: *Comprendre l'Islam,* 34.
17 Ritter: *Das Meer der Seele,* 566.
18 Crone u. Cook: *Hagarism,* 120 u. 130; der kühnen, ja bizarren Sichtweise dieses Buches vermag ich im übrigen nur mit großer Reserve zu folgen.
19 Watt: «ʿĀʾisha Bint Abī Bakr» in EI.
20 Vaglieri: «ʿAlī ibn Abī Ṭālib» in EI.
21 Vgl. Chelkowski: *Islam in Modern Drama and Theatre,* speziell 53f.
22 Brockelmann: *History of the Islamic Peoples,* 78f.
23 van Arendonk: «Kaisānīya» im HI.
24 Vgl. Bürgel: *Gesichter religiöser Macht in modernen türkischen Dramen.*
25 Ende: *Die Azhar, Šaiḫ Šaltūt und die Schia,* 30–318; ders.: *Erfolg und Scheitern eines schiitischen Modernisten.*

26 Badawi: *Modern Arabic Drama in Egypt;* Machut-Mendecka: *Współczesny dramat egipski lat 1870–1975.*
27 Monchi-Zadeh: *Ta'ziya,* 8.
28 Francklin: *From Bengal to Persia,* 248f.
29 Monchi-Zadeh: A.a.O., 108.
30 A.a.O., 161.
31 Pellat: *Arabische Geisteswelt,* 415.
32 Vgl. die beiden Erzählungen *Die Geschichte von der Favoritin des Chalifen* (38 Odalisken werden mit ihren Liebhabern gekreuzigt) und *Die Geschichte von El-Mamûns Favoritin* (25 Odalisken werden ertränkt) in *Tausend und eine Nacht,* Bd. XIX, 183–191; Bürgel: *Love, Lust and Longing,* spez. 105.
33 Deutsche Auszüge daraus bei Pellat: *Arabische Geisteswelt,* 417–32.
34 Deutsch von U. Rothen unter dem Titel *Die Kurtisane von Lucknow.* Zürich 1971.
35 *Ihya' 'ulum ad-din,* 2,279.
36 *Kitab an-nikah, bab* 130, u. a. 7,6.
37 Deutsch vom Verfasser, s. Literaturverzeichnis.
38 Vgl. Brunschwig: «'abd» in EI.
39 A.a.O.
40 Einen klaren Abriß der Mamlukengeschichte gibt Haarmann: *Der arabische Osten im späten Mittelalter (1250–1517).*
41 Vgl. dazu Ménage: «Devshirme» in EI.
42 Ritter: *Das Meer der Seele,* 396.
43 A.a.O., 415; 338.
44 A.a.O., 367.
45 A.a.O., 332f.
46 A.a.O., 336.
47 A.a.O., 371.
48 A.a.O., 518, 524.
49 Vgl. Bello: *The Medieval Islamic Controversy Between Philosophy and Orthodoxy.*
50 Auflistung dieser Hadithe bei Bello: A.a.O., 35.
51 A.a.O., 29–60.
52 Vajda: *Les zindiqs en pays d'Islam au début de la période abbaside.*
53 Gabrieli: «Ibn al-Muqaffa'» in EI.

IV. Wissenschaften im Umkreis des Korans

1 Vgl. Wensinck: «Lawḥ» im HI.
2 Goldziher: *Stellung der alten islamischen Orthodoxie zu den antiken Wissenschaften,* 14.
3 *Risāla ila l-Imām ar-Rāzī,* 21f.
4 Crone u. Cook: *Hagarism,* 135.
5 *la tatanassar*
6 Ibn Rašīq: *'Umda,* I, 30.
7 Radtke: *Das Wirklichkeitsverständnis islamischer Universalhistoriker.*
8 al-Mas'ūdī: *Murūǧ aḏ-ḏahab,* I, 9f.
9 Goldziher: *Die Richtungen der islamischen Koranauslegung.*
10 A.a.O. 360f.
11 Ein typisches Beispiel: Wadud: *Phenomena of Nature and the Quran.* Vgl. auch: Balyon: *Modern Muslim Koran Interpretation (1880–1960),* 88–97; Jansen: *The Interpretation of the Koran in Modern Egypt,* 35–54.
12 Vgl. dazu Wielandt: *Offenbarung und Geschichte im Denken moderner Muslime.*

13 *uṭlubū l-`ilma wa-lau fī ṣ-Ṣīn*; häufig zitiertes Hadith, das aber in den frühen Kompendien fehlt.
14 Goldziher: *Muhammedanische Studien.*
15 *La critique de la raison coranique,* passim.
16 Dazu Watt: *Islamic Philosophy and Theology.*
17 *Ihya' `ulum ad-din,* IV, 307f.
18 *Haft Paikar,* 197ff.
19 Rosenzweig-Schwannau, I, 270 [t 87]; bei QG ist dieser Vers offensichtlich wegen seiner Anstößigkeit gestrichen, das Ghasel hat bei ihm keinen Schlußvers *(tahallus)*; bei Meneghini: *The Ghazals of Hafez,* fehlt das ganze Ghasel.
20 Ibn `Arabi: *Fusus al-hikam,* 156f.
21 Goldziher: «Ahmad» im HI.
22 «Deprived of his personal God as a rabbi, even so intransigent a Hanbalite as Ibn Taimiya succumbed to mysticism.» Crone u. Cook: *Hagarism,* 128.
23 R. Hartmann: *Der Islam,* 59.
24 «Fetwa» im «Buch Hafis».
25 Kramers: «Shaikh al-Islam» im HI.
26 Vgl. dazu Debus: *Die islamisch-rechtlichen Auskünfte der Millî Gazete im Rahmen des «Fetwa-Wesens» in der Türkischen Republik.*
27 D.h. Koitus a tergo.
28 Die sog. *mut`a;* vgl. Heffening: «Mut`a» im HI.
29 Zum Dichter vgl.: Mez: *Die Renaissance des Islam,* 257–62.
30 Vgl. Lecomte: *Le traité des divergences du Hadith d'Ibn Qutayba.*
31 *Diwan,* Nr. 121,2.

V. Die Wissenschaften der Alten

1 Ibn abī `Uṣaibi`a: *`Uyūn al-anbā',* I, 186.
2 F. Rosenthal: *Das Fortleben der Antike,* 19.
3 Vgl. Strohmaier: *Die griechischen Götter in einer christlich-arabischen Übersetzung;* Bürgel: *Some New Material Pertaining to the Quotations from Plato's Phaido in Biruni's Book on India,* 131.
4 *Iḥṣā' al-`ulūm,* 132–37.
5 Rosenthal: *Das Fortleben der Antike,* 79.
6 Über Autor und Werk s. Kraemer: *Humanism in the Renaissance of Islam,* 233–40.
7 Rosenthal: *Das Fortleben der Antike,* 93f.; 97f.
8 *al-Munqiḏ min aḍ-ḍalāl,* 137.
9 Kraemer: A.a.O., 171.
10 Goldziher: *Stellung der alten islamischen Orthodoxie zu den antiken Wissenschaften, 24.*
11 Adab al-kātib, 5f.
12 Robson: *Tracts on Listening to Music,* 31f., 78f.
13 Ullmann: *Medizin im Islam,* 246.
14 Vgl. Bürgel: *Dogmatismus und Autonomie im wissenschaftlichen Denken des islamischen Mittelalters.*

VI. Die Philosophie

1 Ṣā`id al-Andalusī: *Tabaqāt al-umam,* zit. nach: Rosenthal: *Das Fortleben der Antike,* 61.
2 Rosenthal: *On the Knowledge of Plato's Philosophy in the Islamic World*; Bürgel: *Some New Material Pertaining to the Quotations from Plato's Phaido.*

3 IAU, I, 50.
4 A.a.O., I, 57.
5 A.a.O., I, 56.
6 A.a.O., I, 54.
7 F. Walzer: «Aflāṭūn» in EI.
8 IAU, I, 36.
9 A.a.O., I, 37.
10 Fakhry: *A History of Islamic Philosophy,* 222f.; Bello: *The Medieval Islamic Controversy Between Philosophy and Orthodoxy.*
11 Schoeler: *Ibn Rušds Rückwendung zu Aristoteles.*
12 Mit Verbesserung von *wa-qīl* in *wa-fīl* nach F. Rosenthals Vorschlag.
13 *al-Futūḥāt al-Makkīya,* II, 523; vgl. Rosenthal: *Ibn `Arabi,* 15f.
14 Fortleben, 78.
15 Rosenthal: *Ibn `Arabi,* passim.
16 Vgl. Zimmermann: *The Origins of the ‹Theology of Aristotle›.*
17 GAL S I., 373.
18 Ullmann: NGI, 105ff.
19 A.a.O., 374f.
20 Nizami: *Iqbālnāme,* 37f.
21 Fakhry: *A History of Islamic Philosophy,* 287.
22 So nach dem Vorschlag Nallinos, den Badawi übernimmt: *Histoire de la philosophie en Islam,* II, 386.
23 Walzer: *Islamic Philosophy,* 13.
24 Vgl. Badawi: *Histoire,* II, 423.
25 R. Walzer: *Greek Into Arabic,* 175–205.
26 Vgl. Plato: *Phaidon,* 176b.
27 Badawi: *Histoire de la Philosophie en Islam,* II, 396f.
28 Ritter-Walzer: *Studi su al-Kindi II: Uno scritto morale inedito di al-Kindi;* Badawi: *Histoire de la philosophie en Islam,* II, 456ff.
29 Fakhri: A.a.O., 71.
30 *Fī mabādi' ārā' ahl al-madīna al-fāḍila.*
31 Zimmermann (Hg.): *Al-Farabi's Commentary and Short Treatise on Aristotle's De Interpretatione,* 77.
32 Mahdi (Hg.): *Al-Farabi's Book of Letters,* 55; vgl. Zimmermann: A.a.O., CXIV.
33 Nach dem arabischen Text der Autobiographie, IAU II, 2–4.
34 A.a.O., II, 12.
35 A.a.O., II, 8.
36 A.a.O., II, 9.
37 A.a.O., II, 9.
38 *La Pensée religieuse d'Avicenne.*
39 Goichon: *La distinction de l'essence et de l'existence d'après Ibn Sina.*
40 Gardet: *La Pensée ...,* 49.
41 Vgl. Bürgel: *Pathology in Arabic Medicine: A View of Its Ideological and Anthropological Setting,* 18f.
42 Artikel «Ibn Sīnā» in EI, III, 943.
43 «La prière devient ici un influx psychique agissant physiquement, selon toutes les lois du macrocosme, aussi nécessairement que l'imagination ne peut pas agir sur son propre corps», Gardet: *La Pensée ...,* 136.
44 Schimmel: *The Triumphal Sun,* 352–366.
45 Gardet: *La Pensée ...,* 135–38.

46 «une intimité avec le monde des Intelligibles et une contemplation intellectuelle de l'Etre nécessaire», ebd.
47 Zusammenfassung bei: Bürgel: *Liebestheorie*, 494.
48 Corbin: *Avicenne et le récit visionnaire.*
49 *K. al-išārat wat-tanbīhāt,* passim.
50 *Fī Ithbāt al-Nubuwwāt (Proof of Prophecies),* 41.
51 A.a.O., 47.
52 A.a.O., 49–52.
53 A.a.O., 53f.
54 IAU II, 10.
55 Bello: *Controversy,* 5.
56 *Risālat Ittiṣāl al-'aql bil-insān* 55f.
57 *Fuṣūl al-madanī,* Index, s. v. ṭibb.
58 A.a.O., § 88, letzter Satz.
59 Fück: *Die arabischen Studien in Europa bis in den Anfang des 20. Jahrhunderts,* 90.
60 *Falsafat Ibn Ṭufail wa-Risālat Ḥayy ibn Yaqẓān,* 145.
61 ebd.
62 A.a.O., 141.
63 A.a.O., 149.
64 A.a.O., 149f.
65 Zum Text vergleiche: Bürgel: *Symbols and Hints.*
66 Inferno IV, 144.
67 Corbin: *L'imagination créatrice dans le soufisme d'Ibn 'Arabi,* 40.
68 *Averroès et l'Averroisme.*
69 Vgl.: Bürgel: *Averroes «contra Galenum».*
70 Yusuf ibn Taschufin (1061–1106).
71 'Abd al-Mu'min, der Begründer der Almohaden (1130–1163).
72 Lerner (Hg.): *Averroes' On Plato's Republic,* 125.
73 A.a.O., 23f.
74 Z. B. Casanova und Marquet.
75 Z. B. Stern, Diwald-Wilzer, Bausani.
76 *L'Enciclopedia dei Fratelli della Purità, Riassunto, con Introduzione e breve commento, dei 52 Trattati o Epistole degli Ikhwan as-safa,* 15.
77 Sure 2,62; 5,69; 22,17.
78 Vgl. de Vaux: «al-Ṣābi'a» in HI; Chwolson: *Die Ssabier und der Ssabismus.*
79 Marquet: «Ikhwān aṣ-ṣafā'» in EI.
80 Diwald: *Arabische Philosophie,* III, 134.
81 Bausani: A.a.O., 167–69.
82 A.a.O., 154.
83 Diwald: *Arabische Philosophie,* 142.
84 Bausani: A.a.O., 153.
85 Rosenthal: *Das Fortleben ...,* 82.
86 Vgl. Anm. 9 zu Abschnitt V.
87 *an-nāǧī,* bei Diwald, deren Übersetzung ich hier ansonsten folge, «der Entkommende«; ihr «der Untergehende» habe ich durch «der Verlorene» ersetzt.
88 Diwald: A.a.O., 358–61.
89 Bīwarasp bedeutet «10000 Pferde». Andere Textausgaben haben stattdessen Bīrāst, was «Ohne-Wahrheit» bedeuten und zum Charakter dieses Königs nicht passen würde. Doch könnte man auch Pairāst = «Geschmückt» lesen. Da die arabische Schrift weder ein p noch die Unterscheidung von ai und langem i kennt, sind in ihr

beide Namensformen graphisch gleich. In jedem Fall handelt es sich hier um persische Namen bzw. Wörter.

90 RSI, II, 203–377; neuerdings auch wieder in deutscher Übertragung greifbar: s. Lvz. unter A. Giese.

91 Diwald: *Arabische Philosophie,* 28.

92 Nach Šamsuddīn aš-Šahrazūrī: « *Nuzhat al-arwāḥ wa-rauḍat al-afrāḥ;* englischer Auszug bei Thackston: *The Mystical and Visionary Treatises of Shihabuddin Yahya Suhrawardi,* 1–4.

93 Vgl. Goichon: «Ḥikma» in EI.

94 *Ḥikmat al-išrāq,* 10f.

95 Vgl. Leisegang: *Die Gnosis,* 363f.; Bürgel: *Die Symbolik der Reise in der islamischen Geisteswelt,* spez. 135.

96 Corbin (Hg.): *Shihâboddîn Yahyâ Sohravardî Shaykh al-Ishrâq, L'archange empourpré,* 265ff.

97 Vgl. Kap. II, 7, Anm. 55.

98 MQ III, 127, 208; MR III, 159; 245.

99 Vgl. Kapitel VII. 3. c

100 *faṣl fī ibṭāl al-falsafa wa-fasād muntaḥilīhā;* MQ III, 209–220; MR III, 246–58.

101 *I'lam anna hāḏā r-ra'y allaḏī ḏahabū ilaih bāṭilun bi-ǧamī'i wuǧūhih;* MQ III, 313; MR III, 350.

102 MQ III, 220; MR III, 257f.

103 GAL, II, 215.

104 MQ III, 91–93; MR III, 115–118.

105 Sartain: *Jalāl al-Dīn Suyūṭī,* I, 33.

106 GAL, S II, 178.

VII. Natur- und Geheimwissenschaften

1 Plessner: *Die Bedeutung der Wissenschaftsgeschichte für das Verständnis der geistigen Welt des Islams.*

2 Goldziher: *Stellung der alten islamischen Orthodoxie zu den antiken Wissenschaften,* S. 6; vgl. auch Bürgel: *Dogmatismus und Autonomie im wissenschaftlichen Denken des islamischen Mittelalters.*

3 Vgl. die grundlegenden Werke von Ullmann: *Die Medizin im Islam* und von Sezgin: *Geschichte des arabischen Schrifttums* (Bd. III, Medizin). Die folgenden Ausführungen zur Medizin basieren im übrigen stark auf meiner Habilitationsschrift *Studien zum ärztlichen Leben und Denken im arabischen Mittelalter,* Göttingen 1969 (unpubliziert).

4 Vgl. Schöffler: *Die Akademie von Gondischapur.*

5 Dörrie: *Akademeia.* in: Der kleine Pauly. Lexikon der Antike in fünf Bänden II, 211–13.

6 Vgl. das Kapitel «Die Medizin im Zeitalter der 'Abbasiden» in Kleim-Franke: *Vorlesungen über die Medizin im Islam.*

7 Vgl. Sourdel: «Bukhtishu'» in EI.

8 Vgl. Bachmann: *Galens Abhandlung darüber, daß der vorzügliche Arzt Philosoph sein muß.*

9 Zur Ethik des hippokratischen Arztes vgl. Deichgräber: *Die ärztliche Standesethik des hippokratischen Eides.*

10 IAU I, 187f.

11 Vgl. Bürgel: *‹Die Bildung des Arztes.›* Ders.: *Adab und i'tidal in ar-Ruhawis Adab at-tabib.*

12 *Adab aṭ-ṭabīb,* 82a, 12–82b, 12.

13 Ilberg: *Aus Galens Praxis,* 289f.; IAU, II, 128.

14 Ibn Qayyim al-Ǧauziya: *Aḫbār an-nisā',* 57f.

15 *al-Qānūn fī ṭ-ṭibb,* lateinisch *Canon medicinae.*
16 Browne: *Arabian Medicine,* 86f.
17 Dietrich: *Medicinalia Arabica,* 195f.
18 Vgl. Bürgel: *Psychosomatic Methods of Cures in the Islamic Middle Ages.*
19 *Adab at-tabib,* 105a, 10–16.
20 IAU, I, 279.
21 Flashar: *Melancholie und Melancholiker in den medizinischen Theorien der Antike,* 99.
22 MI, 125; Flashar: A.a.O., 88–91; Schipperges: Melancholia als ein mittelalterlicher Sammelbegriff für Wahnvorstellungen.
23 Ibn al-Mutran: *Bustān al-aṭibbā',* fol. 48a.
24 *Fī taḥrīm ad-dafn qabla 24 sā'a,* lat. Titel *De sepultura prohibenda,* 126.
25 Vgl. Bürgel: *Die Auferweckung vom Scheintod.*
26 *Peri tou progignoskein pros Epigenen.*
27 *Fī nawādir taqdimat al-ma'rifa,* 114.
28 Schipperges: *Der Scharlatan im arabischen und lateinischen Mittelalter;* ein ausführliches Scharlatan-Kapitel enthalten meine oben erwähnten *Studien.*
29 GAS III, 334.
30 *Adab at-tabib,* fol. 79b.
31 A.a.O., fol. 83b, 12–84a, 15.
32 A.a.O., fol. 83a, 14–16.
33 A.a.O., fol. 83a, 16–83b, 1.
34 A.a.O., fol. 82b, 12–17.
35 Steinschneider: *Al-Farabi (Alpharabius), des arabischen Philosophen Leben und Schriften, mit besonderer Rücksicht auf die Geschichte der griechischen Wissenschaft unter den Arabern,* 33f.
36 So argumentiert z. B. der sonst durchaus rationel gesinnte Ibn Hindu in seinem Kapitel zur Rechtfertigung der Medizin, *fī iṯbāt aṭ-ṭibb,* 981.
37 Vgl. Klein-Franke: *Vorlesungen über die Medizin im Islam,* 93f.
38 Reinert: *Die Lehre vom ‹tawakkul› in der klassischen Sufik,* Sachwortverzeichnis unter «tadbir» und «Heilen».
39 *Adab at-tabib,* fol. 59a.
40 A.a.O., fol. 35b, 9–36a, 4.
41 *Da'wat al-aṭibbā',* 37f; neuerdings auch deutsch greifbar: Ibn Butlan: *Das Ärztebankett,* 79.
42 Spies (Hg.): *Das Buch ‹at-Tašwīq aṭ-ṭibbī› des Ṣā'id ibn al-Ḥasan,* fol. 47b.
43 *Poème de la médecine (Urguza fi t-tibb),* Vers 178.
44 Bürgel: *Der Mufarriḥ an-nafs des Ibn Qāḍī Ba'albakk, ein Lehrbuch der Psychohygiene aus dem 7. Jahrhundert der Hiǧra.*
45 Leclerc: *Histoire de la médecine arabe,* II, 107.
46 Vgl. Arnaldez: «Ibn Rushd» in EI.
47 IAU II, 80.
48 Kroner: *Der medicinische Schwanengesang des Maimonides,* 53 u. 84f.
49 Düzdağ: *Şeyhülislam Ebussuud Efendi Fetvaları Işığında 16. Asır Türk Hayatı,* 146, Nr. 707 u. 708.
50 *ṣiḥḥat aṭ-ṭibb; Iṯbāt aṭ-ṭibb.*
51 *Buch vom Gottvertrauen.*
52 Ibn al-Uḫūwa: *Ma'ālim al-qurba fī aḥkām al-ḥisba,* 165f.
53 Cicero: *De Fato,* p. 15.
54 *mafluǧ.*
55 *mubarsim.*

56 *maslūl.*
57 *mabṭūn.*
58 *sahǧa.*
59 Dietrich: *Medicinalia Arabica,* 195 f.
60 *Al-ʿilmu ʿilmān: ʿilmu l-abdān wa-ʿilmu l-adyān* (fehlt in den klassischen Hadith-Sammlungen).
61 So in al-ʿAmiris oben erwähntem Werk *Al-Iʿlām bi-manāqib al-Islām,* 96.
62 So as-Suyuti in seiner Prophetenmedizin, in: Elgood: *The Medicine of the Prophet,* 124.
63 Bericht in der satirischen Wochenzeitschrift *Akbaba* vom 24. August 1966. Bd. 11. Nr. 35, S. 3.
64 2,10 (zweimal); 5,52; 8,49; 9,125; 22,54; 24,50; 33,12; 33,32; 33,60; 47,20; 47,29.
65 2,184; 2,185; 2,196; 4,43; 4,102; 5,6; 9,91; 24,61; 48,17; 73,20.
66 17,82; die andern beiden Stellen 10,57; 41,44.
67 Rosenthal: *Das Fortleben ...,* 96.
68 Spies: *Das Buch at-Taswiq at-tibbi ...,* fol. 6b; deutsch in: Taschkandi: *Übersetzung und Bearbeitung des Kitāb at-tašwīq aṭ-ṭibbī des Ṣāʿid ibn al-Ḥasan,* 72 f.
69 *Sahih al-Buhari,* VII, 99–121.
70 A.a.O., 99.
71 A.a.O., 100, *bab* 1 u. 2.
72 A.a.O., 101, *bab* 6.
73 A.a.O., 100, *bab* 6.
74 A.a.O., 100, *bab* 4; 105, bab 20.
75 A.a.O., 106, *bab* 3.
76 A.a.O., 109, *bab* 17.
77 Muhammad ibn ʿAlī aṣ-*Ṣanaubarī (gest. 1412): Kitāb ar-Raḥma fi ṭ-ṭibb wal-ḥikma,* fol. 15a; vgl. Dietrich: *Medicinalia Arabica,* 207.
78 A.a.O., 107, *bab* 6.
79 A.a.O., 109, *bab* 18.
80 A.a.O., 108, *bab* 10.
81 A.a.O., 107, *bab* 7.
82 A.a.O., 113 f., *bab* 32 f.
83 A.a.O., 115, *bab* 39.
84 A.a.O., 114 f., bab 38.
85 A.a.O., 116 f., *bab* 43–45.
86 A.a.O., 120, *bab* 54.
87 De Somogyi: *Medicine in ad-Damiri's Hayat al-hayawan,* 66.
88 Prophetenaussprüche im Kapitel ‹Medizinische Kleinigkeiten› in Ibn ʿAbd Rabbih: *Al-ʿIqd al-farīd,* VI, 271 f.
89 ʿUmar ibn Ḫiḍr Ṣūfī: Hs. Nuruosmaniye, 3456 Anfang; wohl identisch mit dem in GAL S II, 639 genannten Werk: *Rauḍ al-insān fī tadābīr ṣiḥḥat al-insān* von Ḫiḍr ʿAṭūfī Marzīfūnī, gest. 1541, Lehrer am Serail Bayezids.
90 *Warāʾaha šaiʾ.*
91 *Šifāʾ al-ālām fī ṭibb ahl al-Islām;* vgl. A. Dietrich: *Medicinalia Arabica,* Nr. 50.
92 Dietrich: A.a.O., 117.
93 Dieses Hadith steht nicht in den prophetenmedizinischen Kapiteln Bucharis.
94 Hs. *Fatih,* 3584, 1b–2b.
95 A.a.O., fol. 14a/b.
96 A.a.O., fol. 13a.
97 As-Sanaubari: *Kitab ar-Rahma fi t-tibb wal-hikma,* Hs. 2533, fol. 14b/15a.
98 Ibn al-Uhuwa: *Maʿalim al-qurba fi ahkam al-hisba,* 163.

99 Bachmann: *Zum Medizin-Kapitel des Buches ‹al-Baraka› von al-Ḥabašī.*
100 Elgood: *Tibb ul-nabbi* (sic!) *or Medicine of the Prophet,* 154.
101 A.a.O., 153.
102 Vgl. Bürgel: *Averroes «contra Galenum»,* Einleitung.
103 `Abd al-Latif al-Bagdadi: *The Eastern Key, Kitab al-Ifadah wa'l-I`tibar,* 274.
104 Pinès: *Rāzī – Critique de Galien;* vgl. auch Bürgel: *Averroes «contra Galenum»,* 286.
105 MQ III, 119; MR III, 150f.
106 GAL S, II, 639; vgl. Anm. 89.
107 Halil Inalcik: *The Ottoman Empire,* 179–85.
108 Keshawarz: *A descriptive and analytical catalogue of Persian manuscripts in the Library of the Wellcome Institute for the History of Medicine.*
109 Vgl. Jwaideh: *The Introductory Chapters of Yāqūt's Mu`jam al-Buldān.*
110 *masīrat ḫamsimi'ati `ām.*
111 *Mu`ǧam al-buldān,* I, 19f.
112 Vgl. Jwaideh: A.a.O., 33, Anm. 7.
113 *aḫbār quṣṣāṣ al-muslimīn.*
114 Richtiger wohl Bahamut (so bei Suyuti, al-Hai'a as-saniya 172) = Behemoth, vgl. dazu Heinen, Islamic Cosmography 235.
115 Yaqut, 1.c. 24f.
116 *`Aǧā'ib al-maḫlūqāt;* deutsch von Giese: *Die Wunder des Himmels und der Erde.*
117 Radtke, Theologen und Mystiker in *Ḫurāsān und Transoxanien, in: ZDMG 136/1986, 536–59, hier spez. 558.*
118 Suyuti, 172, Nr. 4.
119 A.a.O., 156, Nr. 1.
120 A.a.O., 138f.
121 *Sahih al-Buhari,* IX, 120; deutsch Schacht: *Der Islam mit Ausschluß des Qor'ans,* S. 5.
122 Abb. in Orlandi (Hg.): *Mohammed und seine Zeit,* 66/67.
123 Kopf: «ad-Damīrī» in: EI.
124 *tatlū aš-šayāṭīnu `ala mulki Sulaimān.* Paret übersetzt «unter der Herrschaft der Satane»; vgl. jedoch die Übersetzungen von Arberry: «recited over» und Ali: «used to chant against».
125 Vajda: «Hārūt wa-Mārūt» in EI.
126 Buhari: *Sahih, Kitab at-tibb, bab* 48.
127 *as-siḥru ḥaqq,* als Prophetenwort zitiert in *Rasa'il Ihwan as-Safa',* IV, 310.
128 Buhari: *Sahih, Kitab at-tibb, bab* 52.
129 Buhari: *Sahih, Kitab at-tibb, bab* 49; ganz ähnlich auch *bab* 47 und 50; *Kitab bad' at-tarih, bab* 11; *Kitab al-adab, bab* 56.
130 RIS, IV, 286f.
131 Beide Wörter sind im Arabischen Fremdwörter griechischen Ursprungs.
132 Ullmann: NGI, 258 und passim.
133 Sezgin: GAS, IV: Alchimie – Chemie – Botanik – Agrikultur bis ca. 430 H.
134 Sezgin: A.a.O., 120f.
135 Reitzenstein: *Alchemistische Lehrschriften und Märchen bei den Arabern,* 66f.
136 Sezgin: A.a.O., 129.
137 ebd.
138 Ullmann: NGI, 392.
139 Burckhardt: *Alchemie;* Nasr: *Islamic Science,* 194–206.
140 Kraus u. Plessner: «Djābir ibn Ḥayyān» in EI.
141 GAS, IV, 132–231; Ullmann: NGI, 198–204.
142 Vgl. Fahd: *La divination arabe,* 219ff.

143 Ullmann: NGI, 203.
144 A.a.O., 210.
145 IAU, I, 313.
146 A.a.O., 313f.
147 *Muǧādalat al-ḥhakimain an-naẓarī wal-kīmiyāʾī*, fol. 100–123; vgl. Allemann: unveröffentlichte Berner Diss.
148 A.a.O., Paragraph 35.
149 A.a.O., Paragraph 36.
150 A.a.O., Paragraph 83.
151 Muslim, *Sahih, Zakat* Nr. 79; *ʿilm* Nr. 15.
152 MQ III, 229–41; MR III, 267–80.
153 MQ III, 208; MR III, 245.
154 Meneghini Correale: *The Ghazals of Hafez*, Nr. 5,10.
155 A.a.O., 163,10.
156 A.a.O., 442,9.
157 A.a.O., 221,7; das goldene Gesicht ist die durch vergebliche Liebe ausgezehrte gelbe Wange.
158 A.a.O., 50,4; *qalb* bedeutet «Herz» und gleichzeitig «Falschgeld»!
159 Vgl. das ansprechende Porträt dieses Gelehrten in: Strohmaier: *Denker im Reich der Kalifen*, 90–104. Zu seinem astronomisch-astrologischen Hauptwerk s. Ullmann: NGI, 335. Eine gründliche Würdigung seiner Leistung auf den verschiedenen Gebieten der Naturwissenschaft bietet Nasr: *An Introduction to Islamic Cosmological Doctrines*, 107–176.
160 Littré: II, 14.
161 Ullmann: NGI, 288.
162 A.a.O., 254.
163 IAU, I, 120.
164 A.a.O., I, 130f.
165 RIS IV, 390.
166 Keshavarz: *The Horoscope of Iskandar Sultan.*
167 RIS IV, 391ff.
168 Ullmann: NGI, 358.
169 RIS IV 393f.
170 A.a.O., IV, 378.
171 A.a.O., IV, 342.
172 Ullmann: NGI, 378f.; vgl. auch Plessner: «Balīnūs» in EI.
173 Al-Kindi: *Les rayons ou théorie des arts magiques.*
174 Die arabische Fassung liegt, falls überhaupt, nur in einer noch nicht edierten, schwer greifbaren Handschrift vor, Bankipore 2048: *Risāla fī š-šuʿāʿāt*, NGI 314
175 308f.
176 *as-siḥr al-ḥalāl / as-siḥr al-ḥarām.*
177 RIS, IV, 294.
178 *Ghāyat al-ḥakīm wa-aḥaqq an-natīǧatain bit-taqdīm.*
179 *inna min al-bayāni la-siḥra;* Buhari: *Kitab at-tibb, bab* 51.
180 Zur Schwierigkeit dieser Stelle s. Paret: *Kommentar* zu 2,260.
181 Pseudo-Maǧrīṭī: *Picatrix*, 8.
182 *Picatrix*, 161.
183 A.a.O., 161f.
184 A.a.O., 206f.
185 A.a.O., 245f.

186 A.a.O., 206f.
187 Ungenaues Zitat von Sure 30,7.
188 A.a.O., 81.
189 A.a.O., 146f.
190 NGI, 386.
191 *šams al-ma'ārif wa-laṭā'if al-'awārif.*
192 NGI, 390f.
193 MQ III, 145f; MR III, 180f.
194 MQ III, 132; MR III, 165.
195 MQ III, 146–91; MR III, 182–227.

VIII. Die Schönen Künste – Allgemeines

1 Vgl. zum Folgenden auch die entsprechenden ausführlicheren Kapitel in Bürgel: *The Feather of Simurgh.*
2 Schimmel: *Mystical Dimensions,* 291.
3 A.a.O., 44.
4 Beny: *Persien.*
5 *Laila u Magnun,* 40,12.
6 *Diwan,* 183,4.
7 Soucek: *Nizami on Painters and Painting,* Tafel 38.
8 Abb. in S. und H. Seherr-Thoss: *Design and Color in Islamic Architecture,* Tafel 55
9 Vgl. Bürgel: *Repetitive Structures in Early Arabic Prose.*
10 RIS, I, 207–8.
11 A.a.O., I, 238.
12 A.a.O., I, 224f.
13 *Heft Peiker,* 116f.
14 Riegl: *Spätrömische Kunstindustrie,* passim.
15 Vgl. Bürgel: *Ecstasy and Control.*

IX. Dichtung

1 *Diwan,* Nr. 77.
2 A.a.O., Nr. 78.
3 Sure 26, 224–27; in der Interpretation folge ich I. Shahid.
4 'Abd al-Qāhir: *Asrār al-balāgha,* 318.
5 Ibn Rašīq: *Al-'Umda,* 1, 40 *(bābu man rafa'ahu š-ši'ru wa-man waḍa'ah).*
6 Guillaume: *The Life of Muhammad,* 364–69.
7 A.a.O., 162; 308.
8 A.a.O., 675f.
9 Ibn Rašīq: *'Umda,* I, 22f.; Bürgel: *«Die beste Dichtung ist die lügenreichste»,* 31f.
10 A.a.O., I, 31.
11 Guillaume: A.a.O., 483f.
12 Ibn Rašīq: *'Umda,* 1,31.
13 *Epochen der italienischen Lyrik,* 545ff.
14 Vgl. Bürgel: *«Die beste Dichtung ist die lügenreichste»;* M. Ajami: *The Alchemy of Glory.*
15 Vgl. Sperl: *Islamic Kingship and Arabic panegyric poetry in the early 9th century.*
16 Ibn Rašīq: *'Umda,* I, 121.
17 Vgl. Bürgel: *Die ekphrastischen Epigramme des Abū Ṭālib al-Ma'mūnī;* Einleitung.
18 Vgl. Bürgel: *Man, Nature and Cosmos as Intertwining Elements in the Poetry of Ibn Khafāja.*

19 Zahlreiche Beispiele in G. Schoeler: *Arabische Naturdichtung.*
20 Bürgel: *Die ekphrastischen Epigramme des Abu Talib al-Ma'muni,* Nr. 57.
21 A.a.O., Nr. 84.
22 A.a.O., Nr. 65.
23 A.a.O., Nr. 85.
24 *Asrar al-balagha,* Text 262, Übers. 306.
25 A.a.O., Text 317, Übers. 369f.
26 *Picatrix,* 9.
27 *Diwan,* 291.
28 Rotter: *Vernunft ist nichts als Narretei,* 162, 36. Maqame: al-Maqama al-Iblisiya.
29 *Risalat al-ghufran,* I, 289f.
30 A.a.O., I, 291f.
31 *Risālat at-tawābi` waz-zawābi`.*
32 RIS, IV, 314f.
33 Vgl. zum Folgenden Bürgel: *Nizami über Sprache und Dichtung.*
34 *Maḫzan al-asrār,* 41.
35 Vgl. de Bruijn: *Of Piety and Poetry,* XVII; 139.
36 *Mahzan al-asrar,* 43.
37 A.a.O., 45.
38 Glünz: *Die Astrologie in Nizamis Khamsa.*
39 Vgl. Bürgel: *Der Wettstreit zwischen Plato und Aristoteles im Alexander-Epos des persischen Dichters Nizami.*
40 *Diwan,* 116f.
41 *West-östlicher Diwan: Unbegrenzt* im ‹Buch Hafis›.
42 *Diwan,* Nr. 206u.
43 Beispiele in: Bürgel: *Le poète et la poèsie dans l'œuvre de Hafez.*
44 *Diwan,* 4u.
45 A.a.O., 199u.
46 A.a.O., 31u; 382u.
47 A.a.O., 305u.
48 *Laila u Magnun,* 44,14; 45,9.
49 *Diwan,* 365,5.
50 A.a.O., 20,7.
51 A.a.O., 323,6.
52 *Aghani,* VII, 22.
53 *Diwan,* 276.
54 *Diwan,* 200f.
55 Wagner: *Abū Nuwās,* 134f.
56 A.a.O., 120f., (mit Beispielen).
57 Littmann III, 447–48.
58 Nr. 39; bei Rückert Nr. 32. *(Die Verwandlungen des Abu Seid von Serug).*
59 *Risalat al-ghufran,* I, 212f.
60 Vgl. Bürgel: *«Speech is a Ship and Meaning is the Sea».*
61 Rumi: *Diwan,* Nr. 731,1; Bürgel: *Licht und Reigen,* Nr. 2.
62 *Diwan,* Nr. 184,1; Bürgel, Drei Hafis-Studien, 78f.
63 Nach den (vermutlich unechten) Memoiren Timurs: *Malfūẓāt-i Tīmūrī,* passim; vgl. Geiger u. Kuhn (Hg.): *Grundriß der iranischen Philologie,* II, 360f.
64 Z. B. *Diwan,* 3,4; «Gegenüber unserer unvollkommenen Liebe ist die Schönheit des Freundes sich selber genug!» – Vgl. die Versübertragung in Hafis: *Gedichte aus dem Diwan* (im folgenden zitiert als Reclam), Nr. 33.

65 Z. B. *Diwan,* 199,6; Reclam, Nr. 17.
66 *Diwan,* 11,2; *Drei Hafis-Studien,* 67f.
67 *Diwan,* Nr. 167,2.
68 A.a.O., Nr. 256,10.
69 A.a.O., 263, 1–2.
70 A.a.O., Nr. 215,1; *Drei Hafis-Studien,* 63f.
71 *West-östlicher Diwan:* ‹Offenbar Geheimnis› im ‹Buch Hafis›.
72 *Diwan,* Nr. 40,8.
73 A.a.O., Nr. 262u.
74 *wuquf:* ein Teil der Wallfahrtszeremonien.
75 A.a.O., Nr. 260,7.
76 A.a.O., 82,7. Der Lauf zwischen Safa und Marwa ist Teil der Pilgerfahrtszeremonien, Ṣafā bedeutet aber gleichzeitig «Lauterkeit» oder «Reinheit», Marwa ist schriftgleich mit *murūwa* = «Tugend». Eine vereinfachende Variante liest «Kaaba» statt Marwa.
77 A.a.O., Nr. 40,2.
78 Zur Frage vgl. auch Bürgel: *Ambiguity.*
79 *Westöstlicher Diwan:* ‹Fetwa› im ‹Buch Hafis›.
80 Sa'di: *Kulliyat,* 527.
81 A.a.O., 526.
82 A.a.O., 525.
83 A.a.O., 527.
84 *Diwan,* Nr. 1282, 3–4.
85 A.a.O., Nr. 493,5.
86 *Diwan,* Nr. 3,6.
87 A.a.O., Nr. 92,1.
88 Matthews u. Shackle: *An Anthology of Classical Urdu Love Lyrics,* 127.
89 A.a.O., 125.
90 *Diwan,* Nr. 971.
91 Vgl. dazu Knauth u. Nadjmabadi: *Das altiranische Fürstenideal von Xenophon bis Ferdousi.*
92 Rypka: *Iranische Literaturgeschichte,* 166.
93 A.a.O., 165.
94 Piemontese: *Magia e mito nel romanzo persiano di Hamza.*
95 Vgl. Calasso: *Un' ‹Epopea musulmana› di epoca timuride: Il Xāvarnāmè di Ebn Ḥosām.*
96 Vgl. Bürgel: *The Pious Rogue.*
97 Bertels: *Grundlinien der Entwicklungsgeschichte des sufischen Lehrgedichts in Persien.*
98 Littmann: *Die Erzählungen aus den Tausendundein Nächten,* I, 12.
99 Rumi: *Mathnawi,* I, 1448–60.

X. *Musik*

1 1. Chronik, 16,23.
2 1. Chronik 16,9.
3 Psalm 96,1; 98,1; 144,9; Jesaja 42,10; Offenbarung 5,9; 14,3.
4 Vgl. G. Wallis: «Musik» in: Reicke u. Rost: *Biblisch-historisches Handwörterbuch.*
5 *sur* (6,73 und neun weitere Stellen) bzw. *naqur* 74,8.
6 So Ahmad al-Ghazali in seinem Werk über Samā', in: Robson: *Tracts on Listening to Music Edited with Introduction, Translation, and Notes,* 111.
7 Ibn abi d-Dunyā in: Robson: A.a.O., 31.
8 Farmer: *A History of Arabian Music to the XIIIth Century,* 20ff.

9 Farmer: A.a.O., 31.
10 *Aghani,* II, 226.
11 Vgl. Bürgel: *The Feather of Simurgh,* 89–92.
12 IAU, I, 4.
13 Ibn ʿAli al-Katib: *La perfection des connaissances musicales Kitāb kamāl adab al-ghināʾ,* 45 f.
14 A.a.O., 45.
15 Hs. *Köprülü* 981, fol. 9a/9b; ähnliche Geschichten bei Kümmel: *Musik und Medizin,* 140f.; vgl. auch Stith-Thompson: *Motif-Index of Folk-Literature* («Escape by playing sleep-bringing music», K 606.1.2.).
16 Ibn Khallikān: *Biographical Dictionary,* III, 309.
17 RIS, I, 84 f.
18 Neubauer: *Der Essai sur la musique orientale von Charles Fonton mit Zeichnungen von Adanson,* 2/90f.; 3/1986, 368 f.
19 Zu Amir Chusrau Dihlawi, vgl.: Bürgel, *The Romance.*
20 Anspielung an das medizinische Hauptwerk Ibn Sinas, *al-Qanun fi t-tibb,* den *Canon medicinae* des lateinischen Mittelalters.
21 *Iqbalname,* 85f.; deutsch vom Verf.: *Der Wettstreit zwischen Plato und Aristoteles im Alexander-Epos des persischen Dichters Nizami.*
22 Die Terminologie schwankt, manche Spezialisten verwenden auch «Tonart» für Modus; doch geht es jedenfalls um unterschiedliche Skalen, also Abfolgen von Ganz-, Halb- und Vierteltonschritten, wozu weitere komplizierte Bruchverhältnisse kommen.
23 Die Aufzählung aller *maqām* bei Shiloah, *The Theory of Music in Arabic Writting,* umfaßt im Index mehrere Seiten.
24 Bürgel: *The Feather of Simurgh,* 100; Neubauer: *Arabische Anleitungen zur Musiktherapie.*
25 *Ihyaʾ ʿulum ad-din,* II, 342–390.
26 A.a.O., 344.
27 A.a.O., 346.
28 A.a.O., 353.
29 *aḥwāl* – A.a.O., 367f.
30 A.a.O., 368.
31 A.a.O., 371.
32 A.a.O., 379.
33 A.a.O., 381–85.
34 *kullu surūrin mubāḥ* – A.a.O., 388,5.
35 A.a.O., 386–90.
36 Schimmel: *Mystical Dimensions,* 290.
37 Shiloah: *The Theory ...,* Nr. 144–47.
38 Düzdağ: *Şeihülislam Ebussuud Efendi Fetvaları,* Nr. 348.
39 *horos tepmesi;* um welche Art von Tanz es sich handelt, ist mir unbekannt.
40 Düzdağ: A.a.O., Nr. 349.
41 Sheikh Muzaffer Ozak al-Jerrahi: *The Unveiling of Love,* 124f.
42 Vgl. Ritter: *Die Mewlâna-Feier in Konya vom 11.–17.* Dezember 1967.
43 Bürgel: *Die Tanzenden Derwische von Konya.*
45 Robson: *Tracts,* Übs. 103 f. Text 164 f.
46 *Diwan,* 1295,5; deutsch bei: Bürgel: *Licht und Reigen,* Nr. 59.

XI. Architektur, Kleinkunst, Malerei

1 Melikian-Chirwani: *Le Shah-Nameh, la gnose soufie et le pouvoir mongole.*
2 Vgl. u. a. Stierlin: *Architektur des Islam,* 274.
3 *al-ʿaẓamatu lillāh.*
4 *al-ʿizzu lillāh.*
5 *al-mulku lillāh;* Beispiele in: Dodd u. Khairallah: *The Image of the Word.*
6 Otto-Dorn: *Kunst des Islam,* 29.
7 A.a.O., 32.
8 A.a.O., 25–28.
9 Boulanger: *Türkei,* 213.
10 Freely u. Sumner-Boyd: *Istanbul,* 117f.
11 Inal: *Son Hattatlar,* 68f.; vgl. Schimmel: *Calligraphy and Islamic Culture,* 29f.
12 *Zaʿbalawi,* in: Maḥfūẓ: *Dunyā Allāh,* 163; in der deutschen Übersetzung von D. Erpenbeck gehört diese wichtige Einzelheit zu den Weglassungen, die die Übersetzerin sich erlaubt hat.
13 Zu den Fawātiḥ vgl. Blachère: *Introduction au Coran,* 144f.
14 Vgl. Fahd: *La divination arabe,* 243ff.
15 Ettinghausen: *‹Abri›-Painting.*
16 *The Taming of the Horror vacui in Islamic Art.*
17 Gramlich: *Die Wunder der Freunde Gottes,* Kapitel ‹Aufblähung und Schrumpfung›, 212–18.
18 Sahih, al Buhari: *kitab al-libas, bab* 91, VII, 143.
19 A.a.O., 144, *bab* 95.
20 A.a.O. , *bab* 96.
21 Vgl. dazu Arnold: *Painting in Islam,* 6ff.; K. und A. Creswell: *The Lawfulness of Painting in Islam;* Paret: *Das islamische Bilderverbot und die Schia;* Bürgel: *The Feather of Simurgh,* 13f.
22 Einige Abbildungen aus dieser Handschrift in: Ettinghausen: *Arabische Malerei,* 106f.
23 Vgl. dazu auch die stichhaltigen Gedanken in der ausführlichen Einleitung von Papadopoulo; *Islamische Kunst,* der allerdings den Begriff «Mächtigkeit» nicht verwendet und auch den Aspekt der «erlaubten Magie» nur en passant betont.
24 Vgl. Bürgel: *The Feather of Simurgh,* 13f.
25 Zum Obigen vgl. Bürgel: *«Dies Bildnis ist bezaubernd schön!»* und *The Feather of Simurgh,* 119–37.
26 *Voyages d'Ibn Battûta,* IV, 262f.
27 Grube: *Islamic Pottery of the Eighth to the Fifteenth Century in the Keir Collection,* No. 24.
28 Vgl. z. B.: A.a.O., No. 181.

XII. Die Mächtigkeit der Frau

1 Als ergänzende Lektüre zum Folgenden sei empfohlen das Standardwerk von Walther: *Die Frau im Islam.*
2 Beispiele in Weisweiler: *Arabesken der Liebe.*
3 Ǧāḥiẓ: *Risālat al-Qiyān, Rasāʾil,* II, 149.
4 Vgl. Paret: *Kommentar* zu 81,8.
5 Wensinck: «Āsiya» in EI.
6 Glassen: *Die Josephserzählung im Koran und in der persischen und türkischen Literatur.*
7 *aslamat maʿa Sulaimān,* 27, 22–44.
8 Buhari: *Sahih, Kitab an-nikah,* bab 4.

9 A.a.O., *bab* 18.
10 A.a.O., *bab* 89.
11 A.a.O., *bab* 95.
12 A.a.O., *bab* 116.
13 Walther: *Adam und Eva in der frommen Traditon des Islam.*
14 *Kitāb al-Ḥayawān,* IV, 199.
15 *`Uyūn al-aḫbār,* IV, 113.
16 *Ihya´,* II, 72.
17 Ebd.
18 A.a.O., II, 73.
19 Ebd.
20 *at-Tibr al-masbūk fī naṣīḥat al-mulūk.* Die Tatsache, daß die Echtheit dieses Textes neuerdings als umstritten gilt, kann hier außer Betracht bleiben, denn für die muslimischen Leser war und ist, sieht man von der kleinen Schar westlich orientierter Gelehrter ab, dieser Text von Ghazali.
21 So in einem mystisch-didaktischen Traktat aus dem islamischen Indien; vgl. Digby: *The Tuḥfa i Naṣā'iḥ of Yūsuf Gadā: An Ethical Treatise in Verse from the Late-Fourteenth Century Dehli Sultanate,* 110.
22 Buhari: *Sahih, K- an-nikah,* bab 80.
23 Zitiert und kommentiert im Muhammad-Kapitel von Ibn `Arabis *Fuṣūṣ al-ḥikam,* 214ff.
24 S. Anm. 3.
25 Lerner (Hg.): *Averroes on Plato's Republic,* 59.
26 *Ihya´ `ulum ad-din,* II, 38.
27 Elgood: *Tibb ul-Nabbi (sic!) or Medicine of the Prophet.*
28 *Chosrou und Schrin,* 60.
29 Vgl. Bürgel: *Gesichter sakraler Macht in modernen türkischen Dramen.*
30 *Hurrem Sultan,* 3.
31 Der Begründer des Manichäismus, der nach muslimischem Verständnis die Zweigötterei par excellence repräsentiert.
32 D. h. die Begierde.
33 Monroe (Hg.): *Hispano-Arabic Poetry,* 173.
34 Ibn Qutaiba: *`Uyūn al-aḫbār,* IV, 78; das hier mit «Mächtigkeit» übertragende Wort lautet *iqtidār.*
35 *Diwan Maǧnūn,* 65; A. Khairallah: *Love, Madness, and Poetry,* 74.
36 *Diwan Magnun,* 43; Khairallah: ebd.
37 *Kitab al-aghani,* II, 70.
38 Ibn Qutaiba: A.a.O., IV, 28.
39 *Diwan Magnun,* 96; Khairallah: A.a.O., 76.
40 *Aghani,* II, 68.
41 *Aghani,* VIII, 151.
42 Hell: *Al-`Abbās ibn al-Aḥnaf, der Minnesänger am Hofe Hārūn ar-Rašīds.*
43 `Abbas ibn al-Ahnaf: *Diwan,* 166, Z. 1f.
44 *lil-āyāti wal-`ibari.*
45 `Abbas: *Diwan,* 161.
46 Monroe: *Hispano-Arabic Poetry,* 171f.
47 A.a.O., 249.
48 Vgl. Bürgel: *The Lady Gazelle and Her Murderous Glances.*
49 *Diwan,* 16; 28.
50 *Aghani,* I, 199.

51 *Aghani,* II, 73 f.
52 *Aghani,* VII, 48.
53 Baššār ibn Burd: *Diwan,* II, 166.54.
54 `Abbas b. al-Ahnaf, *Diwan,* 319.
55 *Diwan,* 98.
56 *Diwan,* Nr. 362.
57 Vgl. Bürgel: *The Lady Gazelle,* 6f.
58 *Diwan,* QG 10,4.
59 *Aghani,* VIII, 129,18.
60 *lā rahbānīyata fi l-Islām.*
61 Sure 4,29: «tötet euch nicht selbst!» Die Auslegung ist allerdings umstritten, da das *anfusakum* statt im rückbezüglichen auch im reziproken Sinn verstanden werden kann, also: «Tötet euch nicht gegenseitig!»
62 *Aghani,* VIII, 161.
63 Vgl. Schimmel: *Mystical Dimensions,* 13.
64 Vadet: *Le traité d'amour,* 70, Nr. 110; vgl. dazu Walzer: *Greek into Arabic,* 50f.
65 Elsässer: *Ausfall des Coitus als Krankheitsursache in der Medizin des Mittelalters;* Flashar: *Melancholie und Melancholiker in den medizinischen Theorien der Antike.*
66 *Ṭauq al-ḥamāma,* 96.
67 Vgl. Bürgel: *Der Topos der Liebeskrankheit in der klassischen Dichtung des Islam.*
68 Khaleghi-Motlagh: *Die Frauen im Schahname – ihre Geschichte und Stellung unter gleichzeitiger Berücksichtigung vor- und nachislamischer Quellen.*
69 Bürgel: *Die Liebesvorstellungen im persischen Epos Wis und Ramin.*
70 Bürgel: *Die Frau als Person in der Epik Nizamis.*
71 Meier: *Turandot in Persien.*
72 Littmann, IV, 685 ff.
73 Littmann, V, 154 ff.
74 Vgl. Bürgel: *Themen und Tendenzen in der zeitgenössischen Literatur der islamischen Welt,* 323.
75 Vgl. Dilger: *Familien- und Erbrecht.*
76 Beispiele in: Bürgel: *Verwestlichung und neue Selbstfindung im Spiegel der Belletristik islamischer Länder.*
77 Z. B. in der *Berner Erklärung,* einem Thesenpapier, das nach einem Vortrag der Autorin in Bern verteilt wurde. Ihre Romane scheinen allerdings eher die islamisch geprägte Gesellschaft verantwortlich zu machen, vgl. die beiden auch auf Deutsch greifbaren Kurzromane *Gott starb am Nil* und *Ich spucke auf euch.*
78 *Dīwān-i qaṣā'id-u maṯnawīyāt-u tamṯīlāt-u muqaṭṭa`āt-i Ḫānum Parvīn I`tiṣāmī,* Nr. 118.
79 Glassen: *Nimm den Schleier, Schwester!*, 316.
80 Shariati: *Fatima ist Fatima.*
81 Mündliche Mitteilung einer in Algerien lebenden Deutschen.
82 Vgl. Bürgel: *Themen und Tendenzen der zeitgenössischen Literatur in der islamischen Welt.*

XIII. Allmacht und Mächtigkeit in der Mystik

1 Vgl. Joel: Artikel «Sakīna» im HI.
2 *inna llāha ǧamīl yuḥibbu l-ǧamāl.*
3 *Diwan,* 317,2; Fischer (Hg.): *F. Rückert, Dreiundsechzig Ghaselen des Hafis,* Nr. 42,2.
4 *Diwan,* Nr. 37,4; Fischer (Hg.): *Rückert,* Nr. 7,4.
5 *Diwan,* Nr. 342,2; Fischer (Hg.): *Rückert,* Nr. 39,2.
6 Corbin: *Avicenne et le récit visionnaire,* I, 191–235.

7 Ritter: *Das Meer der Seele,* 8–18.
8 Vgl. *Wissenschaften im Umkreis,* Anm. 12.
9 Fariduddin 'Attar: *Mantiq ut-tair,* 45.
10 Vgl. Bürgel: *The Feather of Simurgh,* Einleitung.
11 *Ihya 'ulum ad-din',* II, 357.
12 *Risāla fī māhīyat al-'išq.*
13 Ibn Qutaiba: *'Uyun al-ahbar,* IV, 23f.
14 Glünz: *Ṣafīs Šahrangīz – ein persisches Maṯnawī über die schönen Berufsleute von Istanbul.*
15 *Bürgel: Vom Reich der Engel oder menschlich?*
16 Vgl. Bürgel: *Die Liebesvorstellungen im persischen Epos ‹Wis und Ramin›.*
17 *Licht und Reigen,* Nr. 80; *Diwan,* Nr. 364.
18 *Licht und Reigen,* Nr. 4; *Diwan,* Nr. 570.
19 *Licht und Reigen,* Nr. 5; *Diwan,* Nr. 854.
20 Sana'i: *Diwan,* Nr. 76.
21 *Ḫusrau u Šīrīn,* 33.
22 *Diwan,* 2,14.
23 *Diwan,* Nr. 452,1.
24 *Diwan,* Nr. 172,2.
25 *Diwan,* Nr. 121,2. Vgl. auch das Kapitel ‹Verstand und Liebe bei Hafis› in: Bürgel: *Drei Hafis-Studien.*
26 *Iranische Geisteswelt,* 74f.
27 *Die islamische Lehre vom Vollkommenen Menschen, ihre Herkunft und ihre dichterische Gestaltung.*
28 Leisegang: *Gnosis,* 131.
29 Vgl. dazu Bieler: *Das Bild des «göttlichen Menschen» in Spätantike und Christentum.*
30 Vgl. Bürgel (Hg.): *Steppe im Staubkorn,* 87.
31 *qiwām al-'ālam bi-wuǧūdih.*
32 Vgl. Arnaldez: «Insān kāmil» in EI.
33 Schimmel: *Und Muhammad ist sein Prophet,* 113.
34 Schimmel: *Mystical Dimensions of Islam,* 471.
35 Schimmel: *Und Muhammad ...,* 56; 117.
36 A.a.O., 38.
37 *taḫallaqū bi-aḫlāq Allāh!* Schimmel: *Mystical Dimensions,* 142.
38 *wāǧib al-wuǧūd bi-ghairihi lā bi-nafsih.*
39 Vgl. v. Kremer: *Geschichte der herrschenden Ideen des Islams,* 103; gegenüber der sehr kritischen Haltung v. Kremers – «dieser heilige ebenso große Schwärmer als Betrüger» (109) – vgl. die bewundernde Biographie bei Corbin: *L'imagination créatrice dans le soufisme d'Ibn 'Arabî,* 37–66.
40 *al-Futuhat al-makkiya,* II, 230.
41 A.a.O., II, 231.
42 Vollständiger Titel: *al-insān al-kāmil fī ma'rifat al-awāḫir wal-awā'il.*
43 Arnaldez: «Insān kāmil» in EI.
44 *ana bašarun miṯlukum* (18,110).
45 Guillaume: *The Life of Muhammad,* 68f.
46 ad-Damīrī: *Ḥayāt al-ḥayawān al-kubrā,* II, 92.
47 al-Baghdādī, *al-Farq bain al-firaq,* 97f.
48 Vgl. Bürgel: *Repetitive Structures in Early Arabic Prose.*
49 J. A. Boyle, The Ilāhīnāma or Book of God of Farīd al-Dīn 'Aṭṭār, 12f.
50 Abb. in Welch: *Wonders of the Age,* Nr. 63.

51 «Wir können uns kein großartigeres religiöses Bild aus der Welt des Islams vorstellen», Welch: *Persische Buchmalerei,* 21.
52 Vgl. Rodinson: *Dante et l'Islam d'après des travaux récents;* Strohmaier: *Chaj ben Mekitz – die unbekannte Quelle der Divina Commedia.*
53 Vgl. Schimmel: *Al-Halladsch.*
54 A.a.O., 79.
55 Schimmel: *Und Muhammad ...,* 110.
56 *Kulliyat,* 518, *Tayyibat* Nr. 2 (hier gekürzt wiedergegeben).
57 Text (Hg. Ruhani): 5f.; Übs. (Boyle): 6f.
58 Schimmel: *The Triumphal Sun,* 22.
59 *Diwan,* Nr. 16; poetische Übertragung in: Bürgel (Hg.): *Licht und Reigen,* Nr. 81.
60 Schimmel: *Und Muhammad ...,* 41.
61 *Diwan,* Nr. 49, Verse 1, 4, 5, 7, 9, 12.
62 Die von Gramlich in seinem Werk «Die Wunder der Freunde Gottes» benutzten Begriffe «Machtwunder» und «Huldwunder» sind Übertragungen der islamischen Termini *mu'ǧiza* = Wunder eines Propheten und *karāma* = Wunder eines Heiligen, haben also mit der hier von mir getroffenen Unterscheidung nichts zu tun, da sowohl mu'ǧiza wie karāma bald dem karitativen, bald dem demonstrativen Typ angehören.
63 Attar: *Le memorial des Saints,* 90.
64 Neben dem erwähnten Werk von Gramlich vgl. auch Nicholson: *The Mystics of Islam,* Kapitel ‹Saints and Miracles›, 120ff.
65 Pedersen: «Abū Nu'aym al-Iṣfahānī» in EI.
66 Zu *himma* vgl. Meier: *Die Fawā'iḥ al-ǧamāl wa-fawātiḥ al-ǧalāl des Naǧm ad-Dīn al-Kubrā,* 226–40.
67 de Jong: «al-Ḳutb» (in *Mysticism*); Kissling: «Abdāl», beide in EI.
68 Vgl. Gramlich: *Die schiitischen Derwischorden Persiens,* 150.
69 Schimmel: *Mystical Dimensions,* s. Index unter *shath.*
70 *al-ilāh al-maḫlūq fī l-i'tiqād;* Corbin: *L'Imagination créatrice dans le soufisme d'Ibn 'Arabi,* 237.
71 Affifi: *Ibn ul-'Arabi,* 13.
72 *Diwan,* Nr. 361.
73 A.a.O., Nr. 173.
74 *Diwan,* Nr. 307,2f.; das ganze Ghasel auf deutsch bei: Bürgel: *Drei Hafisstudien,* 69.
75 Massignon: *La Passion de Hallâj martyr mystique de l'Islam,* I, 585f.
76 Deutsche Übersetzung der persischen Kurzfassung von Ritter: *Elixier der Glückseligkeit.*
77 Vgl. Schimmel: *Das Ḥallāj-Motiv in der modernen islamischen Literatur.*
78 Kissling: Artikel «Badr al-Dīn b. Qādī Samāwna» in EI.
79 Bürgel: *Gesichter sakraler Macht in modernen türkischen Dramen.*
80 Schimmel: *Shāh 'Ināyat of Jhok: A Sindhi Mystic of the Early 18th Century.*
81 Algar: «Malāmatiyya» in EI.
82 *lā ubālī* ist auch in andere islamische Sprachen (Persisch, Türkisch, Urdu) in der Bedeutung «unbekümmert», «respektlos», als Fremdwort eingedrungen.
83 *Rubā'iyyāt-i Hakīm Ḫayyām,* Nr. 72.
84 A.a.O., Nr. 142.
85 *Diwan,* Nr. 6.
86 *Diwan,* Nr. 611.
87 Nicholson: *The Tarjumán al-ashwáq,* XI, 13–15; Schacht: *Der Islam mit Ausschluß des Qor'āns,* 122.
88 v. Schack: *Strophen des Omar Chijam Deutsh,* Nr. 2.

89 *Diwan,* Nr. 80.
90 A.a.O., 476,7.

XIV. Allmacht und Mächtigkeit in der Gegenwart: Fallstudien

1 Vgl. Carré u. Dumont: *Radicalismes islamiques;* Reissner: *Die militant-islamischen Gruppen.*
2 auf deutsch: *Die Entwicklung der Metayphysik in Persien.*
3 Bürgel: *Die griechische Ziege und das Schaf von Schiras.*
4 Aus einem Aufsatz von 1909; vgl. Schimmel: *Botschaft des Ostens,* 32.
5 Vgl. Schimmel: A.a.O., 25 u. 27; Bürgel: *Steppe im Staubkorn,* 79f.
6 Vgl. Bürgel: *Der Islam im Spiegel zeitgenössischer Literatur islamischer Völker,* 591f.
7 *Armaghan-i Hijaz,* 44; *Steppe im Staubkorn (StiSt),* 45.
8 *Bal-i Jibril,* 65; *StiSt,* 16.
9 *Bal-i Jibril, 12; StiSt,* 168.
10 Schimmel: *Botschaft des Ostens,* 101.
11 *Bang-i Dara* 179; *StiSt,* 117.
12 *Zarb-i Kalim* 30; *StiSt,* 35.
13 *Zarb-i Kalim,* 15; *StiSt,* 38.
14 *Zabur-i `Ajam,* I, 269.
15 *Payam-i Mashriq,* 181.
16 *Bang-i Dara,* 249.
17 *Zabur-i `Ajam,* II, 11.
18 A.a.O., II, 34.
19 *Bal-i Jibril,* II, 31; vgl. auch Bürgel: *The Pious Rogue.*
20 *fī sabīl Allāh, fī sabīl kalimat al-ḥaqq;* Sabanegh: *Muhammad Le Prophète,* 480.
21 A.a.O., 367.
22 Badawi: *Islam in Modern Egyptian Literature,* 172.
23 A.a.O., 169.
24 Nach der englischen Übersetzung: Naguib Mahfouz: *Children of Gebelawi.*
25 Steppat: *Gott, die Futuwwat und die Wissenschaft.*
26 Steppat: *Zwischen den Kulturen.*
27 H. Barrada, in Jeune Afrique 30. 1. 85.
28 Orient 4/85, S. 580.
29 NZZ 20./21. 1. 85.
30 Le Monde 21. 1. 85.
31 H. Barrada, in Jeune Afrique No. 1256, vom 30. 1. 85, S. 22.
32 *Aḫbār al-`ālam al-islāmī* 21. 1. 85.
33 A. Hottinger in der NZZ vom 21. 10. 83.
34 Philippe Aziz: *Le Cheikh et le Tyran.* In: Jeune Afrique No. 1256, vom 30. 1. 85, S. 22–24.
35 Nachweise der Anm. 27–34 aus I. pel: *Die Ideen eines sudanesischen Reformdenkers vor dem Tribunal der islamischen Religionsgelehrten – Maḥmūd Ṭāhā und die Weiterentwicklung der šarī`a* (ungedruckte, 1987 an der Albert-Ludwigs-Universität in Freiburg i. B. eingereichte Magisterarbeit). Die Autorin war so liebenswürdig, mir ihre Arbeit für diesen Zweck zu überlassen, wofür ich ihr auch an dieser Stelle sehr herzlich danken möchte.

XV. Schlußbetrachtungen

1 Vgl. Bürgel: *Dogmatismus und Autonomie im wissenschaftlichen Denken des islamischen Mittelalters.*

2 Schimmel: ‹Iqbals politisches Denken›, in: Dies.: *Muhammad Iqbal,* 83–112.

3 Hunain über Christentum

4 Diese scheinbar wirtschaftsgeschichtlichen, tatsächlich aber eminent islamischen Entwicklungen sind für die osmanische Geschichte kürzlich auf eindrucksvolle und überzeugende Weise dargestellt worden in: Matuz: *Das Osmanische Reich.*

5 Der unschöne Satz «Ich bin nicht gekommen, Frieden zu bringen, sondern das Schwert» wird durch Jesu konsequente Haltung der Gewaltlosigkeit als Basis der Legitimation von Gewalt deutlich entwertet, ja seine Echtheit in Frage gestellt. Historisch allerdings mag er genügt haben, um unendlich vielen im Namen Jesu verübten Gewalttaten einen Schein von Legitimität zu verleihen.

6 Paulus lehrt – wie der Koran – die Erwählung bzw. Verworfenheit; eine Determiniertheit der Handlungen wie in der asch'aritischen Theologie ist daraus jedoch nicht hergeleitet worden.

7 Vgl. Thomas: *Religion and the Decline of Magic, Studies in Popular Beliefs in Sixteenth- and Seventeenth Century England.*

8 Vgl. die umfassende und systematische Darstellung islamischer Thaumaturgie bei R. Gramlich: *Die Wunder der Freunde Gottes.*

9 *ḫair ul-umūr ausāṭuhā* – «die besten Dinge sind die mittleren» war eine vielzitierte Maxime, die sowohl griechischen Autoritäten wie Muhammad in den Mund gelegt wurde.

10 Vgl. die zutreffenden, aber zu knappen Ausführungen in Kurzrock (Hg.): *Menschenrechte,* 37–44.

Literaturverzeichnis

JAL = Journal of Arabic Literature
ZDMG = Zeitschrift der deutschen Morgenländischen Gesellschaft
RSO = Rivista degli Studi Orientali
ZGAIW = Zeitschrift für Geschichte der arabisch-islamischen Wissenschaften

`Abbās ibn al-Aḥnaf: Diwan. Beirut (Dar Sadir) 1965.
`Abd al-Laṭīf al-Baghdādī: The Eastern Key, Kitāb al-Ifādah wa'l-I`tibār. Hg. von J. A. und I. E. Videan. London 1965.
Abū Nuwās: Diwan. Beirut (Dar Sadir)
– Diwan. Hg. von A. al-Ghazali. Beirut o. J.
Ajami, M.: The Alchemy of Glory. The Dialectic of Truthfulness and Untruthfulness in Medieval Arabic Criticism. Washington 1988.
Amīr Ḫusrau Dihlawī: Diwan. Hg. von S. Nafisi. Teheran o. J.
Arkoun, A.: La critique de la raison islamique. Islam d'hier et d' aujourd'hui 24. Paris 1984.
Arnold, T. W.: Painting in Islam. A Study of the Place of Pictorial Art in Muslim Culture. New York 1965.
`Aṭṭār, Farīduddīn: Manṭiq uṭ-ṭair. Hg. von Sayyid Sadiq Gauharin. Maǧmū`e-i mutūn-i fārsī zīr-i naẓar-i Iḥsān Yārshāṭir 15. Teheran 1342/1964.
– Ilāhīnāma. Hg. von F. Ruhani. Teheran o. J.
– The Ilāhīnāma or Book of God of Farīd al-Dīn `Aṭṭār. Translated from the Persian by J. A. Boyle. UNESCO Collection of Representative Works. Persian Heritage Series. Manchester 1976.
– Le Mémorial des Saints. Traduit d'aprés le ouïgour par A. Pavet de Courteille. Sagesses 6. Paris 1976.
Averroes: s. Ibn Rushd
Bachmann, P.: Galens Abhandlung darüber, daß der vorzügliche Arzt Philosoph sein muß. Arabisch und deutsch herausgegeben. Nachrichten der Akademie der Wissenschaften in Göttingen I. Philologisch-historische Klasse. Jg. 1965 Nr. 1. Göttingen 1966.
– Zum Medizin-Kapitel des Buches ‹al-Baraka› von al-Ḥabašī. In: Medizinhistorisches Journal 3 (1968), 28–39.
Badawi, A.: Histoire de la philosophie en Islam. Etudes de Philosophie Médiévale 60. Paris 1972.
Badawi, M. M.: Modern Arabic Drama in Egypt. Cambridge 1987.
– The Egyptian Intellectual Between East and West. In: JAL 1 (1970), 145–61.
– Islam in Modern Egyptian Literature. In: JAL 2 (1971), 154–77.
al-Baghdadi ʻAbd al-Qahir: al-Farq bain al-firaq. Beirut [5]1982.
Balyon, J. M. S.: Modern Muslim Koran Interpretation (1880–1960). Leiden 1961.
Bannerth, E.: Islamische Wallfahrtsstätten Kairos. Schriften des österreichischen Kulturinstituts Kairo. Kairo 1973.
Baššār ibn Burd: Diwan. Hg. von M. aṭ-Ṭāhir ibn`Ašūr. Kairo 1954.
Bausani, A.: L'Enciclopedia dei Fratelli della Purità, Riassunto, con Introduzione e breve commento, dei 52 Trattati o Epistole degli Ikhwān aṣ-ṣafāʼ. Neapel 1978.
Becker, C. H.: Das Erbe der Antike im Orient und Okzident. Leipzig 1931.

Bello, I. A.: The Medieval Islamic Controversy Between Philosophy and Orthodoxy. Ijmā` and ta'wīl in the Conflict between al-Ghazālī and Ibn Rushd. Islamic Philosophy and Theology. Texts and Studies III. Leiden 1989.

Beny, R.: Persien. Luzern 1976.

Bertels, E. E.: Grundlinien der Entwicklungsgeschichte des sufischen Lehrgedichts in Persien. In: Islamica 3/1972, 1–35.

Bieler, L.: ΘΕΙΟΣ ΑΝΗΡ. Das Bild des «göttlichen Menschen» in Spätantike und Christentum. Darmstadt 1976.

Bosworth, C. E.: The Islamic Dynasties. A chronological and genealogical handbook. Islamic Surveys 5. Edinburgh 1980.

Bouhdiba, A.: La sexualité en Islam. Paris 1975.

Boulanger, R.: Türkei (Die Blauen Führer). Paris 1967.

Bousquet, G.-H.: L'éthique sexuelle de l'Islam. L'Islam d'Hier et d'Aujourd'hui 14. Paris 1966.

Brockelmann, C.: Geschichte der arabischen Litteratur. 5 Bde. Leiden 1937–49.

– History of the Islamic Peoples. New York 1960.

Browne, E. G.: Arabian Medicine, being the Fitzpatrick lectures delivered at the College of physicians. Cambridge 1921.

De Bruijn, J. T. P.: Of Piety and Poetry. The Interaction of Religion and Literature in the Life and Works of Ḥakīm Sanā'ī of Ghazna. Publications of the «De Goeje Fund» No. XXV. Leiden 1983.

al-Buḫārī: Ṣaḥīḥ. Hg. von M. an-Nawawi u. a. Kairo 1376/1957.

Burckhardt, J.: Weltgeschichtliche Betrachtungen. Hist.-krit. Gesamtausgabe von R. Stadelmann. Pfullingen 1949.

Burckhardt, T.: Alchemie. Sein und Weltbild. Olten 1960.

Bürgel, J. C.: Die ekphrastischen Epigramme des Abū Ṭālib al-Ma'mūnī. Literaturkundliche Studie über einen arabischen Conceptisten. Nachrichten der Ak. d. Wiss. in Göttingen I. Philol.-hist. Kl. Jg. 1965. Nr. 14. Göttingen 1966.

– ‹Die Bildung des Arztes›. Eine arabische Schrift zum ‹ärztlichen Leben› aus dem 9. Jahrhundert. In: Sudhoffs Archiv 50 (1966), 337–360.

– Adab und i`tidāl in ar-Ruhāwīs Adab aṭ-ṭabīb. Studie zur Bedeutungsgeschichte zweier Begriffe. In: ZDMG 117 (1967), 90–102.

– Averroes «contra Galenum». Das Kapitel von der Atmung im Colliget des Averroes als ein Zeugnis mittelalterlich-islamischer Kritik an Galen eingeleitet, arabisch herausgegeben u. übersetzt. Nachrichten der Akademie der Wissenschaften I. Philologisch-historische Klasse. Jg. 1967. Nr. 9. Göttingen 1968.

– «Die beste Dichtung ist die lügenreichste». Wesen und Bedeutung eines literarischen Streites des arabischen Mittelalters im Lichte komparatistischer Betrachtung. In: Oriens 23/24 (1970–71), 7–102.

– Dogmatismus und Autonomie im wissenschaftlichen Denken des islamischen Mittelalters. In: Saeculum 23 (1972), 30–46.

– Der Mufarriḥ an-nafs des Ibn Qāḍī Ba`albakk, ein Lehrbuch der Psychohygiene aus dem 7. Jahrhundert der Higra. In: Proceedings of the VIth Congress of Arabic and Islamic Studies. Kungl. Vitterhets Histoire och Antikvitets Akademien – Filologisk-filosofiska serien 15. Stockholm 1972, 201–12.

– Nizami. In: Kindlers Enzyklopädie «Die Großen der Weltgeschichte». Zürich 1973, III, 527–39.

– Psychosomatic Methods of Cures in the Islamic Middle Ages. In: Humaniora Islamica. An Annual Publication of Islamic Studies and the Humanities 1/1973, 157–72.

– Some New Material Pertaining to the Quotations from Plato's Phaido in Biruni's Book

on India. In: Beyruni'ye Armağan. Türk Tarih Kurumu Yayınlarından VII, 68. Ankara 1974, 127–136.
- Nizami über Sprache und Dichtung. In: R. Gramlich (Hg.): Islamwissenschaftliche Abhandlungen. Fritz Meier zum sechzigsten Geburtstag. Wiesbaden 1974, 9–28.
- Licht und Reigen. S. Rumi.
- Drei Hafis-Studien. Europäische Hochschulschriften Reihe I, 113. Bern u. Frankfurt 1975.
- Verwestlichung und neue Selbstfindung im Spiegel der Belletristik islamischer Länder. In: A. Mercier (Hg.): Islam und Abendland – Geschichte und Gegenwart. Bern u. a. 1976, 283–315.
- Le poète et la poésie dans l'œuvre de Hafez. In: Convegno Internazionale sulla poesia di Hafez. (Roma, 30–31 Marzo 1976). Accademia Nazionale dei Lincei, Fondazione Leone Caetani. Rom 1978, 73–98.
- Die Frau als Person in der Epik Nizamis. In: Asiatische Studien 42 (1988), 137–155.
- Love, Lust and Longing. Eroticism in Early Islam as Reflected in Literary Sources. In: A. L. al-Sayyid-Marsot: Society and the Sexes in Medieval Islam. Sixth Levi Della Vida Biennial Conference. Malibu 1979, 81–118.
- The Pious Rogue. A Study in the Meaning of «qalandar» and «rend» in the Poetry of Muhammad Iqbal. In: Edebiyat 4 (1979), 43–64.
- Die Liebesvorstellungen im persischen Epos Wis und Ramin. In: Asiatische Studien 33 (1979), 65–98.
- Die griechische Ziege und das Schaf von Schiras. Bemerkungen zu Gedanken Muhammad Iqbals über Plato und Hafis. In: H. R. Roemer u. A. Noth (Hg.): Studien zur Geschichte und Kultur des Vorderen Orients. Leiden 1981, 12–27.
- Wie du zu lieben und zu trinken – Zum Hafis-Verständnis Goethes. In: A. Maler (Hg.): J. W. Goethe. Fünf Studien zum Werk (Kasseler Arbeiten zur Sprache und Literatur Band 15). Bern u. a. 1983, 115–41.
- Man, Nature and Cosmos as Intertwining Elements in the Poetry of Ibn Khafāja. In: JAL 14 (1983), 31–45.
- «Dies Bildnis ist bezaubernd schön!» Zum Motiv «Love through sight of picture» in der klassischen Literatur des islamischen Orients. In: Von Angesicht zu Angesicht. Porträtstudien. Festschrift für M. Stettler. Zusammengestellt und hg. von F. Deuchler u. a. Bern 1983, 31–39.
- Der Islam im Spiegel zeitgenössischer Literatur islamischer Völker. In: Ende, W. u. Steinbach, U. (Hg.): Der Islam in der Gegenwart. München 1984, 590–619.
- Pathology in Arabic Medicine: A View of Its Ideological and Anthropological Setting. In: T. Ogawa (Hg.): History of Pathology. Proceedings of the 8th International Symposium on the Comparative History of Medicine – East and West. Tokio 1986, 5–35.
- Der Wettstreit zwischen Plato und Aristoteles im Alexander-Epos des persischen Dichters Nizami. In: Die Welt des Orients 17 (1986), 95–109.
- Die Symbolik der Reise in der islamischen Geisteswelt. In: A. Zweig u. M. Svilar (Hg.): Kosmos-Kunst-Symbol. Akten des 3. Symposiums der Gesellschaft für Symbolforschung und Vorträge eines Zyklus des Collegium generale der Universität Bern 1985. Schriften zur Symbolforschung 3. Bern 1986, 113–38.
- Die Auferweckung vom Scheintod. Ein Topos in der medizinischen Literatur des arabischen Mittelalters. In: ZGAIW 4 (1987–88), 174–194.
- The Feather of Simurgh. The «Licit Magic» of the Arts in Medieval Islam. New York 1988.
- Vom Reich der Engel oder menschlich? Zur Beschreibung schöner Menschen in

klassischer islamischer Literatur. In: Th. Stemmler (Hg.): Schöne Frauen – Schöne Männer. Literarische Schönheitsbeschreibungen. 2. Kolloquium der Forschungsstelle für europäische Literatur des Mittelalters. Mannheim 1988, 109–43.
– The Romance. In: E. Yarshater (Hg.): Persian Literature. Columbia Lectures on Iranian Studies 3. New York 1988, 161–78.
– Repetitive Structures in Early Arabic Prose. In: F. Malti-Douglas, Critical Pilgrimages. Studies in the Arabic Literary Tradition. Literature East & West 25. Austin 1989, 49–64.
– The Lady Gazelle and Her Murderous Glances. In: JAL 20/1989, 1–11.
– Der Topos der Liebeskrankheit in der klassischen Dichtung des Islam. In: Th. Stemmler (Hg.): Liebe als Krankheit. Vorträge eines interdisziplinären Kolloquiums. Tübingen 1990, 75–104.
– Themen und Tendenzen der zeitgenössischen Literatur in der islamischen Welt. In: A. Schimmel u. a. (Hg.): Der Islam III. Islamische Kultur – Zeitgenössische Strömungen – Volksfrömmigkeit. Die Religionen der Menschheit 25,3. Stuttgart 1990, 300–335.
– «Speech is a Ship and Meaning is the Sea». Formal Aspects of the Ghazal Poetry of Rumi, im Druck.
– Liebestheorien. In: W. Heinrichs (Hg.): Neues Handbuch der Literaturwissenschaft. Bd. 5. Orientalisches Mittelalter. Wiesbaden 1990, 482–98.
– Symbols and Hints. In: L. Conrad (Hg.): The World of Hayy Ibn Yaqzan, im Druck.
– Ambiguity. On the Usage of Religious Terminology in the Ghazal Poetry of Hafiz. In: Glünz, M., u. Bürgel, J. C. (Hg.): Intoxication, Earthly and Divine. Six Studies in Hafiz. Bern 1991.
– Ecstasy and Control. Two dominant elements in Islamic art. In: R. Hillenbrand (Hg.): The Iconography of Islamic Art. Edinburgh (im Druck).
Busse, H.: Der Islam und die biblischen Kultstätten. In: Der Islam 42 (1966), 113–47.
Calasso, G.: Un' «Epopea musulmana» di epoca timuride: Il Xāvarnāme di Ebn Ḥosām. Rom 1979.
Canaan, T.: Mohammedan Saints and Sanctuaries in Palestine. Jerusalem 1927.
Carré, O./Dumont, P.: Radicalismes islamiques. Paris 1985.
Caskel, W.: Das Schicksal in der altarabischen Poesie. Beiträge zur arabischen Literar- und zur allgemeinen Religionsgeschichte. Morgenl. Texte u. Forschungen 5, Heft 1. Leipzig 1926.
Chelkowski, P.: Islam in Modern Drama and Theatre. In: J. C. Bürgel u. a. (Hg.): Der Islam im Spiegel zeitgenössischer Literatur der islamischen Welt – Vorträge eines Internationalen Symposiums an der Universität Bern 11.–14. Juli 1983, Leiden 1985, 45–69.
Chwolson, D.: Die Ssabier und der Ssabismus. St. Petersburg 1856.
Corbin, H.: L'imagination créatrice dans le soufisme d'Ibn ʿArabi. Paris ²1958.
– Avicenne et le récit visionnaire. Tome Ier. Etude sur le cycle des récits avicenniens. Bibliothèque iranienne 4. Teheran–Paris 1954.
– Shihâboddîn Yahyâ Sohravardî Shaykh al-Ishrâq, L'archange empourpré. Quinze traités et récits mystiques Traduits du persan et de l'arabe. Documents Spirituels 114. Paris 1976.
Creswell, K. und A.: The Lawfulness of Painting in Islam. In: Ars Islamica 11 (1946), 159–166.
Crone, P. und Cook, M.: Hagarism. The Making of the Islamic World. Cambridge 1977.
ad-Damīrī: Ḥayat al-ḥayawān al-kubrā. 2 Bde. Kairo 1305/1887.
Debus, E.: Die islamisch-rechtlichen Auskünfte der Millî Gazete im Rahmen des «Fetwa-Wesens» in der Türkischen Republik. Islamkundliche Untersuchungen 95. Berlin 1984.

Deichgräber, K.: Die ärztliche Standesethik des hippokratischen Eides. Quellen und Studien zur Geschichte der Naturwissenschaften und der Medizin 3. Berlin 1932.
Dermenghem, E.: Le culte des saints dans l'islam maghrébin. Paris 1954.
Dietrich, A.: Medicinalia Arabica. Studien über arabische medizinische Handschriften in türkischen und syrischen Bibliotheken. Abhandlungen der Akademie der Wissenschaften in Göttingen. Philologisch-historische Klasse. Dritte Folge. Nr. 66. Göttingen 1966.
– Zu den mit *ad-dīn* zusammengesetzten islamischen Personennamen. In: ZDMG 110 (1960), 45–53.
Digby, S.: The Tuḥfa i Naṣā'iḥ of Yūsuf Gadā: An Ethical Treatise in Verse from the Late-Fourteenth Century Dehli Sultanate. In: B. D. Metcalf (Hg.): Moral Conduct and Authority – The Place of *Adab* in South Asian Islam. Berkeley etc. 1979, 91–123.
Dilger, K.: Familien- und Erbrecht. In: Ende, W. u. U. Steinbach: Der Islam in der Gegenwart. München 1984, 171–80.
Diwald, S.: Arabische Philosophie und Wissenschaft in der Enzyklopädie: Kitāb Iḫwān aṣ-Ṣafā' (III): Die Lehre von Seele und Intellekt. Wiesbaden 1975.
Dodd, E. C./Khairallah, S.: The Image of the Word. A Study of Quranic Verses in Islamic Architecture. Beirut 1981.
Düzdağ, M. F.: Şeyhülislâm Ebussuud Efendi Fetvaları Işığında 16. Asır Türk Hayatı. Istanbul 1983.
Eichler, P. A.: Die Dschinn, Teufel und Engel im Koran. Leipzig 1928.
Eliade, M.: Das Heilige und das Profane. Vom Wesen des Religiösen. Frankfurt a. M. 1984.
Elgood, C.: Tibb an-nabbi (sic!) or Medicine of the Prophet. In: Osiris 14 (1962), 33–192.
Ende, W.: Die Azhar, Šaiḫ Šaltūt und die Schia. In: XXIV. Deutscher Orientalistentag vom 26. bis 30. September 1988 in Köln. Ausgewählte Vorträge, hg. von W. Diem u. A. Falaturi. Wiesbaden 1990.
– Erfolg und Scheitern eines schiitischen Modernisten: Muḥammad ibn Muḥammad Mahdī al- Ḫāliṣī (1890–1963). In: U. Tworuschka (Hg.): Gottes ist der Orient. Gottes ist der Okzident. Festschrift für Abdoldjavad Falaturi zum 65. Geburtstag. Köln u. Wien 1991.
Ende, W. und Steinbach, U. (Hg.): Der Islam in der Gegenwart. München 1984.
Ettinghausen, R.: Arabische Malerei. Genf 1962.
– «Abri»-Painting. In: M. Rosen-Ayalon (Hg.): Studies in Memory of Gaston Wiet, Jerusalem 1977, 345–56.
– The Taming of the Horror vacui in Islamic Art. In: Proceedings of the American Philosophical Society 123 (1979), 15–28.
Fahd, T.: La divination arabe. Etudes religieuses, sociologiques et folkloriques sur le milieu natif de l'Islam. Leiden 1966.
Fähndrich, H.: Die Tischgespräche des mesopotamischen Richters – Untersuchungen zu al-Muḥassin at-Tanūḫīs «Nišwār al-muḥāḍara». In: Der Islam 65 (1988), 81–115.
Fakhry, M.: A History of Islamic Philosophy, London u. New York [2]1983.
al-Fārābī, Iḥṣā' al-'ulūm. Hg. von U. Amin. Kairo 1968.
– Al-Farabi on the Perfect State. Abū Naṣr al-Fārābī's Mabādi' ārā' ahl al-madina al-fāḍila. A revised text with introduction, translation and commentary by Richard Walzer. Oxford 1985.
– Fuṣūl al-madanī. Hg. von D. M. Dunlop. Cambridge 1960.
– Al-Farabi's Book of Letters. Hg. von M. Mahdi. Beirut 1969.
– Al-Farabi's Commentary. S. Zimmermann.
Farmer, H. G.: A History of Arabian Music to the XIIIth Century. London 1930.

Flashar, H.: Melancholie und Melancholiker in den medizinischen Theorien der Antike. Berlin 1966.
Francklin, W.: From Bengal to Persia. London 1790.
Freely, J. u. Sumner-Boyd, H.: Istanbul. Ein Führer. München 1975.
Friedrich, H.: Epochen der italienischen Lyrik. Frankfurt a. M. 1964.
Fück, J. W.: Die arabischen Studien in Europa bis in den Anfang des 20. Jahrhunderts. Leipzig 1955.
al-Ǧāḥiẓ: Kitāb al-Ḥayawān. Hg. von A. M. Harun. 7 Bde. Kairo 1386/1967.
– Risālat al-Qiyān. In: Ders.: Rasā'il. Hg. von A. M. Harun. Kairo 1384/1964, II, 143–182.
Galen: S. Bachmann, P.
Gardet, L.: La Penseé religieuse d'Avicenne. Etudes de Philosophie Médiévale 41. Paris 1951.
al-Ghazzālī, M.: Iḥyā' `ulūm ad-dīn. 5 Bde. Kairo 1387/1967.
– Kapitel 31–36 aus dem Iḥyā' auf deutsch: S. Gramlich.
– al-Munqiḏ min aḍ-ḍalāl. Hg. von A. Mahmud. Kairo 1385/1965.
– Critère de l'action (Mīzān al-a`māl). Traité d'éthique psychologique et mystique. Version française et étude analytique par H. Hachem. Paris 1945.
Giese, A.: S. al-Qazwīnī.
– Mensch und Tier vor dem König der Dschinnen. S. Iḫwān aṣ-safā`.
Glassen, E.: Die Josephserzählung im Koran und in der persischen und türkischen Literatur. In: F. Link (Hg.): Paradeigmata. Literarische Typologie des Alten Testaments. Erster Teil: Von den Anfängen bis zum 19. Jahrhundert. Berlin 1989, 169–79.
– Nimm den Schleier, Schwester! Iranische Frauen im Banne des Islam. In: Bettina Schmitz/Ute Steffgen (Hg.): Waren sie nur schön? Frauen im Spiegel der Jahrtausende. Mainz 1989, 299–325.
Glünz, Marianne: Die Astrologie in Nizamis Khamsa. Lic. phil. Bern.
Glünz, Michael: Ṣafīs Sahrangīz – ein persisches Maṯnawī über die schönen Berufsleute von Istanbul. In: Asiatische Studien 40 (1986), 133–45.
– und Bürgel, J.C.: Intoxication, Earthly and Divine. Six Studies in Hafiz, im Druck.
Goichon, M.: La distinction de l'essence et de l'existence d'après Ibn Sina. Paris 1937.
Goldziher, I.: Muhammedanische Studien. Nachdruck Hildesheim 1961.
– Die Richtungen der islamischen Koranauslegung. Leiden 1970.
– Stellung der alten islamischen Orthodoxie zu den antiken Wissenschaften. In: Abh. d. Berliner Akad. d. Wissensch. Phil.-hist. Kl. Jg. 1915. Nr. 8. Berlin 1916.
Gramlich, R.: Die schiitischen Derwischorden Persiens. Abhandlungen für die Kunde des Morgenlandes XXXVI, 1–4 und XLV,2. 3 Bde. Wiesbaden 1965–81.
– Die Wunder der Freunde Gottes. Theologien und Erscheinungsformen des islamischen Heiligenwunders. Freiburger Islamstudien XI. Wiesbaden 1987.
– Muḥammad al-Ġazzālīs Lehre von den Stufen zur Gottesliebe. Die Kapitel 31–36 seines Hauptwerkes eingeleitet, übersetzt und kommentiert. Freiburger Islamstudien 10. Wiesbaden 1984.
Grube, E. J.: Islamic Pottery of the Eighth to the Fifteenth Century in the Keir Collection. London 1976.
Grunebaum, G. von: Islam. Essays on the Nature and Growth of a Cultural Tradition. London 1955.
Guillaume, A.: S. Ibn Isḥāq.
al-Ǧurǧānī: `Abd al-Qāhir, Asrār al-balāgha. Hg. von H. Ritter. Istanbul üniversitesi Yayınlarından 601. Istanbul 1954.
– Die Geheimnisse der Wortkunst (Asrār al-balāgha) des `Abdalqāhir al-Curcānī. Aus dem Arabischen übersetzt von H. Ritter. Bibliotheca Islamica 19. Wiesbaden 1959.

Haarmann, U. (Hg.): Geschichte der arabischen Welt. München 1987.
– Heilszeichen im Heidentum – Muhammad-Statuen aus vorislamischer Zeit. In: Die Welt des Islams, 28 (1988), 210–224.
Ḥāfiẓ, M.: Diwan. Hg. von M. Qazwini und Q. Ghani. Teheran o. J.
– Gedichte aus dem Diwan ausgewählt und hg. von J. C. Bürgel. UNESCO Sammlung repräsentativer Werke – Asiatische Reihe. Reclam Universal-Bibliothek Nr. 9420. Stuttgart [2]1977.
al-Hamaḏānī Badī` az-zamān: Šarḥ Maqāmāt al-Hamaḏānī. Hg. von M. M. `Abdalhamid. Kairo 1962.
– Vernunft ist nichts als Narretei. Die Maqâmen. Aus dem Arabischen vollständig übertragen und bearbeitet von G. Rotter. Bibliothek arabischer Klassiker. Tübingen 1982.
Ḥamori, A.: An Allegory from the Arabian Nights: The City of Brass. In: Ders.: On the Art of Medieval Arabic Literature. Princeton 1974.
al-Ḥarīrī: Šarḥ Maqāmāt al-Ḥarīrī. Beirut 1968.
– S. Rückert, F.
Hartmann, R.: Die Religion des Islam. Eine Einführung. Berlin 1944.
Heinen, A.: Islamic Cosmology. A study of as-Suyūṭī's al-Hay`a as-sanīya fī l-hay`a as-sunnīya with critical edition, translation, and commentary. Beiruter Texte und Studien 27. Beirut u. Wiesbaden 1982.
Hell, J.: al-`Abbās ibn al-Aḥnaf, der Minnesänger am Hofe Hārūn ar-Rašids. In: Islamica 2 (1926), 271–307.
Hippokrates: Œuvres complètes d'Hippocrate, traduction nouvelle avec le texte grec en regard etc. par E. Littré. 10 Bde. Paris 1839–61.
– Fünf auserlesene Schriften. Eingeleitet und übertragen von W. Capelle. Zürich 1955.
Ibn `Abd Rabbih: al-`Iqd al-farīd. Hg. von A. Amin u. a. Kairo 1948 ff.
Ibn abi `Uṣaibi`a: `Uyūn al-anbā´ fī ṭabaqāt al-aṭibbā´. Hg. von A. Müller. Königsberg u. Kairo 1882–84.
Ibn `Alī al-Kātib: La perfection des connaissances musicales Kitāb kamāl adab al-ghinā´. Traduction et commentaire d'un traité de musique arabe du XIe siècle. Thèse de doctorat. Paris 1972.
Ibn `Arabī, Muḥyiddīn: al-Futūḥāt al-Makkīya. 4 Bde. Beirut (Dar Sadir) o. J.
– Fuṣūṣ al-ḥikam. Hg. von A. `Afifi. [Kairo:] Dar ihya´ al-kutub al-`arabiya 1356/1956.
– Journey to the Lord of Power. A Sufi Manual on Retreat, Translated by Rabia T. Herris. London u. Den Haag 1981.
Ibn Bāǧǧa, Opera metaphysica. Hg. von M. Fakhry. Beirut 1968.
Ibn Baṭṭūṭa: Voyages d'Ibn Battûta. Texte arabe accompagnée d'une traduction par C. Defrémery et B. R. Sanguinetti. Paris 1979.
Ibn Buṭlān: Das Ärztebankett. Aus arabischen Handschriften übersetzt und mit einer Einleitung sowie Anmerkungen versehen von F. Klein-Franke. Stuttgart (Hippokrates Verlag) 1984.
Ibn Chaldun: S. Ibn Ḫaldūn.
Ibn Ḫaldūn: Prolegomènes d'Ebn Khaldoun. Texte arabe I–III, Hg. von M. Quatremère. Paris 1858.
– Ibn Khaldûn. The Muqaddimah. An Introduction to History. Translated from the Arabic by F. Rosenthal. Bollingen Series 43. I–III. Princeton [2]1967.
Ibn Ḫallikān: Biographical Dictionary. Transl. W. Mac Guckin. De Slane 4 Bde. Repr. Beirut 1970.
Ibn Isḥāq: The Life of Muhammad. A translation of Ibn Isḥāq's Sīrat Rasūl Allāh by A. Guillaume. Oxford 1955.

Ibn al-Mu`tazz: Diwan Ḏaḫā'ir al-'Arab 54. Kairo o. J.
Ibn an-Nadīm: Kitāb al-Fihrist. Mit Anmerkungen hg. von G. Flügel. 2 Bde. Leipzig 1971 f.
Ibn Qayyim al-Ǧauzīya: Aḫbār an-nisā'. Beirut 1985.
Ibn Qutaiba: Adab al-kātib. Hg. von M. Grünert. Leiden 1900.
– `Uyūn al-aḫbār. Kairo (Dar al-kutub al-misriya) 1343/1925.
Ibn Rašīq: al-`Umda fī maḥāsin aš-ši`r wa-ādābihi wa-naqdih. Hg. von M. M. `Abdalhamid. 2 Bde. Beirut 1972.
Ibn Rušd (Rushd): Averroes On Plato's Republic. Translation, with an introduction and notes, by R. Lerner. Ithaca (Cornell University Press) 1974.
Ibn Sina (Avicenna): K. al-išārāt wat-tanbīhāt. Kairo 1957–60.
– Risāla fī māhīyat al-`išq. Hg. von A. Ateş. Istanbul 1953.
– Fī Ithbāt al-Nubuwwāt (Proof of Prophecies). Edited with Introduction and Notes by Michael Marmura. Philosophical Texts and Studies II. Beirut 1968.
– Poème de la médecine (Urǧūza fī ṭ-ṭibb). Texte Arabe, traduction française, traduc. latine du XIIIe siècle avec introduction, notes et index établi et présenté par H. Jahier et A. Noureddine. Paris 1956.
Ibn Šuhaid: Risālat at-tawābi` waz-zawābi`. The Treatise of Familiar Spirits and Demons by Abū `Āmir ibn Shuhaid al-Ashja`ī al-Andalusī. Introduction, Translation and Notes by James T. Monroe. University of California Publications. Near Eastern Studies 15. Los Angeles 1971.
Ibn Ṭufail: Falsafat Ibn Ṭufail wa-risālatuhu Ḥayy ibn Yaqẓān. Silsila fi d-dirāsāt al-falsafiyya wal-aḫlaqiyya. Hg. von `Abdalhalim Mahmud. Kairo o. J.
– Hajj ibn Jaqzan der Naturmensch. Ein philosophischer Robinson-Roman aus dem arabischen Mittelalter etc. Aus dem Arabischen übersetzt von J. G. Eichhorn. Leipzig u. Weimar 1983.
Ibn al-Uḫūwa: Ma`ālim al-qurba fī aḥkām al-ḥisba. Ed. with abstracts of contents, glossary and indices by R. Levy. Gibb Memorial Series. N.S. 12. London 1938.
Iḫwān aṣ-ṣafā': Rasā'il. 4 Bde. Beirut (Dar Sadir) 1957.
– Mensch und Tier vor dem König der Dschinnen. Aus den Schriften der Lauteren Brüder von Basra. Aus dem Arabischen übersetzt, mit einer Einleitung und mit Anmerkungen herausgegeben von Alma Giese. Philosophische Bibliothek Bd. 433. Hamburg 1990.
Ilberg, J.: Aus Galens Praxis. Neue Jahrbücher für das klassische Altertum etc. Bd. 16, Jg. 8. Leipzig 1905.
Imra' al-Qais: Diwan. Hg. von Abu l-Fadl Ibrahim. Ḏaḫā'ir al-`Arab 24. Kairo 1969.
Inal, I. M. K.: Son Hattatlar. Istanbul 1954.
Inalcik, H.: The Ottoman Empire. The Classical Age 1300–1600. London 1973.
Iqbal, M.: Kulliyat-i Urdu. Lahore 1973 (darin die Zyklen «Bang-i Dara»; «Payam-i Mashriq»; «Zabur-i `Ajam»; «Bal-i Jibril»; Armaghan-i Hijaz» mit je eigener Paginierung).
– Botschaft des Ostens. Ausgewählte Werke. Hg. [und übersetzt] von A. Schimmel. Literarisch-künstlerische Reihe des Instituts für Auslandsbeziehungen, Stuttgart. Bd. 21. Tübingen 1977.
– Steppe im Staubkorn. Texte aus der Urdu-Dichtung Muhammad Iqbals. Ausgewählt, übersetzt und erläutert von J. C. Bürgel. Seges 28. Freiburg i. Br. 1982.
al-Iṣfahānī: Abu l-Farağ, Kitāb al-Aghānī. 24 Bde. Kairo 1383 ff./1963 ff.
I`tiṣāmī, P.: Dīwān-i qaṣā'id-u maṯnawīyāt-u tamṯīlāt-u muqaṭṭa`āt-i Ḫānum Parvīn I`tiṣāmī. Hg. von S. A. I`tisami. Teheran [5]1962.
Jansen, J. J. G.: The Interpretation of the Koran in Modern Egypt. Leiden 1974.

Jwaideh, W.: The Introductory Chapters of Yāqūt's Muʿjam al-Buldān, Translated and Annotated. Leiden 1959.

Kerr, M. H. (Hg.): Islamic Studies: A Tradition and its Problems. Seventh Giorgio Levi Della Vida Biennial Conference. Malibu 1980.

Keshawarz, F.: A decriptive and analytical catalogue of Persian manuscripts in the Library of the Wellcome Institute for the History of Medicine. London 1986.

– The Horoscope of Iskandar Sultan. In: Journal of the Royal Asiatic Society 1984, 197–208.

Khairallah, A.: Love, Madness, and Poetry. An Interpretation of the Maǧnūn Legend. Beiruter Texte und Studien 25. Beirut u. Wiesbaden 1980.

Khaleghi-Motlagh, D.: Die Frauen im Schahname – ihre Geschichte und Stellung unter gleichzeitiger Berücksichtigung vor- und nachislamischer Quellen. Islamkundliche Untersuchungen 12. Freiburg i. Br. 1971.

al-Kindi: Les rayons ou théorie des arts magiques. In: S. Matton: La magie arabe traditionelle. Bibliotheca Hermetica: Alchimie – Astrologie – Magie. Collection dirigée par René Alleau. Paris 1977.

Kirfel, W.: Der Rosenkranz. Beiträge zur Sprach- und Kulturgeschichte des Orients. Heft 1. Walldorf 1949.

Klein-Franke, F.: Vorlesungen über die Medizin im Islam. Sudhoffs Archiv. Beiheft 23. Wiesbaden 1982.

– S. Ibn Buṭlān.

Knauth, W. u. Nadjmabadi, S.: Das altiranische Fürstenideal von Xenophon bis Ferdousi. Nach den antiken und einheimischen Quellen dargestellt, Wiesbaden 1975.

Kraemer, J.: Das Problem der islamischen Kulturgeschichte. Tübingen 1959.

Kraemer, J. L.: Humanism in the Renaissance of Islam. The Cultural Revival during the Buyid Age. Leiden 1986.

Kremer, A. von: Geschichte der herrschenden Ideen des Islam. Der Gottesbegriff, die Prophetie und Staatsidee. Leipzig 1868; Nachdruck Hildesheim 1961.

Kriss, R. u. Kriss-Heinrich, H.: Volksglaube im Bereich des Islam. 2 Bde. Wiesbaden 1960.

Kroner, H.: Der medicinische Schwanengesang des Maimonides. Fī Bajān al-aʿrāḍ. «Ueber die Erklärung der Zufälle» (Für den Sultan al-Afḍal). Zum ersten Male im Urtexte auf Grund dreier Handschriften herausgegeben, ins Deutsche übertragen und kritisch erläutert. In: Janus 32 (1928), 12–116.

Kümmel, W. F.: Musik und Medizin. Ihre Wechselbeziehungen von 800–1800. Freiburger Beiträge zur Wissenschafts- und Universitätsgeschichte. Bd. 2. Freiburg i.Br. u. München 1977.

Kurzrock, R. (Hg.): Menschenrechte 1. Historische Aspekte. Forschung und Information. Bd. 30. Berlin 1981.

Laffin, J.: Islam. Weltbedrohung durch Fanatismus. München 1979.

Lane, E. W.: An Account of the Maners and Customs of the Modern Egyptians. 1836. Nachruck New York 1973.

Lane-Poole, S.: Arabian Society in the Middle Ages. London 1883.

Leclerc, L.: Histoire de la médecine arabe. 2 Bde. Paris 1876.

Lecomte, G.: Le traité des divergences du Hadith d'Ibn Qutayba. Damaskus 1962.

Leeuw, G. van der: Phänomenologie der Religion. Tübingen ²1956.

Leisegang, H.: Die Gnosis. Stuttgart (Kröner) 1955.

Littmann, E.: Die Erzählungen aus den Tausendundein Nächten. Vollständige deutsche Ausgabe in sechs Bänden zum ersten Mal nach dem arabischen Urtext der Calcuttaer Ausgabe aus dem Jahre 1830 übertragen. Wiesbaden 1953.

Littré: S. Hippokrates.
al-Ma'arrī, Abu al-'Alā': Risālat al-ghufrān. Hg. von I. al-Yūsuf. Damaskus o.J.; Hg. von Bint aš-Šaṭi'. Kairo 1969.
Machut-Mendecka: E. Współczesny dramat egipski lat 1870–1975. Warschau 1984.
Malti-Douglas, F.: Structures of Avarice. The Bukhalā' in Medieval Arabic Literature. Studies in Arabic Literature, Supplements to the Journal of Arabic Literature XI. Leiden 1985.
Massignon, L.: La passion de Hallâj martyr mystique de l'Islam. 4 Bde. Bibliothèque des idées. Paris 1985.
al-Mas'ūdī: Murūǧ aḏ-ḏahab. Hg. von C. Pellat. 7 Bde. Beirut 1965–79.
Matthews, D. J. u. Shackle, C.: An Anthology of Classical Urdu Love Lyrics, Text and Translations. London 1972.
Matuz, J.: Das Osmanische Reich. Grundlinien seiner Geschichte, Darmstadt 1985.
Meier, F.: Die Fawā'iḥ al-ǧamāl wa-fawātiḥ al-ǧalāl des Naǧm ad-Dīn al-Kubrā. Akademie der Wissenschaften und der Literatur. Veröffentlichungen der Orientalischen Kommission. Bd. 9. Wiesbaden 1957.
– Turandot in Persien. In: ZDMG, N. F. 20 (1941), 1–27; «Nachtrag» in: N. F. 21 (1942), 416–21.
Melikian-Chirwani, A. S.: Le Shah-Nameh, la gnose soufie et le pouvoir mongole. In: Journal Asiatique 272 (1984), 249–337.
Meneghini Correale, D.: The Ghazals of Hafez. Concordance and Vocabulary, Rom 1988.
Mershen, B.: Untersuchungen zum Schriftamulett und seinem Gebrauch in Jordanien. Dargestellt am Beispiel der Stadt Jarash und ihres ländlichen Umfelds. Diss. phil. Mainz 1982.
Mez, A.: Die Renaissance des Islam. Heidelberg 1922; Nachdruck Hildesheim 1962.
Monchi-Zadeh, D.: Ta'ziya. Das persische Passionsspiel. Mit teilweiser Übersetzung der von Litten gesammelten Stücke. Acta Societatis Litterarum Humaniorum Regiae Upsaliensis 44,4. Stockholm 1967.
Monroe, J. T. (Hg.): Hispano-Arabic Poetry. A Student Anthology. Berkeley 1974.
Nasr, H. S.: Knowledge and the Sacred. Edinburgh 1981.
– Islamic Science. An Illustrated Study. Westerham 1986.
– An Introduction to Islamic Cosmological Doctrines. Conceptions of nature and methods used for its study by the Ikhwān al-Ṣafā', al-Bīrūnī, and Ibn Sīnā. Cambridge 1964.
Neubauer, E.: Der Essai sur la musique orientale von Charles Fonton mit Zeichnungen von Adanson. ZGAIW 2 (1985), 90f.; 3 (1986), 368f.
– Arabische Anleitungen zur Musiktherapie, in: ZGAIW 6 (1990).
Nicholson, R. A.: The Mystics of Islam. London 1914.
Niẓāmī, Ilyās: Maḫzan al-asrār. Hg. von W. Dastgirdi. Teheran ³1334/1956.
– Ḫusrau u Šīrīn. Hg. von Dastgirdi. Teheran ²1333/1955.
– Chosrou und Schirin. Übertragung aus dem Persischen, Nachwort und Erläuterungen von J. C. Bürgel. Bibliotheca Persica. Nr. 36. Zürich 1980.
– Laila u Maǧnūn. Hg. von Dastgirdi. Teheran ²1333/1955.
– Haft Paikar. Hg. von Dastgirdi. Teheran ²1334/1956.
– Heft Peiker. Ein romantisches Epos des Niẓāmī Genǧe'ī. Hg. von H. Ritter und J. Rypka. Monografie Archivu Orientālnīho. Bd. III. Leipzig 1934.
– Šarafname. Hg. von Dastgirdi. Teheran ²1335/1957.
– Iqbālnāme. Hg. von Dastgirdi. Teheran ²1335/1957.
– Das Alexanderbuch (bestehend aus Šarafname und Iqbalname). Deutsch von J. C. Bürgel, erscheint 1991 bei Manesse.
– Ganǧīne-i Ganǧawī (Diwan). Hg. von Dastgirdi. Teheran ²1335/1957.

Noth, A.: Früher Islam. In: U. Haarmann: Geschichte der arabischen Welt. München 1987, 11–100.
Nwyia, P.: Exégèse coranique et langage mystique. Nouvel essai sur le lexique technique des mystiques musulmans. Recherches publiées sous la direction de l'Institut de Lettres Orientales de Beyrouth. Bd. 49. Beirut 1970.
Otto-Dorn, K.: Kunst des Islam. Baden-Baden 1979.
Ozak al-Jerrahi, M.: The Unveiling of Love. London u. Den Haag 1981.
Papadopoulo, A.: Islamische Kunst. Große Epochen der Weltkunst. Ars antiqua. Freiburg/Basel/Wien 1977.
Paret, R.: Der Koran. Kommentar und Konkordanz. Stuttgart 1971.
– Das islamische Bilderverbot und die Schia. In R. Paret: Schriften zum Islam. Volksroman – Frauenfrage – Bilderverbot. Hg. von J. van Ess. Stuttgart 1981.
Pätzold, M.: Tradition in development of Arab research on Ibn Khaldun. In: G. Barthel u. G. Hoffmann: Arab Heritage and Traditions – Burden or Challenge. asia africa latin america special issue 22. Berlin (Akademie-Verlag) 1989, 106–112.
Pellat, C.: Arabische Geisteswelt. Ausgewählte und übersetzte Texte von al-Ǧāḥiẓ (777–869). Zürich 1967.
Piemontese, A. M.: Magia e mito nel romanzo persiano di Hamza. In: Magia. Studi di storia delle religioni in memoria di R. Garosi.
Pinès, S.: Razi – Critique de Galien. In: Actes du 7e Congrès International d'Histoire des Sciences. Collection des Travaux de l'Académie d'Histoire des Sciences No. 8. Paris um 1954, 480–87.
Plessner, M.: Die Bedeutung der Wissenschaftsgeschichte für das Verständnis der geistigen Welt des Islams. Philosophie und Geschichte 82. Tübingen 1966.
Pseudo-Maǧrīṭī: «Picatrix». Das Ziel des Weisen von Pseudo-Maǧrīṭī, translated into German from the Arabic by H. Ritter and M. Plessner. Studies of the Warburg Institute. Vol. 27. London 1962.
al-Qazwīnī: ʿAǧaʾib al-maḫlūqāt. Die Wunder des Himmels und der Erde. Aus dem Arabischen übertragen und bearbeitet von Alma Giese. Bibliothek arabischer Klassiker Stuttgart–Wien 1986.
Quatremère, M.: S. Ibn Ḫaldūn.
Radtke, B.: Das Wirklichkeitsverständnis islamischer Universalhistoriker. In: Der Islam 62 (1985) 59–70.
– Theologen und Mystiker in Ḫurāsān und Transoxanien. In: ZDMG 136 (1985), 36–59.
Reinert, B.: Die Lehre vom «tawakkul» in der klassischen Sufik. Studien zur Sprache, Geschichte und Kultur des islamischen Orients 3. Berlin 1968.
Reissner, J.: Die innerislamische Diskussion zur modernen Wirtschafts- und Sozialordnung. In: Ende, W. u. U. Steinbach: Der Islam in der Gegenwart. München 1984, 155–69.
– Die militant-islamischen Gruppen. In: Ende, W. u. U. Steinbach: Der Islam in der Gegenwart. München 1984, 470–86.
Reitzenstein, R.: Alchemistische Lehrschriften und Märchen bei den Arabern. Religionsgeschichtliche Versuche und Vorarbeiten 19,2. Gießen 1923.
Renan, E.: Averroès et l'Averroisme. Paris 1852.
Riegl, A.: Spätrömische Kunstindustrie. Wien 1927.
Ritter, H.: Das Meer der Seele. Mensch, Welt und Gott in den Geschichten des Farīduddūn ʿAṭṭār. Leiden ²1978.
– Die Mewlâna-Feier in Konya vom 11.-17. Dezember 1967. In: Oriens 15 (1962), 249–70.
– S. Nizami.

– und Walzer, R.: Studi su al-Kindi II: Uno scritto morale inedito di al-Kindī (Temistio περὶ ἀλυπίας). Memorie della R. Accademia Nazionale dei Lincei. Cl. di Scienze morali, storiche e filologiche. Serie VI. Vol. VIII. Fasc. 1. Rom 1938.

Robson, J. (Hg.): Tracts on Listening to Music Being Dhamm al-malāhī by Ibn abī d'Dunyā and Bawāriq al-ilmā' by Majd ad-Dīn al-Ṭūsī al-Ghazālī. Oriental Translation Fund N. S. 34. London 1938.

Rodinson, M.: Dante et l'Islam d'après des travaux récents. In: Revue de l'Histoire des Religions 140 (1951), 203–36.

Rosenthal, F.: Das Fortleben der Antike. Bibliothek des Morgenlandes. Zürich 1965.

– A History of Muslim Historiography. Leiden ²1968.

– On the Knowledge of Plato's Philosophy in the Islamic World. In: Islamic Culture 14 (1940), 387–422.

– Ibn 'Arabī Between «Philosophy» and «Mysticism». In: Oriens 31/1988, 1–35.

– S. Ibn Chaldun.

Rosenzweig-Schwannau, Ritter V. von: Der Diwan des großen lyrischen Dichters Hafis im persischen Original. Hg., ins Deutsche metrisch übersetzt und mit Anmerkungen versehen. Wien 1858–64.

Rotter, G.: S. al-Hamadānī.

Rubin, U.: The assassination of Ka'b al-Ashraf. In: Oriens 32 (1990), 65–71.

Rückert, F.: Hamasa oder die ältesten arabischen Volkslieder, gesammelt von Abu Temmâm, übersetzt und erläutert. Stuttgart 1846.

– Die Verwandlungen des Abu Seid von Serug oder die Makamen des Hariri. Stuttgart ⁷1878.

– Dreiundsechzig Ghaselen des Hafis. Hg. von W. Fischer. Rückert zu Ehren. Bd. 1. Wiesbaden 1988.

Rūmī, Ǧalāluddīn: The Mathnawî of Jalâlu'ddîn Rûmî. Edited from the Oldest Manuscripts Available with Critical Notes, [Translation] and Commentary by R. A. Nicholson. Gibb Memorial Series N.S. IV. 8 Bde. London 1925–40.

– Diwan. Hg. von B. Furuzanfar. Teheran 1341/1963.

– Licht und Reigen. Gedichte aus dem Diwan etc. Ausgewählt, übertragen und erläutert von J. C. Bürgel. UNESCO Sammlung repräsentativer Werke – Reihe Meisterwerke Persischer Literatur Nr. 26. Bern u. Frankfurt 1974.

– Von Allem und vom Einen, Fīhi mā fīhi. Aus dem Persischen und Arabischen von A. Schimmel. München 1988.

Rypka, J.: Iranische Literaturgeschichte. Leipzig 1959.

Sabanegh, E. S.: Muhammad «Le Prophète». Portraits contemporains: Egypte 1930–50. Jalons pour une histoire de la pensée islamique moderne. Paris o.J.

Sa'dī: Kulliyyāt. Hg. von M. A. Furughi. Teheran 1336/1958.

Ṣā'id ibn al-Ḥasan: Das Buch «at-Tašwīq aṭ-ṭibbī» des Ṣā'id ibn al-Ḥasan. Ein arabisches Werk über die Bildung des Arztes. Hg. u. bearb. von O. Spies. Selbstverlag des Orientalischen Seminars der Universität Bonn. Bonn 1968.

Said, E. W.: Orientalism. New York 1978.

Sanā'ī: Diwan. Hg. von M. Razawi. Teheran 1341/1963.

Sartain, E. M.: Jalāl al-Dīn Suyūtī. 2 Bde. Cambridge etc. 1975.

Sarton, G.: Introduction to the History of Science. Carnegie Institution of Washington. Publ. no. 376. 3 Bde. Baltimore 1927–48.

Schacht, J.: Der Islam mit Ausschluß des Qor'ans. Religionsgeschichtliches Lesebuch. Bd. 16. Tübingen 1913.

Schaeder, H. H.: Die islamische Lehre vom Vollkommenen Menschen, ihre Herkunft und ihre dichterische Gestaltung. In: ZDMG 79 (1925), 192–268.

Schimmel, A.: al-Halladsch. Märtyrer der Gottesliebe. Leben und Legende. Köln (Hegner) 1968.
– Shāh ʿInāyat of Jhok: A Sindhi Mystic of the Early 18th Century. In: Liber Amicorum in Honour of C. J. Bleeker. Leiden 1969.
– The Triumphal Sun. A Study of the Works of Jalaloddin Rumi. London 1978.
– Und Muhammad ist sein Prophet. Die Verehrung des Propheten in der islamischen Frömmigkeit. Diederichs Gelbe Reihe 32. Düsseldorf 1981.
– Calligraphy and Islamic Culture. Hagop Kevorkian Series on Near Eastern Art and Civilization. New York 1984.
– Das Ḥallāj-Motiv in der modernen islamischen Literatur. In: J. C. Bürgel u. a. (Hg.): Der Islam im Spiegel zeitgenössischer Literatur der islamischen Welt etc. Leiden 1985, 165–81.
– Islamic Names. Edinburgh 1989.
– Muhammad Iqbal. Prophetischer Poet und Philosoph. Diederichs Gelbe Reihe 82. Köln 1989.
Schipperges, H.: Melancholia als ein mittelalterlicher Sammelbegriff für Wahnvorstellungen. Studium Generale. Jg. 20. (1967) Heft 11, 723–36.
– Der Scharlatan im arabischen und lateinischen Mittelalter. In: Geschichtsbeilage der Dtsch. Apothekerzeitung 12 (1960), 9–13.
Schoeler, G.: Arabische Naturdichtung. Die Zahrīyāt, Rabīʿīyāt und Rauḍīyāt von ihren Anfängen bis aṣ-Ṣanaubarī. Eine Gattungs-, motiv- und stilgeschichtliche Untersuchung. Beiruter Texte und Studien. Band 15. Beirut 1974.
– Averroes' Rückwendung zur Aristoteles. Die «Kurzen» und die «Mittleren Kommentare zum Organon». In: BO 37 (1980), 294–301.
Schöffler, H. H.: Die Akademie von Gondischapur. Aristoteles auf dem Wege in den Orient. Stuttgart 1979.
Schuon, F.: Comprendre l'Islam. Paris 1961.
Seherr-Thoss, S. P. und H.: Design and Color in Islamic Architecture. Afghanistan, Iran, Turkey. Washington 1968.
Sellheim, R.: Das Lächeln des Propheten. In: E. Haberland u. a. (Hg.): Festschrift für A.-E. Jensen. München 1964, 621–30.
Sezgin, F.: Geschichte des arabischen Schrifttums. Bd. III: Medizin – Pharmazie – Tierheilkunde bis ca. 430 H. Leiden 1970.
– GAS IV: Alchimie – Chemie – Botanik – Agrikultur bis ca. 430 H. Leiden 1971.
Shariati, A.: Fatima ist Fatima. Bonn (Botschaft der Islamischen Republik Iran) 1981.
Shiloah, A.: The Theory of Music in Arabic Writings (ca. 900–1900). Descriptive Catalogue of Manuscripts in Libraries of Europe and the U.S.A. Internationales Quellenlexikon der Musik. München 1979.
Snouck Hurgronje, C.: Verspreide Geschriften. 2 Bde.
Somogyi, J. de: Medicine in ad-Damiri's Hayat al-hayawan. In: Journal of Semitic Studies. 2 (1957), 62–91.
Soucek, P.: Nizami on Painters and Painting. In: Islamic Art in the Metropolitan Museum. New York 1972.
Spengler, O.: Der Untergang des Abendlandes. Umrisse einer Morphologie der Weltgeschichte. München (dtv) 1972.
Sperl, S.: Islamic Kingship and Arabic panegyric poetry in the early 9th century. In: JAL 8 (1977), 20–35.
Spies, O. (Hg.): S. Suhrawardi.
– S. Saʿid ibn al-Hasan.
Stchoukine, I.: Les peintures des manuscripts de la «Khamseh» de Nizami au Topkapi

Sarayi Müzesi d'Istanbul. Institut Français d'Archéologie de Beyrouth – Bibliothèque archéologique et historique. Bd. 100. Paris 1977.
Steinschneider, M.: Al-Farabi (Alpharabius), des arabischen Philosophen Leben und Schriften, mit besonderer Rücksicht auf die Geschichte der griechischen Wissenschaft unter den Arabern. Nebst Anhängen etc. Mémoires de l'Académie Impériale de St. Pétersbourg. VIIe Série. Tome XIII. No. 4. Petersburg 1869.
Steppat, F.: Gott, die Futuwwat und die Wissenschaft. Zu Nagib Maḥfûẓ: Aulâd ḥâratnâ. In: Mélanges d'Islamologie dédiés à la mémoire de A. Abel. Correspondance d'Orient. No. 13. Brüssel 1975, 375–390.
Stierlin, H.: Architektur des Islam. Zürich 1979.
Strohmaier, G.: Die griechischen Götter in einer christlich-arabischen Übersetzung. Zum Traumbuch des Artemidor in der Version des Ḥunain ibn Isḥāķ. In: F. Altheim u. R. Stiehl (Hg.): Die Araber in der Alten Welt. 5 Bde. Berlin 1968. V, 127–62.
– Denker im Reich der Kalifen. Leipzig 1979.
– Chaj ben Mekitz – die unbekannte Quelle der Divina Commedia. In: Deutsches Dante-Jahrbuch 55–56 (1980–81), 191–207.
Suhrawardī, Yaḥyā: Ḥikmat al-išrāq. Opera Metaphysica et Mystica. Hg. von H. Corbin. II (= Bibliothèque Iranienne 2). Paris u. Teheran 1952.
– Three Treatises on Mysticism by Shihabuddin Suhraverdi Maqtul. Hg. von O. Spies. Stuttgart 1935.
– The Mystical and Visionary Treatises of Shihabuddin Yahya Suhrawardi. Übs. von W. M. Thackston. London 1982.
– L'archange empourpré. S. Corbin, H.
as-Suyūṭī: Ṭibb an-nabī. S. Elgood.
– al-Hai'a as-saniyya fi l-hai'a as-sunniyya. S. Heinen.
A. Taschkandi, S. E.: Übersetzung und Bearbeitung des Kitāb at-taświq aṭ-ṭibbī des Ṣā'id ibn al-Ḥasan. Ein medizinisches Adabwerk aus dem 11. Jahrhundert. Selbstverlag des Orientalischen Seminars der Universität Bonn. Bonn 1968.
Thackston, W. M.: S. Suhrawardi.
Thomas, K.: Religion and the Decline of Magic. Studies in Popular Beliefs in Sixteenth- and Seventeenth Century England. London 1978.
Thompson, S.: Motif-Index of Folk-Literature, revised and enlarged. Bloomington u. London 1975.
Toynbee, A.: A Study of History. Abridgement by D. C. Somervell. Oxford 1985.
Turner, B. I.: Weber and Islam. A Critical Study. London 1974.
Ullmann, M.: Die Medizin im Islam. Handbuch der Orientalistik I. VI, 1. Leiden u. Köln 1970.
Vadet, J. C.: Le Traité d'amour mystique d'al-Daylami. Hautes Etudes Orientales 13. Paris 1980.
Vajda G.: Les zindiqs en pays d'Islam au début de la période abbaside. In: RSO 17/1937, 173–229.
Vitray-Meyerovitch, E. de: Mystique et poésie en Islam. Djalâl-ud-Dîn Rûmî et l'Ordre des Derviches tourneurs. Desclée de Brower 1972.
Wadud, S. A.: Phenomena of Nature and the Quran. Lahore 1971.
Wagner, E.: Abū Nuwās. Eine Studie zur arabischen Literatur der frühen 'Abbasidenzeit. Akademie der Wissenschaften und der Literatur. Veröffentlichungen der Orientalischen Kommission. Bd. 17. Wiesbaden 1965.
Walther, W.: Die Frau im Islam. Leipzig 1980.
Walzer, R.: Greek into Arabic. Oriental Studies I. Oxford 1963.
– Islamic Philosophy. In: Ders.: Greek into Arabic.

Watt, W. M.: Islamic Philosophy and Theology. Islamic Surveys 1. Edinburgh 1962.
Weber, A.: Kulturgeschichte als Kultursoziologie. München 1960.
Weisweiler, M.: Arabesken der Liebe. Früharabische Geschichten von Liebe und Frauen. Leiden 1954.
Welch, S. C.: Wonders of the Age. Masterpieces of Early Safavid Painting 1501–1576. Cambridge/Mass. 1979.
– Persische Buchmalerei aus fünf königlichen Handschriften des sechzehnten Jahrhunderts. München 1976.
Westermarck, E.: Survivances païennes dans la civilisation mahométane. Paris 1935.
Wielandt, R.: Offenbarung und Geschichte im Denken moderner Muslime. Akademie der Wissenschaften und der Literatur – Veröffentlichungen der orientalischen Kommission. Bd. 25. Wiesbaden 1971.
Winkler, H. A.: Salomo und die Karina. Stuttgart 1931.
Yāqūt al-Hamawī: Mu'ǧam al-buldān. Hg. von Wüstenfeld. 5 Bde. Leipzig 1866.
Zimmermann, F. W.: The Origins of the «Theology of Aristotle».
– Al-Farabi's Commentary and Short Treatise on Aristotle's De Interpretatione, Translated with an Introduction and Notes. Classical and Medieval Logic Texts III. Oxford 1981.

Register

Der arabische Artikel in seinen verschiedenen Formen al- ad- ar- etc. ist bei der alphabetischen Einordnung nicht berücksichtigt

I. Personen- und Ortsnamen

II. Termini und thematische Stichwörter

III. *Verzeichnis der im Buch behandelten oder zitierten Koranstellen*

«heidnischer» Musik oder «dämonischer» Weiblichkeit – knüpft der Islam ein Kraftnetz über den arabisch-persischen Raum, der jedem Muslim Teilhabe an der Macht der Gemeinschaft durch Unterwerfung unter den Religions-, sprich Lebenskonsens verspricht. Künste und Wissenschaften entfalten sich oder verkümmern, faßt man ihre Entwicklung über lange Epochen ins Auge, nach Maßgabe ihrer Fähigkeit, sich in das Heilige Haus des Islam einzuordnen.

Aus der Spannung zwischen Allmacht und kulturellen Mächtigkeiten deutet Bürgel zahlreiche Phänomene und Prozesse innerhalb der islamischen Welt, wie sie sich vom Mittelalter bis in die Gegenwart ziehen: den Aufstieg von Geheimwissenschaften, Prophetenmedizin und «erlaubter Magie» der Künste, die zunehmende Verschlechterung der Stellung der Frau, die wachsende Bedeutung der Mystik ... bis hin zum Fall Rushdie schildert er das Leben im Zeichen des allmächtigen Korans, indem er die Quellen selbst zum Sprechen bringt und kommentiert: Gedichte, Epen, philosophische Traktate, Märchen und vor allem immer wieder den Koran selbst.

Der Autor

Prof. Dr. Johann Christoph Bürgel, geb. 1931, ist Direktor des Seminars für Islamwissenschaft der Universität Bern und eine international anerkannte Autorität auf dem Gebiet der Orientalistik. Zahlreiche Publikationen, Gedichtanthologien und Übertragungen, z. B. von Werken Nizamis, Rumis und des Hafis.